上海横沙东滩整治研究与实践

上海市滩涂生态发展有限公司 编

中国水利水电出版社
www.waterpub.com.cn
·北京·

内 容 提 要

横沙东滩生态整治项目的规模之大、自然条件之复杂、时间跨度之久、实施难度之大、建设内容之多，国内外罕见，因此很有必要对项目建设过程经验教训和科技成果进行总结。

本书从建设管理篇、勘察设计篇、施工技术篇、QC 质量管理篇和科研创新篇 5 部分收集精选了 66 篇论文，希望能全面系统地反映出横沙东滩项目的规划研究、建设管理、勘察设计、现场观测研究、施工、监理、环境保护等工程经验、实施成效和创新技术成果。

本书既可供河口滩涂整治相关科技和工程技术人员借鉴和参考，也可作为水利院校专业师生的参考读物。

图书在版编目（CIP）数据

上海横沙东滩整治研究与实践 / 上海市滩涂生态发展有限公司编. -- 北京：中国水利水电出版社，2022.8
ISBN 978-7-5226-0905-8

Ⅰ. ①上… Ⅱ. ①上… Ⅲ. ①浅滩－航道整治－研究－上海 Ⅳ. ①U617.3

中国版本图书馆CIP数据核字(2022)第141175号

书　　名	**上海横沙东滩整治研究与实践** SHANGHAI HENGSHA DONGTAN ZHENGZHI YANJIU YU SHIJIAN
作　　者	上海市滩涂生态发展有限公司　编
出版发行	中国水利水电出版社 （北京市海淀区玉渊潭南路1号D座　100038） 网址：www.waterpub.com.cn E-mail：sales@mwr.gov.cn 电话：(010) 68545888（营销中心）
经　　售	北京科水图书销售有限公司 电话：(010) 68545874、63202643 全国各地新华书店和相关出版物销售网点
排　　版	中国水利水电出版社微机排版中心
印　　刷	清淞永业（天津）印刷有限公司
规　　格	210mm×285mm　16开本　29.5印张　873千字
版　　次	2022年8月第1版　2022年8月第1次印刷
定　　价	240.00元

凡购买我社图书，如有缺页、倒页、脱页的，本社营销中心负责调换

版权所有·侵权必究

本书编审委员会

主 任 张海燕 杜佳超

副主任 沈正潮 李万春 顾 勇 季永兴 季 岚

委 员 （按姓氏笔画排序）

王月华 尹家春 孙 正 汪巍巍 张 剑

陈海英 陈 翔 陆天琳 周玉社 施震余

夏宪忠 董永福 谢先坤 楼启为 蔡 建

主 编 张文虎 林顺才

副主编 郭战军 张赛生 李 帆

前言

长江滚滚东流，裹挟的泥沙在潮汐的作用下于长江入海口不断淤积，道光年间（1821—1850年），横沙岛逐渐形成连片沙洲露出水面。1881年后经围堤开沟、次第垦殖，改良土壤，使沙地变为可耕之地超过40km²，后成了江阴南菁书院的院产，支持了民间教育事业的发展。著名晚清学界泰斗王先谦认为横沙岛"地直吴淞口外百里所，为海上天然屏蔽"，于南菁书院"利赖及久远"，且数百年后，"筑城郭，设汛防，言形势者将有取焉"。

120年后的2001年，上海市政府决策对紧临横沙岛东侧近百年淤涨的约110km²江中沙洲进行滩涂整治，为民所用，正如王先谦先贤所说的"言形势者将有取焉"。经过20年的建设，整治项目对资源的综合利用、自然生态的动态平衡和保护、深水航道的维护、岛域防洪能力的提升、河口河势的稳定等产生了重大的社会和经济效益，秉承了保护中开发，开发中保护的理念。

横沙东滩整治项目规模之大、自然条件之复杂、时间跨度之久、实施难度之大、建设内容之多，国内外罕见。项目组织者对建设过程中的经验教训和科技成果进行多维度总结，全面系统地反映了规划研究、建设管理、勘察设计、现场观测研究、施工、监理、环境保护等方面的工程经验、实施成效和创新技术成果，可供河口滩涂整治相关科技和工程技术人员借鉴和参考。

本书的编写工作得到各有关单位、专家们的大力支持和帮助，在此一并表示衷心的感谢！

编者
2022年6月

前言
横沙东滩建设历程与展望 ……………………………………… 1

建 设 管 理 篇

科学论证、统筹策划横沙东滩滩涂整治工程建设管理总结
………………………………… 张文虎 郭战军 / 25
滩涂整治项目管理平台在横沙东滩八期工程中的应用
…………………………………… 张文虎 尹 航 / 34
"高站位、多角度"推进前期工作 ……………… 汪巍巍 / 38
横沙东滩八期圈围工程质量管理措施和成效 …… 张赛生 / 42
横沙东滩八期圈围工程安全管理措施和成效 …… 钮张成 / 49
浅谈上海市大型滩涂圈围工程的风险控制
重点 ………………………………………… 陶晓慧 / 52
圈围工程土工材料精细化管理方法初探 ………… 陶晓慧 / 56
水下断面厚度控制的测深仪试验方法 …………… 陶晓慧 / 62
基于Autodesk的堤坝BIM模型构建及信息化
框架开发与应用 …………… 王 飞 孙 鹏 赵 磊 / 66

勘 察 设 计 篇

长江口横沙东滩滩涂整治利用和展望
………………… 陈海英 孙 鹏 楼 飞 董永福 / 77
横沙东滩八期圈围工程吹填方案设计及疏浚土供应分析
…………………………………… 王恒宾 唐 臣 / 83
横沙东滩八期圈围工程筑堤砂采砂方案研究
………………… 乔 飞 郭天润 陈海英 董永福 / 90
横沙东滩八期圈围工程龙口流速二维数值模拟研究
…………………………………… 谢 婕 宋晓波 / 95
长江口软土的压缩特性及围堤沉降预测分析
………………………… 杨 亮 赵忠义 秦爱芳 / 102
长江口地区考虑次固结的围堤工后沉降计算
…………………………………… 陈海英 赵忠义 / 110
软基上大型砂袋围堤中袋体的作用
………………………… 蔡 建 黄东海 田 鹏 / 117
围内吹填对堤防的安全影响分析及工程实践
…………………………………… 胡 伟 盛 皓 / 124

横沙东滩六期及七期圈围工程围区积水影响分析及排涝方案研究 …………… 王　越　史　源 / 132
横沙东滩八期圈围工程龙口合龙顺序数模论证研究 ………………………………………… 宋永港 / 135
复式斜坡堤螺母块体护面波压力计算方法研究 ……………………………… 刘晓晖　陈海英 / 142
平原感潮地区雨型潮型组合对除涝规模的影响 ……………………………… 季永兴　刘水芹 / 149
基于潮汐影响下的人工岛内河常水位的确定 ………………………………………………… 谢先坤 / 157
新疏浚土吹填地区开挖成河方案探讨 ………………………………………… 张杨杨　谢先坤 / 163
横沙东滩整治工程中泵闸设计的若干关键技术 …………………… 谢先坤　王月华　施震余 / 169
新淤土地基上闸堤连接段差异沉降分析与控制研究 ………………………… 朱广安　张　婧 / 176
强透水地基充砂管袋围堰渗控措施 …………………………………………………………… 谢先坤 / 182
横沙东滩八期圈围工程闸门及启闭系统设计 ………………………………… 唐　杰　黄　伟 / 188
多约束条件下的人工岛泵闸群排涝调度确定 ………………………………………………… 谢先坤 / 194
结合无人机和地面三维激光扫描技术获取高精度的 DOM 和 DEM …… 聂振华　王　聪　陈尚登 / 200
无人机航测技术在横沙东滩八期圈围工程中的应用 ………………………… 杨俊辉　王长永 / 205
一种改进的十字板剪切试验装置在地基处理检测中的应用 ……………… 康　星　王　聪　曾伟芳 / 209

施 工 技 术 篇

结合数模计算的多龙口同步合龙关键技术 …………………………………………………… 张　剑 / 215
创新型网兜石临时坝掩护主堤新工艺在横沙工程中的应用 ………………… 韩崇蛟　陆天琳 / 221
大面积围区吹填平整度控制措施 ……………………………………………… 陈巍巍　赵　健 / 225
流失率观测在吹填土流失控制中的应用 ……………………………………… 周恩鹏　郝兢一 / 230
两种工艺措施对底板约束下的混凝土墙早期形变的影响 …………………… 夏宪忠　张　剑 / 235
横沙东滩八期圈围工程临排安装工艺及防渗问题处理 ……………………… 郝兢一　周恩鹏 / 240
小型船舶气囊滚动出库浅析 …………………………………………………… 邱建刚　穆传松 / 246
新材料管研究及其在疏浚吹填工程中的应用探讨 …………………………… 赵　健　陈巍巍 / 250
高温季节大体积混凝土施工水冷却系统布置及效果分析 …………………… 陆天琳　李学慈 / 257
高温季节大体积混凝土施工组织管理 …………………………… 姚　伟　朱　欢　姚　鹏 / 263
高压旋喷桩在水闸围堰渗流处理中的应用 …………………………………… 陈　翔　潘　益 / 269
浅谈提高三轴水泥搅拌桩桩体强度 …………………………………………… 蔡承明　孙　正 / 275
三轴水泥土搅拌桩水灰比优化初步探讨 …………………………… 周志峰　孙柯华　赵　健 / 280
土工织物可追溯管理的探索 …………………………………………………… 王　锴　朱　欢 / 284

QC 质 量 管 理 篇

提高栅栏板安放完好率 ………………………………………………………… 郝兢一　孙　正 / 293
提高合龙时单个袋装砂工作面日成型量 ……………………………………… 陈　勇　丁怡骏 / 299
降低水闸闸墩大体积混凝土裂缝生成率 ……………………………………… 丁怡骏　周恩鹏 / 310
提高龙口流速数值模拟计算精度 …………………… 陈海英　董永福　鲍道阳　杨一琛 / 315
提高绿化混凝土植物发芽率 …………………………… 李　正　杨一琛　于　洋　董永福 / 320

科研创新篇

横沙东滩整治项目关键技术应用与创新 ………………………… 张文虎　林顺才　张赛生 / 329
横沙东滩整治项目总体实施方案优化研究
　　………………… 顾　勇　陈海英　阮　伟　蒋基安　郭文华　胡志峰　刘高峰 / 341
横沙东滩整治项目对长江口北槽深水航道影响研究 ………… 刘高峰　胡志峰　乐嘉海
　　………………… 顾　勇　朱　治　陈海英　谢　军　曹慧江　沈正潮　林顺才 / 350
横沙东滩八期工程 6 号围区东北角局部动床物理模型试验研究
　　……………………………………… 董永福　田　鹏　黄东海　陈海英　罗小峰 / 356
横沙东滩八期圈围工程结构断面波浪物理模型试验研究
　　……………………………………… 董永福　丁　洁　黄东海　陈海英　冯卫兵　曹海锦 / 363
物理模型试验在不对称泵闸布置验证及优化中的应用 …………………………… 谢先坤 / 369
废弃混凝土在涉水工程中应用的可行性研究 …………………………… 董永福　夏超群 / 375
新型四联体螺母块护面结构研究及应用 ……………… 黄东海　余　竞　陈海英　李才志 / 380
新型护坡结构四联体杯型块体在横沙东滩工程中的应用
　　……………………………………… 孙卫平　张浩栋　徐　波　黄东海　余　竞 / 386
长江口大堤越浪量现场及试验研究 …………………… 孙　鹏　陈海英　周益人　田　鹏 / 392
测绘新技术在大型圈围项目中的应用研究 ……………………… 苏满全　万立健　赵志冲 / 400
潮汐河口超大型围区多龙口同步合龙关键技术研究 ……………………… 张　剑　陈海英 / 410
BIM 在堤坝工程设计中的应用 …………………………………… 李　正　李　锐　王　飞 / 426
BIM 技术和 CAE 技术的集成应用研究
　　——以横沙东滩八期圈围工程 2 号泵站装置设计为例 ………………………… 周金明 / 432
复杂圈围工程设计施工 BIM 技术及多维数据分析系统研究 ……………… 尹　航　吴晓南 / 438
预制装配式混凝土防浪墙在围堤工程中的应用 ……………………………… 孙　正　郝兢一 / 447

附　录

附录 1　项目参建单位 ……………………………………………………………………… / 457
附录 2　横沙东滩八期工程项目的科研成果 ……………………………………………… / 458

横沙东滩建设历程与展望

上海位于我国海岸线中部和长江入海口，滨江临海，是"一带一路"、长江经济带和自由贸易试验区三大国家发展战略交汇连接的枢纽。上海众多的滩涂资源中，与横沙岛相连的横沙东滩和横沙浅滩地理位置独特，扼守我国海岸线与长江黄金水道的T形交点，通江达海，桥头堡的作用突出。横沙东滩整治对落实《长江口综合整治开发规划》和《上海市滩涂资源利用与保护规划》，稳定河势，保护长江口深水航道，为上海未来发展预留战略空间，落实长江大保护战略具有重要意义。

1 工程建设背景

横沙岛以东的滩地包括横沙东滩和横沙浅滩两部分。目前通常以N23护滩潜堤为界，其以西为横沙东滩，以东为横沙浅滩。横沙东滩面积约110km²，横沙浅滩面积约300km²，如图1所示。

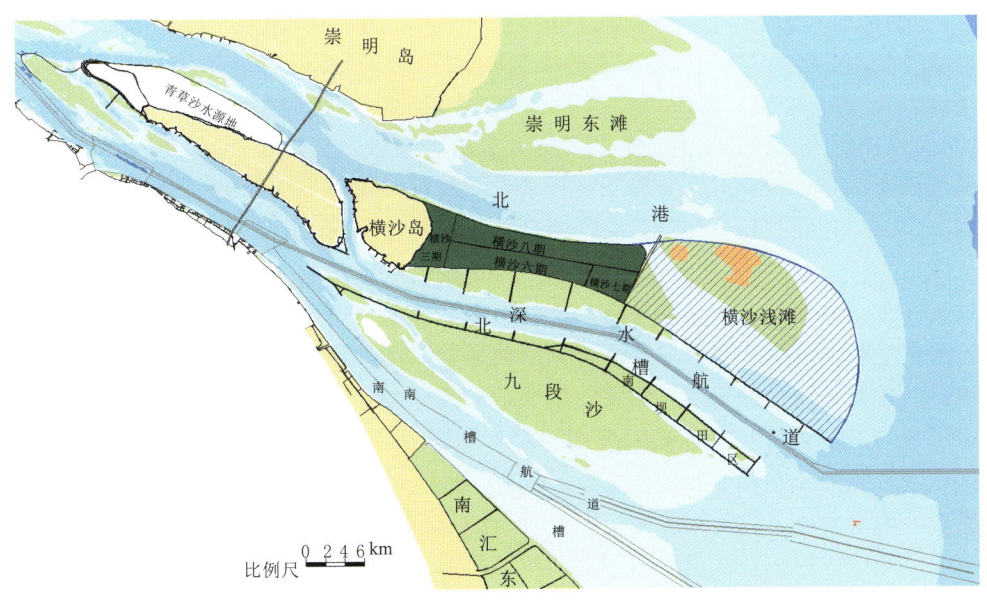

图1 横沙滩地地理位置示意图

1.1 工程建设决策过程

横沙东滩南临长江口深水航道北槽，北贴长江口北港规划航道，西接横沙岛，东面大海，东西向长约23km，南北平均宽约4.6km。横沙东滩整治建设决策过程主要分为三个阶段：

1.1.1 第一阶段：先促淤后圈围，自西向东推进

长江口深水航道治理工程自1998年1月27日开工，至2011年5月18日三期工程通过国家竣工验收。为了保证长江口深水航道的畅通，每年需要处置大量的北槽航道疏浚土。

2001年11月，为科学合理利用长江口深水航道治理二期、三期工程疏浚土方，促进上海市土地资源总量平衡，上海市滩涂造地有限公司启动了横沙东滩整治工程前期工作，编制了《横沙东滩促淤造地工程项目建议书》。根据先促淤后造地、近期开发与中远期规划相结合的原则，制度了按照自西向东、分步成陆、待促淤到一定高程后开展圈围工程的整体实施方案。2003年7月29日，横沙东滩促淤造地工程项目建议书获得上海市发展计划委员会批准。

由此，自西向东，2003年12月—2005年3月，实施了横沙东滩一期促淤工程，促淤面积5.4万亩❶；2006年3月—2007年9月实施了横沙东滩二期促淤工程，促淤面积4.7万亩，2006年8月—2008年实施了横沙东滩三期圈围工程，圈围面积2.6万亩。2008年3月—2009年6月实施横沙东滩四期促淤工程，促淤面积2.26万亩。

1.1.2　第二阶段：横沙五期大道先行，形成重要的陆上依托条件

由于在横沙东滩一期～三期工程实施过程中出现过一些险情，故在分析并吸取了前三期工程建设过程的经验的基础上，对横沙东滩促淤圈围工程的总体实施方案作出调整，即由原来的"由西向东"，调整为"由南向北"，并提出"横沙大道先行"、为后续工程提供重要的陆上交通依托。

为此，2009年3月—2011年1月，实施了横沙东滩五期大道工程，建设五期大道19.24km。

1.1.3　第三阶段：横沙东滩"由南向北"进行促淤圈围

2011年9月—2015年12月，实施了横沙东滩圈围六期工程，圈围面积约4.8万亩；2015年9月—2017年12月实施了横沙东滩圈围七期工程，圈围面积2.02万亩；2016年9月—2021年5月实施了横沙东滩圈围八期工程，圈围面积6.36万亩。

由此，历经近20年建设，横沙东滩于2021完成区域内规划的全部建设任务，累计形成促淤面积约17万亩，圈围面积15.5万亩，利用长江口疏浚土近3亿 m^3。

1.2　工程建设的必要性

1.2.1　是稳固横沙东滩边界，落实《长江口综合整治开发规划》的需要

长江口河道宽阔，从长江口历史演变过程来看，长江口总体河道演变表现为主流南偏、沙岛并岸、河宽缩窄、河口外延。尽管经过长期的演变，长江口已从漏斗状的河口湾演变成现在的分汊河口，口门宽度由2000～3000年前的180km束窄到现在的90km左右，但徐六泾以下的河口仍在不断的束窄过程之中。南北支、南北港和南北槽分布着众多的水下暗沙。这些暗沙的游移不定常常导致长江口河势产生较大的变化。因此，通过滩涂的适当圈围，逐步合理缩窄河宽，既符合长江口的自然演变规律，也是长江口河势控制工程的重要组成部分。

2005年，为了河势稳定、淡水资源利用和水土资源的可持续开发，长江水利委员会组织编制完成了《长江口综合整治开发规划要点报告》，2008年3月，国务院进行批复。《长江口综合整治开发规划要点报告》明确提出，长江口滩涂圈围总体上必须符合长江口河道演变的自然规律，在长江口治导线控制的范围内进行。长江口滩涂开发利用必须遵循圈围与整治相结合、寓圈围于整治的主导思想，先促淤后圈围，总体上必须符合长江口河势演变的规律。规划分近、远期实施滩涂开发利用工程，分近、远期两次开发的有太仓边滩、崇明北沿边滩、横沙东滩、青草沙等。

从北港河势演变分析来看，1998年以来，在长江口深水航道、青草沙水库、横沙东滩等多个工程实施后，目前北港整体上深泓线及河势格局基本稳定。通过本工程的实施，可以稳固横沙东滩的北边界，工程建设符合《长江口综合整治开发规划》的要求，建设是必要的。

1.2.2　是实现利用长江口深水航道疏浚土泥沙资源的可持续利用，落实《上海市滩涂规划》的需要

长江口深水航道工程疏浚土方量巨大，如果采用疏浚土抛泥区抛泥方式，不仅造成泥沙资源浪

---

❶　1亩＝666.67m^2。

费，而且在一定程度上会影响航槽的回淤，且运距加大，费用增加。因此，从减少航槽的回淤、利用泥沙资源和提高经济效益等方面出发，深水航道工程疏浚土方量，通过设在北导堤沿线的吹泥站向促淤圈围区吹泥，既解决了长江口深水航道大量的疏浚土出路，综合利用疏浚土，又为加快促淤圈围区的淤积成陆创造了十分有利的条件。

2009年，为服务上海市"十二五"经济社会发展大局，适应长江口综合整治开发和长江黄金水道建设的要求，统筹滩涂资源开发利用和生态保护，缓解土地资源供需矛盾，上海市水务局、海洋局编制了《上海市滩涂资源开发利用与保护"十二五"规划》，提出为实现本市耕地占补平衡提供支撑，服务上海经济社会全面、协调、可持续发展，要抓住机遇，紧密结合河口整治的固滩护堤工程和航道建设的导堤工程，合理利用航道疏浚土，充分发挥长江口资源的综合效益。

2015年，为了更好地发挥上海的区位优势，统筹防洪安全、供水安全、河势控制、航道稳定与滩涂资源利用和保护的关系，满足长江口综合整治开发和长江黄金水道建设的需要，服务"长江经济带"和"一带一路"国家战略，服务上海"全球城市"建设目标，上海市水务局组织编制了《上海市滩涂资源利用与保护"十三五"规划》，提出重点结合长江口深水航道治理维护和北港航道建设，加快实施横沙东滩促淤圈围；遵循长江河口河势演变规律的基础上，抓住时机，加大利用长江河口泥沙资源，在规划治导线内进行促淤或圈围。保护生态，动态平衡，建设生态良好的河口环境。其中，横沙东滩作为农用地进行促淤和圈围，预计航道疏浚土利用率可达到80%。

因此，本工程建设可充分发挥长江口资源包括泥沙资源和航道疏浚土的综合效益，是落实上海市滩涂"十二五""十三五"规划的需要，工程建设是必要的。

1.2.3 是为上海市提供后备土地资源，满足上海市耕地占补平衡、实现上海城市可持续发展的需要

上海的经济发展速度快，人口密度高，土地资源十分紧缺。长江平均每年挟带4亿t以上的泥沙入海，大量泥沙在河口地区沉积，造就了丰富的滩涂资源。据有关资料统计，长江口地区通过泥沙输移和沉积，以及泥沙的再悬浮和口内外泥沙的交换，年自然造陆约1500～3000hm^2。因此，开展横沙东滩的滩涂促淤圈围工作，利用滩涂资源，已成为缓解城市用地矛盾的一条最主要、有效的途径。

上海现有土地面积超过50%是多年来不断圈围形成的，特别是近70年来全市共圈围滩涂近1035km^2，约占本市陆域面积的15%。1949—2000年共圈围造地126万亩，而建设占用耕地面积227.1万亩，占补不平衡。另外，上海城市总体规划时提出"到2020年城市建设的重心从600km^{2}扩展到1500km^2"，其占补平衡中的耕地很大一部分来源于促淤及圈围。

2008年，为了促进上海经济社会全面、协调、可持续发展，上海市编制《上海市土地利用总体规划（2006—2020年）》，明确："至2010年，结合长江口整治、港口建设、生态环境保护等，可在崇明东滩、长兴、横沙两岛、南汇边滩、杭州湾北岸等促淤80万亩，圈围60万亩。"围垦滩涂、开发土地资源对上海的城市和社会经济发展起着十分重要的作用。本工程建设满足了上海市土地占补平衡、实现城市可持续发展的需要，工程建设是必要的。

1.2.4 是保证围内防洪排涝安全和满足围区水源的需要

横沙东滩土地属圈围吹填形成，基本为光滩裸地，内部无河道。仅依靠临时排水管将会造成围区内水位抬高，影响围堤安全。因此，需沿围堤修建排涝水（泵）闸及河道，及时将围内雨水排出，确保围内防洪排涝安全。

河网水环境的综合整治关键在于控制和治理各类水污染源，在感潮河网地区，通过调水保证河网水流流动也是一项必要的辅助措施。横沙东滩地处长江口，三面环水，水系独立，水资源相对量多质优。横沙东滩可引水的水源是长江口水体。长江口水质基本为Ⅲ类。调水时可根据水体的量、

质和时空分布的特点及针对横沙东滩水体水质、咸度、泥沙含量、潮汐等实际情况，可灵活机动的采取实时调度方案。对横沙岛而言，可采取的调度方案为：近期北引北排、远期西引北排等多种调度方案。通过河网水系及水（泵）闸的建设，形成容纳淡水库体，并可从长江口引入优质淡水，满足农业及生活等用水要求，并盘活围内河道的水体，成为流动的活水，改善水体水质。

1.3 建设目标

横沙东滩滩涂整治工程总体目标是按照"先促后围、多促少围，远近结合、前后衔接、分步推进、注重保护，科学开发"的原则分期实施。形成促淤面积约17万亩，圈围面积15.86万亩，吹填上滩全部利用长江航道疏浚土。横沙东滩一期～八期工程布置图如图2所示，横沙东滩滩涂整治工程概况一览表见表1。

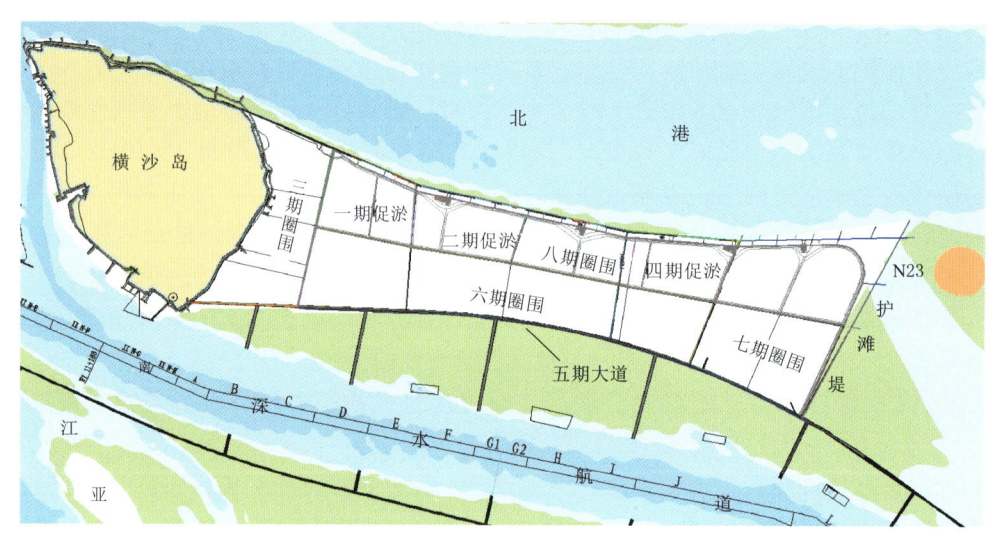

图2　横沙东滩一期～八期工程布置图

表1　　　　　　　　　横沙东滩滩涂整治工程概况一览表

项目名称	工程内容	面积/万亩	施工时间	堤顶高程/m
N23护滩堤工程	堤长8km	—	2003年6月—2004年8月	2.00～1.00
一期促淤工程	东侧堤3.75km	5.4	2003年12月—2005年3月	2.00
	北侧堤7km			4.00
	东纳潮口1km			0.50
二期促淤工程	一期北侧堤加高7.2km	4.7	2006年3月—2007年9月	3.50
	二期北侧堤新建7.7km			3.50
	东侧堤3.9km（含纳潮口3.1km）			1.50
	南堤7.5km			3.50
三期圈围工程	东侧堤5.8km	2.6	2006年8月—2008年（吹填时间：2009年12月—2011年1月）	9.40
	南围堤4km			9.00
	北围堤3.7km			9.00
	2条隔堤4.7km			9.00
四期促淤工程	东侧堤4.8km	2.26	2008年3月—2009年6月	3.50
	南侧加高北导堤3km			3.50
五期大道工程	长19km	—	2009年3月—2011年1月	8.40

续表

项目名称	工程内容	面积/万亩	施工时间	堤顶高程/m
六期圈围工程	长约18km	4.76	2011年9月—2013年1月（吹填时间：2012年10月—2015年12月）	8.00
七期圈围工程	东堤3618m	2.02	2015年11月—2017年12月	8.60
	北侧堤4782m			8.00
	分隔堤2937m			5.50
八期圈围工程	北堤总长18815m	6.36	2016年9月—2021年5月	10.00（北堤） 10.00~10.40（东堤）
	东堤总长3694m			
	保滩坝17.6km			
	隔堤8.9km			
	河道54.9km			
	水（泵）闸4座			

1. 一期促淤工程

在紧临横沙岛的横沙东滩上结合长江口深水航道治理一期工程北导堤，利用自然促淤及长江口深水航道疏浚吹泥方法，形成5.4万亩的促淤圈围区。

2. 二期促淤工程

加高一期工程北侧堤及北导堤的基础上，通过建设北侧促淤堤、东侧促淤堤，并加高二期北导堤。着重研究改善一期、二期促淤区的水流、泥沙沉积条件，以期达到一期、二期促淤区淤积速度快，工程促淤效果好，以加快一期促淤区的成陆。

3. 三期圈围工程

通过建设北围堤、南围堤、东围堤、龙口及临时排水等设施，结合深水航道治理二期、三期工程疏浚土方，通过设在北导堤沿线的1号吹泥站向圈围区吹泥，一举两得，节省投资。

4. 四期促淤工程

通过建设北侧堤、东侧堤、加高深水航道北导堤、一期北侧堤纳潮口门拓宽，一期东侧堤口门封堵，促淤面积约为2.26万亩。

5. 五期大道工程

通过工程建设改变单一的水路运输，为横沙东滩后续促淤圈围工程提供重要的陆上依托，保障后续工程物资、人员的安全；通过工程的建设形成了后续圈围工程的一部分；通过工程建设改善水流及波浪条件，增加促淤效果，保障已有工程的安全；通过工程建设提供本工程及后续工程的材料预制及中转基地，保障工程建设的顺利进行。

6. 六期圈围工程

紧靠五期工程南大堤的北侧，在二期、四期促淤区沿线，先行实施圈围成陆，由西向东共分隔成4个围区，总面积4.76万亩。改善促淤区的促淤效果，又有利于保障已有促淤堤的工程安全。同时，可为充分利用长江口深水航道疏浚土资源创造有利的条件，达到资源综合利用。

7. 七期圈围工程

依托已建横沙东滩五期南大堤和横沙东滩六期东侧堤，通过新建东堤、北侧堤圈围成陆，为上海市提供后备土地约2.02万亩。通过缩窄横沙四期纳潮口，改善四期促淤区的风浪条件及淤积效果。利用长江口深水航道疏浚土资源进行围区内吹填。

8. 八期圈围工程

依托横沙东滩六期北侧堤、横沙东滩七期北侧堤，通过新建北堤、东堤圈围成陆，充分利用长江口深水航道疏浚土资源，为上海市提供农用地 6.36 万亩。根据河势变化情况以及工程建设后的流场变化情况，对北堤、东堤进行保滩，减缓风浪长期对围堤岸坡的作用，提高围堤结构断面的安全。确保八期工程防洪排涝安全以及解决六期、七期排水出路，为围区土地整理提供条件。

2　工程建设历程

2.1　一期促淤工程

横沙东滩一期促淤工程于 2003 年 12 月—2005 年 3 月实施，促淤面积 5.4 万亩（图 3）。按 50 年一遇设计标准，建设东侧堤 3.75km、北侧堤 7km、纳潮口 1km。

2.2　二期促淤工程

横沙东滩二期促淤工程于 2006 年 3 月—2007 年 9 月实施，促淤面积 4.7 万亩（图 4）。按 50 年一遇设计标准，建设一期北侧堤加高 7.2km、二期北侧堤新建 7.7km、东侧堤 3.9km（其中纳潮口 3.13km）、加高北导堤 7.5km。

2.3　三期圈围工程

横沙东滩三期圈围工程（在一期促淤工程范围内实施）于 2006 年 8 月—2008 年实施，圈围面积 2.6 万亩（图 5）。按 50 年一遇设计标准，建设东侧堤 5.792km、北侧堤 3.723km；按 20 年一遇设计标准，建设南侧堤 3.994km。围区吹填工程于 2009 年 12 月—2011 年 1 月实施，利用长江口北槽深水航道疏浚土 2725 万 m³。

2.4　四期促淤工程

横沙东滩四期促淤工程于 2008 年 3 月—2009 年 6 月实施，促淤面积 2.26 万亩（图 6）。按 50 年一遇设计标准，东侧堤 4.832km、加高北导堤 3.2km、北侧堤（4.064km 其中纳潮口 3.464km）、拓宽一期北侧堤纳潮口（由 1.2km 拓宽至 2.15km），封堵一期东侧堤原纳潮口 1.12km。

2.5　五期大道工程

横沙东滩五期大道工程于 2009 年 3 月—2011 年 1 月实施，按 50 年一遇设计标准，建设五期大道 19.24km（图 7）。

2.6　六期圈围工程

横沙东滩六期圈围工程于 2011 年 9 月—2013 年 1 月实施，圈围面积约 4.76 万亩（图 8）。按 50 年一遇校核设计标准，北侧堤 14.752km、东侧堤 2.454km、分隔促淤堤 2.027km。围区吹填工程于 2012 年—2015 年 12 月实施，利用长江口北槽深水航道疏浚土 6378 万 m³。

2.7　七期圈围工程

横沙东滩七期圈围工程于 2015 年 11 月—2017 年 12 月实施，圈围面积 2.02 万亩（图 9）。按 100 年一遇设计标准，建设东堤 3618m；按 50 年一遇校核设计标准，建设北侧堤 4782m；四期纳潮口缩窄 1964m。利用长江口北槽深水航道疏浚土 4046.6 万 m³。

2.8　八期圈围工程

横沙东滩八期圈围工程于 2016 年 9 月开工，2021 年 5 月底完工，圈围面积 6.36 万亩（图 10）。建设围堤工程：22.5km、保滩坝 17.6km；隔堤 8.9km；河道 54.9km；水（泵）闸 4 座。利用长

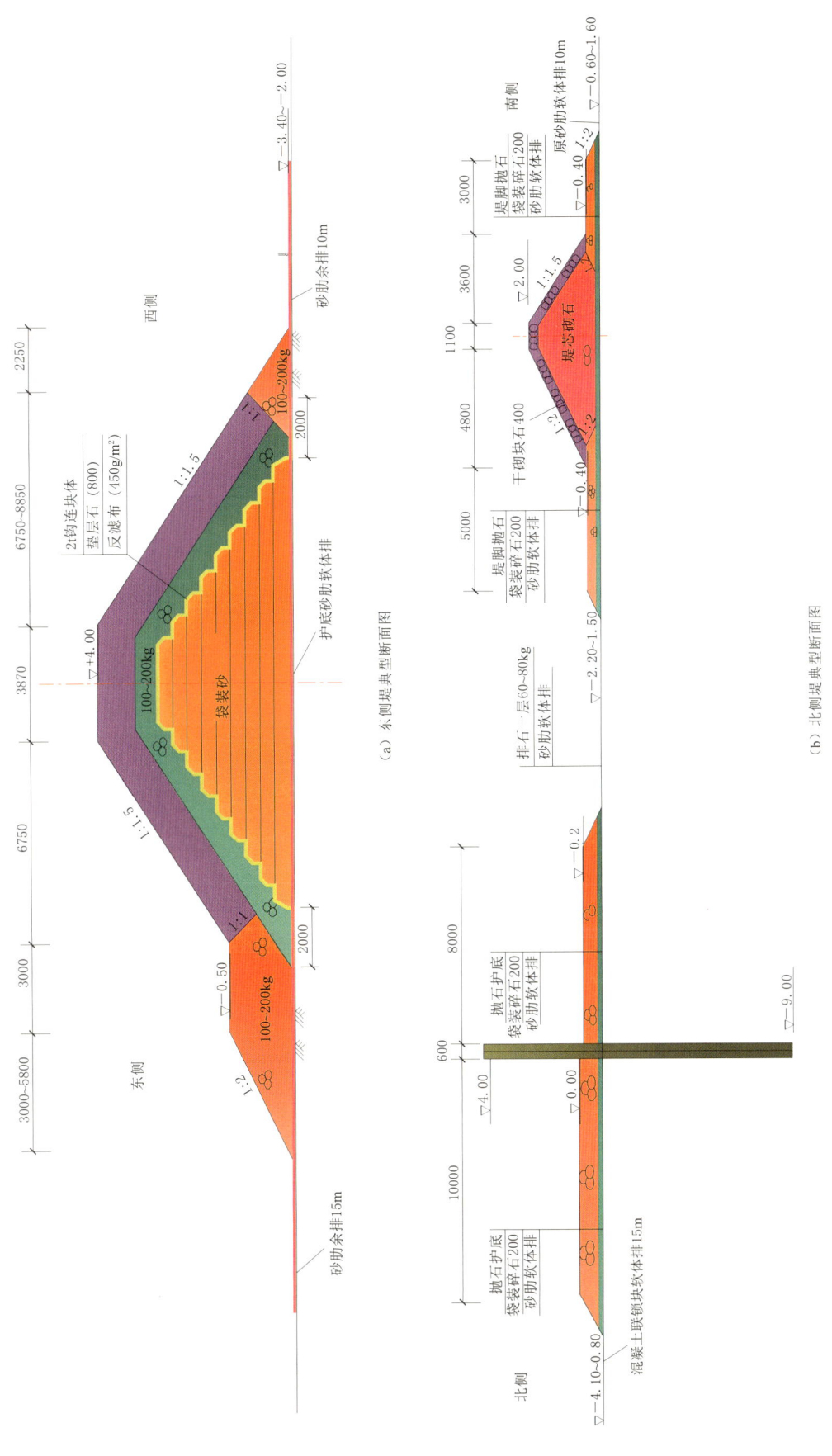

图 3 一期促淤工程断面图（高程以 m 计，其余尺寸以 mm 计）

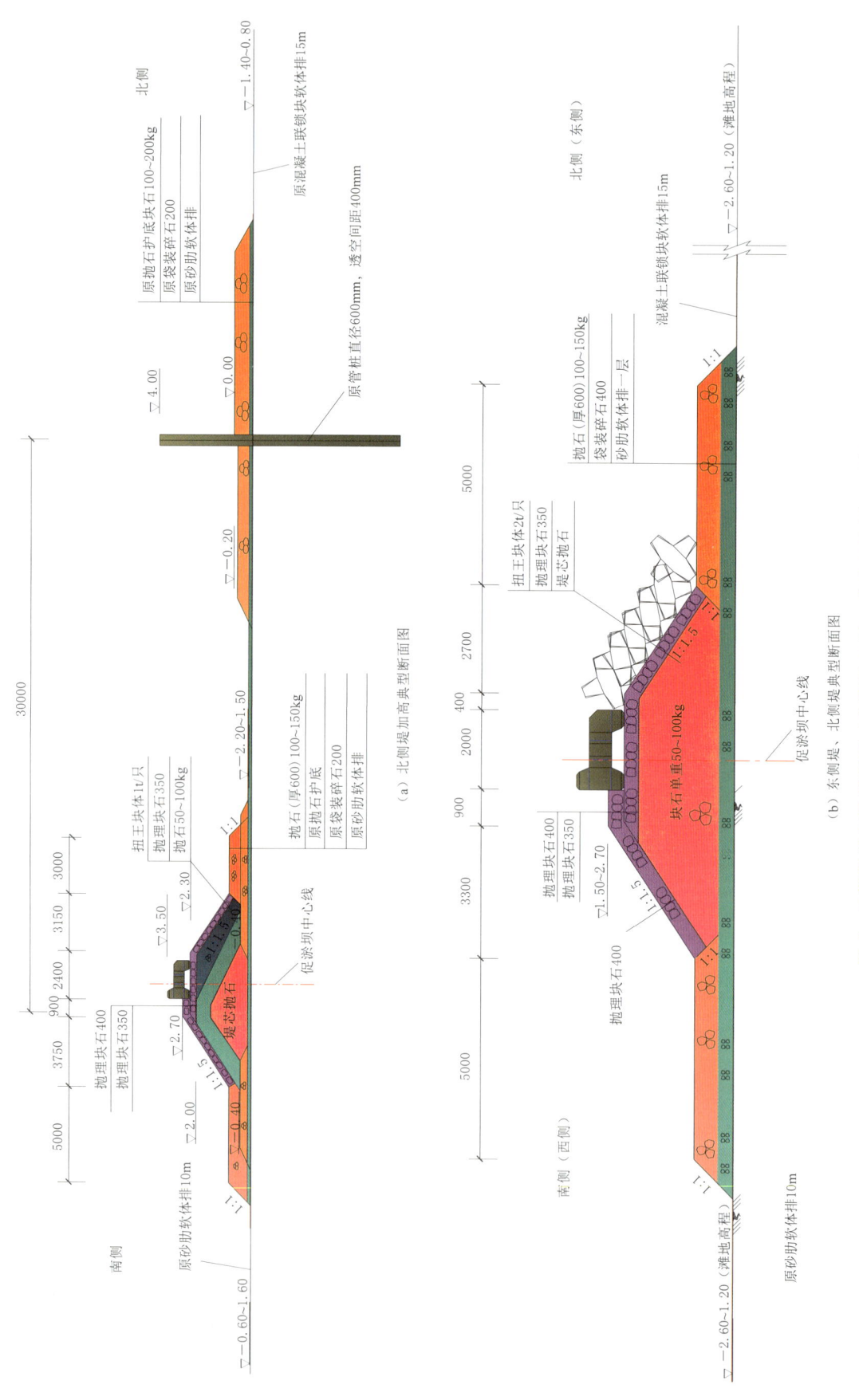

图 4 二期促淤工程断面图（高程以 m 计，其余尺寸以 mm 计）

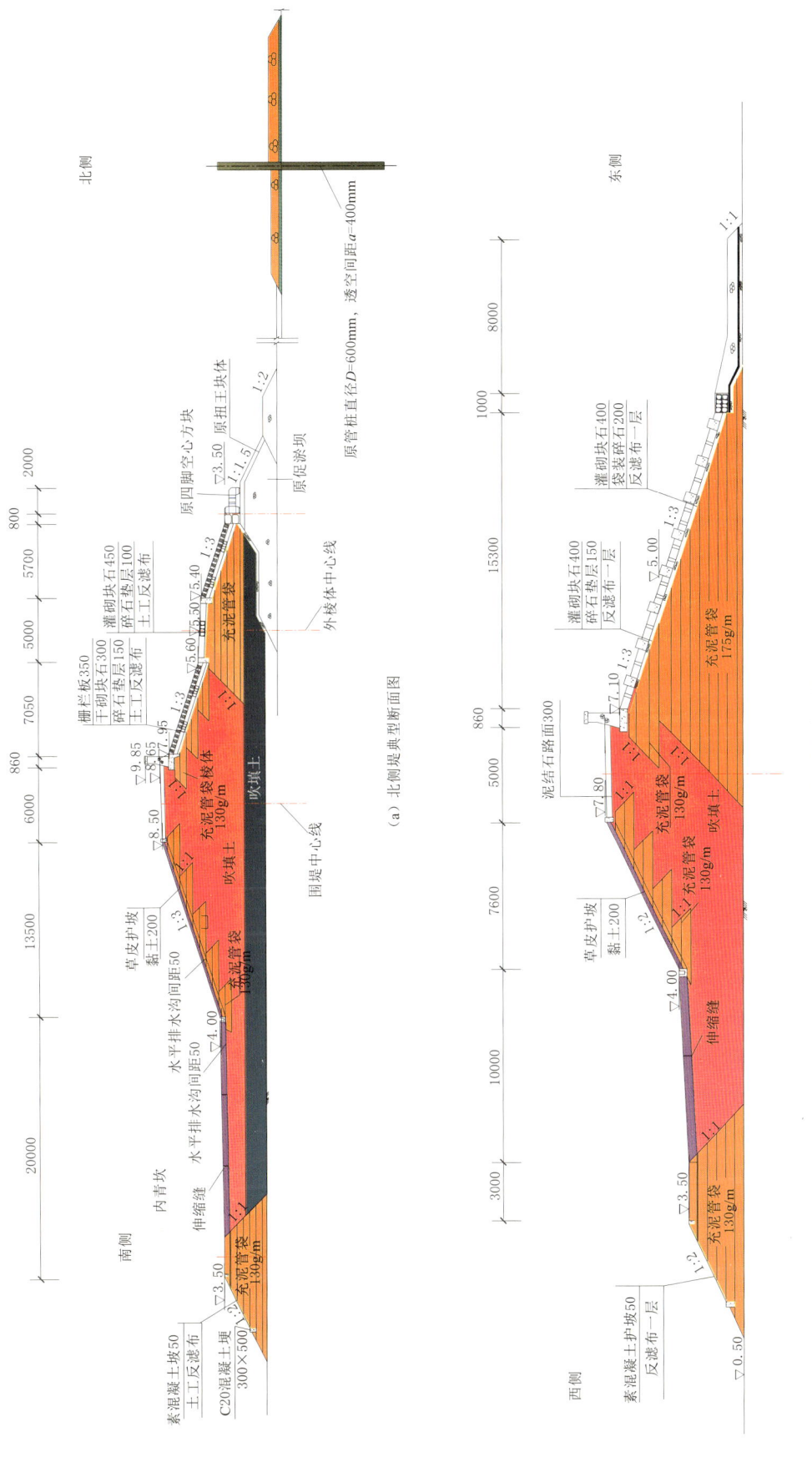

图 5 (一) 三期圈工程断面图（高程以 m 计，其余尺寸以 mm 计）

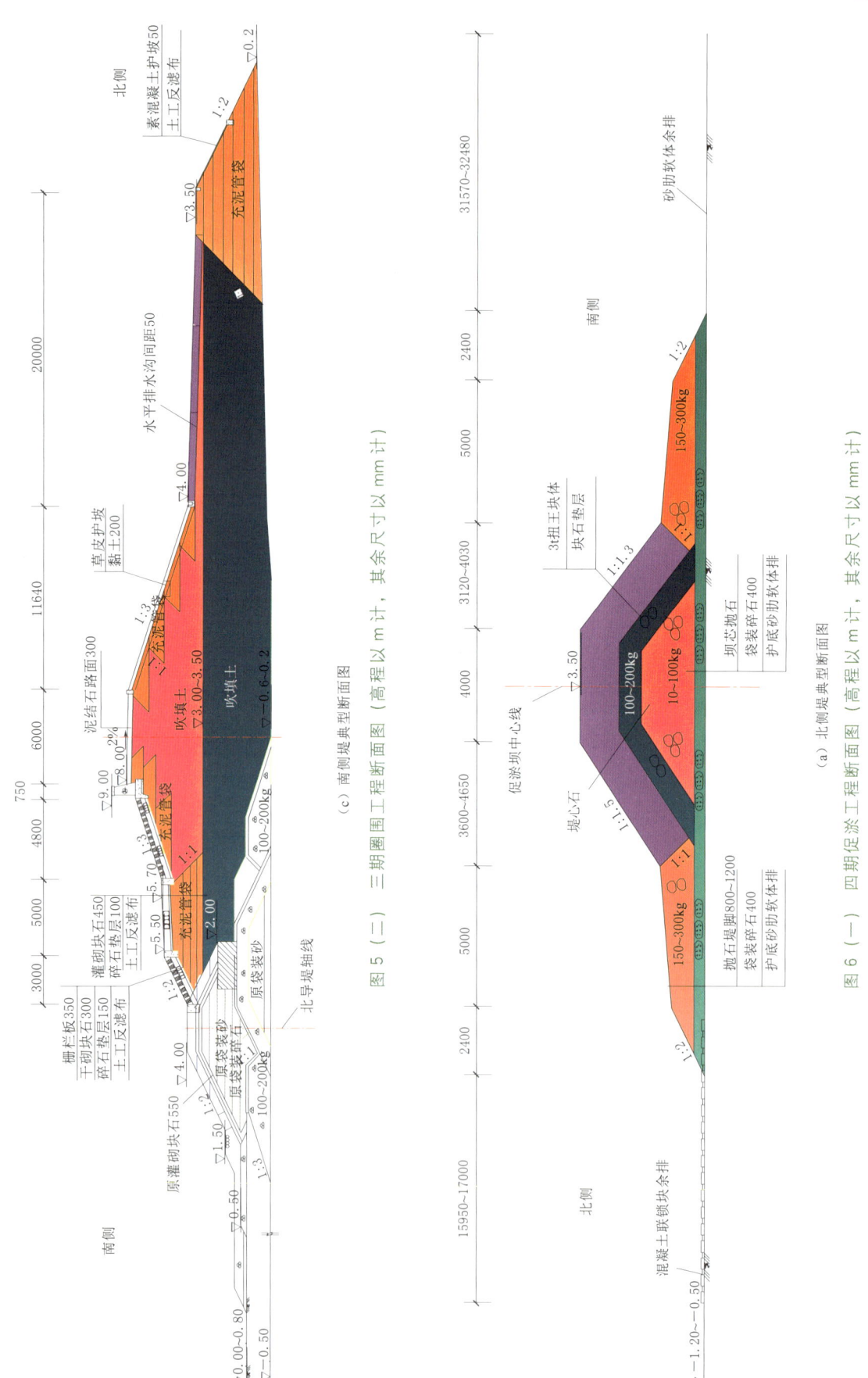

图 5（二） 三期圈围工程断面图（高程以 m 计，其余尺寸以 mm 计）

图 6（一） 四期促淤工程断面图（高程以 m 计，其余尺寸以 mm 计）

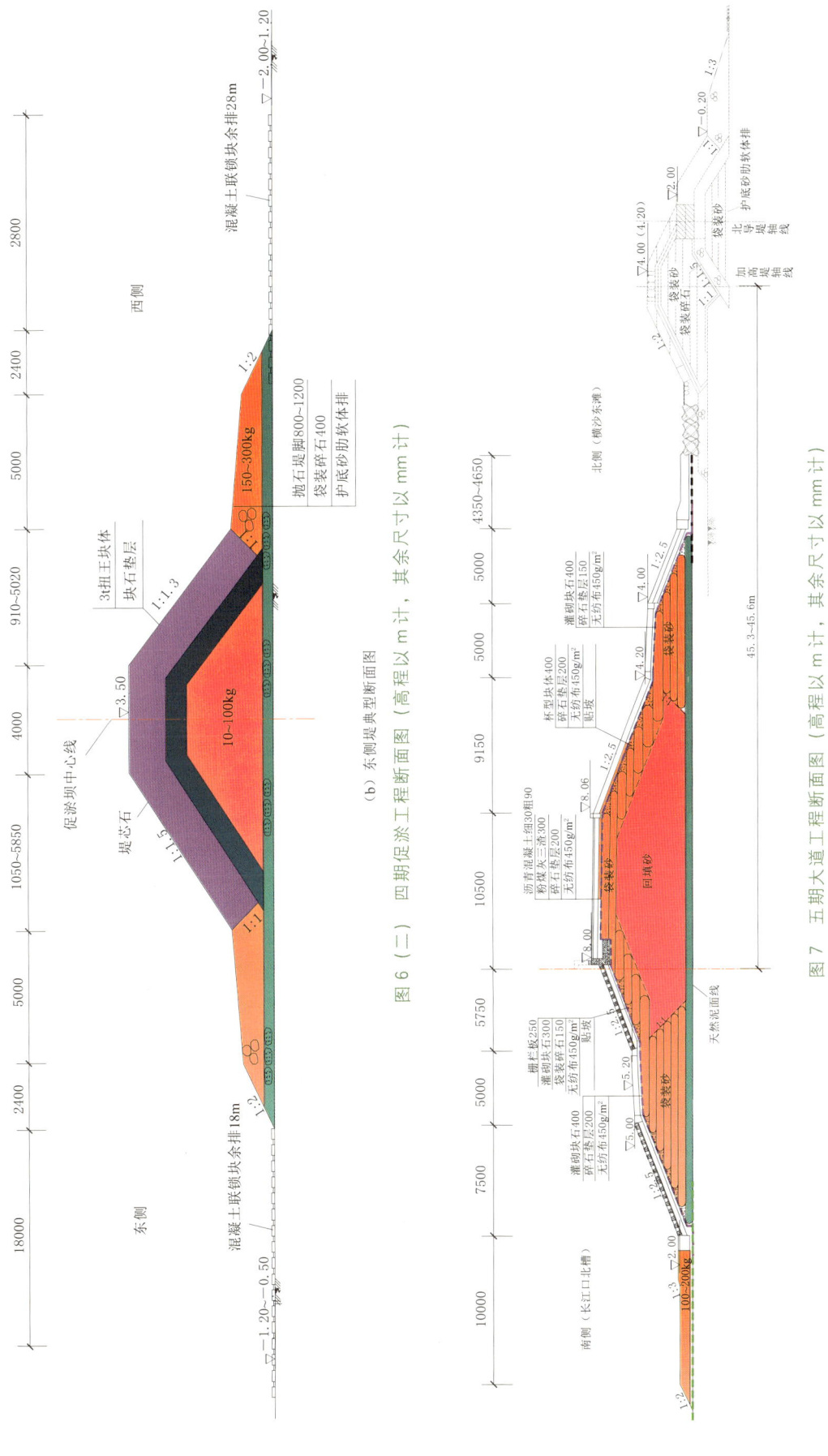

(b) 东侧堤典型断面图

图 6 (二) 四期促淤工程断面图（高程以 m 计，其余尺寸以 mm 计）

图 7 五期大道工程断面图（高程以 m 计，其余尺寸以 mm 计）

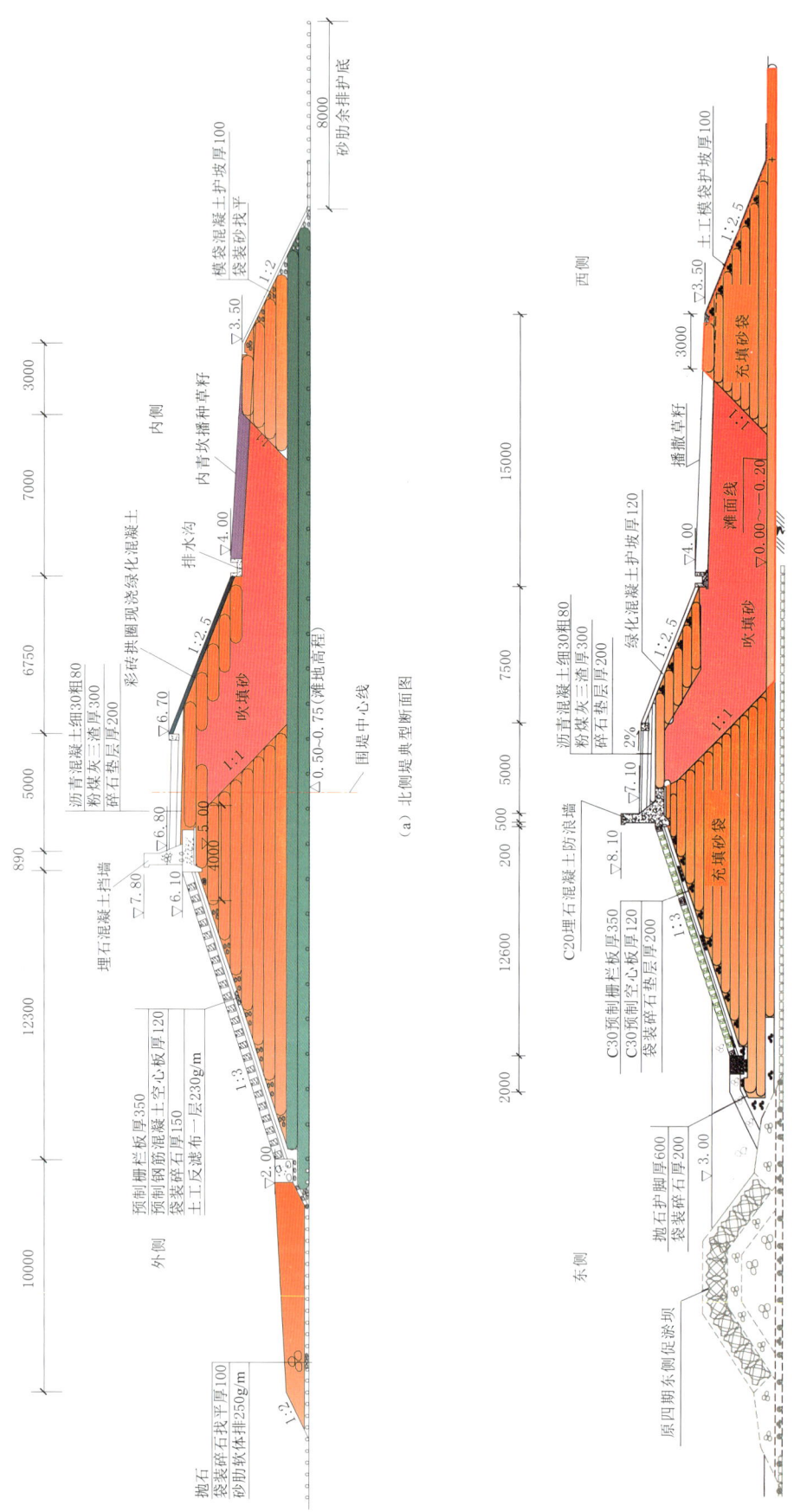

图 8 六期圈工程断面图（高程以 m 计，其余尺寸以 mm 计）

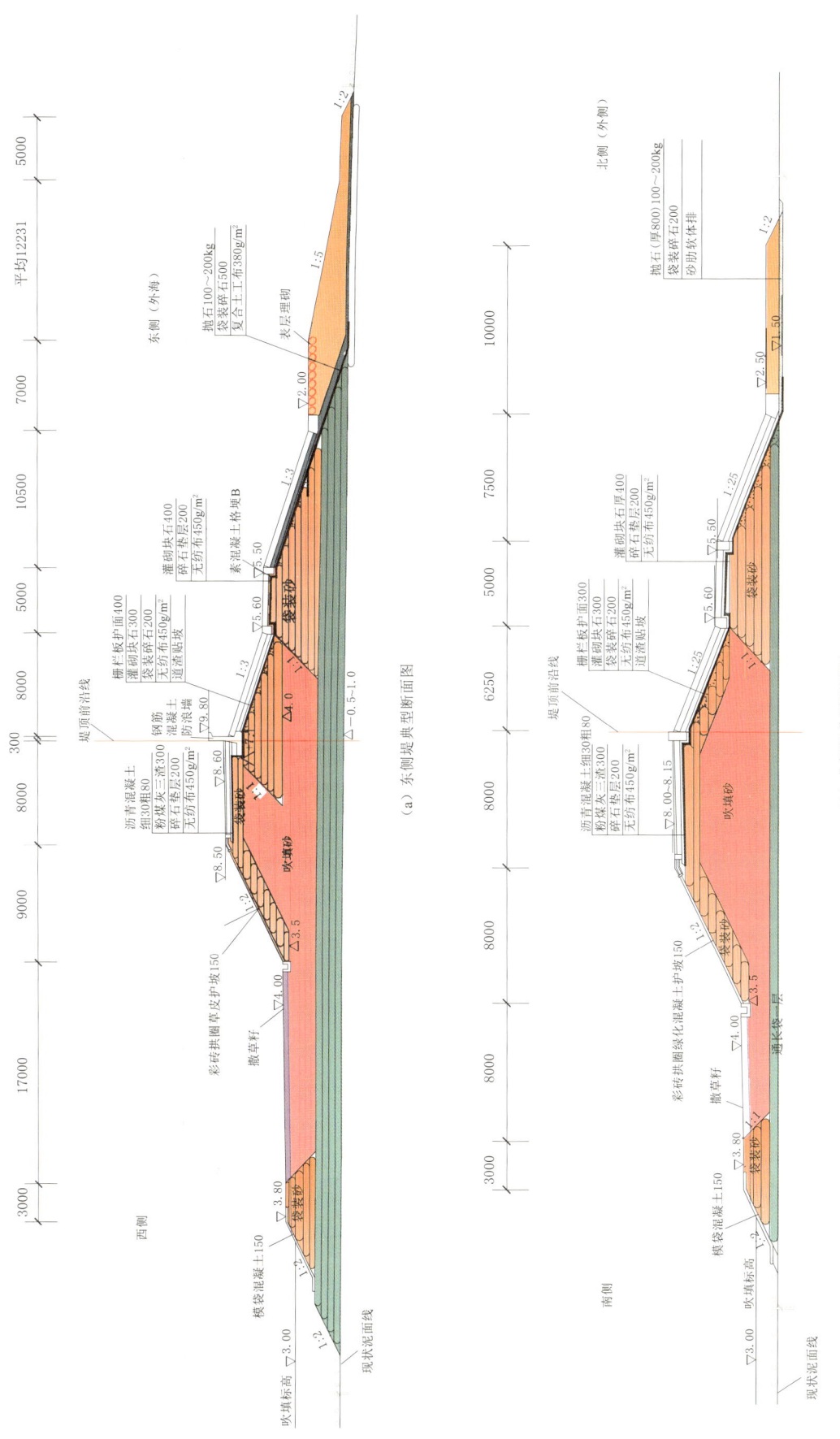

图 9（一） 七期圈围工程断面图（高程以 m 计，其余尺寸以 mm 计）

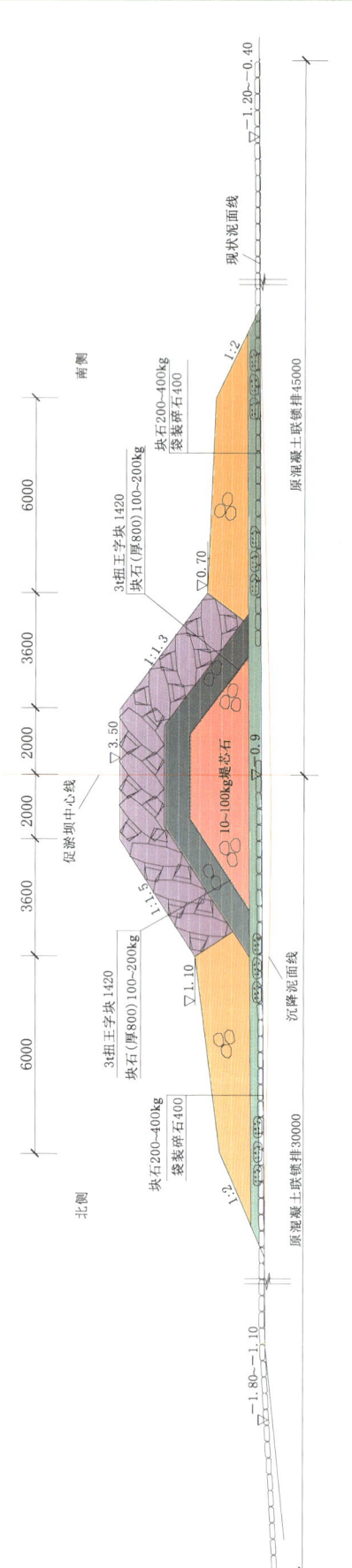

(c) 四期纳潮口缩窄型断面图

图9（二） 七期圈工程典型断面图（高程以m计，其余尺寸以mm计）

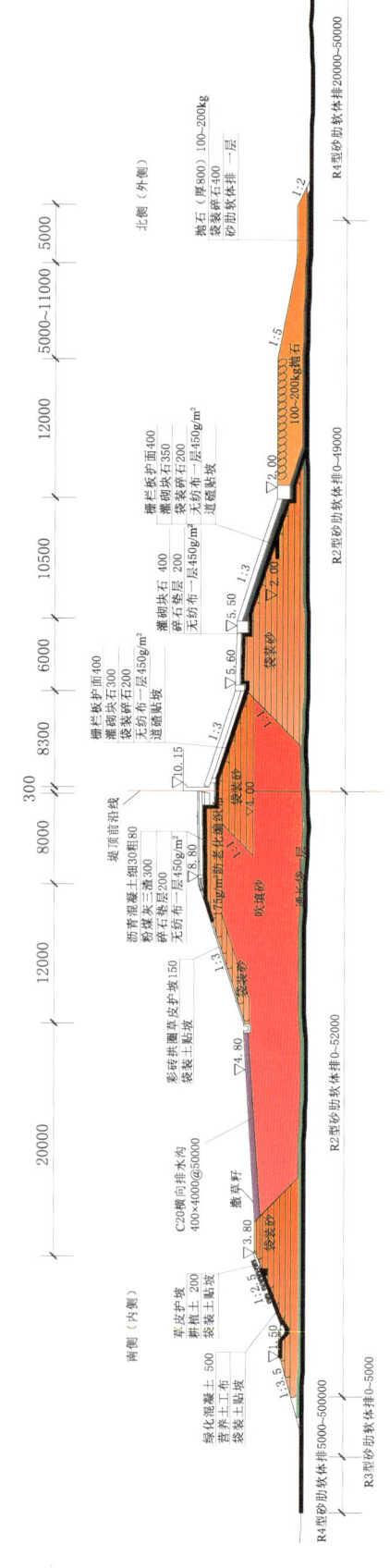

(a) 北堤典型断面图

图10（一） 八期圈工程断面图（高程以m计，其余尺寸以mm计）

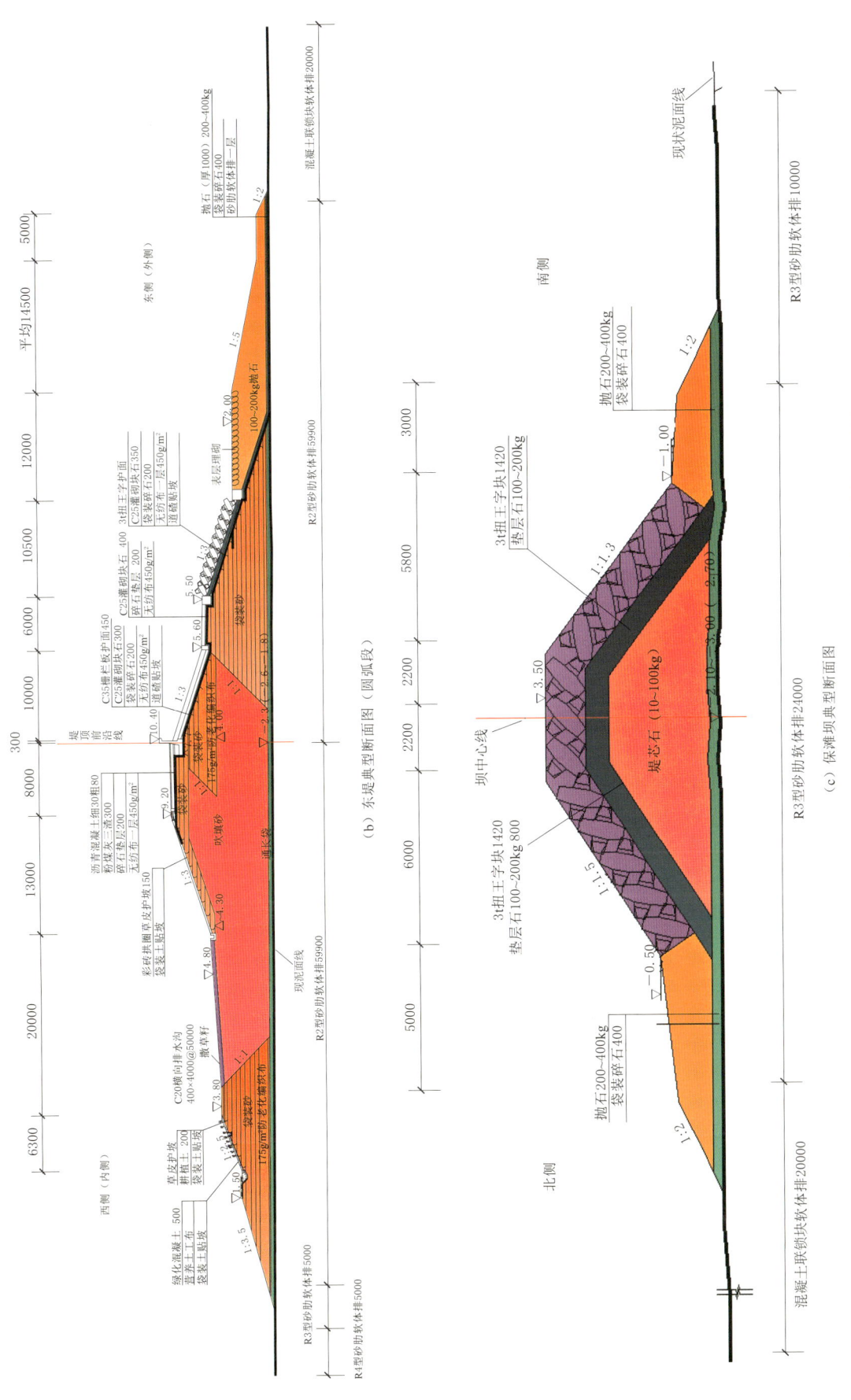

图10（二） 八期圈工程断面图（高程以m计，其余尺寸以mm计）

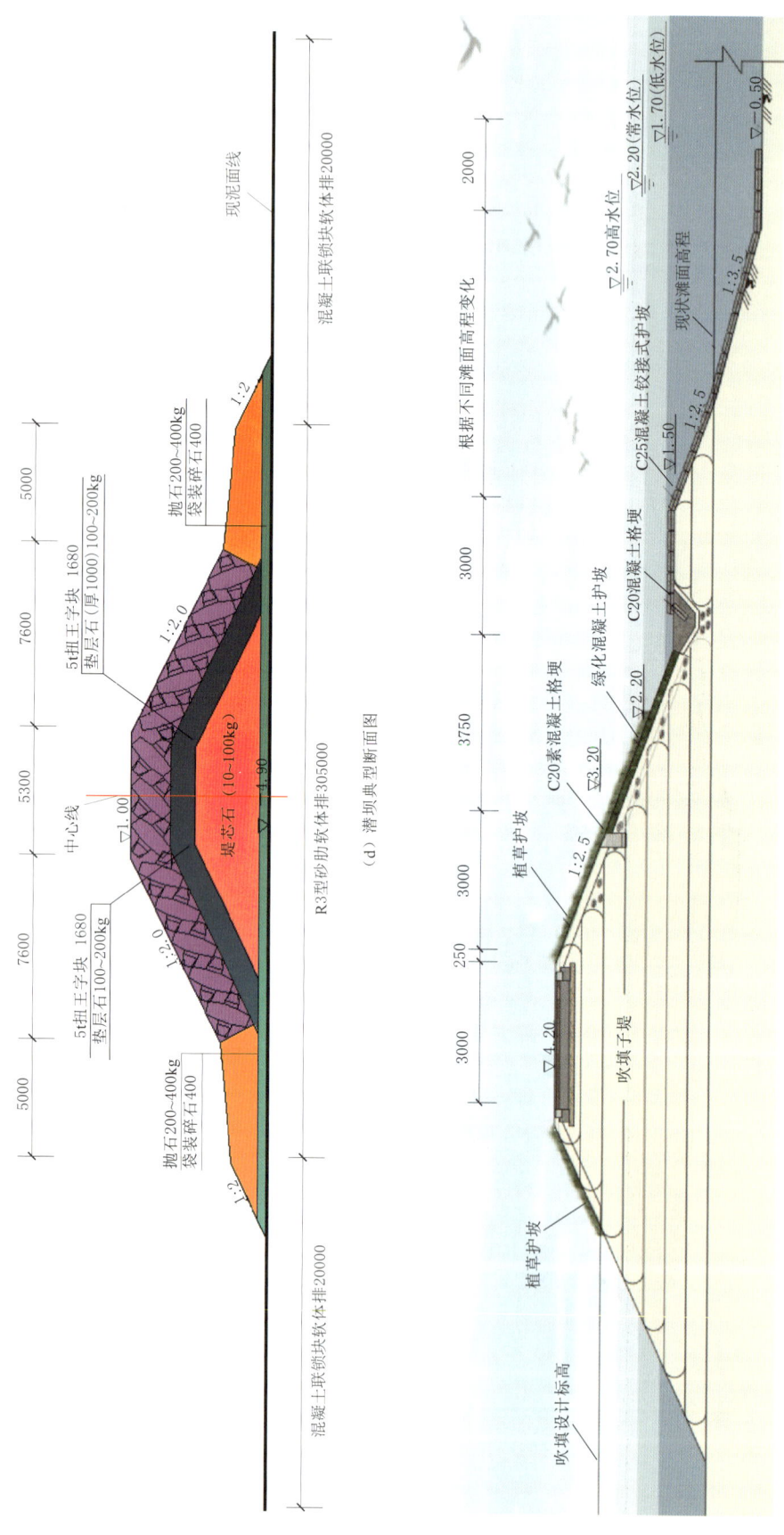

图10(三) 八期圈工程断面图(高程以m计,其余尺寸以mm计)

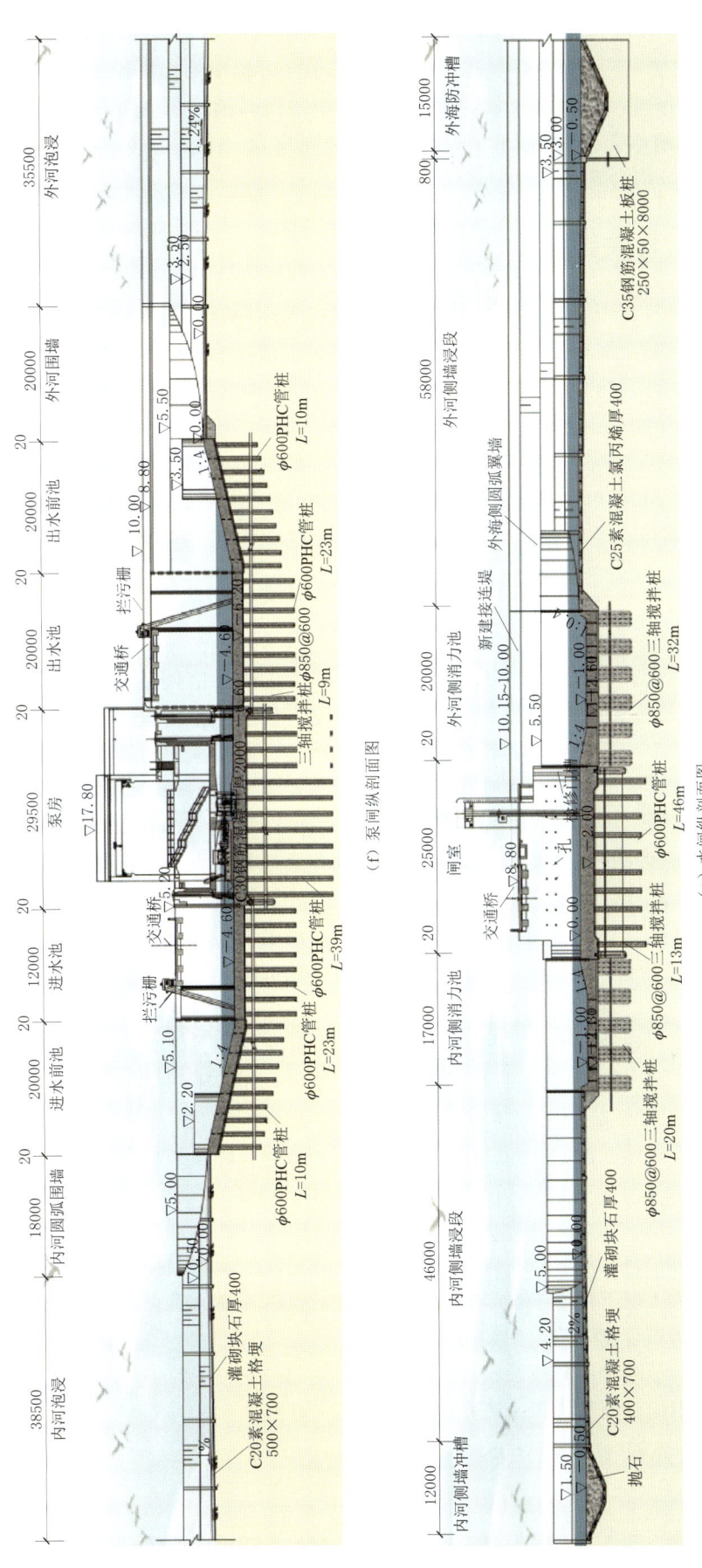

图 10（四） 八期圈围工程断面图（高程以 m 计，其余尺寸以 mm 计）

江口北槽深水航道疏浚土14242.3万 m³。

东堤、北堤按照100年一遇高潮位与同频率风速、不允许越浪的标准设计。保滩坝按最不利潮位加50年一遇风速的标准设计。水（泵）闸按照100年一遇高潮位与同频率风速的标准设计。河道按20年一遇24h降雨不受涝的标准设计。2座水闸净宽均为三孔总净宽24m，2座泵闸均为单孔净宽12m的水闸加流量均为62m³/s的泵站。

3 工程建设难点与关键技术问题

横沙东滩区域建设过程中支撑工程顺利实施的关键技术和创新主要体现在：一是总体建设方案方面；二是筑堤技术方案方面；三是水系设计方案方面；四是施工组织方面。

3.1 工程建设难点

1. 总体建设方案

（1）因首次在环长江口区域进行大规模区域性滩涂整治，缺乏有效掌控整体实施可借鉴的经验。

（2）圈围成陆需要大量吹填土，而长江口缺乏大规模沙源条件，如何充分利用航道疏浚土资源则成为唯一可能，但需在机制模式予以落实。

（3）区域成陆面积达15.86万亩，区域整体防洪排涝安全需要全面规划和同步安全实施。

2. 筑堤设计方案

（1）如何科学合理地确定圈围大堤堤线平面布置，确保工程长治久安。

（2）鉴于横沙东滩滩面易于起动，如何科学合理设计软体排保滩护底工程是确保工程安全的关键难点。

（3）鉴于区域是先促淤后圈围及先行疏浚土上滩等情况，圈围大堤地基存在深厚淤泥层，选择科学合理的地基处理方案是既保证大堤安全又经济合理高效完成工程建设任务成为关键技术难点。

3. 水系设计方案

需要研究针对先行吹填区河道开挖和预留成河岸坡骨架选择技术经济合理的设计方案。鉴于水泵闸两侧均是在滩涂上堆土填筑的围堤以及吹填土，近闸处填土高度达11.0m，一方面高填土将引起闸堤不均匀沉降，从而导致闸堤间出现裂缝；另一方面高填土引起的边荷载增大了边墩的弯矩并使闸底板产生较大的负弯矩，需要研究消除此影响可能导致沉降及沉降差有效处理方式。

4. 施工组织方案

（1）实践经验表明科学合理的施工顺序是工程建设保驾护航的关键，因此必须通过数模（或物模）等技术手段科学论证每期施工建设过程科学合理的施工顺序是施工组织设计关键难点。

（2）鉴于横沙东滩区域属于开阔水域，自然条件十分恶劣，该区域风大浪高，尤其是在冬季出现寒潮的天气频率极高，给吹泥管袋施工及保护带来极大影响，因此如何保证施工过程吹泥管袋安全是施工难点。

（3）横沙东滩工程位于长江口外，水沙运动、水动力条件及河床演变的复杂程度世界罕见，八期工程围区总面积42km²，水域开敞、无掩护、浪大流急，水流流态复杂多变，施工环境恶劣。在如此大的围区且恶劣的工况下进行围区合龙，难度极大，国内外尚无类似工程的成功经验可循，如何进行大围区多龙口同步合龙是施工中关键难点。

（4）鉴于为了达到保滩护底功能，底部设计采用长度超过140m的多层吹泥通长管袋结构。为了实现设计意图，采用何种高效施工工艺是施工过程又一难点。

3.2 筑堤设计是横沙东滩整治工程建设难点与关键

1. 因地制宜合理确定圈围大堤堤线平面布置

横沙东滩北侧区域为北港主槽，河势逼岸，在长江上游来沙减少的大环境下，北侧将长期处于冲刷态势。鉴于这一客观自然条件，横沙东滩八期圈围工程时，北堤布置时充分吸取了以往的经验教训，在设计理念上以保证工程顺利实施和长期安全运行为前提，不再盲目追求土地资源效益最大化，选择围堤与促淤堤分离式布置方案，即围堤退后促淤堤且布置在促淤堤内侧，促淤堤成为围堤工程的保滩坝，在围堤与促淤堤之间留出足够宽的滩地来确保圈围工程大堤的长治久安，实践证明是成功的。

2. 高度注重保滩护底软体排的设计与运用

在总结各阶段工程经验的基础上，在横沙东滩后续工程（四期～八期）前期及建设过程中把护底软体排设计和施工提到了十分重要位置。实践表明，横沙东滩龙口位置流速大，可根据河床质的底高程作为可能最大冲深来确定护底排宽度，其余的堤段可根据水流流速引起的最大冲深深度进行护底排宽度设计。重视理论研究的同时在施工过程必须进行严格管理，严格按照排体施工规范要求抓好现场施工管理，此后在横沙后续工程中再也没有出现因软体排缺失或排体宽度不足引起的工程实施不顺利及建成后的安全运行问题。

3. 淤泥质地基处理技术保证了大堤的稳定

横沙部分堤段堤基范围有深厚不均的回淤土，应根据不同的地形、地质条件，因地制宜按堤段分类进行堤基处理，考虑到地基处理施工时间集中在冬季、寒潮多，若全部采用传统的塑料排水板地基处理对工期影响很大，故需要尽量减少采用塑料排水板进行地基处理的方式，在充分论证多层通长袋的加筋作用下，提出了绝大部分软弱土地基的堤段，选用不同层数的通长袋加筋地基处理方法，针有对原位置有冲刷深坑后又回淤形成浮泥地基的堤段，采用了"通长袋加筋＋排水板＋外侧抛石反压"进行地基处理。创新性提出了采用多层通长管袋的地基处理方式，极大地减少了采用传统塑料排水板地基处理方式，既避免了地基处理施工对工程工期的影响，又节省了工程投资。工程实施过程中的监测数据以及实际情况表明，采取多层管袋加筋地基处理仍能确保围堤堤身稳定。

3.3 水系设计是横沙东滩整治工程建设难点与关键

3.3.1 河道开挖成型技术的合理运用

1. 堆载预压联合塑料排水板加固土体处理后开挖成河

为充分利用疏浚土成陆，1号、2号围区在圈围前进行了吹填成陆。为保证边坡顺利开挖，在河道岸坡位置采用堆载预压联合塑料排水板加固土体处理后开挖成河。经处理后边坡处土体含水量降低，土体强度大大提高。为掌握加固效果，采用Plaxis软件建立有限元模型对堆载时间和边坡稳定及沉降进行分析评价。施工过程中，边坡开挖均顺利，实践证明该法技术合理可靠。

2. 充泥管袋预留成河道岸坡骨架

在围区吹填前，结合围堤子堤建设和围区吹填管路架设需要，在拟建河道两岸吹填充泥管袋棱体，一方面形成河道岸坡骨架；另一方面为围区吹填管路架设提供施工平台。在围区吹填完成后，再进行河道疏浚及护坡护底。该方案具有明显的经济性、可靠性、高效性及环保性，包括：减少围区成陆吹填土方量及河道开挖土方量；土体流失量少；冲泥管袋整体性和稳定性较好；成河难度小，成河速度快。

3.3.2 水（泵闸）控制不均匀沉降技术的运用

在新建泵闸两侧均是在滩涂上堆土填筑的围堤以及吹填土，近闸处填土高度达11.0m，高填土将引起闸堤不均匀沉降，从而导致闸堤间出现裂缝，高填土引起的边荷载增大了边墩的弯矩并使闸底板产生较大的负弯矩。研究提出连接堤采用空箱及变桩长桩承堤控制高填土沉降及沉降差，即近闸处空箱结构减少回填土高度、远闸处渐变桩长的桩承堤结构减少沉降差，并采用Plaxis有限元分析连接堤填土对泵闸的影响。实践证明，该处理方式可有效地减少沉降的不利影响。

3.4 施工组织是横沙东滩整治工程建设难点与关键

1. 科学论证施工顺序为工程保驾护航

施工组织设计中的施工顺序是保证各期工程顺利实施的关键环节，是科学指导施工的规范性文件，实践证明只要严格按照确定的施工顺序组织施工，工程一般均比较顺利，否则工程一般都磕磕碰碰，甚至险象环生。因此，一要对每期工程实施的施工顺序通过数学模型进行多方案分析比选论证，以此确定合理的施工顺序；二要严格按照施工组织设计组织实施，过程中还应结合动态监测成果及时调整总体实施顺序。

横沙东滩的四期促淤工程，采用二维水流与泥沙数学模型计算论证，二维泥沙数模是进一步计算分析围区泥沙淤积效果，优化方案布置。最终通过十多个施工顺序方案比选论证后推荐出最优施工顺序方案来指导工程施工，同时在工程实施过程中，一旦有调整，又要求设计及时进行计算论证，并提出方案的可行性和对策措施，从而确保了工程得以顺利实施。横沙东滩七期及八期工程中均采用数学模型分析了不同的实施顺序。分析水流流场变化、堤头流速、沿堤流流速分布等，据此确定超前护底长度及护底宽度，并根据施工强度和工期最终确定"隔堤、侧堤及护底先行，顺堤滞后"总体施工顺序，在工程实施过程始终得以严格贯彻，是工程实施较为顺利的重要原因之一。

2. 先行实施临时抛石坝有效控制工程风险

横沙东滩区域属于开阔水域，自然条件十分恶劣，该区域风大浪高，尤其是在冬季出现寒潮的天气频率极高，给吹泥管袋施工及保护带来极大影响。因此，在采用吹泥管袋筑堤工程时，应充分重视临时抛石挡浪坝掩护对吹泥管袋顺利施工的作用，首先必须建设一道临时抛石挡浪坝作为掩护吹泥管袋施工的屏障。为此，在吸取横沙东滩六期工程经验教训的基础上，在随后的横沙东滩七期及八期工程前期设计研究时就按此考虑布置。实践证明，由于实施抛石挡浪坝，横沙东滩七期及八期工程施工都比较顺利，均按节点顺利有效推进。

3. 超大库区龙口同步合龙技术的运用

横沙东滩工程位于长江口外，水沙运动、水动力条件及河床演变的复杂程度世界罕见，八期工程围区总面积 $42km^2$，水域开敞、无掩护、浪大流急，水流流态复杂多变，施工环境恶劣；施工区域气象、潮汐、风浪以及地质条件复杂；工程战线长，施工船舶多。在如此大的围区、如此恶劣的工况下进行围区合龙，难度极大，国内外尚无类似工程的成功经验可循。

为了确保将5个总宽达2.2km龙口安全顺利地一次性合龙截流，八期工程吸收了已建设横沙三期、六期等工程龙口合龙的经验和教训，通过关键技术的研发，创新了捕捉龙口实时流速的龙口三维流速测验方法，开发精准模拟龙口水动力三维潮流水动力模型，研发了防护极易冲刷细粉土地基龙口双层排双错缝护底技术，首创"抛石潜棱体超前推进分次加高＋垂向梳式堵坝隔流＋袋装砂内外棱体跟进加高"三阶段三同步方法等创新技术，通过现场精心组织，八期五个库区的龙口成功实现了一次同步合龙，保障了八期工程按进度完成度汛断面，确保了工程顺利实施。

4 展望

《上海市城市总体规划（2017—2035年）》提出至2035年，上海基本建成卓越的全球城市，令人向往的创新之城、人文之城、生态之城，具有世界影响力的社会主义现代化国际大都市；重要发展指标达到国际领先水平，始终当好新时代改革开放排头兵、创新发展先行者；坚持生态优先，树立低碳发展典范；守护城市安全，建设韧性城市。上海卓越全球城市的建设、长三角一体化、长江经济带高质量发展战略的推进，对长江口地区也提出了更高要求。

横沙东滩位于横沙岛东端，是崇明世界级生态岛的组成部分，是上海宝贵的战略储备和预留空间。2020年全面完成后，可形成耕地约10.7万亩，横沙东滩正积极推进上海现代农业产业规划建设工作。按照提出的生态绿色发展路径，坚持生态优先，绿色发展，建设横沙东滩现代农业产业园区对上海全球卓越城市建设具有重要的战略意义。

横沙东滩建设将高起点、高标准、高品质推进上海现代农业建设，走世界水平、上海特点的超大城市农业发展的创新之路，成为具有全球引领示范作用的绿色有机产业高地、生态价值和谐共生高地、智慧农业高地、品质农业体验高地，探索绿色农业全链条运营管理新模式新路径，不断提升上海都市现代农业软实力。

建设管理篇

科学论证、统筹策划
横沙东滩滩涂整治工程建设管理总结

张文虎　郭战军

（上海市滩涂生态发展有限公司，上海　200125）

【摘　要】　横沙东滩滩涂整治工程是依据国务院批准的规划，结合长江口航道整治而实施在大型滩涂整治工程，从项目前期研究到完成，历时20年之久。本文从建设单位角度对项目的战略决策、前期研究、施工部署、队伍选择、科技创新、现场管理等进行了全面总结，为后续类似工程建设提供借鉴经验。

【关键词】　决策；部署；创新；效益

1　引言

为加强实施上海滩涂资源的统一规划和加快滩涂的围垦、开发，促进本市土地资源的总量平衡，经市政府1998年第24次常务会议批准公司成立，主要任务是合理开发利用上海市滩涂资源，促进本市耕地总量动态平衡，为城乡建设提供发展空间。20年来，公司坚定贯彻保护生态、综合整治、合理利用的原则，按照国务院批准的长江口综合整治规划，积极实施拦沙促淤、河口治理、岸线梳理、航道整治、疏浚土利用等项目建设。根据先促后围、促二围一、保持上海滩涂整体动态平衡的战略思想，重点开发了崇明、南汇、横沙地区的边滩资源，促淤约60万亩（不含历年生物促淤工程32万亩）、圈围面积44万亩，成陆土地37万亩，相当于新建了11个新黄浦区。有效缓解了上海耕地占补指标平衡和土地资源匮乏的矛盾，为上海战略空间储备、经济建设和城市发展作出重要贡献。

受长江泥沙淤积，横沙岛在清道光年间现出水面，面积约$6.6km^2$，经过两百年的发展形成约$50km^2$的横沙本岛。横沙东滩具有"面向大海有两侧深槽，背靠陆地有一片浅滩"的优势，是规划中大规模促淤与圈围的重要区域。根据国务院批准的《上海市土地利用总体规划》和《长江口综合整治开发规划》，以及《上海滩涂资源开发利用与保护规划》，2001年公司启动横沙东滩滩涂整治工程的前期工作。为了防范工程建设风险，工程项目从区域自然条件、环境保护、河势影响、周边环境等多方面进行充分研究论证，结合长江口深水航道整治，制订了"先促后围、由南向北、自西向东、分期实施、用好疏浚土资源"的总体开发战略。项目概算投资161.03亿元，2003年3月上海市发展和改革委员会批复17万亩的促淤圈围工程，至2021年全面完成工程建设，滩涂成陆15.86万亩，利用疏浚土约3亿m^3。成陆面积等于上海内环面积，相当于增加了一个上海核心城区，工程的建成对上海市的经济建设和社会发展具有重大意义和深远影响。

横沙东滩整治工程位于长江口北槽及北港之间的大型沙洲之上，环江临海，是稳定河势和航道的重要措施，又可为城市未来发展预留重要发展空间，并充分利用长江口深水航道疏浚土而兴建的超大型滩涂综合整治工程。工程处于风浪作用强烈的破碎波带，受南北汉道水沙条件控制，存在水面横比降，形成漫滩流冲刷滩面，滩势很不稳定，滩面串沟新旧更替，地势复杂，基础处理困难；

工程堤基为粉砂层和粉砂夹淤泥质黏性土层，极易被冲刷淘蚀形成深槽，施工步序和施工强度要求严格。区域内台风寒潮频发，夏季台风影响年平均约 2 次，最多达 10 次，对工程度汛要求极高；寒潮多发于 11 月至次年 2 月，基本每月影响 1～2 次，期间可作业天数只有 40％不到，对设备和施工能力要求极高。复杂的地质条件及风、浪、流、雾等多重影响叠加对工程建设的风险总体把控提出很高的要求，需要项目管理单位从整体建设方案、施工组织步序控制、参建单位技术管理能力选择等方面统筹把控。

本文是建设管理方针对横沙东滩区域的综合整治中存的特点和难点，进行的全过程管理的经验总结。

2 战略决策，统筹兼顾科学有序推进

2.1 坚持整体战略，科学筹划分期有序推进

横沙东滩是上海首个区域性整片大规模滩涂资源开发利用的滩涂整治项目，尚未有可供借鉴的工程建设经验。公司在项目策划阶段就建立了"大规模滩涂成片围垦开发必须要有整体筹划，并按整体筹划分期分批推进"的整体战略思路。整个工程从 2003 年 12 月开工建设，分为促淤工程（一期、二期、四期）、大道工程（五期）、圈围工程（三期、六期、七期、八期），至 2021 年 4 月项目全面建成，顺利实现项目建设目标。本工程是公司建设历史最长的项目，紧临长江口深水航道，工程位置敏感，且长江口总体河势及工程区域的岸滩处于不断的发展、演变过程。在建设过程中，一方面委托专业院所坚持动态监测、动态控制，分期分步实施的原则，避免了大规模工程建设对河势及周边工程的不利影响；另一方面，充分利用自然回淤、疏浚土上滩降低投资；同时积极实施环境修复和补偿，坚持可持续发展的理念，充分利用自然规律，处理好工程与环境保护关系，实现了经济、社会、生态三赢。

2.2 先促后围、多促少围，坚持滩涂动态平衡的战略

根据总体战略推进部署，项目建设主要分三个阶段实施。

第一阶段：促淤阶段。采取工程措施，在工程区域形成大范围缓流区，主要通过泥沙自然回淤和部分疏浚土上滩抬高滩涂面高程，以及工程外侧采用生物（种植芦苇和海三棱藨草）方式稳固滩涂。

第二阶段：圈围成陆。采用区域内砂土资源，利用吹沙管袋筑堤工艺建设堤防形成陆域，满足区域防汛除涝要求。

第三阶段：吹填造地。通过吹填工艺将疏浚土上滩进一步提高围内高程，使围内高程达到 3.00m（吴淞高程）以上，满足区域土地开发要求。

横沙东滩规划面积 17 万亩，一期、二期、四期共实施促淤工程 10.26 万亩，滩涂成陆 15.86 万亩，五期导堤实施后在其南侧通过生物促淤形式培育滩涂湿地约 10 万亩（目前还在进一步的增长中）。

实测数据表明，工程建设过程中很好地实现了滩涂资源的动态平衡战略要求。

2.3 总结经验，不断研究深化建设方案

鉴于在项目建设初期，由于对首次对环江临海区域大规模开发缺乏经验，按初期筹划的自西向东依次按先促后围的总体方案分期实施了一期～四期工程，总体促淤效果不佳，而且在已建工程周围尤其是坝头、纳潮口等局部区域，岸滩发生局部冲刷，随着项目向东推进，缺乏陆上交通，后续项目特别是围堤施工困难较大，相应也增加了项目建设风险，尤其在实施三期工程过程险象环生，

风险无处不在。

为此在总结已实施的一期～四期工程的经验，主要问题有：一是施工条件较差，仅有海上通道，通陆条件差，一旦发生险情难以及时采取措施控制；二是库容较大，未能有效减少外海传入波的掀沙作用，影响促淤效果；三是东侧堤高程低，较长时间内大量水体形成过堤流造成冲刷；四是地基抗波流差，以粉土、黏质粉土的地质条件，极易形成冲刷沟；五是长江深水航道北导堤高程低，疏浚土吹泥上滩落淤效果不佳。

为保障后续工程的建设安全和有序开发，降低施工难度，改善促淤效果，科学、合理利用长江口深水航道治理工程大量的疏浚土资源，在总结过往工程的经验基础上，借鉴河北曹妃甸、天津滨海地区等促淤成陆及综合开发利用的成功经验，调整总体建设方案实施步序，形成了优先实施主干工程区域性总体建设方案，提出"横沙大道先行、先南后北、自东往西"的整体优化方案，先行实施五期工程，通过新建19.24km导堤，稳定了滩势，阻断了区载横向水沙交换的同时提升航道疏浚土落滩效果，提高前期促淤工程效益；作为后续工程建设的依托及主要材料运输通道，减少施工风险，为后期工程顺利实施打下坚实基础。

2.4 科学论证，精心组织严控施工步序

滩涂整治工程在实施过程中必然会对自然滩势平衡造成影响，为保证工程安全顺利实施，在设计阶段就对总体施工步序、龙口构筑与保护、堤基处理与加载、滩地保护、施工过程成品防护等都采用数学或物理模型进行科学论证。如在横沙四期促淤工程，为了保证工程顺利实施，采用数学模型计算论证几十个施工顺序方案后推荐出最优施工顺序方案来指导工程施工，同时在工程实施过程中，组织设计单位根据动态观测数据及时进行计算论证，并提出可行性方案和对策措施，确保工程顺利实施。横沙东滩三期工程和六期工程中，由于工段间不协调，未严格遵守主要施工步序均衡施工，酿成局部险情，教训深刻。横沙东滩八期围堤长度22.5km，库区总面积36km^2，五个龙口总宽2.2km，通过数模比选验算指导超大规模龙口合龙，采用抛石截流与充填砂袋相结合的方式，采用动态观测采集数据信息，以及BIM技术三维动态模拟施工部署指导现场，一次合龙成功。

3 部市合作，践行疏浚土资源化战略部署

3.1 以国家规划指导滩涂整治工程

横沙东滩滩涂整治工程是国务院批准同意的《长江口综合整治开发规划》中河势控制内容的一部分，河势总体控制规划要求"防冲促淤，固定沙洲，适当缩窄河宽，稳定主流流向"，"通过适当围垦滩涂，逐步合理缩窄河宽"。同时横沙东滩区域作为《上海滩涂资源开发利用与保护规划》的重点区域。自2003年实现一期工程开工以来，结合滩涂成陆建设过程，充分有效的利用长江口疏浚土资源，将航槽内的基建和维护性疏浚土吹泥上滩，减少航槽回淤、变废为宝、保护环境，大量疏浚土利用，社会、经济、环保效益明显。

3.2 长江深水航道疏浚土综合利用

长江口北槽深水航道疏浚段全长约92.2km，2011年进入维护期以来，长江口深水航道年维护疏浚量高峰期达到9300万m^3，采用大型耙吸船挖泥抛泥的工艺，大量的疏浚土主要倾倒至35km的长江口外。疏浚土外抛不仅会大大降低耙吸船的施工效率，增加费用及船机数量，还会加大对口外生态环境的影响。2010年1月交通运输部和上海市共同签署《加快推进国际航运中心建设合作备忘录》，2012年12月上海市发展和改革委员会和长江口航道管理局签署《共同协调推进长江口航道

疏浚土综合利用工作备忘录》，明确了横沙东滩滩涂整治项目利用长江口深水航道疏浚土吹填上滩。使疏浚土作为资源利用，不仅解决了围区填土问题，又能节省航道维护的费用，减少船机配置，同时减少了对口外环境的影响，可谓一举多得。横沙东滩吹填工程全部利用航道疏浚土，共利用了约3亿 m³，不仅节约了工程的建设资金，同时也大大减少了疏浚土外抛对环境造成影响。

4 科学决策，确保一次性大规模项目顺利推进

八期圈围工程作为上海滩涂整治史上投资和工程规模最大的工程，是横沙东滩17万亩促淤圈围工程最后一个项目，投资规模近百亿元，工期达5年之久，是水利、水运多专业工程覆盖最齐全的工程项目。项目建设内容包括新建围堤22.5km，圈围面积6.36万亩，吹填总量约1.42亿 m³，保滩工程17.6km，河道总长54.9km，道路改扩建10.7km，大型水（泵）闸4座。在项目立项研究阶段公司就对实施方案进行深化研究，保证重大工程顺利推进。

4.1 隔堤先行，大幅降低工程风险

为减少八期主体工程的实施风险，公司提出先期实施隔堤工程的设想，在市建设指挥部领导下，在市水务局协调指导下，于2016年6月9日启动隔堤施工，采取"护底先行，水陆并进、棱体与护面同步"的方案，全面推进。工程于2016年8月底基本完成，多策并举，采用模袋混凝土护面在汛期进行吹泥管袋施工，为八期主体工程9月全面启动创造了重要条件。

从隔堤工程的实施情况来看，充分体现了先期实施的必要性。特别是1号隔堤软基沉降量就达3~4m，如汛后实施，由于施工周期长，不能及早分库，将对后期工程推进造成极大影响，甚至会影响到整体项目进度。几条隔堤的实施，提前完成分库，为后续施工材料、设备组织提供交通便利，大大降低了主体工程施工风险，也为主体工程尽早合龙争取了时间，结合后续度汛断面施工奠定了基础，为工程安全度汛提供了重要保证。

4.2 先期吹填，加大疏浚土利用

横沙八期吹填工程量超过1.4亿 m³，工程规模创上海历史最大，要在2020年完成工程建设任务，河道水系工程需在吹填完成后实施，任务相当艰巨。经与长江口航道管理局合作，先期实施了1号和2号围区围内裸吹工程，共布置5条超长吹填管线进行裸吹，自2016年3月下旬开始，至9月25日暂停实施，完成1435万 m³，基本达到了裸吹施工方案的预期目的。由于库区提前实施裸吹，避免航道疏浚土资源浪费和增加环境负担，同时减少了两个库区的库容，为龙口顺利合龙和55.7km河道建设争取了宝贵时间。

4.3 水系同步，降低成本提高区域防汛能力

横沙东滩土地属圈围后吹填形成，基本为光滩裸地，内部无河道水系。在八期工程实施前，六期和七期工程中6.82万亩排水仅依靠北堤临时排水管排放到拟建八期围区内，八期工程建设后，如仅依靠临时排水管排放13.2万亩的雨水，将会带来巨大的安全隐患。八期工程必须将水系工程纳入工程建设内容，在工程建设过程中，经市水务局批准，通过新增临时沟通工程，将六期、七期工程的库内积水通过八期河道后经水闸排出，确保了六期、七期和八期工程共13.18万亩成陆土地排涝安全，也保证了已建大堤的安全，大大提高区域内安全防御能力，为后续土地开发利用提供保障。

4.4 同步合龙，潮汐河口大型多龙口实践

横沙八期工程1号~5号龙口同步合龙，龙口长度达2.2km，占堤线长度的10%，作为圈围工

程最关键工序，直接关系项目的成败。充分利用勘察、设计、施工总承包优势，技术专家委员统筹把控，从龙口布置、构筑、保护、合龙全面深化研究，全面保障。首次同时采用先进的无动力三体船双频测流系统实现安全、准确、连续地龙口三维流速观测，为数值模拟计算验证提供了真实可靠的数据；首次采用SHIWM-3D模型进行龙口潮流三维模拟计算，并与龙口实测三维流速对比验证，计算龙口合龙期间垂向各层实时的流速变化；创新性地采用双层组合护底排错缝护底技术，底层首先铺设砂肋软体排，上层铺设混凝土联锁片软体排，形成两层软体排搭接错缝铺设的护底结构；创新性地采用龙口位置铺设通长加筋砂袋与深厚流泥打设排水板、薄层流泥碎石置换组合的地基处理方法，解决新淤积软土复杂地基龙口地基处理难题；创新性地采用多龙口多潮段"三阶段三同步"，先抛石防护（小抛石坝）后土方断流的施工方式，掩护内侧袋装砂外棱体跟进施工，同时在抛石坝和围堤外棱体之间施工单棱体袋装砂梳式截流坝结构减弱合龙时两侧水流对龙口的冲刷；通过BIM技术将水路地形和潮位三维模型动态化显示，为龙口设计、施工以及施工区域其他工作提供决策依据。

5 选优择强，优化招标方案保证队伍能力

5.1 工程区域自然条件对总承包单位能力要求极高

工程区域位于长江三角洲前缘河口，面向北港和外海，受风浪影响严重，特别是冬季寒潮，往往对处于施工期的大堤造成巨大破坏。在横沙东滩三期和六期的工程建设中出现了极大风险，其中：横沙东滩三期工程在合龙过程中，龙口前沿出现冲刷深沟，合龙时间推迟近3个月，项目出现前所未有的风险；横沙东滩六期工程的实施过程中，有4km的建设中大堤曾遭遇寒潮摧毁，损失惨重。此外，八期拟建北堤沿线有冲刷坑、新回淤土，地基地质情况也极为复杂，施工作业条件十分恶劣，对施工单位的经验、设备和组织能力都提出严苛要求。同时为深化部市合作，进一步加大长江口深水航道疏浚土利用，提高疏浚土的利用率，加快横沙东滩滩涂圈围工程进程；以及围绕长江口航道疏浚和横沙东滩圈围建设目标任务，建设指挥部要求横沙八期工程实现当年立项当年开工的要求，都对项目实施单位的资质等级、技术能力、装备水平都提出极高的要求。

5.2 优化招标方案保证队伍能力匹配

鉴于工程区域风浪以及地质条件复杂，建设规模大、工期短，设备保障要求高，工程内容及专业交叉多的特点，公司在充分考虑指挥部各项意见的基础上，结合滩涂整治项目招投标课题研究成果，认真细化招标方案：一是落实"选优选强"原则，坚持施工单位特级资质要求；二是设置与工程规模相适的"业绩门槛"业绩门槛，明确装备要求；三是最大限度压缩专家主观分比重，减少专家自由裁量权；四是严守招标纪律，严格招标程序。同时就招标方案积极向指挥部专题汇报沟通、听取意见，就招标模式、报名资质等具体事项征询市建筑建材业市场管理总站意见，进一步修改完善招标方案。最终确定了勘察设计总承包模式，采用单一标段进行招标，施工单位作为联合体牵头单位并要求施工单位须具备总承包特级资质，设计单位综合甲类资质；中标价格采用"闭口包干"进行工程建设；采用限价锁定疏浚土超运距和疏浚土单价；从部属专家库选择专家参与技术标评审保证评标公证，多措并举保证参建队伍能力。

6 组织保证，整合资源丰富工程管理内涵

为努力打造上海滩涂整治的精品工程、示范工程，公司将思想引领、创新管理贯穿整个项目建设管理过程中，积极采用新思路、新技术、新设备、新工艺。针对超大规模的八期工程建设，把创

建大禹奖、全国质量奖作为管理目标，围绕工程特点难点，积极开展管理和技术创新，提升项目技术含量和创新水平。

6.1 党建引领，高质量推进基层党组织建设

长期以来，公司高度重视党建联建对工程项目的推动作用，项目开建之初，即组织参建单位成立党建联建领导小组，制订详细的党建联建工作方案，签订党建联建、安全生产责任书，通过党建联建推动工地大党建活动，深入开展"一名党员一面旗帜""奋战6·30"等生产与党建主题活动，紧密结合工作实际开展以"做精品工程、树文明形象、创优秀品牌"等为主题的立功竞赛活动，树立"优秀党员"形象，培养优良的思想作风、组织作风，发挥党员干部表率作用。通过有计划的与崇明海事局、水务局执法总队、长江口管理局开展了党建共建互访、主题联学互学等活动，与边防公安、驻地军队开展军民共建，巩固加强双方在党建和业务中的互动和合作，牢牢把握大团结大联合的主题，携手为工程建设提供更好、更优质的服务。在市水务局组织的"双创双寻"活动中横沙八期获"星级建设者之家""最美建设者"荣誉称号。

6.2 领导推动，协调多方资源为工程保驾护航

为保证工程安全有序推进和各项建设目标的实现，横沙东滩八期工程建设的联合体中标后，公司立即会同总承包单位召开开工启动联席会议，提出了11项启动工作目标任务，明确了基本措施和要求。超大规模工程建设，必须有一个强有力指挥机构，为此公司研究成立了横沙东滩八期工程领导小组，由公司主要负责人任组长，分管副总任副组长，各部门主要负责人任组员，对项目管理重大问题可现场做出决策与协调。同时与市领导小组、总承包指挥部建立互动工作机制，及时解决重大问题快速决策。分管领导常驻工地一线，及时了解一线信息，提高工作效率。成立技术委员会，整合公司、总承包联合体、监理单位及行业内圈围工程设计、施工、管理方面有丰富经验的专家参加，为八期工程领导小组提供决策依据，在施工总体部署、重要方案制订方面提供重要的技术支撑。

6.3 创新发展，推动科技创新打造精品工程

在横沙东滩八期工程的建设初始，就将创"大禹奖"，争创国家"金奖"作为项目建设目标。为此成立了以建设和施工方两位董事长为组长的工程报奖领导小组，设立专家顾问组，以及科技、质量、设计三个报奖小组，为创优报奖提供了组织保障。为解决超大规模工程建设难题，从前期研究到施工过程，积极开展课题研究，进行技术攻关，通过科技创新打造精品工程，取得一系列的科技成果。从软土堤基大型砂袋应用、软土压缩特性与堤身安全、总体方案与疏浚土利用、区域积水影响与排涝、龙口合龙数模研究、闸门与启闭系统设计研究、感潮地区雨型组合与除涝研究、大面积吹填平整度控制、新疏浚土开挖成河研究、BIM设计与施工应用研究，以及施工期废弃混凝土利用、装配式防浪墙、大体积混凝土质量控制研究、BIM管理平台研发等，汇集了一系列论文、专利、QC、工法等科研成果及奖项，为打造精品工程及后期项目报奖奠定基础。

6.4 联动优势，助推项目文化建设

通过联建在项目中全面开展立功竞赛活动，助力项目特色文化建设。通过立功竞赛活动的开展，着力鼓舞人、激励人、凝聚人，实现"见物见人见精神"工作目标，结合项目实践，龙口合龙、度汛断面、水闸通水等重大节点目标完成后，开展了以"聚焦新目标，聚力新作为"等为主题竞赛活动，通过新管理、新技术、新目标、新意识、新要求五个方面强有力地推动吹填、河道、水泵闸等节点任务的完成。通过板报和公示，营造了"比学赶帮超"的浓厚氛围，涌现出一批先进集体和个人，提升参建人员的幸福感和获得感。成立保障农民工工资支付专项工作领导小组，切实维

护他们合法权益，得到市水务局的高度评价。通过开展"温馨工地""雷锋日""农民学校"等系列活动，为农民工送安全、送情意、送电影、送清凉、送服务，积极营造良好向上的项目文化。

7　标化管理，全面提升项目管理能级和质量

7.1　推进标准化建设，持续提升科学管理水平

为落实标准化、精细化管理要求，推动工程管理科学化，公司集多年来管理经验，组织编制了《滩涂整治工程项目管理标准化》手册，对项目全生命周期管理研究细化，通过建立一个平台（基于BIM技术的项目管理平台）对规划研究、前期工作、施工管理、运行维护、评估总结等五个阶段的工作内容进行细化，建立标准化工作流程，明确各阶段工作内容与重点及责任部门，保证项目各阶段工作质量，提升项目管理效率。公司滩涂整治项目管理平台已获国家版权局计算机软件著作权证书。

公司积极推进设计标准化管理工作，提高设计和施工效率。从早期栅栏板现场浇筑到现在全部采用预制装配式，连体装配式螺母块在横沙五期工程全面应用效果良好。对常用土工织物、预制块体的规格、尺寸在设计招标阶段就统一标准进行明确，有利于施工单位早做准备，还可以提高模板等的周转利用率，从而节省施工准备时间和工程建设成本。

7.2　多专题并行，加强沟通提高前期工作质量和进度

滩涂整治项目涉及河势演变分析、采砂论证、防洪评价、通航评价等专题研究，为提高项目前期效率，采用各专题同步开展，多头并进，相互印证的推进模式。在专题编制过程中，定期组织各专题编制单位召开碰头会，交流阶段成果，减少专题之间因信息不畅造成的错误，及时纠偏；定期对关键问题组织专家咨询会，提高专题质量，确保技术上无大的差错；针对堤线布置与航道回淤影响、疏浚土调度利用、防洪影响等关键技术问题，借助各方力量加强与交通部和长江委沟通；同时不定期向相关主管部门汇报成果，听取意见，提高报告编制的规范化。为此工可报告的质量和进度得到最大程度保障，避免了报告反复修改，实现3月上报、5月获批、6月招标、9月全面开工的上海滩涂整治史上最快速度。

7.3　质量管理清单化，推进科技管控手段

横沙东滩八期工程基本涵盖水利工程全部专业内容，施工周期长、技术要求高，开工之初，在工程领导小组领导下，整合滩涂公司、总承包联合体、监理等单位行业专家成立技术委员会提供技术支撑。从工程设计、施工、管理全方位把关。对施工总体组织、龙口合龙、深基坑、大体积混凝土浇筑等重大技术方案进行审查，为领导小组提供决策依据，为上级部门提供项目建议。

为了保证四座水（泵）闸设备采购安装质量，公司组织编制完成了设备清单，明确规格、型号、品牌、标准，并经专家评审后严把设计、供货、安装、检测各道环节质量关；对重要分部分项工程组织相关专业设计人员、施工监理、施工和安装单位共同检查，形成质量问题清单，落实专人负责整改消项；会同同济大学材料学院开展大体积混凝土质量控制研究，从交通组织、混凝土材料供应、配合比设计、混凝土浇筑、设备安装、温控监测方案等各方面优化施工组织；严格施工"三检制"和监理复检，全面引入第三方检查单位对施工实体工程检测。

科技赋能，利用信息科技手段加强工程质量控制。全景摄像和大范围无公网视频监控技术应用实时掌握工程现场情况；无人艇水下地形测量技术为龙口合龙提供实时水文数据，提高水系疏浚检测效率；软体排旁扫技术可全程实时了解排体施工质量，既保证质量又提高效率；通过BIM项目管理平台，3D漫游工程实景演示以及高清三维动画制作研究，将BIM技术深入应用到总平面布置展示、施工方案比选、施工技术交底，以及安全质量投资全方位立体可视化管理，为工程施工管理

及人才培养提供服务。

7.4 落实各方主体责任，推进安全管理信息化

为了进一步提升项目的安全生产管理水平，落实各方安全生产主体责任，根据安全生产"双预"控的管理要求，联合施工、监理共同编制了项目《安全生产保证措施方案》，明确安全生产目标、组织机构和各方职责，建立项目危险源清单及管控措施，每周组织施工和监理以及分包单位开展联合隐患排查，每周召开安全专题例会，对检查的问题进行剖析落实专人治理，结合阶段安全重点和检查出的隐患开展针对性教育培训。

拓展安全管理科技手段，探索"互联网＋安全"模式，推进智慧工地建设。利用无线网桥组织现场安全监控网络，解决大范围无公网环境下监控视频实时传输，掌握施工现场实时动态；应用自动识别系统，强化船舶管理技术支撑，实施施工船舶全程管控；采用北斗技术对混凝土运输车实时监控，解决度汛断面施工道路狭窄，现场车辆多且只能单向通行的交通调度难题；打造"安全鹰眼"微信公众平台，每个人都可将安全隐患直接发送到安监部门，发动全员参与隐患排查；水闸等封闭场所安装门禁系统，对人员进出实时动态管理；现场安装扬尘实时监控系统，对空气颗粒物进行实时监控。通过打造信息安全系统，适时数据管理，有效提高现场安全管理效率和管理水平。

8 全程管控，注重生态环境保护

8.1 加强施工管理，确保安全文明施工

施工期加强环境保护与文明施工管理，横沙东滩八期工程连续三年获市水务建设工程文明工地。根据文明施工要求，项目基地设施配备完善，建立标准化项目基地，探索物业化管理。施工现场配备洒水车按时对现场洒扫，对裸露散土进行盖网覆盖，配备实时扬尘噪声在线检测系统实时监测。严格遵守相关环保规定，对生活基地及船舶生活垃圾委托专业环保机构进行处理。根据新的环保要求，针对生活污水八期工程还在项目基地配备了一体化污水处理系统，确保达标排放。现场建立完善的环保档案，接受环保监督部门监督管理，施工期未发生环保事件，实现了文明、环保施工。

8.2 开展环境监测工作，生态补偿工作同步进行

为了调查工程前期、施工、试运行和管理等方面落实环境影响报告表、工程设计提出的环保措施情况，以及对环保行政主管部门批复要求的落实情况，在水务、农委、环保政府部门指导下，编制专项方案，委托第三方机构，重点对环保措施落实情况，生态环境现状及演变趋势，工程及环保措施存在问题进行开展监测与评估。2021年3月完成阶段性评价报告编制并经过专家评审，报告认为项目能够落实各项环保措施，开展的环境保护措施及时有效，建议继续按计划开展生态补偿及环境监测工作，每年适当投放底栖生物。自2018年以来，在相关部门指导监督下，每年组织增殖放流工作，至2021年上半年，已经放流包括刀鲚、黄颡鱼、暗纹东方鲀、翘嘴鲌、长吻鮠等鱼苗168万尾，此外还有沙蚕800kg、河蚬10t、脊尾白虾300kg、拟穴青蟹5万只、青蛤3000kg、缢蛏3000kg、安氏白虾200kg，相关跟踪监测工作也在同步实施，计划在2023年组织项目环保验收。

9 成果显著，社会经济环境效益突出

9.1 稳定周边河势，区域环境得以改善

横沙东滩整治工程作为《长江口综合整治开发规划》中河势控制内容的一部分，自实施以来，

横沙东滩窜沟封堵，长江口河宽缩窄，北港河槽深泓加深，北港航道和周边河势稳定。南侧北槽丁坝群和东侧横沙浅滩滩涂淤涨，0.00m 以上滩涂增加迅速，局部区域的自然环境得到了改善，区域内侧坝田区在工程实施后自然淤涨明显，加之近年实施种青工程生态改善效果明显。工程实施也为后续滩涂整治利用提供了借鉴，采用先促后围，先促淤拦沙，改善生境条件，再利用疏浚土圈围纳泥，保持滩涂资源动态平衡，满足了社会经济发展和生态环境保护的需求。

9.2 为上海城市发展提供重要的战略空间

横沙东滩成陆土地 15.83 万亩，南北两侧紧临北槽和北港航道形成岸线资源 46km。目前围内已建公益林 3498 亩，形成耕地 12974 亩，1000t 级的码头泊位 120m，水（泵）闸 5 座，骨干河道 74km；三期南北堤道已改造拓宽为 8m 及以上，与五期工程的大堤及七期、八期工程形成区域环形交通，道路交通及防汛等基础建设基本完备。区域内成陆全部采用长江疏浚土，经检测，各项指标均符合最严格的农用地标准，有利于高品质农田地建设，为上海城市发展提供了重要的战略空间，具有显著的社会经济效益。根据上海市委市政府统一部署，横沙将成为面向未来发展的重要战略空间和都市农业的主要承载地。

9.3 探索形成了疏浚土综合利用合作共赢的模式

航道维护疏浚土上滩，减少了运至外海抛弃作业的安全风险，缩短了运距减少输送成本，避免了弃土二次回流航道，减小疏浚维护工作量。通过长江口航道疏浚和滩涂整治吹填工程的联动建设，有效使用疏浚土上滩造陆，变废为宝，实现资源综合利用，达到合作共赢的目的。据上海航道设计研究院统计，2010—2019 年期间，疏浚土上滩利用减少航道疏浚维护费用年均约 6000 万元。自 2009 年 12 月横沙东滩三期工程试点利用疏浚土吹填成陆到 2019 年年底横沙东滩八期工程顺利完成吹填，在长达十年的建设过程中，上海市相关部门和长江口航道管理局相互协作，共同努力，认真落实部、市合作备忘录精神，不断探索合作模式，积极解决建设过程中遇到的重大问题，形成了良好的合作氛围，建立了良好合作机制和关系，积累了丰富的管理经验，奠定了坚实的合作基础。

9.4 形成一系列技术成果，为后续发展奠定一定基础

在市科委的支持下，华东师范大学牵头开展了相关研究，市水务局组织开展后续项目工作的研究，该研究成果已得到了市领导的高度重视，市政府根据研究成果，向国务院呈报了"结合深水航道疏浚土资源利用实施横沙浅滩生态基底塑造"的建议已得到批示支持，横沙浅滩将成为上海后续滩涂开发利用的重点区域。通过横沙东滩区域性规模工程建设，不仅锻炼一批人才，也从设计理论研究、施工管理、工艺、质量控制等关键技术研究，形成一系列的专利、软件著作权、论文、科技进步奖（国家级 1 项、部级 2 项）、工法等科研成果，为后续项目建设提供重要的技术支撑。

10 结语

20 年来，公司以"想政府之所想、急政府之所急、干政府之想干"为使命，以"成为上海最重要的滩涂资源综合开发利用平台"为愿景，以"实干、创新、和谐、廉洁"为核心价值观。牢记"合理开发滩涂资源，促进耕地总量动态平衡，为上海建设提供发展空间"的初心使命，继续做好"主力军"，为上海城市发展做出新的贡献。

滩涂整治项目管理平台在横沙东滩八期工程中的应用

张文虎[1]　尹　航[2]

（1. 上海市滩涂生态发展有限公司，上海　200125；
2. 上海交通建设总承包有限公司，上海　200120）

【摘　要】 从管理需求出发，结合滩涂整治项目特点，利用 BIM 技术开发自主知识产权的项目管理平台，实现从设计到运维阶段全过程可视化信息管理。

【关键词】 全过程；信息管理；BIM 技术

滩涂整治项目工程区域广、施工难度大、参建单位多，工程内容往往涉及围堤、吹填、水泵闸、道路、机电安装等多种工序，给建设单位开展项目精细化管理带来困难。为解决此问题，上海市滩涂生态发展有限公司经过统筹该规划，从长兴潜堤工程开始研究 BIM 技术，逐步在横沙七期、八期工程提升应用深度平台建设，最终形成基于 BIM 技术的滩涂整治项目管理平台，从多个角度强化滩涂整治项目的进度、质量、投资和交付管理，使用效果显著，受到参建单位好评。

1　主要技术成果

滩涂整治项目管理平台是自有知识产权的项目管理系统，完善覆盖了工程设计、施工、运维阶段，从建设单位工程管理需求出发，优化了管理精细度，形成具有滩涂造地项目特点的管理平台。该平台全面总结了长兴潜堤工程中 BIM 编码应用的宝贵经验，创新性的利用滩涂整治项目工程分部分项划分作为数据传递纽带，提升数据汇集能力和分析能力，并自主研发高性能三维图形引擎，能够承载大规模工程模型和项目管理信息，给各方共同参与工程管理提供了有效抓手。

1.1　高性能独立轻量化三维图形引擎的应用

平台采用了自主研发的三维图形引擎，以支持 BIM 模型在网页端的浏览与操作，该图形引擎可以独立运行，可以实现使用者在网页端进行项目创建、模型文件上传、模型查看及模型操作等功能的应用，并且引擎的内存、运行速度都有可靠保障，引擎开放接口，后续可支持倾斜摄影模型，拓展其应用价值。

1.2　工程划分串联 BIM 模型与工程数据

工程划分的确定原则以质量检验与评定标准为主，工程量清单和进度计划为辅，确定 BIM 模型构件划分方式，作为纽带实现 BIM 模型与三阶段信息的挂接，工程划分方式对比传统编码更加直观可控，同时充分考虑实施阶段各类信息的分类原则，使数据的归集更加合理。

2 平台功能简介

2.1 设计阶段

(1) 文档管理。设计方将设计资料，以图、表、常用文档等格式的方式上传至平台，并对上传资料进行分类管理，工程建设各参与方可通过文件夹和标签两个维度对文件进行分类查询，将需要的文档资料下载到本地。

(2) 模型管理。设计方上传设计 BIM 模型，并将设计阶段形成的各类设计文档与模型的构件进行关联（图1）。

图 1　BIM 模型一

2.2 施工阶段

(1) 合同管理。施工方将总包合同数字化，信息上传至平台，通过系统登记并维护基本信息，以作为履约的基础。采取线上归集的方式，一方面作为其他应用功能的数据基础，另一方面也利于后期的追溯。

(2) 进度管理。进度管理数据由施工单位进行维护。通过对分部分项的完成时间计划，可以关联到三维模型，形成计划进度的各个时间节点。

通过进度数据与 BIM 模型的结合，实现在线的进度计划模拟，可以动态的展现项目工程各个时间节点的施工计划情况（图2）。

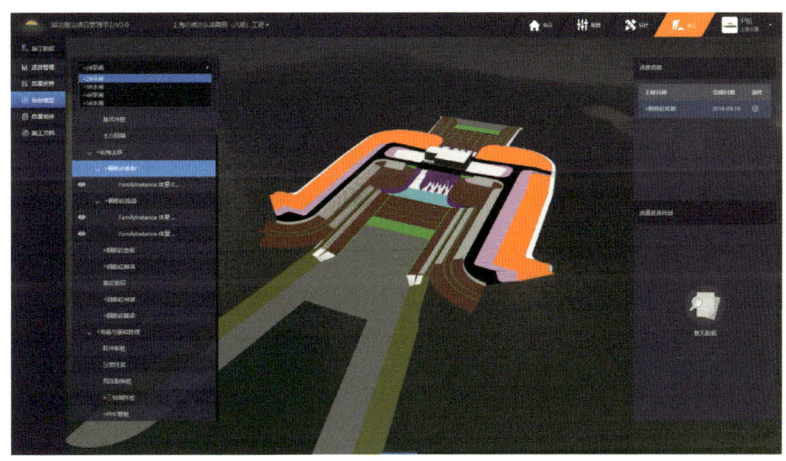

图 2　BIM 模型二

(3）产值管理。产值管理为在项目施工过程中，对建筑整体和各分部分项的产值计划管理。通过与进度计划关联，生成基于时间的产值计划。在项目施工进度逐渐推进时，已完成验收部分形成实际的产值。平台可根据进度管理的实际进度情况，自动计算实际产值。

（4）质量管理。通过平台中施工质量验评模块，登记施工质量验评信息，使得施工质量验评信息与工程划分信息建立关联，进而关联 BIM 模型。现场质量巡查人员在工程巡查过程中发现的施工质量问题，在平台上进行登记上报、跟踪解决的功能。

（5）文档管理。文档管理的功能与设计阶段的一致，具体内容为施工阶段的文档资料。

（6）模型管理。施工方上传施工阶段模型，以工程划分作为纽带，实现模型构件与管理平台业务数据的多对多关联。各参与方在平台上实现模型的在线浏览，主要包括一个项目下多个模型的动态切换、模型的旋转等操作，同时可以进行模型构件的检索和树状结构的浏览。

2.3 运维阶段

（1）文档管理。后期的文档管理主要是对于后期运维阶段的文档进行上传和统一管理，具体的管理逻辑应该与前两个阶段保持一致（图 3）。

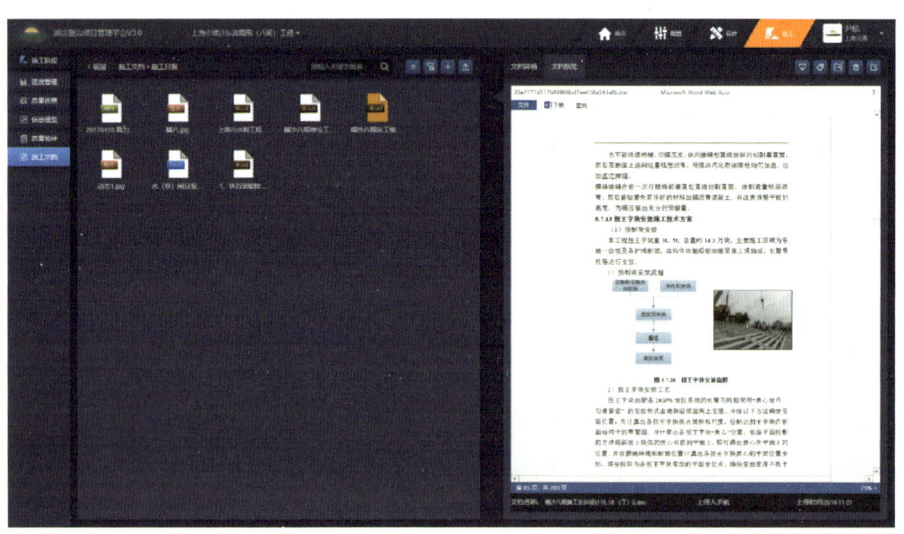

图 3　BIM 模型中的文档资料

（2）巡查管理。在后期运维阶段定期或者不定期的对于建筑物进行巡查，对于巡查发现的问题进行登记、上报、并根据问题的实际情况进行跟踪处置管理的工作内容。

（3）模型管理。运维阶段参与方将运维阶段的文档和问题与模型构建进行关联，可以较为直观的通过模型查看相应建筑物部位的运维情况，给运维管理提供方便快捷的可视化管理手段。

3 效益价值

3.1 加快项目信息交流

平台利用信息网络作为项目信息交流的载体，大大加快了项目信息交流的速度，减轻了项目参建管理人员日常管理工作的负担，使人们能够及时查询工程进展情况，及时发现问题，及时作出决策，从而提高工作效率。同时，平台能够为各项目参建各方提供完整、准确的历史信息，方便浏览并支持这些信息在计算机上的复制和粘贴，可以减少传统管理模式下大量的重复抄录工作，极大地提高项目管理工作的效率。

3.2 项目信息共享、协同工作

平台既有利于项目参建各方的信息共享和协同工作，又有利于项目参建方组织内部各部门、各层级之间的信息沟通和协调。在信息共享环境下通过自动地完成某些常规的信息发布与提醒，可以减少项目参与人之间的信息交流次数，并能保证信息传递的快捷、及时和通畅。这样，不仅有助于提高项目管理工作效率，而且可以提高项目管理水平。

3.3 BIM 可视化

平台借助 BIM 模型作为三阶段的信息数据载体，可以使参与方准确定位数据发生的实际空间部位，从而快速地进行施工现场的响应与决策。BIM 可视化提升传统的工程数据的维度，使数据更易于理解与查找，使各阶段的管理工作更加系统与规范，方便各阶段参与方梳理与掌控整个项目的进展。

4 知识产权和获奖情况

4.1 专利

（1）2019 年，获发明专利受理：《一种基于 BIM 创建堤坝横断面的方法》，ZL 2019 1 0316051.8。
（2）2019 年，获发明专利受理：《基于 BIM 的长线型工程纵横一体化处理方法》，ZL 2019 1 0316163.3。
（3）2020 年，获发明专利受理：《一种基于 Revit 的水工模型建模系统》，ZL 2020 1 0877688.7。

4.2 软件著作权

（1）2020 年，基于 Revit 的水工模型构件族库管理软件，软著登字第 5222270 号。
（2）2020 年，基于 Revit 的水工模型运算分析软件，软著登字第 5224533 号。
（3）2020 年，基于 Revit 的水工模型快速创建软件，软著登字第 5222577 号。
（4）2020 年，基于 BIM 的项目材料管理平台，软著登字第 5226977 号。
（5）2020 年，基于 BIM 的项目产值管理平台，软著登字第 5222549 号。
（6）2020 年，基于 BIM 的项目成本管理平台，软著登字第 5224518 号。
（7）2020 年，基于 BIM 的项目进度管理平台，软著登字第 5224421 号。
（8）2020 年，基于 BIM 的项目进度三维空间管理平台，软著登字第 5224157 号。
（9）2020 年，基于 BIM 的项目监控仪表盘管理平台，软著登字第 5224400 号。
（10）2020 年，基于 BIM 的项目文档管理平台，软著登字第 5222553 号。
（11）2020 年，基于 BIM 的项目问题管理平台，软著登字第 5224417 号。
（12）2020 年，基于 BIM 的项目问题三维空间平台，软著登字第 5227797 号。
（13）2020 年，基于 BIM 的项目质量管理平台，软著登字第 5227965 号。
（14）2020 年，基于 BIM 的项目质量三维空间管理平台，软著登字第 5224167 号。

4.3 奖项

（1）2019 年 10 月，获得 2019 年首届全国水利行业 BIM 应用大赛优秀奖。
（2）2019 年 8 月，获得中交上海航道局"引擎计划"——2019 年青年实用创新成果大赛金奖。
（3）2019 年 12 月，获得中交疏浚集团第二届青年论坛青年"五小"创新创效大赛金奖。
（4）2020 年 12 月，获得中国水运建设行业协会科技进步奖三等奖。
（5）2020 年 12 月，获得中国水运建设行业协会科技进步奖一等奖。
（6）2021 年，获得中国航海学会科技进步奖二等奖。
（7）2021 年，获得中国施工企业管理协会科学技术进步奖二等奖。

"高站位、多角度"推进前期工作

汪巍巍

(上海市滩涂生态发展有限公司,上海 200125)

【摘 要】 着眼总体策划、立项审批、招标方案等几个重点方面,严控关键环节的时间节点,力保各个环节的无缝衔接和交叉推进,顺利完成横沙八期工程各项前期工作。

【关键词】 前期工作;策划;审批;招标

2015年4月,上海市水务局提出"至'十三五'末横沙东滩区域全部圈围成陆"的总体目标。根据该目标,倒排时间节点,横沙东滩八期工程2016年汛期后开工建设。在不到一年半的时间内从立项到开工,这给前期工作带来了前所未有的挑战。

为在短时间完成所有前期工作,在程序完备齐全的前提下开工,前期工作着眼在总体策划、立项审批、招标方案等几个重点方面,严控关键环节的时间节点,力保各个环节的无缝衔接和交叉推进。最终做到:2015年5月启动项目,2016年5月获得立项批复,8月完成招标,9月获得初设批复并开工。

1 总体策划

1.1 两个方案,为全面完成总体目标打下基础

考虑到横沙东滩区域圈围工程对北槽航道回淤的影响问题,2015年项目启动初期,就准备了两个实施方案。将六期以北区域定为八期工程,七期工程以北区域定为横沙未来的九期工程,同步开展八期和九期的工程可行性研究。一个方案是只实施六期以北区域圈围,另一个方案是实施横沙北片6.36万亩圈围。

在工程可行性研究过程中,一方面,从技术角度不断优化堤线布置方案,尽可能减小横沙东滩区域圈围工程对北槽航道回淤的影响;另一方面,与长江口航道管理局的充分沟通、共同探讨,并借助他们的桥梁作用,积极争取交通运输部的最大支持。

在各方的共同努力下,工程妥善处理了对深水航道维护的影响问题,获得了交通运输部的支持,得以将横沙北片6.36万亩圈围工程全部纳入八期工程中一次实施,在立项阶段明确了八期工程的圈围规模,为全面完成"至'十三五'末横沙东滩区域全部圈围成陆"的总体目标打下了基础。

1.2 完善机制,进一步推动疏浚土和吹填成陆的合作

自2010年1月交通运输部和上海市共同签署《加快推进国际航运中心建设合作备忘录》以及2012年12月上海市发展改革委员会和长江口航道管理局签署《共同协调推进长江口航道疏浚土综合利用工作备忘录》以来,长江口航道疏浚土利用从无到有,逐步推进,横沙三期2.6万亩,横沙六期4.85万亩,横沙七期2.02万亩吹填均采用航道疏浚土作为土源。

在政府层面,经历横沙东滩三次整治工程,在疏浚土量预测、吹呢站施工能力、吹呢站总体调

度等多个方面，通过深入研究、反复比较、总结经验，按照"合作共赢，降低投资"原则，部市之间形成了比较稳定的疏浚土综合利用合作机制。

在操作层面，吸取了横沙三期和横沙六期超运距结算难的教训，横沙七期工程施工招标中，对疏浚土的购买单价单独竞价，通过市场化的方式，彻底解决了超运距结算困难的问题，进一步推动长江口航道疏浚土与上海市吹填成陆的合作，也为横沙八期围内吹填全部利用疏浚土打下了良好的基础。

1.3 规划先行，首次将水系工程纳入圈围工程中一并实施

上海地区的圈围成陆工程和围内水系工程历来是分开立项实施的。在八期工程之前，所有新圈围区域在施工期和建成初期的围内排水任务都是由大堤下埋设的临时钢管承担的。根据设计标准和类似工程的经验，这些临排管的使用期限一般为5年。在达到使用年限前，要对这些临时钢管进行封堵，防止钢管断裂造成大堤塌陷等险情。

根据横沙东滩区域的圈围格局，横沙八期工程的北堤下埋设的排水管要承担六期、七期和八期工程共13.23万亩区域的临时排水任务，排水管数量众多。横沙八期建设工期为4年，这些排水管只能承担施工期的排水任务，八期工程完工后一年内要封堵临时排水管，完成永久排水通道的建设。显然，如果等八期工程完工后再开始实施水系工程，大堤存在一定的安全隐患。

为解决大面积排水问题，彻底消除大堤的安全隐患，工程在策划阶段就从区域总体角度考虑横沙新成陆土地的安全问题。经与相关主管部门沟通后，将横沙东滩促淤圈围八期工程除涝规划纳入工程可行性专题进行论证，并根据研究且获批的结论成果，在横沙八期圈围工程中实施水系工程内容。

1.4 "裸吹"上滩，提高疏浚土的利用率

根据工程总体方案，八期工程的围内吹填全部利用长江口深水航道疏浚土，施工时间紧，强度大。同时，客观上受长江口深水航道疏浚土时空分布不均衡，洪季疏浚土利用率相对较低等因素限制，按期完工的压力很大。

2015年年底，长江口航道管理局建议在横沙八期工程区域先行开展疏浚土"裸吹"施工，充分利用2016年年初至横沙八期工程开工前的疏浚土资源，提高疏浚土利用效率，确保完成市政府提出的疏浚土利用率达到80%的目标。该建议得到有关政府的同意后，上海市滩涂生态发展有限公司（以下简称"公司"）立即与长江口航道管理局就"裸吹"施工的操作细节进行了商议，明确了"裸吹"实施时间、范围、计量、计价等具体操作事项，形成会议纪要，上报市水务局。

公司与长江口航道管理局按照纪要分工，各司其职，顺利组织完成了疏浚土上滩"裸吹"的各项工作，进一步提高了长江口深水航道疏浚土利用率，降低了深水航道维护费用和横沙八期工程吹填的费用，保障八期工程目标的实现。

1.5 隔堤先行，为工程安全保驾护航

为进一步提高横沙东滩圈围六期、七期工程度汛安全；减缓横沙东滩促淤区风浪流，降低"裸吹"流失率和减少滩面冲刷；统筹八期工程总体安排，为八期工程大规模实施创造有利条件，公司组织设计单位编制完成了《横沙东滩促淤区隔堤工程专项设计方案报告》，开创性地提出了将横沙八期工程工可批复内容中四条隔堤提前实施，并得到了相关部门的认可和支持。

2016年6月8日，指挥部召开专题会议，部署了提前实施隔堤工程的各项任务和要求。根据专题会议的精神，公司在短时间内组织完成了隔堤工程的实施报告，上报市水务局并获批。

抢抓施工时机，在八期工程正式开工前，完成四条隔堤工程的施工，为横沙八期工程的安全和

建设总目标的如期实现提供了强有力的保障。

2 立项审批

2.1 深化论证，提高工程可行性报告质量

八期工程形成陆面积 6.36 万亩，初设批复总投资超 90 亿元，包含围堤、吹填、河道和泵闸等工程内容，是目前上海圈围史上最大的工程。为提高工程可行性报告质量，保证工程项目顺利获批，前期工作提出了深化专题论证的要求，采用了各专题同步开展，多头并进，相互印证的推进模式。

在专题编制过程中，定期组织各专题编制单位召开碰头会，交流阶段成果，减少专题之间因信息不畅造成的错误，及时纠偏；要求各专题编制单位安排技术骨干和中坚力量参与研究，并就关键问题咨询业内专家，提高专题质量，确保技术上无大的差错；同时不定期向相关主管部门汇报成果，听取意见，提高报告编制的规范化，缩短审批的时间。

在各专题论证均获得相关主管部门认可的前提下，工程可行性研究报告的质量得到更大程度的保障，避免了报告反复修改的情况。横沙八期工可 2015 年 3 月正式上报，5 月获得批复，大大缩短了前期工作的时间。

2.2 沟通先行，节省专题审批时间

早在 2014 年 8 月，公司在与长江口航道管理局的联系工作会议上，就启动横沙八期工程中的有关问题交换了意见，对共同关注的焦点问题（工程规模、平面布置和围区吹填土来源这三大方面）进行了初步的讨论和协商，并达成共识，形成会议纪要。在工可报告的编制过程中，就工程堤线布置对航道回淤的影响、疏浚土的调度利用等，这些与航道相关的关键性问题，与长江口航道管理局共同研究，深入探讨，并将成果结论纳入研究报告中。这些对前期工作起了重要的推动作用，也为工程的《航道通航条件影响评价报告》顺利通过交通运输部的专家评审奠定了基础。

在编制和上报《防洪评价报告》的过程中，充分借助长江口水文水资源勘测局的桥梁作用，与水利部长江水利委员会相关部门直接对话沟通，将长江委的要求和意图落实到专题论证中。此外，市水务局不仅对市级层面的初步审查开辟了快速通道，而且从政府层面为工程争取到长江委最大程度的支持，2016 年 1 月 30 日长江委加班对防洪影响评价组织评审。会后，针对长江委关注的工程建设对共青圩潮位站的影响问题，公司立即组织增列专题进行论证，解除长江委的顾虑，为涉河建设方案的顺利获批铺平道路。

3 招标方案

3.1 自上而下，统一思想

2015 年 7 月市政府成立了由黄融副秘书长任总指挥，市水务局局长任副总指挥的"横沙东滩圈围造地建设指挥部"（以下简称"指挥部"），指挥部成员由市发改委、市住建委、市交通委、市财政局、市规土局、市水务局、长江口航道管理局、市地产集团（市土地储备中心）等单位分管领导组成。在指挥部的指导和协调下，横沙七期实现了当年立项，当年开工的目标。

为了落实中交集团与市政府的战略合作协议；深化部市合作，进一步加大长江口深水航道疏浚土利用，提高疏浚土的利用率；加快横沙东滩滩涂圈围造地进程，指挥部要求，八期工程开工时间定为 2016 年三季度。市政府黄融副秘书长调研横沙东滩圈围造地工程时明确，八期工程沿用七期

工程招标经验，采用勘察、设计、施工总承包模式。

3.2 合理策划，降低风险

为汇集行业中最优秀的勘察、设计、施工和施工监理的单位加入横沙八期的工程建设，招标文件在沿用七期工程招标工作经验的基础上，充分考虑八期工程的特点，不断完善细化，提高质量。

在招标文件编制过程中，多次主动与市建筑建材业市场管理总站汇报沟通，提请对招标文件进行审核和监管，进一步规范招标文件。做到"选优选强"的同时，降低招标过程中投诉的风险，为八期工程的如期开工提供了保障。

在指挥部的指导和协调下，在部市合作的机制下，横沙八期前期工作从策划到立项，再到招标，每一个环节都立足多角度，做精做细。高效的前期工作为工程的顺利实施奠定扎实的基础。

横沙东滩八期圈围工程质量管理措施和成效

张赛生

（上海市滩涂生态发展有限公司，上海 200125）

【摘　要】 横沙东滩八期圈围工程是上海市滩涂整治项目中一次性圈围成陆面积最大的项目之一，工程内容涉及圈围大堤、保滩工程、水泵（闸）、围区吹填、围区河道水系及临时道路改建等内容。项目建设内容多、涉及专业多，工程建设过程需重点把控保滩护底、堤身基础及防渗、水泵（闸）深基坑、地基处理、大体积混凝土浇筑、水系河道生态护坡等诸多质量控制要点，建设质量管理需要一套行之有效的措施，以确保工程顺利实施。

【关键词】 软体排；旁扫；龙口；防渗

根据长江口综合整治开发规划及横沙东滩滩涂整治项建书批复等相关文件要求，为促进上海市土地资源总量平衡，合理利用长江口深水航道疏浚土，规划横沙东滩滩涂整治面积 10919 万 m^2（约 16.38 万亩），先促淤后圈围，分期实施，最终新增土地面积是原横沙岛 52km^2（约 7.8 万亩）2 倍多。秉承可持续发展理念，综合利用滩涂资源，为城市拓展提供预留发展空间。2001 年启动横沙东滩整治项目建议书前期工作，2003 年开始实施横沙促淤一期工程，至 2021 年 5 月横沙八期工程项目完工，标志着横沙东滩滩涂利用建设任务已顺利收官。横沙东滩滩涂整治项目，历时约 20 年，累计概算投资 161 亿元，向东延伸约 20km，南北宽约 5km，实际成陆面积 15.83 万亩，建设内容涉及围堤、保滩、吹填、水系、泵闸等。尤其是横沙东滩圈围八期工程，一次性圈围 6.36 万亩，仅次于青草沙水库，工程自 2016 年 9 月开工，2021 年 5 月完工，横沙八期工程的圈围实施过程克服了工程离岸远、风浪大、龙口合龙难度高、建设内容多、4 座水泵闸同步实施，涉及专业多、技术要求高等难点和特点，最终历时 4 年多项目顺利完工，建设过程积累了成功经验，取得了良好业绩，值得回顾、总结和推广应用。

1　注重前期策划，掌控项目建设总体方案

水利项目前期研究阶段，项目建设总体方案十分重要，其优劣往往决定着项目建设的成败。工可审批立项后，不仅基本确定了项目的总投资、总体方案、实施顺序等内容，而且对后续建设项目质量、安全产生重要的影响。横沙东滩促淤、圈围工程也不例外。因横沙东滩区域风浪大、施工作业条件恶劣，滩面粉砂层易冲刷，因此，前期研究阶段总体方案、平面布置、实施顺序、结构设计等内容尤为重要，尤其是横沙四期、五期及八期工程，系统分析横沙地区已建项目经验与教训，在促淤和圈围工程方面进行了统筹研究。注重前期策划，掌控项目建设总体方案，横沙地区促淤圈围前期研究阶段主要有以下优化调整：

（1）横沙东滩滩涂项目实施顺序调整优化。在经历了横沙三期圈围工程后，结合国内外省类似大型项目圈围的成功经验，尤其是借鉴河北曹妃甸整体实施方案成功经验，对横沙东滩圈围总体实

施顺序进行总体策划，提出了"横沙大道先行、由南向北、自西向东"的整体工程实施战略安排。先行实施横沙五期工程（即横沙大道工程），由原来圈围设想从西向东逐步推进，改为横沙大道先行，再由南向北逐步推进。为后续横沙六期、七期及八期工程的大规模整治，创造了条件，奠定了基础。同时，横沙大道实施后，为大规模利用长江口深水航道疏浚土，创造了十分有利的抛、吹作业条件，横沙地区围区成陆全部综合利用疏浚土，经济和社会效益明显。

（2）促淤纳潮口及护底范围调整。横沙东滩四期促淤工程建设时，在总结先期促淤工程纳潮口护底失效、坝体内侧沿堤严重冲刷等教训的基础上，通过数模分析，经技术论证，将纳潮口由原来设置在东堤调整至北堤，并加大促淤坝护底宽度，尤其是促淤坝内侧护底长度，以减少越堤水流及沿岸流的冲刷，最终确保了项目顺利实施，工程质量和安全得到保证，满足预期促淤效果。

（3）圈围工程整体实施系统工程。横沙东滩八期工程前期研究阶段，综合堤前滩势、围区水系等因素，堤身退后现有促淤坝约180m，堤前必须先行抛石坝挡浪设施，同步实施保滩工程，围堤合龙后实施围区水系及泵闸工程，从根源上消除了如横沙东滩三期工程堤身紧靠促淤坝而导致堤身土方流失现象，避免出现塌陷险情。"保堤先保滩"，横沙东滩八期北堤及东堤堤前同步实施保滩工程，可有效保护围堤工程安全。横沙东滩八期工程完工时，水（泵）闸已通水使用，圈围大堤临排设施已全部封堵，杜绝了临排超期使用可能造成的重大安全隐患，同时消除了围区内涝现象。横沙东滩八期圈围工程整体实施系统工程后，工程质量、安全有保证，工程安全可控。

2 精心组织协调，确保项目建设有序推进

大型圈围项目，涉及施工、勘察设计、施工监理、财务监理、材料检测等诸多单位，项目建设管理需要统筹协调，确保参建各方运作体系正常发挥。

横沙东滩八期工程开工之初，为保证工程质量、安全、进度有序推进，公司成立了横沙东滩圈围（八期）工程技术委员会，组建了横沙东滩八期工程的建设管理项目部，精心组织协调，统筹项目建设有序推进，并管控项目实施过程中质量、进度、安全管理。横沙东滩八期实施过程中，技术委员会对项目建设重大事项，如合龙技术方案讨论、水泵闸深基坑、高大模板、大体积混凝土浇筑以及水泵闸金属机电设备采购方案等进行技术指导，确保工程顺利进展，取得良好效果。同时，建设管理项目部，组织协调各参建单位，落实日常工作，完成项目建设关键节点，并负责对外协调，做好工程质量第三方检测工作，配合质检部门、水务、海事、渔政等主管部门政府监督等事项。

3 推行标准化建设，规范项目建设程序

在横沙东滩八期工程质量、进度、安全管理中，大力推行项目管理标准化建设，规范项目建设程序，及时完成开缺、报监、设计交底、质监交底、方案报审、原材料检验、隐蔽工程检查与验收、工程质量检查检测等相关程序，充分发挥各专业单位技术与管理优势，项目建设过程中，质量处于受控状态，工程质量等级符合预期目标。

3.1 质量管理体系

（1）成立质量管理机构。在工程开工准备期，以公司发文的形式，明确质量管理机构组织架构、人员构成及岗位职责。主要管理人员至少应包括项目负责人、安全（文明）主管、质量主管、技术主管、投资主管、档案主管。项目负责人负责主持编制工程质量管理方案。

（2）编制工程质量管理办法。在工程开工准备期，根据公司工程质量管理制度相关内容，结合本工程实际特点，召开工程质量分析研讨会，并编制完成本工程质量管理办法，并按照质量管理办

法，定期或不定期进行检查，发现问题及时处置，形成闭环销项。

（3）加强设计单位技术指导与服务工作。鉴于横沙东滩八期 4 个水泵闸工程涉及专业多，技术含量高，项目管理过程中在充分利用社会咨询机构技术力量的同时，协调设计单位，加大对水泵闸施工的设计指导与服务工作，确保水泵闸结构顺利实施。

（4）质量管理强制性条文收集。在工程开工准备期，项目负责人负责组织施工总承包、设计单位、施工监理单位，整理收集、汇编本工程质量、安全管理强制性条文。水利工程建设标准强制性条文 2020 年版发布后，组织参建单位对本工程质量、安全管理强制性条件汇编材料及时更新，确保工程建设过程，不违反所有涉及强制性条款的有关规定。

3.2 建设程序

（1）完善施工期质量管理流程。在工程开工准备期，按建设程序要求，结合工程实际，编制建设程序管理办法。在办法中应明确工程基本建设程序；需完成的各项许可申报及申报主要责任人、申报办法、表式、完成期限等内容。

（2）质量监督手续办理。在工程开工前完成质量监督手续办理工作，会同开工备案表一并报质监站。并主动配合质监部门做好质监交底工作。

（3）重要施工方案的审查。重要的施工方案包括不限于总体施工组织、护底施工方案，龙口合龙施工方案，度汛断面施工方案，深基坑、脚手架、高支模、大体积混凝土施工专项方案以及按规定超过一定规模的危险性较大分部分项工程都必须编制专项施工方案，并报相关部门审批。施工监理除编制监理规划外，针对重要施工方案必须编制专项监理实施细则。重要施工方案审查在施工监理首先完成初步审查，并提交初步审查意见。公司组织专家评审和公司内部技术把关。项目组负责协调施工监理督促施工单位按批准的施工方案实施，同时监督施工监理单位监理细则的编制与落实。工程部负责公司层面对重要施工方案落实情况监督管理。对于水泵闸深基坑方案，及时督促施工总承包单位，按规定上报市住建委专门机构及时落实审查工作。

（4）质量交底。开工准备期质量交底的主要内容包括解读本工程质量管理机构、质量管理办法及建设程序管理办法，明确工程各主要工序的质量标准，提出公司对本工程质量管控的具体要求。在重大设计变更和重要施工方案审查通过后，项目组配合公司或委托施工监理主持，现场管理机构参与进行专项质量交底，包括质量标准，质量责任人，质量管控措施，完成期限等。

（5）原材料质量管理。组织施工监理共同审查施工总包单位大宗原材料采购方案，方案编制完成后向公司分管领导汇报审核；现场管理机构抽查备选供应商资质文件，参与备选供应商实地考察；制订原材料可追溯管理办法，加强建设期原材料管理；对合同中涉及调价部的如预制件、块石、土工织物原材料合同审查及备案并审核月使用台账；督查原材料可追溯管理办法的落实。

（6）推行样板段控制措施。横沙东滩八期围堤、河道、护岸长度长，先行样板段工程，取得经验后，全线推广，做到事半功倍。组织开展样板段施工专项研讨会，要求总承包单位按会议精神编制样板段施工专项方案，明确实施样板段施工的工序、工艺、验收方法等。督促总承包单位切实履行样板段先行的质量控制措施。

（7）隐蔽工程管理。正常的隐蔽工程验收通过施工监理机构的专业监理工程师即可，对涉及重要结构部分的，还需通过项目组和设计单位参加。原则上所有隐蔽的工程都要参加，其他涉及工程主要功能的隐蔽工程在质量管理方案中需要明确，并在质量交底予以明确。

（8）设计变更。原则上设计变更应先履行手续后实施，并按照公司颁发的工程项目建设管理设计变更管理操作办法执行。对于一般设计变更，未涉及工程费用增减的，经施工单位、设计单位、施工监理单位、财务监理单位确认后，报公司审批确认后实施，若涉及费用增减，则还需上报建设单位书面确认。对于重大设计变更，由设计单位编制重大设计变更报告，公司审核同意后报建设单

（9）质量检查。严格贯彻落实"三检制"，制定施工现场质量检验巡查制度，加强对工程质量的检查。定期对现场实物工程质量进行联合巡查，重点检查实物工程外观质量，发现问题，立即整改；不定期参与施工监理组织的重点部位、隐蔽工程质量检查，发现问题，立即整改；及时组织第三方对实物工程质量进行抽检；定期核查动态监测资料，发现数据异常的情况，立即组织复测，同时组织召开专题会议，调查原因，研究处理措施；工程重要节点组织项目间的交叉检查，由工程部会综合部组织各在建项目经理、总工、施工总监、设计负责人等组成专家组，并推举组长，形成专家组意见，由被检查项目监理机构落实检查意见。

（10）组织、参与上级部门质量检查。按照项目政府主管部门要求和公司统一安排，组织、参与政府主管部门质量检查活动，包括安全月大检查、质量月活动、冬季大检查等。针对检查结果，做好整改和汇报工作。

（11）台账管理。台账应包括：定期质量巡查记录、第三方质量检查记录、历次政府主管部门质量检查整改回复记录、质量专项分析会记录。台账应由专人登录，专人复核；台账记录应完整、及时、真实。

4 应用科技创新，提升质量管理水平

4.1 技术方案创新

横沙东滩八期工程建设内容涉及围堤、保滩、吹填、水系、泵闸等建设内容，圈围 6.36 万亩，其中围堤总长 22.509km，保滩工程总长 17.727km，河道总长 54.899km，2 座"8m+8m+8m"的三孔节制闸，2 座单孔 12m 的水闸+流量 62m³/s 泵闸。围区共 6 个库区，吹填设计工程量 1.42 亿 m³。工程建设的内容多、工程风险大，在项目前期研究及设计中，技术方案创新是确保工程顺利实施的成功之母。

4.1.1 堤身防护方案创新

上海地区缺乏石料，筑堤材料一般采用就近取砂，采用充泥管袋构筑堤身。横沙东滩八期工程北堤和东堤累计总长 22.509km，全部采用充泥管袋斜坡堤复式断面型式。因横沙东滩区域处于长江口口外，属于开阔水域，自然条件十分恶劣，该区域风大浪高，尤其是在冬季出现寒潮天气频率极高，施工过程中，在堤身护面结构尚未完成之前，堤身充泥管袋极易造成冲刷破坏，给工程施工带来极大风险。为此，必须对堤身防护方案进行创新，确保工程建设安全。横沙东滩八期堤身防护方案在吸取横沙三期、六期工程的北堤施工经验教训的基础上，提出堤身施工期间，其前沿必须新建一道抛石挡浪坝作为掩护充泥管袋施工的屏障，坝顶高程应不低于 5m。对于龙口合龙段及风浪大的区域，抛石挡浪坝顶部可抛放尼龙网兜，以增加抛石挡浪坝稳定。堤身土方完成后，按设计要求及时完成外坡护面结构，满足度汛要求后，方可拆除并利用堤前临时挡浪坝。横沙东滩八期工程施工过程中，严格按此要求落实堤身防护方案，工程进展顺利。

4.1.2 多龙口合龙技术

针对大型潮汐河口的横沙东滩八期工程特点，将圈围区总面积 6.36 万亩分割成 6 个库区，经分析计算论证，提出 1 号～5 号库区（龙口总宽 2200m，单个宽度 400～500m）同步合龙的技术方案，并进行专题研究。通过开展多项技术研究和施工现场实践，形成了潮汐河口超大型围区多龙口同步合龙关键技术，创新提出了龙口区双层软体排结构和组合错缝铺设技术，解决了龙口区易冲刷地基保护的难题。根据龙口流速大小及地质、地形、水深等情况，采用龙口位置铺设通长加筋砂袋的地基处理方法，有效解决了新淤积软土软弱复杂地基龙口地基处理关键技术问题，提高了龙口地基土强度，保护了龙口快速合龙稳定。本项目利用大型潮汐河口的涨落潮水位变化特征，采用"三阶段三同步"技术，先抛石防护（小抛石坝）后土方断流的施工方式，掩护内侧充泥管袋外棱体跟进施工，可有效防止风浪破坏充泥管袋外棱体；同时在龙口两侧抛石坝和围堤外棱体之间施工单棱体充泥管袋格坝，有效减弱合龙时龙口外侧侧向水流汇入龙口后对龙口的冲刷，形成了潮汐河口超大型围区多龙口同步合龙的施工关键技术，使得工程施工组织管理、船机设备与材物料准备和调配、施工技术的布置和施工计划安排在时间和空间上更趋于科学、合理、准确、安全。2017年1月7日，横沙东滩八期工程1号～5号龙口实现同步合龙。2020年12月，潮汐河口超大型围区多龙口同步合龙关键技术研究成果获得中国水运建设行业协会科技进步一等奖。

4.1.3 围堤及水泵闸 BIM 技术

横沙东滩八期工程的围堤 BIM 技术：开发围填工程 BIM 信息管理平台，通过模型上传与操作施工进度管理、施工质量管理、施工材料管理、施工安全管理、工程产值及成本管理和施工文档管理。另外，通过在传统堤坝设计方法中融入 BIM 设计理念，形成一套完整的堤坝工程 BIM 设计方法。该方法基于三维地形设计和参数化横断面模型的建立，可大幅减少断面绘制与工程量计算的重复工作，提高设计效率。

横沙东滩八期泵闸 BIM 技术和 CAE 技术集成应用：泵闸设计涉及规划、地质、水工、水力机械、电气、金属结构、建筑、结构、给排水、暖通、水土保持、移民、环境保护、工程造价等专业，是水利工程设计中涉及专业最多的项目。以横沙八期工程的 2 号泵闸为例，该泵闸由一座 $62m^3/s$ 和一座单孔 12m 的节制闸组成，采用"泵＋闸"的布置型式。泵站设计安装 4 台竖井贯流泵，单泵流量 $15.5m^3/s$，配套电机功率 1000kW。水泵和电动机之间通过齿轮箱传动。泵站内河侧采用竖井式流道，外河侧采用直管式出水流道。电动机和齿轮箱安装在竖井内。断流方式采用快速闸门断流。BIM 技术具有可视化、协调性、模拟性、优化性和可出图性的特点，CAE 技术具有投资少、速度快、可视化的优点。这两种技术的集成应用可以达到提高工程设计质量、缩短设计周期、节省工程投资等目的，值得推广应用。

4.1.4 河道水系方案创新

永久水系与圈围工程同步实施，确保工程建成后的长治久安。

上海地区传统圈围工程一般是永久水系工程与圈围工程分步建设，先行实施圈围工程，在圈围时采用临排措施解决库区临时排水，后续根据规划，再立项实施库区永久水系工程。其弊端是临排设施寿命较短、易断裂，往往引起大堤塌陷，影响工程安全运行。另外，临排设施排水效果欠佳，不适合大范围、大库区水体排放。横沙东滩八期工程实施围区永久水系工程，设置 2 条横河和 8 条纵河的骨干河道，同时新建 2 座水闸、2 座泵闸，一步到位解决横沙东滩八期工程库区的排水问题，防止出现内涝现象，同时，横沙东滩八期工程水系工程实施，为横沙东滩六期工程库区及横沙东滩七期工程库区的排水创造条件。

横沙东滩八期工程 1 号、2 号库区，先裸吹，后开挖方式，最后形成库区河道水系，河道堤岸采用堆载预压加塑料排水板基础处理方案。横沙东滩八期工程 3 号～6 号库区，河道采用预留法，先实施河道两侧堤岸，后吹填成陆，解决新吹填土质上难以开挖河道及河道堤岸抗滑稳定问题。河道护岸采用生态绿化混凝土结构，即满足护岸防水流冲刷，又兼顾生态美观。

4.2 施工工艺创新

4.2.1 吹填工艺技术

横沙东滩八期工程圈围总面积 $36.16km^2$（约 6.36 万亩）。其中分隔堤将围区分为 1 号～6 号围区：1 号围区面积约 $7.67km^2$（1.35 万亩）；2 号围区面积约 $6.82km^2$（1.20 万亩）；3 号围区面积约 $6.00km^2$（1.06 万亩）；4 号围区面积约 $5.48km^2$（0.96 万亩）；5 号围区面积约 $4.86km^2$（0.85 万亩）；6 号围区面积约 $5.33km^2$（0.94 万亩）。设计吹填标高下容积为 11060.1 万 m^3，增加固结量及沉降量后，设计吹填量为14242.3万 m^3，其中：1号围区吹填量为2285.5万 m^3；2号围区吹填量为2257.4万 m^3；3号围区吹填量为2343.4万 m^3；4号围区吹填量为2156.0万 m^3；5号围区吹填量为1744.5万 m^3；6号围区吹填量为3455.5万 m^3。

吹填工程的施工工艺为"耙吸船+绞吸船"二次抛吹工艺，全部利用长江口深水航道维护疏浚土，充分利用北槽内分布的5个吹泥站10条管线实施疏浚土上滩成陆吹填。在大面积围区进行吹填，每距离800m左右需要布置一条吹填子堤，每条吹填子堤每距离500m布置一条支线。横沙东滩八期工程的吹填子堤设计布置为鱼刺结构，其中主线14条，支线82条，总体充泥管袋工程量约260万 m^3。吹填子堤设置不仅便利吹填管线架设，而且有利于吹填平整度控制。库区现场设置标杆，控制吹填标高，根据验收标准，每个围区平整度要求是±0.6m，可以在吹填子堤附近设置标杆，采用不同颜色的喷漆或者胶带代表不同的标高，在吹填泥面接近预定标高时调整管线出口。针对未达到吹填平整度要求的小范围吹填区域，采用机械整平，机械整平主要采用水陆两用挖掘机、推土机等在吹填区内进行二次倒运，削峰填谷，达到平整场地、控制吹填平整度的目的。

4.2.2 软体排铺设旁扫技术

横沙东滩八期堤前保滩工程有保滩顺坝、丁坝、潜坝以及顺坝内的格坝等，保滩工程护底均设置软体排护底结构，施工过程中，全程采用水下旁扫技术，即水下实时铺排检测技术，是在总结水下铺排潜水探摸检测技术，水下声学成像技术的优缺点后，创新开发的一种实时、准确、客观、可靠的铺排搭接检测技术。它利用声呐原理，通过声呐设备和专用支架，获取水下声呐影像，通过对声呐影像的判别分析，从而了解水下铺排搭接整体情况，以及判断铺排搭接是否合格。它是滩涂整治工程中的B超检查。横沙东滩八期工程铺排施工，采用旁扫技术，及时检查铺排及搭接质量，确保软体排铺设质量满足设计和规范要求。

4.3 检测手段创新

4.3.1 无人机航测技术

横沙东滩八期工程范围大，离岸远，环境复杂，工作条件恶劣，工程测量中涉及横沙东滩已建一期、二期及四期工程的促淤坝及N23护滩堤，由于坝顶标高较低，大部分时间都淹没在水里。传统测量方法，一般由人乘大潮低潮位，堤坝露出水面时进行测量，存在风险高、效率低和精度不足等方面的问题。

为了安全、快速获取堤坝三维数据和影像资料，横沙东滩八期工程中采用了无人机航测技术新手段，无人机航测系统是无人机与摄影测量技术的综合系统，它集成了无人驾驶飞行器技术、摄影测量技术、通信技术和GNSS定位技术等多种应用技术。相比传统意义航摄，小型无人机航测具有低成本、低损耗、可重复使用且风险小等诸多优势。无人机在飞控系统的控制下可按预定设计航线全自主飞行，包括起飞、爬升、航线飞行和着陆等都可以自动完成。

横沙东滩八期工程采用无人机航测技术，安全、高效地获取了堤坝三维数据和影像资料，可以极大地降低风险、提高效率和精度，同时将测量数据与所拍摄到的图像紧密结合起来，能够为设计人员及时提供更精确、更丰富的影像资料。

4.3.2 无人艇测量技术

横沙东滩八期工程共分6个围区，各围区龙口合龙前，需及时掌握龙口位置及内外侧滩面冲刷情况，采用无人艇遥控作业，更适合龙口处吃水浅、流速快的特点，进行水下地形监测，既安全又可靠。

4.3.3 现场视频监控技术

在横沙东滩八期工程的围堤及水泵闸建设过程中，现场共设置多个视频监控点，运用无线网桥技术，解决远离本岛施工区域无网络通信问题，实现远程视频实时传输，可实现全过程、全天候进行现场监控、存储和传输，提高项目管理水平。

4.3.4 第三方检测手段

横沙东滩八期工程开工之初，委托第三方检测机构（安徽省水利水电勘测设计院工程质量检测所），在施工单位自检、施工监理平行检测合格的基础上，对本工程围堤工程、保滩工程、水泵闸工程、吹填工程、水系工程、道路改建工程中的水下袋装碎石及抛石断面、混凝土预制块质量、混凝土护坡质量、沥青混凝土路面质量、堤身断面、水泵闸桩基承载力及混凝土实体和外观质量、吹填高程、河道疏浚断面、护岸结构质量等进行抽检，确保工程质量符合设计及规范要求。

5 结语

横沙东滩八期圈围工程在政府各级部门大力支持下，在参建单位共同努力下，项目实施过程中严格执行有关工程质量安全的工程建设标准强制性条文，施工过程中未发生安全质量事故，无人员伤亡事故，安全文明监管一直处于受控状态。

横沙东滩八期工程自2016年9月26日正式开工，2021年4月29日完工，已完成全部施工内容。横沙东滩八期工程共44个单位工程，全部合格，工程质量等级评定为优良。工程质量达到预期目标，质量管理取得了一定成效。项目建设过程中，各参建单位及时总结经验，发表诸多论文、著作，申请了多项发明专利、实用新型专利，并获得的多项科技进步奖，为后续项目申报大禹奖奠定了基础。

横沙东滩八期圈围工程安全管理措施和成效

钮张成

(上海市滩涂生态发展有限公司,上海 200125)

【摘　要】 横沙东滩八期圈围工程是上海市滩涂整治项目中一次性圈围成陆面积最大的项目之一,工程内容涉及圈围大堤、保滩工程、水泵(闸)、围区吹填、围区河道水系及临时道路改建等内容。项目建设内容多、岸线长、风险高,工程建设过程涉及船舶水上作业、涉水施工、深基坑、高支模以及吊装、机械伤害、临时用电等诸多安全管控风险源,建设安全管理需要一套行之有效的措施,以确保工程安全顺利实施。

【关键词】 危险源;分级管控;信息化

横沙东滩八期圈围工程包含圈围大堤、吹填、水系、水(泵)闸施工等多种不同类别施工内容,施工过程中多点开花,齐头并进,安全生产管理工作面临严峻考验。根据工程特点,建设过程中涉及多项专业性强、危险性大的重大危险源,包括:水(泵)闸施工中的深基坑开挖、脚手架及结构模板工程;扭王块体、钢闸门等起重吊装工程;铺排、吹填、龙口合龙工程涉及的水上作业;工程施工中的临时用电等。涉及高处坠落、物体打击、机械伤害、触电等多种可能发生的伤害,做到安全生产零事故、零伤亡,安全生产管理压力极大。

根据现行安全生产法及相关法规、规范等要求,公司牢固树立安全发展理念,坚决筑牢安全生产防线,严格落实安全生产责任制,全力做好项目安全生产工作,为工程建设顺利推进提供了坚实保障。

1　坚持生命至上,提高政治站位

公司始终坚持安全生产工作以人为本,把保护人民生命安全摆在首位,树牢安全发展理念,筑牢安全生产防线,从源头上防范化解重大安全风险,为工程建设顺利推进提供坚实保障。

公司始终坚持学深悟透习近平总书记多次对加强安全生产工作作出重要指示,坚持人民至上、生命至上,坚定信心担起责任,整合一切条件、尽最大努力防范化解重大安全风险,着力从根本上消除事故隐患、从根本上解决问题,推动实现更为安全的发展,切实把确保人民生命安全放在第一位落到实处。公司切实提高政治站位,时刻紧绷安全生产这根弦,始终把安全生产放在首要位置。

2　总体规划布局,保障工程安全

横沙东滩工程实施过程中,为保证总体安全,考虑以往工程经验,采取先促后围,自南向北开展工程布置。横沙八期实施过程中,考虑汛情形势严峻,为及早应对极端天气,减少滩面冲刷,抢抓施工时机,经市横沙建设指挥部协调,提前组织实施了隔堤工程,有力保障了横沙八期工程建设目标如期实现，确保汛期安全度汛，同时，也缓解横沙东滩六期、七期已建工程的度汛压力。

在工程设计阶段，为保障所有工程相关劳动者——工程建设、管理、运行、检修人员的安全和健康，在初步设计阶段，参照相关规范和工程具体情况，对防火、安全疏散、通风、防淹、防触电、防雷击、防机械伤害和坠落伤害、防污染、防电磁辐射、照明等各方面采取措施和配置一定的设备，做到安全可靠、经济合理、符合现行有关劳动安全和工业卫生各种文件和其他标准规定的要求。

3 压实安全责任，完善机制保障

重点围绕水闸泵站施工，深基坑工程、模板工程等危险性较大的分部分项工程的安全管理。针对安全性要求高、技术复杂的高支模等专项施工方案，及时按程序组织专家进行审查；根据专家审查的设备项目清单，严格控制设备质量，保障工程安全。

持续完善安全生产管理制度，制定"施工现场安全生产事故隐患排查治理实施方案""安全生产保证措施方案"等多项管理制度。层层分解安全生产责任，形成"横向到边、纵向到底"的安全管理网络。

4 构建分级管控，落实检查机制

近年来发生的重特大事故暴露出当前安全生产管理"认不清、想不到"的问题突出。针对这种情况，习近平总书记多次指出，对易发生重特大事故的行业领域，要将安全风险逐一建档入账，采取安全风险分级管控、隐患排查治理双重预防性工作机制，把新情况和想不到的问题都想到。构建"双重预防机制"就是要强化风险意识，分析事故发生的全链条，抓住关键环节采取预防措施，防范安全风险管控不到位变成事故隐患、隐患未及时被发现和治理演变成事故。

公司结合工程实际，梳理工程风险管控清单和隐患排查清单，全面覆盖全过程的人、机、环境和管理各要素。持续开展定期不定期安全生产专项检查，结合每周开展的联合安全检查，将安全生产关口前移，突出重点，不断夯实安全管理基础，消除各类生产安全事故隐患。

5 探索信息管理，扩展监管手段

当今经济社会各领域，信息已经成为重要的生产要素，渗透到生产经营活动的全过程，融入安全生产管理的各环节。安全生产信息化就是利用信息技术，通过对安全生产领域信息资源的开发利用和交流共享，提高安全生产水平，推动安全生产形势持续稳定。

运用无线网桥技术，实现远程视频实时传输，掌控施工现场实时动态；采用北斗定位系统，运用终端平台实时监控，防控施工通勤车辆安全风险；依托灾害天气系统，跟踪施工区域气象变化，防范极端天气不利影响；借助微信公众平台，打造"安全鹰眼"，发挥网络媒体传播优势，发动全员参与隐患排查。

借助信息化建设探索和尝试，各项安全管理信息，及时有效得到记录和反馈，有效推动安全管理精细化。

6 强化应急管理，提升应急能力

上海东临东海，常受台风侵袭，多年来汛期呈现降水总量总体上升、暴雨场次增多和暴雨强度增大等特点，极端灾害性天气频发。滩涂整治项目又多处沿江区域，防汛防台应急管理压力巨大。

公司对照应急预案编制导则要求，实时更新、不断完善防汛应急预案；做好应急工作的上下对接；参与项目应急演练；保障防汛队伍和防汛物资，持续提升应急响应能力，确保工程安全度汛。

7 开展党建联建，助力安全管理

充分发挥党组织战斗堡垒作用和党员的先锋模范作用，坚持"围绕施工抓党建，抓好党建促生产"。通过不断拓展党建工作覆盖面，因地制宜，各擅其长，凝结多方力量，有力推动工程建设有序开展，不断促进工程管理水平提升。

在公司党委的正确领导下，工程建设过程中，始终将党建联建、立功竞赛活动与安全生产管理有机结合。开展工地党课，坚持发挥党建引领，党员带头，带动全员参与项目安全生产管理。

根据文明工地创建，突出做好疫情防控、节能减排、扬尘控制、宿舍整洁、治安保卫等工作。在现场醒目位置，张贴立功竞赛评比公示牌，宣传表彰活动中的先进事迹、先进个人，真正发挥立功竞赛"鼓舞人、激励人、凝聚人"的作用。正是这样细腻的党组织关怀，浓厚文化的感染，引领着每一名工程建设者同向同行，激发出他们参与工程的自豪感，从而成为滩涂整治工程"最有担当的创造者"。

8 结语

安全生产永远在路上，永远没终点。公司将适应新形势，落实新要求，牢固树立安全发展理念，弘扬生命至上、安全第一的思想，不断强化"红线意识"和"底线思维"，坚决筑牢安全生产防线，防范遏制生产安全事故。弘扬精雕细琢的工匠精神，在新时代的坐标中追求卓越，勇攀高峰。

浅谈上海市大型滩涂圈围工程的风险控制重点

陶晓慧

（上海宏波工程咨询管理有限公司，上海 201707）

【摘　要】　大型滩涂圈围工程投资大，安全、质量、进度控制难度大，风险高，本文从"人、机、料、法、环"五个方面，结合近年来上海市的一些大型圈围工程实际，阐述了大型圈围工程风险控制的重点。

【关键词】　滩涂圈围；风险控制

1　引言

近年来，为落实国务院长江口综合整治开发规划，加快推进滩涂资源的有效利用和合理开发，上海市先后实施了南汇东滩促淤圈围工程、长兴潜堤后方滩涂圈围工程、横沙东滩圈围七期工程、横沙东滩八期圈围工程等一系列大型圈围工程。这些圈围工程规模大，堤线长数十公里，占地数万亩，造价数十亿元，投资风险高；水上作业时间长，船机设备多，作业人员密集，安全管控风险高；节点任务要求高，合龙度汛工期紧，进度控制风险高；作业点（面）多，工序多，水下隐蔽工程多，质量控制风险高。总之，大型圈围工程的风险在各个方面都大幅提高，有效地风险控制是保障工程安全、优质、高效实施的基础，本文针对大型圈围工程从"人、机、料、法、环"五个方面阐述风险控制的重点内容。

2　"人"的风险控制

"人"是生产管理中最大的难点，也是目前所有管理理论中讨论的重点，大型圈围工程对人的风险控制重点在于两个方面：一是建设团队的选择，二是人员安全管理。

2.1　建设团队的选择

施工单位和监理单位是工程实施阶段两个最主要的参与者，其能力的强弱直接影响整个工程推进，因此在建设团队选择时要慎重考虑。

目前上海市的大型圈围工程施工大都采用勘察设计施工总承包模式，总承包单位应具备丰富的滩涂圈围工程经验，其中：

（1）勘察单位应对工程区域要熟悉，包括区域内地质情况、水流情况、砂源分布情况等，一个有经验的勘察单位出具的勘察报告能为合理经济的设计方案提供基础依据，如针对不同地质情况考虑不同的堤基处理方式；也能为后续施工阶段施工方案的确定提供诸多便利，如龙口合龙方案中砂源的组织，合龙时机的选择等。

（2）设计单位应具有前瞻性，合理的设计方案不仅要能满足经济性指标，也要能满足施工需要。如在工程度汛断面不能完全保证能按时完成时，设计应考虑在围堤前沿设置临时抛石坝，既是为围堤土方施工减小风浪，又是为工程度汛做应急准备，同时还能为后续堤脚抛石备料，可谓一举三得。

（3）施工单位除了要有承担大型圈围工程的资质和业绩外，必须要有硬实力，包括大型船机设备、作业队伍的保障、资金的储备能力。大型圈围工程往往需要多艘大型专业铺排船同时作业，目前市场上的铺排船数量并不多，且近年来各圈围工程同时施工，因此自有铺排船调度对施工单位来说至关重要；圈围工程最关键的时刻是在龙口合龙前土方施工，虽然工艺简单，但是土方施工时通常时间紧张，一个有实力的作业队伍会从供砂方式、设备选型、人员配置等方面考虑如何在有限的时间内创造更多的产量；以某圈围工程为例，施工高峰期单月最高产值达 4 亿元，如果没有雄厚的资金实力，一量工程款稍有延缓后果可想而知。

监理单位作为业主方的代表，对工程的安全、质量、进度、造价控制，合同、信息管理以及协调工作全面监督管理，其对施工单位的"监、帮、促"的作用在大型圈围工程中显得尤其重要，既要能按要求监理到位，又要在关键时刻关键问题上切实能帮助施工单位共同解决问题，从而促进工程顺利实施。

2.2 人员安全管理

圈围工程属于劳动密集型作业，特别是在土方和结构施工时，作业点多，作业人员多，大型圈围工程高峰时甚至能达几千人，人员管理的风险极高，人员管理风险的控制重点针对水上作业、临时用电、交通、住宿等四个方面的安全风险管理。

（1）水上作业。圈围工程大部分时间都是在水上作业，作业人员存在落水和溺水的危险，赶潮作业时危险更大。除此之外甲板作业还有坠落船舱、缆绳绊倒等人员伤害危险。

（2）临时用电。圈围工程离岸较远，通常采用柴油自发电，有效的临时用电管理对防止人员触电事故的发生起着重要作用。

（3）交通。圈围工程占线长，人员上下班需要专用交通工具，围堤土方临时便道窄、道路不平、边坡较陡等问题都是影响交通安全的重要因素。

（4）住宿。圈围工程作业人员通常集体住宿，消防、卫生、防疫和维稳管理是集体住宿管理的关键所在。

3 "机"的风险控制

机械设备对质量控制、进度控制和安全控制起着关键作用，大型圈围工程机械设备风险控制重点水上以船机设备为主，陆上以吊机设备为主，包括船机设备的选型、船机设备的交通安全、吊装作业安全等。

3.1 船机设备的选型

合适的船机设备不但能够提高工效，也能够保证施工质量。比如铺排船的选择，既要考虑抗风能力，又要考虑吃水深度，抗风能力强的铺排船在大风天气可原地抗风，节省了撤离进出场和重新定位的时间，吃水深度浅的铺排船可以减少潮汐对施工时间的影响，不但能延长施工时间，也能保证浅水区域铺排质量。

3.2 船机设备的交通安全

圈围工程除了铺排船以外，还包括绞吸船、交通船、锚艇、拖轮、抛石船、运输船等众多船舶，不但要在施工区域内航行，往往还要穿越外部航道，交通安全风险控制压力大。

3.3 吊装作业安全

圈围工程有大量的预制混凝土构件和块石需要吊装，重量在 2～10t 不等，陆上吊装通常采用汽车吊作业，水上吊装通常采用吊机船，属于重大危险源。

4 "料"的风险控制

材料供应关系着工程的质量和进度，圈围工程中大量砂料、土工织物、块石等是材料风险控制的重点。

4.1 砂料

砂料是圈围大堤成型的主要原材料，砂料不足或不能连续供应是圈围工程中首要考虑的风险点。在施工准备阶段要结合地质勘察报告选择合适的砂源和合适供砂方式，包括绞吸供砂、砂库备砂、滩地取砂、外来砂等。特别是在龙口合龙时，通常要按合龙所需土方的 2 倍方量备砂，因地制宜地采用多种供砂方式组合能很好地解决供砂问题。

4.2 土工织物

圈围工程中土工织物主要用于软体排布、充泥砂袋、反滤布、模袋混凝土、袋装碎石等，起着加筋、防渗和抗冲刷的重要作用，目前市场上土工织物加工制作质量参差不齐，其质量好坏直接影响工程质量和安全。以软体排为例，在大型圈围工程中软体排一般用于堤基处理，单块软体排布超过 $3000m^2$，价格超过 10 万元，不合格带来的不仅是安全和质量风险，还包括了投资和进度风险。

4.3 块石

圈围工程中抛石坝、灌砌块石、镇脚抛石等要用到大量的质地较好的块石，目前上海市的块石基本来自浙江舟山一带，开采量有限，当市场需求量大时供应相对紧张。龙口合龙是圈围工程成败的关键，大型圈围工程一般龙口较多，库容量大，采用"先抛石截流后土方闭气"的方式合龙已成为优选方案，合龙时间一般选择在 12 月—次年 2 月期间，正处于农历春节前后，块石供应紧张的风险是合龙期间必须要考虑的。

5 "法"的风险控制

圈围工程"法"的风险控制重点在于施工总体部署以及关键部位施工质量控制方法。

5.1 总体部署

圈围工程是一个系统工程，牵一发而动全身，如果施工顺序稍有变化将造成严重后果，比如土方不均衡抬升，导致局部出现集中水流，形成薄弱环节，易造成围堤溃坝；土方棱体长时间处于出水和不出水临界状态，导致越堤流冲刷；抛石不连续，导致局部水流较大，造成冲刷深沟；龙口擅自缩窄导致过水断面减小，水流速度加快，形成龙口冲刷。目前上海市的大型圈围工程总体部署基本思路是横向上"护底先行，抛石掩护，土方均衡抬升，混凝土结构护面，防浪墙浇筑，混凝土预制件护坡，道路成型"，纵向上"隔（侧）堤先行，顺堤次之，均衡抬升，龙口合龙，安全度汛，按期完工"。

5.2 关键部位施工质量控制方法

圈围工程水下工程作为关键部位，质量难以控制，特别是软体排铺设及水下抛石（碎石包），软体排铺设质量不好容易形成滩面冲刷、堤基渗流破坏等，水下抛石（碎石包）质量不好难以对软体排形成有效压载和保护，因此如何找到有效的控制方法对降低关键部位施工质量风险至关重要。在近年来的大型圈围工程中形成了一些较好的做法，包括网格化定点定量抛石、水下探摸，多波束旁扫，现场视频监控等。

6 "环"的风险控制

圈围工程的环境风险控制重点包括自然环境和社会环境。自然环境对圈围工程安全、进度和质量影响巨大，特别是大风、台风、潮汐、波浪等，在大型圈围工程中要特别注意几个关键时期的自然环境：一是冬季寒潮对护底软体排施工的影响；二是农历三月初三天文大潮对棱体土方的影响；三是潮汐规律对龙口合龙闭气的影响；四是汛期对结构施工的影响。圈围工程涉及周边单位较多，包括海事、渔政、公安、边防等部门，使用水域对航道、渔业影响较大，涉及过往船舶、渔民及游客等，通过协调沟通能很好地降低社会风险带来的不良影响。

7 结语

通过对重点风险的控制，近年来上海市的大型圈围工程总体上平稳顺利地完成建设，但随着社会生产力水平的不断提高，劳动力的不断减少，先进设备的投入使用，施工工艺的不断改进，新的风险点也在不断呈现，工程建设者应该时刻保持忧患意识，与时俱进，不断创新管理手段，提高风险管控能力，最大限度地降低沿海滩涂整治与开发项目风险。

圈围工程土工材料精细化管理方法初探

陶晓慧

（上海宏波工程咨询管理有限公司，上海　201707）

【摘　要】 材料质量是工程质量控制的首要环节，而圈围工程工期紧，材料用量大，材料集中供应强度高，材料质量控制难度大。对此本文以横沙东滩八期圈围工程土工材料质量控制为例，从"事前、事中、事后"三个阶段，通过规范管理制度，明确管理职责，创新地尝试材料质量的溯源管理等一系列手段，初步探索总结出材料精细化管理的方法。

【关键词】 土工材料；管理制度；管理职责；溯源管理；精细化管理

1　引言

1.1　研究背景及意义

随着上海市城市精细化管理的持续推进，越来越多的行业将精耕细作的理念运用到管理上。精细化管理是社会分工及以及服务质量的精细化，它建立在常规管理的基础上，并将常规管理引向深入的基本思想和管理模式。现代管理学认为，科学化管理有三个层次：第一个层次是规范化；第二个层次是精细化；第三个层次是个性化。而具体到工程建设上来说，精细化管理就是在规范化的基础上将管理责任具体化、明确化，找准管理关键问题、薄弱环节，将规范性与创新性良好结合而形成的一种科学管理模式。在工程建设行业领域创新地引入精细化管理的方法，将对工程安全、质量、进度控制起到积极作用。

1.2　研究内容

圈围工程作为上海市水利工程的重要组成部分，其最大的特点是从开工到度汛工程断面完成前的任务量大，工期较紧，作业强度高，往往易忽视工程质量的控制，特别是材料质量，其中以土工材料和混凝土预制构件最为突出。材料质量的不过关将对圈围工程造成不可挽回的损失，甚至会影响整个工程的安全。比如，排布缝合强度不够，会导致软体排沉排过程中排布撕裂；通长袋强度不够，会导致加载后形成中部撕裂，引起上部棱体的滑移，从而威胁整个工程安全。

横沙东滩八期圈围工程作为上海市有史以来规模最大、历时最长、专业最多的圈围工程，其材料质量控制的难度可想而知，因此在该工程探索材料质量控制科学的管理方法既是必要的，也是十分具代表性的。本文以横沙八期工程土工材料质量控制为例，通过规范管理制度，明确管理职责，创新地尝试材料质量的溯源管理等一系列手段探索精细管理方法。通过实践，土工织物总体材料质量良好，工程未出现质量及安全事故，实现了土工材料质量管理目标，总结出了土工材料精细化管理的方法，为进一步探索工程精细化管理模式提供了思路。

2 土工材料质量控制的难重点

根据以往圈围工程的实践，土工材料是使用量最大，也是最容易出现质量问题的重灾区，特别是强度和防老化指标的不达标。究其原因，除了材料本身客观要求带来的难度因素外，人为主观因素仍起了主导作用，因此分析总结土工材料质量控制的难重点是找到解决问题方法的首要任务。

（1）土工材料技术控制指标较多，其中强度和防老化指标控制是重点。圈围工程使用的土工材料主要有土工布、土工格栅、排水板等，以横沙东滩八期工程中用到的土工布为例，按材料组合形式不同分为机织布、编织布、无纺布、复合布（机织布/编织布＋无纺布），按材料规格不同分为110～450g/m^{2}不等，其设计指标更是多达十余项（表1为圈围工程防老化聚丙烯编织土工布技术指标），通过其他多个同类工程实践得知，其中最难控制也是最重要的指标是强度和防老化。

表1　圈围工程防老化聚丙烯编织土工布技术指标

项　目		单位	指　标			
			110g/m^2	175g/m^2	200g/m^2	230g/m^2
单位质量		g/m^2	≥110	≥175	≥200	≥230
抗拉强度	纵向	kN/m	≥18	≥34	≥40	≥48
	横向	kN/m	≥16	≥30	≥34	≥38
延伸率	纵向	%	<25	<25	<25	<25
	横向	%	<25	<25	<25	<25
梯形撕裂强度	纵向	N		>300	>340	>400
	横向	N		>300	>340	>400
顶破强度		kN	>1.6	>2.7	>3.2	>3.8
孔径 O_{90}		mm		0.07～0.2	0.07～0.2	0.07～0.2
垂直渗透系数		cm/s	>2×10^{-3}	>2×10^{-3}	>2.0×10^{-3}	>2.0×10^{-3}
抗紫外线强度保持率（96h）		%	—	>90%	>90%	>90%

（2）土工材料供应强度高，易出现大批量质量不合格，质量过程监控是重点。圈围工程工期节点性较强，在度汛断面完成前施工强度较大，相应的材料供应量也较大。以横沙八期工程土工布使用为例，工程自2016年9月26日开工至2017年6月30日，总计148有效工作日（2016年9月—2017年2月按每月12个有效工作日计算，2017年3月起按每月22个有效工作日计算），共需使用土工布约6800万m^2，日均供应强度为46万m^2，为保证充足运输和检测时间，生产强度会更高。一旦某一批材料质量不合格，代表数量为几十万平方米的土工布将被认定为不合格，损失十分巨大，因此严格控制中间过程是相当重要的。

（3）同一规格材料使用部位较多，材料流向管理难度大，如何溯源是关键。以横沙东滩八期工程土工布使用为例，同样是380g/m^{2}防老化聚丙烯机织复合土工布，既用作软体排排布，又用作北堤、东堤外坡＋2.00m以下反滤布和砂库反滤布。而且材料规格是根据工程地质条件、水深条件等确定，地质条件和水深条件的复杂性导致同一规格材料使用部位分散，给材料与现场使用的部位的匹配工作带来一定难度，因此溯源管理显得尤为关键，即使是出现部分的质量缺陷，通过溯源也可准确找到缺陷部位，为下步处理指出明确方向。

3 精细化管理的探索

（1）把握关键指标，针对薄弱环节制定管理制度。前述土工织物的技术指标已表明两个关键的指标是强度和防老化,生产厂家对这两个指标的把控是土工材料质量控制的薄弱环节。土工织物强度体现两个方面:一是土工布本身的强度,包括抗拉强度、顶破强度、撕裂强度,影响因素为原料本身材质(是否为再生料)、加工工艺(目数、单根丝数等);二是拼接强度,影响因素主要为加工工艺。防老化指标主要影响因素是加工工艺(对防老化剂剂量的把握)。

对此,横沙东滩八期工程在开工前就制定三个管理制度:①生产厂家准入制度,开工前对生产厂家的资信以及生产原料进行现场调研,符合要求的列为准入名单;②投产前试加工制度,各厂家生产线正式投入使用前进行材料试加工,加工出的材料自检并送有资质的检测机构复检,不断调整强度与防老化控制系数,直到满足要求为止;③明确处罚制度,在加工前与生产厂家事先明确约定罚则:一旦出现不合格,除全数退货外严禁再向本工程供货,从根本上杜绝厂家偷工减料的行为。

通过规范化制度的建立,约束生产厂家行为,工程从开工至今,土工材料的强度和防老化指标均在设计要求范围内,没有出现厂家退货的情况发生。

(2)强调过程监控,明确参建各方职责。在高强度的加工过程中,要保证忙中不乱,忙中不错,关键要强调监控力度,明确参建各方的职责,使管理流程和体系有条不紊地运行。

如图1所示,横沙东滩八期工程形成了事前供应商比选、事中严控加工质量、事后进场验收和使用过程监控,明确了供应商比选阶段建设单位的主导地位,土工织物加工阶段供应商绝对责任,材料进入现场后施工和监理单位验收和使用管理职责,流程清晰,职责明确,保障了管理体系有效运行。

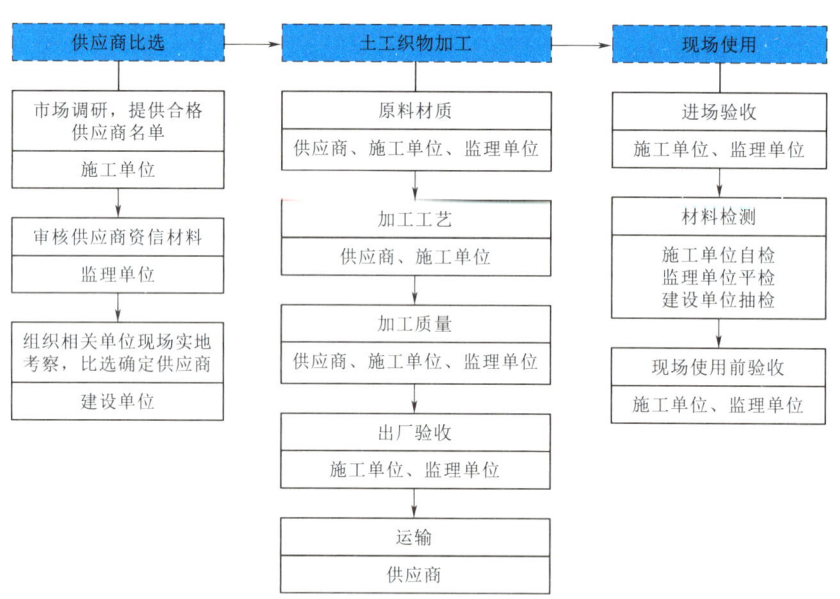

图1 土工织物质量控制过程中参建各方职责的划分

(3)运用科学的管理手段,保障材料质量的可追溯性。在以往的圈围项目中,受土工材料加工工艺限制,传统的材料标识只能在材料的包装上面手写一个材料的编号和尺码,无法覆盖到加工的每块排布、每个砂袋,在复检不合格或其他相关问题出现后,材料无法继续追踪,对后续的整改造成相当的难度,因此溯源管理科学的管理手段,运用到圈围工程土工材料质量的可追溯性,尚属首创。

横沙东滩八期工程溯源管理方法探索的灵感源于快递行业的信息实时录入与查询,其关键在于材料的标识,以便在各个环节中予以记录储存信息,为层层追溯打下基础。横沙东滩八期工程在开工前就通过与各土工织物材料供应商集思广益,就材料标识和可追溯性的方案积极研讨,采用了三种方法试验:一是二维码直接标识;二是色丝标识;三是标签加二维码标识。

1) 二维码直接标识。二维码是用某种特定的几何图形按一定规律在平面分布的黑白相间的图形记录数据符号信息的,通过图像输入设备或光电扫描设备自动识读以实现信息自动处理。市场上二维码印制主要为激光打码和喷墨打码。

激光打码机的工作原理是将激光以极高的能量密度聚集在被刻标的物体表面,通过烧灼和刻蚀,将其表层的物质气化,并通过控制激光束的有效位移,精确地灼刻出图案或文字。针对施工所使用的土工织物,激光的烧灼和刻蚀会对土工织物的丝线造成损坏,影响布体的丝线强度,进而影响土工织物的整体质量,不利于现场施工。

喷墨打码机是运用带电的墨水微粒,由高压电场偏转的原理,在各种物体表面上喷印上图案文字和数码。此方案不会对土工织物丝线造成损坏,但对被喷物体表面的平整度和工作环境要求极高(工作环境中的灰尘很容易进入主墨盒再到副墨盒,从而再进入喷嘴,影响喷嘴的打印效果)。

从图2中可以看出标识效果较差,分析其原因:一是土工织物表面不平整,有凹凸,不便于墨水在其上均匀附着、散布;二是土工织物孔隙大,本身的毛细现象易使喷黑模糊;三是深色的土工织物对标识的辨认造成一定影响。因此,得出的结论是单独使用喷墨二维码直接标识是不可行的。

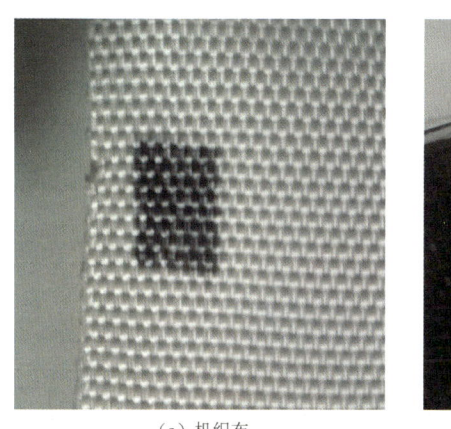

(a) 机织布　　　　　　　　　　(b) 编织布

图2　土工织物喷墨二维码标识试验

2) 色丝标识。色丝标识是用特定颜色的色丝表示特定的信息,将若干根色丝按照一定规律编织在土工布中组成有意义的信息字符串,见表2。

表2　　　　　　　　　　八期工程土工材料色线分配表(按厂家区分)

序号	厂家	机织布分配色线	编织布分配色线	备注
1	A	黑色(1道)		
2	B	绿色(1道)		
3	C	红色(1道)	蓝色(2道)	
4	D	黑色(2道)	白色(1道)	
5	E	藏青色(1道)	白色(2道)	
6	F	藏青色(2道)		
7	G	黄色(1道)	黄色(1道)	
8	H	黄色(2道)	黄色和白色(各1道)	
9	I		绿色(2道)	
10	J		白色和绿色(各1道)	
11	K		绿色(1道)	
12	L		黄色(2道)	

续表

序 号	厂 家	机织布分配色线	编织布分配色线	备 注
13	M		白色（3道）	
14	N	咖啡色（1道）	红（1道）	
15	O		蓝色（1道）	

在此基础上，按照"厂家＋机器编号＋月＋日"信息字符串按照一定规律编排色丝，并进行试验（图3、图4）。

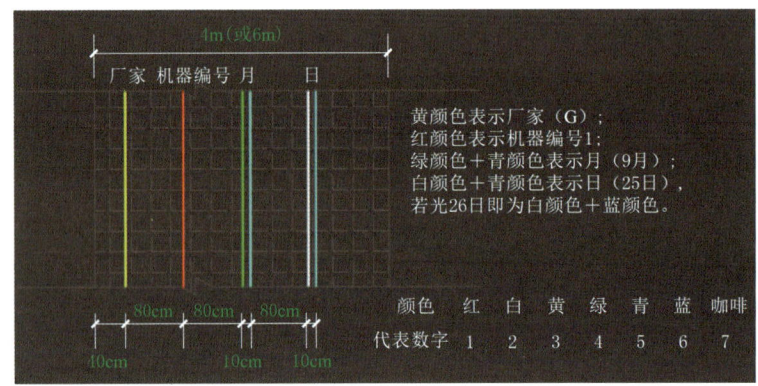

图3　色线标识方案样图

图4　编织布色线标识实效图

色丝标识现场易识别、区分。但依据厂家反映，由于生产机器较多、土工织物供应时间跨度大，需要多种色丝（至少7种）和多种编排方式（区别机器；区别生产日期：1～12月，1～31天）；同时厂家工人生产任务繁重，素质参差不齐，很容易弄错色丝编排方式，进而造成辨识错乱。例如，某厂家色丝标识编排方案见表3。

表3　　　　　　　　　　　　　某厂家色丝标识编排方案

机器编号	色丝标识	月份	色丝标识	日期/日	色丝标识
1	红＋红	1	绿＋绿	1	蓝＋蓝
2	红＋白	2	红＋蓝	2	蓝＋白
3	红＋蓝	3	红＋白	3	蓝＋黄
...	...	...	...	...	...

在实际试验中，几种相近颜色会受到各家原材料固有颜色影响，每个厂商的颜色辨识性不一致，会引发理解错误，造成批次错乱。因此该方法具有一定可操作性，但实用性不强，不适宜大体

量的材料加工。

3）标签加二维码标识。贴标签是直接将拟计划生产的土工布信息标识在标签上，每隔固定要求的距离，贴附着在土工织物上。

此方法操作简单，但土工织物表面因编织工艺表面有凹凸，与标签胶粘面积有限，经多种标签试验，胶着力可行，虽在土工布生产、运输、加工及施工过程中会有部分脱落，但在整卷布上有一定的追溯性，也比较稳定可靠。相对而言，此方法较为实用、可行。

4 结论与建议

横沙东滩八期工程土工织物的精细化管理是有必要的，通过实践得出"事前、事中、事后"的控制方法是可行的，溯源管理作为一种创新手段，试验出了标签加二维码的标识方法，通过该方法辅助以强大的后台信息存储和处理，在现场任何一处地处，只要扫描二维码即可知道该材料生产原料、厂家信息、复试情况、验收人员等各环节质量控制信息。因此，横沙东滩八期工程的土工材料精细化管理方法的初步探索结果，可以为工程的其他材料以及其他圈围工程材料的质量控制提供新的思路和方法。针对材料精细化管理，提出如下建议供参考：

（1）把握"精、准、细、严"的原则，"精"是做精，求精；"准"是准确、准时；"细"是做细，具体是把工作做细，管理做细，流程管细；"严"就是执行，主要体现对管理制度和流程的执行与控制。

（2）管理成本上需要加大投入，人员、设备、资金等方面的资源都需要加大投入，保障整个管理体系的有效运行。

（3）从生产厂家这一最薄弱环节上，提高管理要求，从根本上改变生产工艺，增加生产线设备，使管理手段更智能化、标准化。比如在材料加工生产线上加装标识装置，每隔一定距离或时间自动标识；引进快递公司的信息平台系统，提高信息处理的准确性、高效性、实时性。

（4）精细化管理水平关键在人，各参建单位应把提高人员素质、加强人员责任意识作为精细化管理最根本的任务，只有人员素质提高了，责任心强了，精细化管理才能落到实处。

水下断面厚度控制的测深仪试验方法

陶晓慧

（上海宏波工程咨询管理有限公司，上海 201707）

【摘　要】 测深仪水深测量法是水下断面测量的常用方法之一，当受波浪等自然因素影响较大时，其测量的可靠性和精度往往不尽人意，本文通过试验研究，运用统计方法，采用数据对照分析，实践总结出在波浪条件下的水下断面厚度控制的方法，并提出相应的控制标准。

【关键词】 水下断面；测深仪；袋装碎石

1　引言

采用测深仪测量工前工后水深测量是水下断面厚度测量较为常见的一种方法测深仪测量原理图，如图1所示。而工前工后水深的原理是通过测深仪的换能器将电能转换成声波信号，声波以传播速度 v 经探头发射到水底，并由水底反射回至探头被接收，测得声波信号往返行程所经历的时间为 t，则探头到水底的深度为

$$Z = \frac{1}{2}vt \tag{1}$$

再加上探头吃水深度 h，即水深为

$$H = Z + h \tag{2}$$

水面高程减去所测水深即为水下断面的高程。

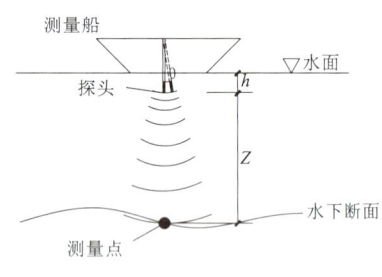

图 1　测深仪测量原理图

通过式（1）和式（2）可以得出，影响 H 的因素主要为 v、t 和 h，其中 v 与传播介质有关，当传播介质一定时，v 一定。t 与传播距离有关，其影响因素主要是传播角度，即探头的安装倾角 θ。h 与船体的吃水有关。

当在无波浪的理想状态下，船体不晃动，水面标高不变，h 是一定的，θ 是一定的（θ 也可以通过人工调整消除）。此时，测量的 H 是较为准确的，误差来源主要是仪器误差。当在有波浪条件下，船体晃动，导致 h 和 θ 处于持续变化状态，无法得到准确的测量数据。

因此，找到波浪条件下水深测量有效方法对水下抛石质量控制意义重大。本文将以横沙东滩圈围工程水下抛投袋装碎石断面测量为例，通过在风浪条件下水深测量的试验，统计分析数据提出了风浪条件下水下断面厚度控制的方法。横沙东滩圈围工程地处为长江入海口，风浪条件较为复杂，工程前期存在大量的水下工程，包括水下软体排铺设、水下袋装碎石压载、水下抛石等，容易成为质量控制的盲区，其中如何测量水下袋装碎石厚度的问题尤为突出。

2 试验方法

横沙东滩圈围工程区域水深测量除了风浪影响外还受潮位影响，低潮位时浅水露滩区域袋装碎石可以通过露滩施工和测量，质量控制相对容易，宜作为深水区域试验结果的对比验证。深水区域涨落潮时水流速度较快，波浪较大，试验需要一定水深，故本试验需在高平潮时进行。测深仪作业风力不大于4级。

2.1 标准堆方

（1）陆上采用人工堆方的形式，堆一个$1m^3$的标准袋装碎石方，数出$1m^3$范围内所用标准袋装碎石使用量n袋，则试验抛投体积积为V，水下断面的标准袋装碎石总量应为nV。标准堆方如图2所示。

（2）袋装碎石抛投前，高平潮采用测深仪进行工前测量。

（3）计算试验区域抛投量V，将总量为nV的袋装碎石采用吊机船配备GPS定点定量划分网格均匀地抛投在试验区域。吊机船定点网格化抛投如图3所示。

（4）袋装碎石抛投后，高平潮采用测深仪进行工后测量。

（5）根据工前工后测量结果，计算各断面各测点的袋装碎石抛投测量厚度。

图2 标准堆方

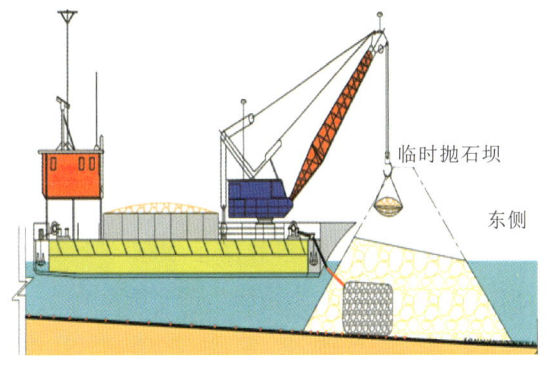

图3 吊机船定点网格化抛投

2.2 对比验证

为验证深水区区域实验抛投方法的可靠性以及实验结果规律的符合性，在浅水露滩区域进行露滩人工标准铺设，对比分析结果，具体步骤如下：

（1）在浅水露滩区域工在袋装碎石抛投前，在低潮露滩时采用RTK和高平潮时采用水深仪各进行一次工前测量。

（2）在低潮露滩时人工铺设袋装碎石，严格按设计厚度铺设完成标准断面。

（3）在低潮露滩时采用RTK和高平潮时采用测深仪各进行一次工后测量。

（4）通过对比RTK测量结果和测深仪测量结果，分析抛投方法的可靠性，并确定袋装碎石厚度测深仪测量控制标准。

以横沙东滩八期工程为例，深水区域选取N15+920.00～N16+020.00段，按照设计范围采用上述方法定点定量抛投40cm袋装碎石；浅水露滩区域选取N0+400.00～N0+500.00段按照设计范围采用上述方法人工露滩铺设30cm袋装碎石；并在4级风以下天气高平潮时分别测量工前工后水深。

3 试验结果

深水区域共采集 224 个数据,统计结果见表 1。

表 1　　深水区采集数据的统计结果

序号	厚度/cm	点数	比例/%		累计比例/%
1	<10	12	5.36	5.36	100.00
2	10~15	18	8.04	13.40	94.64
3	16~20	17	7.59	20.99	86.60
4	21~25	24	10.71	31.70	79.01
5	26~30	39	17.41	49.11	68.30
6	31~35	37	16.52	65.63	50.89
7	36~40	20	8.93	74.56	34.37
8	41~45	15	6.70	81.26	25.44
9	46~50	13	5.80	87.06	18.74
10	51~55	9	4.02	91.08	12.94
11	56~60	7	3.12	94.20	8.92
12	61~65	8	3.57	97.77	5.80
13	67~70	2	0.89	98.66	2.23
14	71 及以上	3	1.34	100.00	1.34
	合计	224			

统计分析表明:碎石测量厚度大于 15cm 的数据约占 86.60%;测量厚度大于 20cm 的数据约占 79.01%;测量厚度大于 25cm 的约占 68.30%。

浅水露滩区域共采集 132 个数据,统计结果见表 2。

表 2　　浅水区采集数据的统计结果

序号	厚度/cm	点数	比例/%	累计比例/%	
1	<0	17	12.88	12.88	100.00
2	0~5	7	5.30	18.18	87.12
3	6~10	10	7.58	25.76	81.82
4	11~15	16	12.12	37.88	74.24
5	16~20	17	12.88	50.76	62.12
6	21~25	16	12.12	62.88	49.24
7	26~30	19	14.39	77.27	37.12
8	31~35	8	6.06	83.33	22.73
9	36 及以上	22	16.67	100.00	16.67
	合计	132			

统计分析表明:碎石测量厚度大于 5cm 的数据约占 81.82%;测量厚度大于 10cm 的数据约占 74.24%;测量厚度大于 15cm 的约占 62.12%。

4 确定控制标准

通过上述试验分析得到的规律以及多次在浅水露滩反复验证，最终通过各参建单位协商确定以下控制标准。

大于设计厚度50%的检测点占每个断面的总检测点数的60%及以上，以满足抛填量的要求，厚度小于5cm的检测点点比不得大于10%，且厚度5cm以下的点不得连续，以满足抛投连续的要求。

5 控制要点

（1）标准堆方、RTK的测量一定要精确，应由施工单位和监理单位共同复核验收成果。

（2）测量间距应尽可以小，本文中试验测量断面间距10m，点间距1m。

（3）对于疑似不合格区域辅助采用潜摸或声呐旁扫的方式进行复核，复核确认不合格的区域，进行补抛直至复测合格。

6 结语

水下断面厚度控制的测深仪试验方法在横沙东滩圈围工程中得到了很好的运用，提高了水下工程施工质量，但目前该方法仅用于对水下断面厚度的验证，并不作为判定合格的标准，是施工过程中的一个验证控制手段，控制标准的提出也是要经过反复验证得出，运用此方法时应根据工程实际情况，针对不同工况条件确定不同的控制标准。

基于 Autodesk 的堤坝 BIM 模型构建及信息化框架开发与应用

王 飞 孙 鹏 赵 磊

（中交上海航道勘察设计研究院有限公司，上海 200120）

【摘　要】　为了解决现有技术下的堤坝 BIM 三维线框模型缺陷，根据堤坝工程的特点及其模型构建需求，建立了堤坝 BIM 模型构建与信息化框架。该框架包含堤坝工程的编码标准、命名体系、断面提取功能与三维实体生成功能等内容，可将几何模型与属性信息自动融合为实体 BIM 模型。本框架能在不同 BIM 软件平台下实施，本文选取 Autodesk 平台的 Civil 3D 与 Revit 进行 .Net 二次开发，在相关工程中进行了实践，成功构建了 BIM 模型，提高了工作效率，对堤坝工程的 BIM 全流程应用具有参考意义。

【关键词】　BIM；堤坝工程；信息化；框架；二次开发

1　引言

建筑信息模型（Building Information Modelling，BIM）概念由 Chuck Eastman 等在 20 世纪 70 年代提出，近年来发展迅猛。对此，我国连续发布了两本国家 BIM 标准：《建筑信息模型应用统一标准》（GB/T 51212—2016）与《建筑信息模型施工应用标准》（GB/T 51235—2017），从顶层设计的角度规范了工程领域的信息化方向。同时在应用方面，许多高科技厂商以及工程建设单位在 BIM 软件研发中投入了大量的人力物力，极大地推进了 BIM 技术的落地应用。

尽管 BIM 技术整体上发展较快，但在部分行业仍然存在很多技术障碍。在基础设施行业水运工程领域，主要问题在于尚无统一的 BIM 应用标准，而现有针对大范围场景的 BIM 软件平台更偏向于三维几何模型设计，对信息化标准的支持力度不够，难以满足 BIM 全流程应用对模型信息的核心需求。

在堤坝等长线型工程领域，BIM 技术落地应用的实际问题尤为突出，主要体现在以下方面：

（1）现有技术无法直接形成 BIM 模型：BIM 软件可进行堤坝工程三维设计，但有效的设计成果仅为 3D 线框模型，不能形成分段且含多项属性信息的实体，因此项目参建各方无法利用该 BIM 模型进行信息流转。

（2）人工建模效率低下：尽管可使用人工方法手动建立堤坝的实体模型，并对构件赋予信息以形成 BIM 模型；但堤坝工程一般堤线长、断面多、断面型式复杂且属性海量，人工建模将异常耗费资源与时间，而且该工作本身已经超出了常规业务范围，违背了 BIM 提质增效的初衷。

（3）缺乏统一的信息化标准：堤坝工程自身特点鲜明，既有基础设施类的长线型特征，也包含了大量的建筑类构件，因此其信息标准应包含两个行业的特点，而现行的规范或标准中暂无可用成果。

为了解决堤坝工程的 BIM 模型建立问题，目前仅有少量学者进行了相关研究，如吴晓南等利用 Autodesk 平台在长兴潜堤工程中建立了潜堤 BIM 模型，王帅等利用 Bentley 平台建立了岛堤模型。上述研究均利用了软件的原生功能，需要大量的人力与时间成本，且信息化标准不够明晰。

鉴于以上 BIM 应用阻力和不足，为解决堤坝工程中的 BIM 模型构建难点，本文结合大量的工程项目经验，对堤坝工程的特点及其 BIM 模型构建需求进行详析，以建立堤坝 BIM 模型构建与信息化框架。该框架首先解决几何模型转化的关键技术，以实现堤坝三维线框模型向实体模型的准确转化；同时，建立堤坝特有的编码标准和命名体系，以规范堤坝自身的各类信息；最后，通过软件开发实现两者的高度耦合，达到自动构建堤坝 BIM 模型的目的。

2 堤坝工程的特点及其 BIM 模型构建需求

基础设施行业水运工程领域的堤坝工程有多种类型，如防波堤、围堤与潜堤等，主要功能为防波挡浪和圈围促淤等，结构主体一般为抛石、袋装砂与混凝土等。

2.1 堤坝工程的特点

（1）平面呈长线型，类似道路。堤坝工程平面一般呈长线型，短至数百米，长或数十公里，与道路较为类似。由于工程涉及范围大，很难对每个位置进行单独设计，因此一般采用断面法。该法通过每个分段内的典型断面来控制局部区域的变化，因此断面结构是堤坝等长线型工程的核心。从几何的角度看，堤坝可视为各个断面沿着堤线连接而成的结构（图 1）。

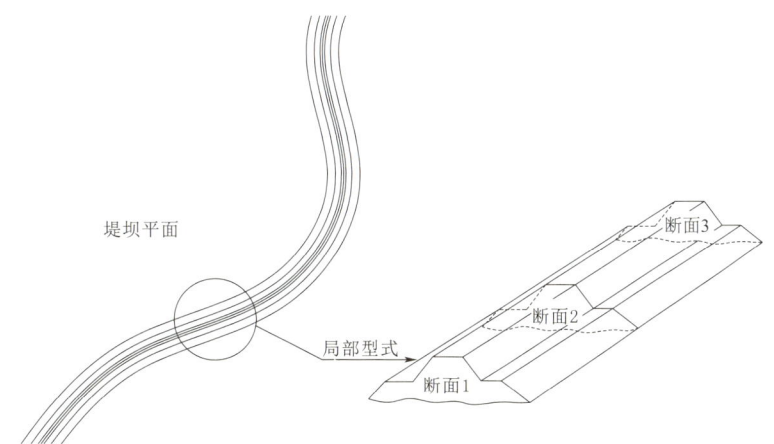

图 1 堤坝平面类型及几何特点

（2）断面型式复杂，类似建筑。与道路不同的是，堤坝断面一般较为复杂，特别是软土堤基上的工程结构，仅堤顶路面与道路较为类似，除此之外的结构单项达数十种，如图 2（a）所示。这些单项中大部分为连续结构，如沿着堤轴线连续抛填的砂石材料，同时也存在大量的非连续构件，如扭王字块［图 2（b）］与排水板等。

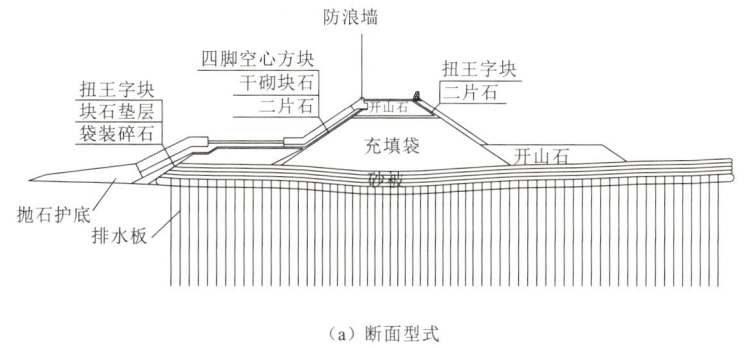
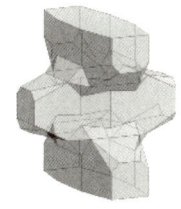

（a）断面型式　　　　　　　　　　　　　（b）非连续构件——扭王字块

图 2 软土堤基上的堤坝断面型式

根据上述分析，堤坝工程是一种典型的长线型基础设施工程，需按断面法进行设计，但其断面型式复杂，需分类考虑各构件的自身特性。

2.2 BIM 模型建立需求

目前，BIM 软件已基本能实现堤坝工程的三维参数化设计，但受限于软件架构和硬件渲染能力，现有技术创建的堤坝 BIM 模型实质为三维线框模型，包含点、线、面及基本属性信息，不含实体，没有实体则无法赋予更多的材质、参数、施工、管理等附加信息。此外，线框模型无法形象地表达非连续构件，只能以外轮廓展示，严重影响 BIM 模型的交付。因此，要将三维线框模型转化为对应的实体 BIM 信息模型，应满足以下需求：

图3 堤坝几何实体模型

（1）几何需求。建立一套能够将三维线框模型自动转化为精确实体模型的方法，该方法可根据平面轴线与各横断面之间的映射关系，形成对应的精确三维实体，且该实体与原模型分段情况一一对应。另外，除了能生成常规的连续结构外，也应能摆放非连续构件堤坝几何实体模型，如图3所示。

（2）信息化需求。建立一套堤坝 BIM 信息标准，该标准应该包含能覆盖堤坝各单元的编码标准，通过该编码可实现模型构件与属性信息数据库的互联。编码应由软件自动嵌入模型，避免人工赋值。

3 堤坝 BIM 模型构建与信息化框架

结合上述堤坝模型特点与使用需求，要实现三维线框模型向 BIM 模型的转化，同时赋予可供全生命周期信息流转的有效信息，需建立一套包含几何模型转换与对应构件信息耦合的框架。

3.1 功能模块

本框架包含两大功能模块及其六个子项，如图4所示。

（1）几何模块。将三维线框模型自动转化为对应的精确实体模型，一是断面提取功能 A，它将三维线框模型按照用户指定的间距进行剖切与拆分，得到满足精度要求的横断面；二是实体生成功能 B，它将 A 形成的断面结合平面信息，自动在 BIM 软件中形成实体模型，实体模型包含连续结构与非连续构件。

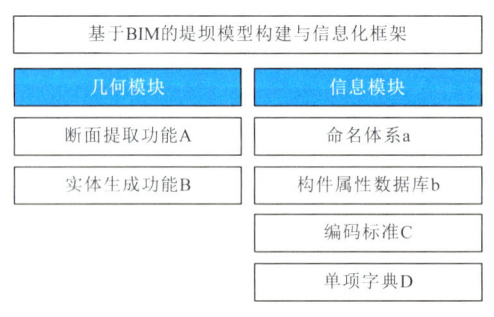

图4 框架的主要功能

（2）信息模块。该模块从三方面考虑：一是针对几何模块的文件级命名体系 a，该体系将规范三维线框模型的平面和断面文件命名，以实现 B 功能的自动化；二是建立堤坝每个构件的属性列表，并形成构件属性数据库 b；三是堤坝信息 BIM 标准，主要为编码标准 C 和单项字典 D，用于对指定命名的构件进行编码，便于软件解析并与构件属性数据库 b 互联。

3.2 业务逻辑

首先根据编码标准 C 对堤坝典型断面进行命名，然后利用模块 A 与命名体系 a 提取平面与断面几何信息；模块 B 将上述离散信息转化为实体模型，转化的过程中根据编码标准 C 进行解析，构件属性数据库 b 则通过解析后的唯一编码与实体模型进行互联；本框架中，工程人员除了定义构件的属性信息和构件名称外，无须其他任何操作，即可获得三维线框模型对应的堤坝 BIM 模型。框架的业务逻辑如图 5 所示。

"基于 Autodesk 的堤坝 BIM 模型构建与信息化框架"可在任意 BIM 软件平台下实施，本文选取 Autodesk 平台下的 Civil 3D 与 Revit 进行.Net 二次开发，以实现框架内的所有功能。

目前的 BIM 软件市场中，没有针对堤坝特征开发的 BIM 建模工具，市场认可度较高的 Autodesk Civil 3D、Bentley PowerCivil 与 CATIA Civil Engineer 均着力于道路和桥梁专业。在功

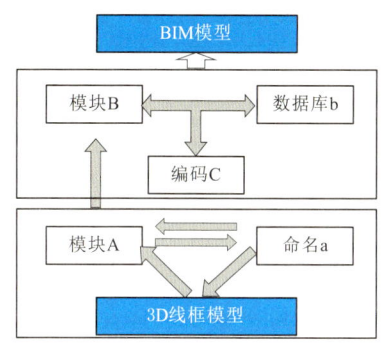

图 5　框架的业务逻辑

能方面，尽管上述市场软件能完成堤坝 BIM 模型，但需根据堤坝特征手动建模并赋予各类相关信息，效率低下，而本文的开发成果实现了高度自动化建模，效率优势明显。

4　关键技术

4.1　堤坝编码标准

BIM 软件内所有的构件都有唯一的内置 ID（如二进制长度为 128 位的 GUID），该 ID 虽然能够以一一映射的方式连接属性数据库，但需要工程人员指定确认，且没有字面上的意义，所以不具备实操性。更高效的方式是建立独立的堤坝工程编码标准，该标准遵循堤坝工程的特点，既能体现平面分段信息，又能准确反映构件的详细信息，同时具备唯一性，可供计算机解析，并以此作为实体模型与属性信息的纽带。本框架下的堤坝编码标准包含断面顺序、分部工程、分项工程、单项规格与重复量五个部分（图 6）。其中：①断面顺序与平面分段信息形成映射关系，如断面 3 表示桩号范围 K0+085.00～K0+090.00；②分部工程根据《水运工程质量检验标准》（JTS 257—2008）与《上海市工程建设规范　水利工程施工质量检验与评定标准》（DG/TJ 08-90—2014）结合工程经验制定，共分 10 个子目；③分项工程来源于大量工程经验积累建立的企业级分项字典，包含了所有常见分项工程（如排水板、砂被、块石等），目前共 46 个子项；④单项规格编码则由工程人员确定，用于区分同一分项工程的不同类型，如 2t 扭王字块与 3t 扭王字块。根据 BIM 模型 LOD 等级，可在此编码下继续深入规格子编码；⑤重复量则是框架对同一规格分项工程的自动计数，避免重复，确保构件编码的唯一性。

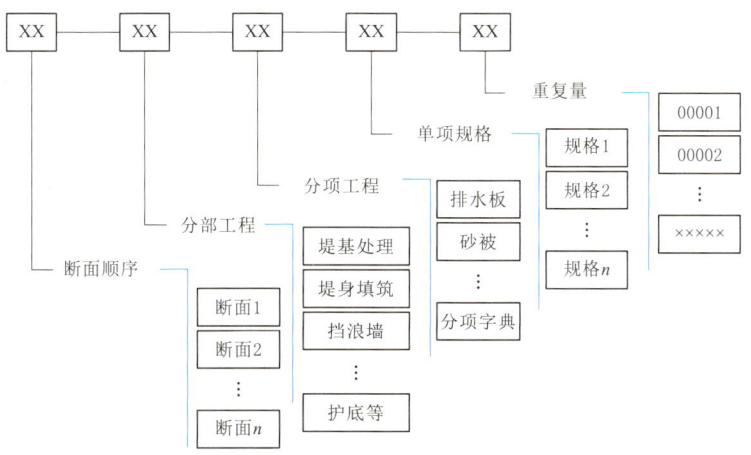

图 6　堤坝编码标准

堤坝编码示意如图 7 所示，如排水板的命名为"断面 1—堤基—排水板—规格 1"，框架将其解析为"01—01—05—01—01"。工程人员依据中文编码规则录入相关属性信息，框架则根据其解析码查询并链接属性数据库内的对应条目。

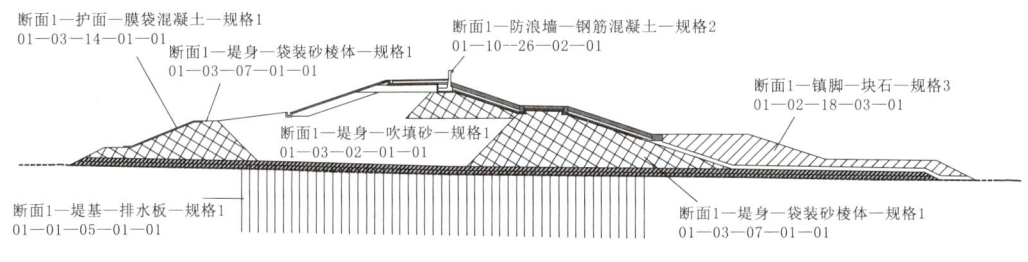

图 7　堤坝编码示意

4.2　命名体系

命名体系是指框架内所有文件的命名规则，用于规范属性数据集合文件、几何断面文件与几何轴线文件的命名方式，将离散文件通过命名的内在关系形成有机统一的整体（图 8），以服务于模型的自动化构建与信息化部署。

4.3　断面提取功能

断面提取是 BIM 模型构建的基础，基于 .Net API 对 Civil 3D 进行二次开发，可快速提取三维线框模型中的指定断面，提取的断面除了包含所有几何信息外，还有根据本框架编码标准定义的构件名称（图 9）。为了保证地形的模拟精度，断面间距应不大于地形测量点精度。

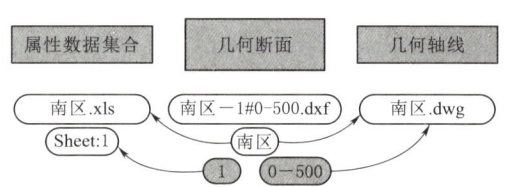

图 8　数据文件、几何断面与几何轴线间的命名关系

所形成的断面名称则根据本框架的命名体系进行命名，便于实体生成程序的高效利用。

图 9　断面提取功能页面与批量生成结果

4.4　实体生成功能

实体生成功能［图 10（a）］基于 .Net API 对 Revit 进行二次开发，是本框架的集成应用成果，它利用了框架内的所有资源与标准：将三维线框模型提取的断面与轴线按照文件命名规则进行精确的几何实体建模，同时根据编码标准链接构件与属性数据库，将"信息"嵌入到三维实体中［图 10（b）］，最终自动形成堤坝 BIM 模型［图 10（c）］。

该实体模型携带了用户指定的属性信息，因此能够满足 BIM 全流程应用的信息流转，如施工、管理和运营。同时，它也能作为中间格式用于模型渲染、施工动画、工程展示等常规应用场景。

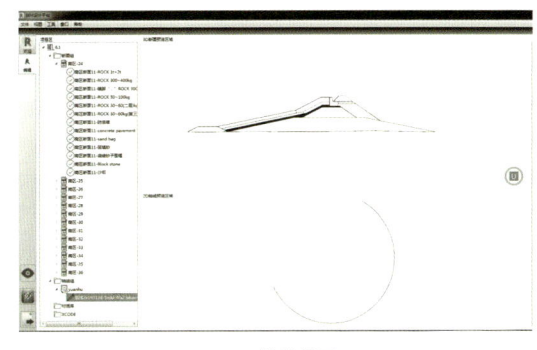
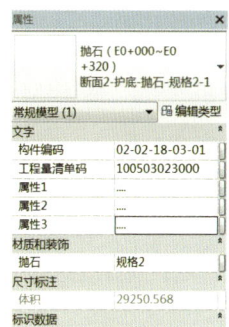

(a) 软件界面　　　　　　　　　　　　　　(b) 构件信息

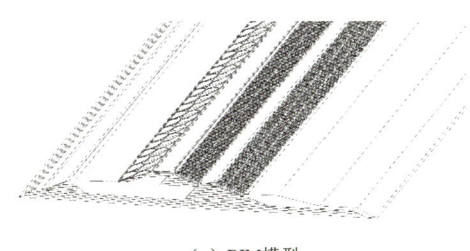

(c) BIM 模型

图 10　实体生成功能

5　工程应用

本文的开发成果已应用于上海某堤坝工程项目，该工程首先使用 Civil 3D 进行围堤正向设计得到三维线框模型，并据此进行出图与工程量计算等常规设计工作（图 11）。

为满足甲方 BIM 管理平台的模型导入需求，应将该线框模型转换为实体 BIM 模型。项目实施阶段采用传统的纯人工方式进行建模，断面整理、生成实体、材质赋值与信息赋值等工作共耗费 17 人·天；后利用本文成果重新完成同样的 BIM 模型，由于核心的实体生成与信息赋值部分可由软件自动完成，仅需少量的人工辅助微调工作，总耗时仅 2 人·天（表 1）。因此，本开发成果不仅提高了建模效率，也能避免因人员水平差异带来的误差风险，提高交付质量。

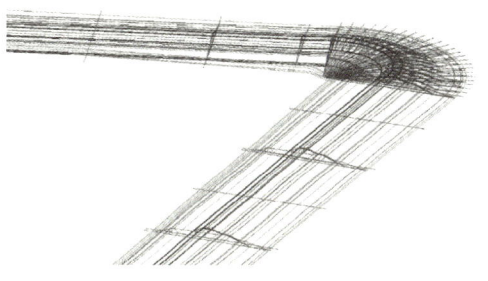

图 11　本工程三维线框模型

表 1　　　　　　　　　　　　　　本项目堤坝 BIM 模型构建效率对比

阶段	主要工作	传统方式/(人·天)	本文成果/(人·天)
一	断面整理	1	0.5
二	生成实体	9	
三	材质赋值	2	1.5
四	信息赋值	5	
合计	BIM 模型	17	2

工程量是验证模型准确度的重要标准，传统计算方法为断面逐桩法，而 BIM 模型可直接读取工程量。对于长线型工程而言，堤坝内连续结构的工程量是一致的，因为本文框架下的 BIM 模型

即由两个断面过渡形成，与传统工程量算法一致（表 2，限于文章篇幅仅列出其中代表项）。但对于非连续构件有一定差异，因为传统方法先根据断面外轮廓面积和相关系数计算体积，再根据重度等参数反算构件的个数，而 BIM 模型直接读取构件个数。

表 2　　　　　　　　　　　　　　本项目堤坝 BIM 模型工程量对比

类型	单项	传统算法	BIM 模型	误差
连续结构	堤芯砂	22742.0m³	22742.0m³	0
	灌砌块石	180.0m³	180.0m³	0
非连续构件	扭王字块	996.1m³	985.2m³	−1%
		763.7 块	756 块	−1%

长线型堤坝的特征是堤身与地形的相贯线随地形起伏变化，传统设计只能根据稀疏断面的放坡交点逐桩相连，误差较大，且在平面、断面等视图中需手工重绘；而 BIM 模型则能准确通过堤身曲面与三维地形曲面之间的空间关系，自动计算精确的相贯线，同时可自动形成各个视角下的二维图，彻底避免人工误差，提高了设计质量和效率。本项目利用本文成果转化出的 BIM 模型很好地展现了相贯线变化（图 12）。

该 BIM 模型（图 13）最终成功导入相关的施工管理平台，为基于 BIM 模型的施工管理和运营提供了有效成果。

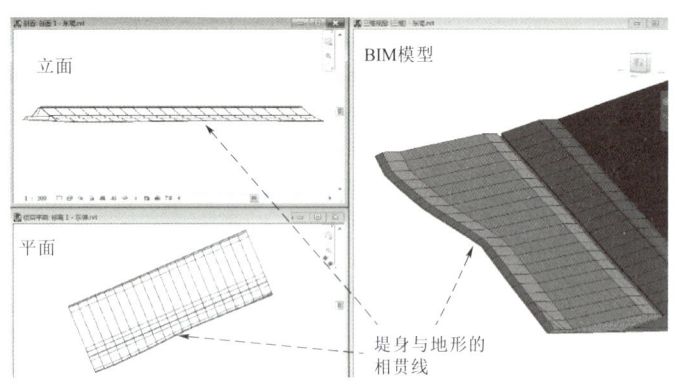
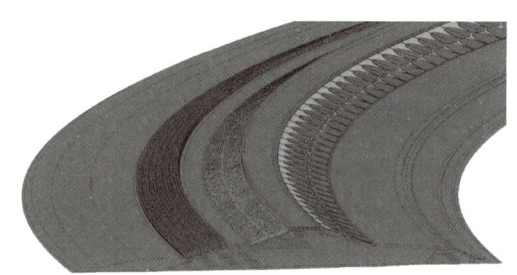

图 12　本工程堤身与地形的相贯线以及平纵横断面图　　　　图 13　本文开发成果生成的堤坝 BIM 模型

6　结论与展望

（1）在堤坝工程领域，现有的软硬件技术只能生成三维线框模型，无法满足 BIM 全流程对构件信息应用的核心需求，因此必须转化为三维实体，并赋予相关属性信息，以形成有效的 BIM 模型；

（2）本框架的编码标准结合相关规范与工程经验，考虑平面长线型与断面结构化特征，制定了"断面顺序—分部工程—分项工程—单项规格—重复量"的五级编码规则。

（3）基于 BIM 的堤坝模型构建与信息化框架，通过编码标准、命名体系、断面提取与三维实体生成功能等，可将堤坝的三维线框模型自动转化为对应的 BIM 模型，显著提高了转化质量与效率。

（4）通过工程实践，基于本框架生成的 BIM 模型，相对于传统方法转换效率高程，模型精度高，工程量误差可控，可用于施工管理等平台，对堤坝工程的 BIM 全流程应用具有参考意义。

参考文献

[1] Eastman C, Tecicholz P, Sacks R, et al. BIM Handbook: A Guide to building information modeling for owners, managers, designers, engineers and contractors [J]. Wiley Publishing, 2008, 12 (3): 101-102.
[2] 潘婷, 汪霄. 国内外BIM标准研究综述 [J]. 工程管理学报, 2017, 31 (1): 1-5.
[3] 王飞, 于康康, 黄晔卉. BIM在疏浚设计中的二次开发与应用 [J]. 水运工程, 2017 (11): 36-40.
[4] 吴晓南, 石峰, 郭素明. BIM技术在圈围工程中的探索与应用 [J]. 中国港湾建设, 2016, 36 (10): 16-19.
[5] 王帅, 鲁盛, 张浩, 等. Bentley数字化平台在人工岛设计过程中BIM应用成套解决方案研究 [J]. 交通建设与管理, 2017 (5): 68-73.

勘察设计篇

长江口横沙东滩滩涂整治利用和展望

陈海英 孙 鹏 楼 飞 董永福

(中交上海航道勘察设计研究院有限公司,上海 200120)

【摘 要】 分析长江口、横沙东滩历史和近期演变以及利用情况,近期长江口河势总体稳定,在采取人工促淤等措施下,滩涂资源动态平衡。分析横沙东滩滩涂整治利用工程建设前后的滩涂变化,工程周边滩涂淤涨,有助于改善局部区域的自然环境。近期横沙浅滩 −5m 的滩涂资源有减少趋势,建议结合疏浚土利用以及保持滩涂湿地动态平衡的需求及早整治,有控制性的、分期适当圈围。

【关键词】 长江口;横沙东滩;滩涂整治利用;展望

长江是中国第一大河、世界第三大河,丰水多沙,巨量的泥沙随长江水下泄,在宽浅的河口区沉积,使得长江口的南岸边滩不断淤涨、北岸沙岛不断并岸,为长江口提供了丰富的滩涂。滩涂是重要的资源,合理利用滩涂资源是缓解社会经济发展矛盾的重要措施,但同时也会带来利用区域滩涂资源的减少,那么如何合理地整治利用河口滩涂的资源,达到利用中保护、保护中利用的目的,本文结合长江口、横沙东滩历史演变情况,以横沙东滩滩涂资源整治利用为例,分析人工滩涂整治措施的效果,并对横沙浅滩滩涂整治利用提出展望。

1 长江口滩涂演变及利用

1.1 长江口滩涂历史演变及利用

历史上,长江口的滩涂演变以自然演化为主,距今 5000~6000 年,长江三角洲大部分地区成为浅海、潟湖、沼泽和海滨低地,长江下游为溺谷,河口在镇江、扬州一带。水流多汊,受科氏力的影响,主水流多向右偏,河口沙洲并入北岸,南汊成为主江口后,新的沙洲形成,江口再次分汊,长江三角洲不断向口外延伸。13 世纪,长江口一级分汊、南北二支入海的河势格局形成雏形;17 世纪中叶,崇明沙体连通扩大,长江河口现有的第一级分汊基本形成;19 世纪,长兴岛和横沙岛水下暗沙形成,长江口二级分汊、三口入海;20 世纪 50—70 年代,长兴岛和横沙岛形成,铜沙浅滩被冲开,北槽南侧为九段沙、北槽北侧为横沙东滩,长江口三级分汊、四口入海总体河势格局形成(图 1)。

西汉至今,长江泥沙淤积而成的滩涂(北以如皋为界、南至杭州湾奉贤区界)为江苏和上海提供了约 1.5 万 km^2 的陆地面积(统计),上海更是有 64% 的土地面积是滩涂利用而得。

1.2 长江口近期演变及滩涂利用

1998 年后,长江口实施了许多人工整治工程,包括长江口深水航道整治工程、中央沙圈围工程、新浏河沙护滩及南沙头通道限流潜堤工程、青草沙水源地工程、横沙东滩一期~六期工程,南支上段白茆沙护滩工程、南汇东滩促淤圈围工程等。人工工程的实施既对长江口滩槽格局的总体稳定起到了积极的作用(图 2),也为上海市提供了大量的土地。根据上海市滩涂面积和利用的数据(表 1),2000—2015 年通过滩涂圈围为上海市增加了约 303km^2 面积,尽管如此,由于采取人工促

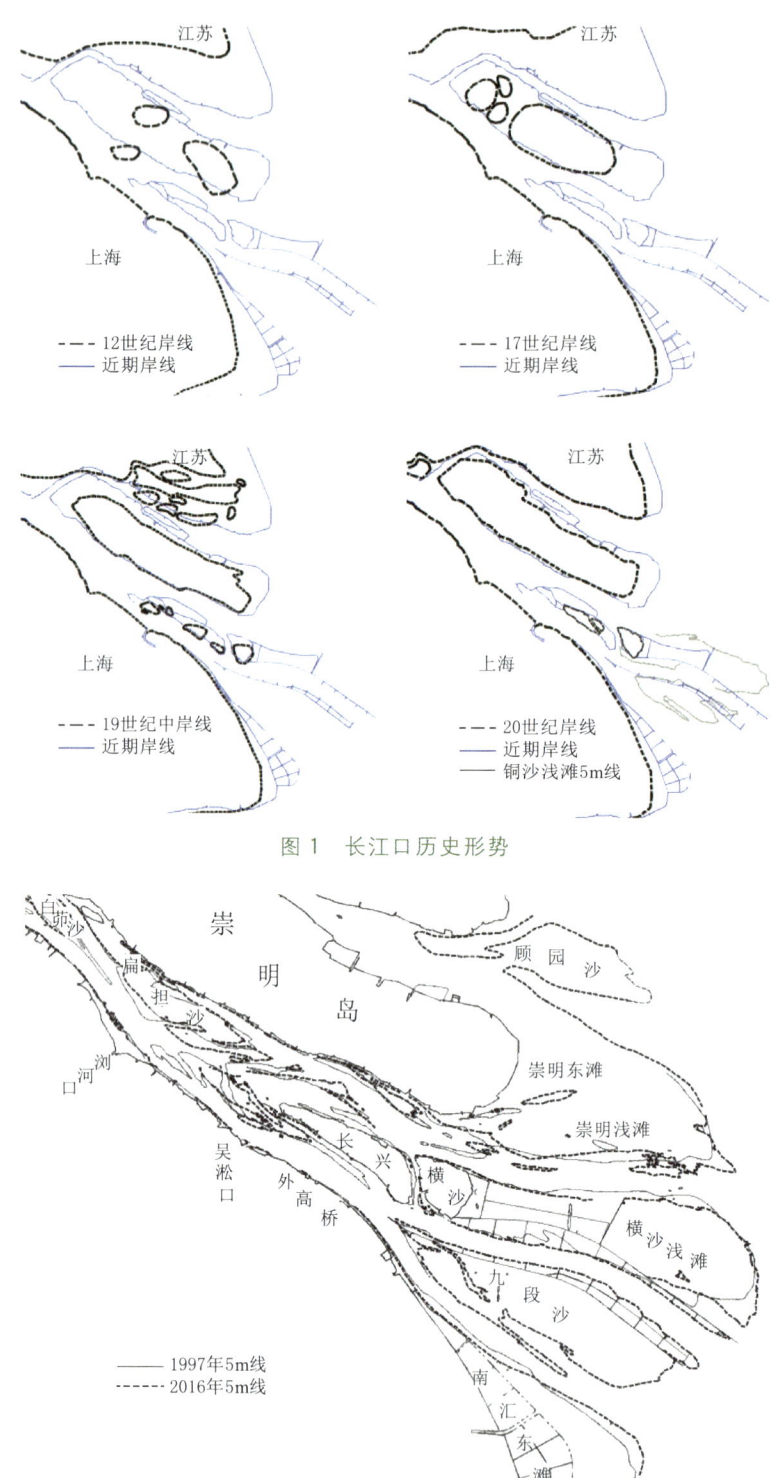

图 1　长江口历史形势

图 2　长江口近期形势

表 1　　上海市近期滩涂面积及利用情况

年份	0m 滩涂面积/km²	5m 滩涂面积/km²	圈围面积/km²
2000	666.7	2333.0	173
2005	464.2	2246.1	130
2010	580.1	2282.5	
2015	781.0	2280.0	

淤工程措施，0m 滩涂面积不减反增，增加了 114.3km²，总体上达到动态平衡，符合"在保护中开发，在开发中保护"的滩涂保护利用要求。

2 横沙东滩演变

2.1 横沙东滩历史演变

横沙东滩形成历史较短，历史上，横沙岛及横沙东滩是铜沙浅滩的一部分。20世纪，铜沙浅滩被冲开后，横沙东滩成为独立沙体，形态受制于北港与北槽的河势变化，总体由西向东逐渐淤涨。20世纪50年代，横沙东滩窜沟 SE—NW 向发育，且贯通北槽和北港。滩面窜沟变动频繁，窜沟西侧滩面南北边界稳定性相对较好，而东侧滩面受南北两大水道变动及上游大量底沙下泄影响，滩面形态时有改变（图3）。

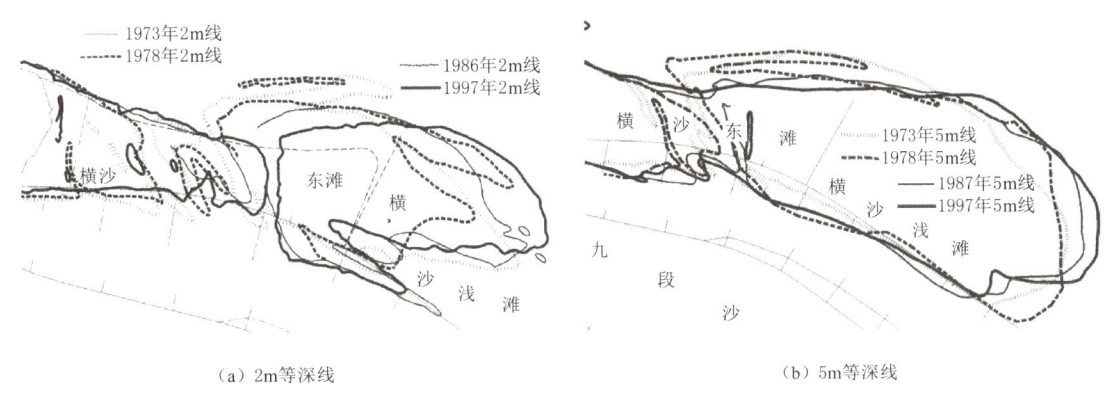

（a）2m等深线　　　　　　　　（b）5m等深线

图 3　1971—1997 年横沙东滩等深线变化

2.2 横沙东滩近期演变

横沙东滩近期以 N23 护滩堤为界，西侧滩涂称为横沙东滩，东侧滩涂称为横沙浅滩。随着长江口深水航道和横沙东滩区域工程的推进，横沙东滩滩涂演变由自然演变转变为人工控制为主。其中，南侧滩面淤涨、南边界位置基本稳定，西侧滩面已受人工控制，整个沙体形态基本稳定，原横沙窜沟消亡，漫滩流集中至东侧横沙浅滩区域，浅滩区窜沟生成。2010年后，由于受长江下泄沙量持续减少影响，横沙浅滩5m线面积有减少的趋势（图4）。尤其2014年以后，5m以浅的沙体体积下降十分明显（图5）。由于长江口低下泄沙量状态仍将持续，若横沙浅滩这种冲刷现象持续发展则会对未来周边河势和长江口北槽航道等产生不利影响。

3 横沙东滩滩涂利用及效果分析

横沙东滩滩涂利用（即促淤圈围工程）是国务院批准同意的《长江口综合整治开发规划》中河势控制内容的一部分，河势总体控制规划提及"防冲促淤，固定沙洲，适当缩窄河宽，稳定主流流向""通过适当围垦滩涂，逐步合理缩窄河宽"。规划以"多促淤、少圈围、先促淤、后圈围"作为促淤圈围的总体原则，提出近远期滩涂开发利用规划："至2020年，南汇边滩、横沙东滩以及崇明北沿等促淤圈围面积总计78.1万亩（520.67km²）"。2003—2015年，横沙东滩上陆续实施了一期~六期促淤和圈围工程。

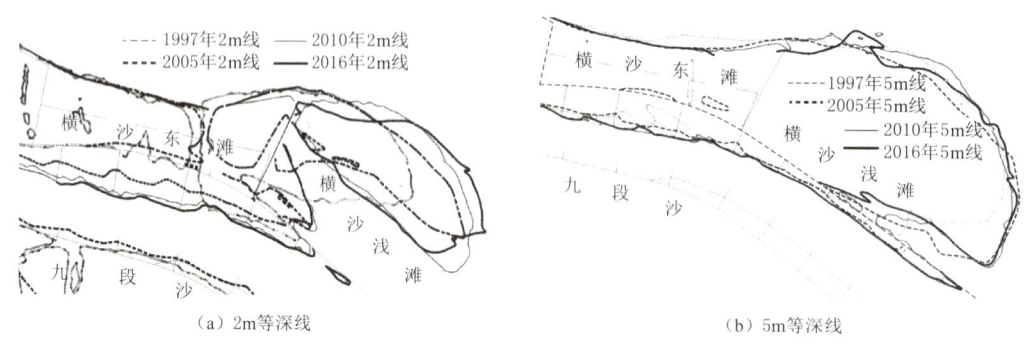

(a) 2m等深线　　　　　　　　　　　(b) 5m等深线

图 4　1997—2016 年横沙浅滩等深线变化

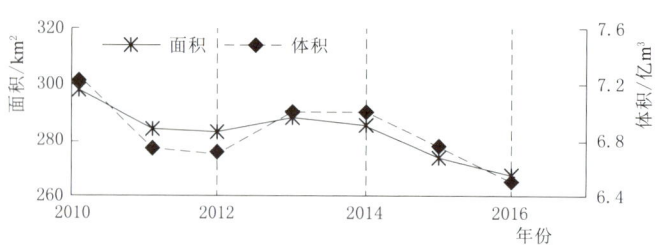

图 5　横沙浅滩近期 5m 线面积和体积变化

3.1　横沙东滩一期～六期工程建设沿革

一期、二期和四期为促淤工程，依托横沙岛自西向东实施（图6）；三期和六期为圈围吹填工程，在促淤区滩面抬高后实施；五期为横沙大道工程，是六期工程的依托工程（图7）。

一期促淤工程的面积约36km²，2003—2005年实施；二期促淤工程的面积约31.3km²，2006—2007年实施；三期圈围工程的面积17.3km²，2006年8月—2008年实施；四期促淤工程利用长江口北槽深水航道疏浚土进行吹填，方量2725万m³，2008年3月—2009年6月实施；五期工程的大道长19.24km，于2009年3月—2011年1月实施；六期圈围工程的面积约32km²，于2011年9月—2013年实施，利用长江口北槽深水航道疏浚土进行吹填，方量6378万m³，于2012—2015年12月实施。

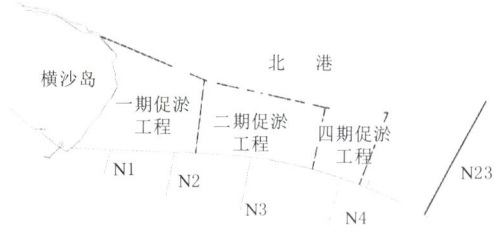 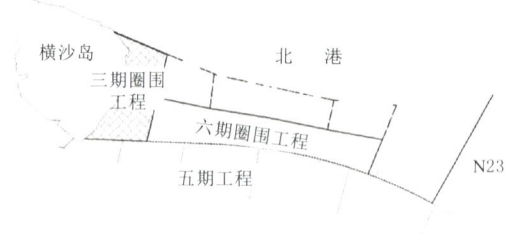

图 6　横沙东滩一期、二期和四期工程的位置　　　图 7　横沙东滩三期、五期和六期位置

3.2　横沙东滩一期～六期工程建设效果

（1）缩窄河宽，加深和稳定了北港河槽深泓，有利于北港航道整治和周边河势。青草沙水库等工程建设后，北港上段主槽束窄，深泓线向北偏移，且河槽加深，北港落潮优势明显，在科氏力作用下，北港下段主泓线向横沙东滩偏移，横沙东滩等河口工程的束窄效应加深和稳定了河槽深泓。

有利于北港航道整治和周边河势稳定,这从横沙东滩整治工程实施前和实施后的长江口形势图也得以体现。

(2) 一期~六期工程利用长江口北槽深水航道疏浚土合计约9100万 m^3,减少了疏浚土外抛对环境的影响,降低航道维护疏浚费用。

长江口北槽深水航道疏浚段全长约92.2km,自上而下共分为D3.0、D3.1、D3.2、D3.3、D3.4、D3.5及D3.6共7个疏浚标段。

2011年进入维护期以来,长江口深水航道年维护疏浚量高峰期达到9300万 m^3,"十三五"期间年维护疏浚量约6400万 m^3。维护量在航道沿程分布上主要集中在D3.3、D3.4标段,约占总维护量的76%。

维护疏浚采用的是大型耙吸船挖泥抛泥的工艺,D3.3、D3.4标段到口外倾倒区长度约有35km,如疏浚土全部外抛将会降低耙吸船的施工效率,增加费用及船机数量,对口外生态环境影响加大,因此,结合横沙东滩整治工程将疏浚土吹填上滩,既可以利用泥土资源抬高横沙东滩的滩面,又能节省疏浚土维护的费用,减少船机配置,同时减少了对口外环境的影响,一举三得。

(3) 在自然和人工共同作用下,滩涂淤涨抬高,低滩滩涂转变为低中高滩滩涂,增大植被面积有助于改善局部区域自然环境。

通过一期、二期、四期促淤工程的建设,特别是五期大道工程建设,北港与北槽间的漫滩水流集中到N23护滩堤以东区域,横沙东滩和北槽之间涨落潮水沙交换作用减弱,促淤区以及工程周边滩面淤高。根据地形资料统计,横沙东滩促淤工程实施2~3年内,促淤区内滩面平均淤积厚度0.3m以上。受工程影响,横沙东滩周边滩涂包括横沙浅滩和长江口北槽深水航道N1~N5丁坝之间滩涂也出现淤涨,由1997年和2016

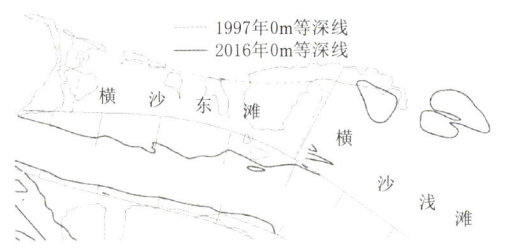

图8 横沙东滩0m等深线变化

年横沙东滩及周边水深(图8)可知,1997年,横沙东滩南侧、长江口北槽深水航道N1~N5丁坝之间滩涂基本在0m等深线以下,2016年,0m等深线以上的面积扩大了42km^2,2m等深线以上的滩涂面积扩大了2km^2。横沙浅滩也有所淤涨,淤涨幅度略低,0m等深线以上的面积扩大了16km^2。

滩涂高程抬高后,海三棱藨草成碎片状出现并进一步促进了泥沙的淤积,芦苇开始生长,植被面积加大,有助于改善局部区域自然环境。2010年起,陆续监测到珍稀鸟类停驻横沙东滩。

4 结语

(1) 长江口经过几千年的历史演变,丰富的滩涂资源为上海市社会经济发展做出了巨大的贡献。今后,滩涂仍然是上海城市赖以发展生存的重要支撑。

(2) 长江口北槽深水航道及横沙东滩一期~六期滩涂整治工程实施以来,横沙东滩窜沟封堵,长江口河宽缩窄,北港河槽深泓加深,有利于北港航道整治和周边河势稳定。

(3) 横沙东滩实施滩涂整治以来,到2015年累计利用长江口深水航道疏浚土9100万 m^3;南侧北槽丁坝群和东侧横沙浅滩滩涂淤涨,0m以上面积增加了57km^2,局部区域的自然环境得到了改善,为后续的滩涂整治利用提供了借鉴意义:采用先促后围,先促淤拦沙,改善滩涂生境条件,再利用疏浚土圈围纳泥,整治过程中保持滩涂资源的动态平衡,满足社会经济发展和生态环境保护的需求。

(4) 长江口航道疏浚土在今后几十年时间内仍源源不断,离它最近的横沙浅滩是疏浚土上滩最有利的区域。横沙浅滩目前−5m等深线的面积约303km^2,是"上海城市长远发展的战略空间"预留区[据上海市城市总体规划(2016—2040年)送审稿]。受长江上游来沙等因素影响,横沙浅滩

−5m 低滩滩涂已有冲蚀的趋势,因此,对横沙浅滩滩涂资源的整治利用宜结合滩涂保护和疏浚土利用的需求,对滩涂冲蚀的地区尽快适当采取丁坝、顺坝等保护措施,促进滩涂淤积,待滩涂淤涨扩大后,根据疏浚土纳泥量以及保持滩涂湿地动态平衡的总体要求有控制性的、分期适当圈围。

参考文献

[1] 王永忠,陈肃利. 长江口演变趋势研究与长远整治方向探讨. 第三届长江口论文集:河口治理与生态保护篇 [C],2009.
[2] 长江水利委员会长江勘测规划设计研究院,等. 长江口综合整治开发规划 [R],2008.
[3] 郭兴杰. 长江口北港河势演变及稳定性分析 [D]. 上海:华东师范大学,2015.
[4] 季岚,唐臣,张建锋,等. 长江口疏浚土在横沙东滩吹填工程中的应用 [J]. 水运工程,2011 (7):163-167.

横沙东滩八期圈围工程吹填方案设计及疏浚土供应分析

王恒宾　唐　臣

（中交上海航道勘察设计研究院有限公司，上海　200120）

【摘　要】　横沙东滩八期圈围工程设计的吹填量达 1.4 亿 m^3，拟全部利用长江口深水航道维护疏浚土进行吹填，吹填强度大，疏浚土供应需求高，需进行精心设计。通过分析长江口深水航道维护疏浚量特点，对横沙东滩八期圈围工程施工期间可以利用的航道疏浚土进行预测，结合吹泥站现状和横沙东滩六期圈围工程吹泥作业统计，合理确定吹泥站吹填能力，对横沙东滩八期圈围工程吹填方案和疏浚土供应进行精心设计与分析。通过先期实施部分裸吹，待围堤合龙后利用 5 座吹泥站全面吹填，吹泥能力满足需求，疏浚土供应基本能够保证。

【关键词】　横沙东滩；长江口深水航道；疏浚土供应；吹填方案

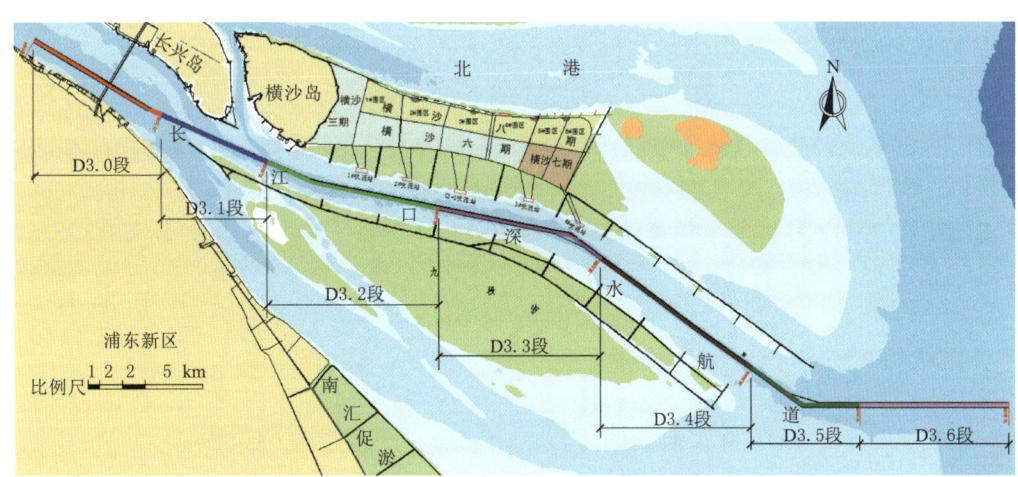

图 1　长江口深水航道与横沙八期平面示意图

1　引言

横沙东滩八期圈围工程是上海滩涂造地史上最大的工程，其圈围总面积约 42.4 km^2，设计吹填工程量为 14242.3 万 m^3，拟全部利用长江口深水航道维护疏浚土吹填成陆。

横沙东滩八期圈围工程位于横沙东滩开发利用北侧区域，南北两侧分别紧靠长江口深水航道和北港航道，利用航道疏浚土吹填成陆区位优越。交通运输部与上海市政府签订《加快推进国际航运中心建设合作备忘录》，长江口航道管理局与上海市发展和改革委员会签署《共同协调推进长江口航道疏浚土综合利用工作备忘录》，推动并实现了疏浚土在横沙东滩三期、六期、七期圈围工程中的利用，在合作模式上取得了初步成效，对横沙东滩八期圈围工程疏浚土吹填成陆建设政策和模式上予以保障。但同时，长江口深水航道维护疏浚量大、时空分布不均、年际间动态变化等因素，会对疏浚土吹填成陆方案、工艺选择、工期安排、工程费用产生多方面影响，需要开展综合的方案设计与分析。

2 长江口深水航道维护情况

长江口深水航道全长约 92.2km，航道有效宽度 350m（口外段为 400m），航道维护采用"常年维护、随淤随挖"多船协同疏浚的维护方式。

长江口深水航道维护疏浚自上而下共分为 D3.0、D3.1、D3.2、D3.3、D3.4、D3.5 及 D3.6 共 7 个疏浚标段，各标段细分为若干疏浚单元，总计 46 个疏浚单元，每个单元长 2～3km。

2.1 维护疏浚量特点

长江口深水航道维护疏浚量具有以下特点：

（1）维护总量大。长江口深水航道疏浚量年际变化如图 2 所示。其中：2010 年包括 3 个月的基建量，总量超 1 亿 m³；2014 年以来实施了精细化疏浚管理措施，使得 2014 年以后疏浚量较之前有所下降，稳定在 7000 万 m³ 左右，"十三五"期间年疏浚量在 7000 万 m³ 以下。

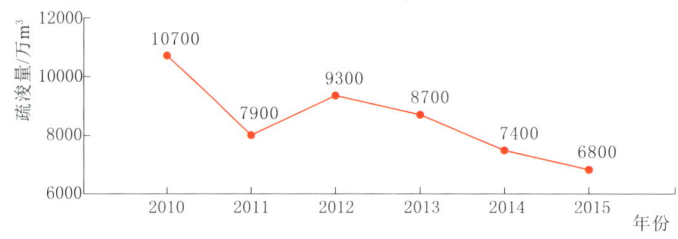

图 2 长江口深水航道疏浚量年际变化

（2）时空分布不均。长江口深水航道维护量影响因素复杂，在时间和空间上分布不均匀，是动态变化的。以 2014 年及 2015 年为例，2014 年维护疏浚总量约 7400 万 m³，2015 年约 6800 万 m³，疏浚量主要集中在 7—12 月，占全年疏浚量的 85% 左右（图 3）。空间上集中分布在 D3.3 和 D3.4 段，占年疏浚总量的 80% 左右（图 4）。

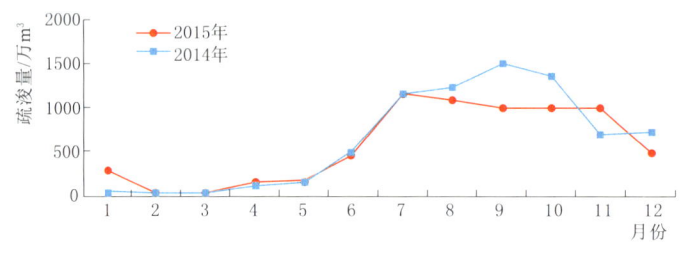

图 3 疏浚量时间分布图

2.2 维护疏浚工艺

长江口深水航道每年的维护疏浚量巨大，需采用最经济的方式来处置疏浚土，以降低航道维护成本：航道两端 D3.0、D3.1、D3.4～D3.6 段主要由耙吸船维护疏浚并自航运至长江口 1 号～3 号倾倒区抛泥，简称"挖—运—抛"工艺；D3.2、D3.3 段主要由耙吸船维护疏浚并自航运至北槽内设置的吹泥站储泥坑抛泥，抛至储泥坑的疏浚土利用绞吸船通过吹泥管线吹填至横沙东滩，简称"挖—运—抛—吹"工艺。

2.3 航道维护量预测

长江口深水航道 2014 年、2015 年维护疏浚量分别为 7458 万 m³ 和 6770 万 m³，采用其平均值

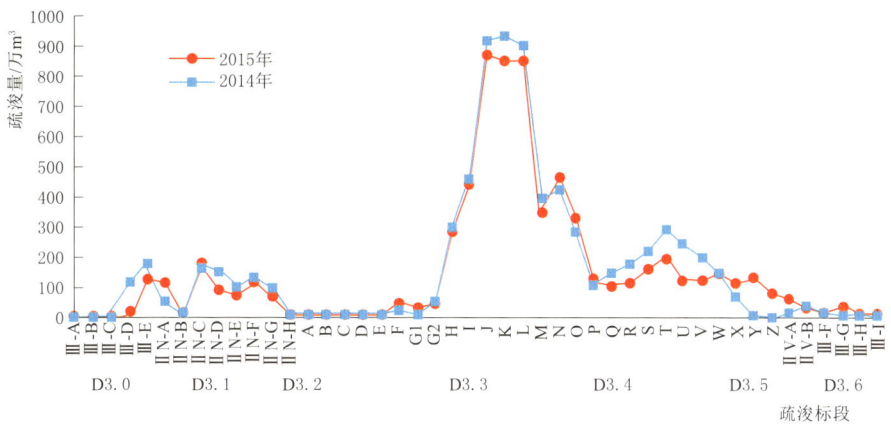

图 4　疏浚量空间分布图

7114 万 m³ 作为年均基准维护量，考虑南坝田挡沙堤加高工程减淤幅度约为 10%，即南坝田挡沙堤加高工程实施后，长江口深水航道年维护量约 6402 万 m³。所以，可供横沙八期吹填使用的疏浚土量最大约 6402 万 m³。其中 D3.3 和 D3.4 段疏浚量约 4865 万 m³，约占 76%；上游 D3.0～D3.2 段疏浚量约 988 万 m³，约占 15%；下游 D3.5 和 D3.6 疏浚量约 549 万 m³，约占 9%。

3　吹填设施

3.1　可用吹泥站

北槽吹泥站的建设始于长江口深水航道治理二期工程时期，并先后用于横沙三期、六期和七期工程吹填施工。由于 1 号吹泥站已经废弃，可供横沙八期吹填使用的吹泥站为 2 号～4 号吹泥站和 C1-1 吹泥站。考虑到横沙八期吹填量巨大，吹填强度高，为保障施工进度，需重新启用 1 号吹泥站。

吹泥站由储泥坑、浮管、端点站和沉管组成。每座吹泥站均布设一个储泥坑和两条吹泥管线（西线和东线）。

3.2　吹泥站作业规则

吹泥站作业规则为：耙吸船运送疏浚土至储泥坑抛泥，待储泥坑抛满后，绞吸船进入储泥坑绞吹疏浚土，储泥坑水深增加形成坑容后绞吸船离开，耙吸船再次抛泥施工，由此交替作业。

吹泥站储泥坑抛泥流失扩散观测及研究成果表明，在流速较大时段抛泥作业存在流失较大情况，为控制减少抛泥流失对航道回淤的影响，各吹泥站限制抛泥过程在流速较小时段：

（1）1 号、2 号储泥坑利用涨潮期抛泥。
（2）3 号储泥坑利用高平潮及低平潮低流速时段抛泥。
（3）4 号储泥坑利用高平潮及落潮期抛泥。

根据储泥坑抛泥施工统计分析，吹泥站储泥坑每日平均抛泥时段长约 12h。

3.3　吹泥站吹填能力

吹泥站吹填能力受到储泥坑抛泥作业时段，耙吸船抛泥、绞吸船吹泥作业频次，航道维护疏浚水深保障等多个因素影响。

根据横沙东滩六期工程吹泥站施工作业统计分析，吹泥站储泥坑使用过程中约 60% 的时间处于耙吸船抛泥作业，约 40% 的时间处于绞吸船吹泥作业；横沙东滩六期工程吹填排距 5km 条件下，单座吹泥站的吹填能力可达 800 万 m³/年。

横沙东滩八期工程吹填排距较六期工程远 2~3km，可使用大型三泵绞吸船，采用加强疏浚土抛坑调度、加快储泥坑周转频次等措施提升吹泥能力。综合分析，单座吹泥站枯季可吹泥 240 万 m^3，洪季可吹泥能力 600 万 m^3，全年合计 840 万 m^3。

4 疏浚土来源分析

横沙东滩八期工程吹填料全部来自长江口深水航道维护疏浚土，而深水航道维护疏浚土存在洪季多、枯季少，航道中段集中，上下游两端较少的时空分布特点，且每年疏浚土时空分布在动态变化，因此需要根据疏浚土的分布特点合理安排吹泥站在年内的施工进度计划；按照单座吹泥站年吹填能力 840 万 m^3 估算，考虑耙吸船在储泥坑抛泥过程中 25% 流失率，则单站抛泥量需达到 1120 万 m^3，在吹泥施工高峰时段 5 座吹泥站抛泥量达到 5600 万 m^3，占到深水航道维护疏浚量 80% 以上。

从航道沿程泥土处理区来看，口外 3 号倾倒区的面积和容量均最大，距离航道相对较近，耙吸船"挖运抛"工艺费用相对较低。因此，从航道维护疏浚和吹填造陆的总体角度来说，应当优先利用航道中上段的疏浚土进行吹填造陆。深水航道 D3.0~D3.4 段疏浚量约占总量 90%，可以满足吹填造陆所需的疏浚土量需求。

5 疏浚土吹填方案

5.1 疏浚土裸吹

横沙东滩八期工程吹填量巨大，在围区闭合前实施裸吹，可增强疏浚土利用率，有助于围区吹填成陆按期完成。

横沙东滩八期工程计划在 2016 年 3—8 月利用 1 号、2 号和 C1-1 吹泥站对 1 号围区和 2 号围区进行裸吹施工，裸吹工程量约 1500 万 m^3。裸吹施工于 2016 年 8 月停工，为围堤建设及合龙提供有利施工条件，围堤合龙后再进行正式吹填施工。

5.2 疏浚土吹填方案

综合考虑裸吹施工、围堤和水系建设，以及横沙东滩七期工程吹填施工计划，横沙东滩八期工程疏浚土吹填方案汇总表见表 1，具体方案如下：

1 号围区：由 1 号吹泥站实施吹填，前期裸吹量 450.0 万 m^3，正式吹填后吹填量 1835.5 万 m^3；开工时间 2016 年 3 月，完工时间 2019 年 8 月，吹填工期 36 个月。

2 号围区：由 1 号、2 号和 C1-1 吹泥站实施吹填，前期 2 号和 C1-1 吹泥站裸吹量 1050 万 m^3，正式吹填后吹填量 1207.4 万 m^3；开工时间 2016 年 3 月，完工时间 2018 年 1 月，吹填工期 17 个月。

3 号围区：由 2 号吹泥站实施吹填，正式吹填后吹填量 2343.4 万 m^3；开工时间 2017 年 10 月，完工时间 2020 年 9 月，吹填工期 36 个月。

表 1 　　　　　　　　　疏浚土吹填方案汇总表

围区	吹泥站	开工时间/(年.日)	完工时间/(年.日)	工期/月	吹泥量/万 m^3	备注
1 号围区	1 号吹泥站	2016.3	2016.8	6	450.0	裸吹
		2017.3	2017.10	8	590.0	
	1 号吹泥站西线	2017.11	2018.1	3	80.0	
	1 号吹泥站	2018.2	2019.8	19	1165.5	

续表

围区	吹泥站	开工时间/(年.日)	完工时间/(年.日)	工期/月	吹泥量/万 m³	备注
2号围区	1号吹泥站东线	2017.11	2018.1	3	72.4	
	2号吹泥站	2016.3	2016.8	6	650.0	裸吹
		2017.3	2017.9	7	480.0	
	C1-1吹泥站西线	2016.3	2016.8	6	400.0	裸吹
		2017.3	2017.12	10	655.0	
3号围区	2号吹泥站	2017.10	2020.9	36	2343.4	
4号围区	C1-1吹泥站	2018.1	2020.10	34	2156.0	
5号围区	3号吹泥站	2018.1	2019.10	22	1744.5	
6号围区	3号吹泥站	2019.11	2020.10	12	960.0	
	4号吹泥站	2018.1	2020.10	34	2495.5	
总计					14242.3	

4号围区：由C1-1吹泥站实施吹填，正式吹填后吹填量2156.0万 m³；开工时间2018年1月，完工时间2020年10月，吹填工期34个月。

5号围区：由3号吹泥站实施吹填，正式吹填后吹填量1744.5万 m³；开工时间2018年1月，完工时间2019年10月，吹填工期22个月。

6号围区：由3号和4号吹泥站实施吹填，正式吹填后吹填量3455.5万 m³；开工时间2018年1月，完工时间2020年10月，吹填工期34个月。

疏浚土吹泥量年度分布见表2。

表2 疏浚土吹泥量年度分布表　　　　　　　　　　　　　单位：万 m³

吹泥站	年份					合计
	2016	2017	2018	2019	2020	
1号吹泥站	450	706.2	786.2	415.5		2357.9
2号站	650	715	810	805	493.4	3473.4
C1-1站	400	655	805	780	571	3211.0
3号站			960	944.5	800	2704.5
4号站			930	895	670.5	2495.5
合计	1500.0	2076.2	4291.2	3840.0	2534.9	14242.3

6 疏浚土供应分布

6.1 疏浚土需求分布

在采取限时抛泥措施后，吹泥站储泥坑抛泥综合流失率约25%，因此疏浚土抛坑量要大于吹填量，实际疏浚土抛坑量约18989.7万 m³。各吹泥站年度疏浚土需求量见表3。

表3 各吹泥站年度疏浚土需求量表　　　　　　　　　　　单位：万 m³

吹泥站	年份					合计
	2016	2017	2018	2019	2020	
1号站	600.0	941.6	1048.3	554.0		3143.9
2号站	866.7	953.3	1080.0	1073.3	657.9	4631.2

续表

吹泥站	年份					合计
	2016	2017	2018	2019	2020	
C1-1站	533.3	873.3	1073.3	1040.0	761.3	4281.3
3号站			1280.0	1259.3	1066.7	3606.0
4号站			1240.0	1193.3	894.0	3327.3
合计	2000.0	2768.3	5721.6	5120.0	3379.9	18989.7

6.2 疏浚土来源分布

根据航道维护量预测、储泥坑抛泥、吹泥作业规则和工艺衔接情况，确定疏浚土来自长江口深水航道 D3.0～D3.4 共 5 个疏浚标段，疏浚土抛泥量总计约 18989.7 万 m^3，运泥距离为 7.0～26.0 km（表 4）。

表 4 疏浚土来源分布表

吹泥站	内容	疏浚区段					小计
		D3.0	D3.1	D3.2	D3.3	D3.4	
1号吹泥站	抛泥运距/km	26	15	7	16		
	抛泥量/万 m^3	237.6	506.8	511.6	1887.9		3143.9
2号吹泥站	抛泥运距/km		19	7	12		
	抛泥量/万 m^3		627.6	347.1	3656.3		4631.2
C1-1吹泥站	抛泥运距/km			12	9	24	
	抛泥量/万 m^3			263.6	2263.7	1754.0	4281.3
3号吹泥站	抛泥运距/km			18	8	18	
	抛泥量/万 m^3			137.5	1935.6	1532.9	3606.0
4号吹泥站	抛泥运距/km			23	8	13	
	抛泥量/万 m^3			95.4	1703.3	1528.6	3327.3
抛泥量合计/万 m^3		237.6	1134.4	1355.3	11446.8	4815.6	18989.7

7 结语

横沙东滩八期圈围工程设计吹填量约 1.4 亿 m^3，拟全部利用长江口深水航道维护疏浚土进行吹填。长江口深水航道维护具有疏浚量大、时空分布不均的特点，横沙八期可用疏浚土量约 6402 万 m^3/年。北槽内 5 座吹泥站可供横沙八期吹填使用，单站年吹泥能力约 840 万 m^3。通过先期实施部分裸吹，待围堤合龙后利用 5 座吹泥站吹填，施工能力满足需求，疏浚土供应基本能够保证。

横沙东滩八期圈围工程实施期间，长江口深水航道疏浚土的利用率达到 80% 以上，所以吹填施工应与长江口深水航道维护疏浚紧密结合，在洪季疏浚量大时段积极实施吹填，以弥补枯季疏浚土供应量的不足，充分利用宝贵的疏浚土资源，保证横沙八期工程的顺利实施。

参考文献

[1] 中交上海航道勘察设计研究院有限公司. 横沙东滩圈围（八期）工程初步设计报告 [R]. 上海：中交上海航道勘察设计研究院有限公司，2016.

[2] 季岚，唐臣，张建锋，等．长江口疏浚土在横沙东滩吹填工程中的应用［J］．水运工程，2011（7）：163-167．
[3] 中交上海航道勘察设计研究院有限公司．长江口12.5米深水航道减淤工程南坝田挡沙堤加高工程可行性研究报告［R］．上海：中交上海航道勘察设计研究院有限公司，2014．
[4] 上海河口海岸科学研究中心．长江口深水航道治理三期工程抛吹泥工艺实施效果监测与研究［R］．上海：上海河口海岸科学研究中心，2008．

横沙东滩八期圈围工程筑堤砂采砂方案研究

乔 飞 郭天润 陈海英 董永福

(中交上海航道勘察设计研究院有限公司,上海 200120)

【摘 要】 本文主要针对横沙东滩八期圈围工程中的采砂方案进行阐述。按照就近取材、因地制宜的原则科学合理地选择主、备砂源地,根据工程实际情况,综合考虑安全、环境、经济等各种因素制定合理、可行、可操作性强的采砂方案,采用数模手段分析计算采砂后的影响,综合论证采砂方案的可行性。文中提出的采砂方案保证了工程的正常供砂,为工程的顺利推进发挥了重要作用,其拟定过程中的研究方法和在该方向的相关探索可为今后大型采砂项目研究工作的开展提供借鉴。

【关键词】 砂源调查;采砂区选址;采砂方案;采砂影响

河道内的砂石是河道的重要组成部分,是保持河床稳定和水流动力平衡必不可少的重要物质基础。无序采砂活动给河势调整、防洪和通航安全及水生态环境带来不利影响。

长江中下游干流河道采砂事关长江河势稳定、防洪和通航安全及沿江工农业设施的正常运用。为加强长江中下游干流河道采砂项目的管理,保证采砂项目的科学性、合理性,应开展相应的采砂可行性论证工作。

本文以横沙东滩八期圈围工程采砂可行性论证为例,详细阐述了从砂源调查、采砂区选址到采砂方案的拟定及对采砂的影响分析的论证过程,其研究方法和在该方向的相关探索可为今后大型采砂项目研究工作的开展提供借鉴。

1 工程概述

横沙东滩位于北槽及北港之间的大型江心沙洲上,具有"面向大海有两侧深槽、背靠陆地有一片浅滩"的优势,是《上海滩涂资源开发利用与保护"十三五"规划》开发利用的重点区域。自2003年以来,为促进上海市土地资源总量平衡,科学合理利用长江口深水航道治理二期、三期工程疏浚土方,陆续实施了横沙东滩一期~六期工程,累计形成促淤面积12.26万亩,圈围面积7.4万亩。横沙东滩七期圈围工程已于2015年11月开工,2017年12月底完工,圈围面积2.02万亩。

横沙东滩八期圈围工程位于横沙东滩六期圈围工程和七期圈围工程的北侧(图1),总面积约6.4万亩,分为6个围区。根据横沙东滩八期的建设方案,1号~6号围区的筑堤采用斜坡堤型式,筑堤总需砂量约1228万 m^3。各围区筑堤不同年度的需砂量见表1。

表1 各围区筑堤不同年份的需砂量表 单位:万 m^3

年份	围 区 号						总计
	1	2	3	4	5	6	
2016	104	99	104	115	97	162	680
2017	106	92	82	91	64	113	548
合计	210	191	186	206	161	274	1228

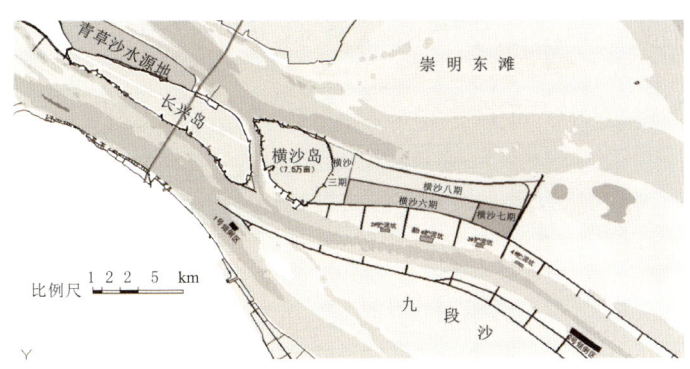

图 1　横沙东滩八期圈围工程位置示意图

2　采砂区选址

2.1　采砂区选择原则

根据《长江口航道发展规划》《长江中下游干流河道采砂规划上海段实施方案》等及采砂项目的特点，宜遵循以下原则选择采砂区：①就近取材，确保工程顺利实施并力求工程经济合理；②符合相关规划要求，避开禁采区；③服从防洪要求，避免对航道及邻近河势、相关设施、水环境和生态环境等产生不利影响，满足施工船舶作业与航道过往船舶的安全航行要求；④采砂区域的砂质、储量满足工程使用要求。

2.2　砂源调查

根据砂源调查结果和已掌握的长江口区域的砂源情况，北港潮流脊处狭长区域砂质较好，可作为砂源料场。横沙东滩八期圈围工程1号～6号围区内均有大量可用砂，其中1号、2号围区近期将进行裸吹作业，5号、6号围区内砂源供给横沙东滩七期圈围工程，仅3号、4号围区可作为砂源料场。此外，横沙浅滩砂量充足，砂质良好，也可作为砂源料场。因此，综合以上各因素，选择北港水道、横沙东滩八期圈围工程3号围区内及N23护滩堤以东的横沙浅滩作为本工程推荐砂源地，并布置相应的详勘工作。

2.3　采砂区布置

根据详勘结果，三处采砂区的砂质良好（图2），砂源储量大于2倍围区筑堤需砂量。按照各砂源地就近供砂的原则，选择北港水道采砂区作为1号、2号围区供砂区，横沙八期圈围工程3号围区内采砂区作为3号、4号围区供砂区，横沙浅滩采砂区作为5号、6号围区供砂区，且考虑横沙浅滩采砂区

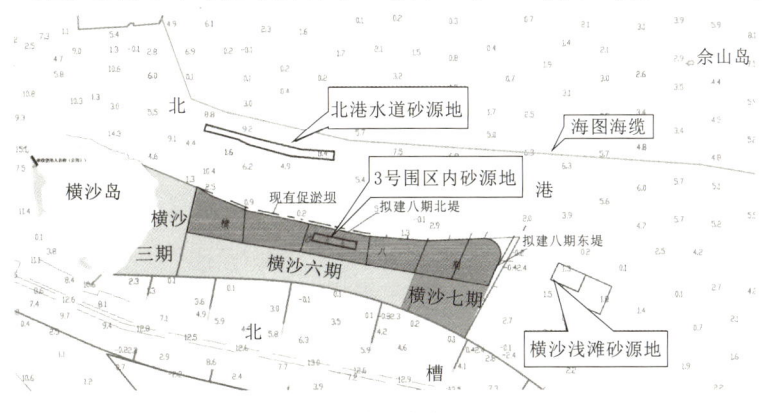

图 2　砂源地布置图

东南部区域砂量充足,将其作为本工程备用取砂区,各采砂区内的砂质和储量均能满足工程要求(图3)。

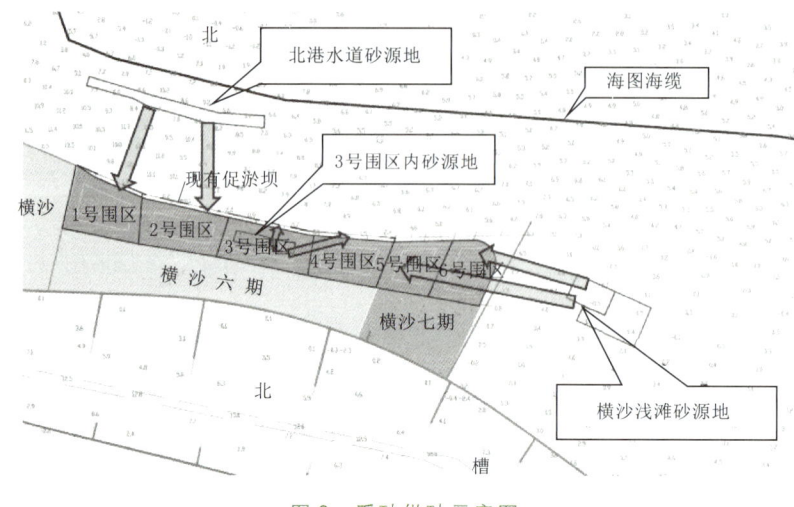

图3 采砂供砂示意图

3 采砂方案

根据各砂源地不同的工况条件及各采砂设备对砂源和工况的适用性,整理了各采砂区可能适用的采砂设备和工艺组合见表2。

表2 采砂设备和工艺组合

名称	设备对砂源和工况的适用性	袋装砂可用工艺	适用采砂区
小型泵吸船	①适合较纯的松散粉、细砂; ②可直接冲灌袋装砂; ③抗浪能力差; ④不适合于密实度较大或含泥量较大的砂源地	①吸→运→管道输送→冲灌袋装砂; ②吸→管道输送→冲灌袋装砂	3号围区
抓斗挖泥船	①适用于开采各类砂源; ②适合挖、运、吹施工工艺; ③抗风浪能力一般	挖→运→管道输送→冲灌袋装砂	北港水道、3号围区、横沙浅滩
小型绞吸船	①适用于各类砂源; ②远距离输送能力弱; ③抗风浪能力一般; ④不可直接充灌袋体	吸→管道输送→泥库→二次管道输送→冲灌袋装砂	北港水道、3号围区
大型绞吸船	①适用于各类砂源; ②远距离输送能力强; ③抗风浪能力强; ④不可直接充灌袋体	吸→管道输送→泥库→二次管道输送→冲灌袋装砂	北港水道、横沙浅滩
耙吸挖泥船	①适用于各类砂源; ②可自航艏吹; ③抗风浪能力强; ④不可直接充灌袋体	吸→自航艏吹→泥库→二次管道输送→冲灌袋装砂	北港水道、横沙浅滩

以供1号~2号围区砂源的北港水道采砂区为例,分别将"绞吸挖泥船+泥库"方案、"抓斗挖泥船+泥驳"方案和"耙吸挖泥船+泥库"方案进行综合比选(表3)。考虑到该项目工程量大,工

期紧张，从节约投资、降低工程风险以及提高施工效率角度出发，1号～2号围区的采砂推荐采用"绞吸挖泥船＋泥库"的方案。

表3　　　　　　　　　　　　　　　北港水道采砂方案比选一览表

比选项目	方案		
	绞吸挖泥船＋泥库	抓斗挖泥船＋泥驳	耙吸挖泥船＋泥库
方案简述	大型绞吸船采砂，通过输砂管线（沉管）将砂送至泥库，在泥库中由泥浆泵将砂运至施工部位	抓斗船装砂到运输船，运输船把砂运送到吹砂船旁，由吹砂船上的泥浆泵将砂运至施工部位	耙吸挖泥船采砂，艏吹将砂送至泥库，由泥库的泥浆泵将砂运至施工部位
拟配备船机	①3500m³/h绞吸船1艘； ②泥浆泵若干	①13～18m³抓斗船8艘； ②1000m³的砂驳12艘； ③1000m³/h的吹砂船3艘	①4500m³耙吸船3艘； ②泥浆泵若干
优点	①泥库提供了一个稳定砂源，充灌取砂不受天气影响，确保施工作业连续稳定，降低了工程风险； ②泥库为后续取砂充灌作业提供了一个良好的干地施工环境，提高了施工效率； ③泥库可作为后续土方施工的依托点，方便机具存放、人员立足；同时堤身可依托泥库作为基础向两侧推进，形成流水施工； ④水上环节少，人、机安全易保障	无须设置泥库，可直接将砂运至施工区域施工	①有效减少施工对北港水道通航的影响； ②设置泥库的优点同"绞吸挖泥船＋泥库"方案
缺点	工艺较复杂，需要协调考虑后期施工中用电线路布置、泵送线路布置、取水用水等问题	施工船舶数量多，水上设备多、环节多，影响因素多，安全隐患多，工期保障性低，管理要求高	供砂单价较高，经济性不好
供砂单价	21.7元/m³（含泥库）	27.2元/m³	33.9元/m³（含泥库）

此外，3号围区的供砂区位于3号围区内，距离围堤约800m，风浪较小，常规小型泵吸船吸吹的施工方案可满足要求。4号围区供砂区也位于3号围区内，砂源区距离围堤平均距离约4.0km，距离较远，常规小型泵吸船吸吹的施工方案无法满足要求，考虑采用中小型绞吸船＋泥库的挖吹方案。5号～6号围区的供砂区位于横沙浅滩，与1号～2号围区供砂区北港水道相比，风浪条件更加恶劣，距离围堤也更远。基于与1号～2号围区相同的理由，拟推荐采用"绞吸挖泥船＋泥库"的方案。

综合以上砂源调查结论、采砂区选址及采砂方案研究结论，各采砂区的综合指标及采砂供砂方案见表4。

表4　　　　　　　　　　　　　各采砂区综合指标及采砂供砂方案一览表

采砂区	北港水道	3号围区内	横沙浅滩
砂质	满足要求	满足要求	满足要求
理论剩余储量/万m³	1075	1155	1870
供砂情况/需砂量	推荐供砂1号、2号围区/401万m³	推荐供砂3号、4号围区/392万m³	推荐供砂5号、6号围区/435万m³，此外该处东南区域作为本工程的备用砂源地
控制采砂厚度/m	3	4	4
泥沙补给	自然淤积	人工补砂（吹填）	自然淤积
采砂方案	大型绞吸船＋泥库	供3号围区：泵吸船或泥浆泵 供4号围区：小型绞吸船＋泥库	大型绞吸船＋泥库
综合单价/(元/m³)	21.7	11.3（供3号围区）/24.8（供4号围区）	33.5

4 采砂影响

采用平面二维潮流数学模型计算采砂后对附近水域水流流态、河势稳定等的影响。计算和分析结果表明，本次采砂对周边水域水流、已建及拟建工程影响小，不影响河势稳定，不会对附近防洪安全、通航安全、水生态环境等造成较大影响。其中，工程采用绞吸船配备沉管输砂，可尽量避免对航道通航的影响。

5 结语

横沙东滩八期圈围工程位于长江口区域，风浪条件恶劣，工况条件复杂。本文针对不同的围区选择不同的采砂区并制定了相应的采砂方案，尽可能地减少采砂对周边的影响，并满足了工程的总体进度要求。根据二维数模计算分析，采砂对附近水域水流、河势稳定等影响甚微，采砂方案合理、经济、可行。

参考文献

[1] 徐芳，岳红艳. 河道采砂对航道和通航环境安全的影响 [J]. 水运工程，2010（8）：106-110.
[2] 长江水利委员会. 长江中下游干流河道采砂项目可行性论证报告编制大纲与技术要求（试行）[R]，2007.
[3] 中交上海航道勘察设计研究院有限公司. 横沙东滩促淤圈围（八期）工程采砂可行性论证报告 [R]，2016.
[4] 交通部长江航道管理局. 长江口航道发展规划 [R]，2010.
[5] 上海市水务局，交通部长江口航道管理局. 长江中下游干流河道采砂规划上海段实施方案 [R]，2007.

横沙东滩八期圈围工程龙口流速二维数值模拟研究

谢 婕 宋晓波

(中交上海航道勘察设计研究院有限公司,上海 200120)

【摘 要】 横沙东滩八期圈围工程位于横沙东滩,是上海滩涂史上最大的工程。本文以横沙东滩八期圈围工程为研究对象,建立平面二维潮流数学模型,围绕合龙方式的选择进行该工程的龙口合龙的数值模拟计算。采用中小潮型对龙口流速开展计算,并采用非汛期大潮潮型对龙口流速进行复核,结果显示,立堵合龙方式龙口最大流速过大,缩窄200m后,超过3.0m/s的安全控制流速,不适合横沙东滩八期圈围工程龙口合龙;平堵方式中,若龙口底高程在1.0m时经历大潮型,龙口会出现安全隐患,不利于龙口安全;若龙口底高程在0m以下或者龙口底高程抬至2.0m,则龙口可安全渡过大潮期。

【关键词】 横沙东滩八期圈围工程;龙口流速;数值模拟

1 引言

横沙东滩位于长江口北槽及北港之间的大型临江沙洲上,具有"面向大海有两侧深槽、背靠陆地有一片浅滩"的优势,是《上海滩涂资源开发利用与保护规划》开发利用的重点区域。其中,八期工程位于横沙东滩,东至N23潜堤,西至三期东堤,南至六期和七期北堤,北至已建促淤坝后约180m的范围内,圈围面积约6.36万亩。横沙东滩圈围工程布置图如图1所示。

图1 横沙东滩圈围工程布置图

横沙东滩八期工程新建的4条隔堤与已建的六期分隔堤共同形成6个区域,因此八期工程将形成6个龙口。根据龙口布置原则,综合考虑围区地形、龙口位置滩面高程以及地质条件、龙口保护、龙口施工等因素,龙口保护期布置情况见表1。

表 1　　龙口保护期布置情况（本底方案）

围区编号	龙口编号	桩 号	保 护 期	
			龙口底标高/m	龙口宽度/m
1	1	N2+200.00	0.00	500
2	2	N5+790.00	0.00	450
3	3	N9+260.00	0.00	450
4	4	N13+250.00	−1.00	400
5	5	N16+655.00	0.00	400
6	6	E2+800.00	−1.50	400

现行常用的龙口合龙方式主要有平堵、立堵及平立堵结合三大类方式，其中平堵的水力条件良好，立堵的水力条件较差，工程中常结合两者优点，采用平立堵相结合的方法。根据以往工程经验，当龙口规模大，合龙工程量大时，可先采用立堵方式对龙口宽度进行一定程度的收缩，再对龙口进行平堵合龙。若收缩后能够在小潮汛中完成龙口合龙，则需要对收缩后的龙口小潮汛最大流速进行计算，分析收缩后龙口在小潮汛中的安全性。若龙口收缩后遇突发事件（如寒潮）不能继续施工，有可能要等到下个小潮型完成龙口合龙，故需考虑收缩后的龙口有可能受到非汛期大潮型的作用，分析收缩后龙口渡大潮的安全性。

为了保证龙口保护期及合龙期的护底安全，采用二维潮流数值模型计算龙口附近最大流速，为横沙八期龙口合龙施工方式的选择提供技术支持，该模型在长江口、舟山及连云港等海域已有成熟应用。

2　数学模型建立

2.1　模型控制方程

$$\frac{\partial \zeta}{\partial t}+\frac{1}{J}\frac{\partial}{\partial \xi}(\sqrt{\alpha}Hu)+\frac{1}{J}\frac{\partial}{\partial \eta}(\sqrt{\gamma}Hv)=0$$

$$\frac{\partial u}{\partial t}+\frac{\sqrt{\alpha}}{J}u\frac{\partial u}{\partial \xi}+\frac{\sqrt{\gamma}}{J}v\frac{\partial u}{\partial \eta}+a_1u^2+b_1uv+c_1v^2+\frac{g\forall u}{C^2 H}+f(\beta u+\sqrt{\alpha\gamma}v)/J+g\left(\frac{\sqrt{\alpha}}{J}\frac{\partial \zeta}{\partial \xi}-\frac{\beta}{J\sqrt{\alpha}}\frac{\partial \zeta}{\partial \eta}\right)=0$$

$$\frac{\partial v}{\partial t}+\frac{\sqrt{\alpha}}{J}u\frac{\partial v}{\partial \xi}+\frac{\sqrt{\gamma}}{J}v\frac{\partial v}{\partial \eta}+a_2u^2+b_2uv+c_2v^2+\frac{g\forall v}{C^2 H}-f(\sqrt{\alpha\gamma}u+\beta v)/J+g\left(\frac{\sqrt{\gamma}}{J}\frac{\partial \zeta}{\partial \eta}-\frac{\beta}{J\sqrt{\alpha}}\frac{\partial \zeta}{\partial \xi}\right)=0$$

其中　$\alpha=x_\eta^2+y_\eta^2\qquad \gamma=x_\xi^2+y_\xi^2$

$\beta=x_\xi x_\eta+y_\xi y_\eta \qquad J=x_\xi y_\eta-x_\eta y_\xi$

$a_1=(x_\eta x_{\xi\eta}+y_\eta y_{\xi\eta})/(J\sqrt{\alpha})+(x_{\xi\eta}y_\eta-x_\eta y_{\xi\eta})\sqrt{\alpha}/J^2$

$b_1=\sqrt{\gamma}/J^2[J(x_\eta x_{\eta\eta}+y_\eta y_{\eta\eta})/\alpha+x_{\xi\eta}y_\eta-x_\eta y_{\xi\eta}+x_{\eta\eta}y_\xi-x_\xi y_{\eta\eta}]$

$c_1=\sqrt{\gamma}(x_{\eta\eta}y_\eta-x_\eta y_{\eta\eta})/J^2,\ a_2=\sqrt{\alpha}(x_\xi y_{\xi\xi}-x_{\xi\xi}y_\xi)/J^2$

$b_2=\sqrt{\alpha}/J^2[J(x_\xi x_{\xi\xi}+y_\xi y_{\xi\xi})/\gamma+x_\xi y_{\xi\eta}-x_{\xi\eta}y_\xi+x_\eta y_{\xi\xi}-x_{\xi\xi}y_\eta]$

$c_2=(x_\xi x_{\xi\eta}+y_\xi y_{\xi\eta})/(J\sqrt{\gamma})+(x_\eta y_{\xi\eta}-x_{\xi\eta}y_\eta)\sqrt{\gamma}/J^2$

$\forall=\sqrt{\alpha\gamma(u^2+v^2)+2\beta\sqrt{\alpha\gamma}uv}/|J|$

$C=n^{-1}H^{\frac{1}{6}}$

$f=2\omega\sin\varphi$

式中　ξ、η 为任意曲线坐标轴线；ζ 为潮位；u、v 分别为沿 η、ξ 法向流速分量；H 为总水深；n 为糙率系数；ω 为地球自转角速度；φ 为所在地区纬度。

u、v 与直角坐标系下 X、Y 向流速分量 U、V 的关系为

$$u = (y_\eta U - x_\eta V)/\sqrt{\alpha}, \quad v = (x_\xi V - y_\xi U)/\sqrt{\gamma}$$

2.2 模型范围、网格及参数

模型计算范围北至长江口北支连云港、南至芦潮港，河域的边界至岸线约 120km（图2），为准确反映工程区的潮流场，模型采用拟合边界网格，拟合了横沙促淤圈围工程、深水航道工程及长江口岸线，并在工程区局部加密，工程附近网格空间步长最小约为 20m，计算时间步长取为 1.0s，糙率 n 取值范围为 0.012~0.018，计算基面为国家 85 高程。模型外海开边界由 16 个调和常数分布插值给出，上游由大通流量控制。

2.3 模型验证

模型采用 2015 年 8 月长江口大范围水深测图及大范围杭州湾地形测图，横沙滩面地形采用 2016 年 3 月及 6 月地形替换。

本次研究所采用的模型经过多次潮流潮位验证，其中大范围验证采用 2012 年 8 月大潮水文测验资料，测验位置包括南港、北港、南槽、北槽等。

2016 年 12 月 17—18 日，对横沙东滩八期圈围工程龙口附近进行了定点水文测验，测验位置如图 3 所示。

限于篇幅图 3 仅列出 2016 年 12 月工程附近的潮位及流速流向验证结果。模型的计算结果与实测资料较为吻合，水位、流速流向变化过程与实际情况基本一致，偏差均在 10% 之内，误差较小，满足规范要求，可以较好地反映横沙八期工程附近流场。验证结果如图 4、图 5 所示。

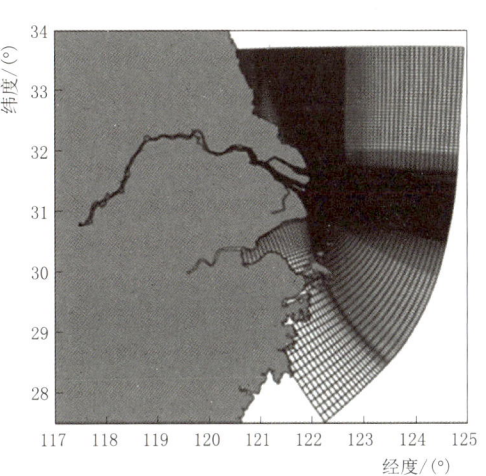

图 2 潮流模型计算范围及网格剖分示意图

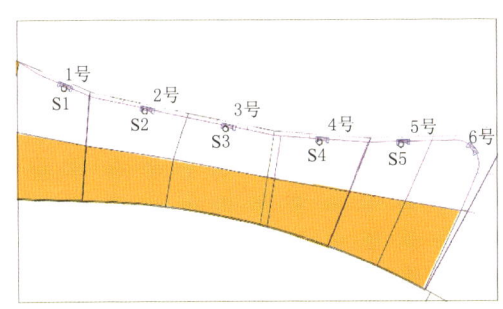

图 3 2016 年 12 月 1 号~5 号龙口水文测验位置

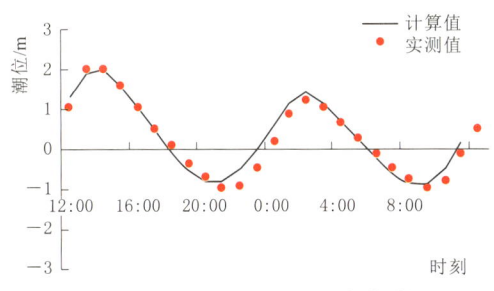

图 4 2016 年 12 月 3 号龙口潮位验证图

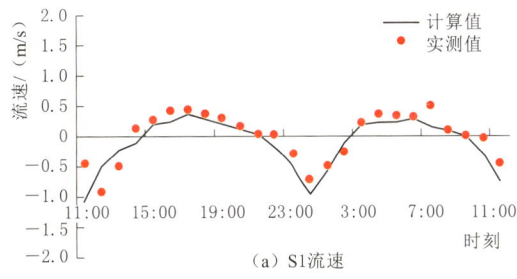

（a）S1流速

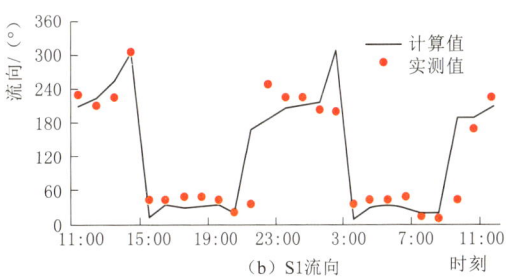

（b）S1流向

图 5（一） 2016 年 12 月龙口流速流向验证图

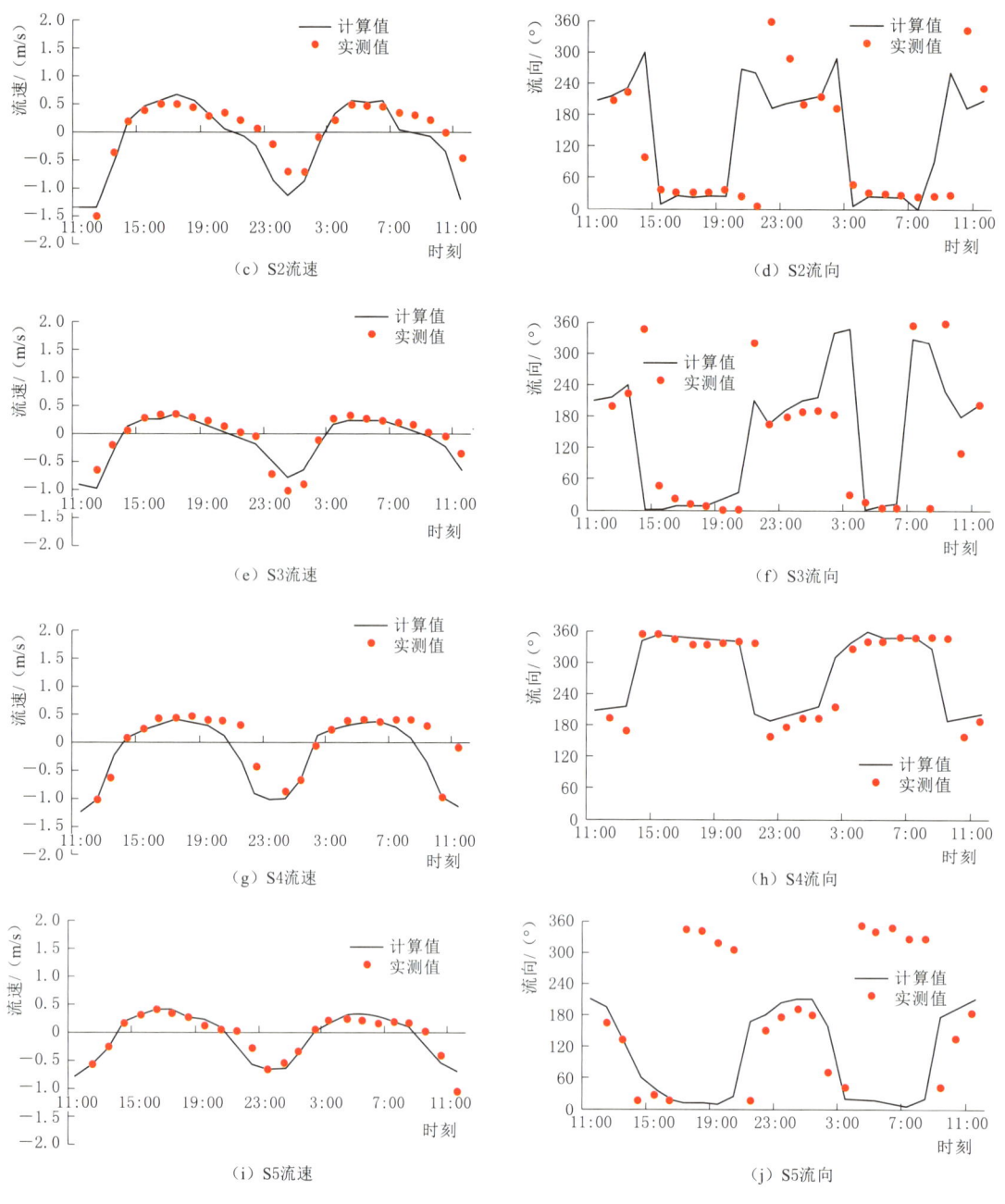

图 5（二） 2016 年 12 月龙口流速流向验证图

3 龙口流速计算

3.1 计算方案

为了研究平堵和立堵方式在横沙东滩八期工程龙口合龙中的适用性，本研究计算方案首先考虑立堵方式合龙，即逐步缩窄方案，在底标高保持不变的基础上，宽度收缩 100m、200m 和 300m，然后考虑平堵方式合龙，即抬升龙口底高程方案，对龙口底高程每抬高 1m 的最大流速进行计算。

3.2 计算边界

横沙东滩八期工程龙口合龙采用"同步合龙、安全度汛"的原则，施工期一般位于中小潮型中，但若龙口合龙工程量大，在施工期间遇到特殊情况（如寒潮）导致龙口不能在小潮汛内合龙，则龙口合龙需等到下一个小潮汛期间合龙，故需同时考虑合龙期间大潮对龙口的影响。因此边界条件采用非汛期中小潮型进行计算，潮差约为2.81m，并采用非汛期大潮型进行复核，潮差约为3.97m。

3.3 计算结果及分析

3.3.1 流场分析

以龙口保护期宽度（本底方案）工况下大潮为例，分析各工况下横沙东滩八期工程周边的流场，即横沙岛圈围工程北侧大范围潮流基本为往复流（图6），涨潮时，水流越过N23潜堤向西运动，水流经过龙口进入围区，由于口门处流速较大，1号～5号各围区内东西两侧均出现回流区，回流方向相反，6号龙口南侧出现逆时针回流；落潮时，1号～5号围区内水流流出龙口时龙口处流速较大，围区内由于水体量的减少，流速较小，龙口外东侧局部区域存在弱流回流区。当龙口宽度进一步缩窄时，工程区域总体流态变化不大，龙口最大流速随着龙口宽度的减小而增大。

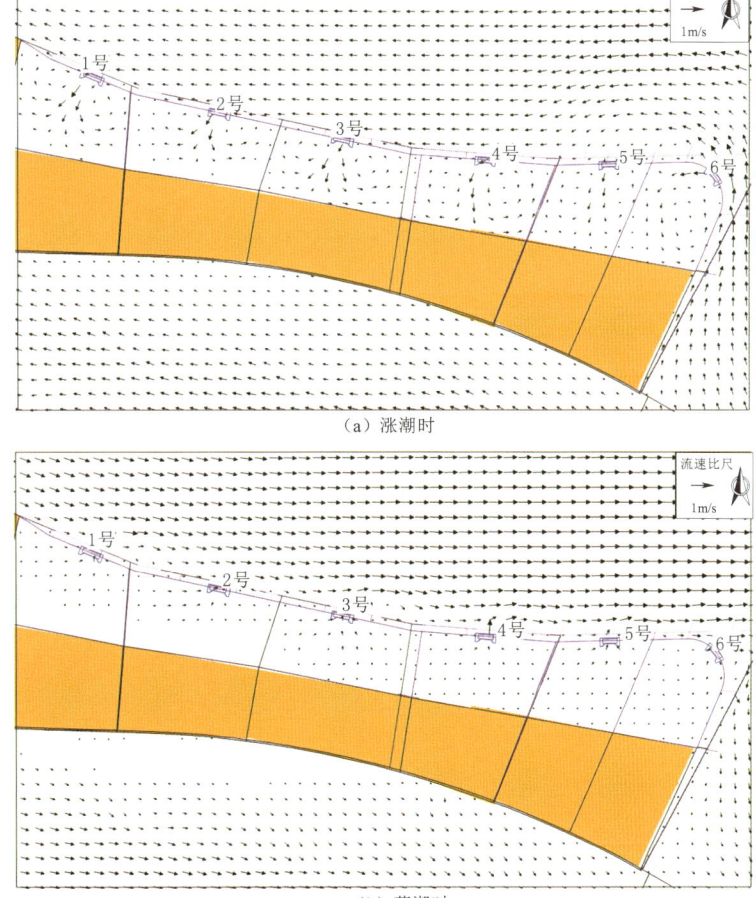

图6 龙口保护期工况涨、落急流场图

3.3.2 立堵龙口流速

立堵方案各工况下大、中小潮期龙口最大流速见表2和表3。为了保证龙口护底安全，根据要求，龙口处控制流速为不超过3.0m/s。根据计算结果，随着龙口宽度逐渐缩窄，龙口最大流速逐渐增大；由于一定量的水体在相同的时间内进出龙口，龙口越宽过水断面越大，则龙口内流速越小，龙口立堵由于龙口宽度越堵越窄，龙口内过水断面越来越小，龙口内水流流速会越来越急。

中小潮时，所有龙口在收缩200m以内，在合龙过程中最大流速均不超过3.0m/s的控制流速；在收缩300m后，除1号龙口外，其余龙口最大流速均超过控制流速，会出现安全隐患，不利于龙口安全。在保持龙口底高程不变并且保证龙口在收缩后能承受非汛期大潮袭击的情况下，1号龙口可以收缩200m；2号～6号龙口可以收缩100m。

表2　　　　　　　　　　龙口收缩过程中小潮型龙口最大流速统计　　　　　　　　　单位：m/s

方案	1号	2号	3号	4号	5号	6号
本底方案	1.73	1.87	1.9	1.77	2.13	2
收缩100m	1.75	2.11	2.37	2.16	2.65	2.27
收缩200m	2.1	2.5	2.65	2.94	2.9	2.75
收缩300m	2.71	3.23	3.39	3.53	3.47	3.06

表3　　　　　　　　　　龙口收缩过程大潮型龙口最大流速统计　　　　　　　　　单位：m/s

方案	1号	2号	3号	4号	5号	6号
本底方案	1.90	2.06	2.00	2.12	2.34	2.20
收缩100m	2.69	2.87	2.51	2.79	3.00	2.29
收缩200m	2.73	3.25	3.19	3.35	3.84	3.42

3.3.3　平堵龙口流速

平堵方案各工况下大、中小潮型龙口最大流速见表4和表5。从表中可以看到，在合龙期中中小潮和大潮下，随着龙口底高程的逐渐抬升，龙口最大流速均呈现先增大后减小的现象：流速增大是因为一定量的水体在相同的时间内进出龙口，龙口底高程越高过水断面越小，则龙口流速越大，龙口平堵由于龙口底高程抬高，龙口内过水断面越来越小，龙口内水流流速会越来越急；随着底高程的抬高，进入围区总水量的减小，导致流速又减小。

表4　　　　　　　　　　平堵合龙过程中中小潮型龙口最大流速统计　　　　　　　　　单位：m/s

底高程/m	1号	2号	3号	4号	5号	6号
−1.50	—	—	—	—	—	2.00
−1.00	—	—	—	1.77	—	2.13
0.00	1.73	1.87	1.90	2.23	2.13	2.32
1.00	2.54	2.63	2.58	2.79	2.53	2.48
2.00	2.28	2.29	2.28	2.50	2.37	1.96
3.00	0.71	0.67	0.63	0.59	0.45	1.02

表5　　　　　　　　　　平堵合龙过程中大潮型龙口最大流速统计　　　　　　　　　单位：m/s

底高程/m	1号	2号	3号	4号	5号	6号
−1.50	—	—	—	—	—	2.20
−1.00	—	—	—	2.12	—	2.40
0.00	1.90	2.06	2.00	3.00	2.34	2.84
1.00	3.09	3.16	3.13	3.40	3.00	3.08
2.00	2.80	2.87	2.82	2.97	2.88	2.74

中小潮期，龙口底高程为1.00m时，龙口流速均最大，其中1号～6号龙口最大流速分别为

2.54 m/s、2.63 m/s、2.58 m/s、2.79 m/s、2.53 m/s 和 2.48 m/s，所有龙口最大流速在合龙过程中均不超过 3.0 m/s 的控制流速。大潮期，最大流速也出现在龙口底高程 1.00 m 左右，1 号～6 号龙口最大流速分别为 3.09 m/s、3.16 m/s、3.13 m/s、3.40 m/s、3.00 m/s 和 3.08 m/s。

从结果中可以得出，若龙口底高程为 1.00 m 时经历大潮型，龙口会出现安全隐患，不利于龙口安全；若龙口底高程在 0.00 m 以下或者龙口底高程抬至 2.00 m，则龙口能够抵抗非汛期大潮型的袭击。

4　结语

本文根据建立的二维潮流数学模型，计算并分析横沙东滩八期圈围工程龙口附近的流场，并研究平堵和立堵合龙方式下，龙口附近最大流速的变化情况。采用中小潮型对龙口流速开展计算，并采用非汛期大潮潮型对龙口流速进行复核，结果显示，按 3.0 m/s 的安全流速控制，在保持龙口底高程不变并且保证龙口在收缩后能承受非汛期大潮袭击的情况下，1 号龙口可以收缩 200 m；2 号～6 号龙口可以收缩 100 m。平堵方式中，若龙口底高程在 1.00 m 时经历大潮型，龙口会出现安全隐患，不利于龙口安全；若龙口底高程在 0.00 m 以下或者龙口底高程抬至 2.00 m，则龙口能够抵抗非汛期大潮型的袭击；平堵合龙时，通过施工合理安排，龙口从 0.00 m 抬升至 2.00 m 过程中，宜避开大潮。最终合龙方式的确定，还需要结合现场施工情况，选择平堵或者平立堵结合的方式进行龙口合龙。

参考文献

[1] 谢军，楼启为，熊志强. 青草沙水库围堤合龙施工二维潮流数值模拟 [J]. 水利水运工程学报，2010（4）：51-57.

[2] 王大伟，谢军. 通州湾港区二港池匡围二期工程龙口合龙顺序研究 [J]. 中国港湾建设，2017，37（4）：55-58.

长江口软土的压缩特性及围堤沉降预测分析

杨 亮[1] 赵忠义[2] 秦爱芳[2]

(1. 中交上海航道勘察设计研究院有限公司,上海 200120;
2. 上海大学 土木工程系,上海 200444)

【摘 要】 针对长江口地区软土沉降预测困难的问题,进行了一系列原状软土与重塑软土固结试验,来研究其软土的固结和次固结特性。探究长江口软土的压缩指数范围,次固结系数与荷载的关系等,对长江口软土、典型上海软土及崇明岛软土工程特性进行了对比。采用两种沉降计算方法对工后沉降进行计算及预测,并分析两种方法的实用性。试验结果表明:长江口地区淤泥质粉质黏土的压缩指数为 0.316~0.364,淤泥质黏土的为 0.267~0.313,略大于典型上海软土的压缩指数;原状土次固结系数随荷载的增大,先增大后减小,重塑土次固结系数与荷载无关;长江口软土次固结系数大于典型上海软土的次固结系数。长江口软土与典型上海软土及崇明岛区域软土物理性质指标有一定差异性。

【关键词】 淤泥质粉质黏土;淤泥质黏土;次固结系数;沉降

1 引言

长江三角洲地区广泛分布着深厚的河相、三角洲相以及海相软弱粘土,属第四系沉积物,沉积厚度最深处可达数百米。横沙东滩地处长江入海口,集合了深水岸线、区位、可生土地等天然优势,东面为东海深水区,南侧为长江主航道,北侧为北港航道,其对上海市未来的战略发展重要性不言而喻。上海属于较为典型的软土地区,其中对工程影响比较大的软土层主要为第③层淤泥质粉质黏土[指上海市工程建设规范《岩土工程勘察规范》(DGJ 08-37—2012)中地基土层序号,下同]及其下部的第④层淤泥质黏土,软土普遍具有含水量高、孔隙比大、压缩性高、强度低,受竖向荷载后沉降变形大、沉降持续时间长等特点。上海地区软土从成因上大致上可以分为上海市区典型软土、崇明岛区域软土及长江口软土三个区域,区域不同,形成条件不同,工程特性并不完全相同。目前对于上海软土的研究,主要集中于上海市区典型软土,其他两种区域软土工程特性研究很少。因此,对横沙东滩的长江口软土进行工程特性研究,对于该区域工程建设具有十分重要的意义。

本文通过对横沙东滩八期圈围工程地基原状土及重塑土进行一维固结、次固结试验,研究长江口软土的固结、次固结特性,分析适用于该区域软土的工后沉降预测方法,研究成果可为长江口地区工程的建设提供依据。

2 试验方案

试验土样取自长江口横沙东滩八期圈围工程,取不同地点的③层淤泥质粉质黏土及④层淤泥质黏土原状土样及重塑土样进行试验。长江口软土的物理性质指标见表1。切取高2cm，横截面积30cm²的土样在GJZ-2型中压固结仪上采用分级加载的方式进行试验。试验分为两组：Ⅰ组为固结试验，原状土，在圈围区四个相距较远位置钻孔取土，每个孔同一土层取三个土样进行对照试验，共进行24组试验，本文③层、④层分别各取4个代表性土样进行分析；Ⅱ组为不同荷载下次固结试验，原状土、重塑土同一土层取2个土样进行对照试验，共进行8组试验，本文③层、④层原状土、重塑土分别各取一个代表土样进行分析。具体加载方案见表2。

表1　长江口软土的物理性质指标

土层名称	深度/m	重度/(kN/m³)	天然含水率/%	初始孔隙比	塑性指数	液性指数	压缩模量/MPa
淤泥质粉质黏土	12.0～12.3	16.9	44.5	1.287	15.7	1.39	2.2
淤泥质黏土	28.0～28.3	16.7	50.7	1.440	20.4	1.18	2.4

表2　加载方案

组别	加载方式	加荷比	试验土样	备注
Ⅰ	0→12.5kPa→25kPa→50kPa→100kPa→200kPa→400kPa→800kPa→1600kPa	1	原状土	每级荷载下加载24h
Ⅱ	0→12.5kPa→25kPa→50kPa→100kPa→200kPa→400kPa→800kPa→1600kPa	1	原状土、重塑土	每级荷载加载24h，50kPa后，每级荷载加载7d，精读过程量

3　试验结果

3.1　固结试验分析

对不同地点的土样进行固结试验，得到③层淤泥质粉质黏土和④层淤泥质黏土的 $e-\lg p$ 固结试验曲线，如图1所示。由图1亦可知，同一区域不同点位的淤泥质粉质黏土和淤泥质黏土均具有相似的固结特性。由图1曲线后半段斜率可以得到③层淤泥质粉质黏土、④层淤泥质黏土土样的压缩指数 C_C 分别为：③层为0.316～0.364，④层为0.3～0.313。该结果在Mesri所得黏性土压缩指数范围内，略大于武朝军等所得③、④层上海软土的压缩指数值，即与上海市区软土相比，长江口软土具有更大的压缩特性，主要是长江口软土沉积年代较近造成的。因此，有必要对该区域软土进行进一步的研究。

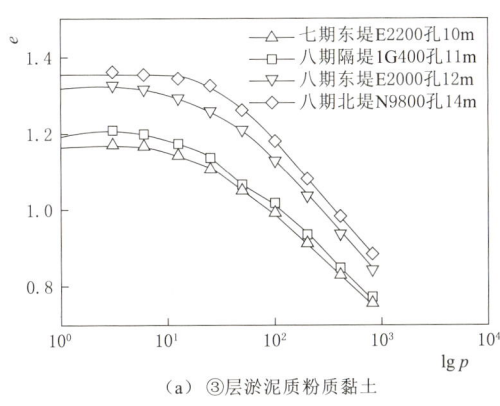
(a)　③层淤泥质粉质黏土

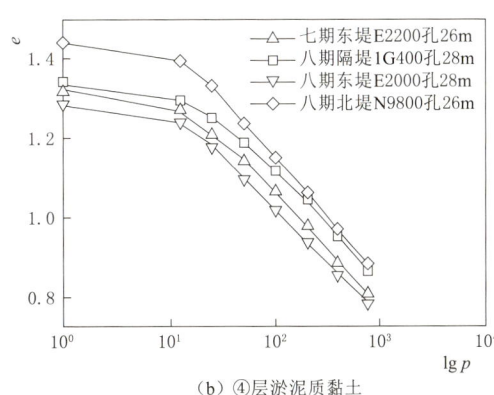
(b)　④层淤泥质黏土

图1　压缩试验曲线

3.2 荷载对次固结系数的影响

为研究荷载对长江口软土次固结系数的影响，对③层淤泥质粉质黏土和④层淤泥质黏土两个软黏土层进行次固结试验，原状土和重塑土取深度为 12~12.3m 的③层淤泥质粉质黏土和 28~28.3m 的④层淤泥质黏土分别采用方案Ⅱ进行试验，试验结果用 $e-\lg p$ 关系整理，如图 2、图 3 所示。

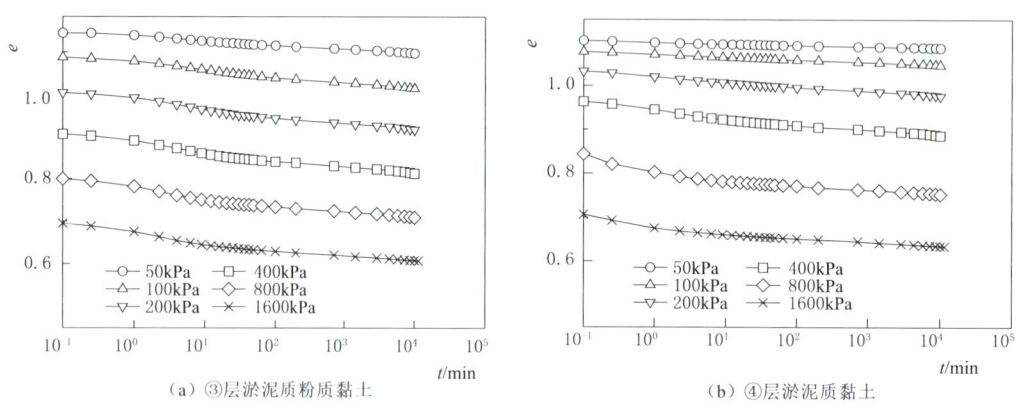

图 2　不同荷载下原状土次固结试验曲线

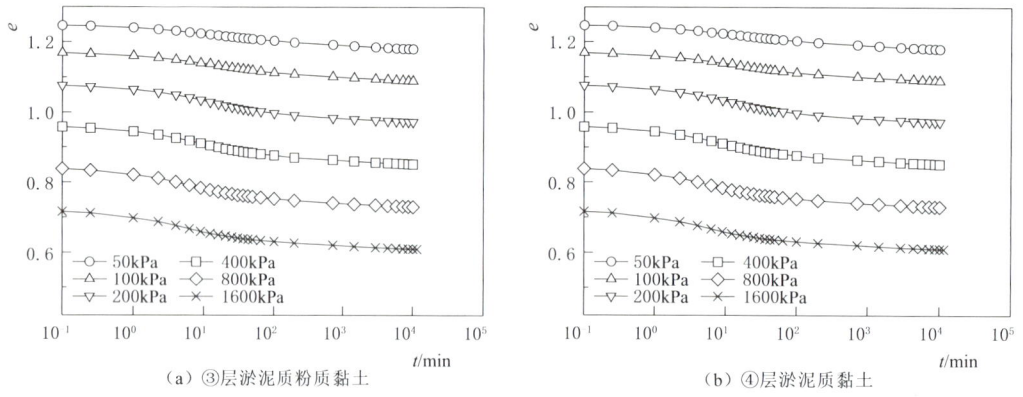

图 3　不同荷载下重塑土次固结试验曲线

计算次固结系数的公式为

$$C_a = -\frac{\Delta e}{\lg(t_2/t_1)} \tag{1}$$

式中　Δe 为 t_1、t_2 时刻孔隙比差值；t_1 为主固结完成时间；t_2 为次固结试验完成时间。

图 2 和图 3 表示两种原状土样及重塑土样在荷载作用下的次固结试验变形过程。由图 2 和图 3 可以看出，在每一级荷载作用下，土样初始压缩时速度较快，此时土体中孔隙水排出，孔隙水压力逐渐减小，有效应力逐渐增大，这个阶段的沉降主要是主固结沉降。当主固结完成后，土体的沉降趋于缓慢，土体压缩变形表现出随时间而增长的现象，该阶段的沉降称之为次固结沉降。这是由于在有效应力作用下，土骨架的压缩及土颗粒表面的吸附水膜蠕变产生的。

各土样次固结系数值随荷载的变化见表 3。由表可知，③层原状土的次固结系数 $C_{a\max}$ 出现在 100kPa 附近，$C_{a\max} = 0.0231$，④层原状土的次固结系数 $C_{a\max}$ 出现在 200kPa 附近，$C_{a\max} = 0.0196$。即当荷载达到先期固结压力附近时次固结系数达到最大值，而重塑土的次固结系数值变化不明显。重塑土由于土骨架结构遭到破坏，次固结作用减小，次固结系数小于原状土次固结系数。

表3 次固结系数值

P/kPa	③层原状土	③层重塑土	④层原状土	④层重塑土
50	0.0132	0.0075	0.0125	0.0100
100	0.0231	0.0095	0.0177	0.0100
200	0.0163	0.0108	0.0196	0.0095
400	0.0121	0.0106	0.0137	0.0100
800	0.0095	0.0084	0.0113	0.0100
1600	0.0110	0.0076	0.0103	0.0088

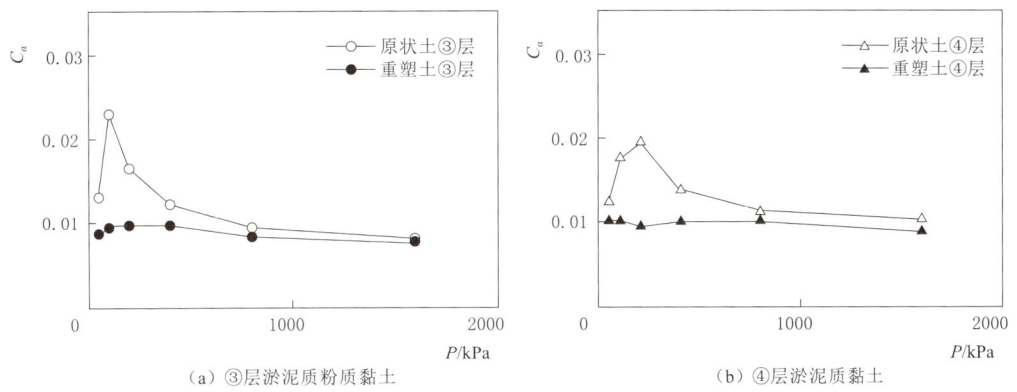

图4 荷载与次固结系数的关系

将表3所得荷载与次固结系数的关系整理成图4。由图4可以看出，原状土与重塑土试验结果呈现出明显的差异性。原状土的次固结系数与荷载有关，且当荷载小于先期固结压力时，次固结系数呈现增大趋势，当荷载大于先期固结压力时，次固结系数呈减小趋势，并最终趋于稳定。其原因可解释为：随着荷载增大到先期固结压力，土体接近正常固结状态，C_α达到最大值；当荷载超过先期固结压力，土骨架及土颗粒表面的吸附水膜的胶结作用增大，阻碍次固结变形的能力变强，C_α减小；随着荷载增大，土体结构遭到破坏，此时C_α趋于稳定值。该结论与余湘娟等、雷华阳等所得结论相同。而重塑土的次固结系数则随荷载的增大变化不明显，这主要是由于土体结构遭到破坏，说明重塑土的次固结系数与荷载无关，亦说明土的结构对次固结影响很大。孙德安等得到20m深度上海典型软土④层淤泥质黏土的次固结系数值最大值小于0.015，本文所得长江口软土次固结系数值最大值约为0.02，大于上海典型软土所得次固结系数，即长江口软土具有更明显的次固结特性。

4 长江口软土的工程特性

4.1 上海不同区域软土的成因

上海区域软土，区域不同成因不同：

（1）上海市区典型软土：主要位于市区内，第四纪时期，在江、湖、海的交互作用下，经过沉积、冲刷、再沉积的反复作用过程形成，对工程影响比较大的软土为③层淤泥质粉质黏土、④层淤泥质黏土，软土呈条带状结构，中间夹薄层粉砂，间断而不连续，多呈透镜体，厚度不均，上海市区典型软土大部分顶层埋深在−4m左右。

（2）崇明岛区域的软土：由泥沙在长江口长期沉积形成的，为新近沉积土层，土的性质比较差，软土埋置较深，在−20～−12m之间，因受后期粉土侵蚀，缺失③层淤泥质粉质黏土层，仅部分区域分布有④层淤泥质黏土，厚薄不均，含有较多的有机质，③层下较多为粉质黏土。

（3）长江口软土：崇明岛的东南方长江口主航道区域软土，其土层的沉积主要受长江口的变迁影响，黏性土与砂土相间成层，沉积年代较近，软土埋置较深，其中对工程影响较大的软土层③层淤泥质粉质黏土，厚度不大，但厚度变化较大，部分地方缺失，分布不稳定，④层淤泥质黏土，厚度较大，分布稳定，两层软土均夹粉砂薄层。

4.2 上海不同区域软土的物理性质指标

将本试验所得长江口软土的物理参数（表1）与上海其他区域软土的基本物理力学性质指标（表4）对比，由表1和表4可以看出：本试验所得长江口软土的天然含水率及初始孔隙比均大于上海市区及崇明岛软土，而其压缩模量远小于上海市区及崇明岛软土。可见，长江口软土与典型上海软土及崇明岛区域软土均有较大差异性，在长江口区域进行圈围吹填及开发建设时，必须对该区域软土进行研究。

表4　上海其他区域软土的物理性质指标

区域	土层名称	重度 /(kN/m³)	天然含水率 /%	初始孔隙比	塑性指数	液性指数	压缩模量 /MPa
崇明岛	淤泥质粉质黏土	18.3	37.6	1.05	13.0	1.37	5.33
	粉质黏土	18.5	35.1	0.98	13.5	1.00	6.85
上海市区	淤泥质粉质黏土	17.6	42.9	1.18	16.3	1.56	4.09
	淤泥质黏土	16.9	49.8	1.395	21.1	1.38	4.89

5 沉降计算与预测分析

为了考虑次固结沉降，殷建华等建立了一维弹黏塑性本构模型，但由于该模型需要求解耦合方程，计算较为复杂。随后殷建华提出了考虑蠕变的沉降计算方法

$$S = U \cdot S_f + \frac{C_{ae}}{1+e_0} \lg\left(\frac{t_0 + t_e}{t_0}\right) H \tag{2}$$

式中　S 为压缩量，mm；U 为固结度；S_f 为主固结压缩量，mm；C_{ae} 为蠕变系数；e_0 为初始孔隙比；t_0 为主固结完成时间，d；t_e 为等效蠕变时间。

但该方法在固结时间的确定上存在缺陷，目前考虑次固结沉降的计算大多在此基础上进行修正，本文采用作者基于长江口软土压缩特性对式（2）进行修正得到新的沉降计算方法，即

$$S_i = U_i S_{fi} + \frac{C_{ai}}{1+e_{0i}} \lg\left(\frac{t_{0i} + t}{t_{0i}}\right) H_i \tag{3}$$

式中　S_i 为第 i 层土的压缩量，mm；U_i 为第 i 层土的固结度；S_{fi} 为第 i 层主固结压缩量，mm；C_{ai} 为第 i 层土的次固结系数；t_{0i} 为第 i 层土在工程条件下主固结完成时间，d；H_i 为第 i 层土的厚度，mm。

式（3）可以计算及预测任意时间点的沉降量。对该圈围工程进行围堤沉降监测，监测点位于东堤 E2200 坐标。围堤下地基主要分为 5 个土层：①₁ 粉砂层；②₃₋₁ 粉砂层；③淤泥质粉质黏土层；④淤泥质黏土层；⑤₁ 粉质黏土层。表5为各土层物理性质指标。取该工程 2016 年 4 月 4 日—2018 年 2 月 21 日现场监测数据对沉降计算方法准确性进行验证，现场加载情况及沉降监测数据见表6、表7。围堤最终堆载高度为 9.6m，坝顶高程 +8.50m，平均潮位 +2.02m，$\gamma = 19.3 \text{kN/m}^3$，加载完成围堤对下部软土地基施加的竖向荷载为 $p_n = 154.7 \text{kPa}$。

表 5　　各土层物理性质指标

土　层	厚度/m	重度/(kN/m³)	初始孔隙比	初始含水率/%
①₁层粉砂	6.0	17.3	0.754	25.36
②₃₋₁层粉砂	2.5	18.8	0.874	28.02
③层淤泥质粉质黏土	4.0	16.9	1.196	40.73
④层黏土	15.0	16.7	1.478	49.65
⑤₁层粉质黏土	11.0	17.5	1.340	46.92

表 6　　现场加载情况

日期/(年.月.日)	时间/d	堆载高度/cm	荷载/kPa
2016.4.4	0	300	28.50
2016.4.9	6	350	36.97
2016.4.12	9	400	46.62
2016.4.23	20	450	56.27
2016.5.7	34	510	67.85
2016.5.13	40	590	83.29
2016.5.16	43	660	96.80
2016.5.18	45	730	110.31
2016.5.20	47	810	125.75
2016.5.23	50	890	141.19
2016.5.27	54	960	154.70

表 7　　现场沉降监测数据

日期/(年.月.日)	时间/d	累计沉降量/mm
2016.4.4	0	0
2016.4.10	7	54
2016.5.1	28	173
2016.5.31	58	342
2016.9.20	170	635
2016.12.25	262	769
2017.3.18	345	828
2017.7.17	466	884
2017.11.21	593	913
2018.2.14	685	927
2018.8.21	872	938
2018.12.16	990	945

将各参数代入式（3）得到各土层压缩量计算见表 8（注：现场监测始于 2016 年 4 月 4 日，未记录前 300cm 堆载引起的地基压缩量，故表 8 中主固结压缩量已减去前 300cm 堆载，即在 2016 年 4 月 4 日监测前产生的压缩量，以便于和现场监测数据对比）。由表 7 和表 8 可知：第 593 天，现场监测数据为 913mm，采用式（3）所得沉降计算值为 867.7mm，沉降计算的误差为 4.96%，其中次固结沉降为 36mm，占总沉降量的 4.15%，此时③层、④层、⑤₁层主固结还未完成，沉降量以主固结为主；第 990 天，现场监测数据为 945mm，采用式（3）所得的沉降为 992.8mm，沉降计算的误差为 5.01%，其中次固结沉降量为 52.8mm，占总沉降量 5.32%，次固结沉降在总沉降量中所占比重在持续增大，且随着主固结沉降的逐渐完成，次固结沉降将成为围堤沉降的主要原因，其影响将持续数年甚至数十年之久。所以，围堤沉降计算中，考虑次固结沉降是非常必要的。

表 8　　压缩量计算值

土层	厚度/m	593天固结度	593天固结压缩量/mm	次固结系数	593天次固结压缩量/mm	593天累计压缩量/mm	990天固结度 U	990天固结压缩量/mm	次固结系数	990天次固结压缩量/mm	990天累计压缩量/mm
①₁层	6	1	124.3	—	—	124.3	1	124.3	—	—	124.3
②₃₋₁层	2.5	1	16.9	—	—	16.9	1	16.9	—	—	16.9
③层	4	1	176.8	0.0130	15.0	191.8	1	177.9	0.0130	19.7	197.6
④层	15	0.653	326.1	0.0185	10.0	336.1	0.811	409.0	0.0185	16.0	425.0
⑤₁层	11	0.812	187.6	0.0156	11.0	198.6	0.934	213.6	0.0156	17.1	231.0
总计	38.5		831.7		36.0	867.7		940		52.8	992.8

工程中亦常利用现场近期的监测数据，结合经验公式对沉降变形与时间关系进行双曲线、指数曲线拟合去预测下一阶段沉降，其中沉降计算经验公式考虑了由蠕变引起的次固结沉降，即

$$\left. \begin{aligned} \frac{s}{s_0} &= C_t \log\left(\frac{t}{t_0} + M\right) - h_t \\ M &= 10^{\frac{h_t}{C_t}} \end{aligned} \right\} \quad (4)$$

式中　s 为沉降量，mm；s_0 为 1mm；t_0 为 1 天；h_t 为无量纲参数；C_t 为无量纲参数，反映土体蠕变速度；M 为过程参数。

如用 593 天的监测沉降预测 685 天沉降，将初始值 $t_1=0$ 天，$s_1=0$mm 及 $t_2=262$ 天，$s_2=769$mm，$t_3=593$ 天，$s_3=913$mm（其中 t_3 为近期某一监测时间，t_2 约为 t_3 的中值附近监测时间）代入式（4）得到沉降量 s 的表达式为

$$s = 437\lg(t + 4.64) - 291 \quad (5)$$

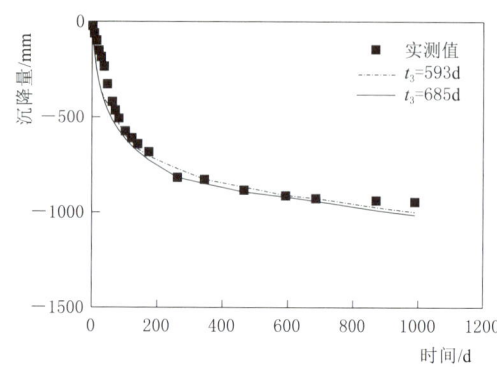

图 5　沉降实测值与预测值对比

由式（5）预测 685 天沉降量为 949mm，与监测值相比误差约为 1%，预测 990 天沉降量为 1019mm，与监测值相比沉降计算的误差为 7.83%。

同上方法，用 685 天的监测数据去预测 990 天的沉降，此时 $t_1=0$ 天，$s_1=0$mm 及 $t_2=345$ 天，$s_2=828$mm，$t_3=685$ 天，$s_3=927$mm，得到沉降量与时间表达式，得出 990 天的计算沉降量为 999mm，与监测值相比误差为 5.71%。通过式（4）方法预测的沉降值，预测的时间越接近与监测值吻合越好。监测值与两条拟合曲线预测结果对比如图 5 所示。

由殷建华的一维弹黏塑性模型得到的改进方法预测，虽然需要知道具体的初始孔隙比、次固结系数等试验参数，且相关试验往往周期较长，但其沉降计算不受现场监测沉降的影响，误差较为稳定。用沉降拟合曲线方法预测，虽然计算及预测较为方便，但受 t_2，s_2 及 t_3，s_3 即现场沉降监测值的影响较大。具体选用何种方法可视工程情况而定。

6　结语

（1）长江口淤泥质粉质黏土压缩指数为 0.316~0.364，淤泥质黏土压缩指数为 0.267~0.313。

（2）原状土的次固结系数与荷载有关，且随着荷载增大，次固结系数先增大后减小，最后趋于稳定。重塑土的次固结系数与荷载无关。

（3）长江口软土与典型上海市区软土及崇明岛软土物理性质指标存在一定差异，含水率、压缩指数、次固结系数均略大于典型上海市市区软土，有必要对长江口软土的固结、次固结特性进行专门研究。

（4）采用改进的考虑次固结的沉降计算方法及拟合方法预测后期沉降与现场监测数据均吻合较好。

参考文献

［1］　孙更生，郑大同. 软土地基与地下工程［M］. 2 版. 北京：中国建筑工业出版社，1984：18-47.
［2］　周海，阮伟. 开发横沙东滩，建设上海发展新基地的构想［J］. 水运工程，2012（12）：9-13.
［3］　中华人民共和国国家质量监督检验检疫总局. 岩土工程勘察规范：GB 50021—2001［S］. 北京：中国建筑工

业出版社，2009.
[4] Mesri G, Godlewski P M. Time-and stress-compressibility interrelationship [J]. Journal of Geotechnical and Geoenvironmental Engineering，1977，103（ASCE 12910）.
[5] 武朝军，叶冠林，王建华. 上海浅部土层压缩指数与天然含水率的关系 [J]. 岩土力学，2014，35（11）：3184-3190.
[6] Buisman A S K. Results of long duration settlement tests [C] //Proc., 1st Int. Conf. on Soil Mechanics and Foundation Engineering. Delft, the Netherlands: Delft Geotechnics, 1936, 1: 103-106.
[7] 余湘娟，殷宗泽，董卫军. 荷载对软土次固结影响的试验研究 [J]. 岩土工程学报，2007，29（6）：913-916.
[8] 雷华阳，王学超，丁小冬，等. 软土主次固结划分及影响因素探讨 [J]. 工程地质学报，2014，22（3）：489-497.
[9] 孙德安，申海娥. 上海软土的流变特性试验研究 [J]. 水文地质工程地质，2010，37（3）：74-78.
[10] 周学明，袁良英，蔡坚强，等. 上海地区软土分布特征及软土地基变形实例浅析 [J]. 上海国土资源，2005，26（4）：6-9.
[11] 殷建华. 从本构模型研究到试验和光纤监测技术研发 [J]. 岩土工程学报，2011，33（1）.
[12] YIN J H. Constitutive modelling of time-dependent stress-strain behaviour of soils [D]. Winnipeg: University of Manitoba, 1990, 314.
[13] YIN J H, GRAHAM J. Viscous elastic plastic modelling of one-dimensional time dependent behaviour of clays [J]. Can Geotech J, 1989, 26: 199-209.
[14] YIN J H, GRAHAM J. Equivalent times and elastic-visco-plastic modelling of time-dependent stress-strain behaviour of clays [J]. Canadian Geotechnical Journal, 1994, 31: 42-52.
[15] 姚仰平，孔令明，胡晶. 考虑时间效应的 UH 模型 [J]. 中国科学：技术科学，2013（3）：298-314.
[16] 姚仰平，祁生钧，车力文. 高填方地基工后沉降计算 [J]. 水力发电学报，2016，35（3）：1-10.

长江口地区考虑次固结的围堤工后沉降计算

陈海英[1]　赵忠义[2]

(1. 中交上海航道勘察设计研究院有限公司，上海　200120；
2. 上海大学 土木工程系，上海　200072)

【摘　要】 针对长江口软土地区围堤工程工后沉降量如何准确预留问题，对该区域淤泥质黏土进行了一系列一维固结试验，研究该地区软土的固结、次固结特性。探究该区域软土的压缩指数、次固结系数及次固结系数与荷载的关系，试验结果表明：长江口地区软土压缩指数小于典型上海软土的压缩指数；该地区软土具有明显的次固结特征，淤泥质黏土的次固结系数在 0.01～0.025 之间；次固结系数随荷载的增大，先增大后减小。提出了该地区考虑次固结沉降的围堤工后沉降预测方法。本文试验所得结果及工后沉降预测方法对长江口软土地区的围堤工程工后沉降分析具有一定的指导意义。

【关键词】 淤泥质；软土；次固结系数；压缩指数；沉降

1　引言

在我国东南沿海经济发达地区，土地资源日益宝贵，临江地区广泛分布着深厚软弱黏性土层——俗称涂滩，围涂滩造地是沿海城市获得土地资源的主要途径。从地理位置上看，我国沿海地带自北向南分布着大量深厚软土，长江口淤泥质软土地下水水位高，孔隙比大、压缩性高、承载力低，具有明显的次固结特性，且厚度大、埋藏深，有的厚达数十米。围堤的预留工后沉降量一直是困扰设计单位和施工单位的难题，预留工后沉降量偏大，增加工程造价，造成不必要的浪费；预留工后沉降量偏小，竣工验收时堤顶标高达不到设计要求，影响围堤工程使用时抵抗风浪的能力，或者因重新增加堤顶标高造成更大的费用。而由于次固结沉降会在工程完工后持续很长时间，在工后沉降中所占的比例也会越来越大，所以，有必要进行次固结沉降研究。

土的固结过程指的是，在外力作用下，土体中孔隙水排出，有效应力增加的过程。当固结过程完成后，土体的沉降仍在继续，此时，在恒定荷载（有效应力）作用下，土粒骨架结构及土颗粒表面的吸附水膜蠕变引起的变形即为次固结沉降。

国内外有很多学者针对不同地区的软土特性进行了相关的研究。1936 年，Buisuman 通过试验发现软土沉降与时间有关，并提出了次固结系数的概念；1977 年，Mesri 等通过大量的软土试验，总结出了次固结系数与压缩指数比值范围；1989 年，殷建华等基于等效蠕变时间的概念，建立了一维弹黏塑性本构模型。近年来，国内部分学者研究了不同区域的软土，总结出了许多宝贵的经验及数据。

本文通过对长江口八期圈围工程北堤 N9+800.00 地基进行一维固结、次固结试验，分析该地区软土在不同荷载条件下的次固结特性，方便同类工程设计计算时使用，提出考虑次固结沉降的围堤工程后沉降预测方法，研究成果以期为实际工程后沉降预测提供参考。

2 试验概况

2.1 试验材料

试验所用土样取自长江口八期圈围工程北堤 N9+800.00 坐标孔围堤下土层。各试验土样基本物理性质指标见表1。

表1　各试验土样物理性质指标

土层编号	土层名称	厚度/m	重度/(kN/m³)	天然含水率/%	初始孔隙比	塑性指数	液性指数	压缩模量/MPa	渗透系数 k_h/(cm/s)	k_v/(km/s)
①$_{1t}$ 层	淤泥质粉质黏土夹砂	2.5	17.8	34.97	0.99	13	1.6	3.2	7.0×10⁻⁵	5.0×10⁻⁵
②$_{3t}$ 层	淤泥质粉质黏土夹砂	2.6	17.8	36.64	1.01	12.5	1.65	3	8.0×10⁻⁶	1.0×10⁻⁵
②$_{3-1}$ 层	粉砂	2.2	18.8	27.4	0.877	—	—	8.1	1.5×10⁻³	9.0×10⁻⁴
③层	淤泥质粉质黏土	2.9	17.6	40.9	1.287	15.7	1.39	2.4	3.0×10⁻⁶	1.0×10⁻⁶
④层	淤泥质黏土	16.7	17.0	50.7	1.44	20.4	1.18	2.2	5.0×10⁻⁷	2.5×10⁻⁷
⑤$_1$ 层	粉质黏土	4.9	17.8	37.6	1.09	21.1	0.91	2.1	3.0×10⁻⁶	5.0×10⁻⁷

2.2 试验方案

试验在 GJZ-2 型中压固结仪上进行，环刀尺寸为高 2cm，横截面积 30cm²，每筒土切取多个试样进行试验。加荷方式为分级加载，试样采用双面排水。试验共分为 A、B、C 三组方案：A 组方案为固结试验；B 组方案为围堤荷载下次固结试验；C 组方案为不同荷载下次固结试验。具体加载方案见表2。

表2　加载方案

方案	加载方式	备注
A	0→12.5kPa→25kPa→50kPa→100kPa→200kPa→400kPa→800kPa→1600kPa	每级荷载下加载 12h
B	0→12.5kPa→25kPa→50kPa→100kPa→200kPa→400kPa	每级荷载加载 12h，最后一级荷载加载 7d，精读过程量
C	0→12.5kPa→25kPa→50kPa→100kPa→200kPa→400kPa→800kPa→1600kPa	每级荷载加载 12h，50kPa 后，每级荷载加载 7d，精读过程量

3 试验结果

3.1 固结试验分析

对北堤 N9+800.00 钻孔各个土层土样进行固结试验，得到不同土层的固结试验曲线，用 $e-$

lgP 关系整理,如图 1 所示,该曲线表示了长江口软土在荷载作用下的固结变形过程。

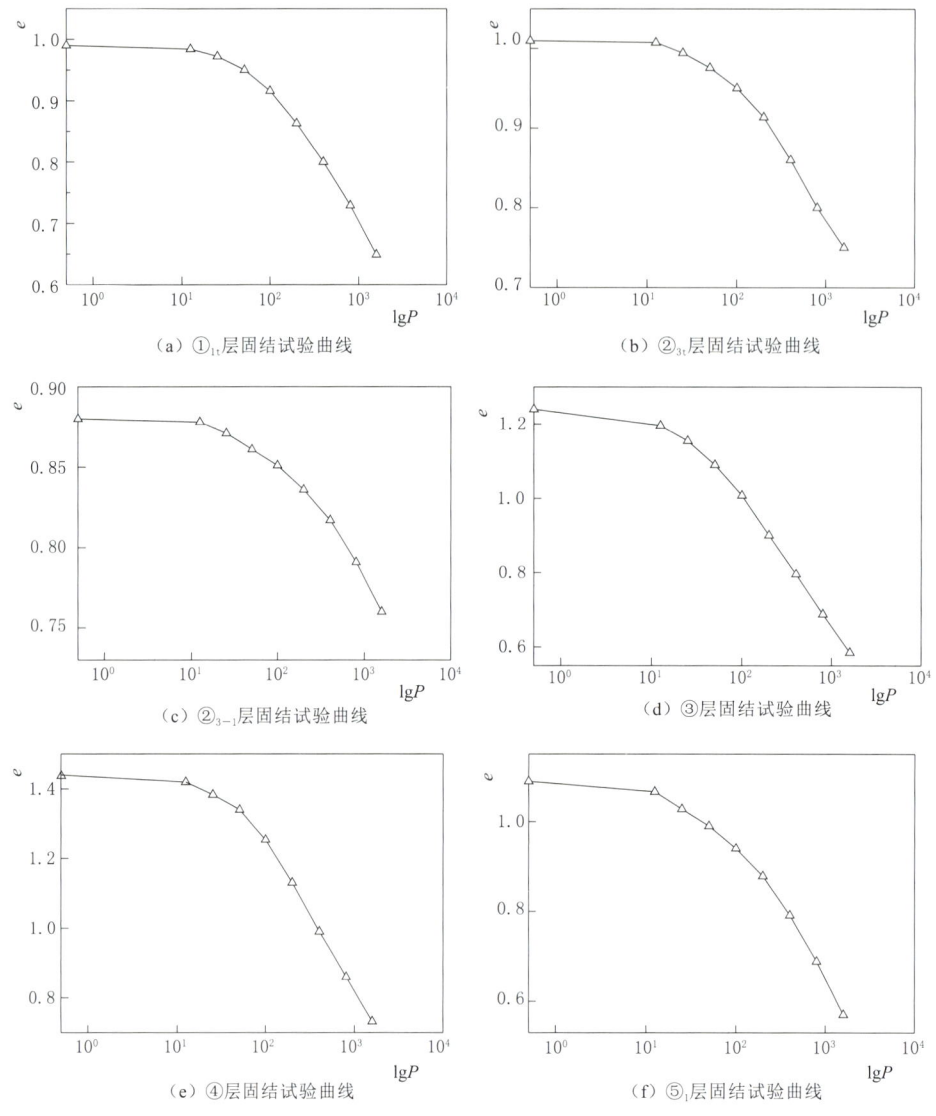

图 1 不同土层固结试验曲线

由图 1 可以得到各个土层的压缩指数 C_C,其值为 $e-\lg P$ 曲线后半段的斜率。各土层压缩指数 C_C 分别为:①$_{1t}$ 层为 0.237;②$_{3t}$ 层为 0.183;②$_{3-1}$ 层为 0.084;③层为 0.353;④层为 0.445;⑤$_1$ 层为 0.315。土的压缩性越高,其所得压缩指数越大。试验所得③层淤泥质粉质黏土的压缩指数远小于文献 [1] 所得上海典型软土试样 A 的压缩指数 0.616,可见,长江口软土与上海软土存在一定差异。

3.2 次固结实验分析

为研究长江口软土在围堤附加应力作用下的次固结沉降,对北堤 N9+800.00 孔下①$_{1t}$ 层、②$_{3t}$ 层、③层、④层、⑤$_1$ 层 5 个软黏土层进行次固结试验,实验方案如方案 B 所示,用 $e-\lg P$ 关系整理如图 2 所示。

图 2 曲线反映了不同土层原状土样在围堤附加应力作用下的单向次固结压缩过程。由图 2 可以明显看出,土样在前半段时间压缩较快,此阶段主要为主固结沉降。当主固结完成后,土样压缩速度减慢,并逐渐趋于稳定,通常将该阶段的沉降变形归结为次固结沉降。除①$_{1t}$ 层和②$_{3t}$ 层因夹有

砂层导致曲线主次固结阶段不明显外，其余各层主次固结阶段均较为明显。随着时间的增长，曲线后半段趋于直线段，该段斜率即为次固结系数 C_α，本文采用的次固结系数计算公式为

$$C_\alpha = \frac{e_2 - e_1}{\lg(t_2 - t_1)} \tag{1}$$

式中　e_1 为 t_1 时刻对应的孔隙比；e_2 为 t_2 时刻对应的孔隙比；t_1 为主固结完成时刻；t_2 为压缩量计算时刻。

由图 2 曲线及式（1）可得袋装砂围堤荷载作用下，各层软土的次固结系数 C_α 分别为：①$_{1t}$ 层 $C_\alpha = 0.0096$；②$_{3t}$ 层 $C_\alpha = 0.007$；③层 $C_\alpha = 0.0116$；④层 $C_\alpha = 0.021$；⑤$_1$ 层 $C_\alpha = 0.0148$。

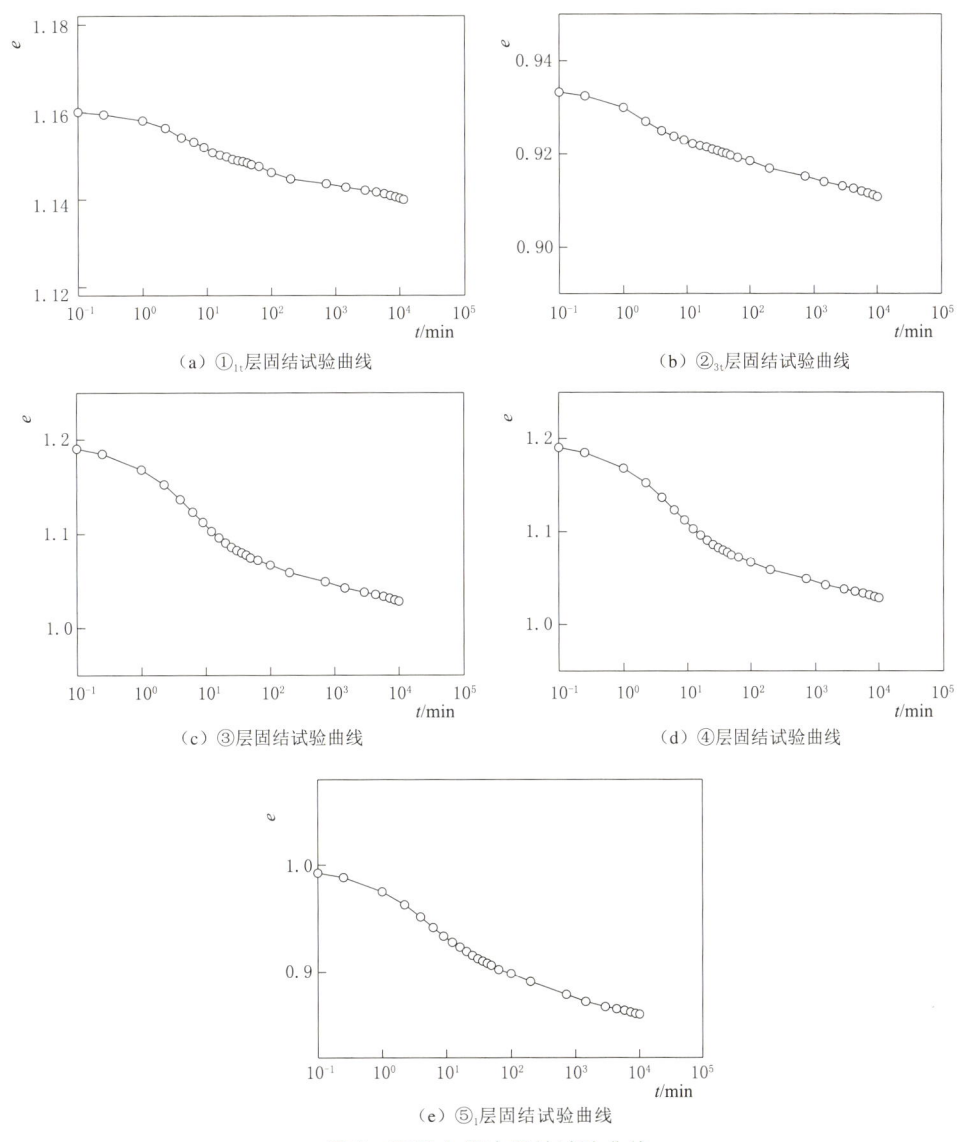

图 2　不同土层次固结试验曲线

3.3　荷载对次固结系数变化的影响

C 组试验以长江口软土中具有代表性的④层淤泥质黏土为试验土样，取 18.5m 和 22.5m 两个深度的土样分别进行试验。试验结果如图 3 所示。

图 3 为不同荷载下两个深度土样的次固结试验曲线。由图 3 可见，50kPa 和 100kPa 时，曲线主次固结阶段区分不是很明显，而当荷载达到 200~400kPa 时，曲线主次固结阶段较为明显。可

见，应力历史对长江口原状软土存在一定影响。

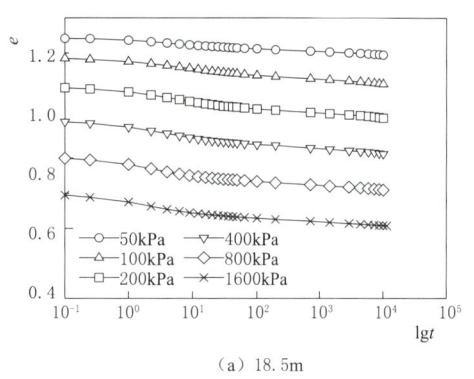 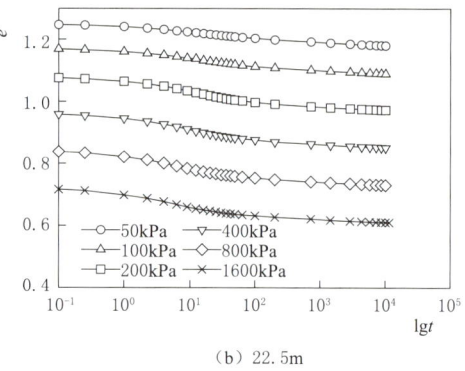

图 3　不同荷载下次固结试验曲线

由图 3 试验曲线可以计算出不同荷载下土样的次固结系数值，见表 3。试验所得④层淤泥质黏土的次固结系数值大于文献［1］所得 19～20 m 深度典型④层上海软土的次固结系数值 0.013，亦可见，长江口软土性质与典型上海软土性质存在一定差异。且两土样试验所得次固结系数值及其变化趋势均较为接近，即同一土层不同深度的土具有相近的次固结特性。

不同荷载与次固结系数的关系如图 4 所示。其中，次固结系数与荷载有关且随着荷载的增大先增大后减小，最后趋于稳定；随着荷载的增大，土体颗粒间的胶结作用逐渐减小，阻碍次固结变形的能力减弱，次固结系数增大；当荷载过大导致土体结构发生破坏后，次固结系数逐渐减小，最终趋于稳定。

表 3　次固结系数值

P/kPa	18.5 m	22.5 m	P/kPa	18.5 m	22.5 m
50	0.0112	0.0096	400	0.018	0.0137
100	0.016	0.0124	800	0.0156	0.0094
200	0.0171	0.015	1600	0.011	0.0081

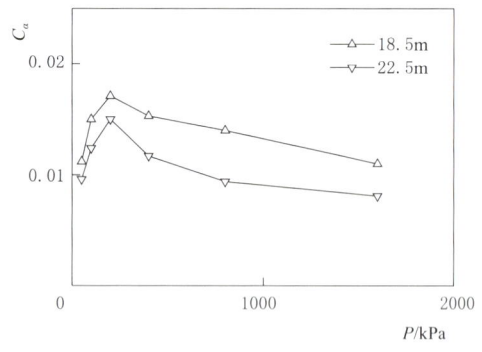

图 4　不同荷载与次固结系数的关系

国内外已有一些学者针对次固结系数与荷载之间的关系进行试验研究，并总结出了相应的结论。通过试验指出，土体的次固结变形并非在主固结完成后产生，而是在施加荷载后立即产生。通过天津滨海原状土及重塑土的试验，认为次固结系数差值与结构强度呈线性关系。通过上海重塑饱和软土的固结试验，认为应力历史对土的次固结特性有很大影响，土的次固结系数与荷载的增量比有关。通过汕汾高速原状软土固结试验，认为软土的次固结系数不仅与时间有关，还与荷载有关。本文所得结论与文献［12］一致。同时，当荷载在 200 kPa 时，次固结系数有最大值，此时荷载在先期固结压力附近。由此可见，当荷载在先期固结压力附近时，次固结系数最大。

4　工程沉降分析

本文以某圈围工程 N9+800.00 孔为例，对围堤进行沉降计算及预测。基于一维弹黏塑性模型，对主次固结同时发生的情况进行分析，并将复杂的解耦合方程简化，但是该方法中的主固结完成时间为实验室条件下的 1 天，在实际工程中，并不适用。本文采用改进的一维弹黏塑性模型计算及预测任意时间点的沉降计算公式为

$$S = US_f = \frac{C_a}{1+e_0} \lg\left(\frac{t_0+t}{t_0}\right) H \tag{2}$$

式中 S 为某一层土的累计沉降量；U 为该层土的固结度；S_f 为主固结总沉降量；C_a 为土的次固结系数；t_0 为工程中某一层土的实际主固结完成时间；H 为土的厚度。

现场监测数据见表 4。413 天现场实测累计沉降量为 902mm。通过试验所得次固结系数及根据提出的改进一维计算方法计算的沉降见表 5。

表 4 现场监测沉降值

日期/(年.月.日)	时间/d	累计沉降量/mm	日期/(年.月.日)	时间/d	累计沉降量/mm
2016.12.29	0		2017.5.22	145	684
2017.1.6	9	90	2017.8.30	245	825
2017.1.24	27	271	2017.10.25	301	854
2017.2.24	58	416	2017.12.6	343	872
2017.3.25	87	561	2018.1.3	371	885
2017.4.24	117	627	2018.2.14	413	902

表 5 主固结沉降值

土层	厚度/m	413 天累计沉降量/mm	1000 天累计沉降量/mm
①$_1$ 层	3.5	67.9	67.9
①$_{1t}$ 层	2.5	115.6	119.9
②$_{3t}$ 层	2.6	99	102.3
②$_{3-1}$ 层	2.2	20.3	20.3
③ 层	2.9	178.1	183.6
④ 层	16.7	322.1	504.9
⑤$_1$ 层	4.9	152.5	164.4
总计	35.3	955.5	1163.3

由表 5 可知，413 天的总沉降量为 955.5mm，沉降计算的误差为 5.9%，其中次固结沉降为 58.8mm，占总沉降量的 6.5%。本文采用的公式预测 1000 天的沉降为 1163.3mm，其中次固结沉降量为 93.2mm，占总沉降量 8%，次固结沉降所占比重随时间表呈增大趋势，且其在工后几年甚至几十年会持续发生，所以在计算工后沉降时，必须考虑次固结沉降。

5 结语

(1) 对袋装砂围堤 N9+800.00 孔各层软土进行了固结、次固结试验，得出了长江口各层软土的压缩指数、次固结系数值等相关参数，填补了长江口地区软土参数的空白。

(2) 长江口软土的压缩指数与次固结系数与典型上海软土的压缩指数及次固结系数存在一定的差异。

(3) 荷载对原状软土的次固结系数影响较大，且随着荷载增大，次固结系数先增大后减小，最后趋于稳定。且当荷载达到先期固结压力附近时，次固结系数达到最大值。

(4) 通过试验所得次固结系数及改进公式进行的沉降计算与现场监测数据基本一致。所得次固

结系数及预测公式可作为后期工程的参考依据。

参考文献

[1] 孙更生,郑大同. 软土地基与地下工程[M]. 北京:中国建筑工业出版社,1984.
[2] 殷建华. 从本构模型研究到试验和光纤监测技术研发[J]. 岩土工程学报,2011,33(1).
[3] Buisman A S K. Results of long duration settlement tests [C]//Proc., 1st Int. Conf. on Soil Mechanics and Foundation Engineering. Delft, the Netherlands:Delft Geotechnics, 1936:103 – 106.
[4] Mesri G, Godlewski P M. Time-and stress-compressibility interrelationship [J]. Journal of Geotechnical and Geoenvironmental Engineering, 1977, 103 (ASCE 12910).
[5] Yin J H. Constitutive modelling of time-dependent stress-strain behaviour of soils [J]. Canadian Geotechnical Journal, 1990.
[6] Yin J H, Graham J. Viscous-elastic-plastic modelling of one-dimensional time-dependent behaviour of clays [J]. Canadian Geotechnical Journal, 1989, 26 (2):199 – 209.
[7] 雷华阳,肖树芳. 天津软土的次固结变形特性研究[J]. 工程地质学报,2002,10(4):385 – 389.
[8] 王常明,王清,张淑华. 滨海软土蠕变特性及蠕变模型[J]. 岩石力学与工程学报,2004,23(2):227 – 230.
[9] 高彦斌,朱合华,叶观宝,等. 饱和软粘土一维次压缩系数 C_a 值的试验研究[J]. 岩土工程学报,2004,26(4):459 – 463.
[10] 孙德安,申海娥. 上海软土的流变特性试验研究[J]. 水文地质工程地质,2010,37(3):74 – 78.
[11] 雷华阳,张文振,丁小冬,等. 考虑软土结构强度的次固结特性试验研究[J]. 岩土工程学报,2013,35(7):1221 – 1227.
[12] 冯志刚,朱俊高. 软土次固结变形特性试验研究[J]. 水利学报,2009,40(5):583 – 588.
[13] 张芳枝,陈晓平,黄国怡. 珠江三角洲饱和软黏土的固结特性试验研究[J]. 岩土力学,2003,24(S2):192 – 194.
[14] 陈晓平. 海陆交互相沉积软土固结效应[J]. 岩土工程学报,2011,33(4):520 – 528.
[15] 殷宗泽,张海波,朱俊高,等. 软土的次固结[J]. 岩土工程学报,2003,25(5):521 – 526.
[16] Bjerrum L. Engineering geology of Norwegian normally-consolidated marine clays as related to settlements of buildings [J]. Geotechnique, 1967, 17 (2):83 – 118.

软基上大型砂袋围堤中袋体的作用

蔡 建　黄东海　田 鹏

（中交上海航道勘察设计研究院有限公司，上海　200120）

【摘　要】 大型砂袋围堤作为软土地基上围堤修建的新技术，提高了围堤的凝聚力和整体性，能较好地适应软土地基的变形。受袋体作用的影响，大型砂袋围堤的整体力学和工程特性发生了较大的改变。合理确定砂袋的力学、工程特性，判断其对围堤整体稳定性的影响是模拟砂袋围堤、设计计算特征参数的依据。分析大型砂袋围堤中袋体作用的研究现状，总结模型试验、数值分析和理论推导3方面的研究成果和进展，对工程应用和未来研究的发展方向提出了针对性建议。

【关键词】 砂袋围堤；稳定性；数值模拟

1　引言

大型砂袋围堤是离岸水域软土地基上常用的滩涂整治方法，目前已被广泛应用。沿江地区的软土地基上，一方面，由于淤泥质黏土层深厚、变形大、承载力低，使得工程的稳定性较差；另一方面，由于围堤动辄长达数公里乃至数十公里，土层地质条件差异较大，同时受到潮汐、台风等不良外因的影响，工程整体可靠性偏低。

如何快速、安全地修建围堤从而提高工程的稳定性和可靠性，是一项高难度的工作。目前，国内外许多学者针对砂袋体在围堤中的力学、工程特性进行了积极探索并取得了一些零散的成果，但在砂袋体的加筋机理、力学特性、围堤整体稳定、设计砂袋围堤工程时如何考虑袋体的作用等方面，可应用的研究成果仍较少。本文针对国内外对砂袋体围堤的力学特性、数值仿真模拟、稳定性分析方面有价值的研究成果进行了综述，并对工程应用和未来研究的发展方向提出了针对性建议，为砂袋围堤工程设计提供理论指导。

大型砂袋围堤由于土工袋的存在，区

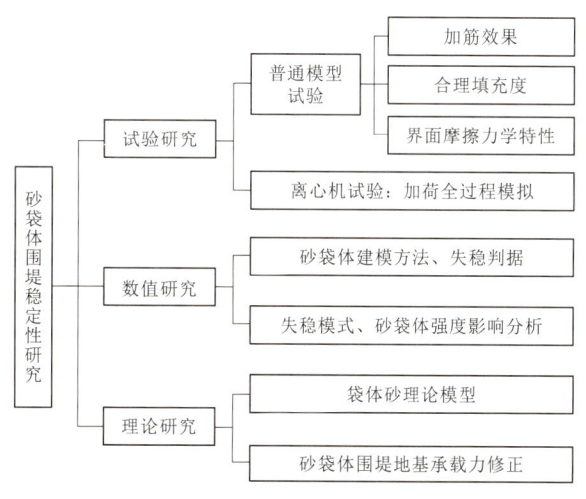

图 1　主要研究方法与内容

别于常规土工加筋方式，土质边坡的力学特性随之改变，大型砂袋围堤力学性质较之常规土质围堤也出现了根本性改变。目前，砂袋围堤稳定性所涉及的研究内容如图1所示，模型试验、数值分析和理论推导是研究围堤稳定性的三大常用方法。

2 试验研究

针对大型砂袋围堤模型试验主要采用普通模型试验与离心机试验方法。试验研究的主要目的在于掌握砂袋体的相关力学特性,为砂袋体围堤的局部以及整体有限元分析提供相关参数。

2.1 普通模型试验方法

自日本著名土力学松岗元教授对土工编织袋进行无侧限压缩试验始,各国学者们通过普通模型试验方法,对袋体的加筋机理和力学性能进行研究。从砂袋本身作用来看,主要围绕3个部分:袋体加筋效果、袋体界面摩擦力学性能和不同填充度下袋体力学性能。

2.1.1 砂袋加筋效果

砂袋的加筋机理是将抗拉强度较高的土工合成材料作为抗拉材料,与土体共同形成砂袋,在应力 σ 作用下,通过土体和砂袋两者的摩擦作用,使土体应力发生有效扩散,增加土体模量。同时通过土工袋传递拉应力 T_1 和 T_2,限制其土体的侧向变形,从而可以提高土体的抗拉和抗剪强度,增强围堤的稳定性。袋体与砂共同作用的基本原理如图2所示。

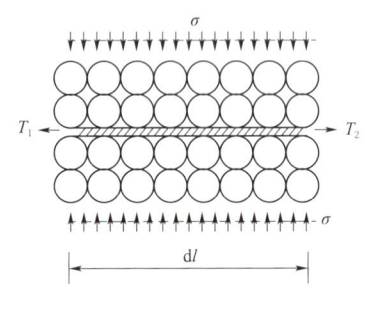

图2 袋体与砂共同作用的基本原理图

张立、胡前发等分别采用加筋砂圆柱试样与未加筋砂圆柱试样对比试验以及砂袋模拟试验,发现:①在竖向荷载作用下,砂与袋体材料之间发生相对位移,并在它们的接触面上产生剪应力,从而在砂袋材料中产生拉应力;②由于袋体能对砂的变形起到限制作用,相当于增大水平向主应力 σ_3 的基础上控制 σ_1 不变,故 $(\sigma_1-\sigma_3)/2$ 减小;③ σ_3 的增加使破坏时的主应力 σ_1 大幅度增加,提高了抗剪强度;④新的复合土体会产生一定的"准黏聚力",改善填充砂的力学性能,增强填料的承载能力。

2.1.2 砂袋界面摩擦力学性能

砂袋接触界面的摩擦系数通常小于材料本身,故接触界面一般都是潜在的滑动面,对砂袋围堤的整体稳定性通常具有决定性作用。砂袋界面摩擦包括土工袋与土工袋间的摩擦、袋体与砂的界面摩擦以及砂本身的内摩擦。彭洪波、杨春山等通过一系列直剪试验以及自创试验,得到:①袋体与砂的界面摩擦角约为袋内砂土内摩擦角的85%,砂袋—砂袋界面摩擦角约为袋内砂土内摩擦角的66%;②考虑到砂袋的存在还会对砂产生准黏聚力,故砂袋围堤设计时需格外关注因砂袋界面滑动可能造成的失稳。

2.1.3 填充度对袋装砂力学特性的影响

胡前发通过无侧限压缩试验研究了填充度对砂袋应力—应变曲线与破坏模式的影响。试验结果表明,不同填充度下,袋装砂的应力—应变关系曲线存在明显差异,如图3所示。其中:填充度越小,袋装砂所能承受的竖向荷载越大,袋装砂间的接触面越易产生剪切破坏,剪切破坏面积也越大;随着填充度增大,砂袋材料抗拉作用体现不明显,造成砂的浪费。

张立、陈俊生等通过不同填充度的单轴压缩试验同样发现,砂袋的填充度选择在80%~85%较为

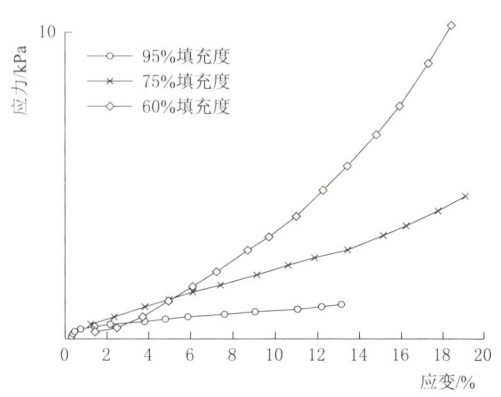

图3 不同填充度下袋装砂的应力—应变曲线

合理，能够在保证填砂不被浪费的情况下尽可能发挥砂袋的效用。

2.2 离心机试验方法

重力离心模型试验是唯一能在模型尺度上有效再现围堤失稳破坏全过程的科学手段。陈凌伟等通过离心模型试验，模拟了大型砂袋围堤的施工过程及运营状态，观察了地基、堤体在荷载作用下全过程的变形与破坏模式、地基孔隙水压力的发展及固结发展状况，以及砂袋的加筋作用。

刘润等和付海峰分别以天津港南疆围埝工程和天津港北大防波堤工程为依托，采用离心模型试验的方法，研究了大型砂袋在软土地基上的稳定性和变形情况。模型试验中采用无纺布或土工编织袋对大砂袋进行模拟；利用逐级提高加速度的方法来模拟大砂袋围堤的填筑过程，期间对围堤的沉降、侧向位移、地基的孔隙水压力变化进行监测。试验结果表明，相较于普通围堤，大型砂袋对软基变形适应性强，整体稳定性好。何宁等则以连云港某围堤工程为例，采用离心模型试验研究砂袋对围堤整体稳定性的增强作用，结果发现砂袋的存在使得围堤无法产生滑动圆弧破坏，抗地基失稳能力也进一步增强，进一步证明大砂袋可起到较好的加筋作用。

限于离心模型的尺寸和测量仪器条件，现今仍难以全面测量出离心模型试验过程中地基土的应力与位移。国内外仅有极少数学者利用离心模型试验方法对大砂袋围堤的整体稳定性进行探讨，对砂袋围堤相关机理的揭示尚有较大的发展空间。

3 数值模拟

数值模拟一般用于对砂袋体围堤的现场施工情况进行全过程模拟。砂袋围堤数值模型的难度主要体现在砂袋及其接触面本构的选择、建模。

目前，常见的砂袋模拟方法主要有两种：①分离式。将大砂袋分别视为由土工布和填料两种不同性质的材料组成，设置界面单元模拟筋土间的相互作用；②复合材料法。将填料与土工布视为整体，定义为一种均质材料，通过改变材料的力学参数模拟大砂袋的加筋作用。

两种方法区别在于是否直接设置土工布与填料之间的接触面，分离式方法较之复合材料法更为清晰直观，然而单元划分和接触面的建模较为繁琐；复合材料法建模较为简便，难以准确反映填料与土工布之间的加筋作用，且难以确定复合材料的力学参数。故分离式方法在目前得到更为广泛的应用。

数值模拟过程中，大砂袋围堤失稳判据也区别于一般的边坡工程。对于一般边坡工程，随着土体强度的折减，塑性区逐步扩大延伸直至贯通，出现连续的滑动面，同时伴有特殊区域变形的急剧增大，边坡整体滑动，即表示边坡失稳破坏。对砂袋围堤工程而言，这种情况只在砂袋断裂的情况下才会发生，目前软基上大砂袋围堤的稳定性判据主要从以下方面考虑：①软土地基内塑性区是否贯通；②围堤坡脚处的特征点位移是否发生突变；③各层土工布受力是否达到其极限抗拉强度被拉断。

陈凌伟通过 Plaxis 模拟了砂袋围堤加载的全过程，大砂袋围堤土工布受力分布如图 4 所示。根据数值模拟结果，大砂袋围堤地基在失稳破坏时，从围堤

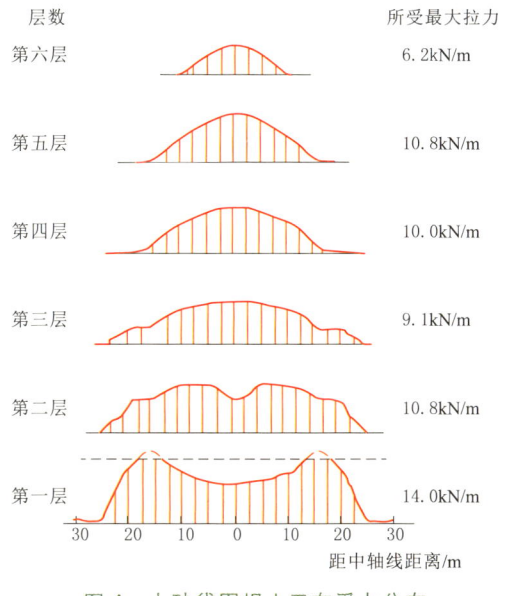

图 4 大砂袋围堤土工布受力分布

坡脚处逐渐向四周快速发展，变形主要集中在坡脚处，两侧隆起较为明显，围堤中心处地基几乎无横向位移；土工布受力主要集中于较底层坡脚处大砂袋，高层土工布受力较小。

同时，地基土与土工布强度对大砂袋围堤失稳模式有显著影响。当地基和土工布的强度均较低时，围堤中部发生明显沉降，坡脚处软土向外产生水平位移并隆起，地基随之出现塑性破坏，继而导致底层土工布急剧变形、受力陡增，大砂袋自下而上依次被拉断，形成连续贯通的滑动面，大砂袋围堤滑动断裂破坏；而当地基强度较低，土工布强度较高时，地基的塑性破坏并不会导致土工布被拉断，其失稳模式为围堤整体沉陷，地基呈整体剪切破坏。

从大砂袋围堤失稳的过程来看，砂袋强度对围堤整体的安全性具有较大作用，尤其是极为软弱的滨海软基上。故可在低层大砂袋处采用高强度土工布或多加铺设一层土工格栅，以避免砂袋被拉断造成围堤整体滑动破坏。

砂袋围堤的袋体作用与围堤断面沉降变形有较大关联，围堤断面沉降变形与地质条件、地基处理、围堤加载速率等因素有关，正确模拟围堤断面沉降变形是分析袋体作用特性的基础，仍是今后研究的主要内容之一。

4 理论研究

从模型试验和有限元的分析结果可以看出，在砂袋的影响下围堤的破坏模式相对复杂。图 5 为围堤临近破坏时地基塑性区开展数值模拟结果。当砂袋体强度足够时，围堤整体的抗弯强度较大，可视为刚性基础，但由于围堤坡度较缓，加之砂袋体效能的发挥，直接套用太沙基承载力理论会导致计算结果偏大，故

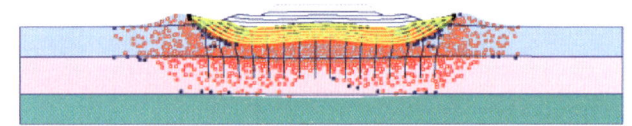

图 5　围堤临近破坏时地基塑性区开展数值模拟结果

砂袋围堤理论层面的研究主要集中于两个层面：①单个或多个砂袋力学模型的构建；②砂袋围堤承载力理论的改进。

4.1　单个或多个袋体砂理论模型

胡前发采用松冈元模型和半圆模型分别分析不同填充度下单个或多个袋体砂的竖向压缩性能。由于两种模型假设条件不同，松岗元模型将竖直荷载作用下砂袋简化为一个矩形截面，而半圆模型则考虑到实际砂袋的形状，简化为两边为半圆，中间部分是直线的近椭圆砂袋模型。图 6 为单砂袋简化计算模型示意图。

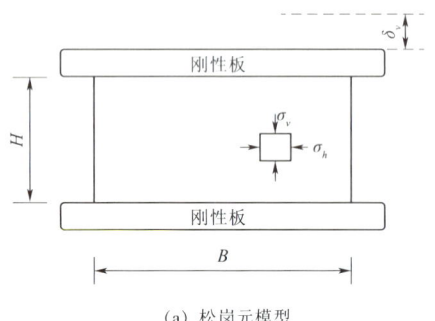
(a) 松岗元模型

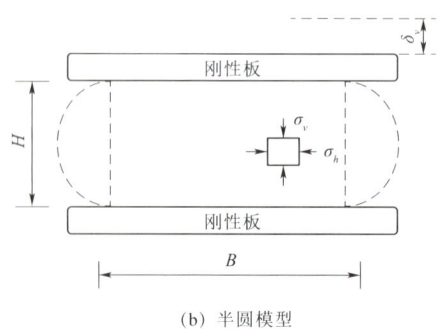
(b) 半圆模型

图 6　单砂袋简化计算模型示意图

通过对单个砂袋极限破坏状态时的应力进行分析，得到袋体砂的垂直极限应力 $p_{v.flow}$、内摩擦角 φ_m 以及准黏聚力 c 计算公式为

$$\begin{cases} p_{v.flow} = \dfrac{2\sigma_{bag}^{\text{limit}} t}{B_{flow}} \left(\dfrac{B_{flow}}{H_{flow}} K_p - 1 \right) \\ \sin\varphi_m = \dfrac{(\sigma_v - \sigma_h)/2}{(\sigma_v + \sigma_h)/2} \\ c = \dfrac{T_{\text{limit}}}{B_{flow}\sqrt{K_p}} \left(\dfrac{B_{\text{limit}}}{H_{\text{limit}}} K_p - 1 \right) \end{cases} \quad (1)$$

式中 H_{flow}、B_{flow} 分别为砂袋破坏时的高度、宽度;σ_v、σ_h 分别为竖向、水平应力;$\sigma_{bag}^{\text{limit}}$ 为极限状态下应力水平;T_{limit} 为极限状态下模袋拉力;K_p 为应力比系数。

多砂袋情况下,考虑界面摩擦力的影响,内摩擦角的计算公式为

$$c = \dfrac{\dfrac{T_{\text{limit}}}{B_{flow}\sqrt{K_p}} \left(\dfrac{B_{flow}}{H_{flow}} K_p - 1 \right)}{1 + \mu \dfrac{B_{flow}}{H_{flow}} K_p} \quad (2)$$

式中 μ 为界面摩擦系数。

对于半圆边界模型,假定半圆区域应力呈三角形分布,对单个砂袋进行极限状态的应力分析,得到袋体砂的垂直极限应力与准黏聚力计算公式为

$$\begin{cases} p_v = \dfrac{2T_{\text{limit}}}{B_{flow}} \left(\dfrac{B_{flow}}{H_{flow}} K_p + \dfrac{K_p}{2} - 1 \right) \\ c = \dfrac{T_{\text{limit}}}{B_{flow}\sqrt{K_p}} \left(\dfrac{B_{flow}}{H_{flow}} K_p + \dfrac{K_p}{2} - 1 \right) \end{cases} \quad (3)$$

类似地,考虑界面摩擦力的影响,多砂袋情况下砂的垂直极限应力与准黏聚力公式为

$$\begin{cases} p_{v.flow} = \dfrac{\dfrac{2T_{\text{limit}}}{B_{\text{limit}}} \left(\dfrac{B_{\text{limit}}}{H_{\text{limit}}} K_p + \dfrac{K_p}{2} - 1 \right)}{1 + \mu \left(\dfrac{B_{\text{limit}}}{H_{\text{limit}}} K_p + \dfrac{K_p}{2} \right)} \\ c = \dfrac{\dfrac{T_{\text{limit}}}{B_{\text{limit}}\sqrt{K_p}} \left(\dfrac{B_{\text{limit}}}{H_{\text{limit}}} K_p + \dfrac{K_p}{2} - 1 \right)}{1 + \mu \left(\dfrac{B_{\text{limit}}}{H_{\text{limit}}} K_p + \dfrac{K_p}{2} \right)} \end{cases} \quad (4)$$

根据式(1)~式(4),对照胡前发、彭红波等学者的试验结果,松岗元模型更适合用于高填充度形成的矩形截面砂袋,而低填充度袋体砂则采用半圆边界模型。

4.2 砂袋围堤地基承载力修正

在砂袋抗拉强度相对较大的情况下,砂袋围堤地基承载力计算的核心问题在于围堤等效宽度的确定。Davis 等曾提出采用塑性理论的方法,并考虑地基强度随深度的变化,将路堤基础视为刚性,计算有加筋垫层的路堤地基极限承载力。Rowe 在此基础上,考虑了地基强度随深度增长和梯形荷载对计算结果的影响,进而提出了适用于软基上加筋垫层路堤地基极限承载力计算公式,得到广泛应用。但该计算方法未考虑地基土重力对结果的影响,在大砂袋围堤中,软土地基虽强度较低,但仍具有一定的内摩擦力,故地基土重力对大砂袋围堤承载力的计算结果影响较大。

陈凌伟对比 Rowe 的地基极限承载力计算方法和有限元模拟方法后,发现理论计算的结果仍然偏大。在大量试算并对比现场实测数据的基础上,发现大砂袋围堤等效宽度 b' 为堤顶宽度 B 和 Rowe 公式中 b 值和的一半时,计算结果最为相似。故提出新的软土地基大砂袋围堤等效宽度计算

方法为

$$b' = \frac{1}{2}(B + b) \quad (5)$$

$$b = B + 2n(H - h)$$

$$h = 5.14 s_{u0}/\gamma'$$

式中　B、n 分别为堤顶宽度和坡度；s_{u0} 为地基土的不排水抗剪强度；γ' 为砂袋填料密度。

在不同坡度下，将上述方法与有限元模型的计算结果进行对比，见表 1。对比该模型和有限元所计算得到的安全系数，发现当地基土的黏聚力和内摩擦角接近时两者计算结果较为接近，差距均不超过 15%；由于砂袋体围堤坡度通常较缓，而当大砂袋围堤坡度较缓、地基土强度较低时，两者计算结果会更为接近，此时该模型具有更好的适用性。

表 1　理论计算结果与有限元计算结果对比

坡度	堤顶宽度/m	填筑高度/m	地基土 c/kPa	地基土 φ/(°)	等效宽度 b'/m	强度折减法 F_{s1}	理论计算 F_{s2}	$\dfrac{F_{s1} - F_{s2}}{F_{s2}}$
1:3	16	4.67	5	3	28.5	1.19	1.26	5.5%
1:4			5	3	32.6	1.32	1.40	5.7%
1:5			5	3	38.0	1.45	1.58	8.2%
		6.00	5	3	40.0	1.15	1.29	10.8%
			8	7	35.7	2.47	2.86	13.6%
			10	10	32.6	3.39	3.94	16.2%

从砂袋体围堤的受力特点和破坏模式来看，上述地基承载力修正公式仅适用于地基的整体剪切破坏；当袋体抗拉强度不足够时，此时还有可能发生砂袋体围堤的整体滑动断裂破坏，目前关于这类破坏的理论研究仍较少，是理论研究的主要发展方向之一。

5　结语

（1）砂袋体可传递拉应力，限制土体的侧向变形，从而可以提高土体的抗拉和抗剪强度；砂袋体填充度在 80%～85% 时能够在保证填砂不被浪费的情况下尽可能大地发挥砂袋体的效用，设计时需关注因砂袋体界面滑动所造成的可能失稳。

（2）重力离心模型试验能在模型尺度上有效再现围堤失稳破坏全过程，可采用逐级提高加速度的方法模拟大砂袋围堤的填筑过程，但限于离心模型的尺寸和测量仪器条件，全面监测数据并对相关机理的揭示尚有较长的发展路径。

（3）常见的砂袋体数值模拟方法有分离式和复合材料法，分离法由于其对机理更为准确和直观的描述得到了广泛应用。从大砂袋围堤数值模拟失稳的过程来看，滨海软基上砂袋体强度对围堤整体的安全性具有较大作用，可在低层大砂袋处采用高强度土工布，提高围堤稳定性。

（4）砂袋体力学性质的计算可采用松冈元模型或半圆边界模型；松岗元模型更适合于高填充度形成的矩形截面砂袋体，而半圆边界模型适用于低填充度砂袋体。

（5）当砂袋体围堤地基整体剪切破坏时，Rowe 公式对砂袋体围堤地基承载力的计算值偏大；当计算等效宽度取堤顶宽度和 Rowe 等效宽度之和的 1/2 时，计算值与有限元模拟结果误差不超过 15%，效果较好；当围堤整体滑动断裂破坏时，目前尚无较好的改进方法，是主要发展方向。

参考文献

[1]　王力，梁天河. 尺寸效应对模袋砂围堰破坏模式的影响 [J]. 中国水运（下半月），2018（2）：247-249.

[2] 陈凌伟,周小文,彭卫平. 大尺寸模袋砂围堰在某围海造陆工程中的应用[J]. 城市勘测,2017(6):173-176.
[3] MISHINA H. Formation of flak-like wear particles caused by press-slide flattening of adhered fragments[J]. Journal of Japanese Society of Tribologists,1978,24(9):585-591.
[4] MATSUOKA H,LIU S. A new earth reinforcement method using soilbags[M]. London:CRC Press. 2014.
[5] MATSUOKA H,LIU S H,Yamaguchi K. Mechanical properties of soilbags and their application to earth reinforcement[C]//Proceedings of the international symposium on earth reinforcement. Fukuoka:[s. n.],2001:587-592.
[6] MATSUOKA H,NAKAI T. Stress-deformation and strength characteristics of soil under three different principal stresses[C]//Proceedings of the Japan Society of Civil Engineers. Tokyo:Japan Society of Civil Engineers,1974:59-70.
[7] 张立. 模袋砂力学性能分析[D]. 广州:华南理工大学,2013.
[8] 胡前发. 模袋砂围堰稳定性分析[D]. 广州:华南理工大学,2013.
[9] 杨春山,莫海鸿,魏立新,等. 模袋砂围堰横向力学特性试验与各向异性数值模拟[J]. 中南大学学报(自然科学版),2017(7):1883-1890.
[10] 彭红波. 模袋砂力学性能试验研究[D]. 广州:华南理工大学,2013.
[11] 杨春山,莫海鸿,魏立新,等. 土工模袋砂界面摩擦特性试验研究[J]. 地下空间与工程学报,2018,14(1):26-32.
[12] 陈俊生,莫海鸿,刘叔灼,等. 土工模袋砂单轴抗压强度试验研究[J]. 岩石力学与工程学报,2014(s1):2930-2935.
[13] 陈凌伟,周小文,龚壁卫,等. 沿海软基大砂袋围堰的离心模型试验[J]. 岩石力学与工程学报,2016(s2):4235-4240.
[14] 刘润,闫澍旺. 天津港南疆吹泥围埝工程试验段的试验研究[J]. 土木工程学报,2005,38(1):105-109.
[15] 付海峰. 模袋固化土海上围埝建造方法及理论研究[D]. 天津:天津大学,2006.
[16] 何宁,沈雪松,周彦章,等. 大型疏浚土充填袋筑堤技术研究[J]. 岩土工程学报,2015,37(3):440-445.
[17] 介玉新. 加筋土不同计算方法之间的关系[J]. 岩土力学,2011(s1):43-48.
[18] 陈凌伟. 软基上大砂袋围堰的变形与失稳模式研究[D]. 广州:华南理工大学,2016.
[19] 何则干,杨春山,魏立新,等. 洲头咀沉管隧道模袋砂围堰施工变形实测与数值模拟[J]. 现代隧道技术,2017(6):180-186.
[20] DAVIS E H,BOOKER J R. The effect of increasing strength with depth on bearing capacity of clays[J]. Geotechnique,2015,23(4):551-563.
[21] ROWE R K,SODERMAN K L. Stabilization of very soft soils using high strength geosynthetics:the role of finite element analyses[J]. Geotextiles and Geomembranes,1987,6(1-3):53-80.
[22] SODERMAN K L. Geotechnical research centre. reinforcement of embankments on soils whose strength increases with depth[M]. London:University of Western Ontario,1986.

围内吹填对堤防的安全影响分析及工程实践

胡 伟 盛 皓

(中交上海航道勘察设计研究院有限公司,上海 200120)

【摘 要】 已建堤防在围内吹填工程施工过程中常被用作吹填挡泥围堤。由于吹填工程位于堤防的保护范围内,根据相关规范要求,需对堤防进行安全影响评价。本文以 Plaxis 2D 为分析平台,模拟堤防在不同吹填高程下的稳定、变形和渗流情况,进而探究吹填高程对堤防稳定、变形和渗流的安全影响,据此提出合理的吹填高程。同时对吹填施工过程进行探究,提出堤防变形速率可控的施工技术方案。最后结合实际工程建设,验证数值模型的合理性和技术措施的可行性,为类似工程建设提供设计参考。

【关键词】 围内吹填;堤防;数值模拟;稳定性;变形及渗流;技术措施

1 引言

随着经济社会的发展,吹填工程在涉水工程中得到了广泛的应用。每年航道的疏浚工程产生大量的疏浚土,而吹填工程需要大量的吹填土,将疏浚工程与吹填工程有机结合是"生态优先、绿色发展"理念的重要实践,如正在实施的横沙八期滩涂整治工程就是结合长江口深水航道疏浚土吹填上滩,疏浚土与吹填土的有机结合进一步加大了滩涂资源的开发与利用。对于在有围堤条件下的吹填工程,吹填的施工管控措施对于疏浚土的资源化利用以及堤防的安全都具有重要的意义。根据《海堤工程设计规范》和《堤防工程设计规范》等国家标准及水利行业现行规范要求,堤防坡脚以外 20~10 m 为护堤地范围,左右两侧 80~50 m 宽度范围内为工程管理用地,工程管理用地边界线以外宽度 300~200 m 内为保护范围,在堤防保护范围内实施工程建设有严格的限制条件,故吹填工程在工程建设中需要对堤防安全进行论证。

2 研究内容

本文借助 Plaxis 2D 有限元软件探究不同吹填高程对堤防安全稳定、变形和渗流的影响,以评价吹填对堤防的安全影响;针对既定高程下的吹填施工过程,探究吹填高度、吹填速率对堤防变形速率的影响,以指导吹填施工过程,使已建堤防的变形速率可控。通过对吹填施工过程的模拟,获取了堤防结构在稳定、沉降、水平位移和渗流方面的评价指标,较为系统地评价了吹填施工对已建堤防安全的影响,可为类似工程设计提供参考。工程施工断面图如图 1 所示。

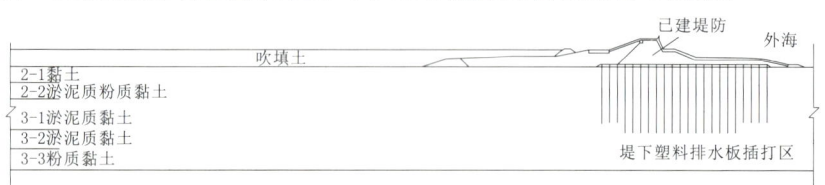

图 1 工程施工断面图

3 数值模型建立

3.1 模型建立

围堤属线性狭长结构，工程区内地质变化较小，选取典型断面进行平面建模能够满足模型计算要求。但堤下排水板地基涉及渗流和固结，为需保证二维数值模型与实际排水板地基渗流固结速率等效，应先按固结度等效原则将排水板地基转换为砂墙地基，该过程包括砂墙间距的调整，以及排水板区土体渗透系数的调整，再进行平面简化。

通过 Plaxis 2D 有限元软件建立平面有限元模型，模型位移边界为：底部完全固定，顶部自由，左右边界水平固定，垂直自由。渗流边界为：左右两侧和底边均为不透水边界，上部边界为透水边界，围区内吹填期水位与泥面齐平，外河水位为设计低潮位。有限元模型图如图 2 所示。

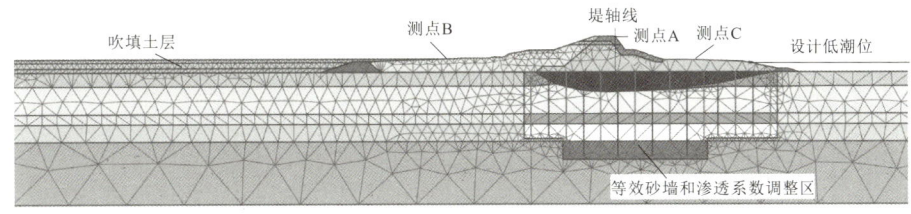

图 2　有限元模型图

3.2 模型参数

土体本构模型采用 Plaxis 2D 软件中的土体硬化模型（HS），该模型能够体现土体模量随土体应力增大而增加的特性，可较好地模拟土体曲线形式的应力应变关系，应力—应变曲线如图 3 所示。其中：δ_a 为应力应变曲线中轴线应变无限发展时偏应力无限趋近值；δ_f 为应力应变曲线中轴线应变发展到一定程度时土体实际破坏时的偏应力。土体硬化模型（HS）含有 7 个基本参数，一般通过地质勘查报告、固结试验和三轴试验获取，对于软土，其刚度参数可以通过高压固结试验换算得到。土体材料参数见表 1，堤下基础和吹填区地基的一般参数及刚度参数相同，堤下排水板区地基强度参数采用有效应力下的黏聚力和摩擦角。其他区域强度采用十字板强度，十字板强度拟合曲线如图 4 所示。

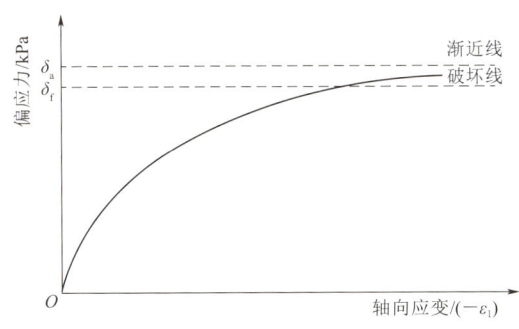

图 3　土体硬化本构模型应力—应变曲线

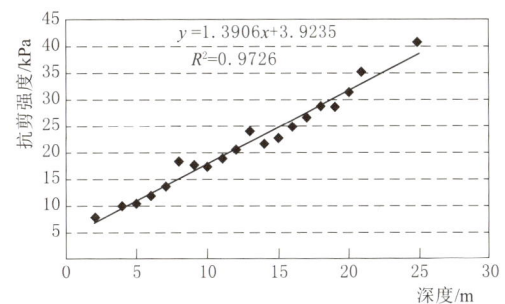

图 4　十字板强度拟合曲线

表 1　土体材料参数

编号	土层	重度 /(kN/m³)	孔隙比	渗透系数 k_h/(m/d)	渗透系数 k_v/(m/d)	黏聚力 /kPa	摩擦角 /(°)	压缩指数	回弹指数
0	吹填土	16.6	1.765	1.49×10^{-4}	1.04×10^{-4}	1.0	23.2	0.538	0.074
2-1	黏土	17.0	1.356	5.43×10^{-4}	2.44×10^{-3}	3.0	24.5	0.498	0.065

续表

编号	土层	重度/(kN/m³)	孔隙比	渗透系数 k_h/(m/d)	k_v/(m/d)	黏聚力/kPa	摩擦角/(°)	压缩指数	回弹指数
2-2	淤泥质粉质黏土	17.2	1.265	3.57×10⁻⁴	1.97×10⁻⁴	1.0	26.3	0.436	0.068
3-1	淤泥质黏土	16.8	1.395	7.59×10⁻⁵	1.02×10⁻⁴	4.0	27.3	0.443	0.070
3-2	淤泥质黏土	16.7	1.428	8.90×10⁻⁵	1.21×10⁻⁴	4.0	28.6	0.414	0.066
3-3	粉质黏土	17.9	1.061	3.36×10⁻⁴	5.05×10⁻⁴	5.0	29.6	0.248	0.039

4 吹填高程与吹填方案探究

吹填土厚度影响着围堤的变形和稳定，从工程费用方面考虑，吹填厚度越大，经济效率越高；从结构安全方面考虑，围堤的稳定要求和变形要求制约着吹填高程，吹填高程越高，围堤的变形越大、安全储备越低。本文基于已建数值模型探究吹填高程 3.00m、4.00m、5.00m、6.00m 和 7.00m 时围堤的稳定和变形情况，在围堤不同结构处选取 A、B、C 三个测点用于观测围堤的变形，最后分析外河设计低潮位时围堤的渗流情况。

4.1 堤防稳定分析

有限元模型采用强度折减法来计算结构的安全储备，不同于极限平衡法，强度折减法的基本原理是将材料的强度参数 C 和 $\tan\varphi$ 同时除以同一折减系数 F，得到一组新的 C' 和 $\tan\varphi'$ 值，然后作为新的材料参数进行迭代计算，直至结构达到临界状态，最后得到的折减系数即为安全储备系数 F_s，写成统一的表达式为

$$F_s = C/C' = \tan\varphi/\tan\varphi'$$

吹填高程 3.00m、5.00m 和 7.00m 时的强度折减计算结果如图 5 所示，结果表明堤防结构的滑动破坏面基本呈大圆弧形式，且圆弧底部位于排水板加固区以下。随着吹填高程的提高，圆弧形状位置基本不变，形状略有调整。各吹填标高下强度折减法计算的安全系数如图 6 所示，可知在吹填高程 3.00m 和 4.00m 时，堤防安全储备系数较高在 2.03，在吹填高程超过 4.00m 后，安全储备系数则快速下降，吹填高程 5.00m、6.00m 和 7.00m 时的安全储备系数分别为 1.96、1.77 和 1.56。

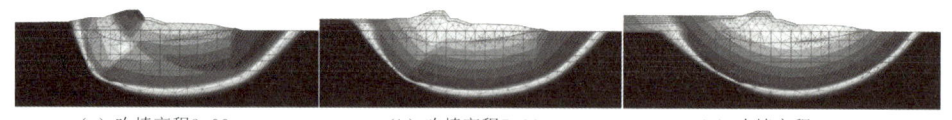

(a) 吹填高程3.00m　　(b) 吹填高程5.00m　　(c) 吹填高程7.00m

图 5　强度折减法计算结果

4.2 堤防沉降变形分析

因堤防完工时间较长，假定堤防已自重固结完毕，仅考虑堤防在吹填土荷载下的沉降变形情况，吹填高程 3.00m、5.00m 和 7.00m 时的沉降变形云图如图 7 所示。可以看出，吹填土直接竖向作用范围内的地基和堤防结构会发生明显竖向沉降，在吹填边界右侧的地基和堤防结构则会发生隆起，随着吹填高程不断增加，堤防不同结构处沉降也相应变化。A 测点、B 测点和 C 测点的沉降位移曲线如图 8 所示，结果表明闭气土区（测点 B）压缩性较大，高程较低，受吹填高程影响明显，在吹填高程 3.00m 前呈隆起趋势，在吹填高程 3.00m 后呈沉降趋势；堤顶（测点 A）和外侧抛石区（测点 C）压缩性较小，高程较高，主要受吹填土的侧向荷载，随着吹填高程增大呈缓慢隆起趋

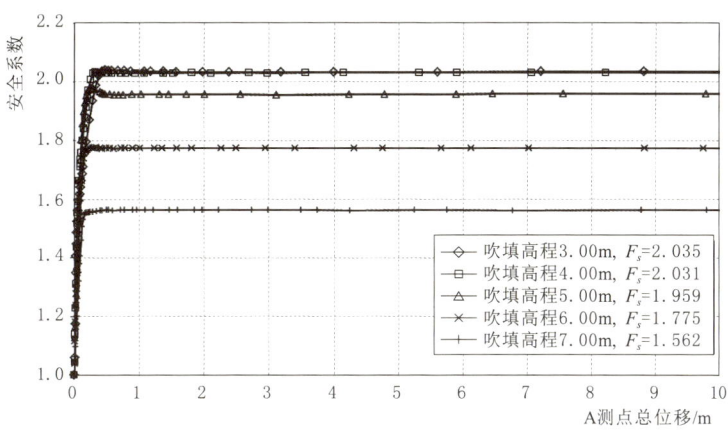

图 6 不同吹填高程下堤防的安全储备系数

势,堤顶在吹填高程 6.00m 时隆起量达到最大值 19mm,外侧抛石区吹填高程 7.00m 时隆起量达到最大值 21mm。应评价吹填区和非吹填区堤防的差异性沉降对堤防结构的影响。

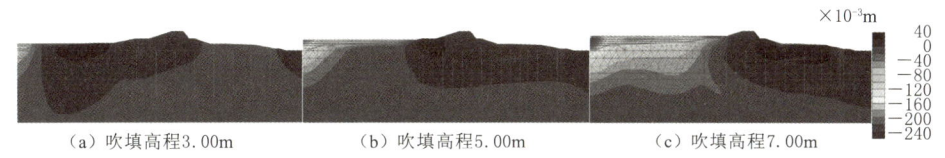

图 7 吹填高程 3.00m、5.00m 和 7.00m 时堤防的沉降变形云图

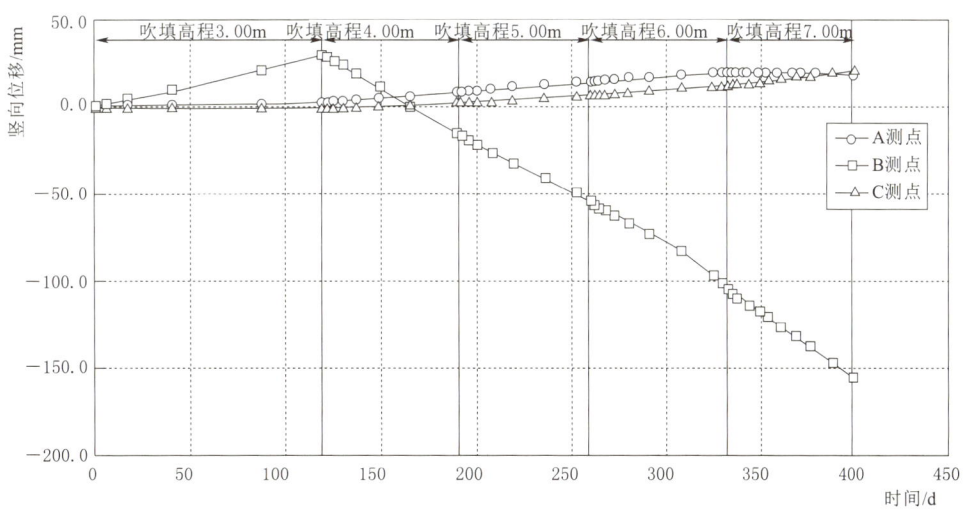

图 8 A 测点、B 测点和 C 测点的竖向位移曲线

4.3 堤防水平位移分析

吹填高程 3.00m、5.00m 和 7.00m 时的水平位移云图如图 9 所示,结果表明在吹填荷载作用下,堤防结构整体的水平位移是向外侧的,随着吹填高程增大,堤防整体水平位移不断增大且变形的区域范围也逐渐扩大。图 10 为不同吹填高程下堤防轴线水平位移曲线,水平位移在堤顶处最大并沿深度递减,而吹填高程 7.00m 时,水平位移最大值发生在标高 −5.00m 左右。吹填高程 3.00m 时,堤顶水平位移为 32.3mm,随着吹填高程的增大,堤顶水平位移增量与吹填高程的增量基本呈线性关系,吹填高程每增大 1.00m,堤顶水平位移增大 21~22mm。

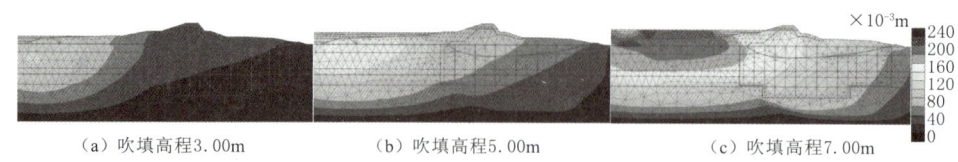

图 9 吹填高程 3.00m、5.00m 和 7.00m 时堤防的水平位移云图

4.4 堤防渗流分析

在外河低潮位、围区内吹填水位下，堤防结构会发生由围区向外河的渗流，在吹填高程 7.00m 工况下，施工期间的渗流分布和吹填完成静置后的稳态渗流分布情况如图 11 所示。渗流主要发生在闭气土和吹填土接触区域及闭气材料与堤身结构接触区，闭气土和吹填土接触区的渗流在施工期间发生较多，因吹填荷载导致闭气土产生未消散的承压水，而在稳态渗流期间则减小和消失；闭气土与抛石结构接触区的渗流因堤防两侧的水位差而产生，在施工期和稳态渗流期的渗流大小相对稳定。

闭气土与抛石结构接触区的测点渗流流速如图 12 所示，可以看出吹填高程在 5.00m 以内时，渗流流速增长较缓，吹填高程 6.00~7.00m 时，渗流流速呈加速增长，稳态流速在 2.2×10^{-8} m/d，根据达西渗流公式，渗流比降可由渗流流速和渗透系数推算，算得闭气土的渗流比降约为 2.5×10^{-4}，闭气土在该渗流比降下不会发生渗流破坏。

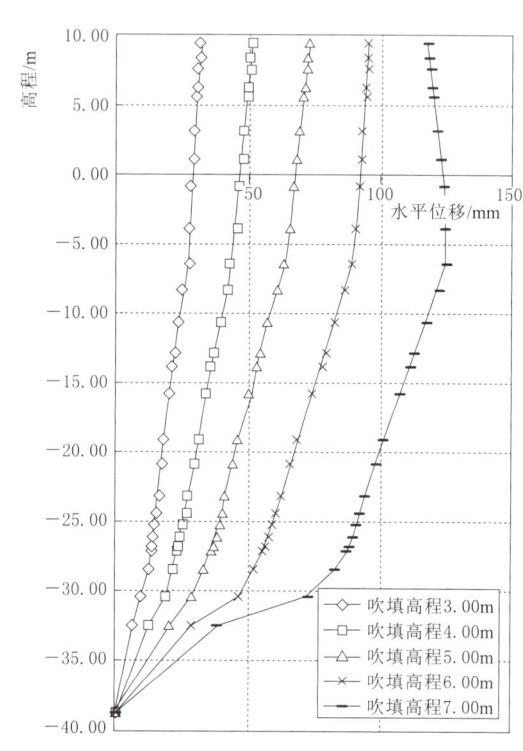

图 10 不同吹填高程下堤防轴线水平位移曲线

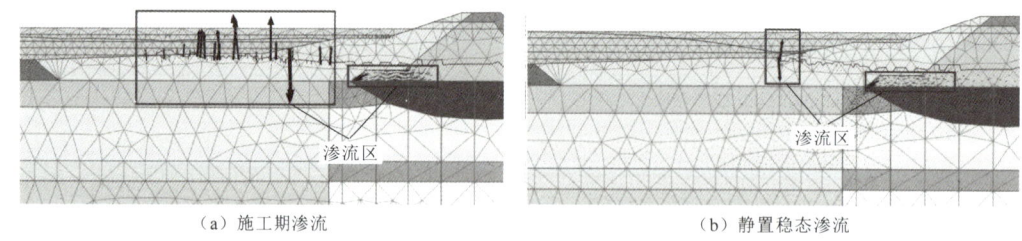

图 11 吹填高程 7.00m 时的施工期渗流分布和静置稳态渗流分布

4.5 吹填方案研究

综合考虑吹填高程探究结果，吹填工程吹填高程选取为 +4.00m，此时堤防的安全储备系数为 2.03，堤顶隆起量约 8mm，堤顶水平位移量约 54.2mm。通过堤防变形分析可知吹填对堤防水平位移的影响较大，而工程施工中以控制堤防水平位移速率来保证堤防安全。在堤顶处选取数据测点，探究吹填速率、吹填高度与堤防水平位移速率间的相关关系，模拟结果如图 13 和图 14 所示。结果表明：吹填高度一定时，堤顶水平位移速率与吹填速率呈线性增长关系；吹填速率一定时，堤顶水平位移速率与吹填高度呈 2 次增长关系。据上述模拟结果，控制堤防水平位移速率应综合考虑吹填高度和吹填速率，在吹填高度较低时，堤防水平位移速率对吹填速率的敏感度低，可适当加快吹填速度以缩短工期；在吹填高程较高时，堤防水平位移速率对吹填速率敏感度高，应降低吹填速率保证堤防安全。

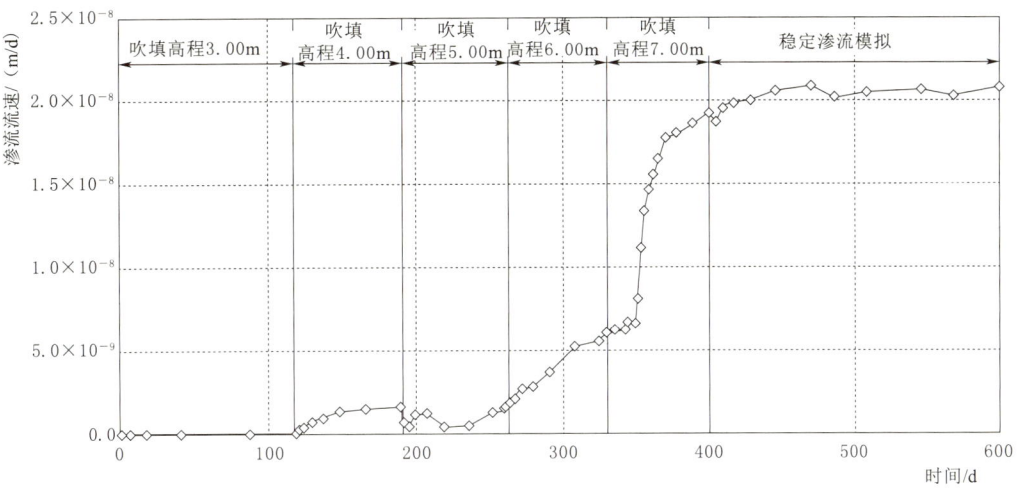

图 12 吹填高程 7.00m 时的施工期渗流分布和静置稳态渗流分布

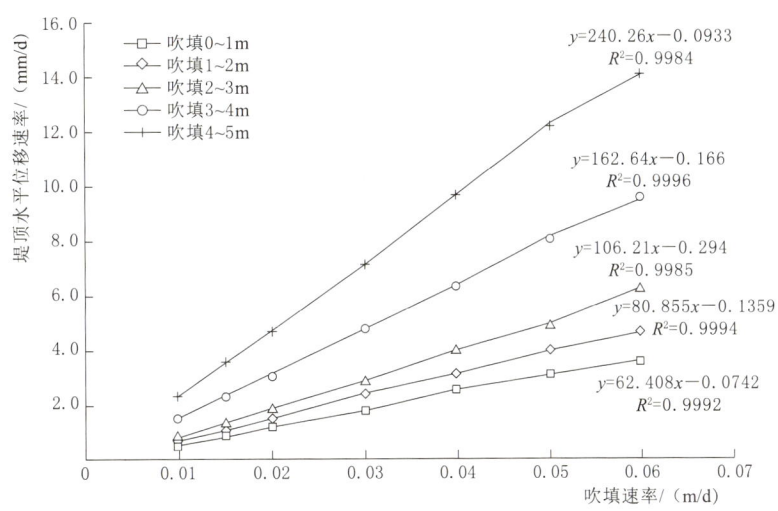

图 13 吹填速率和堤顶位移速率关系

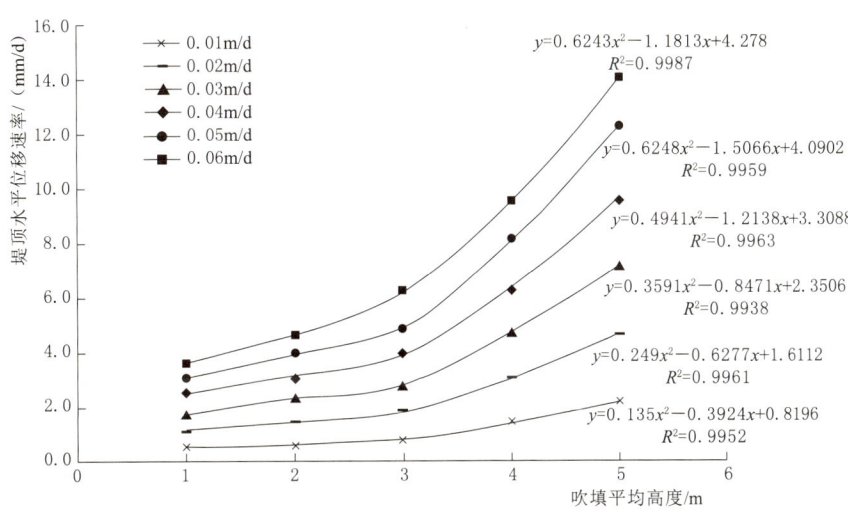

图 14 吹填高度与堤顶位移速率关系

结合吹填工程的工艺要求及有限元研究成果，为减少对已建堤防的影响，提出以下工程措施：

（1）分级吹填，控制吹填速率。本工程根据吹填施工进度及堤防整体稳定要求，吹填分三阶段进行同步抬升，第一阶段吹填至+0.50m，1个月完成（吹填速率0.043m/d）；第二阶段吹填至+3.00m，3个月完成（吹填速率0.028m/d）；第三阶段吹填至+4.00m设计标高，3个月完成（吹填速率0.011m/d）。依据数模结果，可保证堤防堤顶最大水平位移速率不超过5mm/d。

（2）保证各个吹填区泥面均匀抬高，一方面减少了各个吹填区间的泥水面高差，利于隔堤的稳定；另一方面使吹填荷载均匀加载，地基固结度逐步提高，保证了已建堤防的稳定性。

5 数值模型验证

选取与本数值模型相适应的实际工程断面，对吹填期间堤防的水平位移进行了观测，堤顶水平位移随时间变曲线如图15所示，堤顶水平位移速率随时间变曲线如图16所示。实际工程中，受外河潮汐涨落影响，堤防水平位移呈周期性往复变化，但堤防总体水平位移向外河侧。吹填期间堤顶的最终位移为67.8mm，略大于4.00m吹填高程数模值54.2mm；最大水平位移速率3.7mm/d，跟数模的结果吻合。从观测结果看，数值模型能够较好地反应堤防变形规律，且其数值结果对工程方案的制定有指导和参考意义。

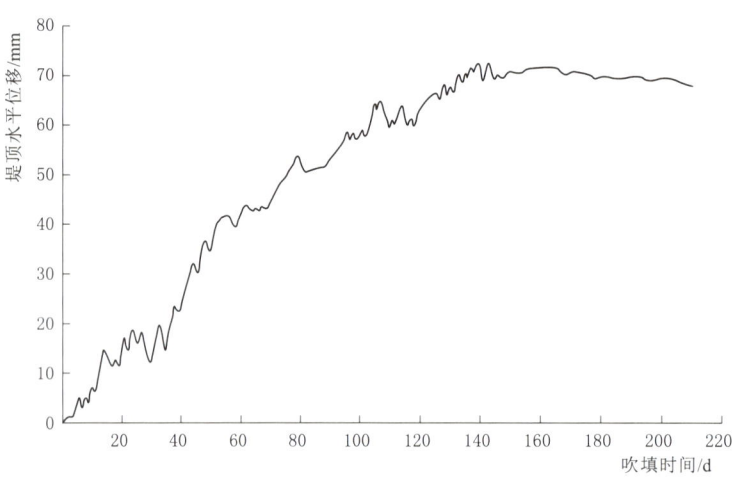

图15　堤顶水平位移随时间变化曲线

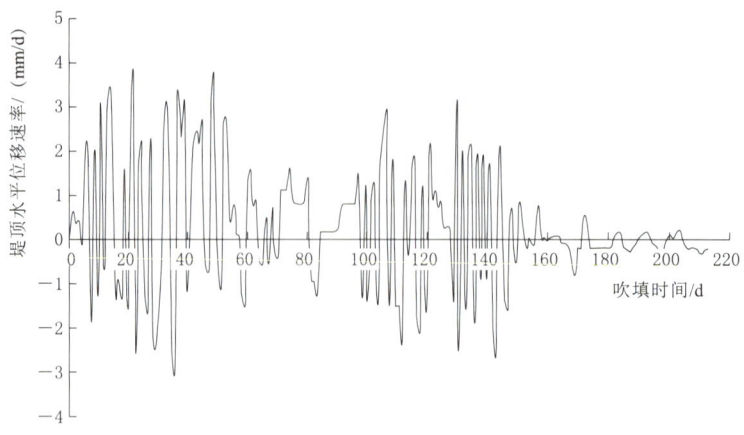

图16　堤顶水平位移速率随时间变化曲线

6 结语

（1）通过有限元的强度折减法计算了堤防在不同吹填高程下的安全储备系数，结果表明在吹填高程 3.00m 和 4.00m 时安全储备系数较高，为 2.03。在吹填高程超过 4.00m 后，安全储备系数则快速下降，吹填高程 5.00m、6.00m 和 7.00m 时的安全储备系数分别为 1.96、1.77 和 1.56。

（2）考虑堤防在自重固结完全的基础上，吹填会引起闭气土在低吹填高程时的隆起和高吹填高程时的沉降；对堤防的抛石结构，则会引起轻微的隆起，且隆起量随吹填高程的增加而增大，堤顶在吹填高程 6.00m 时隆起量达到最大值 19mm。

（3）吹填会引起堤防结构向外河的水平位移，且水平位移量随着吹填高程的增加而不断增大，有限元模拟表明吹填高程 3.00m 时，堤顶水平位移为 32.3mm，随着吹填高程的增大，堤顶水平位移增量与吹填高程的增量基本呈线性关系，吹填高程每增大 1.00m，堤顶水平位移增大 21~22mm。

（4）在外河低潮位、围区内吹填水位下，堤防结构会发生由围区向外河的渗流，在闭气土的渗出点处的模拟结果表明：在吹填高程 7.00m 的最大水位差下，渗流流速在 2.2×10^{-8} m/d，渗流比降约为 2.5×10^{-4}，闭气土在该渗流比降下不会发生渗流破坏。

（5）按照单一变量法，对吹填高度、吹填速率和堤顶水平位移速率进行模拟分析，结果表明堤顶水平位移速率与吹填速率呈线性正相关关系，与吹填高度基本呈二次正相关关系。据此提出分阶段、分高程控制吹填速率的施工技术措施，以保证堤顶水平位移速率在安全范围内，实际应用效果良好，且观测数据结果与数值模拟结果基本吻合。

（6）本文通过建立数值模型探讨了吹填工程对堤防安全的影响，对吹填工程的施工管理与控制提供了重要的技术支撑，对疏浚土上滩等吹填工程提供了一定的借鉴经验。

参考文献

[1] 中华人民共和国水利部. 海堤工程设计规范：SL 435—2008 [S]. 北京：中国水利水电出版社，2008.
[2] 中华人民共和国水利部. 堤防工程设计规范：GB 50286—2013 [S]. 北京：中国计划出版社，2013.
[3] 赵维炳，陈永辉，龚友平. 平面应变有限元分析中砂井的处理方法 [J]. 水利学报，1998（6）：54-58.
[4] 李玲玲. 砂井地基平面问题的变形计算和有限元分析 [D]. 杭州：浙江大学，2002.
[5] 王卫东，王浩然，徐中华. 基坑开挖数值分析中土体硬化模型参数的试验研究 [J]. 岩土力学，2012，33（8）：2283-2290.
[6] Plaxis. Plaxis 2D 2017：part3 Material Models manual [M]. Netherlands：Delf University of Technology，2017.
[7] 赵尚毅，郑颖人，时卫民，王敬林. 用有限元强度折减法求边坡稳定安全系数 [J]. 岩土工程学报，2002（3）：343-346.

横沙东滩六期及七期圈围工程围区积水影响分析及排涝方案研究

王 越 史 源

(中交上海航道勘察设计研究院有限公司，上海 200120)

【摘 要】 横沙东滩六期及七期圈围工程目前还没有建设河道，面临暴雨的时候围区积涝情况较为严重，因此亟须对围区内部布置临时排水沟渠排涝。本文采用 MIKE 11 水动力模型对六期和七期圈围工程的临时河网进行数值模拟，分析得到满足设计临时排涝要求的河道底宽，既保证围区不受涝也能够经济适用。

【关键词】 围区；横沙河网；水动力模型；防洪排涝

1 研究背景

2018 年 1 月 22 日，上海市水务局发布关于《横沙东滩水系规划方案修编》行业意见的通知，同意横沙东滩形成"三横、十纵、四湖、五水闸、二座排涝泵站"的总体布局。

目前，横沙八期圈围工程河道已开挖成型，但横沙六期和七期圈围工程尚未按照规划水系实施河道，需要开挖临时沟渠排涝，为了保证围区内临时沟渠河网经济适用又有一定的临时排涝能力，需要通过河网模型计算确定合适的底宽，以使得围区不会在比较恶劣的天气情况下河道水位过高而被淹没。

2 基本情况

横沙东滩六期圈围工程吹填施工时，为了满足吹填临时排水需要，每个围区各设 2 处，共 8 处临时排水口。横沙东滩八期工程实施后，因六期的围区水系工程尚未实施，受降雨影响，围内水位不断升高。六期共四个小围区，现状地块高程约 3.00m，目前西侧 2 个小围区内已开展应急排水施工，围内积水通过开挖排水沟和通水管由东向西经三期东侧堤通水管排至三期内副业二河后，经 2 号节制闸、1 号水闸排出。东侧 2 个小围区内无临时排水沟渠，围内局部区域的水位已超过 3.70m。

横沙东滩七期圈围工程 2017 年 10 月底完工至今，尚未按规划实施水系。其对应的临时排水口目前已关闭，受到降雨影响，围区水位有不断增高的趋势。根据其工程竣工验收围内标高测量结果显示，围区西侧平均高程 3.20m，围区东侧平均高程 3.47m。根据水位测量结果来看，围区内局部区域的水位已超过 3.7m，总体存在积水区域较多、积水较深的问题。

3 河网水动力模型计算

3.1 控制方程

本文选用一维河网水动力模型 MIKE 11 来进行横沙东滩河网的模拟。MIKE 11 河流水动力模型是基于垂向积分的物质和动量守恒方程，即一维明渠非恒定流方程，其理论基础是 Saint‐Venant 方程组，包括水流连续方程和动量方程，具体如下：

连续性方程为

$$\frac{\partial A}{\partial t}+\frac{\partial Q}{\partial x}=q$$

动量方程为

$$\frac{\partial Q}{\partial t}+\frac{\partial}{\partial x}\left(\partial\frac{Q^2}{A}\right)+gA\frac{\partial h}{\partial x}+g\frac{Q|Q|}{ARC^2}=0$$

式中　x 为距离坐标；t 为时间坐标；A 为过水断面面积；Q 为流量；h 为水位；q 为旁侧入流量；C 为谢才系数；R 为水力半径；g 为重力加速度。

3.2　计算条件

降雨采用 5 年一遇最大 24h 面暴雨量 134mm，雨型和潮型采用 1963 年设计雨型及相应同步实测潮位过程折算确定。

泵闸运行调度方案根据汛期调度方案布置。当遭遇降雨和高潮位"双碰头"的情况下，应事先将围区内河湖水位预降至高程 1.70m，降雨过程中，内河水位高于外河潮位时，应开闸排水，内河水位低于外河潮位时，应开泵排水。

3.3　模型构建

本次河网模型计算范围包括横沙东滩六期、七期和八期圈围工程的建设区域。其中，八期圈围工程水系布局为"两横八纵"，六期、七期圈围工程则根据区域排涝要求设置河网，并根据需要与八期的河网进行连接。整体河网模型的示意图如下。其中，横沙东滩六期、七期与八期圈围工程之间通过箱涵连接，六期和七期圈围工程之间相对独立，没有河网沟通连接。横沙东滩河网模型如图1所示。

图 1　横沙东滩河网模型

根据横沙东滩八期水系实施情况，在纵四河、纵六河、纵八河和纵九河上分别设置水（泵）闸。纵四河与纵八河上泵闸（2号、4号）规模为单孔净宽 12m，泵站设计流量为 62m³/s；纵六河与纵九河上仅设置水闸（3号、5号），每个水闸规模为总净宽 24m，3孔。

4　计算结果

为了满足六期、七期河道水位控制在水系规划控制最高水位 2.70m 以下，对六期、七期河道规模及箱涵尺寸进行计算，计算结果见表1。

表1　六期、七期临时排水沟及箱涵规模汇总表

工程区域	河道宽度/m	箱涵规模（宽×高×孔）/m	箱涵布置位置	设计标准
六期	20	3.2×3.2×3	协兴西河与六期北堤相交处	5年一遇24h面暴雨不受涝
七期	20	3.2×3.2×3	东兴中河与七期北堤相交处	5年一遇24h面暴雨部分河道水位超过2.70m时长6h
	25			5年一遇24h面暴雨不受涝

通过模型计算得出，5年一遇24h面暴雨条件下，横沙东滩八期圈围工程的河道按照规划断面设计，水位始终控制在2.40m以下处于安全状态；横沙东滩六期圈围工程河道宽度为20m时，最高水位控制在2.70m以下，也符合设计要求；横沙东滩七期圈围工程河道宽度为20m时，河道水位超过2.70m的时间达到6h，可能会造成一定程度的受淹；而当横沙东滩七期圈围工程河道宽度调整为25m时，河道水位超过2.70m的时间只有1h，可以保证在设计暴雨条件下基本不受涝。5年一遇设计暴雨条件下河道水位变化情况如图2所示。

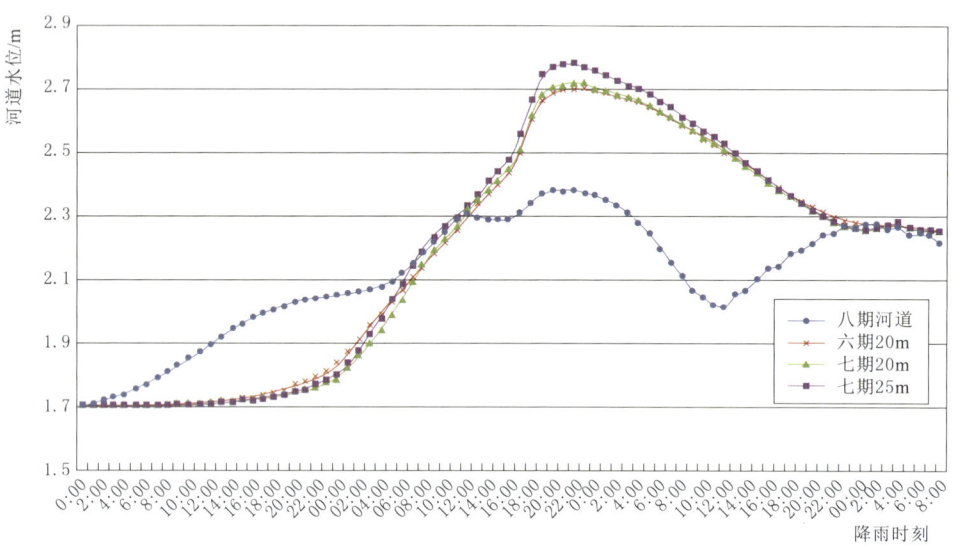

图2　5年内一遇设计暴雨条件下河道水位变化情况

5　结语

（1）近期临时河道方案推荐采用六期河道底宽20m、七期河道底宽25m，并且在六期、七期与八期河网相交处设置连通箱涵，从而满足近期六期和七期遭受5年一遇24h面暴雨的设计标准下不受涝。

（2）当前横沙东滩六期、七期围区被隔堤分割为多个小围区，不利于围内积水连通及外排，建议在水系规划位置设置符合排涝要求的永久过水建筑物设施。

（3）目前横沙东滩六期和七期的圈围工程仅考虑设置一处箱涵和八期的圈围工程河网连接，可能会导致排水效率不高，从而使得河道底宽增加。建议在六期和七期的圈围工程河道与八期的圈围工程河网连接处再增加一处排水通道，提高排涝效率，从而能进一步优化河道底宽，并且也保证了围区排涝的通畅，使得围区在设计暴雨条件下安全运转。

横沙东滩八期圈围工程龙口合龙顺序数模论证研究

宋永港

（上海市水利工程设计研究院有限公司，上海 200061）

【摘　要】　运用MIKE模块建立横沙东滩八期圈围工程二维水动力数学模型，对横沙东滩八期圈围工程龙口分别中平堵、立堵及先立堵后平堵三种合龙方式进行数学模型论证，得出采用平堵合龙方式对横沙东滩八期圈围工程龙口进行合龙更安全。

【关键词】　横沙东滩八期；龙口；合龙方式；数学模型

1　引言

圈围工程中龙口的合龙是一项非常重要的工作，龙口合龙成功与否直接影响圈围工程的进展。龙口合龙也是一项十分有难度的工作，特别是在大型圈围工程中，因围区面积大，龙口流速大，对合龙工作带来极大的影响，处理不当甚至造成工程事故。因此，龙口合龙技术的研究十分重要及有意义。龙口合龙早期采用理论计算和实验法研究截流流速及合龙过程。近年来，随着数值模拟技术的发展，水动力数学模型逐渐应用于龙口合龙过程中水动力计算。《滩涂促淤圈围造地工程设计规范》（DG/T J08-2111—2012，J 12144—2012）中也推荐采用数学模型进行龙口规模及合龙方式的数论证。本文针对横沙东滩八期圈围工程，采用经率定验证的长江口二维数学模型研究论证横沙东滩八期圈围工程龙口合龙顺序及动力条件情况，为合龙的顺利开展提供技术支持。

2　工程概况

横沙东滩位于北槽及北港之间的大型沿江沙洲上，是《上海滩涂资源开发利用与保护规划》开发利用的重点区域。龙口合龙过程是逐步完成龙口闭合的过程。目前，横沙东滩已陆续实施了七期工程，累计实施圈围面积9.4万亩。八期圈围工程位于横沙东滩六期和七期圈围工程的北侧，总面积6.4万亩。工程共分六个围区，面积分别为1.25万亩、1.14万亩、1.12万亩、1.01万亩、0.89万亩和0.95万亩。龙口规模见表1。

表1　龙口规模

龙口编号	龙口宽度/m	龙口底高程/m	龙口编号	龙口宽度/m	龙口底高程/m
1	500	0.00	4	400	-1.00
2	450	0.00	5	400	0.00
3	450	0.00	6	400	-1.50

3 数学模型

本文采用 MIKE 系列水动力计算软件模拟计算本工程龙口合龙过程水动力问题。

3.1 模型原理

连续方程为

$$\frac{\partial h}{\partial t}+\frac{\partial h\overline{u}}{\partial x}+\frac{\partial h\overline{v}}{\partial y}=hS \tag{1}$$

运动方程为

$$\frac{\partial h\overline{u}}{\partial t}+\frac{\partial h\overline{u}^2}{\partial x}+\frac{\partial h\overline{vu}}{\partial y}=f\overline{v}h-gh\frac{\partial \eta}{\partial x}-\frac{h}{\rho_0}\frac{\partial p_a}{\partial x}-\frac{gh^2}{2\rho_0}\frac{\partial \rho}{\partial x}+\frac{\tau_{sx}}{\rho_0}+\\ \frac{\tau_{bx}}{\rho_0}-\frac{1}{\rho_0}\left(\frac{\partial s_{xx}}{\partial x}+\frac{\partial s_{xy}}{\partial y}\right)+\frac{\partial}{\partial x}(hT_{xx})+\frac{\partial}{\partial y}(hT_{xy})+hu_sS \tag{2}$$

$$\frac{\partial h\overline{v}}{\partial t}+\frac{\partial h\overline{uv}}{\partial x}+\frac{\partial h\overline{v}^2}{\partial y}=f\overline{u}h-gh\frac{\partial \eta}{\partial y}-\frac{h}{\rho_0}\frac{\partial p_a}{\partial y}-\frac{gh^2}{2\rho_0}\frac{\partial \rho}{\partial y}+\frac{\tau_{sy}}{\rho_0}+\\ \frac{\tau_{by}}{\rho_0}-\frac{1}{\rho_0}\left(\frac{\partial s_{yx}}{\partial x}+\frac{\partial s_{yy}}{\partial y}\right)+\frac{\partial}{\partial x}(hT_{xy})+\frac{\partial}{\partial y}(hT_{yy})+hu_sS \tag{3}$$

$$T_{xx}=2A\frac{\partial \overline{u}}{\partial y}$$

$$T_{xy}=A\left(\frac{\partial \overline{u}}{\partial y}+\frac{\partial \overline{v}}{\partial x}\right)$$

$$T_{yy}=2A\frac{\partial \overline{v}}{\partial y}$$

$$f=2\Omega\sin\varphi$$

式中 t 为时间；x、y 为直角坐标系坐标；η 为水位；h 为动态水深；$\overline{u}$、$\overline{v}$ 为 x、y 方向上的垂线平均速度；f 为柯氏力参数；Ω 为地球旋转角速度；φ 为纬度；g 为重力加速度；ρ 为水体密度；ρ_0 为水体参照密度；s_{xx}、s_{xy}、s_{yx}、s_{yy} 为辐射应力分量；τ_{sx}、τ_{bx}、τ_{sy}、τ_{by} 为不同的剪切应力分量；S 为点源的流量；T_{xx}、T_{xy}、T_{yy} 为侧向压力。

3.2 率定验证

根据横沙东滩八期圈围工程 2016 年 12 月 17 日实测的潮位和流速资料，对二维数学模型进行率定验证。水位验证和流速验证成果如图 1 和图 2 所示。

4 计算潮型

按照相关规范，合龙期一般取实际工程实施年度非汛期中的小潮型，并用非汛期中的大潮进行复核。龙口合龙计划实施在 2017 年 1—3 月；故需分析 2017 年 1—4 月中最大潮型。通过预报并对比分析后认为 2017 年 2 月 11 日—2 月 12 日期间大潮为这段时间最大潮型；故选择这段时间作为合龙期间计算大潮型。期间最高潮位约 4.10m，最低潮位约 0.13m，潮差约 3.97m。认为 2017 年 4 月 2—8 日连续 5 日的潮型为这期间最大的中小潮型；故合龙期设计潮型选择这期间最大潮差时的 24h 潮型，时间为 2017 年 4 月 2 日 1：00—21：00；最高潮位 3.41m，最低潮位 0.60m，潮差约 2.81m。

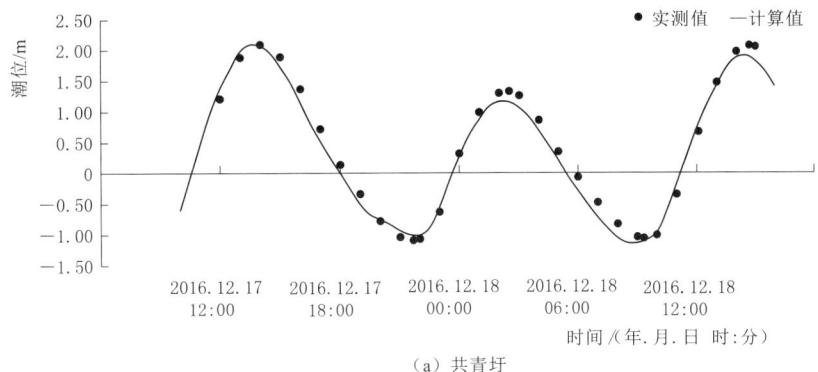
(a) 共青圩

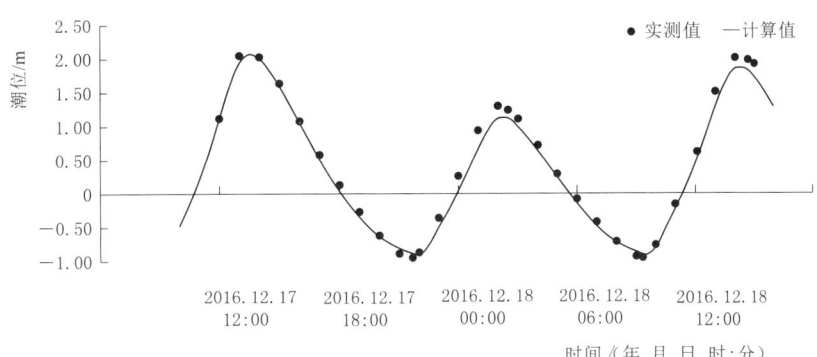
(b) 3号龙口

图 1 潮位验证图

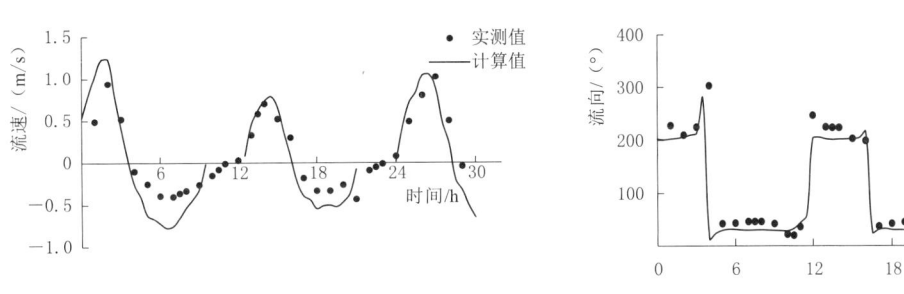
(a) 1号龙口

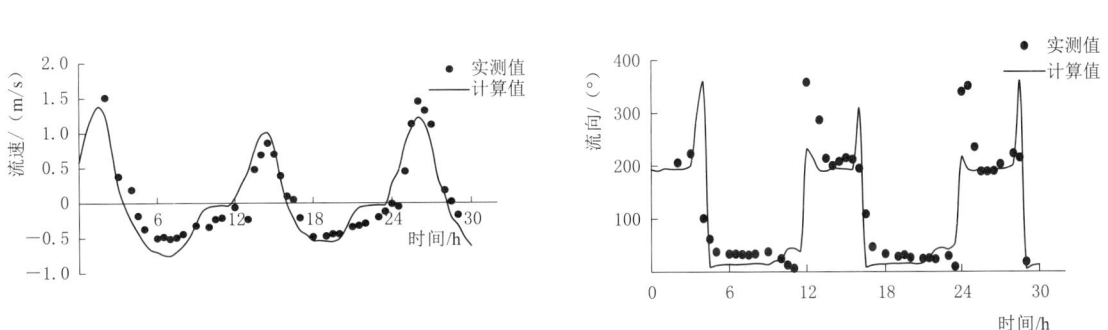
(b) 2号龙口

图 2（一） 龙口流速验证

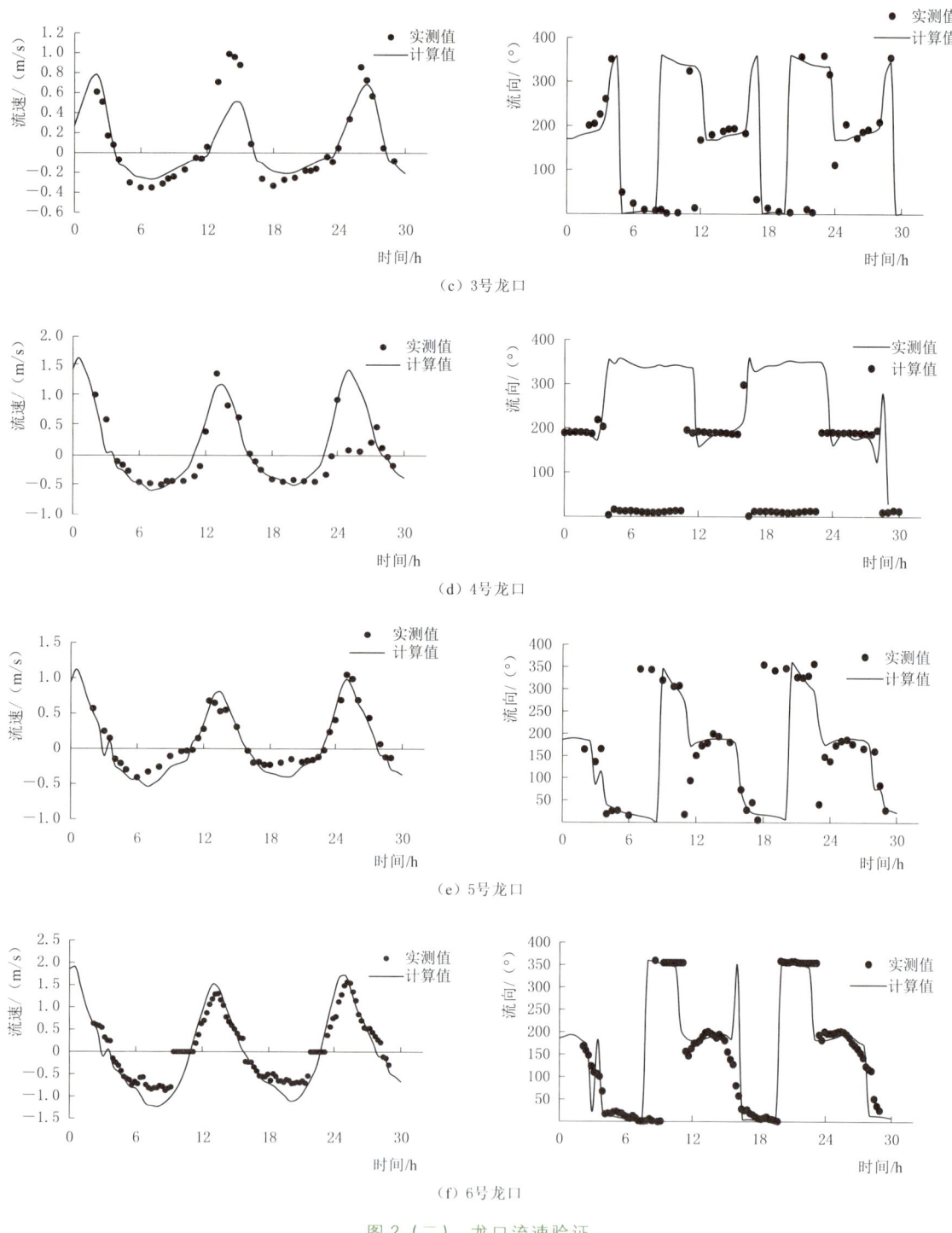

图 2 (二) 龙口流速验证

5 龙口合龙顺序论证

现行的常用的龙口合龙方式主要有平堵、立堵以及平立堵结合方式三大类。这三种合龙方式在不同条件下有着各自的特点。以下重点研究这三种方式在横沙东滩八期圈围工程龙口合龙中的适用性。

5.1 平堵合龙

平堵合龙方式主要以抬升龙口底高程的方式实现。根据上海地区圈围工程的实施经验，平堵合龙实施步骤一般采用抛石合龙，即先在龙口外侧抛石筑坝直至断水，而后在龙口处进行填土方闭气，完成合龙工作。

在平堵过程中，抛石坝未断水前，龙口仍然受到潮汐袭击；随着龙口底高程的抬高，龙口最大流速不断变化；若流速过大会对施工过程造成安全隐患，故需对龙口在施工过程中的最大流速进行模拟分析。同时，若在施工过程中遇到突发事件（如寒潮）不得不暂停施工，那么已经抬高的龙口有可能经历非汛期大潮型的袭击，容易对已施工的龙口造成破坏，故需对非汛期大潮型下龙口抬升的规模进行分析。

经数模计算，在合龙期中小潮型下，龙口底高程逐渐抬升过程中，龙口最大流速均呈现先增大后减小的现象；龙口流速最大值出现在龙口底高程为 1.00m 时（表2）。其中：1 号龙口最大流速约 2.54m/s；2 号龙口最大流速约 2.63m/s；3 号龙口最大流速约 2.58m/s；4 号龙口最大流速约 2.79m/s；5 号龙口最大流速约 2.53m/s；6 号龙口最大流速约 2.48m/s。可见所有龙口最大流速在合龙过程中均不超过 3.0m/s 的控制流速。

表 2　　　　　　　　平堵合龙过程中中小潮型龙口最大流速统计　　　　　　　　单位：m/s

底高程/m	龙口编号					
	1	2	3	4	5	6
−1.50	—	—	—	—	—	1.42
−1.00	—	—	—	1.72	—	1.80
0.00	2.01	2.19	2.05	2.23	2.06	1.99
1.00	2.54	2.63	2.58	2.79	2.53	2.48
2.00	2.28	2.29	2.28	2.50	2.37	1.96
3.00	0.71	0.67	0.63	0.59	0.45	1.02

5.2 立堵合龙

立堵龙口合龙方式主要是通过逐步收缩龙口口宽来实现。现初拟龙口立堵合龙过程中逐步收缩 100m，底高程保持不变；通过模拟计算立堵过程中龙口最大流速来分析这种合龙方式的合适性。计算结果见表3。

从计算结果中可以看出，在立堵合龙方式中，随着口宽的逐渐减小龙口最大流速逐渐增大；对于 3 号龙口，当口宽收缩至 150m 时，龙口最大流速约为 3.29m/s，超过了龙口保护的安全流速 3.0m/s 限制；对于 5 号龙口，当口宽收缩至 200m 时，龙口最大流速增大至 2.95m/s，即当口宽继续收缩时，龙口流速势必超过 3.0m/s 的安全流速限制。可见，立堵方案不适合本工程。

表 3　　　　　　　　立堵合龙过程中龙口最大流速统计

3 号龙口		5 号龙口	
口宽/m	最大流速/(m/s)	口宽/m	最大流速/(m/s)
450	2.19	400	2.06
350	2.24	300	2.39
250	2.57	200	2.95
150	3.29	100	3.58
50	3.95	—	

5.3 先收缩后平堵合龙

该方案要求先对龙口口门宽度进行收缩。收缩后龙口最大流速统计结果见表4。

从收缩后龙口小潮汛最大流速可以看出1号龙口收缩300m，2号龙口收缩200m，3号龙口收缩200m，4号龙口收缩200m，5号龙口收缩200m，6号龙口收缩300m情况下各龙口仍然满足小潮汛期龙口安全流速控制要求。收缩后平堵合龙过程中小潮型龙口最大流速统计结果见表5。

表4　龙口收缩过程中小潮型龙口最大流速统计结果　　单位：m/s

龙口收缩/m	龙口编号					
	1	2	3	4	5	6
0	1.74	2.06	2.19	1.55	2.06	1.44
100	2.04	2.38	2.24	2.41	2.39	1.89
200	2.31	2.61	2.57	2.99	2.95	2.69
300	2.98	3.37	3.29	3.59	3.53	2.99
400	3.43	3.73	3.95	—	—	—

表5　收缩后平堵合龙过程中小潮型龙口最大流速统计结果　　单位：m/s

底高程/m	龙口编号					
	1	2	3	4	5	6
−1.5	—	—	—	—	—	1.71
−1.0	—	—	—	1.95	—	1.95
−0.5	—	—	—	2.19	—	2.03
0.0	2.23	2.31	2.27	2.43	2.32	2.12
0.5	2.47	2.51	2.45	2.67	2.46	2.36
1.0	2.79	2.85	2.68	3.00	2.82	2.63
1.5	2.57	2.63	2.53	2.81	2.62	2.41
2.0	2.35	2.37	2.36	2.61	2.47	2.10

6　结语

通过对横沙东滩八期圈围工程各库区龙口合龙方式水动力数学模拟，得到结论如下：

（1）立堵合龙方式龙口最大流速过大，超过3.0m/s的安全控制流速，不适合本工程的龙口合龙。

（2）平堵合龙方式和平立堵合龙方式均适用本工程的龙口合龙，在龙口底高程相同的时候平堵合龙方式中龙口最大流速均小于平立堵方式，故平堵合龙方式更安全。故推荐平堵合龙方式实施本工程的龙口合龙。

参考文献

[1] 潘昭汉．立堵截流龙口流速变化规律及淹没标准的研究［J］．武汉水利电力学院学报，1982（4）：63-70．
[2] 孙东坡，赵若鼎，严阔，等．立堵截流龙口水力特性与截流难度的试验研究［J］．中国农村水利水电，2013（5）：122-125．

[3] 孙永奎. 华能曹妃甸煤码头项目龙口潮流数值模拟 [J]. 水运工程, 2015 (12): 174-177.
[4] 谢军, 楼启为, 熊志强. 青草沙水库围堤合龙施工二维潮流数值模拟 [J]. 水利水运工程学报, 2010 (4): 51-57.
[5] 张海杰, 王晓强, 徐磊. 粉细砂淤泥质滩涂圈围工程龙口合龙要点分析 [J]. 中国水运 (下半月), 2018, 18 (5): 221-223.
[6] 上海市水利工程设计研究院有限公司. 中船第九设计研究院工程有限公司. 滩涂促淤圈围造地工程设计规范: DG/T J08-2111—2012、J12144—2012 [S]. 上海, 2012.

复式斜坡堤螺母块体护面波压力计算方法研究

刘晓晖　陈海英

（中交上海航道勘察设计研究院有限公司，上海　200120）

【摘　要】 护面波压力是斜坡堤设计的重要参数。复式斜坡堤螺母块体护面在风浪作用下的波浪压力研究成果较少，通过开展波浪压力原型观测试验，在室内水槽试验进行反演后，选取上海地区典型斜坡堤断面，进行系列物模试验，研究消浪平台尺度、护面类型、斜坡坡度等因素对护面压力的影响，提出适合当地大堤结构特点的螺母块体护面压力计算方法。可以指导类似工程设计。

【关键词】 复式斜坡堤；螺母块体；原型观测；模型试验；波压力

1　研究背景

螺母块体是海岸工程中护面块体的一种，早期澳大利亚提出并进行了试验研究，20世纪80年代以来，河海大学、天津水运科学研究所也对螺母块体开展了专题研究，提出了螺母块体厚度计算方法。由于螺母块体的经济效益较好，在上海地区得到了大量的推广应用，为了提高施工速率，在横沙五期工程中对螺母块体进行了改进，将四个螺母块体连成整体，形成四联体螺母块体。四联体螺母块体单个面积较大，需要考虑波浪对螺母块体产生的压强，核算块体强度。

关于作用在斜坡堤上波浪冲击力的计算，前人在光板和栅栏板方面做了较多研究，目前国内应用最为广泛的是苏联规范采用的波压力公式，该公式在20世纪70—80年代利用大型波浪水槽试验加以完善，我国的海堤规范等也都采用该计算方法。王鉴义等（1996）采用不规则波进行斜坡堤不透水板护面压强试验，认为上述公式与不规则波试验结果基本符合。Neelamani等（1999）和仲南艳（2009）分别采用规则波和不规则波进行斜坡堤不透水板护面压强试验，试验结果相近。冯卫兵等（2012，2013）分析了莆田实验站实测资料，并采用不规则波进行斜坡堤不透水板护面压强试验，提出护面压力经验公式。我国规范中，栅栏板最大波压力计算公式为

$$p_m = 0.85\rho g H$$

本文将在以往研究基础上，通过现场试验和室内试验相结合，研究不同参数对螺母块体护面压力的影响，提出波压力强度计算建议公式。

2　现场原型试验

现场原型试验在横沙东滩东端斜坡堤上开展，该位置平均潮位约4m，平均低潮位约2m，斜坡堤为复式堤型，堤身高度7m，平台高程3.20～3.30m，上下坡坡比均为1:2.5，护坡为灌砌块石上压螺母块体，螺母块体厚度40cm。波压力观测仪器共布设8个，其中下坡3个、平台1个、上坡3个、防浪墙壁1个，仪器具体布置位置如图1所示。为获得现场实时潮位、波浪和风速等，在

斜坡堤坡脚外侧布置了潮位和波浪观测计，在斜坡堤上方布置了风速观测仪。现场观测于2013年5月开始，共获得7天的波压力观测数据。原型观测断面波压力仪器布置图如图1所示。

图1　原型观测断面波压力仪器布置图

3　室内试验

3.1　试验设备及量测仪器

室内断面物模试验在断面水槽中进行，该水槽可同时产生波浪、水流和风。水槽长64m、宽1.8m、深1.8m。水槽的工作段分割成0.8m和1.0m两部分，其中一部分用来安放模型断面和进行模型试验，另一部分用于扩散造波板的二次反射波。水槽的一端配有消浪缓坡，另一端配有推板式不规则波造波机，由计算机自动控制产生所要求模拟的波浪要素。

3.2　模型设计

断面试验模型比尺取为1∶14。模型中试验断面与原型保持几何和重力相似。波浪按重力相似准则模拟，试验采用不规则波进行，波谱为JONSWAP谱，试验中波高测点位置与现场实际测量位置相同。波浪压强传感器布置在斜坡堤上，测点布置与现场布置相同。试验中压强传感器采样频率分别为100Hz、50Hz、10Hz和2Hz，数据由计算机自动采集，测量结果采用计算机程序分析处理。每次试验重复三次，取三次平均值作为试验结果。当三次重复试验的试验结果差别较大时，则增加重复次数。

3.3　试验组次

（1）验证试验组次。采用现场实测数据和室内试验数据进行对比分析，对室内试验进行验证，波压力仪器位置与现场一致。螺母块体护面压强实测数据共有7天的101组资料，选取其中14组进行护面压强二维断面验证试验，试验组次见表1。

表1　现场原型实测和室内水槽断面试验结果

验证试验组次	实测潮位 /m	实测波高 $H_{13\%}$/m	实测周期 /s	现场实测			断面试验				
				最大波压力 p_m/kPa	相对波压力 $p_m/\rho g H_{1\%}$	对应测点	采样频率 /Hz	波压力/kPa		相对波压力		对应测点
								最大 p_m	有效 $p_{1/3}$	$p_m/\rho g H_{1\%}$	$P_{1/3}/\rho g H_{13\%}$	
1	3.01	0.58	4.09	5.69	0.71	Y3	100	5.85	4.03	0.71	0.73	Y3
							10	5.46	3.67	0.65	0.68	Y3
							2	4.36	3.12	0.55	0.54	Y3

续表

验证试验组次	实测潮位/m	实测波高 $H_{13\%}$/m	实测周期/s	现场实测			采样频率/Hz	断面试验				对应测点
				最大波压力 p_m/kPa	相对波压力 $p_m/\rho g H_{1\%}$	对应测点		波压力/kPa		相对波压力		
								最大 p_m	有效 $p_{1/3}$	$p_m/\rho g H_{1\%}$	$P_{1/3}/\rho g H_{13\%}$	
2	3.00	0.69	4.76	6.09	0.64	Y3	100	6.29	4.25	0.63	0.66	Y3
							10	5.77	3.89	0.58	0.61	Y3
							2	5.28	3.23	0.48	0.55	Y3
3	2.98	0.64	5.08	5.39	0.61	Y3	100	5.64	4.2	0.67	0.64	Y3
							100	6.82	4.19	0.67	0.77	Y4
4	3.60	1.06	5.91	9.46	0.65	Y3	100	10.45	6.72	0.65	0.71	Y4
							10	9.11	6.01	0.58	0.62	Y4
							2	7.6	5.21	0.5	0.52	Y4
5	3.60	1.14	6.61	8.06	0.51	Y3	100	11.34	6.97	0.62	0.72	Y5
							10	10.2	6.1	0.55	0.65	Y3
							2	8.13	5.37	0.48	0.52	Y5
6	3.48	1.01	6.21	8.87	0.64	Y3	100	13.96	6.59	0.67	1	Y5
							100	9.29	6.29	0.64	0.67	Y3
7	3.49	0.92	5.95	6.7	0.53	Y3	100	9.62	5.52	0.61	0.76	Y5
							100	8.44	5.95	0.66	0.66	Y3
							10	6.77	4.23	0.47	0.53	Y3
							2	5.84	3.84	0.43	0.46	Y3
8	2.55	0.52	5.55	4.67	0.65	Y1	100	4.69	3.39	0.67	0.65	Y2
9	2.80	0.64	5.70	8.2	0.93	Y3	100	7.36	4.67	0.74	0.83	Y2
10	2.85	0.64	5.48	6.1	0.69	Y3	100	6.28	4.64	0.74	0.71	Y3
							10	6.14	4.5	0.72	0.69	Y3
							2	5.4	3.39	0.54	0.61	Y3
11	3.25	0.80	5.57	6.68	0.6	Y3	100	8.17	5.62	0.72	0.74	Y3
							10	6.62	4.71	0.6	0.6	Y3
							2	6.39	4.38	0.56	0.58	Y3
12	4.32	1.22	7.31	7.08	0.42	Y6	100	21.2	10.45	0.87	1.26	Y7
							100	15.29	9.58	0.8	0.91	Y6
							10	12.49	7.93	0.66	0.74	Y6
							2	10.7	7	0.59	0.63	Y6
13	4.31	1.17	7.64	8.1	0.5	Y7	100	16.68	7.54	0.66	1.03	Y6
14	4.12	1.04	7.20	7.19	0.5	Y6	100	13.11	7.31	0.72	0.91	Y6
							10	9.43	5.32	0.52	0.66	Y6
							2	7.44	4.86	0.48	0.52	Y6

(2) 研究试验组次。研究试验模型断面选用上海地区常用的复式斜坡堤，试验平台宽度分别取 5m、7m，平台高程取 5.00m、5.50m、6.00m、6.50m，海堤斜坡坡度取 1∶2.5、1∶3。水位取上海横沙站 100 年一遇高潮位 5.75m 和 10 年一遇高潮位 5.16m，有效波高取 2.6m，周期取 5s、

6s、7s、8s、9s。波压力仪器共布置16个,其中上坡6个、平台3个、下坡6个。以平台高程5.50m为例的仪器布置如图2所示。

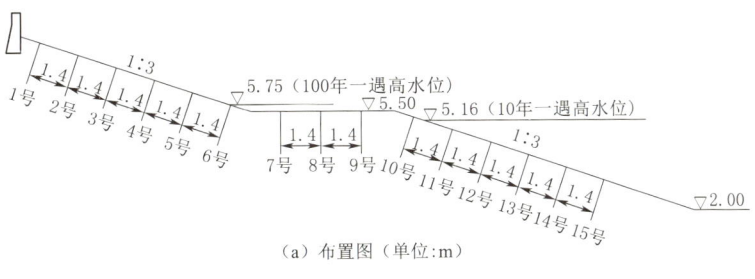

(a) 布置图（单位:m）

(b) 实际模型

图 2　模型试验断面波压力仪器布置图

4　试验结果及分析

4.1　原型试验及室内试验验证结果

经过整理,得到现场原型实测最大波压力和室内水槽断面试验波压力结果见表1。

(1) 总体上看,现场实测数据的相对最大护面压强 ($p_m/\rho g H_{1\%}$) 在 0.42～0.93,大多在 0.6 左右;断面验证试验相对最大护面压强 ($p_m/\rho g H_{1\%}$) 在 0.43～0.87,大多在 0.6 左右,差别不大。并且最大波压力发生位置也基本一致,发生在平台附近。

(2) 对于不同采样频率,100Hz频率下的值明显大于10Hz和2Hz时的值,特别是对于较大波浪条件下的最大值。10Hz和2Hz频率下的试验值与实测值较为接近。

产生这一原因是现场条件非常复杂且采样频率较小（2Hz),造成漏测压强的最大值,在相对比较接近的波浪、潮位条件下,护面最大波压力有时也有较大差别。为了尽量采集到最大波压强,室内模型的研究试验频率取100Hz。

4.2　室内研究试验结果分析

本文江堤结构形式的研究主要分不同斜坡坡比、不同平台宽度以及不同平台高程三种情况。经过试验数据整理,图3表示最大相对压强 $p_{1\%}^* = p_{1\%}/\rho g H_{1\%}$、$p_{1/3}^* = p_{1/3}/\rho g H_s$ 和堤前平均破波参数 $\xi_{1\%} = \tan\alpha/(H_{1\%}/L)^{1/2}$,$\xi_{13\%} = \tan\alpha/(H_s/L)^{1/2}$,以及 L/H 的变化关系,其中 α 为斜坡坡度,L 为堤前波浪平均波长。

(1) 平台高程+5.50m,平台宽度5m,不同斜坡坡比的影响结果如图3所示。由试验结果可见：

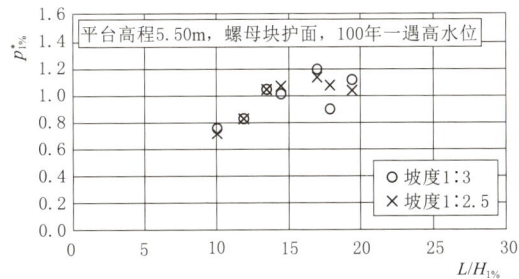

图 3　不同坡度 $p_{1\%}^*$ 随波坦 $L/H_{1\%}$ 变化 (水位5.75m)

1) 两个水位下相对压强随破波参数的变化明显不同。水位在平台以上，相对压强较小，随 ξ 的增大而增大；水位在平台以下，相对压强较大，随 ξ 的增大而缓慢减小。这主要是由于水位在平台以上时，受平台消浪影响，波浪对上坡作用减弱，而下坡又在水面以下，波压力较小；水位在平台以下时，波浪直接作用下坡，波压力较大。

2) 水位 5.16m 在平台以下时，两种坡度下的相对压强变化规律基本相同；水位 5.75m 在平台以上时，两种坡度下的相对压强变化趋势相同，但明显形成两组系列，最大压强与破波参数相关性不强。这主要是由于波浪在平台上破碎，最大波压力发生在上坡，破波参数的影响已弱化。

3) 水位 5.75m 在平台以上时，两种坡度的最大相对压强随波坦的变化规律基本相同，两组数据融合较好。

（2）平台高程＋5.50m，坡比 1:3，不同平台宽度的影响结果如图 4 所示。

由试验结果可见：两种平台宽度下的最大相对压强变化规律基本相同，差别不大。

（3）平台宽度 5m、坡比 1:3，不同平台高程的影响结果如图 5 所示。由试验结果可见：

1) 相对压强随破波参数 ξ 的变化相同。试验水位在平台以下，表现为最大压强随 ξ 的增大而缓慢减小的低水位型。试验水位在平台以上，表现为最大压强随 ξ 的增大而增大的高水位型。

2) 试验水位在平台以上，护面最大相对压强随波坦的变化规律基本相同，两组数据融合较好。

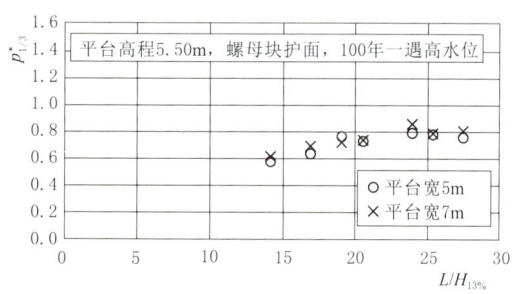

图 4　不同平台宽度最大 $p^*_{1/3}$ 比较（水位 5.75m）

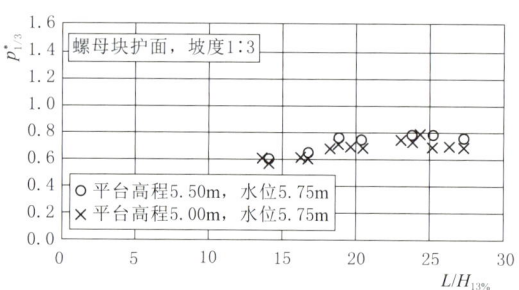

图 5　不同平台高程最大 $p^*_{1/3}$ 随波坦变化（水位在平台以上）

4.3　护面最大波压力计算公式

通过现场原型试验得出最大波压力的各影响因子：

（1）相对最大护面压强按水位与平台高程相对关系，可分为相对高水位型（水位在平台以上）和相对低水位型（水位在平台以下）。

（2）相对高水位型相对最大护面压强受波坦影响，相对低水位型相对最大护面压强受破波参数影响。

（3）平台宽度（5m 和 7m）对相对最大波压力影响较小。

由此，根据本次试验数据整理得到护面最大波压力计算公式：

相对高水位型（水位在平台以上）

$$\frac{p_{1/3}}{\rho g H_s} = -0.12\tanh\left(-0.25\frac{L}{H_s}+4\right)+0.65 \tag{1}$$

$$\frac{p_{1\%}}{\rho g H_{1\%}} = -0.21\tanh\left(-0.6\frac{L}{H_{1\%}}+7\right)+0.9 \tag{2}$$

相对低水位型（水位在平台以下）

$$\frac{p_{1/3}}{\rho g H_s} = \exp(-0.72\xi_{13\%})+0.52 \tag{3}$$

$$\frac{p_{1\%}}{\rho g H_{1\%}} = 1.5\exp(-0.72\xi_{1\%}) + 0.65 \qquad (4)$$

图 6 为式（1）~式（4）拟合曲线与本次试验值的比较。

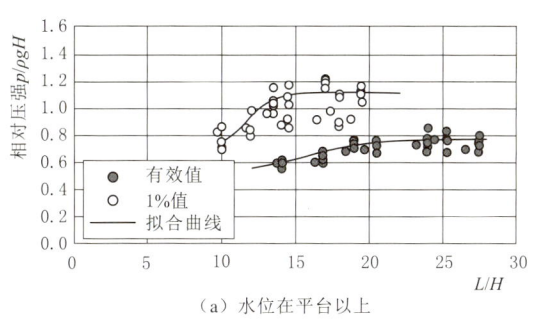 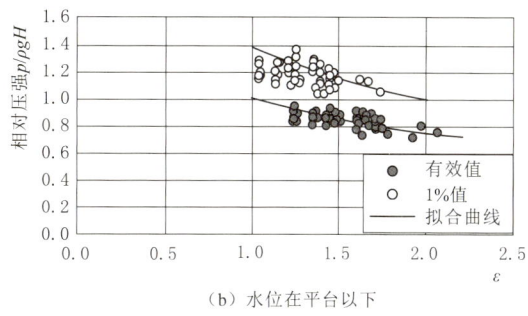

图 6　护面最大波压力拟合曲线与试验值比较

图 7 为公式计算最大波压力与现场原型观测最大波压力、室内试验最大波压力的比较，现场原型观测采样频率采用 2Hz，可能漏测压强最大值，室内模型试验采样频率为 100Hz。

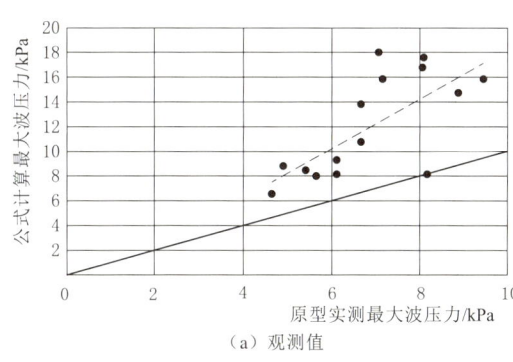 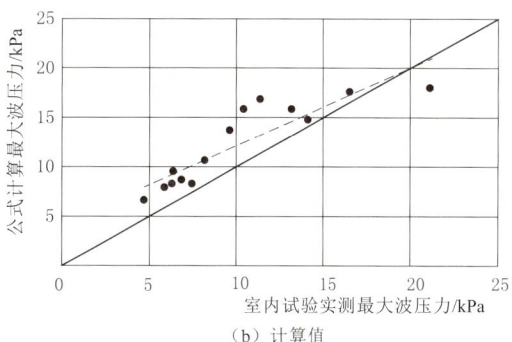

图 7　公式计算最大波压力与观测值比较

从安全角度出发，图 6、图 7 中的拟合曲线偏于试验数据上方，对于本次典型断面型式以及现场原型断面，最大护面波压力计算值与试验值有较好的相关性。

5　结语

研究表明，对于复式斜坡堤护面最大波压力分两种形态，水位在平台以上为相对高水位型，压强较小；水位在平台以下为相对低水位型，压强较大。两种形态波压力影响因子不尽相同，相对高水位型与波陡有关，随波陡减小而增大；相对低水位型与破波参数有关，随 ξ 的增大而缓慢减小。

由此提出上海地区典型复式斜坡堤螺母护面最大压力计算公式，公式中考虑了波浪斜向入射、斜坡坡度、平台尺度、护面类型、水位、波浪要素等因素的影响。

本次研究虽然给出了不同频率的护面最大波压力计算公式，但在实际使用中，建议采用 1% 值计算公式，与设计标准保持一致。

参考文献

［1］俞相成，康晓华，苏长城. 杯型螺母块体护坡研究与应用［J］. 江苏水利，2012（6）：16-19.
［2］黄东海，李才志，陈海英，等. 四联体螺母块护面结构在横沙东滩促淤圈围工程中的应用［J］. 水运工程，2010（5）：154-158.

[3] 余广明. 堤坝防浪护坡设计 [M]. 北京：水利电力出版社，1987.
[4] 王鉴义，章家昌，周家宝，等. 不规则波对平板护面单坡堤的波压力试验研究 [J]. 海洋工程，1996，14（4）：22-29.
[5] Neelamani S, Schtittrumpf H, Muttray M, et al. Prediction of wave pressures on smooth impermeable seawalls [J]. Ocean Engineering, 1999, 26 (8): 739-765.
[6] 仲南艳. 斜坡堤护面板的波浪打击力研究 [D]. 南京：河海大学，2009.
[7] 冯卫兵，崔磊，仲南艳，等. 斜坡堤护面板上最大波压力研究 [J]. 水运工程，2013（1）：12-15.
[8] 冯卫兵，张惠，郝青玲. 斜坡面波浪冲击力试验研究及现场资料分析 [J]. 海洋工程，2012，30（4）：97-102.
[9] 李翔，陈国平，严士常，等. 不同开孔率混凝土护面板上波浪打击力试验研究 [J]. 水运工程，2011（11）：25-31.
[10] 中华人民共和国交通运输部. 防波堤与护岸设计规范：JTS 154—2018 [S]. 北京：人民交通出版社，2008.
[11] 中交上海航道勘察设计研究院有限公司，南京水利科学研究院. 横沙东滩促淤圈围五期工程海堤护面压力试验研究报告 [Z]，2016.
[12] 中交上海航道勘察设计研究院有限公司. 横沙东滩促淤圈围五期工程允许越浪试验研究报告 [Z]，2016.

平原感潮地区雨型潮型组合对除涝规模的影响

季永兴[1,2]　刘水芹[3]

(1. 上海市水利工程设计研究院有限公司，上海　200061；
2. 上海市水务局防汛减灾工程技术研究中心，上海　200061；
3. 上海市水文总站，上海　200332)

【摘　要】　以上海某感潮圩区水系除涝规模计算为例，采用水量平衡法和河网水动力数学模型方法，研究了平原感潮地区的雨型潮型组合对圩区除涝规模的影响，并对涉及除涝标准的暴雨历时取值、涝水排除程度确定、起调水位与预降可能性、河道分期实施状况、用地性质变化、水面率控制等影响因素进行了分析。结果表明：在约 $100km^2$ 区域内，采用水量平衡法和河网水动力数学模型方法计算的河道水力要素和除涝设施规模均可满足工程精度要求；对确定的除涝规模，不同雨型潮型组合情况下，内河最高水位和高水位持续时间不同，"麦莎"雨型潮型组合情况下内河最高水位较高，而"63年"雨型潮型组合情况下高水位持续时间较长，后期河道水位也较高；平原感潮圩区除涝标准涉及设计暴雨重现期、设计暴雨历时、涝水排除时间、涝水排除程度、设计潮位与过程等因素，尤其是雨型潮型组合对除涝规模影响较大。

【关键词】　平原感潮地区；圩区；雨型潮型组合；除涝标准；除涝规模

　　为适应社会经济发展需要，缓解人口增长对土地需求的压力，保持耕地动态平衡，我国沿江各省利用滩涂资源建设了大量的造地工程，如河北曹妃甸、江苏沿海、上海浦东机场、浙江温州浅滩、福建东壁岛等围河造地工程。位于沿江的新围区域，成陆高程较低，有堤坝保护，围区除涝排水有其共同特点：外河高潮位时，围区内水难以排出，需要泵站强排；内河低潮位时，围区内水又可自流外排。新围区域的圩区排水既可建成独立排水体系，又可与内陆水系合并排水。与内陆水系合并的围区，其排水系统（包括河道与口门控制建筑物等）需综合考虑原排水范围及新围区的上游来水与本地区降雨；独立排水体系的新围区一般仅考虑本区域降雨。但是，不管是否与内陆水系合并排水，新围区域排水系统的河道水系规模及口门控制建筑物的规模，均与降雨、潮位组合关系密切，属于典型的平原感潮区排水除涝问题。

　　2016年1月水利部颁布的《治涝标准》(SL 723—2016)规定了除涝标准"应同时以设计暴雨重现期、设计暴雨历时、涝水排除时间和涝水排除程度等指标表示"，但相关研究表明，设计暴雨过程（雨型）与设计潮位过程（潮型）组合对感潮区除涝规模影响较大。在上海，水利部门以往采用典型年法来实现，即采用 1963 年 9 月 12—13 日 24h 降雨（总降雨量 204.6mm，相当于 20 年一遇降雨标准，其中 1h 最大降雨 36mm）与同步的外河潮位进行组合（简称"63年"雨型潮型组合）。2005 年 8 月 6—7 日，"麦莎"台风期出现了台风、暴雨、高潮"三碰头"情况（总降雨量为 198.9mm，也接近 20 年一遇降雨量，其中 1h 最大降雨 49mm），许多区域出现内涝，相关部门和学者开始着手研究原"63年"雨型潮型组合的可靠性、采用"麦莎"台风期间雨型潮型组合（简称

"麦莎"雨型潮型组合）的可行性以及其他雨型潮型组合的合理性。

由于雨型潮型组合确定最终是为确定水系河道规模和口门控制建筑物规模服务的，本文以上海某圈围成陆总面积约 87.9km² 的圈围造地工程内的除涝规划设计为例，对雨型潮型组合对水系规模确定相关影响进行分析，并对平原感潮圩区除涝标准涉及的暴雨历时取值、涝水排除程度确定、起调水位与预降可能性、河道分期实施状况、用地性质变化、水面率控制等影响因素进行分析，以供相关决策部门参考。

1 资料及方法

1.1 工程概况

上海某圈围造地工程采用促淤、圈围、吹填方式圈围造地约 87.9km²，分 3 期完成（图 1）。一期圈围 32km² 已于 2015 年年底完成，二期圈围 13.5km² 将于 2017 年年底完成，三期圈围 42.4km² 将于 2020 年年底完成。圈围后的土地最终标高为 3.00m，用地性质为现代农业和高端服务业。根据规划，先期根据圈围成陆时机，在围区实施"三横七纵"骨干排涝河道（图 2）；未来根据开发需要实施蓄淡水湖泊和田间水系工程，最终达到水面率控制要求。排涝河道口宽除纵三河 Z3、纵五河 Z5 和纵七河 Z7 为 50m 外，其余均为 80m，常水位 2.20m 时总水面面积约为 680 万 m²。蓄淡水湖泊和田间水系的水面面积不小于 320 万 m²。根据既有周边水系运行情况和场地实施标高，规划常水位为 2.20m，控制最高水位 2.70m；暴雨期提前排水，预降水系河道内水位至 1.70m。

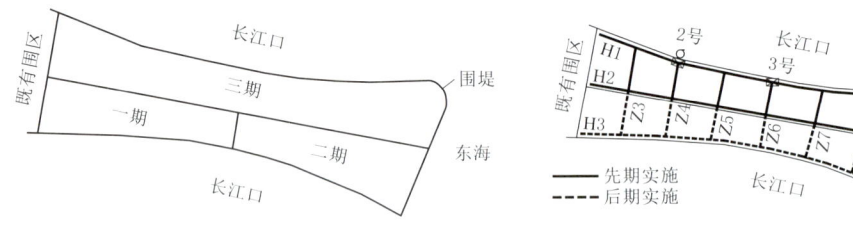

图 1　上海某圈围造地工程示意图　　图 2　围区水系概化示意图

1.2 分析方法

相关研究显示，新围区域根据不同用地性质可采取不同的除涝排水模式，城市化区域采用市政与水利结合的两级排放模式，农业开发区域则采用水利区域除涝模式。新围区域为感潮区域，排水受围外潮位影响较大，受围外高潮位顶托时采用泵站抽排，围外潮位低于水系内水位时趁低潮位由水闸自流排出。根据水系特性，考虑采用水量平衡法和一维非恒定流河网水动力数学模型方法分别进行计算和校验。

1.2.1 水量平衡法

视水系河道为水库，采用水库调节方法，将除涝周期划分为若干计算时段，在任何一个时段 Δt，进入水系河道的水量 $Q_入$（即降雨量）与流出水系河道的水量 $Q_出$ 之差，等于水系河道内这一时段内蓄水量变化 ΔV，即

$$\Delta V = Q_入 - Q_出 \tag{1}$$

其中

$$Q_入 = iA\Delta t \tag{2}$$

式中　i 为降雨强度；A 为汇水面积。因排涝期均为暴雨期，蒸发、渗漏等损失量较小，为安全起见可不考虑。

$Q_出$ 根据泵站抽排和水闸自排分别考虑，当水系河道水位低于围外潮位时，采用泵站抽排量 $Q_{出·泵}$；当水系河道水位高于围外潮位时，采用水闸自排流量 $Q_{出·闸}$，并按宽顶堰公式计算，即

$$Q = \mu_0 Bh\sqrt{2gh}\,\Delta t \tag{3}$$

式中 B 为水闸宽度；μ_0 为综合流量系数，平原地区水闸一般取 0.34～0.35。

水系河道蓄水量变化 ΔV 根据起调水位时的总河道水面积 $\sum S$ 和蓄水水深变化 Δh、河道长度 L 计算，公式为

$$\Delta V = \sum S + 2m\Delta h L \Delta h \tag{4}$$

式中 m 为河道边坡坡比。

按上述系列公式，在 Excel 表中以 0.5h 或 1h 时间步长建立水系排涝计算过程，进行循环迭代计算，直至收敛。

1.2.2 河网水动力数学模型法

采用一维非恒定流水动力学方法建立河网模型，其基本方程为

$$\frac{\partial A}{\partial t} + \frac{\partial Q}{\partial x} = q \tag{5}$$

$$\frac{\partial Q}{\partial t} + \frac{\partial}{\partial x}\left(\frac{Q^2}{A}\right) + gA\frac{\partial h}{\partial x} + g\frac{Q|Q|}{C^2 AR} = 0 \tag{6}$$

式中 A 为河道过水面积，m^2；t 为时间，s；Q 为流量，m^3/s；x 为沿河距离，m；h 为水位，m；R 为水力半径，m；C 为谢才系数，$m^{1/2}/s$；g 为重力加速度，m/s^2；q 为单位河长侧向入流量，流入为正，流出为负，m^2/s。

对式（5）和式（6）采用 Preissmann 四点隐式差分格式进行数值离散，按每个节点的水量平衡解线性方程组。河网水系侧向流入量 q 为围区降雨河网分区汇水量，就近汇入河道。外河水位边界条件采用潮位过程。谢才系数 C 由糙率系数计算，糙率系数根据河道特性取 0.018～0.025。流量 Q，当水闸自排时，按宽顶堰公式计算；当泵站抽排时，按泵站设计流量计算。

1.3 计算边界条件

根据规划要求，围区除涝标准按照 20 年一遇 24h 设计面暴雨情况下不受涝，河道水位以最高 2.70m 控制，围区外潮位采用设计暴雨同步潮位过程。

1.3.1 雨型潮型组合

分别采用 "63 年" 雨型潮型组合（图 3）和 "麦莎" 雨型潮型组合（图 4）进行计算论证。另外，由于运行期台风、暴雨、高潮 "两碰头" 或 "三碰头" 的情况较少，需复核经常性不利雨型潮型组合情况（简称运行期雨型潮型组合）。拟定多年平均高潮位（3.30m）与多年平均低潮位（0.84m）组合的潮型，并与 "麦莎" 台风期间的暴雨雨型进行组合，潮型相位与 "麦莎" 期间潮型相位相同，如图 5 所示。

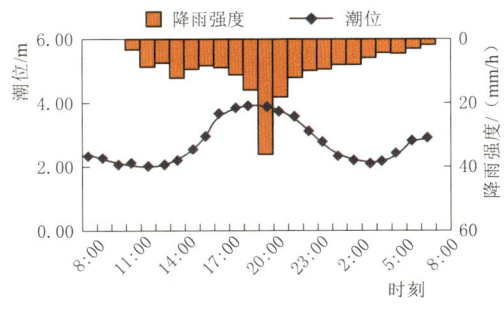

图 3 "63 年" 雨型潮型组合

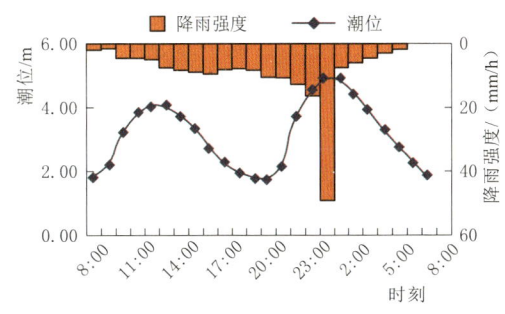

图 4 "麦莎" 雨型潮型组合

1.3.2 起调水位

规划水系控制水位为 1.70～2.70m，常水位为 2.20m，所以设计除涝规模计算按规划预降的最低

水位1.70m作为起调水位。考虑到降雨前可能未及时预降和避免预降后无充分降雨量，取用2.20m与2.00m作为校核工况起调水位。设计工况下河网模型计算的最高瞬时水位分布，如图6所示。

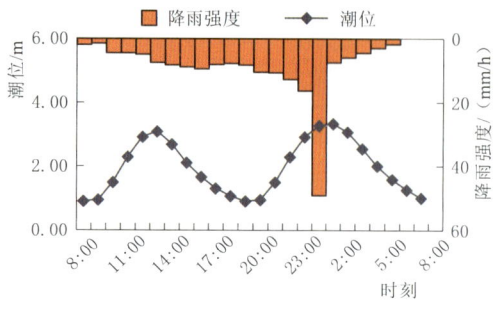

图5 运行期雨型潮型组合

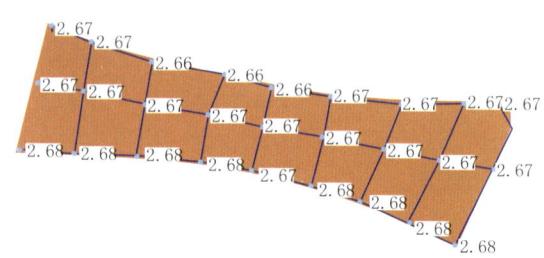

图6 设计工况下河网模型计算的最高瞬时水位分布（单位：m）

1.4 研究工况

根据围区大小和工程经验，初拟在围区北侧2号和4号位置设排涝泵站与水闸组合枢纽，3号和5号位置单设排涝水闸（图2）。其中，2号和4号泵站的初始计算流量均为40m³/s，以后以5m³/s逐级递加；4座水闸初拟净宽均为10m，以后以2m逐级递加。计算的目的主要是确定在既定"63年"雨型潮型组合和"麦莎"雨型潮型组合，以及1.70~2.70m控制水位情况下合适的泵站排涝流量和水闸宽度。根据上海地区泵站与水闸建设投资情况，以及节能运行要求，运行期应尽量采用水闸排水，所以泵闸规模确定需综合运行期雨型潮型组合情况下的要求。另外，考虑暴雨前未及时预降水位，需计算起调水位为2.00m或2.20m的情况，校核水系最高水位，判定风险。由于实施进度原因，所有骨干水系实施完成，但田间水系和蓄淡水湖泊不能同步实施，所以复核设计雨型潮型组合情况下河道最高水位情况。综合上述要求，拟定计算的工况见表1。

表1 拟定计算的工况

工 况	雨型潮型组合	具体运行模式
设计工况	"63年"雨型潮型组合	预降至1.70m＋泵闸排
	"麦莎"雨型潮型组合	预降至1.70m＋泵闸排
运行工况	运行期雨型潮型组合	预降至2.20m＋泵闸排
	运行期雨型潮型组合	预降至2.00m＋泵闸排
	运行期雨型潮型组合	预降至2.00m＋仅闸排
校核工况	"63年"或"麦莎"雨型潮型组合	起调水位2.20m＋泵闸排
	"63年"或"麦莎"雨型潮型组合	起调水位2.00m＋泵闸排
近期工况	"63年"或"麦莎"雨型潮型组合	预降至1.70m＋泵闸排
	"63年"或"麦莎"雨型潮型组合	预降至2.00m＋泵闸排
	"63年"或"麦莎"雨型潮型组合	预降至1.70m＋仅闸排

2 结果分析

2.1 排水规模初选

经试算，在设计工况下，不论"63年"雨型潮型组合还是"麦莎"雨型潮型组合，2号和4号泵站均采用设计流量 $40m^3/s$ 不能满足最高水位控制在 2.70m 以内要求，而采用较大设计流量又不经济，比较合适的设计流量为两泵站均采用 $60m^3/s$ 与 4 座均大于 12m 的水闸组合。

2.2 计算方法对比

对确定的泵站和水闸规模（2 座泵站总流量为 $120m^3/s$，4 座水闸总宽 48m），采用水量平衡法和河网水动力数学模型方法分别计算，结果显示，设计工况下河网水动力数学模型方法计算的最高瞬时水位在围区水系的分布基本一致，最高与最低值仅差 2cm（图 6）。水量平衡方法计算的全围区水系水位为定值。所以，在本工程范围大小相近的河网水系内，采用两种方法分析均可满足工程精度要求。为减少计算工作量，以下采用水利平衡法计算成果进行比较分析。

2.3 雨型潮型组合影响

为分析"63 年"雨型潮型组合与"麦莎"雨型潮型组合对内河水位影响，以 2 座泵站总流量 $120m^3/s$ 和 4 座水闸总宽 48m 为口门建筑排水规模，采用设计工况计算分析。结果显示：虽然在 24h 内两种雨型潮型组合情况下的最高水位未超过 2.70m，但 24h 末内河水位均高于常水位 2.20m，所以延长计算时间 6h，期间泵站抽排和水闸自排仍按前述原则运行，计算结果如图 7 所示。结果显示：

（1）"63 年"雨型潮型组合情况下，内河最高水位为 2.63m；24h 末泵站排水总量为 734.4 万 m^3，水闸排水总量为 222.9 万 m^3，期末内河最高水位 2.56m；30h 末泵站排水总量为 864 万 m^3，水闸排水总量为 273.6 万 m^3，期末内河最高水位 2.35m。期间，2.50m 以上高水位持续时间约 12h，水泵排水约 20h，水闸排水约 7h。若要将内河水位降低至常水位 2.20m，水闸还需开启排水 2h，泵站还需抽排 3h。

（2）"麦莎"雨型潮型组合情况下，内河最高水位为 2.68m；24h 末泵站排水总量为 734.4 万 m^3，水闸排水总量为 234.4 万 m^3，期末内河最高水位 2.45m；30h 末排水总量为 907.2 万 m^3，水闸排水总量为 275.0 万 m^3，期末内河最高水位 2.28m。期间，2.50m 以上高水位持续时间约 8h，水泵排水约 21h，水闸排水约 8h。若要将内河水位降低至常水位 2.20m，泵站还需运行 2h。

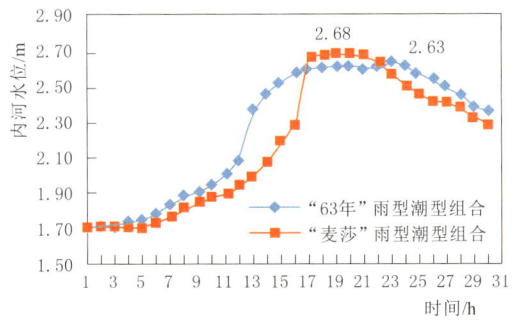

图 7 设计工况不同雨型潮型组合内河水位过程线

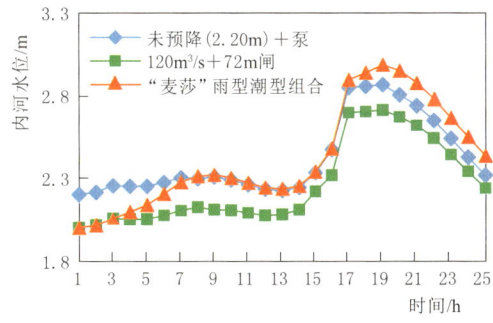

图 8 运行期不同排水模式下内河水位过程线

可见，"麦莎"雨型潮型组合情况下内河最高水位较"63 年"雨型潮型组合情况下略高，而高水位持续时间"63 年"雨型潮型组合情况下要长于"麦莎"雨型潮型组合情况。

另外，为分析雨型潮型组合相位差对水系水位影响，以"麦莎"雨型潮型组合为原型，将雨型和潮型分别前后移动 1h 组合，再次计算水系水位。结果显示：内河水系最高水位分别为 2.63m 和 2.68m，均较"麦莎"雨型潮型组合下的水系最高水位要低。

2.4 运行期节能对口门建筑物规模影响

以 2 座泵站总流量为 $120m^3/s$ 和 4 座水闸总宽 48m 试算，在内河常水位 2.20m 状态下突降暴雨，采用泵闸联合排水，内河水位较高，难以满足最高水位控制在 2.70m 以内要求，须调整水闸和泵站规模。

若常水位 2.20m 时突降暴雨，采用泵闸联合排水，2 座泵站规模保持不变，将 4 座水闸总宽增加至 72m，内河水位最高达到 2.86m（图 8）；将 4 座水闸总宽增加至 96m，内河水位可控制在 2.70m 以内；若仅采用水闸排水，且需控制最高水位不超过 2.70m，需将水闸总宽增加至 120m 以上。

若提前将水位预降至 2.0m，采用泵闸联合排水，2 座泵站规模保持不变，将 4 座水闸总宽增加至 72m，内河水位可控制在 2.70m 以内（图 8）；若仅采用水闸排水，内河水位最高达 2.98m。

2.5 适宜的除涝规模确定

由上述分析，无论"63 年"雨型潮型组合，还是"麦莎"雨型潮型组合，受外河潮位顶托，利于水闸自流排水的时间均较短，且水位差不大，水闸自排水量有限，所以要控制水系最高水位主要依靠泵站抽排，泵站的规模应以设计工况下相应设计标准的雨型潮型组合计算结果来确定。但是，运行期经常性情况是低潮位较低，水闸排涝时间较长，且排涝流量较大，可为节能要求尽量减少泵站运行提供可能，水闸规模应以经常性的雨型潮型组合确定。

根据计算，泵站的规模以 2 座泵站总流量 120m³/s 较适宜，4 座水闸总宽 48m 在设计工况下可满足控制设计周期内最高水位要求，但运行期遭遇暴雨情况的不利雨型潮型组合情况下，内河水位较高。在常水位 2.20m 情况下，水闸总宽增加至 72m，最高水位还是超过控制要求，但风险可基本接受（超最高控制水位 0.16m，但未超场地标高 3.00m）；若暴雨前微降内河水位至 2.00m，则基本可满足最高水位控制要求。所以，推荐采用 2 座泵站总流量 120m³/s 加 4 座水闸总宽 72m 作为水系口门控制建筑物规模。

2.6 "两碰头"前水系水位未预降影响

根据推荐的泵闸规模，计算结果显示，在遭遇暴雨和高潮位的"两碰头"情况下，水系水位若未提前预降，但开始暴雨时能及时开始泵站排水，最高水位将达到 2.98m，若暴雨前微降内河水位至 2.00m，则最高水位为 2.71m，基本满足最高水位控制要求。

2.7 近远期实施对水系水位影响

根据计算，在田间水系和蓄淡湖泊尚未建成时，若提前预降水系水位至 1.70m，水系最高水位将达到 3.00m；若未能提前预降水系水位（常水位 2.20m），水系最高水位将达到 3.28m；若提前预降水系水位至 1.70m，但仅依靠水闸排水，水系最高水位将达到 3.51m；若不提前预降水系水位，且仅由水闸自排，水系最高水位将更高。

3 讨论

3.1 感潮圩区除涝标准表达方式

对于治涝标准，《治涝标准》（SL 723—2016）除规定了"应同时以设计暴雨重现期、设计暴雨历时、涝水排除时间和涝水排出程度等指标表示"，还对感潮承泄区提出了"采用 2~5 年重现期排涝期高潮位或 5~10 年一遇排涝期平均潮位作为设计水位"，"有条件时应选择相应排涝期的典型潮位过程线，并分析涝区涝水与潮水的遭遇条件，考虑天文潮的不利组合因素分析确定"，所以，感潮圩区除涝标准应包括设计暴雨重现期、设计暴雨历时、涝水排除时间、涝水排除程度、设计潮位与过程等指标。

从上述计算分析看，设计暴雨过程（雨型）与设计潮位过程（潮型）组合对感潮圩区除涝规模的确定影响较大，在确定除涝标准时建议明确。

3.2 暴雨历时延长和双峰暴雨的风险

对于设计暴雨历时和涝水排除时间，《治涝标准》（SL 723—2016）规定一般取 24h 降雨 24h 排除。但由于气候因素，连续降雨导致围区受涝和引起水工建筑物失事的现象也较多。历史上"75·8"石漫滩水库垮坝事件就是由于降雨历时较长，并发生"双峰"暴雨。1975年8月4日11:00开始降雨，5日降雨强度增大，6日降雨减弱，7日降雨强度再次增大，8日1:00降雨减小，5:00雨停，总降雨量1074.4mm。另外，有研究表明，上海地区年最大1天和3天设计暴雨同频遭遇风险率在75%~85%之间，且同现风险率随年最大1天设计暴雨值增大而增加。若发生大于24h降雨历时的"双峰"暴雨，在第一个24h降雨后，水系水位未排除至设计水位，再次遭遇大暴雨时，就可能发生圩区受涝风险。因此，在确定除涝标准时，若能考虑最大1天和3天降水量的遭遇组合，则有利于降低除涝风险。

3.3 涝水排出程度对除涝规模影响

上述结果显示，在设计工况确定的泵闸规模情况下，按照最高水位不超过控制水位的涝水排出标准，24h末内河水位均高于常水位。若按照24h末内河水位控制为常水位标准，在水闸规模不变（因设计雨型潮型组合情况下水闸发挥作用较小）情况下，泵站规模需增加至 $165m^3/s$，约增加37.5%；若按照24h降雨24h排出，即24h末内河水位降至预降水位（为降低"双峰"暴雨受涝风险），则在水闸规模不变情况下，泵站规模需增加至 $260m^3/s$，约增加117%。所以，在平原感潮圩区的涝水排出程度确定对除涝规模影响较大。

3.4 预降可能性及其风险

在平原地区，为尽量降低除涝设施规模，水利规划部门经多方案计算分析，拟定了最低预降水位和最高控制水位，以合理增加河道调蓄量和控制河道堤防高度。由于平原地区河网密布，许多河道承担了通航功能，受通航能力影响，河道又有通航最低水位要求，且一般高于水利除涝最低控制水位，因此实际运行时河道低水位又受通航影响，在预报降雨前预降河道至水利规划最低水位较难。另外，由于预报降雨准确性和河道运行管理部门对预降水位的控制准确性，很难在暴雨来临前将河道水位预降至规划低水位。因此，受多种因素影响，在真正遇到设计工况情况时，河道水位超过规划最高水位的可能性就较大。

3.5 水面率和用地性质变化影响

水面率是控制河道调蓄量的重要指标。适宜的水面率不仅有利于防洪除涝，而且对城市生态环境起着重要作用。《城市水系规划导则》（SL 413—2008）提出了各区域适宜的水面率控制要求。在新圈围成陆地的区域更应在规划阶段控制水面率，进而减小除涝设施规模，减轻洪涝灾害风险。

随着社会经济发展，土地利用性质会发生变化，尤其是原农业用地、绿化用地转化为建设用地以后，地面硬化，透水性减弱，导致径流系数增加，进而影响降雨产流过程，暴雨产生的峰值径流量增大，尤其是按照短历时暴雨设计的管渠规模将会增大。由于水利除涝采用24h以上降雨历时，所以对采用水利除涝模式计算的除涝规模影响较小。

4 结语

（1）在约 $100km^2$ 区域内，采用水量平衡方法和河网水动力数学模型两种方法，分析计算水系河道水力要素和除涝设施规模，均可满足工程精度要求。

（2）不同雨型潮型组合情况下内河最高水位和高水位持续时间不同，"麦莎"雨型潮型组合情况下内河最高水位较高，而"63年"雨型潮型组合情况下高水位持续时间较长，后期河道水位也较高。

（3）设计雨型潮型组合情况下，泵站强排对控制内河水系最高水位影响较大，但为减少运行期能耗，应尽量加大水闸规模，利用水闸自流排涝。

（4）暴雨前预降内河水位，增加河道调蓄量，对降低除涝设施规模有利，但需考虑河道水位预降可能性及其风险。

（5）平原感潮圩区除涝标准涉及设计暴雨重现期、设计暴雨历时、涝水排除时间、涝水排出程度、设计潮位与过程，尤其雨型潮型组合对除涝规模影响较大。

参考文献

[1] 侯庆志，季荣耀，左利钦，等. 曹妃甸海域围填海工程动力地貌环境遥感分析 [J]. 水利水运工程学报，2013（3）：1-7.

[2] 袁汝华，张长宽，林康，等. 江苏滩涂围区功能及产业布局分析 [J]. 河海大学学报（自然科学版），2011，39（2）：220-224.

[3] 季永兴，卢永金，姚华生. 浦东国际机场围海大堤龙口水力数学模型研究 [J]. 水利水电科技进展，2000，20（6）：36-38.

[4] 王留洋，沈永明. 温州浅滩围涂工程对周边水动力环境的影响 [J]. 水动力学研究与进展：A辑，2014，29（1）：67-75.

[5] 王震，邰佳爱，张东生. 东壁岛围垦对元洪港区潮流及泥沙淤积影响的数值模拟 [J]. 河海大学学报（自然科学版），2003，31（2）：220-223.

[6] 贾卫红，李琼芳. 上海市排水标准与除涝标准衔接研究 [J]. 中国给水排水，2015（15）：122-126.

[7] 唐迎洲. 不同暴雨等级下崇明岛除涝能力评估 [J]. 水资源保护，2011，27（3）：42-44.

[8] SHZHZPURE S S, ELDHO T I, RAO E P. Flood simulation in an urban catchment of Navi Mumbai City with detention pond and tidal effects using FEM, GIS, and remote sensing [J]. Journal of Waterway, Port, Coast and Ocean Engineering, 2011, 137（6）：286-299.

[9] KULKARNI A T, ELDHO T I, Rao, E P, et al. An integrated flood inundation model for coastal urban watershed of Navi Mumbai, India [J]. Nature Hazards, 2014, 73（2）：403-425.

[10] 胡泽浦. 2005年"麦莎"和"卡努"台风影响上海的特点分析及对策建议 [J]. 城市道桥与防洪，2007（4）：9-14.

[11] 虞美秀，杭庆生，贾卫红，等. 上海市设计潮位及典型过程推求 [J]. 人民长江，2015，46（增刊1）：77-79.

[12] 刘水芹，季永兴. 平原城市化区域雨水二级排放规模的确定 [J]. 灌溉排水，2000，19（4）：45-48.

[13] 谢华，黄介生. 平原河网地区城市两级排涝标准匹配关系 [J]. 武汉大学学报（工学版），2007，40（5）：39-42.

[14] 吕列民. 平原水闸泄流能力计算与试验 [J]. 南昌大学学报（工科版），2005，27（3）：30-33.

[15] 吴旭. 石漫滩水库的"75·8"事件 [J]. 中国防汛抗旱，2005（3）：27-37.

[16] 曾明，张雨风，李琼芳，等. 上海市不同历时暴雨组合概率研究 [J]. 水资源保护，2015，31（4）：82-86.

基于潮汐影响下的人工岛内河常水位的确定

谢先坤

（上海市水利工程设计研究院有限公司，上海　200061）

【摘　要】 针对人工岛四周砂质堤透水性强，内河水位受外河潮位影响显著的问题，为避免人工引排需选定合理的人工岛内河常水位。通过建立非稳定渗流模型，进行了渗流场与渗流量随潮位变化关系研究。选取外河典型潮位，采用分段求和法计算在一个潮汐周期内各种拟定的内河水位的净渗流量，对应净渗流量为零的内河水位即为最佳河道常水位，为内河河道规模及岛内吹填地面高程的确定提供了基础。

【关键词】 潮汐；人工岛；常水位；非稳定渗流；渗流量；分时段求和

为加强滩涂资源开发利用与保护，科学合理利用深水航道治理疏浚土方，对大型江河出口高滩进行围护与滩地抬升形成生态人工岛。考虑人工岛内防汛排涝及生态景观用水，需在岛内布置相应河道，通常在围堤内侧设置随塘河。河道水位直接影响滩涂地下水位及滩地填筑高程，进而影响工程投资及后期的农业生产与建筑物建设安全。

随塘河隔着围堤与外河相邻，由于围堤堤基表面多为粉砂土，堤身采用吹填袋装砂和堤芯砂构成，渗透性强，海堤工程受潮汐涨落作用明显，海水在一次潮汐中会发生快速上升或下降，相比于一般堤防工程与内河水库大坝的渗流规律不同，且围堤一般不设防渗墙，内外河连通，内外水位联系密切。内外水位差与堤身水体渗流大小及方向随外河潮起潮落呈周期性变化，围堤渗流是典型的非稳定渗流。

内河河道水位除与河道规模、引排水口门建筑物规模、吹填后围区地面高程等相关外，还受外河潮汐制约，因此需根据外河潮位通过非稳定渗流分析确定合理的内河常水位，以使一个典型的潮位周期内河道渗出与渗入的水量基本平衡，避免人为的引排水，减少工程运行费用。根据既定的常水位确定河道规模，按照地下水位毛细高度及安全超高确定滩地吹填高程。

本文以横沙东滩水系工程为例，根据运行期典型潮位，初拟几种内河水位，按照非稳定渗流模型，采用分时段求和法进行渗流量分析，找出渗入渗出量基本平衡的一种内河水位，即可作为内河设计常水位。

1　工程概况

横沙东滩滩涂整治工程总的新成陆面积约 87.9km²，用地性质为农业与高端服务业，区域南、北、东三方均为长江，是典型的人工江心岛。为保证区域防洪除涝安全，成陆区设置"三横十纵骨干河道、四湖及五水（泵）闸"的总体水系布局，具体见图1。内外河通过5座水（泵）闸进行水体交换，达到防洪排涝及引淡等水资源调度目的。

外围均为充泥管袋加堤芯砂吹填砂构筑大堤，堤基为沉积粉砂，具有较强的透水性，渗透系数

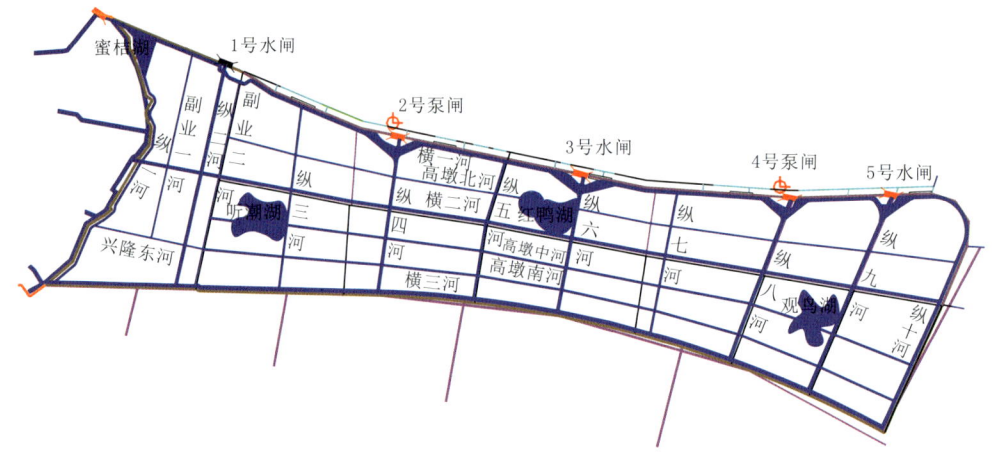

图1 水系工程概化示意图

基本在 1×10^{-3} cm/s，大堤内侧均分布沿堤的随塘河。江心岛外侧为长江口，潮位大致按正弦曲线呈周期性变化，由于堤身堤基透水性大，在内外河水位差作用下产生非稳定渗流，高潮位期间，外河渗向内河；低潮位期间，内河渗向外河，堤身内水形成反复流向。

2 计算方法

2.1 非稳定渗流计算理论

围堤沿堤轴线方向尺寸远大于断面方向尺寸，属于平面问题。土体渗流需满足达西定律、水量平衡方程、初始条件和边界条件，在交变水位作用下的饱和非稳定渗流情况下，土体渗流需满足的方程为

$$\frac{\partial}{\partial x}\left(k_x\frac{\partial h}{\partial x}\right)+\frac{\partial}{\partial z}\left(k_z\frac{\partial h}{\partial z}\right)=(C+S_\omega S_s)\frac{\partial h}{\partial t} \quad (1)$$

式中 h 为总水头；k_x、k_z 分别为土体 x、z 方向的渗透系数；C 为容水度；S_ω 为饱和度；S_s 为单位储水量；t 为时间。

相应的定解条件如下：

初始条件

$$h|_{t=0}=h_0(x,z,t_0) \quad (2)$$

水头边界条件

$$h|_{\Gamma_1}=h(x,z,t) \quad (3)$$

流量边界条件

$$k\frac{\partial h}{\partial n}\Big|_{\Gamma_2}=q(x,z,t) \quad (4)$$

式中 Γ_1 为水头边界；Γ_2 为已知流量边界（包括自由面边界和不透水边界）；n 为边界外法线方向；q 为边界流量；t_0 为初始时刻。

采用有限元离散得渗流有限元基本方程为

$$[K]\{H\}+[M]\left\{\frac{\partial H}{\partial t}\right\}=\{Q\} \quad (5)$$

式中 $[K]$ 为透水系数矩阵；$\{H\}$ 为总水头向量；$[M]$ 为储水量矩阵；$\{Q\}$ 为流量向量。

式（5）对时间进行差分，推导出不可压缩性土颗粒非稳定渗流有限元方程为

$$(\omega\Delta t[K]+[M])\{H_{t+\Delta t}\} = \Delta t(1-\omega)\{Q_t\} + \omega\{Q_{t+\Delta t}\} + \{[M]-(1-\omega)\Delta t[K]\}\{H_t\} \quad (6)$$

求解此方程组,由 t 时刻总水头分布得到下时刻 $t+\Delta t$ 的总水头分布。根据渗流场,得到各点的水力比降及流速分布,以堤顶中心线为基准,取通过该线的单宽流量为该断面渗入渗出量。

2.2 渗流模型的建立

围堤基面高程约 -1.00m,两侧为 $1:3.0$ 的斜坡,堤顶宽 8.0m,外侧在高程 0.00m 及 5.50m 设置镇压及消浪平台,内侧高程在 4.50m 及 1.50m 设置内青坎及河道亲水平台,堤身总宽 132m 总高 10.8m。计算模型地基土深度取 80m,两侧宽度各取 150m,其渗流计算断面及有限元模型分别如图 2 与图 3 所示。

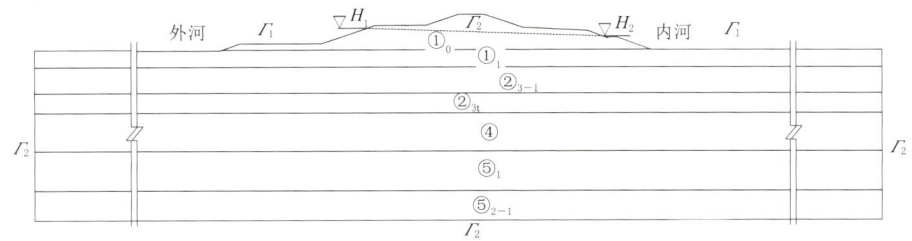

图 2　渗流计算断面图

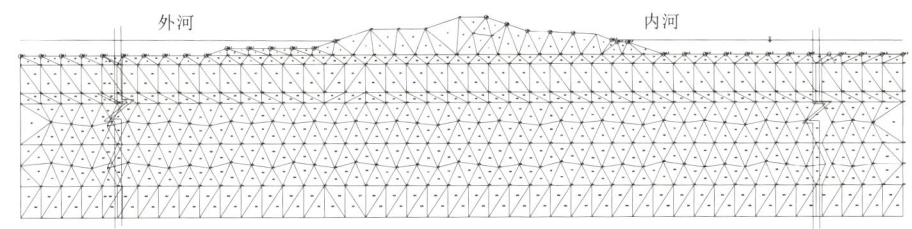

图 3　渗流计算有限元网格图

2.3 渗流计算参数

2.3.1 土体渗透参数

根据地质条件,堤基各层土基本平行,为简化计算,按等厚土层分布计算,各土层主要渗透参数取值见表 1。

表 1　各土层渗透参数取值表

土 层	K_x/(m/d)	K_y/(m/d)	孔隙率 n	饱和度最小值	单位储水量 0.00L/m
①₀ 堤身土	2.35	2.01	0.425	0.78	0.60
①₁ 粉砂	1.30	1.04	0.444	0.80	0.70
②₃₋₁ 粉砂	1.32	0.86	0.521	0.92	0.75
②₃ₜ 粉质黏土夹砂	0.0035	0.006	0.561	0.95	4.00
④淤泥质黏土	0.0006	0.0042	0.506	0.91	7.00
⑤₁ 黏土	0.0017	0.0004	0.461	0.73	0.60
⑤₂₋₁ 粉砂	0.432	0.260	0.470	0.73	0.50

2.3.2 初始条件

内河河道常水位变化较小,可设为常量;外河潮位虽变动,但基本上呈周期性变化。堤防内水头基本上在内外水头分别为内河常水位及外河侧平均潮位组成的渗流场上下波动,故堤内初始水头

$h\mid_{t=0}$ 取该内外水位差作用下的稳定渗流场的水头。

2.3.3 边界条件

内侧河道水面率较大,渗入渗出水量对内河水位变幅相对较小,因此内河水位线以下边界条件 Γ_1 为固定水头边界。外河潮汐属浅海正规半日潮,每次涨潮和落潮大约为 6h,外河多年平均高潮位 3.30m,多年平均低潮位 0.84m,其对应的潮型如图 4 所示。因此外侧水头边界条件 Γ_1 随着时间变动,按照 1h 为一时间段,运行期典型潮位(外河侧边界条件)如图 4 所示。

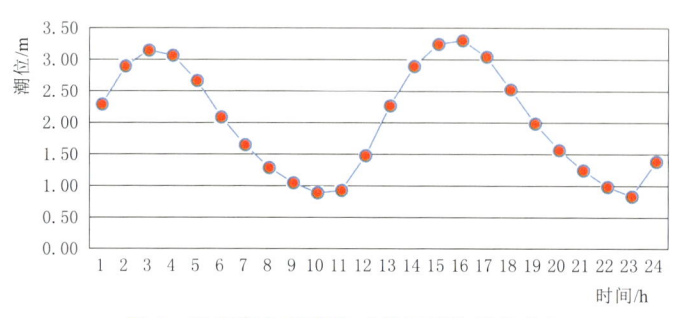

图 4 运行期典型潮位(外河侧边界条件)

地基土两侧及底部考虑到足够的宽度和深度,其流量边界条件 Γ_2 按照不透水处理。

自由面随着外侧潮位变化而变化,采用迭代法求解。该边界除满足计算出的水头边界外,还满足从自由边界流入或流出的边界条件 $\Gamma_2 = \mu \dfrac{\partial h}{\partial t} \cos\theta$($\mu$ 为土体的给水度,θ 为自由面外法线与垂线的夹角)。

3 计算结果分析

3.1 非稳定渗流场分布特征

(1)外河落潮期。外河水位较内河高时,渗流方向总体为外河到内河,逸出点基本上在内河水面处。随着外河水位降低,外河侧浸润线逐渐降低,堤内浸润线最高点大于外河与内河水位,浸润线呈向上凸,说明堤身内水有向内外两侧渗出趋势。随着外河水位进一步降落,堤身浸润线最高点低于内河水位,内河向外河渗透,最后浸润线基本上呈直线形状。由于堤身渗透系数大,堤身较宽,浸润线从外河到内河变化梯度较小。浸润线变化如图 5 所示。

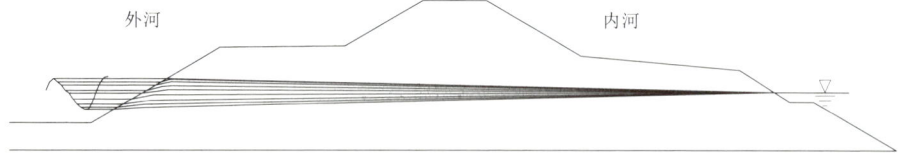

图 5 落潮时堤身内浸润线变化趋势

(2)外河涨潮期。外河水位较内河低时,渗流方向总体为内河到外河,起初浸润线基本上呈直线。随着外河水位升高,当外河水位大于内河时,渗流方向为外河到内河,近外河处浸润线下凹,但内河侧基本上呈直线状。浸润线变化如图 6 所示。

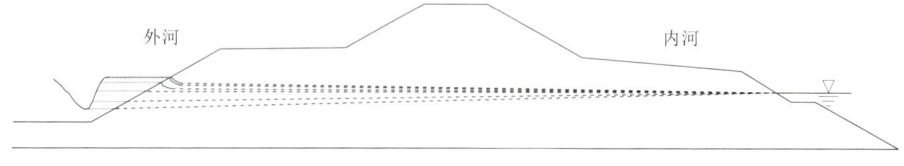

图 6 涨潮时堤身内浸润线变化趋势

（3）渗流量与潮位关系。堤身渗流量与潮位形状基本相同，但相位落后于潮位。外河潮位大于内河水位时，外河向内河渗漏（渗流量为正），随着潮位升高，向内河渗流量增加；外河潮位低于内河水位时，内河向外河渗漏（渗流量为负），随着潮位降低，向外河渗流量增加。

3.2 常水位的确定

拟定内河几种常水位（1.90m、2.00m、2.10m、2.20m、2.30m、2.40m、2.50m）按照上述方法采用有限元法计算一个典型潮汐期间各时段的渗流量，计算成果如图8所示。对各种内河水位分时段求和得到一个潮汐周期内总的渗流量，当渗出与渗入量基本相同即净渗流量为零时，如图9所示，本工程将2.20m作为内河常水位。

浸没临界地下水位埋深包括土壤毛管水上升带高度和安全超高值，本区域滩地作为农业用地，为砂质土地区，农作物要求最小地下水位埋深0.6~0.9m，因此确定本工程围区吹填地面高程为3.1m。

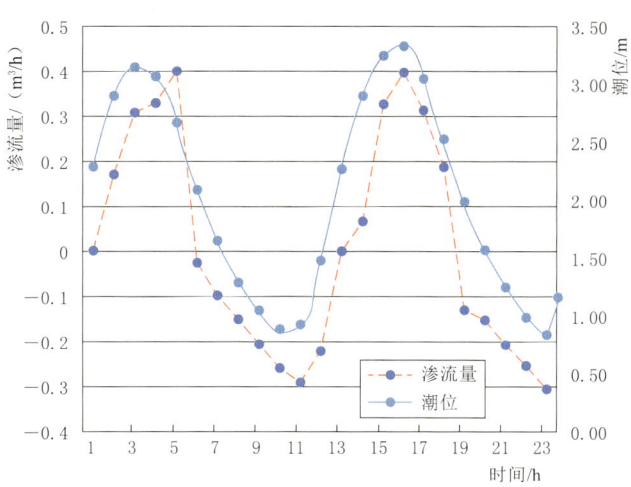

图7 典型潮汐时段潮位与渗流量关系图

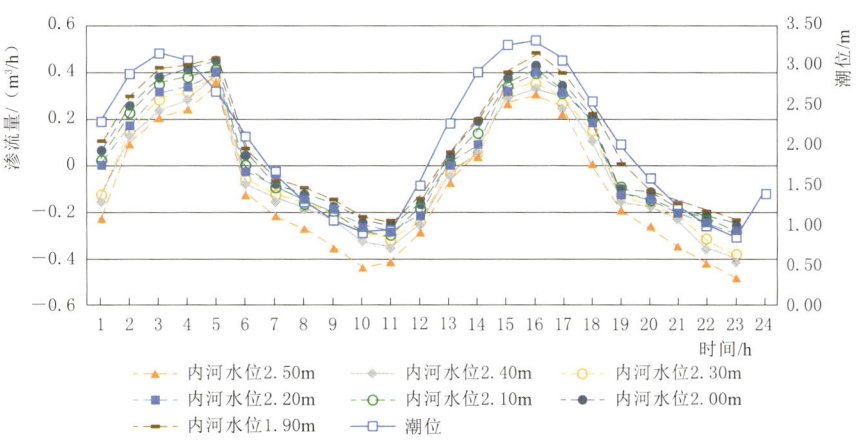

图8 不同内河水位的渗流量过程线

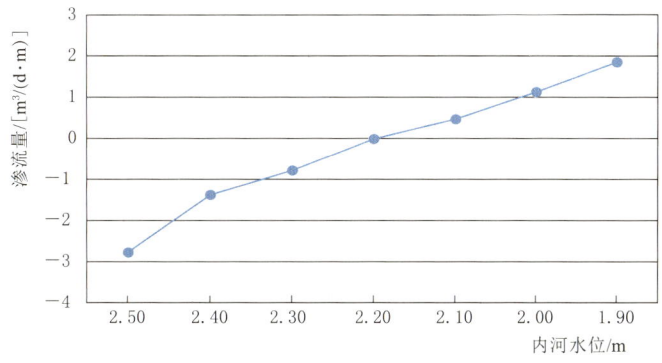

图9 不同内河水位与一个潮汐周期内
净渗流量关系图

4　结语

（1）本文针对外河潮汐涨落提出围堤不稳定渗流计算方法，总结了潮位涨落流场分布特征：落潮期堤内浸润线最高点大于外河水位，近外河处浸润线呈向上凸，近内河处呈直线；涨潮期当外河潮位低于内河水位时，浸润线基本呈直线，当外河潮位高于内河水位时近外河处浸润线下凹，内河侧基本上呈直线状。

（2）渗流量与潮位形状基本相同，在堤内形成反复流，但相位落后于潮位。

（3）根据拟定的几种内河水位，分段求和一个典型潮汐周期内净渗流量，对应净渗流量为零的内河水位作为河道常水位，进而确定滩地吹填高程，利于工程运行管理。

参考文献

[1] 林奇，王伟，王颖，等. 潮位涨落过程中海堤渗流及稳定性分析 [J]. 人民长江，2011，42（3）：83-87.
[2] 李聪磊，黄铭. 潮汐影响下的海堤渗流场-应力场耦合分析 [J]. 人民黄河，2015，37（8）：39-42.
[3] 王盛宝，闫滨. 土石坝饱和渗流逸出面求解方法的探讨 [J]. 水电能源科学，2017，35（6）：67-69.
[4] 毛昶熙，段祥宝，李祖贻，等. 渗流数值计算与程序应用 [M]. 南京：河海大学出版社，1999.
[5] 李子阳，马福恒，张湛，等. 土石坝饱和渗流逸出面求解方法的探讨 [J]. 人民黄河，2019，41（1）：106-110.
[6] 鞠程炜，郝嘉凌，杨晓松. 台州东部新区围区海水入侵抗渗计算 [J]. 武汉大学学报（工学版），2018，51（5）：394-400.
[7] 江春波，梁东方. 堤防在交变水位作用下的二维渗流分析 [J]. 水利水电技术，1999，30（5）：9-10.
[8] 谢潇，朱文渤，郭海强，等. 潮汐与降雨对滨海湿地下水位的影响 [J]. 复旦学报（自然科学版），2013，52（12）801-805.
[9] Fu Junfeng, Jin Sheng. A study on unsteady seepage flow through dam [J]. Journal of Hydrodynamics，2009，21（4）：499-504.

新疏浚土吹填地区开挖成河方案探讨

张杨杨　谢先坤

（上海市水利工程设计研究院有限公司，上海　200061）

【摘　要】　针对新疏浚土吹填地区开挖成河容易产生边坡滑移问题，本文结合工程实例，在分析新疏浚吹填土物理力学特性的基础上，提出满足河道开挖的经济合适的地基处理措施与施工方案，并对成河方案进行土体固结度、物理力学性质、开挖安全性三方面定量评价。经分析，经堆载预压联合塑料排水板处理，土体物理力学指标大幅提升，边坡稳定满足要求。

【关键词】　新疏浚土；吹填；开挖成河；地基处理

1　引言

为了因势利导整合水流、稳固长江入海口处边滩，避免航道疏浚土外抛大海对环境的影响，并缓解城市发展用地紧张局势，采用疏浚淤泥吹填浅滩成陆。为加快新成陆区土地利用、解决防洪排涝及生态建设需要，新成陆区需修建蓄排水河道。但新疏浚土含水量高、孔隙比大、压缩性高、强度低，常规方法成河开挖难度大，易产生流土及边坡坍塌现象，影响工程进度及质量。

在吹填土上修建储油罐、房屋、厂房等建筑物已有很多成功案例。在吹填土的特性研究中，室内及现场试验、数值模拟等方面也研究广泛。闫澍旺等（2010）采用大直径原状试样进行了三轴不固结不排水蠕变试验，研究了滨海新区吹填土的蠕变变形的规律性；雷华阳等（2012）开展了不同加荷方式下滨海典型软土和围海造陆吹填土的蠕变特性试验对比研究；陈晓平等（2001）通过数值模拟方法分析了软黏土的固结、弹性、塑性、蠕变等基本性质的耦合效应及考虑土体的蠕变对边坡稳定的影响。目前也已总结出不少吹填土地基加固处理方法，分为物理加固和化学加固两类。物理方法有强夯法、砂石桩法、堆载预压法及真空预压法等；化学加固方法有深层搅拌、粉喷桩法、淤泥固化等。

新疏浚土吹填成陆地区开河工程较少，该方面研究鲜见，且河道为线性工程，采用一般地基处理方法，工程费用较大。本文在研究新疏浚吹填土物理力学特性的基础上，提出满足河道开挖的经济合适的地基处理措施与施工方案，并通过工程实践加以总结积累，可为类似工程提供参考。

2　新疏浚吹填土物理力学特性分析

吹填土是由海相淤泥经吹填机械松动、扰动、与水混合成泥浆后从管道吹至场区、重新淤积、沉淀而成。其沉积过程通常可分为水流冲蚀、动力扩散沉积、静水沉积、失水固结等四个阶段。由于水力吹填和颗粒分选作用，吹填区在管口附近形成由粗颗粒组成的扇状微三角洲，三角洲前部有一处深槽，为混合水流的主要通道，三角洲以外的吹填土以细颗粒为主。吹填后场地标高为中间低、四周高，三角洲前缘呈锯齿状并逐渐过渡为淤泥层。

本文结合上海某滩涂治理成陆工程分析新疏浚吹填土物理力学特性。为确保围区防洪排涝安全，该工程在围区内需实施水系河道工程，包括横一河、横二河、纵三～纵十河共10条河道（图1）。

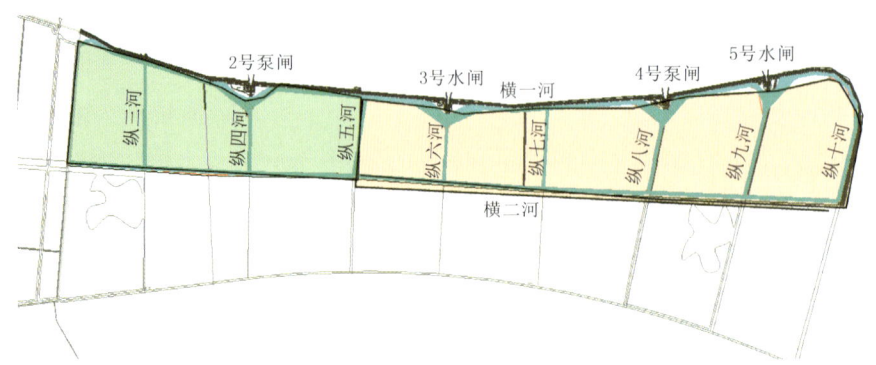

图1　某滩涂治理工程新成陆区河道平面布置图

场地内表层主要特殊性土层为：新近沉积层①$_a$层吹填土（砂质粉土）、①$_b$层吹填土（淤泥质黏土）、④层灰色淤泥质黏土。其中①$_b$层、④层土含水率高、孔隙比大、压缩性高，土性软弱，未完全完成排水固结。根据该区域地勘参数，采用阿别列夫经验公式分析吹填土的压密状态，计算出吹填土的超固结应力比 $OCR<1$，为欠固结土；根据土体固结试验，压缩性属中等。

新吹填土①$_a$层主要集中在围区南侧（横二河）处，①$_b$层分布于横二河以北。粒径分布表明疏浚土从管口出来后，颗粒大的土体在重力作用下先沉积固结，颗粒小的在水流作用下流到远处再沉积固结。近吹填口处吹填土颗粒大、重度大、孔隙比小、含水量低、强度高。吹填土颗粒分析见表1，吹填土物理力学特性见表2。

表1　吹填土颗粒分析表

土层名称	0.25～0.075mm	0.075～0.005mm	<0.005mm
①$_a$	62%	34.5%	3.5%
①$_b$	7.1%	80.6%	12.3%

表2　吹填土物理力学特性表

土层名称	重度/(kN/m³)	含水量/%	压缩模量/MPa	固结快剪	
				c/kPa	Ψ/(°)
①$_a$	18.5	29.3	9.26	5	29.5
①$_b$	16.5	53.8	1.86	10	9.5

3　开挖成河方案

新疏浚吹填土含水量高、尚未固结、土体强度低，为保证河道开挖边坡稳定，需对拟成河道边坡地基加固处理，主要是采取措施加快土体固结速率。新疏浚土固结与排水速率密切相关，不同地基处理方案直接影响到排水的快慢，因此新疏浚土吹填地基加固处理需考虑多方面的因素，综合技术和经济条件，针对疏浚吹填土的物理力学性质，选择最为合适的加固处理方案。本工程因吹填土及地基土均含粉细砂，难以形成抽真空条件，且河道开挖有大量土源可作为加载，经方案比选采用堆载预压联合塑料排水板加固土体。

根据拟开挖的河道边坡，初步计算边坡的稳定性，根据滑弧的进出口位置确定垂直河道方向处理范围。水平排水体采用通长砂袋,覆盖拟加固吹填土体平面范围;竖向排水体采用塑料排水板,穿过拟加固的吹填土体,与水平排水设施连接在一起,确保排水通畅;加载系统利用拟开挖河道内及岸侧周边土体,经济便利。

考虑堆载土源为河道内及周边围区的吹填土,难以堆压成形,先在水平排水设施通长管袋两侧堆填冲泥管袋棱体围堰成库,以支挡作为堆载作用的吹填土,再充泥至库。围堰内吹填土高度根据被加固土体性质及河道开挖进度确定,水平排水结构上部两端围堰顶高程不低于围堰内吹填土顶高程。待拟建河道岸坡处土体加固达到设计强度后,拆除上部堆载土体,按照设计边坡进行河道开挖,实施河道护坡护底结构。堆载预压法加固处理如图2所示。

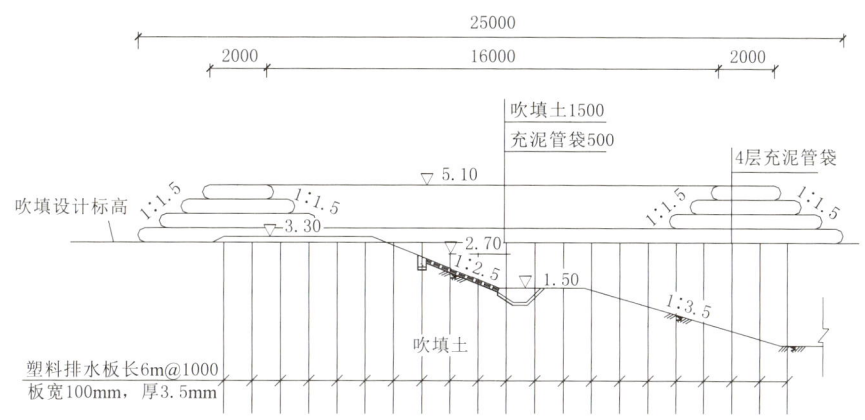

图 2 堆载预压法加固处理图(水位、高程以 m 计,其余尺寸以 mm 计)

开挖成河施工方案如图3所示,其中:一是铺设水平排水通长管袋,两侧构筑管袋棱体子围堰,开挖河道中间①区的土方回填于②区堆载预压;二是达到设计强度后挖除②区堆载土体;三是按设计边坡开挖③区土方;四是采用挖泥船疏浚开挖④区土方。

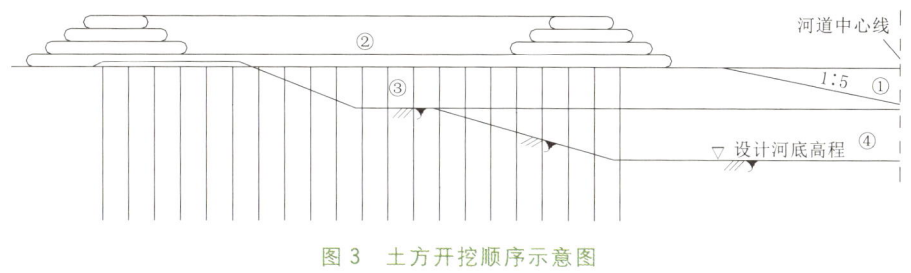

图 3 土方开挖顺序示意图

4 成河方案评价

4.1 地基处理方案数值模拟

采用 Plaxis 对堆载时间和堆载后效果进行数值分析计算,选用高级土体本构模型 HS 模型,固结基本方程使用 Biot 理论。渗流问题采用达西(Darcy)定理,假设土骨架弹性变形,且基于小应变理论。根据太沙基(Terzaghi)原理,土中的应力分为有效应力和孔隙压力,即

$$\sigma = \sigma' + m(p_{steady} + p_{excess})$$

其中
$$\sigma = (\sigma_{xx}\ \sigma_{yy}\ \sigma_{zz}\ \sigma_{xy}\ \sigma_{yz}\ \sigma_{zx})^T;\ m = (1\ 1\ 1\ 0\ 0\ 0)^T$$

$$p_{steady} = \sum M_{weight} \cdot p_{input}$$

式中 σ 为总应力矢量;σ' 为有效应力;p_{excess} 为超孔隙水压力;m 为包含单位正应力分量和零剪应

力分量的矢量；p_{steady}为固结过程最终的稳态解；p_{input}为孔隙压力。

选择地表荷载作用中心点附近一节点，其孔隙水压力和竖向位移随时间变化关系曲线，如图5和图6所示。根据孔隙水压力随时间变化曲线可以判断，50～60天地基土体已基本固结，孔隙水压力接近0。土体竖向位移在加载初期快速增加，曲线较陡，随着时间推移，孔隙水压力消散，曲线趋于稳定，最大位移为237mm，至30天位移基本保持不变。

计算结果表明，堆载预压2个月后，处理范围内土体已基本固结稳定，强度满足设计要求。

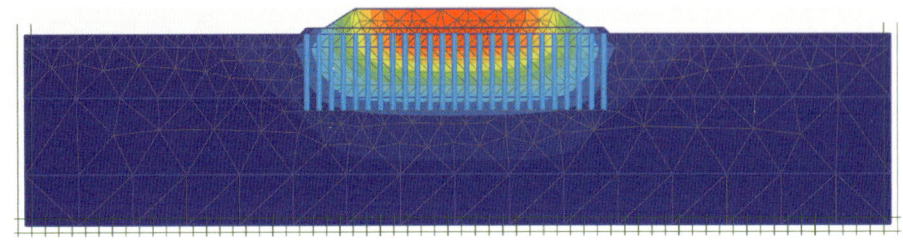

图4　最终沉降图

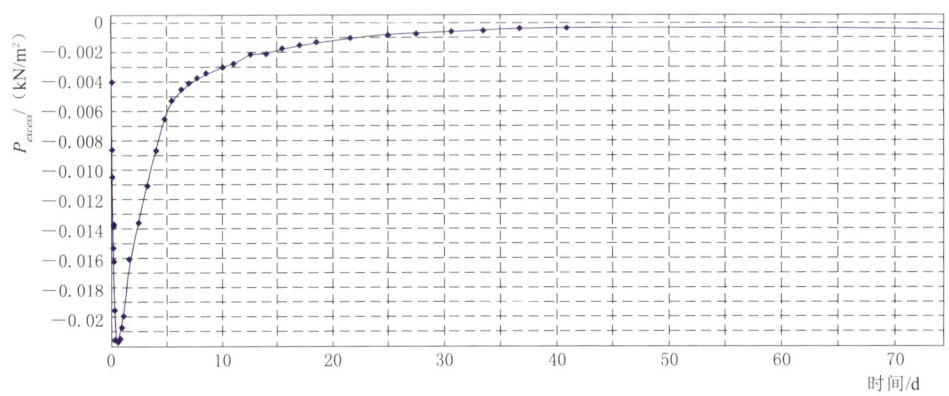

图5　孔隙水压力随时间变化曲线

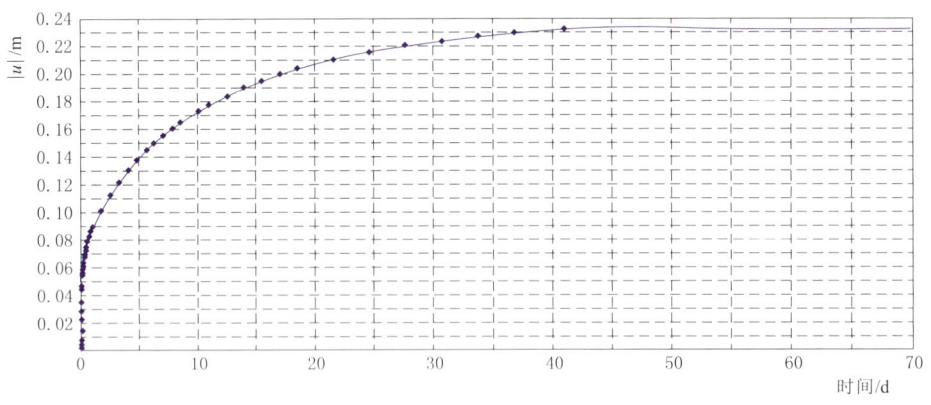

图6　位移随时间变化曲线

4.2　土体物理力学指标变化

基于有效固结压力法及堆载预压加固机理，土体强度增长的表达式为

$$\Delta\tau = \Delta\sigma U_t (1-\sin^2\varphi)\tan\varphi$$

式中　U_t为任一时刻土体的固结度。

经河道位置处吹填土体勘察，地基处理后土体组成如下：①$_{a1}$层灰色吹填土：为管袋充填堆载土；①$_{a2}$层灰黄色吹填土即地基处理前的①$_a$层土；①$_b$层灰色吹填土；②$_{3-2}$层灰色砂质粉土。

吹填土自身沉积时，基本处于悬浮状态，后在自身重力作用下慢慢固结，但由于沉积时间短，处于欠固结状态。在堆载预压固结处理后吹填土体重度增加，含水量减小，内摩擦角与压缩模量均有较大提升，距离吹填管口较远处的①$_b$层土较吹填管口较近处①$_a$层土的强度和压缩模量增加相对值明显高，表明预压效果良好。土体各指标对比（以①$_a$层为例）见表3。

表3　　　　　　　　　　土体各指标对比（以①$_a$层为例）

指　　标	地基处理前	地基处理后	变化值	变化百分比
重度/(kN/m^3)	18.50	19.10	0.60	3.2%
含水量/%	29.30	25.50	−3.80	−13.0%
黏聚力/kPa	5.00	5.00	0.00	0.0%
内摩擦角/(°)	29.50	33.50	4.00	13.6%
压缩模量/MPa	9.26	12.84	3.58	38.7%

土体各指标对比（以①$_b$层为例）见表4。

表4　　　　　　　　　　土体各指标对比（以①$_b$层为例）

指　　标	地基处理前	地基处理后	变化值	变化百分比
重度/(kN/m^3)	16.50	18.20	1.70	10.3%
含水量/%	53.80	31.60	−22.20	−41.3%
黏聚力/kPa	10.00	8.00	−2.00	−20.0%
内摩擦角/(°)	9.50	27.50	18.00	189.5%
压缩模量/MPa	1.86	8.29	6.43	345.7%

4.3 开挖过程安全性评价

对河道开挖过程中土体的边坡稳定进行安全性分析，采用有限元强度折减法计算各施工开挖步下的稳定安全系数，为河道开挖顺序的选择提供依据。

依据地基处理设计方案中的河道断面及开挖顺序进行数值模拟，建立模型，土体采用HS模型，参数根据勘察报告及补充室内试验结果，其中地基处理部分采用固结后土体参数，建立平台以上、以下土体挖除两个分析步，分别对其设置安全性计算。

经计算，地基处理前河道边坡整体稳定安全系数最小值为0.776，不满足规范要求。地基处理后各开挖步下土体的增量位移云图如图7和图8所示，并选择坡顶处节点，输出其增量乘子$\sum M_{sf}$与总位移$|u|$变化关系曲线，如图9所示。根据图表可以看出，挖除平台以上土体后河道边坡稳定安全系数为1.62，平台以下土体挖除后河道边坡稳定安全系数为1.58，均满足规范要求。因此河道开挖顺序合理，开挖过程中的土体稳定均满足要求。

图7　平台以上土体挖除后增量位移云图

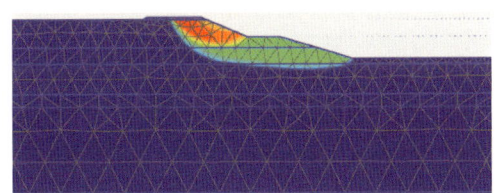

图8　平台以下土体挖除后增量位移云图

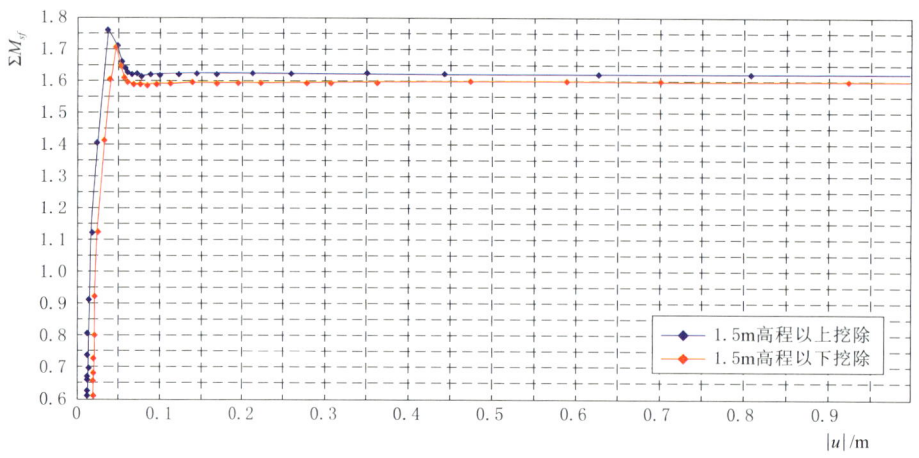

图 9　开挖过程稳定安全系数

5　结语

为解决新疏浚土吹填区常规成河存在的问题，本文结合工程实例，研究了新疏浚吹填土物理力学特性，提出了适宜的开挖成河方案，详细探讨了地基处理和土方开挖施工工序，针对该成河方案进行了土体固结度、物理力学性质、开挖安全性三方面定量评价，为后续类似工程提供了实践经验和设计理论。

本文主要结论如下：

（1）新疏浚吹填土含水率高、孔隙比大、压缩性高，土性软弱，未完全完成排水固结；颗粒大的土体在重力作用下先沉积固结，颗粒小的在水流作用下流到远处再沉积固结。

（2）综合技术和经济条件，本工程案例选择堆载预压联合塑料排水板加固土体，既可利用开挖土体，预压对后期边坡稳定及围区排水也有利。

（3）堆载预压 2 个月后，土体已基本固结稳定，物理力学指标有大幅提升，河道开挖顺序合理，土体稳定满足要求。

参考文献

[1] 景卫华，朱俊高，丁仲平，等. 吹填土及其地基的固结变形计算分析［J］. 水电能源科学，2009，27（5）：142-145.
[2] 成玉祥，杜东菊，张骏. 天津滨海吹填土结构强度增长机理［J］. 煤田地质与勘探，2010，38（1）：45-49.
[3] 闫澍旺，刘克瑾，李伟，等. 天津滨海新区软黏土的蠕变特性及无屈服面模型研究［J］. 岩土力学，2010，31（5）：1431-1436，1444.
[4] 雷华阳，刘景锦，郑刚，等. 滨海吹填土固结蠕变特性试验研究［J］. 土木工程与管理学报，2012，29（3）：6-10.
[5] 陈晓平，杨春和，白世伟. 软基上吹填边坡蠕变特性有限元分析［J］. 岩石力学与工程学报，2001（4）：514-518.
[6] 吴浩宁. 吹填土地基处理效果评价及其工程应用［D］. 上海：上海交通大学，2013.
[7] 彭涛，葛少亭，武威，等. 吹填淤泥填海造陆技术在深圳地区的应用［J］. 水文地质工程地质，2001（1）：68-72.
[8] 文海家，严春风，汪东云. 吹填软土的工程特性研究［J］. 重庆建筑大学学报，1999，21（2）：79-83.
[9] 张峰. 塑料排水板堆载预压法处理深厚软基的工程应用研究［J］. 建筑科学，1997，（2）：26-33.
[10] 王孝存，周健，贾敏才. 不同堆载方法在软基堆载预压中的稳定性分析［J］. 地下空间与工程学报，2005，1（2）：300-304.
[11] 王坤，林佑高，谢万东. 软弱土在预压荷载作用下的强度增长分析［J］. 水运工程，2014（2）：189-193.

横沙东滩整治工程中泵闸设计的若干关键技术

谢先坤 王月华 施震余

(上海市水利工程设计研究院有限公司,上海 200061)

【摘 要】 针对横沙东滩整治工程中泵闸的水文、地质、功能及其与围堤水系的位置关系等,采用相关经验公式、数值模拟、物理模型试验等方法对泵闸设计的系列关键技术进行研究;采用水量平衡法和河网水动力数学模型论证雨潮型组合影响下的泵闸规模;利用数值模拟及物理模型试验验证泵闸平面布置;采用数值分析高填土对结构沉降及内力影响;提出强透水地基围堰加基坑围护水上建闸方案。主要技术解决方案可为类似工程提供参考。

【关键词】 规模;平面布置;高填土;强透水地基;数值模拟;物理模型

1 工程概况

滩涂治理为临江城市提供了大量后备土地资源和广阔的滨海湿地、缓解人多地少的矛盾,具有巨大的生态、环境、水文、地质等价值,也解决航道疏浚淤泥处置问题,长江口横沙东滩滩涂整治为典型实例(图1)。

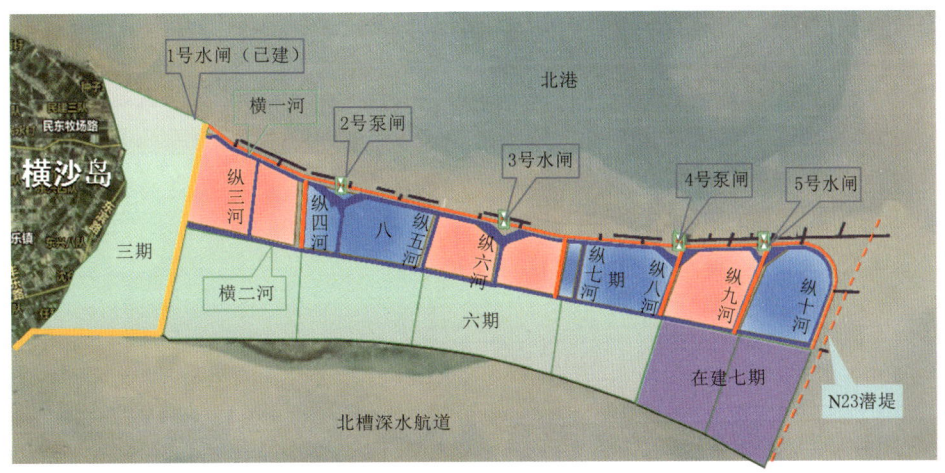

图1 工程位置示意图

横沙东滩滩涂整治后,区域形成独立围区(15.78万亩),为及时排除围区雨水保障围区防汛除涝及围堤安全、适时引入外侧淡水资源、改善水环境及建设水景观并为围区土地整理提供条件,围区新建"二横八纵"共10条河道与5座水(泵)闸。围区排涝受雨型及外河潮位影响明显,合适的水闸宽度与泵站流量,即能满足防洪排涝引淡的需要,又能节省工程投资及运行费用;泵闸选址位置及泵与闸组合布置恰当,即能减少对周边围堤、航道等建筑物的影响,又能保证自身水流顺畅与运行管理的便利；工程区一般为新近沉积的淤泥质土及强透水粉砂土，合适的地基处理是保证泵闸稳定安全的重要手段，也是影响工程施工进度与质量的重要因素；泵闸两侧均为堆土填筑的围堤，高填土一方面引起闸堤不均匀沉降，另一方面大大增加墩墙与底板的内力；泵闸外侧为长江，内侧为正在吹填成陆的水域，且泵与闸底板高程相差较大，其建造方法制约工程进度，也影响工程质量与费用。设计通过经验计算、数值模拟、模型试验等方法对泵闸规模、平面布置、软土地基处理、闸堤连接及工程建设等关键技术进行研究，确定了最优的方案，工程实施取得明显经济与社会效益。

2 采用水量平衡法和河网水动力数学模型论证雨潮型组合影响下的泵闸规模

横沙东滩圈围工程除西侧外三面临江，引排水流量不但受围区初始水位、降雨量影响，还受外河侧潮位控制。若降水不能及时排出，遭遇外河高潮位时，蓄积在围区中的涝水将超过设计高水位形成洪涝灾害；若排涝泵闸调度不合理，造成围区水系水位过低，水资源浪费。因此合适的水泵闸规模对围区防汛除涝至关重要。设计采用水量平衡法计算，并建立河网动力模型验证。

2.1 水量平衡法

将围区全部河湖视为整个水体，将一个降雨周期划分为若干时段，每一时段内水体蓄水增量为围区降雨量与泵闸排出量之差，即

$$\Delta v = Q_{雨} - Q_{排} \tag{1}$$

$$Q_{雨} = Ai\Delta t \tag{2}$$

式中：Δv 为时段水体蓄水增量，可通过绘制水体库容曲线与水位关系曲线插值计算；A 为围区总汇水面积；i 为降雨强度；Δt 为计算时段；$Q_{排}$ 为时段 Δt 排出水量。

考虑采用泵闸组合排涝：若内河水位高于外河潮位，采用水闸自排，按照堰流公式计算过闸排水量，若内河水位低于外河潮位，采用泵站强排，为泵站设计流量。

对于一定的设计雨潮型组合，按照式（1）和式（2），采用 Excel 表试算不同的水闸与泵站组合使得围区河道最高水位不超过规划高水位。根据计算成果当水闸闸孔孔径小时，泵站所需流量大；反之，当水闸闸孔孔径大时，泵站所需流量小，试算得一系列不同泵闸规模组合，从工程占地面积、建设费、运行管理及对内外河道冲刷影响等方面选定最优的泵闸组合。根据计算成果本工程选取水闸总孔径 72m，泵站总流量 128m³/s，按照"麦莎"雨型潮型组合计算围内最高水位 2.71m（图 2），与规划最高水位基本一致。

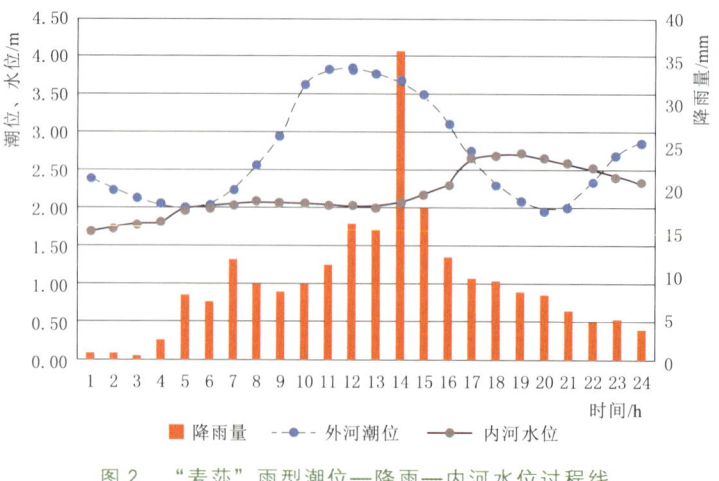

图 2 "麦莎"雨型潮位—降雨—内河水位过程线

2.2 河网水动力学模型法

为了准确掌握排涝期间河道各部位水位情况并对水量平衡法进行验证，利用 MIKE ZERO 软件建立围区一维河网水动力模型如下：

连续方程

$$\frac{\partial A}{\partial t} + \frac{\partial Q}{\partial x} = q \tag{3}$$

动量方程

$$\frac{\partial Q}{\partial t} + \frac{\partial}{\partial x}\left(\frac{Q^2}{A}\right) + gA\frac{\partial h}{\partial x} + g\frac{Q|Q|}{C^2 AR} = 0 \tag{4}$$

式中 A 为过水面积；t 为时间；Q 为流量；x 为沿河距离；h 为水位；R 为水力半径；C 为谢才系数；g 为重力加速度；q 为单位河长侧向入流量。

采用 Preissmann 六点隐式差分格式进行数值离散，利用"追赶法"求解，按照概化后河网的过流能力和调蓄能力须和实际河网相近或一致的原则，对河网边界、汊点等概化（图3）。数学模型计算成果如图4所示。采用数学模型计算的高水位与水量平衡法基本一致，但数学模型法更能反映围区各部位水位不同情况，由图4可知，由于水力坡降，近泵闸处河道高水位较远泵闸处河道水位低，但由于河道过水面积相对较大，沿程水位变化不大。

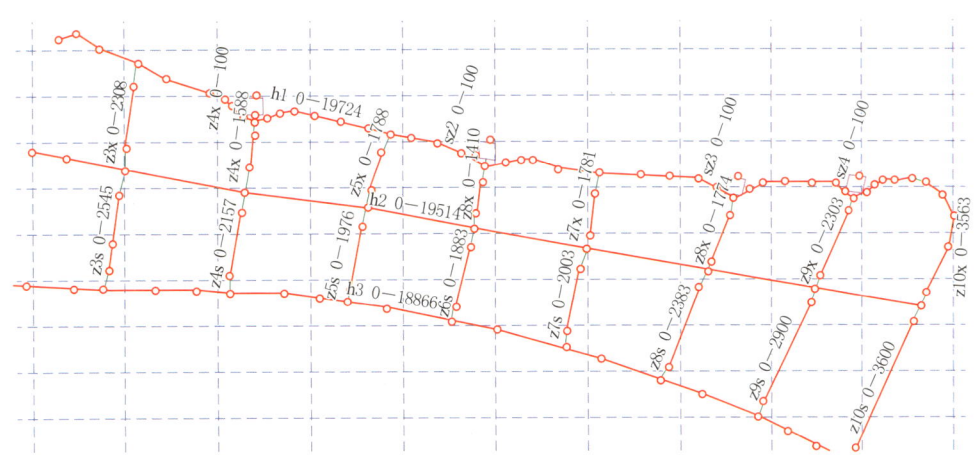

图 3　河网计算模型图

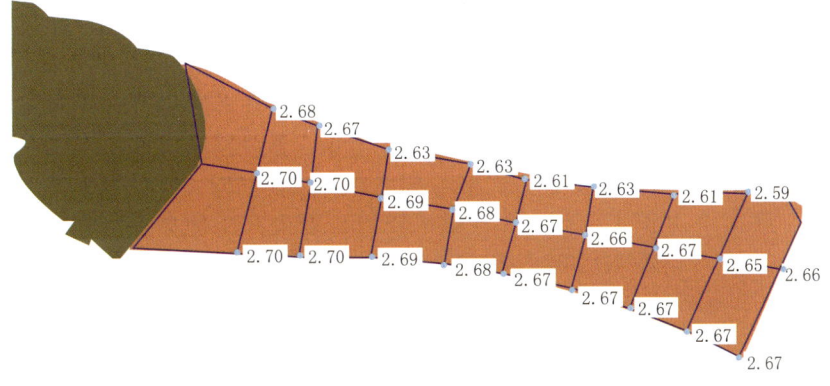

图 4　"麦莎"雨型围区河道最高水位分布图

3 利用数值模拟及物理模型试验验证泵闸平面布置

3.1 泵闸结合方式

比选了泵站与水闸结合方式有泵闸与合建,考虑到泵闸合建方案工程占地少、不需设分流岛及其高挡墙护岸、工程费用少、管理运行方便等优点,设计采用泵闸合建的方案。为改善泵闸不对称布置水流条件,通过数值及物模试验等方法论证。首先通过数值模型比选了导流墩长度分别为 10 m、20 m、30 m 及 40 m 的引排水时内外河道、进出水池及导流墩头部的流态分布并考虑工程经济性,设计采用了 20 m 长导流墩。为进一步优化不对称泵闸布置,进行专门物模试验,在泵闸进水前池设置适当长的整流墩及消力坎,有效避免水流漩涡并使流速空间分布均匀化(图 5 与图 6)。

图 5　未设整流墩泵站进水前池流态

图 6　设整流墩泵站进水前池流态

3.2 泵闸与围堤正斜交关式

围区纵河河道轴线与围堤轴线斜交,泵闸与围堤有正交与斜交两种方式布置(两种布置方式流态如图 7 所示)。为避免引排水水流对河道岸坡冲刷,宜将水(泵)闸纵轴线与河道轴线一致,但此时闸轴线与北围堤轴线斜交,流速等值线向外延伸较大,水流对围堤外坡坡脚冲刷大,影响围堤安全,因此本次拟将闸轴线布置与北围堤轴线正交。为减少水流对内侧河道岸坡的冲刷并减少开闸时水位骤降,在水闸内侧防冲槽末端设置水面较大的前置湖,由于前置湖的缓冲作用,减少了引排水对河道岸坡的冲刷作用。

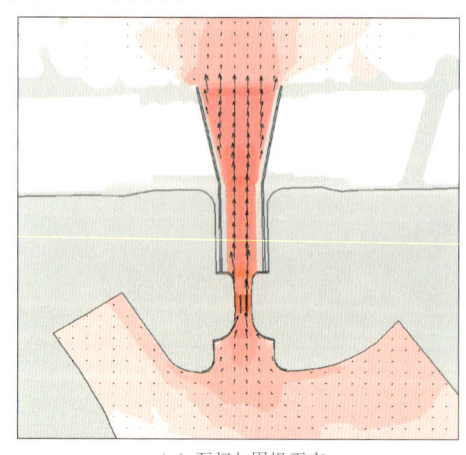
(a) 泵闸与围堤正交

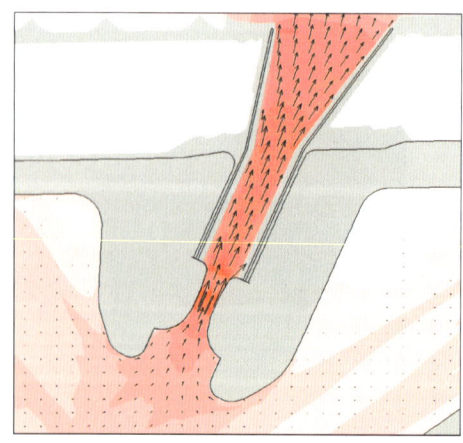
(b) 泵闸与围堤斜交

图 7　排水工况条件下两方案流场图

4 连接堤采用空箱及变桩长桩承堤控制高填土沉降及沉降差

泵闸两侧开挖至−2.20m，连接堤堤顶高程约8.00m，近闸处最大填土高度达11.0m。如不经处理，一方面闸堤沉降不一致将导致闸堤间出现裂缝；另一方面高填土引起的边荷载增大边墩的弯矩并使闸底板产生较大的负弯矩，造成边墩和底板厚度增加，而且边荷载对闸基产生很大的附加应力，增加闸基的沉降量，因此需对闸首与引堤连接段进行处理。常用方式有桩承堤、空箱挡墙。结合两种方案对沉降与内力影响，采用近闸处空箱结构、远闸处渐变桩长的桩承堤结构方案。为验证连接堤合理结构，采用Plaxis有限元分析连接堤填土对泵闸影响。结果表明考虑围堤堆载作用闸室完工期沉降量113mm，最终沉降量123mm；泵站完工期沉降量125mm，最终沉降量145mm，连接堤完工期沉降量258mm，最终沉降量300mm，沉降大部分在施工期（两年）完成，故结构沉降及沉降差满足规范要求。运行固结30年后沉降变形图如图8所示，考虑堆载作用泵闸底板弯矩图如图9所示。

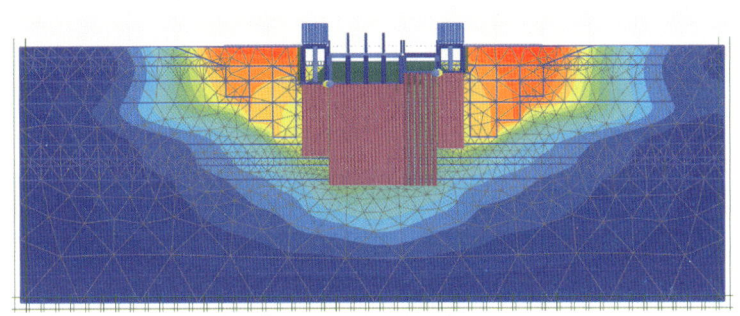

图8 运行固结30年后沉降变形图

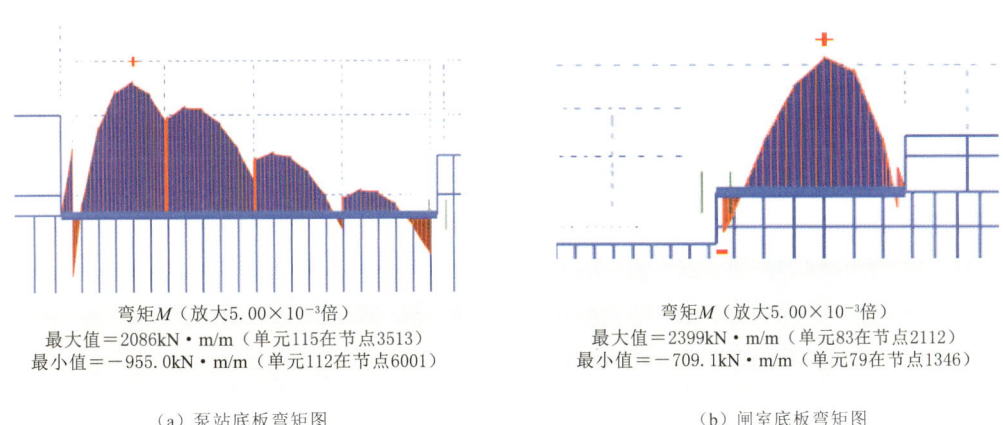

（a）泵站底板弯矩图　　　　　　　　　（b）闸室底板弯矩图

图9 考虑堆载作用泵闸底板弯矩图

5 围堰加基坑围护水上建闸方案

5.1 强透水地基围堰渗控方案

泵闸建设时四周均为水域，考虑就地取材，围堰采用充砂管袋加堤芯吹填砂结构，地基表层分布厚6m左右的砂质粉土，因此围堰堤身堤基均为砂性土，透水能力极强，如不采取渗控措施，渗流量及逸出坡降均非常大。若采用传统的旋喷桩或搅拌桩垂直防渗墙，施工机械进场困难，防渗施工容易造成管袋破坏，防渗墙由于新近沉积土上围堰填筑堆载导致地基沉降不均匀而开裂影响防渗效果，且临时工程费用相对较高，大大影响工程进度及经济效益。而根据渗控"前堵后疏"原理，在迎水面设置土工膜、基坑侧坡脚采用袋装碎石减压沟方案，适应变形能力强，确保工程安全经济、施工便利。建立稳定与非稳定渗流分析模型，对基坑抽水及水闸施工期的不同土工膜护底长度及减压沟深度方案的浸润线、渗流坡降及渗流量分析（图10和图11），得到合理的土工膜护底长度（5m）及减压沟深度（1m）。

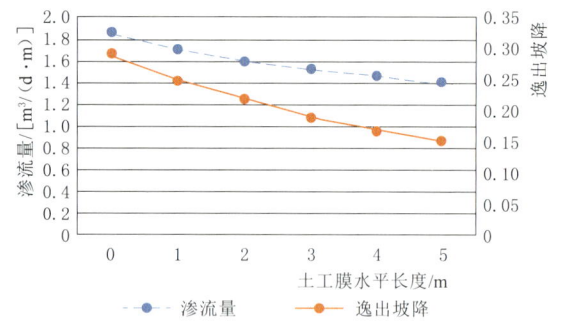
图10 围堰渗流量、逸出坡降与土工膜长度关系图

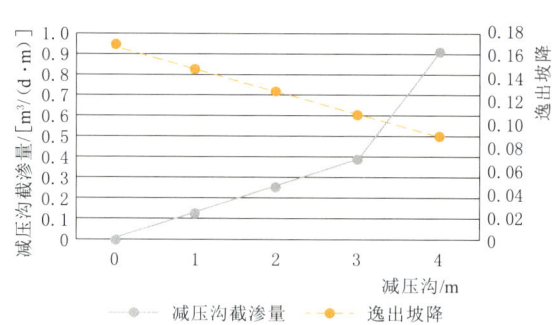
图11 减压沟截渗量、逸出坡降与减压沟深度关系图

5.2 不同高差建筑物基坑开挖

现状地面高程约1m，泵闸采用结合方案，水闸基底高程-2.20m，泵站基底高程-6.80m，需进行基坑开挖且泵站与水闸基坑底高程差约4.6m，为确保泵闸顺利实施，泵闸建设方式至关重要。一般有大开挖、基坑围护（地下连续墙、SMW工法及重力式搅拌墙）及沉井法建造泵闸。大开挖方法土方挖填量大，且闸室底部需进行大量回填，对桩基产生负摩阻作用，高填方对站身闸首沉降量大，对泵站底板较大负弯矩。沉井法需在专门场地制作沉井，运输难度大，且工程地基表层粉砂土、沉井下沉风险大，后期还需对井壁开孔凿除，施工难度大。因此设计先放坡开挖到-2.20m高程，然后采用基坑围护开挖到泵站底高程-6.80m。

地连墙、SMW工法等板式支护必须设置支撑，支撑需穿越泵站隔墩及流道，一方面影响工程精度，另一方面在支撑处形成结构薄弱环节，影响结构受力。因此，采用重力式搅拌桩墙基坑围护。泵闸基础表层分布较厚的粉砂土层，土层较硬，采用双轴搅拌桩成桩难度大，施工质量难以保证，需采用三轴搅拌桩墙围护（图12）。

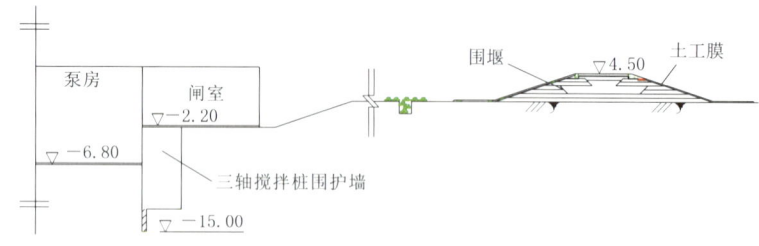
图12 典型基坑开挖及围堰断面图（单位：m）

6 结语

横沙东滩滩涂整治泵闸设计过程中，通过经验计算、数值模拟、模型试验等方法对泵闸规模、平面布置、软土地基处理、闸堤连接及工程建设等关键技术进行研究：①采用水量平衡法和河网水

动力数学模型确定了雨潮型组合影响下的泵闸的合理规模，确保围区排涝安全同时使工程建设及运行经济；②利用数值模拟及物理模型试验验证，优化泵闸平面布置，促使泵站流道、闸室及内外侧河道水流平顺均匀，保证水泵正常运行，避免内外河道冲刷；③采用数值分析高填土对结构沉降及内力影响，确定近闸处空箱结构、远闸处渐变桩长的桩承堤的连接堤方案，避免相邻结构产生过大沉降差，并有效减少因堆载对泵闸产生的内力与沉降；④提出围堰加基坑围护水上建闸，保证水上基坑干施工。围堰采用土工膜加减压沟渗控方案，解决强透水地基围堰渗透破坏及渗流量大的问题。采用放坡加重力式搅拌桩基坑围护，使不同深度基坑围护得挖填方量尽量少。通过上述因地制宜的技术方案，保证施工顺利进行，工程建成后运行正常，取得良好经济与社会效益。

参考文献

[1] 罗峰，宋晓村，常曼，等．沿海滩涂资源围垦开发利用需求与制约因素 [J]．水利经济，2017，35（1）：1-3.
[2] 陈军冰，王乘，郑垂勇，等．沿海滩涂大规模围垦及保护关键技术研究概述 [J]．水利经济，2012，30（3）：1-5.
[3] 陈海英，孙鹏，楼飞，等．长江口横沙东滩滩涂整治利用和展望 [J]．水运工程，2017（11）：152-155.
[4] 黄华梅，谢健，娄全胜，等．利用疏浚泥修复和重建滨海湿地案例分析及在我国的应用前景 [J]．海洋环境科学，2011，30（12）：866-871.
[5] 季永兴，刘水芹．平原感潮地区雨型潮型组合对除涝规模的影响 [J]．水利水电科技进展，2017，37（5）：23-27.
[6] 中交上海航道勘察设计院有限公司，上海市水利工程设计研究院有限公司．横沙东滩圈围（八期）工程初步设计 [R]，2016.
[7] 河海大学．横沙东滩圈围（八期）工程泵闸水工物理模型试验 [R]，2017.

新淤土地基上闸堤连接段差异沉降分析与控制研究

朱广安　张　婧

（上海市水利工程设计研究院有限公司，上海　200061）

【摘　要】　新淤土地基在水闸和大堤连接处沉降差异明显，以横沙东滩八期圈围工程水闸连接处为典型算例，通过建立弹塑性有限元模型，系统分析塑料排水板法、PHC桩法、堆载预压法、三轴搅拌桩未穿透软土层法及三轴搅拌桩穿透软土层法等不同地基处理方式下，闸堤连接段土层产生差异沉降的效果及差异，并模拟优化了阶梯状三轴搅拌桩加固地基方法，以期为新淤土闸堤连接段地基土处理提供技术支持。

【关键词】　吹填土；闸堤连接段；差异沉降；数值模拟；地基处理；阶梯状三轴搅拌桩

1　引言

圈围造陆所采取的常规方法是先促淤，后吹填成江堤。由于工程排水等需要，需在围堤处设置水闸等建筑物。由于这种新淤吹填土具有较高的土壤含水量、土壤孔隙比、可压缩性及较低的土壤渗透性和强度，无法满足闸基承载力的要求，需进行闸基处理。相关规范中对工后闸基沉降及差异沉降均有严格控制要求，而对水闸两侧坐落于新回填土上连接堤堤身沉降及差异沉降控制相对宽松。由于土体特性及附加应力不同，连接堤堤身工后固结时间长、沉降量较大，而闸首段因底板下打设较长的刚性桩沉降小，因故闸堤沉降控制需协调，以避免闸堤连接段因不均匀沉降而产生堤身塌陷、水闸倾斜，甚至导致工程损毁。那么，如何经济合理地进行闸堤差异沉降控制是当前亟待解决的工程问题。

因此，研究中通过持续监测无附加应力条件下的吹填土沉降特性及模型模拟施加附加应力条件下堆载试验过程，系统分析闸堤连接段吹填土沉降变形规律。另外，通过数值模拟的方法对塑料排水板法、PHC桩法、堆载预压法、三轴搅拌桩穿透软土层法、三轴搅拌桩未穿透软土层法等地基加固处理方法的效果进行对比分析，结合工程实际计算成果，明确不同地基处理方式下闸堤连接段土层产生差异沉降的效果及差异，给出适宜的地基土处理方法，以期为解决类似难点工程提供技术支持。

2　工程概况

横沙东滩位于横沙岛东侧的北港与北槽航道之间的浅滩水域，项目区呈现西高东低（上海吴淞高程1.60～3.00m），南高北低（上海吴淞高程1.50～－1.00m），地形变化平缓。地貌类型属于河口，沙嘴，沙岛地貌。横沙东滩从2009年开始实施促淤，至2016年7月新淤泥层平均已达到5m左右。

本次研究选取横沙东滩八期圈围工程水闸及其连接大堤部位作为典型断面进行研究，工程地质条件具有上海地区圈围工程的广泛代表性，场地选取5号、6号围区，北侧堤，堤顶高程为8.80～8.90m，吹填厚度达10.8m（分两次吹填），下部尚有最大厚度达8m的一层新近淤积层，此围区勘探范围内均为第四系松散堆积物。其地层按其成因时代,成因类型,岩性特征及其物理力学指标从上至下分为 5 个主要岩土层和 9 个亚层:①$_1$ 层灰黄色淤泥质黏土;①$_2$ 层灰黄色粉砂;②$_{3-1}$ 层灰色粉砂;②$_{3-2}$ 层灰色砂质粉土;②$_{3t}$ 层灰色淤泥质粉质黏土夹粉砂;③层灰色淤泥质粉质黏土;④层灰色淤泥质黏土;⑤$_1$ 层灰色黏土;⑤$_2$ 层灰色砂质粉土夹黏性土。

横沙东滩八期 5 号水闸的主体建筑物等级为 Ⅰ 级,采用百年一遇的防洪设计标准,总净宽均为 24m,设 3 孔,3 孔净宽为 8m,闸底板面高程 0.00m,闸底板厚 2m,中墩宽 1.60m,边墩顶宽为 1.50m,边墩根部宽 2.0m。

3 模型的建立

3.1 计算模型

采用有限元软件 Plaxis 对水闸进行整体有限元计算,根据初步设计方案以及地质勘察报告等相关资料,选取典型的设计断面在 Plaxis 有限元分析软件中建立了有限元模型。研究中通过设置有限元计算范围(远大于主体结构尺寸),以消除边界效应对计算结果的影响。本工程主要构件为空箱、底板、桩等组成,模型按照实际尺寸建立,采用三角形块体单元模拟土体,板单元模拟闸底板、边墩及空箱,采用 Embedded beam row 单元模拟桩。根据设计资料可知,闸室宽度 34.2m,两侧空箱宽度 8.6m,所以选取模型长最大值为 198m,最小值为 −60m,高度最大值为 85m,最小值为 0m。极端高水位 5.34m,平均高水位 3.30m,闸底高程 0.00m。胸墙、闸门、上部桥梁荷载、上部建筑荷载由于是简支闸墩上,采用施加集中荷载和线荷载的型式进行模拟。其网格划分及相互连接如图 1 所示。

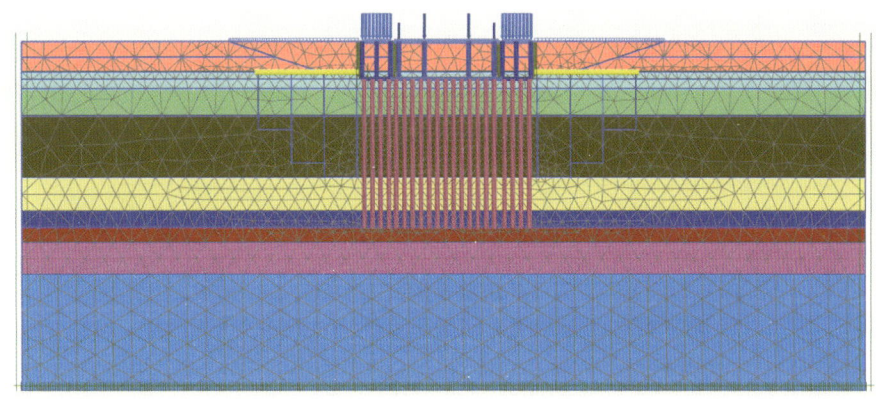

图 1 模型网格划分及相互连接图

3.2 计算参数

根据上节吹填土的沉降性质,模型模拟计算时采用 HS 模型,土层物理力学参数见表 1。

表 1 土层物理力学参数

HS 模型	回填土	①$_2$ 粉砂	②$_{3-1}$ 粉砂	④淤泥质黏土	⑤$_1$ 黏土	⑤$_{2-1}$ 粉砂	⑦$_{1-1}$ 砂质粉土	⑦$_{1-2}$ 粉砂
	不排水	排水	排水	不排水	不排水	不排水	排水	排水
干重度/(kN/m)	18.2	18.4	17.3	16.4	17.50	18.00	17.5	18.00
重度/(kN/m)	18.60	19.2	17.8	17.2	18.00	18.50	18.20	18.50
割线模量/(kN/m)	12850.00	12850	12000	2488	3600	7500	6200	6300
切线模量/(kN/m)	12850.00	12850	12000	2488	4200	7500	6200	6300

续表

HS 模型	回填土	①$_2$ 粉砂	②$_{3-1}$ 粉砂	④淤泥质黏土	⑤$_1$ 黏土	⑤$_{2-1}$ 粉砂	⑦$_{1-1}$ 砂质粉土	⑦$_{1-2}$ 粉砂
	不排水	排水	排水	不排水	不排水	不排水	排水	排水
黏聚力/(kN/m)	5.0	1.5	1.5	1.5	15	3	9	2
内摩擦角/(°)	32.00	39	38.00	25.00	15	26	25	28
剪胀角/(°)	3	9	8	0.00	0.00	0.00	0.00	2.00
卸载—再加载模量/(kN/m)	50000.00	48000	48000	17550	24500	30000	25000	25200
卸载—再加载泊松比	0.25	0.25	0.25	0.30	0.3	0.25	0.25	0.25
失效应力/(kN/m)	120	120	120	120	120	120	120	120

4 结果与分析

4.1 吹填土性质模拟分析

4.1.1 无附加应力时吹填土沉降性质模拟

建立吹填土堆载模型，且在模型中依次选择 7 个点进行沉降模拟，如图 2 所示。

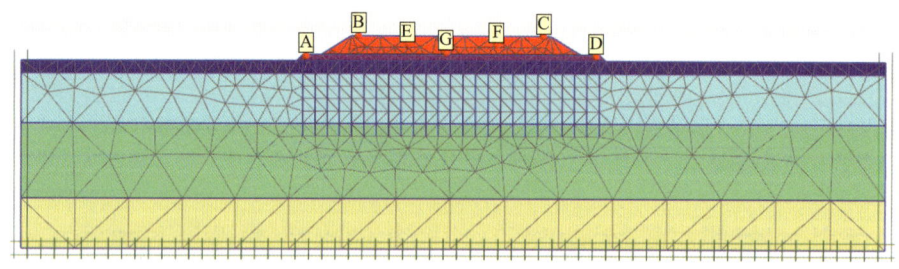

图 2 沉降节点示意图

设置模型以每 10 天为一个周期进行沉降观测，共观测 6 次，前后历时 60 天，为了直观呈现吹填土在自重应力下的地基沉降变形特征，根据各点的沉降数据做各点沉降值随时间的变化曲线汇总图如图 3 所示。

由图 3 可得，各监测点位的位移总量随着监测时间的增加呈现增加的趋势，其沉降速率基本一致，为匀速沉降。各监测点位的沉降量均较小，主要是因为在自重应力作用下固结过程仍未完成，处于自平衡状态。由图 3 可得，吹填土体位移总量与监测时间呈现正相关关系。研究中吹填土体的沉降速率为 5mm/天，沉降过程持续时间较长，因时间局限未得到自重作用下固结完成时间。因此，吹填土地基处于欠固结的状态，沉降变形不能通过已有的规范或者研究成果推算。

4.1.2 有附加应力条件下吹填土沉降性质模拟

在无荷载的吹填土堆载模型基础上，增设均布荷载模拟附加应力条件下吹填土沉降性质，所加荷载分别为 10kN、30kN、80kN。所得各点沉降数据随时间变化曲线如图 4 所示。由于模型为对称模型，故取 A、B、E、G 监测点进行分析。

因添加荷载 10kN、30kN 和 80kN 条件下，各监测点位移随着监测时间的变化呈现类似的变化规律，故本文以 10kN 荷载为例进行说明。由图 4 可得，B、E 和 G 监测点的位移无显著性差异，显著高于 A 点的位移。

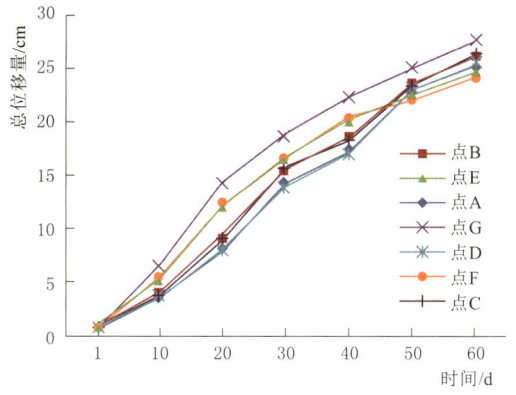
图3 无附加应力各沉降节点随时间变化示意图

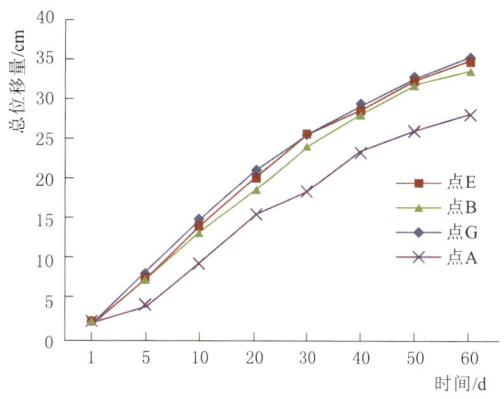
图4 10kN附加应力各沉降节点随时间变化示意图

在加载时间5天条件下,B、E和G监测点的初始沉降值为8.7mm,测点的瞬间沉降值与试验期内的最终沉降值之比较大。各监测点的总位移量与监测时间呈现正相关关系,沉降速率为16mm/天。因监测时间有限,各监测点位移均出现极值,故无法准确估计最终沉淀量,从而确定此场地中吹填土地基为高沉降速率吹填土地基。

为了研究堆载荷载大小对吹填土沉降的影响,分别取堆载10kN、30kN、80kN的G监测点的沉降平均值作对比分析,沉降曲线对比如图5所示。

由图5可得,G监测点的总位移量随着静载时间的增加而增加。荷载80kN/m²和30kN/m²条件下G监测点的位移总量较荷载10kN/m²条件下显著增加。另外,G监测点的沉降速率随着荷载的增加而增加。

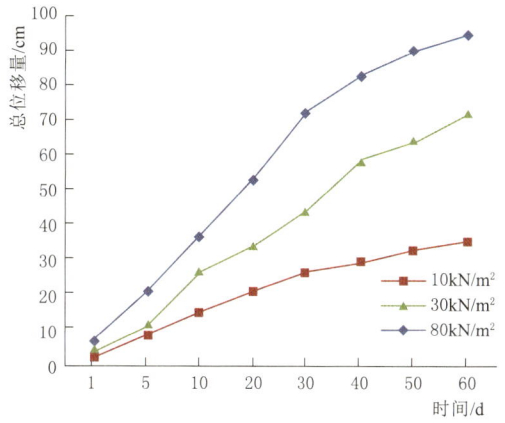
图5 不同附加应力大小下吹填土沉降变化曲线

地表荷载增加到2倍左右,沉降速率增加了5倍左右。总之,吹填土地基沉降速率增大倍数远大于附加荷载增大倍数,沉降速率对上部荷载大小较为敏感,与杨敏等研究成果一致。

4.2 闸堤连接处不同吹填土地基处理措施模拟分析

根据上海地区横沙岛一期~七期工程实际吹填土工程处理措施,设置5种地基处理方法进行模拟计算。5种地基处理方法分别为:塑料排水板法、堆载预压法、三轴搅拌桩穿透软土层、三轴搅拌桩未穿透软土层和PHC桩法,分别记为工况一、工况二、工况三、工况四和工况五。

研究中基于Biot固结理论进行流固耦合过程模拟。软件模拟的时间为500天。模拟过程中迎水面的水闸结构物、挡墙等部位均假设为不透水边界,堤坝背水面假设为透水边界条件。

由于真实情况下的堤坝及水闸施工过程为分级加载,所以模型模拟堤坝和水闸时采用分步激活单元,实际堆载过程根据工程经验确定,塑料排水板通过设置排水线实现,软件通过提高地基土的强度参数及渗透系数来进行模拟。各工况流固耦合沉降曲线如图6所示。

由图6可得,5种地基处理条件下,闸堤连接段吹填土在前60天沉降速率较快。除工况一以外,其他工况下100天后趋于稳定,主要是塑料排水板因具有巨大的真空吸力而使得黏粒较高的吹填土中细小颗粒被吸附至塑料排水板周围,因形成泥膜阻碍其排水固结,导致其固结速度较慢,且最终沉降值偏大,地基加固效果一般。

由图6可得,对比各工况的最终沉降值,工况三和工况五的沉降值较小,分别为18.8mm和

20.8mm，表明采用桩基础处理闸堤连接处吹填土为较为适宜的地基土处理方式，可较好地控制沉降，与肖文辉等研究结果一致，主要是采用桩处理地基可使竖向应力梯度明显减小。采用桩基础处理地基时，桩传递了地基土以上建筑物的主要荷载，使得地基承受的附加应力大幅度减小。

而由图6可得，选择PHC桩效果和三轴搅拌桩穿透软土层效果相似，PHC桩效果略微优于三轴搅拌桩，而从实际工程应用中，三轴搅拌桩造价远远低于PHC桩法，所以在实际工程中推荐使用三轴搅拌桩法处理闸堤连接处吹填土地基降低沉降。

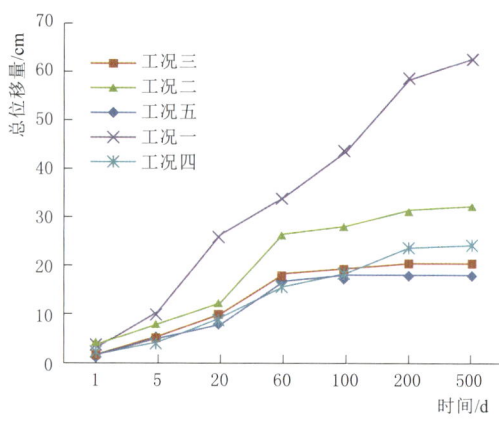

图6 各工况流固耦合沉降曲线

4.3 阶梯状三轴搅拌桩法模拟分析

三轴搅拌桩法处理闸堤连接处吹填土地基可取得较好效果，由杨敏等在《长短桩组合桩基础设计思想及其变形特性分析》一文中提出了高层建筑长短桩组合桩基础设计能有效减少建筑地基沉降，探究了阶梯状三轴搅拌桩法对闸堤连接处地基处理效果。

选取左右空箱两边各30m，作为三轴搅拌桩范围，取长桩桩长40m，短桩桩长20m，桩间距为1.0m。分5种工况进行计算分析，第一种为全长桩，第二种为全短桩，第三种到第五种长桩范围分别为空箱两边10～30m，计算结果如图7所示。

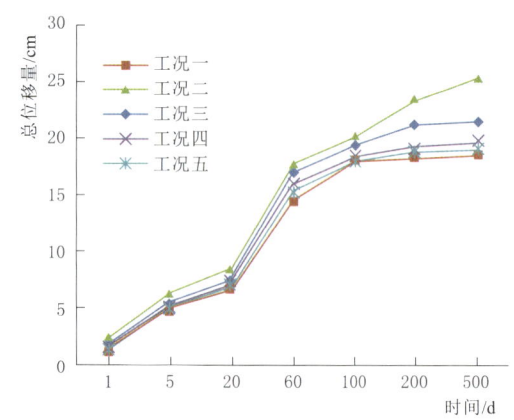

图7 各种长短桩工况组合沉降曲线

由图7可知，研究中工况二（全短桩）条件下基础整体沉降均较大，最大沉降可达25cm，不均匀沉降可达8cm，且500天（2年）内未能达到平衡状态。另外，本研究中计算了长短桩基础调节差异沉降的能力，结果显示长短桩基础调节差异沉降的能力强于全短桩基础和全长桩基础。基础中长桩不仅可影响地基总体的沉降，还影响了沉降的分布规律，使基础受力更趋于均一，可能是由于淤泥质黏土的存在导致沉降及差异沉降较大。

长短桩组合条件下长桩将部分荷载传至深层土体，使得短桩基础受力土层承受较小的荷载，故可将基础沉降量控制在允许沉降量之下。而增加桩长如工况三～工况五，可得对沉降控制效果明显增加，且可以看出2年内沉降趋于平衡，且长桩范围越多对沉降及差异沉降控制效果越显著，可以说明基础沉降主要由长桩控制，但当长桩范围达到一定的量时，对整体沉降控制效果下降。阶梯状桩长控制闸堤连接处是较为优化的设计方案，既可达到减少沉降及差异沉降的总体效果，又可充分发挥长桩控制变形的能力及短桩控制持力层的承载能力，大大减少了长桩数量和工程造价，具有一定的推广价值。本次工程采用三级阶梯状三轴搅拌桩法处理闸堤连接段地基，靠近空箱处采用40m长桩，最远离空箱处采用20m短桩，中间采取30m桩长，计算模拟可得最大沉降量18cm，差异沉降量为3.4cm，效果较好。

5 结语

本文以上海横沙东滩八期圈围工程为例，研究吹填土沉降性质及在此种地基上闸堤连接处沉降和差异沉降控制工程措施，得到以下结论：

（1）新近吹填土围堤自重应力下沉降速率较为均一，附加应力条件下沉降速率随着荷载的增加而显著增加。

（2）堆载预压法、三轴搅拌桩穿透软土层法、三轴搅拌桩未穿透软土层法及PHC桩法的地基处理效果明显优于塑料排水板法，研究中三轴搅拌桩穿透软土层法是推荐的较为适宜的处理控制闸堤连接段沉降和差异沉降的方法。

（3）阶梯状三轴搅拌桩法能有效减少地基沉降及差异沉降，并且可以减低施工难度及工程造价，建议用于类似围堤工程中施工工艺改进。

需要说明的是，本文结论基于有限元模型计算，由于所依托工程尚在施工过程中，缺乏实测数据，有待基于监测数据对模型进行进一步验证及研究。

参考文献

[1] 张丽明. 水闸破坏形式与除险加固措施的研究［J］. 水利科技，2001（2）：25-28.
[2] 张建辉，邓安福，周锡初. 基于差异沉降最小的桩筏基础分布桩分析［J］. 天津大学学报，2012，34（5）：646-650.
[3] 杨敏，杨桦，王伟. 长短桩组合桩基础设计思想及其变形特性分析［J］. 土木工程学报，2005，38（12）：103-108.
[4] 梁观球，郑斌. 西河水闸两岸连接段不均匀沉降处理措施［J］. 人民珠江，2010（6）：64-65.
[5] 方子杰，吴一禾. 浙东沿海围垦工程软基处理及海堤结构的方案优选［J］. 水利规划与设计，2010（2）：68-71.
[6] 周慈光，周银春. 海堤软土地基加固处理的有限元分析［J］. 水利水电科技进展，2006（10）：64-67.
[7] 张鲁年. 海堤软基固结与变形耦合问题的有限单元分析［J］. 水利水运科学研究，1981（4）：68-71.
[8] 杨敏，王树娟. 桩筏基础相互作用下土中应力场的变化规律［J］. 岩土工程学报，1991，21（1）：26-30.
[9] 李喆，杨蕾，苑淑芳. 水泥搅拌桩对软土地基的处理及应力分析［J］. 河北工业大学学报，2006，35（2）：105-108.
[10] 肖文辉，童建胜. 高速公路软基堆载预压的固结变形有限元分析［J］. 公路，2010（5）：79-83.
[11] 沈才华，曹雪山. 饱和软黏土预压前后剪切强度指标变化分析［J］. 固体力学学报，2008（增刊）：110-114.
[12] 牛琪瑛，刘建君. 碎石桩与水泥土桩加固液化地基的数值模拟研究［J］. 岩土工程学报，2011（8）：481-484.
[13] JIANG Min，BIAN Xuecheng. Field Measurement and Numerical Simulation of Estuarine Deposit Settlements Under Embankment Loads［J］. Chinese Journal of Rock Mechanics and Engineering，2010（5）：1060-1067.
[14] HAN Qingfeng，LIAN Xiaowei. Numerical Simulation of Filling Process of Seawall by Drainage Consolidation Method［J］. Soil Engineering and Foundation，2009（2）：42-45.

强透水地基充砂管袋围堰渗控措施

谢先坤

(上海市水利工程设计研究院有限公司,上海 200061)

【摘 要】 针对强透水地基充砂管袋围堰渗流量大、抗渗能力差的问题,提出了临水面土工膜防渗结合基坑侧减压沟反滤排水的"前堵后疏"渗控方案,确保围堰渗透稳定及基坑干施工。通过建立稳定与非稳定渗流模型,进行了土工膜水平长度及减压沟深度对浸润线位置、渗漏量及逸出坡降影响分析,结果表明:土工膜可以降低浸润线、减少渗漏量和逸出坡降;减压沟也可略微降低浸润线和逸出坡降,并截流部分渗水。土工膜结合减压沟适合于强透水地基充砂管袋围堰渗控。

【关键词】 强透水地基;充砂管袋围堰;渗控;土工膜;减压沟

1 引言

水域中建设水闸、泵站及桥梁等建筑物,都需要通过设置围堰形成干施工场地。沿江河的滩涂大多数为天然沉积的粉砂、砂质粉土,围堰填筑为充分利用当地天然材料,通常采用充砂管袋作为围堰骨架。因此围堰堤基、堤身透水性均极强,抗渗透变形能力弱,容易在基坑内形成大量积水及内坡渗透破坏。传统方法在堤身采用旋喷桩或搅拌桩形成封闭连续的垂直防渗墙,但该方法施工时间长,施工机械进场困难,防渗施工容易造成管袋破坏,防渗墙由于新近沉积土上围堰填筑堆载导致地基沉降不均匀而开裂影响防渗效果,且临时工程费用相对较高,大大影响工程进度及经济效益,而土工膜及袋装碎石减压沟适应变形能力强,有较好的防渗效果,而且经济施工便利,适应于沉降大的围堰。

本文以长江口某滩涂治理水系工程水闸围堰为例,根据渗控"前堵后疏"原理,提出迎水面防渗土工膜加基坑侧减压沟渗控方案,建立稳定与非稳定渗流分析模型,对基坑抽水及水闸施工期的不同土工膜护底长度及减压沟深度方案的浸润线、渗流坡降及渗流量分析,得出土工膜护底长度、减压沟深度与浸润线位置、出口处逸出坡降及围堰渗流量的敏感性关系,得到即安全、经济及施工便利的围堰渗控方案,确保工程顺利实施,为类似工程提供借鉴。

2 工程概况

长江口某滩涂整治工程总的新成陆面积约 87.9 km²,北侧围堤处新建 4 座水(泵)闸,根据工期安排,水(泵)闸建设与成陆吹填同步进行,水(泵)闸建设期间周边均为水域,需建围堰以便水(泵)闸干施工。北侧利用拟建的围堤作为外围堰,其余内侧围区均采用新建充砂管袋围堰,围堰平面布置如图 1 所示。

闸址处现状地面高程约为 0.00 m,内侧吹填最高水位控制为 3.80 m,考虑围区风浪爬高及安全加高,内围堰顶高程取 4.50 m。围堰采用充砂管袋加堤芯吹填砂结构,两侧边坡坡比均为 1∶3.0,为避免风浪对管袋冲刷破坏作用,临水侧采用模袋混凝土护坡。地基表层分布厚约 6.0 m 的②₃层砂质粉土,由于围堰堤身堤基均为砂性土,透水能力极强,如不采取渗控措施,渗流量及逸出坡降均非常大,围堰在临水侧边坡铺设土工膜防渗,基坑侧坡脚设置袋装碎石减压排水沟反滤排水。围堰断面如图2所示。

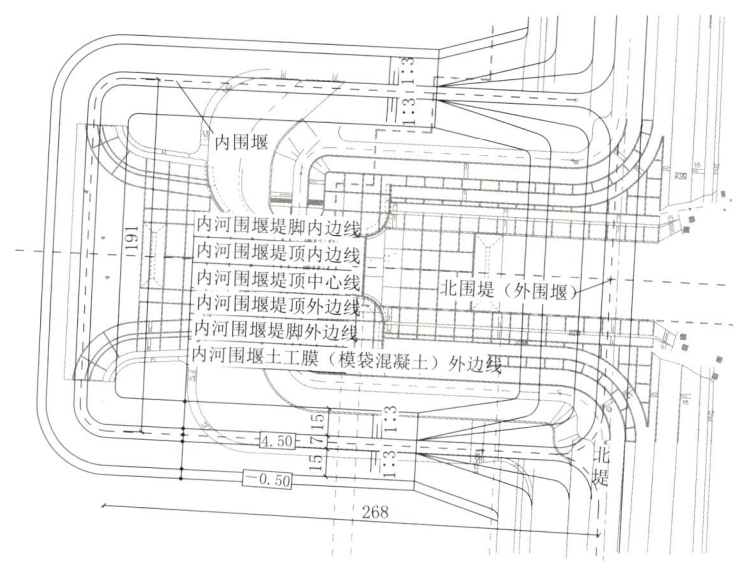

图1 围堰平面布置图

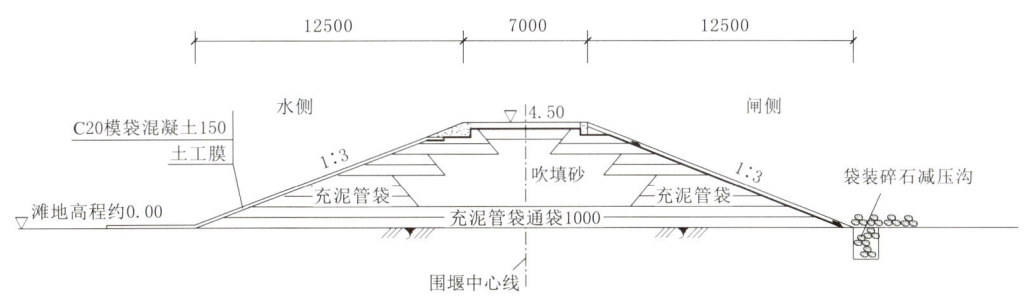

图2 围堰断面图(高程、水位以m计,其余尺寸以mm计)

3 计算方法

3.1 渗流计算理论

围堰沿堤轴线方向尺寸远大于断面方向尺寸,属于平面问题。土体渗流需满足

$$\frac{\partial}{\partial x}\left(k_x \frac{\partial h}{\partial x}\right)+\frac{\partial}{\partial z}\left(k_z \frac{\partial h}{\partial z}\right)=(C+S_w S_s)\frac{\partial h}{\partial t} \tag{1}$$

式中 h 为总水头;k_x、k_z 分别为土体 x、z 方向的渗透系数;C 为容水度;S_w 为饱和度;S_s 为单位储水量;t 为时间。

式(1)通过空间有限元离散及时间差分得到有限元方程。

3.2 计算工况

根据本工程实际情况,渗流主要分析以下工况:

(1)基坑降水阶段。围堰内抽水前内外水位均为3.00m,此时临水侧铺设了防渗土工膜,而临水侧袋装碎石减压沟未设置,抽水时,基坑侧水位从3.00m降落到滩地面高程,属于非稳定渗流。

(2) 主体建筑物实施阶段。围堰围内吹填高水位为 3.80m，基坑内设置了袋装碎石减压沟，两侧水位基本稳定，此时属于稳定渗流，式（1）右侧为零。

3.3 渗流有限元模型

围堰高度约 4.5m，堤身总宽 34m。地基表层厚 6m 砂质粉土及厚 2m 的淤泥质黏土，下面为黏土，计算模型地基土深度取 20m，两侧宽度各取 60m，其渗流计算断面及有限元模型分别如图 3 和图 4 所示。

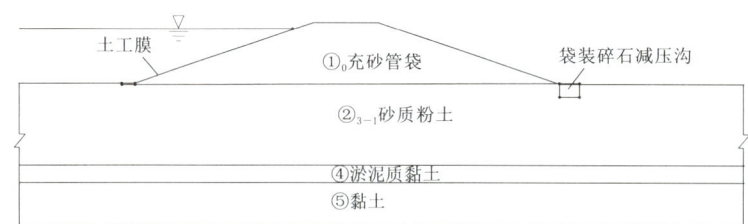

图 3 渗流计算断面图

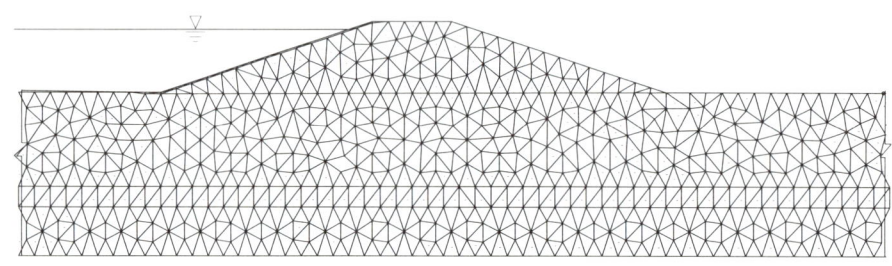

图 4 渗流计算有限元网格图

3.4 渗流计算参数

3.4.1 土体渗透参数

根据地质条件，堤基各层土基本平行，按等厚土层分布计算，整个围堰根据渗透系数不同分为 6 个区（图 3），即土工膜、堤身、袋装碎石减压沟、①₀ 充砂管袋堤身土、②₃₋₁ 粉砂、④淤泥质黏土及⑤₁ 黏土，各土层渗透物理参数见表 1。

表 1 各土层渗透参数取值表

土 层	K_x/(m/d)	K_y/(m/d)	土 层	K_x/(m/d)	K_y/(m/d)
①₀ 充砂管袋堤身土	6.80	3.10	④淤泥质黏土	0.0035	0.0021
②₃₋₁ 粉砂	1.32	0.86	⑤₁ 黏土	0.0017	0.0015
袋装碎石减压沟	100	80			

3.4.2 土工膜等效厚度及渗透系数选取

土工膜厚约 0.8mm，其渗透系数一般在 $10^{-10} \sim 10^{-13}$ cm/s，用常规的有限元法对土工膜进行网格剖分和计算时不易模拟，一般采用渗流量相等的原则将土工膜厚度增大 n 倍，土工膜渗透系数相应增大 n 倍。本工程土工膜渗透系数为 10^{-10} cm/s（8.6×10^{-8} m/d），为便于计算，将土工膜渗透系数及厚度均放大 1000 倍，渗透系数调整到 8.6×10^{-5} m/d，厚度调整到 0.5m。

4 计算结果分析

4.1 基坑降水阶段渗流量及逸出坡降

围堰内抽水时围区水位 3.00m，围堰基坑内考虑每天降 0.50m，6 天降完。迎水面无土工膜与铺设土工膜（围区侧水平段长度 5m）时围堰内浸润线变化分别如图 5 和图 6 所示。无土工膜时，浸润线起始点水位均位于围区水位与围堰迎水坡面交界点；有土工膜时，渗流经过土工膜损失大部分水头，围堰内浸润线起始点均位于围区水位以下，随着围堰内水位降低，浸润线起始点及逸出点也随着降低，但逸出点降低变化率相对变小。无土工膜时，逸出点均位于坡脚以上，设土工膜时，随着围堰内水位降低，逸出点逐渐接近坡脚。

基坑抽水时围堰延米渗流量及坡脚逸出坡降见表 2，经过土工膜水头损失基本上在总水头的 50% 以上，相应的延米渗流量基本上为不设土工膜的 1/3，坡脚逸出坡降基本上为不设土工膜的 1/4~1/2，说明土工膜起到了很好的防渗作用。无土工膜时，坡脚逸出坡降最大为 0.43，远大于砂质粉土的允许坡降 0.20，为了避免围堰渗透破坏，围堰需设置土工膜防渗。

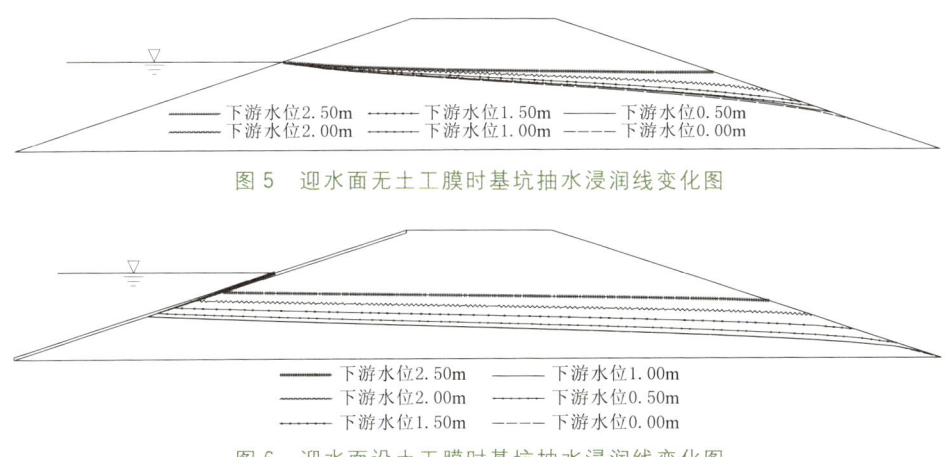

图 5 迎水面无土工膜时基坑抽水浸润线变化图

图 6 迎水面设土工膜时基坑抽水浸润线变化图

表 2 基坑抽水时围堰延米渗流量及坡脚逸出坡降表

围堰内水位/m	内外水位差/m	迎水侧无土工膜		迎水侧设土工膜		
		延米渗流量/[m³/(d·m)]	坡脚逸出坡降	延米渗流量/[m³/(d·m)]	坡脚逸出坡降	土工膜降低水头/m
2.50	0.5	0.88327	0.04	0.25312	0.01	0.42
2.00	1.0	1.51653	0.06	0.44252	0.02	0.83
1.50	1.5	2.01575	0.10	0.63434	0.04	1.22
1.00	2.0	2.35035	0.19	0.80706	0.06	1.41
0.50	2.5	2.48522	0.31	0.94693	0.09	1.50
0.00	3.0	2.54371	0.43	1.02477	0.13	1.58

4.2 水闸施工阶段渗控方案

水闸施工时，围区侧成陆吹填，围区高水位 3.80m，由前述知，为保证围堰渗透安全需迎水侧需进行土工膜防渗，同时为降低基坑侧地下水位，在基坑侧坡脚处设置袋装碎石减压沟。为确定土工膜合理水平铺设长度和减压沟深度，对土工膜水平长度分别为1m、2m、3m、4m及5m，减压沟深度0m、1m、2m、3m及4m进行了研究比较。

4.2.1 土工膜水平段长度渗控影响

土工膜不同水平段长度对应的流网如图7所示，随着水平段长度增加，围堰堤身浸润线逐渐降低，近水侧等势线加密，基坑侧等势线变稀，逸出坡降变小，说明土工膜加长，增强了防渗效果。由于土工膜阻水作用，从迎水坡面渗水减少，而堤基透水性强，从堤基渗透到堤身的水开始呈上升趋势，然后再逐渐下降，因此堤身表层流线呈上凸状。

根据表3，土工膜水平段长度从1m到5m，经过土工膜降低的水头由32%增加到50%，延米渗流量从$1.71m^3/(d·m)$减少到$1.39m^3/(d·m)$，逸出最大坡降从0.25减少到0.15，但随着土工膜水平段长度增加，经过土工膜降低的水头值、延米渗透量及逸出最大坡降变化率相对变缓。

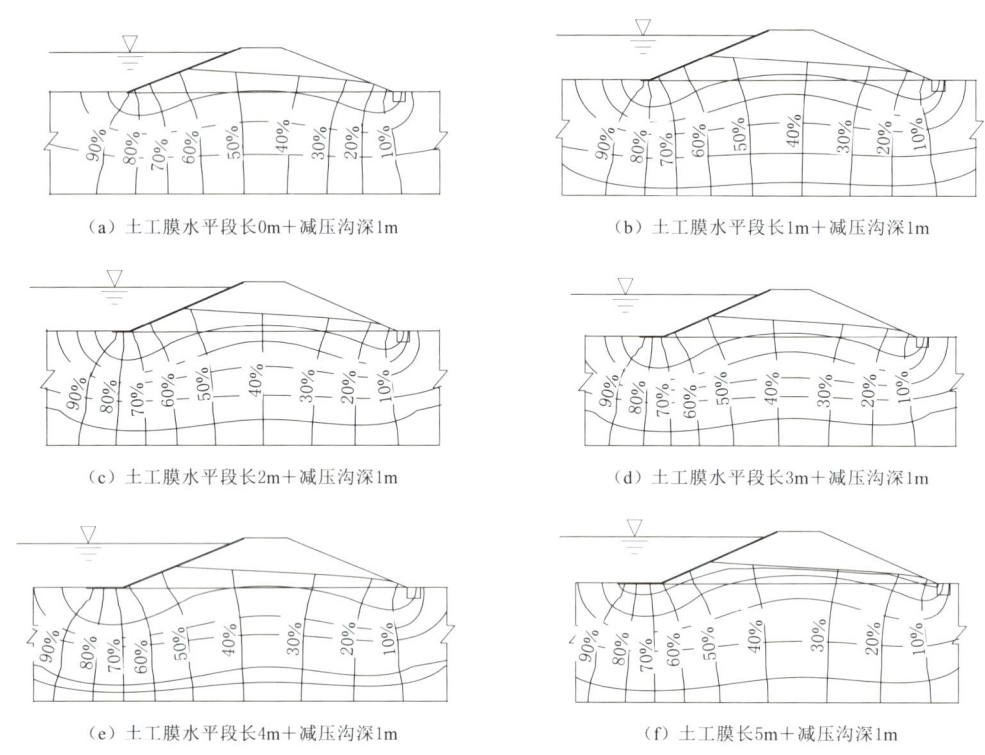

图7　土工膜不同水平段长度流网图

4.2.2 减压沟深度渗控影响

为进一步减少逸出坡降及渗入围堰内基坑水量，降低基坑侧地下水位，便于干施工，在内侧坡脚处设置减压沟，减压沟宽1.5m，为得到合适深度，本次对减压沟深度分别为0m、1m、2m、3m及4m进行分析。不同减压沟深度对应的减压压沟渗流量、围堰总渗流量及最大逸出坡降见表4，从中可知：①随着减压沟深度增加，通过围堰总渗流量也增加，但总量增加相对不大；②随着减压沟深度增加，排到减压沟内渗水量增加明显，因此通过设置减压沟，可以截流围堰部分渗水，有利于形成基坑干施工条件；③随着减压沟深度增加，沟后逸出坡降降低。

4.2.3 围堰渗控方案确定

工程地基表层为粉砂，水闸施工阶段围堰内外水位差最大，渗透稳定主要由该情况确定，根据计算土工膜水平长度至少需3m，围区吹填水位不确定定性大，如果加上降雨，围区水位可能超过3.8m，因此设计中土工膜水平段长度设为5m。减压沟对截渗效果明显，但截水沟施工开挖对围堰稳定有一定影响，保证能降低逸出坡降，并截流部分渗水。

表 3　土工膜不同水平段长度的渗控效果表

土工膜水平段长度/m	降低水头/%	延米渗流量/[m³/(d·m)]	逸出最大坡降
0	31	1.86	0.29
1	37	1.71	0.25
2	43	1.61	0.22
3	47	1.53	0.19
4	49	1.46	0.17
5	50	1.39	0.15

表 4　减压沟不同深度的渗控效果表

减压沟深度/m	围堰延米总渗流量/[m³/(d·m)]	减压沟延米截渗流量/[m³/(d·m)]	逸出最大坡降
0	1.37	0.00	0.17
1	1.39	0.13	0.15
2	1.41	0.25	0.13
3	1.42	0.39	0.11
4	1.43	0.91	0.09

5　结语

（1）对于强透水地基充砂管袋围堰若不采取渗控措施，其渗透量大，难以形成基坑干施工，基坑侧坡脚逸出坡降大于允许坡降，存在渗透不稳定问题。

（2）在临水侧铺设防渗土工膜，可以损失大部分水头，大大降低渗流浸润线，增加边坡稳定，基本上可以减少围堰堤身一半以上的渗漏量。

（3）由于堤基透水性大，虽然临水侧采用土工膜防渗，部分水流通过堤基上渗到堤身再渗到基坑侧，堤身表层流线呈上凸状。

（4）水平防渗土工膜长度越长，浸润线随之降低，渗漏量减少，逸出坡降减少，但随着土工膜水平段长度增加，经过土工膜降低的水头值、延米渗透量及逸出最大坡降变化率相对变缓。

（5）基坑侧设置减压沟同样可以降低浸润线及沟后逸出坡降，而总的渗漏量有一定增长。随着减压沟深度增加，沟后逸出坡降减少，总的渗漏量略有增加，但渗入到减压沟的水量比例明显增加，说明减压沟起到明显排水减压反滤作用。

（6）通过设置合理长度防渗土工膜和一定深度减压沟可以解决强透水地基充砂管袋围堰渗透问题，保证渗透稳定及场地干施工。

参考文献

[1] 张家发，林水生，吴德绪，等．论土石围堰和基坑渗流场调控［J］．长江科学院院报，2013，30（2）：20-25．
[2] 刘晓庆，陈峰，吴宇峰．强透水地基上土石坝非饱和渗流数值分析［J］．人民黄河，2013，35（8）：120-122．
[3] 张海龙，马斌，梁亚平．充填袋装砂围堰防渗结构研究［J］．陕西水利，2017（1）：102-104．
[4] 杜晖，郑桂芹．复合土工膜厚度等效变换在渗流有限元计算中的应用［J］．重庆国土房产，2007（2）：49-50．
[5] 郭晓刚，朱敏．江苏省启东市大型船坞砂土模袋围堰设计［J］．人民长江，2011，42（20）：65-67．
[6] 岑威钧，和浩楠，李邓军．土工膜缺陷对土石坝渗流特性的影响及控制措施［J］．水利水电科技进展，2017，37（3）：61-65．
[7] 冯俐．复合土工膜在王甫洲水利枢纽中的应用［J］．人民长江，1999，30（7）：12-13．
[8] 刘晓庆，陈峰，吴宇峰．强透水地基上土石坝非饱和渗流数值分析［J］．人民黄河，2013，35（8）：120-122．
[9] 江春波，梁东方．堤防在交变水位作用下的二维渗流分析［J］．水利水电技术，1999，30（5）：9-10．
[10] 毛昶熙．渗流计算分析与控制［M］．2版．北京：中国水利水电出版社，2003．
[11] 周星德，王露健，吴利平，等．软土地基上模袋砂围堤稳定性分析［J］．河海大学学报（自然科学版），2014，42（3）：243-245．
[12] 庄志农．围海造陆工程中的防渗研究［J］．中国港湾建设，2015，35（8）：29-31．

横沙东滩八期圈围工程闸门及启闭系统设计

唐 杰 黄 伟

(上海市水利工程设计研究院有限公司,上海 200061)

【摘 要】 横沙东滩八期圈围工程位于横沙岛尾的东端,本工程金属结构内容较多。本文主要介绍了该工程的金属结构设计,分别从闸门及启闭设备的功能、选型、结构、布置方式、设计参数及防腐措施等方面对金属结构设备进行论述。

【关键词】 闸门;启闭机;液压系统;防腐措施

1 工程概况

横沙东滩八期圈围工程位于横沙岛尾的东端,长江口深水航道北导堤以北,北港以南,利用长江口深水航道疏浚土资源实施东滩八期圈围工程,能够进一步稳固横沙东滩边界,满足上海市土地资源总量平衡,为上海可持续开发增加土地储备资源、缓解土地资源供应紧张局面创造有利条件。

2 金属结构规模介绍

本项目内容繁复,口门建筑物包括 2 座水闸、2 座泵闸。金属结构设备共计各类闸门 56 扇,检修闸门 2 套,清污机 24 台,皮带机 3 台,并配套启闭设备、检修设备、液压站等。

2.1 2 号、4 号泵闸

2 号、4 号泵闸设计规模均为孔口净宽 12m 水闸 + $62m^3/s$ 流量的泵站。

水闸采用 1 孔 12m 净宽的节制闸闸门,结构形式采用潜孔式以降低闸门及排架高度。泵站内均采用 4 台水泵,每台水泵设 2 个流道。

2 号为引排双向引排泵站,自外河侧至内河侧依次布置外河侧清污机、快速闸门、外河侧拍门、内河侧拍门、内河侧清污机。

4 号为单向排涝泵站。自水泵进水口至水泵出水口依次布置清污机、进水口工作闸门、拍门及快速闸门。

2.2 3 号、5 号水闸

3 号、5 号水闸设计规模为总净宽 24m 的节制闸,两座水闸形式一致。分三孔,每孔净宽均为 8m,考虑通行疏浚、保洁等小型船只,中孔采用露顶式闸门,边孔采用潜孔式。

3　闸门设计选型及结构型式

3.1　节制闸闸门

本工程节制闸闸门主要功能是蓄水、排涝、防洪，基本运行要求是双向挡水、灵活调度。根据本闸的基本功能及运行要求，确定闸门门型的选取原则为适应双向挡水、启闭安全可靠、灵活方便；能在动水中启闭，并能任意控制开度；便于运行维护与检修。

直升门是应用最广泛的一种门型，它的特点有：闸门结构简单，其制造、安装和运输工作相对比较简单，对建筑物布置容易配合，建筑物顺水流方向尺寸较小，启闭设备比较简单，操作运行方便可靠，便于检修维护，但排架较高。

升卧门挡水时为垂直状态，在全开后呈现为水平状态平卧于闸墩顶部。闸门的结构与直升门完全相同，结构简单，布置容易，操作简便、运行可靠、便于维护，排架高度相对直升门有所下降。但由于闸门在全开时成为水平状，使得沿水流方向的闸室长度增加。

本工程不存在通航大型船只的工况，仅水闸中孔偶尔通行小型保洁船只，其余孔口均采用潜孔式结构，这种结构可以大大地降低排架的高度，故采用直升式门型最大限度地提高项目的经济合理性。

3.2　泵站内闸门

1. 工作闸门

4号泵闸设置工作闸门，布置在泵站进水口，在水泵启动前首先打开工作闸门，水泵停机后关闭。

闸门的门型采用潜孔式平板钢结构直升闸门，能有效地降低闸门自重并且实现可靠有效的止水效果。

2. 拍门

拍门设置在流道的出水口，本工程拍门采用的型式为开启式多叶拍门。在水泵启动后，在水流的冲击下，门上的小拍门被水压冲开，往出水口排水。待水泵运行及水流相对稳定后，再将拍门整体开启，增大排水口的过流面积，以减少对水泵启动的不利影响，提高水泵的运行效率。

闸门的门型采用潜孔式平板钢结构直升闸门。

3. 快速闸门

快速闸门的主要作用是当水泵需要正常停机或事故停机时快速截断水流，防止水泵机组飞逸。门型采用潜孔式平板钢结构直升闸门。

3.3　清污设备

清污机设置在水泵进水池前沿，主要作用是清除进入进水池的垃圾，保证水泵正常工作。清除垃圾主要运用的清污机型有：抓斗移动式清污机和链动回转式格栅清污机。

（1）抓斗移动式清污机的工作原理是它的抓斗沿悬架导轨横向行走，将栅条所拦截的各种污物清除，一台抓斗可用于多组格栅。它具有维护、检修比较方便，处理量大，适合粗大垃圾及孔口数较多的场合。但它的上部结构较复杂、庞大，与周围的环境较难协调。

（2）链动回转式格栅清污机的工作原理是回转牵引链在栅条前后作回转运行，当固定在链条上的耙齿运转至栅条的迎水面时，耙齿插入栅条链隙将栅条上所截留的杂物清除，它的上部结构比抓斗移动式清污机简单，随时随地可以清捞，具有清捞效果好、动力消耗小等特点，是目前运用最广的一种机型。

链动回转式格栅清污机上部结构比较简单，与周围环境容易协调，清污效果比较好，因此本工程采用链动回转式格栅清污机。同时设皮带输送机，沿清污机桥通长布置，将清污机清理出来的垃圾输送至垃圾平台集中处理。

3.4 节制闸检修闸门

本工程各节制闸外河侧均留有检修门槽，当节制闸闸门需要检修时，通过放置检修闸门达到挡水的目的。考虑到本工程 2 号、4 号泵闸的节制闸闸门孔口净宽均为 12m，2 座泵闸节制闸可公用一套检修闸门。3 号、5 号水闸的中孔及边孔闸门孔口净宽均为 8m，2 座水闸可公用一套检修闸门。

检修闸门的门型采用浮箱式叠梁门。安装、拆卸采用汽车吊等临时启闭设备。

4 启闭系统设计

4.1 启闭机选型

直升门可采用的启闭机有卷扬式启闭机和液压启闭机。

卷扬式启闭机具有结构简单，造价低，技术成熟，安装、检修、维护方便的优点，缺点是比较笨重，需在排架顶部建造启闭机房，土建结构复杂，对景观有较大影响。

液压启闭机体积小，承载力大，设备重量与同等承载能力的卷扬式启闭机相比明显减轻，但价格比卷扬启闭机高。

液压启闭机虽然价格较贵，但结构紧凑，而且可通过一个液压泵站操作多扇闸门，且便于信息化、自动化管理。建筑物外形简洁，因此本节制闸闸门的启闭设备采用液压启闭机。

4.2 液压控制系统

考虑到本工程闸门数量多的特点，每座水（泵）闸可集中通过一座液压站进行控制，方便管理，且可以进行集中监控。

本工程每座水闸（泵闸）均设一个液压站，共 4 个。2 号、4 号泵闸液压站采用三套泵组（一台大泵加两台小泵）；3 号、5 号水闸液压站采用二套泵组（一备一用）。每座水（泵）所有阀组均集中布置在液压泵房内，再排放油管引致各台启闭机。

闸门开门时，空载启动液压泵电动机组，延时 10s，压力油经单向调速阀进入液压缸有杆腔，液压缸上升，实现闸门开启；闸门关门时，有杆腔液压油经单向调速阀、电磁球阀流回无杆腔，油缸下降，闸门关闭，液压系统中设置手动闭门阀，在事故情况下，可打开手动阀利用闸门的自重闭门。快速闸门在闭门时，同时由补油箱向无杆腔补油，实现快速关闭。闸门启、闭门速度为 1.2m/min，快速闸门的闭门速度为 4m/min。

闸门在全开位置时，由于液压系统泄露使闸门下滑达到 100mm 时，行程控制装置指令液压泵电动机组启动，自动将闸门提升至全开位置，如下滑 100mm，油泵未能启动，下滑量达 200mm 时，行程控制装置指令备用液压泵电动机组启动，将闸门提升至全开位置并发出警报。

节制闸液压系统配备同步纠偏系统，以纠正两侧油缸运行产生的不同步。在闸门的启闭过程中，闸门开度及行程控制装置全程连续检测两只液压油缸的行程偏差，当偏差值不小于 10mm 时，电磁阀自动得电或者比例阀自动调节，调整液压缸有杆腔的进、出油量，使闸门同步。若比例调速阀出现故障，可利用手动调速阀进行开、关门动作。

液压系统在运行过程中需配备必要的检测装置，如会有和压力滤油器是否堵塞、油箱液位、油温、工作压力及回油压力。当检测到异常时，发出声光报警。

5 防腐措施

目前水工金属结构设备的防腐措施主要有涂料保护、金属喷镀、电化学保护三种。涂料保护工艺简单，但维护周期较短；金属喷镀维护周期长，但投资较大，耗用金属较多；电化学保护维护周期适中、设备少保护面积大，但是水线部位保护效果差，适用于水下保护。

考虑项目所在位置的特殊性，咸潮对金属结构设备的防腐提出更高的要求，通过喷涂含铝涂层，可减少咸潮对钢结构的腐蚀程度，同时预埋件采用了免维护的不锈钢复合材料，既保证门槽所需强度、节省了造价又解决了以后的日常维护难题。

6 金属结构总体布置

泵闸节制闸的总体布置如图1所示；金属结构布置如图2和图3所示。水闸节制闸的边孔闸门和中孔闸门总体布置如图4、图5所示。

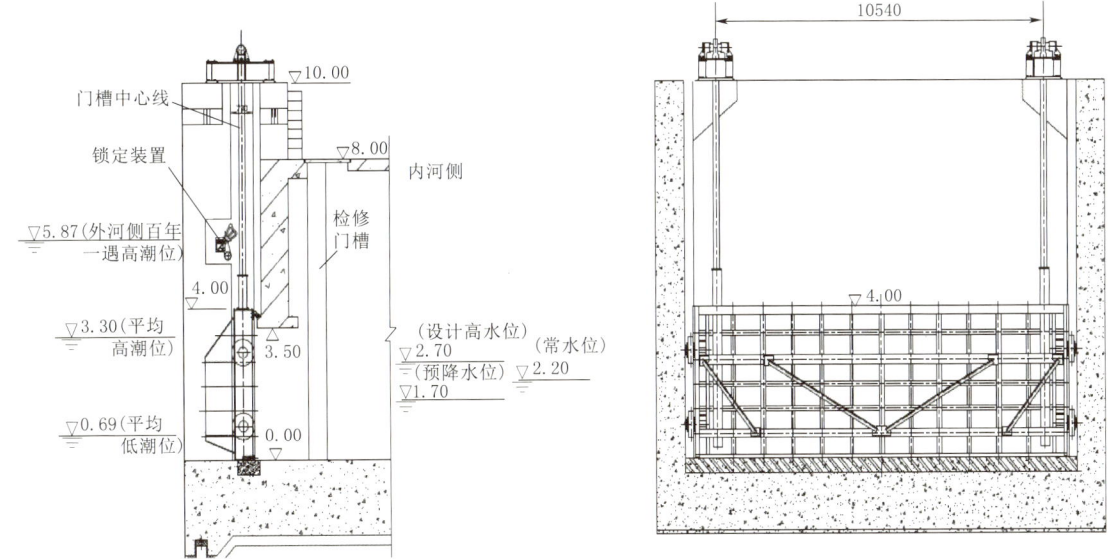

图1 2号、4号泵闸节制闸闸门总体布置（高程、水位以m计，其余尺寸以mm计）

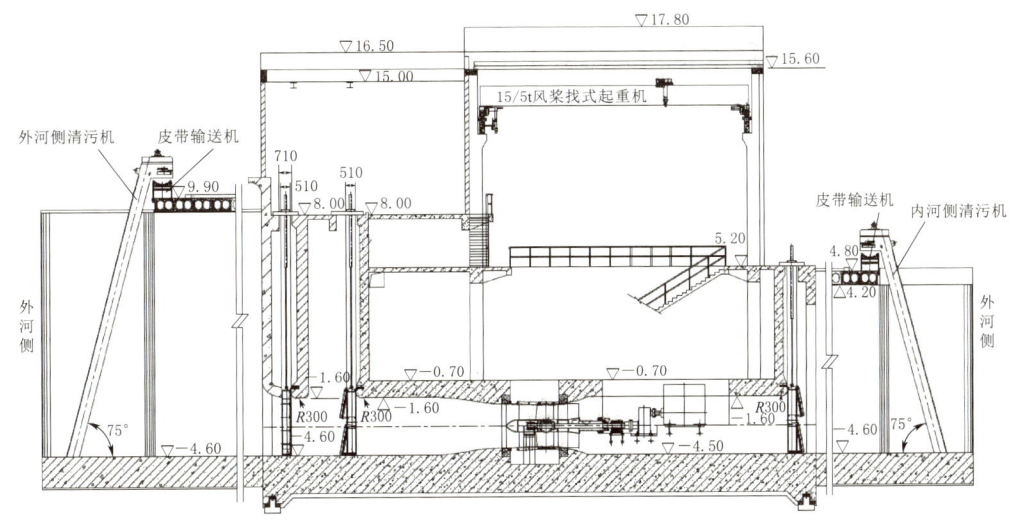

图2 2号泵闸泵站金属结构布置（高程、水位以m计，其余尺寸以mm计）

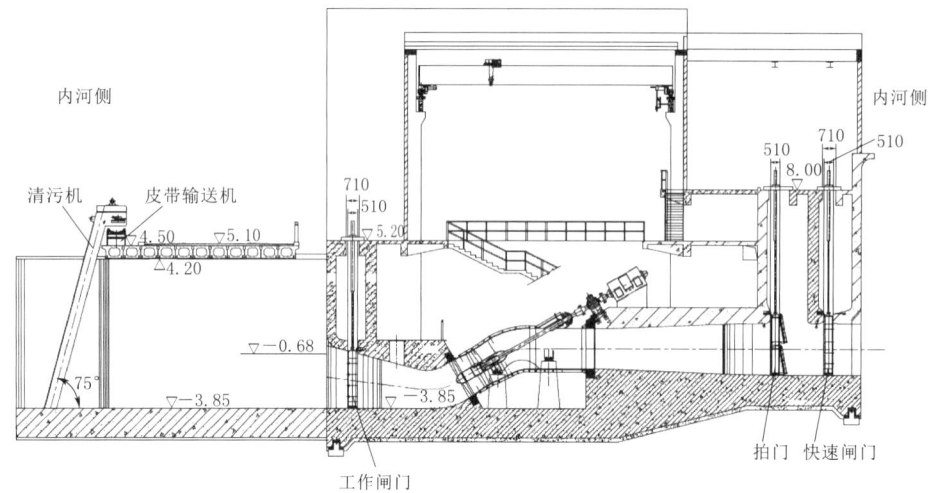

图 3　4 号泵闸泵站金属结构布置（高程、水位以 m 计，其余尺寸以 mm 计）

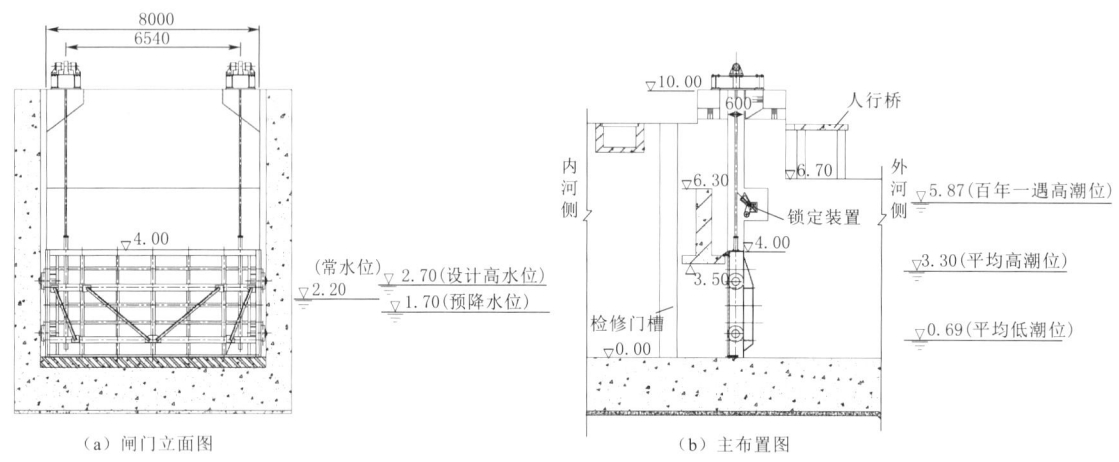

图 4　3 号、5 号水闸节制闸边孔闸门总体布置（高程、水位以 m 计，其余尺寸以 mm 计）

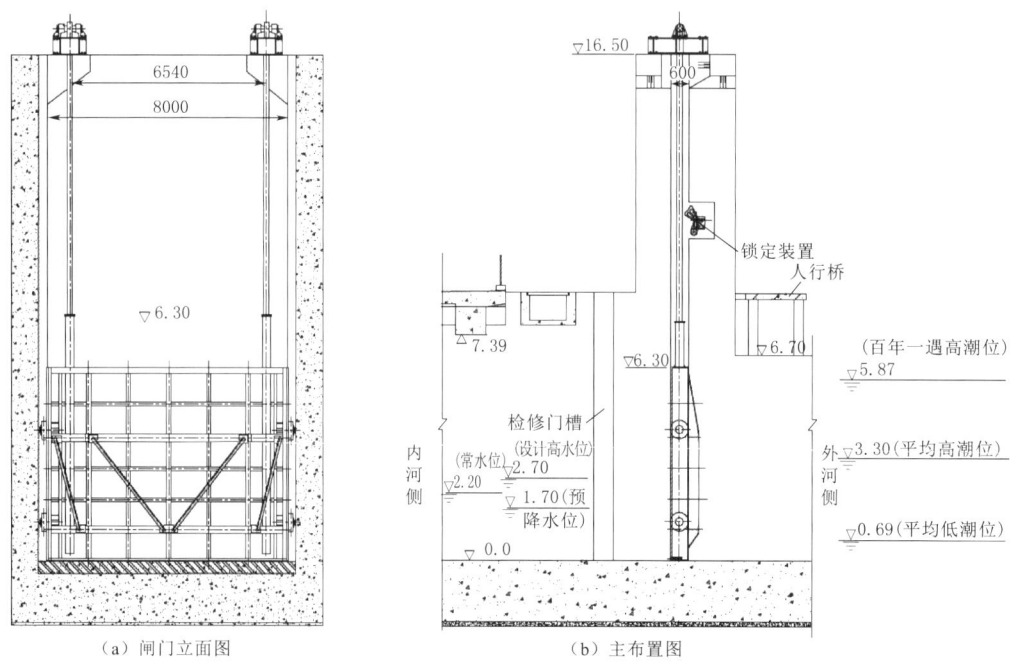

图 5　3 号、5 号水闸节制闸中孔闸门总体布置（高程、水位以 m 计，其余尺寸以 mm 计）

7　问题与改进

本工程闸门设备较多，采用液压泵站可以很好地集中控制所有闸门的启闭与运行。但是同时，由于闸门数量较多，油管的排列纵横交错，影响整体的美观程度。

尤其是 2 号和 4 号泵站，各自闸门的数量达到 25 扇，每一个液压启闭机均需要连接一根进油管路，对液压站的空间、液压系统阀组布置以及接线均提出了挑战。

在多闸门控制的类似项目中，可以考虑增设液压站来分流管路的布置。通过就近原则或者同类原则，在条件允许的情况下将闸门的液压控制分别布置在两个液压站内，使油管布置清晰明了，同时也更加美观。

工程设计是一项在实践中不断进步的工作，除了在设计中周全考虑，每一个项目都仍存在其特殊性，我们通过发现在实际的工程实践中遇到的不同问题，在未来的新项目中予以借鉴改进和提高，以保证每一个项目自设计到投产能顺利完成，并能够越来越好。

参考文献

[1] 刘细龙，陈福荣. 闸门与启闭设备 [M]. 北京：中国水利水电出版社，2002.
[2] 田勇，沈祖诒. 双吊点闸门液压启闭机同步方法与策略 [J]. 液压与气动，2004（5）.
[3] 于芳. 浅析水利工程中平面钢闸门设计 [J]. 建筑与发展，2009（11）.

多约束条件下的人工岛泵闸群排涝调度确定

谢先坤

(上海市水利工程设计研究院有限公司，上海 200061)

【摘　要】 人工岛排涝受降雨、潮位、内外河道防冲、水系调蓄能力、泵闸排水能力等多因素约束，采用平湖法建立以人工岛水位为目标函数受多约束的排涝调度模型，通过与水动力法比较，表明该法计算简便且精度较高，并对横沙东滩人工岛的不同雨量排涝方案进行计算，确定最优排涝调度方案，为区域排涝调度决策提供技术支撑。

【关键词】 多约束；泵闸群；平湖法；人工岛；排涝调度

　　为加强滩涂资源开发利用与保护，科学合理利用深水航道治理疏浚土方，对大型江河入海口高滩进行围护与滩地抬升形成生态人工岛。在人工岛内部水系出口处设置水闸泵站与外围江海水体交换，满足区域防洪排涝及水资源调度。人工岛内为独立水系，区域地势平坦，汛期暴雨多且强度大，风暴潮常伴随强降雨，岛内排涝与外江（海）潮位、降雨及排涝口门建筑物规模等密切相关，属于典型的平原感潮河网地区。吴松柏等利用圣维南方程组建立了平原感潮河网闸群防洪体系优化调度模型，邴建平等采用改进平湖法等提出了闸泵联合运用的平原感潮区排涝计算方法，梁益闻研究了城市河湖闸泵群排涝优化调度模型并采用了改进的混合引力搜索算法求解模型，刘芹建立了多时段闸群系统防洪优化调度模型，获得了逐时段闸群开启的最优组合方式，这些模型方法虽然理论严密，精度高，但均没有考虑河道泵闸防冲、预降、蓄水及泵闸群开启顺序，对闸泵联合调度运行研究也较少，且模型计算复杂，对实际调度操作人员要求高，实际运行指导难度较大。

　　本文以横沙东滩独立围区为例，研究了以围区水位为控制目标，考虑受降雨、潮型、泵闸与河道防冲、河道调蓄及泵闸设计流量等多约束条件，综合分析平均排除法、调蓄演算法、水文学法及水动力学法等计算方法的精度及速度，确定采用适用于平原围区的调蓄演算法（平湖法）进行排涝计算，确定了在各种降雨情况下的各水闸泵站的排涝运行调度方案，在充分利用河道调蓄的基础上，达到排涝顺畅、工程安全及运行经济方便的效果。

1　工程概况

　　经过多年建设，长江口横沙东滩实施了横沙东滩一期～八期工程，成陆区总面积约15.83万亩，包括横沙三期、六期、七期及八期四大围区，为上海提供了一定后备土地资源，满足耕地占补平衡，为上海经济社会发展做出重大贡献。横沙东滩水系规划为"三横河、十纵河、四湖、三水闸、二泵闸"的总体布局，具体如图1所示。考虑近期六期、七期及八期围区水系形成整体，依靠北侧的2号泵闸、3号水闸、4号泵闸及5号水闸排涝。水系建成后，河道水面面积约1060万 m^2，水闸口门总净宽72m，泵站总流量124m^3/s。区域西侧为横沙岛，其余三面为长江，为独立水系，通过4座水（泵）闸与外围长江进行水体交换，保障围区防洪排涝安全。2号、4号泵闸均为62m^3/s的泵＋单孔净宽12m

的闸，3号、5号水闸均为3孔单孔净宽8m总宽24m的闸，闸底板面高程均为0.00m。

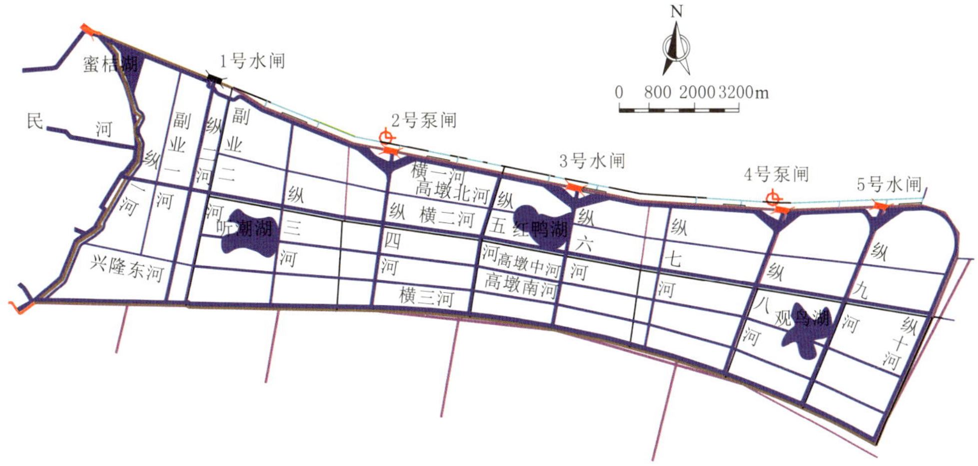

图1 横沙东滩水系总体布局图

2 排涝调度计算方法选择

2.1 常用的排涝调度计算方法

工程中对于排涝系统的流量计算方法主要有水量平衡计算法和洪水演进法两种。水量平衡法即将整个体系概化为一个库体，库体蓄水变化量为进水量与出水量之差，而不考虑围区内部涝水的排除及河道水流变化过程，包括平均排除法和平湖法；洪水演进法根据水量平衡原理、能量守恒原理及蓄泄关系等，模拟洪水的实际演进过程，计算推出洪水在特征断面的流量、水位等相关水力特征，可以反映出区域各部位各时段水位水量分布情况，包括水文学方法与水动力学方法。

平均排除法是利用径流系数法计算出设计暴雨下的产流量，扣除洼蓄滞水量后得到净雨量，然后在一定的时间内将这些雨量平均排除，不考虑降雨汇水及排水的过程，仅按总水量均匀排除，计算成果精度低，与实际出入大，反映不出区域水位变化过程，不能得出河湖最高最低水位值。

平湖法将河道、湖泊等看作一个整体，将排涝过程概化成通过泵闸向外排涝的过程，并根据水量平衡公式试算得到整个防洪水系的排涝流量及平均水位的过程。计算考虑了降雨量过程、河湖等蓄水的滞蓄作用及泵闸排水流量过程等，计算结果较为客观。

水文学方法重点考虑水文要素之间的联系，简化为河段的槽蓄方程并采用差分法分段计算各处的流入流出量及蓄水量，能够较为真实的反应河道内洪水的一些主要特征。

水动力学法基于质量守恒和能量守恒定律，采用完善的理论推导，通过求解控制方程精确求得各位置各时段的流量、水位等，计算复杂。

2.2 计算方法的选取

水文学需要较为详尽的水文资料，应用于复杂的河网渠网较为困难，且无法模拟较为复杂的水流状态。水动力学法需要更详细的河道断面形状、坡度、糙率、长度与水闸的底板高程、闸门开的等数据，求解大规模的复杂水系洪水演进计算量大，需借助专门的计算软件，且计算速度较慢，计算时间长，往往难以根据具体预报的雨型雨量及潮型及时提出合适的调度方案，同时该法难以考虑河道冲刷及水闸消能设施安全的影响。

平湖法虽不能具体模拟出区域各部位的水位及断面流量，但能反映出整体水位及排涝流量随时间变化关系。由于本工程围区通过吹填成陆，地势平坦，下垫面均匀，闸门及泵站排流规律，通过设计"麦莎"雨型潮型组合计算比较，平湖法计算围区最高水位 2.70m，采用水动力学计算得围区最高水位 2.59~2.70m（图2），说明河道蓄水能力相对较大，河网水面曲线平缓，平湖法计算成果与水动力模型非常接近，平湖法计算成果基本满足精度要求。

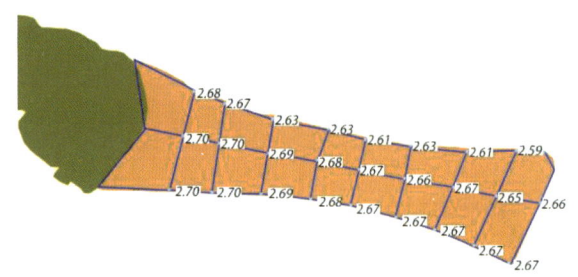

图 2　水动力学法河道最高水位分布图

对于一定雨潮型组合，平湖法根据水量平衡原理采用 Excel 表试算就可以得出不同时刻围区水位及排除流量过程，计算简单实用，可操作性强，同时平湖法可根据实际情况手动将河道不冲及过闸消能允许流量控制，保证工程的安全，与工程实际运行相一致，因此围区排涝调度采用平湖法计算优势强。

3　数学模型与求解

3.1　目标函数

围区排涝调度目的是通过泵闸蓄排围区来水量，控制河网水位在一定范围内：防止高水位围区被淹，影响围区农作物生长与建筑物及生命财产的安全；避免过低水位影响区域淡水资源及河网水位降低导致护岸失稳与外海咸水入侵。因此调度的目标函数为

$$Z_{\min} \leqslant Z_{ik} \leqslant Z_{\max} \tag{1}$$

式中　Z_{ik} 为某时刻河网水位；$Z_{\min}$ 为河网控制低水位；$Z_{\max}$ 为河网控制高水位。

3.2　约束条件

1. 外河潮位

外河潮位控制泵闸运行情况：外河潮位高于围内水位，只能采用泵站强排，排涝效率低，运行费用高，一般情况不建议采用；外河潮位低于围内水位时，可以开闸自排，排水效率高，运行费用低；但当外河潮位低于某一数值时，开闸放水易引起外河的冲刷，此时需关闸挡水。外河潮位的计算为

$$Q_{ok} = \begin{cases} Q_{泵k} & Z_{ik} < Z_{ok} \\ Q_{闸k} & Z_{ik} > Z_{ok} \text{ 且 } Z_{ok} > Z_{低} \\ 0 & Z_{ok} < Z_{低} \end{cases} \tag{2}$$

式中　Q_{ok} 为某时刻排出流量；$Q_{泵k}$ 为某时刻泵站排涝流量；$Q_{闸k}$ 为某时刻过闸流量，根据内外水位关系及闸门开度按照《水闸设计规范》相关公式计算；Z_{ik} 为某时刻内河水位；Z_{ok} 为某时刻外河水位；$Z_{低}$ 为外河防冲最低水位。

2. 降雨

降雨是独立围区内涝主要因素，降雨量大小及时间分布直接影响排涝调度方案，降雨产流量根据降雨强度曲线计算某时刻降雨量，扣除下渗量、蒸发量、洼蓄滞水量后得到某时刻净降雨量，同时考虑加上外河渗入量、闸门渗漏量等，即为排入围区水系的流量为

$$q_{ik} = A(p_k - e_k - h_k) + q_{外渗k} + q_{闸漏k} \tag{3}$$

式中　q_{ik} 为某时刻净排入水系的流量；p_k 为某时刻暴雨强度；e_k 为某时刻蒸发量；h_k 为洼蓄量；$q_{外渗k}$ 为某时刻外河渗入围区的净渗流量；$q_{闸漏k}$ 为某时刻外河经闸门空隙等漏入围区水量。

3. 内外河防冲

围区河道两岸多为吹填形成，其稳定性及抗冲能力低，过大流速容易使河道岸坡及河槽冲刷，

需控制排涝流量使河道流速不超过不冲流速。同时外河潮位变化快，低潮位时容易造成泵闸消能防冲设施破坏，从而造成水闸及相邻建构筑物失稳，因此需根据内外水位调整闸门开度控制过闸流量，即要求

$$v_k \leqslant v_{不冲} \quad (4)$$

$$q_k \leqslant q_{不冲} \quad (5)$$

式中 v_k 为某时刻河道最大流速；$v_{不冲}$ 为某时刻对应的河道不冲流速；q_k 为某时刻过闸单宽流量；$q_{不冲}$ 为对应内外水位差时满足水闸消能防冲要求的过闸单宽流量。

4. 内河河道边坡稳定

河道两岸多为粉砂或淤泥软土，土体强度低、抗渗能力差，若河道水位下降较快，在边坡产生较大渗透力及渗透坡降，易导致河道边坡整体失稳及渗透破坏。需控制排涝流量避免围区河道水位下降过快。

3.3 求解

首先绘制水位—河网容积曲线，包括统计围区各河道断面及对应的长度，计算最低水位与最高水位之间各水位对应的河槽蓄水量，绘制水位—河网容积（z—v）曲线。然后，根据雨潮型预报绘制降雨及外河潮型曲线。

3.4 试算

初拟起降水位，根据每时段内外河水位确定是采用水闸还是泵站排水；计算每时段围区排入量及排出量（排入排出流量应满足上述约束条件）；根据水位—河网容积（z—v）曲线确定时段末的河道水位；判断每时段末水位是否符合目标函数（即河道水位位于设计低水位与高水位之间）；若时段末水位符合目标函数，则进入下一时段计算，否则重新调整起降水位或排出流量；根据每时段排出量确定水闸泵站开启数量及闸门控制开度，即得到泵闸运行调度方案。

4 排涝调度方案确定

4.1 调度原则

河道低水位不低于1.7m，高水位一般不超过2.7m；外河潮位低于内河水位时，开闸自排，外河潮位低于内河水位时，泵站强排；水闸尽量先1号、3号、5号水闸排，再2号、4号水闸排；在满足水闸消能防冲及河道不冲安全的前提下，尽可能大流量排涝。

4.2 闸门开度控制

泵站设计流量为62m³/s，单独泵站运行流量较少，不会造成河道及泵站消能防冲设施冲刷，但闸过流量相对较大，需进行闸门开度控制。根据各水（泵）闸内外河道、消能防冲设施情况，各水（泵）闸不同内外河水位组合的闸门控制开度见表1。

表1 各水（泵）闸不同内外河水位组合的闸门控制开度

内河水位/m	外河水位/m	3号、5号水闸		2号、4号闸
		一孔闸开度/m	三孔闸开度/m	
2.00	0.50	1.1	0.3	全开
	1.00	全开	0.7	全开
	1.50	全开	1.2	全开
	2.00	全开	全开	全开

续表

内河水位/m	外河水位/m	3号、5号水闸		2号、4号闸
		一孔闸开度/m	三孔闸开度/m	
2.20	0.50	1.0	0.3	全开
	1.00	全开	0.5	全开
	1.50	全开	1.0	全开
	2.00	全开	全开	全开
	2.20	全开	全开	全开
2.50	0.50	0.9	0.3	1.5
	1.00	1.8	0.5	全开
	1.50	全开	1.0	全开
	2.00	全开	全开	全开
	2.50	全开	全开	全开
2.70	0.50	0.8	0.3	1.2
	1.0	1.6	0.5	全开
	1.50	全开	1.0	全开
	2.00	全开	全开	全开
	2.50	全开	全开	全开
	2.70	全开	全开	全开

4.3 调度方案

对各种降雨量按照"63"雨型曲线分布，外河潮型按照"63"雨型对应的潮位条件考虑，根据上述排涝调度计算方法、数学模型求解方法、调度原则及闸门控制开度确定横沙东滩围区排涝调度方案见表2。

表2　　各种不同降雨条件下泵闸运行情况表

降雨量/mm	是否预降	当天开闸时间/h	第二天开闸时间/h
50	否		3号和5号同开4.30h
75	否	3号或5号开1.6h	3号和5号同开5.2h
100	否	3号和5号同开3.5h	3号和5号同开5.2h
125	预降到1.70m	3号或5号开1.0h	3号和5号同开5.2h
150	预降到1.70m	3号和5号开2.6h	3号和5号同开5.2h
175	预降到1.70m	3号和5号开4.0h，2号或4号开3.2h	3号和5号同开5.2h
190	预降到1.70m	2号、3号、4号与5号同开4.5h	3号和5号同开5.2h
204	预降到1.70m	2号、3号、4号和5号同开4.5h，2号、4号泵站开10.0h	3号和5号同开5.2h

计算结果表明：①当日降雨量小于50mm时，不需河网预降，当日不需开闸，依靠河槽蓄水可以满足除涝要求，但后期需开闸排水；②当日降雨量为50～100mm时，不需河网预降，当日需开3号、5号水闸排水；③当降雨量为100～175mm时，河网预降需预降到1.7m，当日需开3号、5号水闸排水；④当降雨量为175～190mm时，河网预降需预降到1.7m，当日需将全部水闸开闸排水；⑤当降雨量超过190mm时，河网预降需预降到1.7m，当外河水位低于内河水位时，需全部水闸开闸自排，当外河水位高于内河水位时需泵站强排。

对于"63"雨型及对应潮位情况，内外河水位及雨量如图3所示，从中看出7～16h开泵，18～22h开闸。

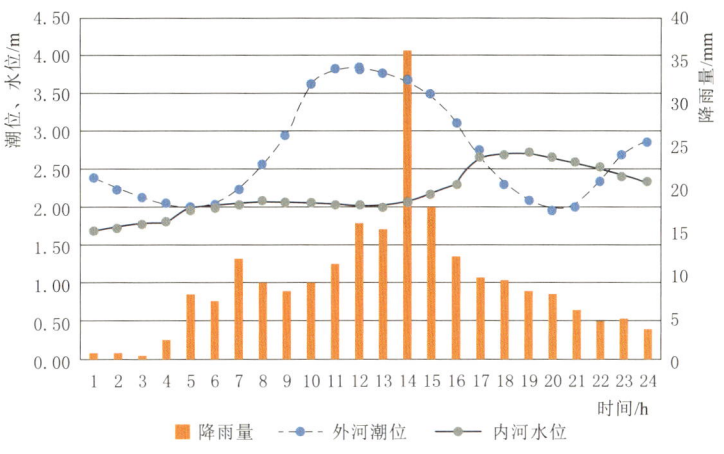

图3 "63"雨潮型泵闸运行情况及对应的内河水位曲线图

5 结语

综合分析平均排除法、平湖法、水文学法及水动力学法等排涝计算方法，经论证平湖法能满足居于计算精度，且计算简单易行，适用于平原围区排涝计算。

建立了以围区水位为控制目标，考虑受降雨、潮型、泵闸与河道防冲、河道调蓄及泵闸设计流量等多约束条件的排涝计算模型，并提供了求解方法。

根据横沙东滩围区各种降雨情况下提出各水闸泵站的排涝运行调度方案，为工程安全运行决策提供技术支撑。

参考文献

[1] 吴松柏, 闫凤新, 余明辉. 平原感潮河网闸群防洪体系优化调度模型研究[J]. 泥沙研究, 2014(3): 57-63.
[2] 邴建平, 吕孙云, 邵骏. 基于闸泵联合运用的平原感潮区排涝分析计算方法[J]. 水电能源科学, 2014, 32(2): 60-63.
[3] 季永兴, 刘水芹. 平原感潮地区雨型潮型组合对除涝规模的影响[J]. 水利水电科技进展, 2017, 37(5): 22-27.
[4] 梁益闻. 城市河湖闸泵群防洪排涝优化调度模型研究[D]. 武汉: 华中科技大学, 2018.
[5] 刘芹, 黄贤荣, 罗东兰. 平原河网水力计算及闸群防洪体系优化调度[J]. 人民长江, 2008, 39(16): 52-54.
[6] 郭晓萌, 罗强, 邵东国, 等. 改进平湖法的时间步长对排涝模数的影响探讨[J]. 灌溉排水学报, 2008, 27(6): 45-47.
[7] 万新宇, 钟平安, 王建群. 沿海围垦区水资源优化配置与联合调度[J]. 水利经济, 2012, 30(3): 58-61.

结合无人机和地面三维激光扫描技术获取高精度的 DOM 和 DEM

聂振华　王　聪　陈尚登

（中交上海航道勘察设计研究院有限公司，上海　200120）

【摘　要】 无人机航摄技术能够高效地获取较高精度的 DOM，但所获取的 DEM 高程精度较差；地面三维激光扫描技术能够通过对点云数据的处理获取高精度的 DEM，但其受视场角的限制，容易出现盲区和漏洞，且其制作 DOM 的难度大。通过对所选试验区域的结果表明，结合这两种技术，能够快速获取小范围高精度的 DEM 和 DOM，更好地为工程服务。

随着我国信息技术的飞速发展，无人机航摄技术在获取地形数据方面得到了广泛的运用。同传统的测量手段相比，无人机航摄技术由于其仪器的轻便、灵敏，获取数据的快捷、高效，在工程领域运用得越发频繁。它能够高效地获取高精度的 DOM，但其所获取的 DEM 高程的精度较差；而地面三维激光扫描技术能够弥补这方面的不足。因而，借助横沙东滩八期围圈工程，选取八期工程的 4 号隔堤和保滩堤围成的区域作为试验区域，结合无人机航摄测量和地面三维激光扫描技术来更有效地获取高精度的 DOM 和 DEM，更好地为横沙八期工程服务。

【关键词】 DOM；DEM；三维激光扫描

1　地面三维激光扫描技术获取高精度 DEM

传统离散单点采集三维坐标的测量手段如全站仪、GPS-RTK 等在对需要大量测量点描述的复杂物体结构进行描述时，为保证目标结构的完整性需要采集大量的测绘点，单点定位测量方法获取数据花费时间比较长，而且测量时容易受地形通视以及信号遮蔽等外部条件影响，导致效率低下。

三维激光扫描技术是采用激光测距，通过扫描镜和伺服马达按照定义的扫描范围和点云密度，依次获取目标表面各点的三维坐标及纹理信息，实现三维场景重现的技术。作为一种新型的测量方法，在测绘领域得到越来越广泛的应用。

本次试验采用的是 Riegl VZ1000 型三维激光扫描仪，共能发射 4 种不同的脉冲频率，对应了 4 种不同的测程以及点云密度，具体见表 1。

表 1　Riegl VZ1000 型激光频率与测程对应表

激光脉冲重复频率/kHz	70	100	150	300
有效测点数/(点/s)	29000	42000	62000	122000
最大测程/m	1400	1200	950	450

由于本次试验段内的潜堤和堤坝与扫描仪所设测站最远处距离均在 450m 以内，其扫描模式均设置 300kHz，以保证较高的测量效率，此时单站扫描时间约为 12min。在做好测前准备工作，放

置好测站及标靶之后,按照上述参数设置进行试验段区域的扫描。同时注意标靶数据的采集,进行外业数据检查。

2 测前准备工作

测量前需要对外业工作时所需的仪器等进行检查和调试,并对测量任务进行总体规划,具体包括扫描仪各部件及附件匹配检查、扫描仪通电检查、电源容量和内存容量检查、测站数规划、测站点和标靶点选择、仪器安置、GPS 设置等。

2.1 测站、标靶放置

测站点是架设三维激光扫描仪的位置,除类似于全站仪测图的后视定向模式外,该点位不需要是已知坐标的点,且不需要测量仪器高。但一般情况下测站点的选择需遵循以下原则:

(1) 测站点应选择在视野较开阔、地面稳定的安全区域。

(2) 合理控制控制测站点与扫描堤坝之间的相对角度和距离,要保证从选取的扫描点能获得完整全面的数据。

(3) 尽量用比较少的扫描点获取数据,以减少后期配准的工作量。

标靶点在三维激光扫描测量时有以下作用:

(1) 作为坐标转换点。此时需要在扫描开始前或结束后对其坐标进行采集,因此需要将其放置在视野开阔卫星信号不受遮挡的地方,确保能稳定接收 CORS 信号获得固定解;并且每一组点云数据在进行坐标系转换时理论上至少需要 3 个转换点,一般在测量时均设置 4 个或以上的坐标转换点以保证可靠性。

(2) 作为点云配准点。此时需要将标靶放置在两个测站点均能观测到的位置,即作为两站的公共点,且两站之间也需要至少 3 个配准点。

此外,坐标转换点和点云配准点在设置时均需要保证标靶点和测站点不能在同一条直线上,且最好不要在同一平面上。若观测条件较好,则坐标转换点和点云配准点可以共用。某些情况下也可以选取特征地物点作为坐标转换点或点云配准点。

2.2 标靶坐标采集

在扫描开始前或结束后,需要对作为坐标转化点的标靶坐标进行测量。每个标靶在确定点位后需用相机对其拍照,并作编号,避免内业处理时引起混淆。对于采集到的坐标数据,需剔除平面和高程相差大于 20mm 的数据,将剩余的坐标平均后作为最终的坐标转换点坐标使用。

2.3 外业数据检查

在三维激光扫描仪扫测的同时,其自带的 3.5 寸显示屏会实时显示已扫描的目标内容,并以平面投影的方式展现。此时可以粗略判断所需的目标物如桥梁或标靶等是否被观测到,若有漏测则应立即终止测量并调整重测。

在每一测站扫描结束后搬站前,需要对该站的扫描数据进行检查。用连接线将储存在仪器中的数据导入笔记本电脑中,利用点云处理软件 HD 3LS SCENE 进行格式转换后,获得分辨率更高的全景灰度图,其表征目标物对激光脉冲的反射强度,并且可以查看三维点云成果,如图 1 所示。如发现点云数据覆盖不完整、标靶数据不完整或不可用等情况,则应及时调整重新该测站的测量。

2.4 数据处理

地面三维激光扫描技术的数据处理主要包括:数据导出、预处理、点云匹配、坐标系转换、点

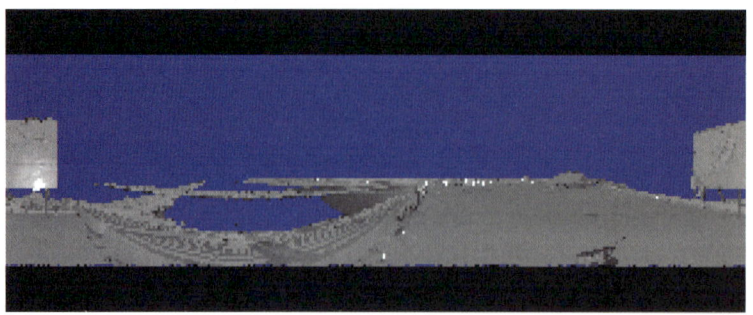

(a) 全景灰度图

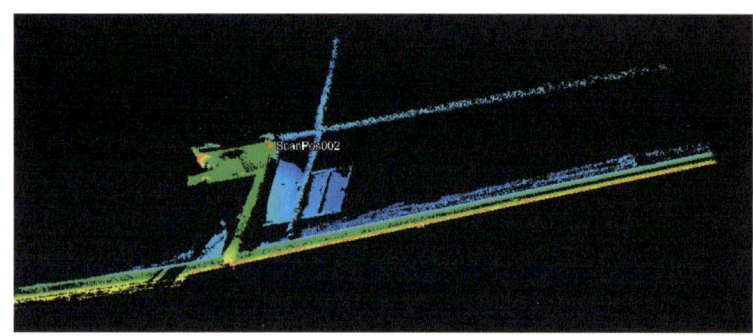

(b) 点云

图 1 单测站扫描生成成果图

云裁剪和平面立体图绘制。

2.4.1 预处理

将数据导出后需要对其进行初步的整理和处理，为后续点云处理提供方便。需对导出的点云数据进行检查，并利用人工或过滤算法对原始点云中的飞点、水面上的杂乱点以及其他易于判别的粗差点等进行剔除；整理计算标靶坐标数据，剔除超限数据；分类整理外业所拍相片。

2.4.2 点云匹配

对于试验段这类大型物体或场景来说，单站扫描无法获取完整的点云数据，需要多次设站扫描并将各测站数据拼接到一起才能实现，而拼接的过程就是点云配准的过程。点云配准时地面式三维激光扫描点云处理的步骤之一，是将多站扫描数据统一到同一坐标系下进行存储、管理、显示和表达的过程，而配准后的融合点云是桥梁平面、立面特征提取的基础数据，因而点云配准的精度直接影响了后续成果的精度和可靠性。

本次工程中采用人工配准的方法，即通过在相邻两站之间布设公共标靶点作为点云配准点，将两站的点云数据统一到同一坐标系内。每两站之间一般布设均匀分布的 4 个标靶，在点云处理软件中分别点取同名标靶点，再进行自动配准，此时可实时显示所选配准点的配准误差。根据规范要求，配准后同名点的内符合精度应不低于四等点云测量特征点间距中误差的 1/2，即 100mm。若配准误差超限，则应先检查配准点选择是否准确，再决定是否需要取消该点参与配准计算。点云配准完成后，需对试验段及重要的附属设施进行浏览检查，确保重要目标的点云完整性。各个站点的数据拼接完毕后，就可以进行滤波分类处理。图 2 为滤波后得到的 DEM 图。

2.5 地面三维激光扫描数据漏洞的填补

采用无人机的 DEM 对地面三维激光扫描数据盲区补充时，可以采用以下方法进行改进：首先将地面三维激光扫描数据作为控制点；然后在无人机制作得到的 DEM 上进行内插，通过计算内插的高程和地面三维激光扫描仪的高程差，得到一系列坐标点的高程差值；再利用这个高程差值对地

图 2 滤波后得到的 DEM 图

面三维激光扫描出现漏洞的区域的无人机 DEM 进行高程值的改正。

3 无人机获取 DOM 技术

本次实验采用大疆无人机,无人机航摄的主要步骤如下:

(1) 像控点布设与测量。本次实验像控点为航飞前布设好的石灰标志点和油漆点,呈十字形,规格为 0.4m×1.0m。像控点结合测区的地形进行布设,并采用 GPS 导航定位系统进行联测。

(2) 航线的设计。在对无人机进行航线设计时,一般要求航向重叠度不能小于 53%,旁向重叠度不能小于 15%,一个航带内的最大航高与最小航高之差不能大于 30m。

(3) 内业数据处理。无人机的内业处理主要包括影像预处理、匹配、空三加密、正射纠正等。

图 3 为采用无人机技术得到的 DOM 图。

图 3 无人机得到的 DOM 图

4 实验结果及精度验证

本次实验地点为横沙八期工程试验区域,首先通过对测区 RTK 实测的点云,在构建的 DEM 上进行内插得到内插的高程,然后和实测的高程进行对比,统计得到的 DEM 高程中误差为 0.13m。DEM 高程精度统计见表 2。

表2　　　　　　　　　　　　　　　　DEM 高程精度统计　　　　　　　　　　　　　　单位：m

E	N	实测高程	内插高程	dZ
3466870.3	410921.9	2.972	3.284	+0.312
3466868.2	410925.7	2.916	2.978	+0.062
3466868.5	410949.6	2.673	2.662	−0.011
3466870.3	410896.7	3.306	3.247	−0.059
3466905.4	410875.6	3.714	3.753	+0.039
3466929.3	410889.2	2.861	2.742	−0.119
3466933.4	410972.6	2.284	2.293	+0.009

本次 DOM 平面精度的检查采用外业检查的方法，即量测测区内明显地物点。本次实验采用与正射影像对应的地物点坐标进行对比，误差控制在一个像素之内，而 DOM 影像分辨率大小为 0.15m。

5　结语

地面三维激光扫描技术在获取局部地形数据方面具有明显的优势，它能够获取高精度 DEM 数据，但受视场角的限制，容易出现盲区和漏洞，且其制作 DOM 的难度大，效果不好。而无人机能够快速获取较高平面精度的 DOM 数据，但所获取的 DEM 高程精度较差；因而理论上结合这两种技术，能够更好地获取范围内的高精度 DEM 和 DOM。通过对横沙八期进行现场试验，研究表明，通过内插的方式将无人机和地面三维激光技术结合起来，能得到更好的效果，更好地为横沙八期工程服务。

参考文献

[1] 陆建华，吕志才. 基于多时相点云数据的大型古建筑形变监测研究——以苏州虎丘塔为例 [J]. 工程勘察，2016，44（7）：53-58.

[2] 徐辛超，徐爱功，于丹. 地面三维激光扫描点云拼接影响因素分析 [J]. 测绘通报，2017（2）：18-22.

[3] 张丽丽，王小平，张瑛. 基于无人机影像生产高精 DEM 的实践 [J]. 测绘技术装备，2009，11（1）：33-34.

无人机航测技术在横沙东滩八期圈围工程中的应用

杨俊辉　王长永

（中交上海航道勘察设计研究院有限公司，上海　200120）

【摘　要】　横沙东滩八期圈围工程位于长江口区域，自然条件恶劣，拟利用已建的促淤坝作为围堤保滩，需调查其现状情况，并分析可能存在的安全隐患。传统测量方法，利用 GNSS 系统进行现场测量，该技术需要测量人员在大堤上放置设备，面临许多无法预测的危险，测量效率低并且难度大。为了安全、快速获取大堤三维数据和影像资料，我们采用"无人机航测技术"，结合高精度 RTK/PPK 技术，进行航空数字影像采集，生成三维模型，输出三维数据。为工程提供了更精确、更丰富的现场资料。

【关键词】　横沙东滩；无人机航测技术；高精度

1　工程概况

横沙东滩促淤圈围工程按照一期～八期工程分期实施，一期、二期、四期为促淤工程，三期、五期、六期～八期为圈围工程。八期工程已于 2016 年 8 月开工。

八期工程位于六期和七期工程的北侧，西至三期工程东堤，东至 N23 潜堤，南至六期和七期北堤，北至已建促淤坝后约 180m 的范围内，总面积约 6.4 万亩。工程建设的主要建筑物包括北堤、东堤、隔堤、保滩坝等。测量范围示意图（红色线框）如图 1 所示。

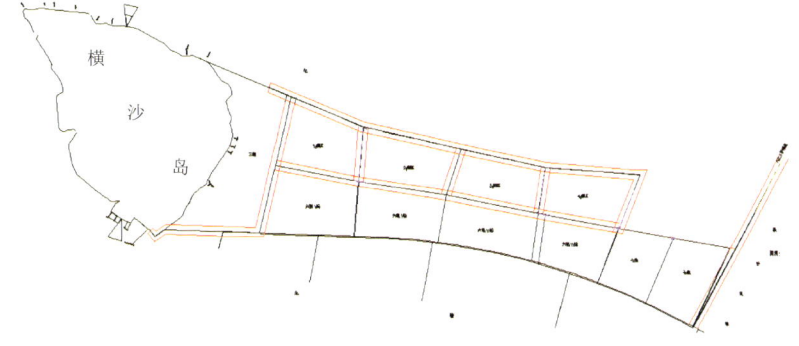

图 1　测量范围示意图（红色线框）

本工程拟利用已建有一期、二期、四期工程的促淤坝及 N23 护滩堤作为围堤保滩，故需调查其现状情况，并分析可能存在的安全隐患，以便及时采取措施避免堤身破坏。

2　项目难点及对策

已建有一期、二期、四期工程的促淤坝及 N23 护滩堤，由于坝顶标高较低，大部分时间都淹没在水里。传统测量方法，一般由人乘大潮低潮位、大堤露出水面时，利用 GNSS 系统现场进行测量。该技术能够快速采集大堤的高程和平面坐标。然而，在实际的测量工作中，需要测量人员在大堤上放置设备，需要深入一线进行操作，由于自然环境十分复杂、工作条件恶劣、有效作业时间短，测量人员往往面临许多无法预测的危险，测量效率低并且难度大。

为了安全、快速获取大堤三维数据和影像资料，我们采用了新的技术手段"无人机航测技术"，无人机航测系统只需要将站点设置于测区周边，起飞后的无人机能够依照预先设计好的航线自动进行测量，单个架次的测量区域可达到 $2km^2$。

3　无人机航测技术原理

无人机航测系统是无人机与摄影测量技术的综合系统，它集成了无人驾驶飞行器技术、摄影测量技术、通信技术和 GNSS 定位技术等多种应用技术。无人机航测系统一般由飞行平台、飞控系统、地面监控系统（又称地面站）、任务设备、数据传输系统、发射和回收系统、地面保障设备等部分组成。相比传统意义航摄，小型无人机航测具有低成本、低损耗、可重复使用且风险小等诸多优势。无人机在飞控系统的控制下可按预定设计航线全自主飞行，包括起飞、爬升、航线飞行和着陆等都可以自动完成。

本项目借助带有 RTK/PPK 功能的固定翼测绘无人机对测区进行航测。通过地面基准站上安置的接收机，无人机机载的 GNSS 接收机，分别对所有可见 GNSS 卫星进行连续观测，并记录数据。待飞行任务完成后，按照 GNSS 动态后处理原理，将基站数据文件和无人机记载的 POS 文件做解算，得到高精度的 POS 文件，其定位精度可达 5cm，从而获取高精度航空制图成果，为工程建设提供更为精确的数据。

4　无人机航测作业流程

无人机航测的作业流程，主要包括航线规划设计、像控点/检查点测量、无人机外业航测、自动空三解算、立体测图、外业调绘及编图、DOM 制作和三维数据输出等。

4.1　航线规划

本项目选用台湾碳基的 Avian 固定翼无人机，它性能可靠、续航能力强、安全系数高；起飞重量为 4.5kg；采用的相机，焦距为 20mm，像素为 2400 万。

航摄采取短边飞行方向，根据现场踏勘情况及当日风速风向情况进行航线规划，设计按航向重叠度为 61%、旁向重叠度为 68%，地面分辨率为 4cm，航高为 200m，航速控制在 60km/h，以减小像素位移误差。为确保飞机在空中姿态的稳定性，减小旋偏角、横滚角的角度，飞行采用与风向平行飞行，拍摄相片。

4.2　像控点和检查点布设

像控点和检查点布设情况，如图 2 所示。

本项目采用的无人机带有 RTK/PPK 功能，只需布设少量的像控点即可达到精度要求。区域网布点采用平高控制点按整体进行布设。外业采用 GPS RTK 测量像控点的三维坐标。

4.3　畸变差改正与匀色处理

本项目采用直接改正法对图像进行畸变差改正。通过对照片的对比观察，发现航片之间、航带

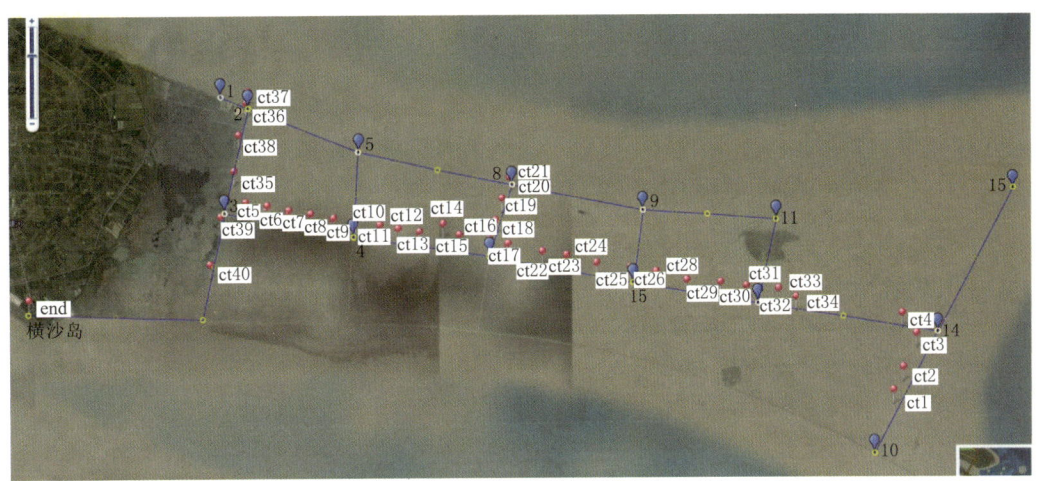

图 2　像控点、检查点分布图

之间存在颜色、明暗等方面的差异，原因可能是天气、云雾等客观因素，也可能是数码相机本身的问题，所以需要对原始影像进行匀色，目的是使航片与航片之间在纹理、亮度、反差、灰度及色相一致性上保持较好的特征，以保证镶嵌后的自然过渡及较好的可读性．畸变差校正和匀色处理为后续处理提供了精度保障。

4.4　影像匹配和影像重叠度计算

通过相邻影像的匹配获得大量同名点，相邻影像的平均匹配点多达几百个。同名点均匀分布在相邻影像的重叠区内，满足重叠度计算和区域网平差的要求，经过影像间同名点的自动量测，可以计算相邻影像数据的实际重叠度。

4.5　空中三角测量

本项目的空三加密由专业的航摄软件 Inpho，搭配 Pix4d 和 Photoscan 等多款软件完成。该软件模块即为 POS 辅助空间三角测量，能自动生成空三报告，可通过报告来检核照片的质量。

4.6　DEM 构建

在系统自动读取并检查工程文件的基础上，添加影像，进行单机多核并行转换影像格式。影像格式转换完成后，生成核线影像，自动匹配影像。通过软件提取点云之后，采用建筑物和植被滤波以及高程值范围滤波两种方式，使用滤波后的数据生成 TIN，并构建 DEM。

利用软件的 DEM 可视化模块，读入上述生成的 DEM。如有较大的粗差点，即可在 DEM 模型上发现，重新返回数据准备的过程进行数据处理。其次，在软件中用立体模型上测制的检查点检测 DEM 的精度，生成检测报告，如有超限的点，重新返回数据准备的过程处理数据。

4.7　DOM 生成

利用空中三角测量后的外方位元素及影像匹配获得的大量同名点进行前方交会，生成大量离散的三维点。通过人机交互的方式获取 DEM，进而生成相应的正射影像。

4.8　数字表面模型（DSM）

DSM 是数字表面模型，可以是地物表面的模拟，包括植被表面、房屋的表面，对 DSM 进行加工，去掉房屋、植被等信息，可以形成 DEM。DEM 必须是高程信息，是地表的模拟。

此次飞行作业的区域全部位于野外，无其他地表地物的覆盖，因此 DSM 模型可反映出 DEM 数字高程模型。部分区域 DSM 如图 3 所示。

图 3　部分区域 DSM

4.9　提取高程点

将空三解算后的模型导出点云，并使用南方 CASS 软件，展出高程点。

5　结语

本项目采用无人机航测技术，安全、高效地获取了地物三维数据和影像资料，同时将测量数据与所拍摄到的图像紧密结合起来，给业主和项目相关人员提供了更精确、更丰富的现场资料。

对于促淤堤、潜堤和大堤等类似地物测量，传统测量方法长期存在风险高、效率低和精度不足等方面的问题。利用无人机航测技术，可以极大地降低风险、提高效率和精度；能够为设计人员及时提供影像资料，大幅提升设计成果与实际地形的契合度。

参考文献

[1] 廖阳，江媛媛. 浅议无人机测量技术在长江航道中的应用 [J]. 水电水利，2019（4）：155-156.

一种改进的十字板剪切试验装置在地基处理检测中的应用

康 星[1] 王 聪[1] 曾伟芳[2]

(1. 中交上海航道勘察设计研究院有限公司,上海 200120；
2. 上海航源港口工程质量检测有限公司,上海 200120)

【摘 要】 十字板剪切试验是将具有一定高径比的十字板探头插入检测土层中,通过钻杆对十字板施加扭矩使其按一定速率旋转,测定土的抗剪强度。针对常用的十字板试验剪切装置,无法很好地控制剪切速率,文章提出一种十字板剪切仪改进装置,能更好地控制十字板剪切速率。

【关键词】 十字板剪切试验；速率；改进装置

十字板剪切试验是一种剪切速率比较快的试验,适用于饱和软黏土($\varphi=0$)不排水抗剪强度和灵敏度的测定,属于土体原位测试试验的一种。它在测量软黏土抗剪强度方面,具有很多方面的优点：①可避免取土扰动的影响；②原位可保持天然状态的应力条件。

1 基本原理

十字板剪切试验原理是将具有一定高径比的十字板探头竖直插入试验深度后,静止2～3min后,通过钻杆对十字板施加扭矩,使其按一定速率(10s/1°)旋转,量测土在破坏时的抵抗力矩,当出现峰值强度后继续测记1min,在峰值强度或稳定值测试完成后,顺扭转方向连续转动6圈后,测得重塑土的不排水抗剪强度。常用的十字板剪切试验装置如图1所示。

十字板剪切试验的理论计算：

试验假设：①土体是各向同性介质；②破坏土体的高度为十字板高度,直径为十字板头直径；③土是均匀的,圆柱体四周及上下两个端面上的各处剪切强度相等。

当十字板转动时,在土中产生的剪切破坏状态接近一圆柱体。设剪切破坏时所施加的扭矩为M,则它与土体抗剪时的抵抗力矩相等,即

$$M=M_1+2M_2$$

$$M_1=C_u\times\pi DH\times\frac{1}{2}D$$

$$M_2=C_u\times\frac{1}{4}\pi D^2\times\frac{2}{3}\times\frac{1}{2}D$$

式中 M为土体破坏时的抵抗力矩,N·m；M_1为圆柱体的圆柱面所产生的抵抗力矩,N·m；M_2为圆柱体上、下两个端面所产生的抵抗力矩,N·m；C_u为饱和黏土的不排水抗剪强度,kPa；D为十字板直径,m；H为十字板高度,m。

代入并解得

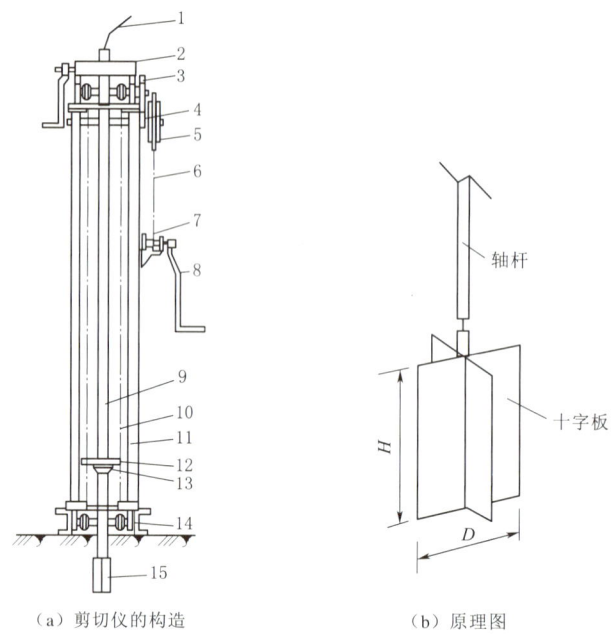

图 1 十字板剪切试验装置

1—电缆；2—施加阻力装置；3—大齿轮；4—小齿轮；5—大链条；6、10—链条；7—小链条；8—摇靶；9—摆杆；11—支架立杆；12—山形板；13—垫压板；14—槽钢；15—十字板头

$$C_u = \frac{2M}{\pi D^2 H \left(1 + \dfrac{D}{3H}\right)}$$

由试验得到的 M 就可计算出土的抗剪强度。

该土的灵敏度 S_t 的计算为

$$S_t = \frac{(C_u)_i}{(C_u)_r}$$

式中 $(C_u)_i$ 为未扰动土十字板不排水抗剪强度；$(C_u)_r$ 为扰动土十字板不排水抗剪强度。

2 影响试验成果的因素

2.1 十字板的剪切速率

十字板剪切速率应控制在适当的范围内，现国内外大多采用 10s/1° 的剪切速率。

2.2 土的各向异性及成层性

各向异性土和成层土的强度空间变异规律十分复杂。在用十字板剪切试验进行土坡滑动稳定强度分析时，最好采用侧向形状为菱形，水平投影呈茴香形，8 个翼板放射状均匀排列的十字板。根据可能的滑弧位置，将不同棱角角度的钻石形十字板探头压入地基中靠近滑弧面的深度处，使选用的十字板翼片边缘的斜度与该处假设的滑弧面一致。这样，沿整个滑弧面的各点抗剪强度就可较准确的测定。

2.3 土的渐进性破坏效应

当十字板在土中旋转时，板头上、下两端面上应力和位移是不均匀的，当十字板头的尺寸、高径比和形状不同时，这种差异也是不同的，而且同时圆柱体侧向剪应力和剪应变也是不均匀的。因此，圆柱体各个面、各个面上的各个点，土的抗剪强度峰值不可能在同一转角时发挥出来。

2.4 土层的扰动

十字板插入土层必然引起土层的扰动，轴杆越粗，板厚越厚，则插入土中引起的扰动越大。

3 改进的十字板剪切装置

错位十字板剪切装置有以下问题：①剪切速率是国内、外一致认为的影响较大的因素；②十字板的剪切速率是人为可以控制的，也是较容易控制的；③现在工程中常用的十字板剪切试验装置，剪切速率是全凭手摇来控制，没有有效的辅助装置来加以协助。

现提出一种改进方案，应较好地控制十字板的剪切速率，为了改进十字板剪切装置，从而得到较为准确的十字板的剪切强度值。

具体的改进方案为：①在施加扭力装置中间位置处，安装一个360°度盘；②在钻杆上套一个指针，可以清晰地读出指针所指的度数。

4 工程实例

横沙东滩八期圈围工程位于横沙岛东侧浅滩水域，横沙六期、七期工程以北，横沙三期以东，N23潜堤以西的滩涂上。

工程建设主要内容如下：①围堤工程，包括北堤、东堤、隔堤；②保滩工程，包括口门封堵、一期和二期促淤坝加高及修复格坝、顺坝、丁坝、潜坝；③围区内吹填；④河道工程，包括横一河、横二河及纵三~纵九河共10条河道；⑤水（泵）闸工程：2号与4号共2座泵闸，3号与5号共2座水闸；⑥施工道路改建，包括老海塘道路拓宽、三期南堤道路拓宽、三期东堤路面改造。

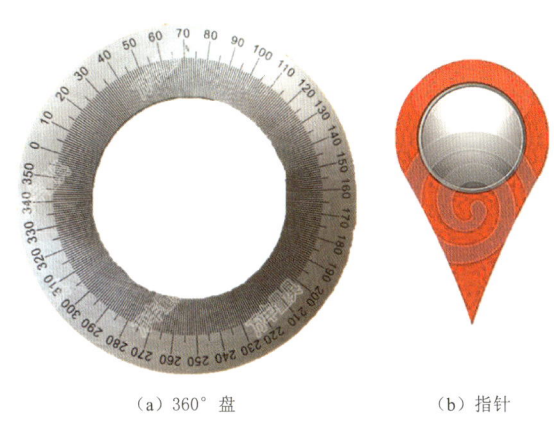

(a) 360°盘　　(b) 指针

图2　十字板剪切装置的改进点

根据现场施工进度情况和前期的已有勘察资料，在某围区选择一快地势平坦、土质均匀、表层都为淤泥质黏土的地块，进行试验。试验进行五个孔的十字板剪切试验，两个大于正常剪切速率，两个小于剪切速率，一个正常剪切速率（1min/6°），分别测定十字板的剪切强度值。要求孔与孔之间间距1m，每孔深5m，每0.5m测定一次数据。

十字板剪切试验数据见表1。

表1　　　　　　　　　　　十字板剪切试验数据表　　　　　　　　　　　单位：kPa

深度/m	K1/(1min/2°)		K2/(1min/4°)		K3/(1min/6°)		K4/(1min/8°)		K5/(1min/10°)	
	原状土抗剪强度C_u	重塑土抗剪强度C_u	原状土抗剪强度C_u	重塑土抗剪强度C_u	原状土抗剪强度C_u	重塑土抗剪强度C_u	原状土抗剪强度C_u	重塑土抗剪强度C_u	原状土抗剪强度C_u	重塑土抗剪强度C_u
0.5	27.9	9.8	28.5	11.1	29.1	10.9	29.5	11.3	29.9	12.2
1.0	24.4	6.1	25.2	6.7	26.2	8.2	27.8	8.9	28.5	9.3
1.5	18.2	4.9	19.4	5.6	20.3	6.2	21.2	6.7	22.0	7.6
2.0	15.5	3.8	16.2	4.6	16.9	5.9	18.1	6.7	18.9	7.2
2.5	11.2	2.3	12.4	3.0	12.9	3.4	13.4	4.3	14.4	5.5
3.0	13.3	4.5	14.0	5.4	14.4	6.1	15.4	7.2	16.1	8.1
3.5	15.7	5.6	16.7	6.3	17.2	7.0	17.8	7.5	18.4	7.9

续表

深度/m	$K1$/(1min/2°)		$K2$/(1min/4°)		$K3$/(1min/6°)		$K4$/(1min/8°)		$K5$/(1min/10°)	
	原状土抗剪强度 C_u	重塑土抗剪强度 C_u	原状土抗剪强度 C_u	重塑土抗剪强度 C_u	原状土抗剪强度 C_u	重塑土抗剪强度 C_u	原状土抗剪强度 C_u	重塑土抗剪强度 C_u	原状土抗剪强度 C_u	重塑土抗剪强度 C_u
4.0	17.8	7.2	18.2	8.2	19.4	9.8	20.1	11.0	20.8	11.9
4.5	19.6	8.8	20.1	9.8	20.8	10.1	21.6	11.1	22.7	11.4
5.0	22.4	10.1	23.2	10.6	24.3	10.9	25.4	11.8	25.9	12.5

从表1可以看出：

（1）十字形板原状土、重塑土的抗剪强度整体基本呈抛物线状。经分析认为，表层土通过长期的晒干，固结明显，剪切强度更大。从2.5m处开始，原状、重塑土的抗剪强度都随深度的增加而增大。

（2）当剪切速率小于正常速率（1min/6°）时，测定出的抗剪强度比正常速率测出的剪切强度，整体偏小。当剪切速率大于正常速率（1min/6°）时，测定出的抗剪强度比正常速率测出的剪切强度，整体偏大。

（3）在一定的范围内，当剪切速率越小，测定出的抗剪强度整体偏小；当剪切速率越大，测定出的抗剪强度整体偏大。

5　结语

（1）十字板剪切试验具有很多的工程用途，例如确认土坡或地基内的滑动面位置、确定饱和黏土的容许承载力、确认饱和黏土的灵敏度、测定地基强度变化规律等。因此，更好的控制十字板的旋转速率（1min/6°），测定出更加准确的数据，为地基处理工程提供更好的数据支持。

（2）十字板剪切试验中，剪切速率对剪切强度有较大的影响，剪切速率大，得出的抗剪强度也大；剪切速率小，得到的抗剪强度也小。因此，要控制好十字板的剪切速率，现国内外大多采用1min/6°的剪切速率，且操作时应均匀的旋转把手，不能冲击，也不要时快时慢。

（3）一种改进的十字板剪切实验装置，能更好地控制好十字板的剪切速率，得到更加精确的数据，从而，在地基处理中有着更加广泛的用途。

参考文献

[1] 中交第二航务工程勘察设计院有限公司长江航道规划设计研究院. 水运工程岩土勘察规范：JTS 133—2013 [S]. 北京：人民交通出版社，2013.
[2] 刘亚洲，权锋，黄兴. 十字板剪切试验在软土地基勘察中的应用 [J]. 勘察科学技术，2013（1）：35-38.
[3] 张腾飞. 十字板剪切试验在水运工程勘察中的应用 [J]. 建筑技术开发，2018（13）：84-85.
[4] 程瑾. 十字板剪切试验的综合应用 [J]. 工程勘察，2008（1）：83-91.

施工技术篇

结合数模计算的多龙口同步合龙关键技术

张 剑

(中交上海航道局有限公司,上海 200002)

【摘 要】 在超大围区围堤合龙施工中,由于库容量大、龙口流速高,如采用单一龙口合龙,龙口宽度过大,不仅截流期工程量大,而且合龙期会延长,对截流安全不利。因此,研究采用设置多个较窄龙口,一次性同步合龙的工艺,解决超大围区龙口快速、安全合龙的难题。通过在横沙东滩八期圈围工程中的应用验证,结果表明:以数模计算为指导,合理布置多个龙口,采用抛石坝阻流与充填袋装砂相结合的工艺,多龙口同步截流的合龙方式,具有安全、速度快、节约龙口合龙成本、降低超大围区龙口合龙难度的优点,降本增效明显,值得在类似工程中大力推广应用。

【关键词】 数模计算;超大围区;多龙口;同步合龙;施工技术

1 概述

1.1 平面布置

横沙东滩八期圈围工程围区面积约42km^2,工程平面位置如图1所示。为减小围区合龙难度,在围区内先期建成5条顶宽为6m的袋装砂单棱体结构隔堤,将围区分为6个小围区。由于隔堤防渗性能和堤身稳定相对较差,为确保合龙成功,确定1号~5号围区同步合龙,5个围区总面积约36km^2,围堤长度17868m。

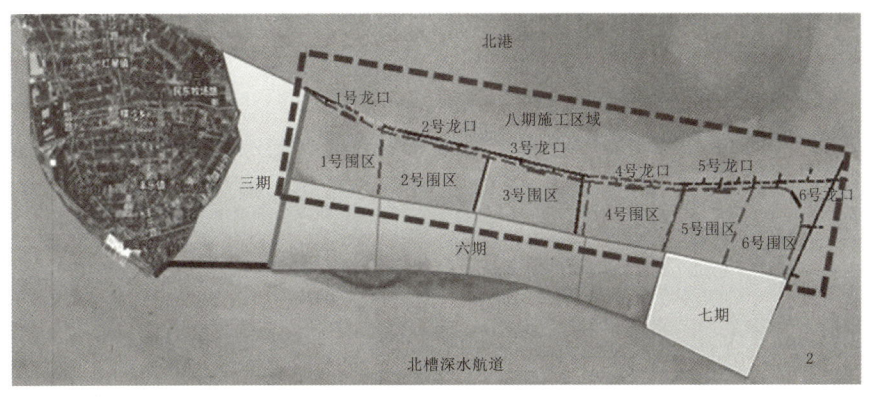

图1 横沙东滩八期圈围工程平面布置图

1.2 断面设计

围堤采用袋装砂斜坡堤结构,软体排护底,抛石镇脚,外护坡主要为灌砌块石、栅栏板。为在合龙期间保护袋装砂堤身，减小长江口风浪对龙口袋装砂堤身的冲击破坏，抛石镇脚先期施工形成临时抛石坝型式，同时可利用抛石坝形成的龙口壅水和阻流效果，减缓龙口内侧水流流速。合龙并完成护面保护后，再理平形成抛石镇脚。围堤断面如图 2 所示。

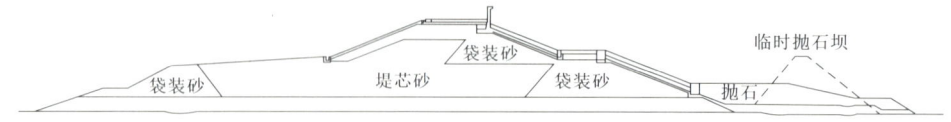

图 2　围堤断面示意图

2　选择多龙口同步合龙的必要性

（1）选择多个龙口。由于圈围面积大，经设计计算，如选择单龙口合龙，库内流量大，涨落潮流速快，龙口宽度至少需 1.2km 以上，一次性合龙工程量巨大。由于工程所处施工区域原滩面较高，抛石船需趁潮作业或减载施工，施工效率较差，无法满足合龙期工期要求。且当龙口逐渐缩小后，高流速作用下，无法采用普通抛石坝阻流方案，合龙期间需组织大量的人员、船舶、材料，增加了管理难度且合龙时间长，合龙难度高。

（2）选择同步合龙。由于已建成的 1 号～5 号隔堤主要作为前期材料运输临时便道，断面较小，如各围区分时段先后合龙，已合龙和未合龙的相邻围区之间将存在较大的水位差，隔堤防渗性能较差，会存在隔堤坍塌的风险。

（3）经济因素。如同步合龙方案成立，各围区之间可维持较小的水位差，则隔堤防渗要求降低，可不对隔堤进行加宽加固，工程造价相对降低。

基于上述施工技术及经济因素的考虑，采用多龙口同步合龙方案成为必然。

3　多龙口同步合龙技术研究

3.1　龙口布置设计

（1）龙口位置宜选择在潮汐动力相对较弱处，以减轻堵口和闭气的难度。
（2）龙口位置应选择在地质条件比较好的堤段，以利于龙口保护和合龙
（3）尽量选择在滩面地势相对较低位置，以有利于水流进出并控制龙口规模。

根据上述龙口布置原则，各龙口位置及宽度见表 1。

表 1　龙口位置及宽度

龙口编号	龙口中心位置	口宽/m	设计底高程/m	实测底高程/m
1	N2+200.00	500	0.00	−0.50～+0.50
2	N5+820.00	450	0.00	−0.50～+0.50
3	N9+290.00	450	0.00	−0.50～0.00
4	N13+250.00	400	−1.00	−1.50～−1.00
5	N16+655.00	400	0.00	−1.00～−0.50

3.2　结合数模计算拟定龙口合龙各阶段节点目标

根据工程总体推进情况并结合 2016 年 12 月下旬和 2017 年 1 月上旬的气象、潮位信息，总体上

1号~5号龙口需经历12月底的大汛,然后在1月初的小汛进行抛石截流,因此12月底大汛前的龙口宽度、抛石标高、截流前可收缩的宽度等均需要数模计算指导施工。

3.2.1 确定抛石坝打底高程

按照1号~5号龙口设计宽度,选取不同的底标高进行大潮汛龙口最大流速的数模计算。大潮汛各龙口最大流速表见表2。

表2 　　　　　　　　　　　大潮汛各龙口最大流速表　　　　　　　　　　　单位:m/s

底高程/m	龙口编号					
	1	2	3	4	5
-1.50	—	—	—	—	—
-1.00	—	—	—	2.40	—
-0.50	—	—	—	2.75	—
0.00	2.45	2.68	2.81	3.00	2.68
0.50	2.87	2.96	3.02	3.27	2.95
1.00	3.06	3.17	3.11	3.36	3.00
1.50	3.16	3.23	3.19	3.17	3.11
2.00	2.81	2.85	2.86	2.91	2.97

通过上表分析,维持设计龙口宽度,各龙口抛石底标高控制在0.0m或+2.0m底标高,龙口流速均不超过3.0m/s,相对较为安全。

3.2.2 确定前期(大潮汛前)龙口最大收缩幅度

为了确定龙口前期可收缩幅度,分以下三种情况计算收缩后龙口最大流速。从收缩后龙口大潮汛最大流速可以看出,在保持龙口底高程不变并且保证龙口在收缩后能承受大潮袭击的情况下,各龙口最多可以收缩100m,见表3。

表3 　　　　　　　　　　龙口收缩后大潮时龙口最大流速统计　　　　　　　　　　单位:m/s

收缩尺度/m	龙口编号				
	1	2	3	4	5
100	2.74	3.09	2.94	2.84	3.05
200	3.15	3.66	3.30	3.61	3.71
300	3.58	4.01	3.75	4.23	4.02

3.2.3 验证龙口底高程抬高后的安全性(已局部缩窄)

龙口抛石底高程抬高后将经历12月31日的大潮作用,故需对抬升后的龙口在大潮作用下的安全性进行论证。其中4号龙口最大流速超过3.0m/s安全流速,其他龙口均不超过安全流速,见表4。

表4 　　　　　　　　　　大潮期间龙口最大流速统计(已局部缩窄)

龙口编号	1	2	3	4	5
最大流速/(m/s)	2.79	2.78	2.98	3.16	2.88

3.2.4 确定大潮汛后,龙口收缩幅度(后期缩窄)

在经过12月31日的大潮后立即进行龙口收缩,初拟龙口收缩一半,收缩后的龙口要经历中小潮作用,选取2017年1月4日的中潮,分析收缩后龙口在经受中潮作用是的安全性。其中4号龙口最大流速为3.07m/s,超过3.0m/s安全流速,其他龙口均不超过安全流速,见表5。

表 5　　2017 年 1 月 4 日中潮期间最大流速统计

龙口编号	1	2	3	4	5
最大流速/(m/s)	2.88	2.84	2.68	3.07	2.92

综合上述数模计算成果，结合大汛、小汛施工组织安排，龙口抛石及收缩宽度总体原则如下：

(1) 龙口抛石护底施工阶段，临时抛石坝顶标高施工必须严格按照 0.00m 或 ＋2.00m 标高控制，时间安排在 12 月底前，确保龙口安全度过 12 月底大汛。

(2) 龙口抛石坝及棱体土方缩窄宽度及缩窄时间：12 月底大汛前，龙口维持设计宽度不变；1 月 1 起，视天气情况，1 号、2 号、3 号、5 号龙口可缩窄一半，4 号龙口两侧可各缩窄 50m（共 100m），为合龙做准备。

3.3　护底结构设计及龙口保护期监测

3.3.1　护底结构设计

龙口构筑时，护底采用了双层软体排护底结构。底层铺设砂肋软体排，上层铺设混凝土联锁片软体排，两层软体排搭接位置错缝铺设，以增加龙口段护底的抗冲刷保护，确保龙口安全，如图 3 所示。

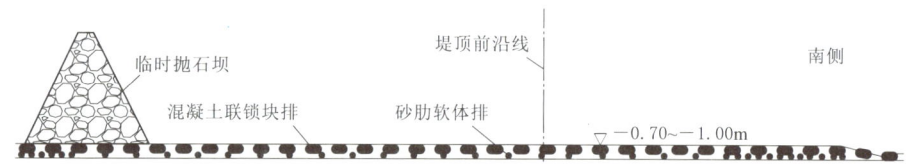

图 3　双层软体排护底结构

3.3.2　龙口保护期监测

(1) 旁扫声呐进行排体检测。每隔 7 天进行一次旁扫，旁扫进行水下排体检测时，测线平行于软体排边位置，通过扫测图片直观检测相邻排体搭接及平整度，如图 4 所示。

(2) 龙口断面水深测量。在龙口保护期间，每隔 3～5 天进行一次龙口固定断面监测，通过监测情况来查看护底排体范围内和排体内外侧原泥面冲刷情况，并有针对性的采取预防或补救措施。

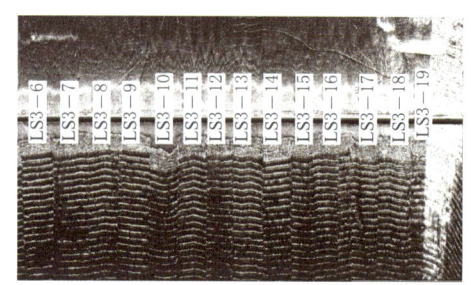

图 4　旁扫声呐检测软体排

根据龙口监测结果，及时向设计反馈，如果通过计算，可能影响抛石坝甚至围堤的稳定，可对冲刷部位采取抛填石块、充填砂袋或补填散砂等措施。

3.4　合龙施工前需要满足的其他施工条件

(1) 袋装砂堤身施工。除龙口外，围堤全线外棱体达到 ＋5.50m 以上高程，内棱体达到 ＋3.80m、堤芯砂达到 ＋3.00m 以上。

(2) 外侧临时抛石坝。除龙口外，全线标高达到 ＋5.00m。

(3) 隔堤需要满足合龙后大堤防渗稳定要求。由于 1 号～5 号围区先行合龙，6 号围区 2 个月后合龙。5 号隔堤两侧存在较大水位差，原防渗能力无法满足要求，需要在 5 号隔堤西侧进行傍宽处理，增加渗流渗径，提高防渗透性。

(4) 临时排水口。各围区临时排水口需要全部安装完成，满足合龙后排水要求。

(5) 储砂备砂。各龙口设置砂库,储存的砂量须满足合龙外棱体断流用砂,至少为用砂量的 2 倍以上。

3.5 合龙施工流程

根据数模计算指导意见,将合龙施工流程分为三个阶段,各阶段任务详见表 6。

表 6　　　　　　　　　　　　　龙口合龙各阶段任务划分表

阶段	施工内容	最晚完成时间节点/(年.月.日)	具 体 要 求
一阶段	完成合龙边界条件	2016.12.31	外棱体+5.50m、内棱体+3.80m、堤芯砂+3.00m;临时排水口正常投入使用;非龙口段临时抛石坝标高至+5.00m;龙口砂库构筑完成
	龙口抛石护底	2016.12.31	龙口临时抛石坝抛至+1.00m 标高,底宽不小于设计底宽
二阶段	抛石截流	2017.1.5	龙口临时抛石坝最低至+3.50m 标高
	抛石加高	2017.1.10	临时抛石坝最低至+5.00m 标高
	土方截流	2017.1.10	外棱体最低至+3.50m,靠背砂完成
三阶段	土方闭气	2017.1.15	外棱体+5.50m、内棱体+3.80m、堤芯砂+3.00m

3.6 合龙过程中的必备措施

(1) 砂库、锁坝布置。砂库布置在龙口两侧,为加大储砂量,在布置龙口砂库的同时,加高围堤内外棱体,形成堤芯砂备砂区。同时,因为抛石坝为透水结构,为防止龙口收缩过程中,涨潮流通过抛石坝从抛石坝和外棱体间涌入,增大过水量和龙口流速,需要在龙口两侧外棱体与临时抛石坝间各布置一组锁坝,锁坝采用单棱体袋装砂结构,标高+5.00m,顶宽 5m,在合龙土方收缩过程中,随着砂袋推进,每推进一个砂袋长度,加设一道锁坝,如图 5 所示。

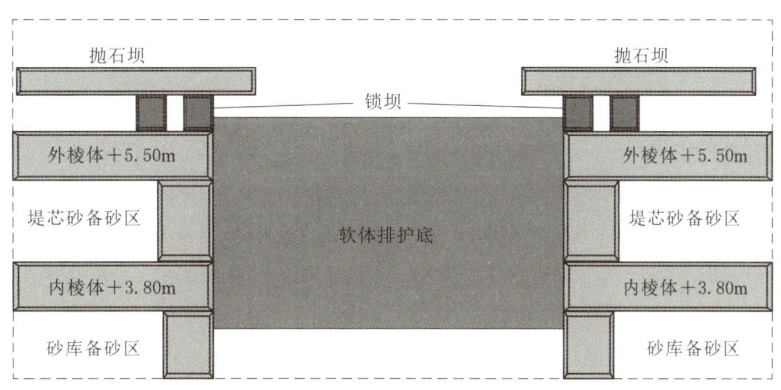

图 5　砂库、锁坝平面布置图

(2) 尼龙网兜石的应用。抛石合龙时,选用的块石规格应在 50～500kg 级配良好的乱石,减少透水量;同时采用尼龙网兜石作为备用抛石方案,每个围区提前组织 1000m³ 尼龙网兜石现场待命,一旦出现流速过快造成抛石无法合龙时,立即将备用尼龙网兜石进行抛投,确保抛石合龙顺利完成,尼龙网兜石在实际应用中取得了很好的效果。

4　结语

超大围区多龙口同步合龙技术在国内属首次应用,数模计算在横沙八期工程的多龙口同步合龙方案编制中起到了正确的指导作用，同时在龙口合龙中应用的相关合龙施工工艺和技术也取得了很大的成功，取得了良好的社会和经济效益。该技术的成功使用，也为类似超大围区工程的合龙提供了宝贵的经验，在缩短工期、降低施工成本、确保合龙成功率等方面均将发挥较大作用，具有良好的推广前景。

参考文献

[1] 中交上海航道勘察设计研究院有限公司. 横沙东滩八期圈围工程施工图说明及施工技术要求 [R]，2016.
[2] 茅庆安. 南汇东滩促淤圈围四期主堤4号龙口合龙技术初探 [J]. 上海水务，2005（1）：23-24.
[3] 胡正，蔡丽忠. 高滩粉砂淤泥质滩涂匡围工程龙口施工关键工艺 [J]. 中国港湾建设，2017（4）：75-76.
[4] 中华人民共和国水利部，水利部水利水电规划设计总院. 堤防工程设计规范：GB 50286—2013 [S]，2013.
[5] 中华人民共和国水利部. 堤防工程施工规范：SL 260—2014 [S]，2013.
[6] 水利工程施工质量检验与评定标准：DG/T J08-90—2014 [S]，2014.

创新型网兜石临时坝掩护主堤新工艺在横沙工程中的应用

韩崇蛟[1]　陆天琳[2]

（1. 上海交通建设总承包有限公司，上海　200136；
2. 上海市水务建设工程安全质量监督中心站，上海　200232）

【摘　要】 横沙东滩八期圈围工程位于横沙岛东端，寒潮和台风季节风大、浪高、流急，易对围堤袋装砂棱体造成极大破坏。在大堤袋装砂堤身形成过程中，尤其是合龙施工中，需要在风浪来袭前，短时间内进行快速、有效的防护，这是一个难题，也是工程成败的关键点之一。通过采用创新性网兜石快速加高堤身外侧临时抛石坝，具有施工效率高、防护效果好及降低施工成本的优点，在工程实际应用中取得了良好的效果。

【关键词】 网兜石；临时坝；掩护主堤

1　引言

横沙东滩圈围工程位于长江口横沙岛东端，紧邻北港航道，施工区水域开阔，具有风大、浪高、流急的特点，特别是每年11月—次年2月期间，长江口区域寒潮、迷雾、大风等恶劣天气频发，主堤袋装砂棱体经常被风浪损坏。如果采用传统的散石临时坝，大风浪容易冲垮临时坝顶部块石，进而破坏棱体土方。

针对遇到的实际情况，在横沙东滩的圈围工程中首次采用创新型网兜石，快速安放于临时抛石坝顶部，风浪来袭时，网兜石作为一个整体起到消浪、掩护主堤的效果，保护主堤袋装砂棱体免受破坏。网兜石施工还有施工效率高、成型效果好、降低施工成本等特点。

2　工程概况

2.1　工程基本情况

横沙东滩七期、八期圈围工程，位于三期工程东侧，N23潜堤西侧，已建促淤坝南侧。工程地理位置如图1所示。

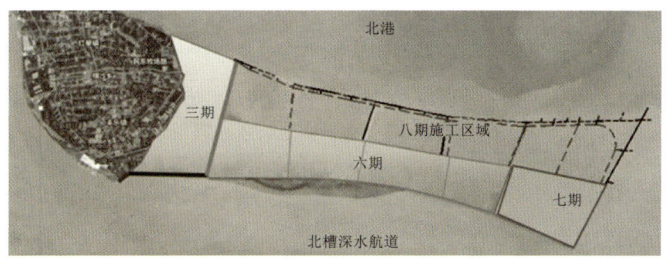

图1　工程地理位置图

2.2 典型断面结构

横沙东滩七期、八期圈围工程主堤断面结构基本相同，堤身为袋装砂棱体，外侧为临时抛石坝掩护。堤身棱体达到设计标高，坡面护坡初步形成防护后，临时抛石坝整平，作为护脚石压载。典型断面图如图2所示。

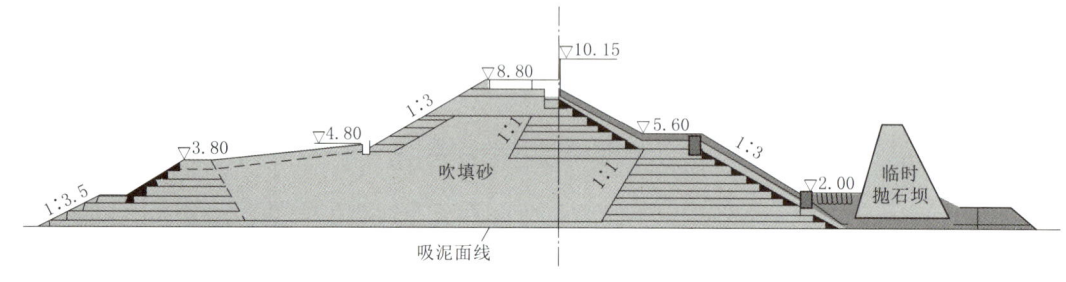

图2 典型断面图（单位：m）

3 石料规格要求及施工难点

3.1 临时抛石坝石料规格要求

所有石料均应采用质地新鲜、坚硬完整，无风化剥落和裂纹，具有良好抗水性能的岩浆岩块石。北堤临时抛石坝采用100～200kg块石；东堤临时抛石坝采用200～400kg块石。

3.2 抛石坝施工中存在的问题

（1）横沙东滩工程中的风浪较大，冬季施工作业时间少。根据七期圈围工程统计，每年10月—次年1月寒潮期间，有效作业天数在40%左右。

（2）根据设计要求临时抛石坝采用100～400kg块石，如采用散抛块石，坝顶单体块石重量不足以抵抗风浪。在已抛填的临时抛石坝施工区域，一次寒潮过后临时抛石坝块石被风浪削减高程0.50～1.00m。为保护袋装砂棱体，需要风浪过后补抛块石，增加了施工成本，也延误工期。

4 创新型网兜石临时坝工艺的创新及应用

4.1 网兜石临时坝构思

传统的散装石临时坝无法抵抗横沙东滩恶劣工况条件，为了保证临时抛石坝整体性和抗风浪能力，可在陆上预先采用尼龙网兜包裹块石形成整体，用船运输至施工区域，快速安放于临时抛石坝顶部，形成类似大型混凝土块体的防浪效果。主堤棱体度汛断面完成后，可以组织船舶将网兜石起吊、运输和卸载至其他抛石堤坝区域，重复利用，大大节约施工成本。

4.2 网兜石制作及安放

网兜石制作主要需要直径14mm丙纶绳、100～400kg块石、挖机、铲车、装载桶等材料和设备，然后分四步进行网兜石制作，具体如下：

（1）尼龙网兜制作。组织工人用丙纶绳编制直径3.5m左右圆形尼龙网兜，网兜的空隙25cm×25cm左右。尼龙网兜的丙纶绳抗拉、抗压、抗风化等指标达到要求，丙纶绳编制网兜要结实，牢靠。

（2）石料挑选。石料必须是 100～400kg 花岗岩块石，石料的粒径要大于网兜空隙。石料严禁出现碎渣，风化严重、粒径太小等不符合要求的块石。挖机挑选块石是网兜石制作关键环节，关系到网兜石成型及整体质量。

（3）灌包。需要定制装载桶，装载桶一般是上口大，下口小的铁质桶，可以装载块石 5t 和 10t 两种规格。将制作好的网兜石网兜铺设到装载桶内，先用卡车将挑选好的块石卸载至装载桶内，然后人工将网兜进行封口。形成一个可装载 7t 左右块石的网兜石。

（4）起吊。将已经灌包好的网兜石进行起吊、运输至指定船舶，再进行下一个网兜石灌包。

（5）安放。在风浪来临前，将预先装船的网兜石运至需要抛石保护的堤身外侧，采用吊机船将网兜石逐个吊运安放至抛石坝坝顶。

网兜石现场成型照片如图 3 所示。

图 3　网兜石现场成型照片

5　应用效果

5.1　施工效果

（1）施工效率提高。矿上制作好的网兜石，通过运输船舶运输至临时抛石坝旁边进行卸载，每个网兜卸载至堤坝上会形成高 1.2m，长度 1m 左右的整体结构。一艘网兜石可以运输 200 兜，900m³ 左右，约 4h 可以自行卸载完毕，卸载效率比传统散抛石提高 20% 左右。

（2）抗风浪能力大大提高。由于网兜石挑选的块石是粒径比较大、未风化的花岗岩块石，整体性能好，可以起到消浪作用。风浪过后，临时抛石坝标高不会进行下沉，尼龙网兜不会破损，很好地保护了棱体土方。

（3）施工成本大幅降低。尼龙网兜制作成本比传统网兜石要高，主要体现在网兜编制、块石挑选和灌包等环节，需要大量的人工和设备。但是采用尼龙网兜石做临时抛石坝，抛石坝不会被风浪损坏，不需要重复补抛；尼龙网兜石可以进行起吊，重复利用，大大降低施工成本。网兜石和传统散抛石施工，从网兜石制作、成型率高、重复利用三个方面进行综合成本分析，可以减少施工成本在 30% 左右。

（4）网兜石在其他方面效果。网兜石在龙口抛石截流有良好的效果。横沙东滩八期工程的五个龙口同步合龙，在最后龙口 30m 左右节流，采用尼龙网兜石截流，有迅速成型、抗冲刷等优势，龙口截流效果好。

5.2　网兜石与传统散抛石新旧工艺前后对比

通过工艺改进，相比传统散抛石，网兜石抛石速度更快，成型保护效果更好，减少了风浪破坏后的补抛量，节省了工期，并通过循环利用节约了成本，施工效率提高了 20%，成本降低了 30%。

6　结语

在外河宽敞水域，风大浪高，袋装砂大堤形成过程中的及时保护是一个重点，也是难点，通过采用创新型网兜石后，提高了施工效率，有效增强了大堤形成过程中的抗风浪能力，降低了成本。

创新型网兜石临时抛石坝新工艺，积累了宝贵的施工经验，达到了良好的效果，值得在其他类似工程中推广应用。

参考文献

[1] 赵国权，高灵. 青草沙水库工程网兜石吊装施工技术 [J]. 山西建筑，2013，39 (21)：225-226.
[2] 高伟. 网兜抛石护岸施工方案 [J]. 建筑技术开发，2017，44 (7)：43-44.
[3] 刘常全. 网兜抛石法在长江航道整治中的应用 [J]. 中国水运（下半月），2013，13 (10)：271-272.
[4] 朱相丞，陆凤，刘孟洲，等. 网兜抛石在河道整治工程中的应用及优势分析 [J]. 中国水运（下半月），2017，17 (2)：158-160，163.
[5] 姚林章，张凯，胡应庭. 质量法控制水下抛石施工质量在金沙江白格堰塞湖工程中的应用 [C] //2021年全国土木工程施工技术交流会论文集（中册），2021.

大面积围区吹填平整度控制措施

陈巍巍 赵 健

（中港疏浚有限公司，上海 200136）

【摘 要】 横沙东滩八期圈围工程的吹填总面积约 $42km^2$，分为 6 个围区吹填，单个围区面积约 $5\sim8km^2$，在如此大的围区进行绞吸船吹填施工，泥面标高平整度控制难度大。本文以横沙东滩八期的吹填工程为例，通过采用优化吹填子堤布置，增加水上挖机拼接管线、不依托子堤灵活改变局部管线走向，以及根据不同区域完工时间预留不同沉降量等措施，较好地控制了横沙东滩八期围区内的吹填平整度，在后续类似工程中值得进行推广。

【关键词】 大面积围区；吹填；平整度控制

1 工程概况

1.1 工程地点

横沙东滩八期圈围工程（以下简称本工程）位于横沙东滩六、七期圈围工程北侧，横沙东滩三期东侧，N23 潜堤西侧，已建促淤坝南侧。吹填区域为横沙东滩促淤圈围六期、七期圈围工程北侧堤，八期新建围堤及三期东侧堤形成的区域。工程地理位置如图 1 所示。

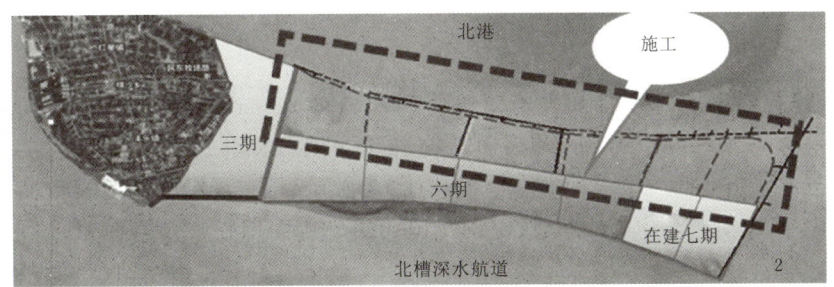

图 1 工程地理位置图

1.2 工程内容及主要工程量

1.2.1 主要工程内容

本工程利用长江口深水航道维护工程疏浚土进行吹填成陆施工，由负责航道维护施工的大型耙吸挖泥船浚挖深水航道沿程的回淤土方，并装载、运输到已建成的原 1 号吹泥站、2 号吹泥站、C1-1 号吹泥站、3 号吹泥站和 4 号吹泥站共 5 座吹泥站抛入储泥坑内，再由绞吸挖泥船进入吹泥站通过排泥管线输送疏浚土上岸成陆。

1.2.2 工程规模及工程量

本工程圈围的总面积 $36.16km^2$（约 6.36 万亩）。其中分隔堤将围区分为 1 号～6 号围区：1 号围区面积约 $7.67km^2$（1.35 万亩），2 号围区面积约 $6.82km^2$（1.20 万亩），3 号围区面积约 $6.00km^2$（1.06 万亩），4 号围区面积约 $5.48km^2$（0.96 万亩），5 号围区面积约 $4.86km^2$（0.85 万

亩），6号围区面积约 5.33km²（0.94 万亩）。

设计吹填标高下容积方为 11060.1 万 m³，增加固结量及沉降量后，设计吹填量为 14242.3 万 m³，其中 1 号围区吹填量为 2285.5 万 m³，2 号围区吹填量为 2257.4 万 m³，3 号围区吹填量为 2343.4 万 m³，4 号围区吹填量为 2156.0 万 m³，5 号围区吹填量为 1744.5 万 m³，6 号围区吹填量为 3455.5 万 m³。

1.3 工程难点及难点

（1）本工程使用标高验收，验收时间跨度长。本工程六个围区竣工验收标高是 3.07～3.40m 不等，但是在结算时采用的方量均为 3.0m 使用标高容积方。从 2016 年 3 月裸吹开始至 2021 年年底竣工验收，时间跨度长达 70 个月，吹填土固结沉降量可能会比设计量偏高。

（2）单围区面积大且各围区吹填量相差大。本工程吹填面积一共 6.36 万亩，其中 1 号围区面积最大（1.35 万亩），5 号围区面积最小（0.85 万亩），在吹填时需要充分考虑吹泥站与围区之间的方量匹配，充分利用吹泥站，尽量缩短吹填排距，降低施工成本。

（3）吹填土来源于疏浚土，吹填土质变化大且不受控。本工程合同要求，所有吹填土均来自航道疏浚土。长江口航道维护疏浚土在不同区段土质会有变化，其中粉细砂含砂量 D3.1 标段最高，某段较低。随着含砂量不同，吹填区内的成陆情况及泥面纵横方向坡比均会有明显变化。在吹填时需要及时根据土质变化调整管线出口，保证吹填平整度满足要求。

2 设计标高及吹填验收要求

各围区设计标高及吹填验收标准见表 1。根据合同要求，相应验收要求参考《水利工程施工质量检验与评定标准》（DG/TJ 08-90—2014）。

表 1　　各围区设计标高及吹填验收标准表

围区编号	吹填平均高程			平整度要求/m
	竣工验收高程/m	使用标高/m	允许偏差/m	
1	3.09	3.00	0～0.2	±0.6
2	3.07	3.00	0～0.2	±0.6
3	3.10	3.00	0～0.2	±0.6
4	3.15	3.00	0～0.2	±0.6
5	3.08	3.00	0～0.2	±0.6
6	3.40	3.00	0～0.2	±0.6

3 传统平整度控制方法

3.1 鱼刺结构吹填子堤

根据以往吹填经验，在大面积围区进行吹填，每距离 800m 左右需要布置一条吹填子堤，每条吹填子堤每隔 500m 布置一条支线。横沙八期工程吹填子堤设计平面图如图 2 所示。

从图 2 可以看出，本工程吹填子堤设计布置为鱼刺结构，其中主线 14 条，支线 82 条，总体袋装砂工程量约 260 万 m³。

3.2 现场设置标杆，控制吹填标高

根据验收标准，每个围区平整度要求是 ±0.6m，可以在吹填子堤及吹填出口附近设置标杆，

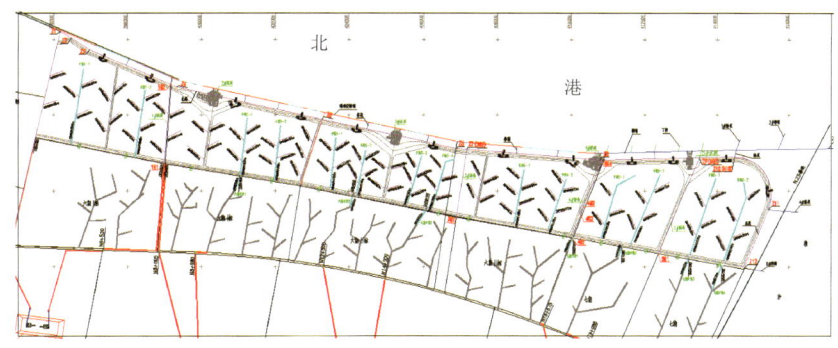

图 2　吹填子堤设计平面图

采用不同颜色的喷漆或者胶带代表不同的标高，在吹填泥面接近预定标高时调整管线出口。

3.3　小范围机械整平

机械整平主要采用挖掘机、推土机、自卸汽车等在吹填区内进行二次倒运，将高程高的位置的泥土运至高程不足的位置，达到平整场地、控制吹填平整度的目的。但本工程吹填面积较大，依托于机械整平经济性不合理，且受施工场地条件限制很大。

4　本工程平整度控制措施

4.1　优化吹填子堤布置

经过现场实际观察，发现1号、2号围区南侧裸吹的吹填口附近土质含沙量较高，相关机械可以上去直接进行管线拼接。另外，由于围区4条隔堤已经先行完成，可以充分利用隔堤进行管线拼接。所以主要考虑从以下方面进行了吹填子堤优化：

（1）吹填子堤的走向。1号、2号围区南侧由于进行先期裸吹，吹填标高已经至预定标高，吹填子堤的布置考虑只用主线，而南侧支线可以考虑不用施工，节省施工成本。另外，由于1号、2号围区均为开挖河道，且1号、2号隔堤都具备了架管条件，所以围区东南角可以不考虑布置吹填子堤，而在隔堤中部进行吹填子堤的接堤施工，并适时向围区中间延伸。

3号～6号围区均为预留河道，几乎每条隔堤旁边均有一条河道，直接架管吹填与河道施工的干扰太大，所以只能充利用施工间隙进行吹填施工，围区主要的管线延伸方式还是通过吹填子堤。在吹填子堤的走向上进行了深度优化，以主线施工为主，并在工前测图上选取标高较高，坡度较缓的地方，以此来调整吹填子堤的走向。经过一段时间的测量、施工、调整走向，最终吹填子堤走向如下：

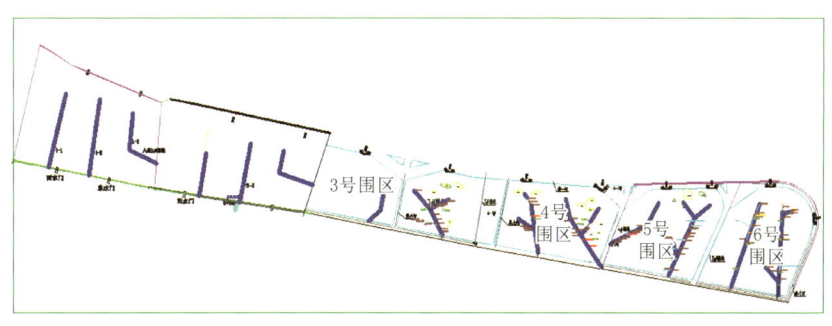

图 3　吹填子堤施工平面图

从图 3 可以看出，相对设计图纸，新的吹填子堤走向图上支线少了将近 80%，主线的走向也做了进一步的调整。从目前的围区检测图来看，吹填子堤的走向并没有影响到吹填平整度。若需要管线延伸，可以通过水挖接一部分管线，增加了接管走向的灵活性，更加方便控制围区平整度。

（2）吹填子堤的施工时间。吹填子堤的施工跟绞吸船的吹填施工存在施工干扰，吹填子堤的施工时间一般安排在吹填间隙以及长江口航道维护疏浚枯季时。吹填子堤施工合同采用固定综合单价形式，所以吹填子堤考虑采用分段施工，通过提前吹填计划施工区域，抬高施工原始标高，减少吹填子堤施工断面方量，从而降低施工成本。

4.2 采用水陆挖掘机拼接管线

水陆挖掘机是在普通挖掘机的基础上改装，将原先的履带改成浮箱，使之适合在软地基与浅水域施工。水陆挖掘机结构图如图 4 所示。

从本工程前期裸吹开始，逐步引进水挖，参与管线接管。经过接近半年的摸索、改进，目前水挖接管工艺已经相对成熟。水挖拼接管线最大的优势在于能够灵活的更改管线的走向，管线走向不再单纯依靠子堤的走向，有助于有目的的控制吹填泥浆的流向，主动、有效地对平整度进行控制；其次，水挖的存在可以替换吹填子堤的支线，在成本上也有一定的优势，具体数据会在经济效益分析进行阐述。

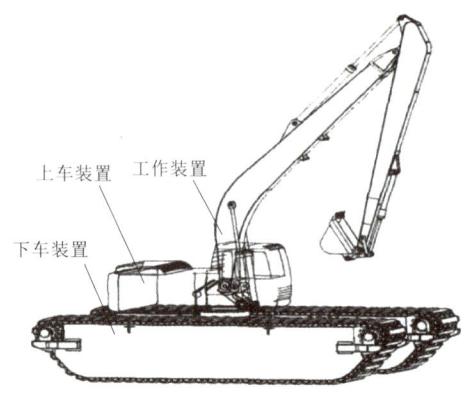

图 4 水陆挖掘机结构图

4.3 优化预留沉降标高

根据合同要求，验收标准依据《水利工程施工质量检验与评定标准》（DG/TJ 08-90—2014），平整度要求 ±0.6m。由于各围区吹填施工有先后，各围区完工时间距竣工验收时间尚需 2~3 年，因此在实际吹填施工中，依据设计的理论沉降计算和推荐值，针对不同围区的完工时间按照不同预留标高控制。

5 质量效果分析

根据目前已完工区域测图显示，采用水挖接管区域平整度明显高于单纯采用吹填子堤进行管线延伸的施工区域。

图 5 为 4 号围区部分区域工后测量图纸，4 号围区竣工验收高程为 4.15m，根据图 5 显示，最低点为 3.08m，最高点为 3.60m，高出平均验收高程为 0.45m，满足设计要求的同时也比规范标高控制标准低 0.15m。

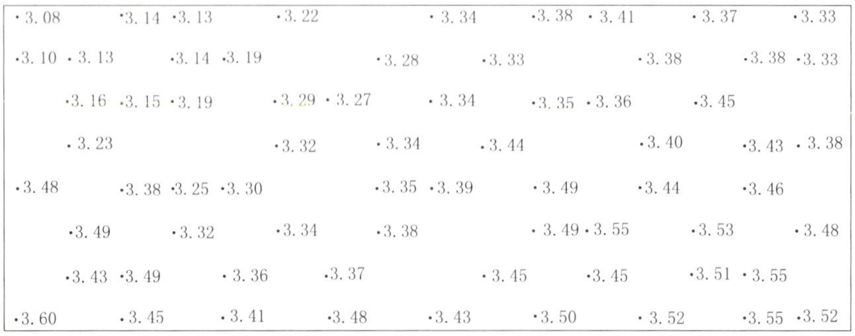

·3.08	·3.14	·3.13	·3.22	·3.34	·3.38	·3.41	·3.37	·3.33
·3.10	·3.13	·3.14	·3.19	·3.28	·3.33	·3.38	·3.38	·3.33
·3.16	·3.15	·3.19	·3.29	·3.27	·3.34	·3.35	·3.36	·3.45
·3.23			·3.32	·3.34	·3.44	·3.40	·3.43	·3.38
·3.48	·3.38	·3.25	·3.30	·3.35	·3.39	·3.49	·3.44	·3.46
·3.49	·3.32	·3.34	·3.38	·3.49	·3.55	·3.53	·3.48	
·3.43	·3.49	·3.36	·3.37	·3.45	·3.45	·3.51	·3.55	
·3.60	·3.45	·3.41	·3.48	·3.43	·3.50	·3.52	·3.55	·3.52

图 5 已完区域部分测量图纸

6 结语

在吹填平整度控制方面，吹填子堤是目前比较成熟的施工措施，在现场布置吹填子堤走向时需要充分考虑泥浆淌径，保证满足吹填平整度要求。通过采用优化吹填子堤布置，增加水上挖机拼接管线、不依托子堤灵活改变局部管线走向，以及根据不同区域完工时间预留不同沉降量等措施，较好的控制了本工程围区内吹填平整度，在后续类似工程中值得进行推广。

参考文献

[1] 赵鹏钧. 浅析吹填造陆工程的施工工艺及质量控制问题[J]. 中小企业管理与科技（中旬刊），2015（9）.
[2] 张志卿. 厦门港海沧港区疏浚及吹填造地施工质量控制[J]. 沿海企业与科技，2009（6）.
[3] 方晓敏. 厦门翔安南部莲河片区吹填造地施工及质量控制[J]. 中国水运（下半月），2016（2）.
[4] 庞忠坤. 浅谈吹填工程中吹填区施工控制[J]. 中国水运，2011（10）：241.
[5] 甄海玉，梁晶实. 水陆两栖挖掘机技术分析[J]. 建筑机械化，2015（9）：25.
[6] 张太山. 吹填工程施工质量控制要点[J]. 科技风，2015（10）：158.
[7] 中交天津航道局有限公司，中国水运输建设行业协会，中交上海航道局有限公司，等. 疏浚与吹填工程施工规范：JTS 207—2012[S]. 北京：人民交通出版社，2012.

流失率观测在吹填土流失控制中的应用

周恩鹏[1]　郝兢一[2]

(1. 中港疏浚有限公司，上海　200136；

2. 上海交通建设总承包有限公司，上海　200136)

【摘　要】 吹填工程作为横沙东滩八期圈围工程的重要组成部分，占据着高额的产值，施工过程中吹填土流失是施工中一直面临的问题，吹填土流失率的控制对工程成本具有重要影响，本文中将结合数据的观测以及实际施工的控制方法，谈谈实际中施工中遇到的相关问题和应对措施，为类似的工程提供施工经验。

【关键词】 吹填；流失；控制方法

1　工程概况

横沙东滩八期圈围工程位于横沙东滩的六期、七期工程北侧，三期工程东侧，N23潜堤西侧，已建促淤坝的南侧（图1）。横沙东滩八期圈围工程的总面积约6.36万亩，面积相当于上海虹口区与黄浦区面积之和，吹填总工程量约为1.42亿万 m^3。

本工程工期短，工程量大，施工强度高。截至目前，吹填工程前后已投入14艘绞吸式挖泥船进行吹填施工（其中，新海鲛轮、新海豚轮总装机功率均达14176kW），高峰期间，同时有8艘船舶进行施工，在2017年8月期间，当月吹填方量高达875万 m^3。

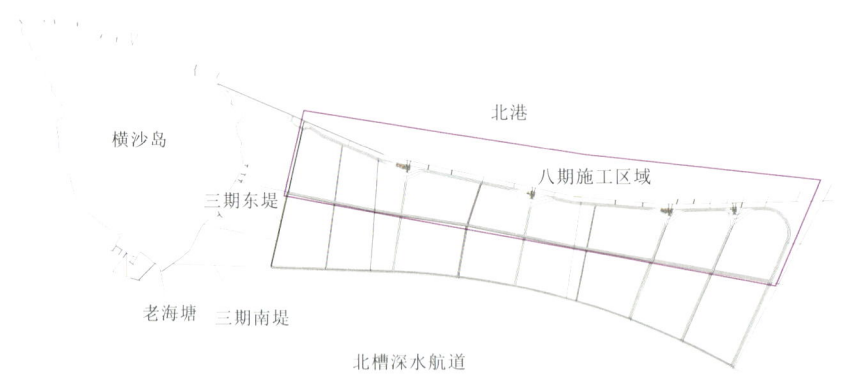

图1　横沙东滩八期圈围工程地理位置图

2　吹填土流失的控制方法

2.1　合理规划设置吹填区排泥口和排水口

本工程分为6个围区，每个围区内各布置了2座临时排水口，共设置12处临时排水口，临时排水口采用直径1000mm的钢管。为了减少吹填区排水口悬浮物浓度，使尽量多的泥土停留在吹填区内，不随尾水再次回流至长江造成二次污染，在吹填施工过程中根据现场排泥管口的位置以及泥浆的流淌方向，尽可能延伸泥浆浆水的流程路径。

进入吹填区的排泥口与排放尾水的排水口尽量保持最远的距离，排水口设置为可调节水位高度的水门，根据吹填情况及时调节水门的高度，尽可能延长泥浆水在吹填区内的停留时间。同时可在排水口加设拦沙网，使排水口悬浮物含量控制在规范之内。

2.2 水位监控及浓度检测

（1）每日对围区水位进行监控，加强对水门及河道溢流口的巡视，同时对吹填尾水进行浓度检测。

（2）为保证吹填尾水的正常排放，根据各围区的吹填进度，项目部对河道溢流口进行逐层加高。各围区吹填高峰期间，加强对吹填尾水浓度的检测频率，若吹填尾水浓度较高，则进一步对各围区河道溢流口及水门板进行加高。

（3）各围区吹填结束后，待围内吹填泥沙完全沉淀后，分阶段分层对河道溢流口进行开挖，以满足吹填尾水的正常排放及吹填尾水浓度满足相关要求。

2.3 施工控制

（1）加强临时排水口巡视检查，及时清理排水口处垃圾，确保各围区北侧临时排水口排水通畅。

（2）施工中做好临时排水口拍门的维修养护工作，防止发生潮水倒灌造成围区水位超高。

（3）当降雨强度过大、围区水位超出控制水位时，暂停吹填施工，加强围区排水。

3 吹填土流失率观测

3.1 观测内容及工况条件

本次观测主要针对排水口尾水和进泥口泥浆观测，具体观测参数及工况条件如下所示：

（1）主要观测参数：含泥浓度、流量。

（2）12座排水口位置：1号、2号、3号、4号、5号、6号围区均设置2座临时排水口，分别位于北侧围堤北 N1+350.00、N2+750.00、N5+130.00、N6+960.00、N8+500.00、N10+600.00、N12+500.00、N14+400.00、N16+000.00、N17+150.00、N18+600.00、E2+220.00 的位置。

（3）排水口现场俯视示意图如图2所示。吹填区与排水区被隔堤分开；排水管由隔堤下通过，并在排水口一侧又分为管道阀门区和排水口区。

3.2 观测方法

根据观察内容、要求及现场调查情况，在满足观测精度、仪器安装难度的情况下，现拟定以下观测方案，对排水口尾水含沙量及流量进行观测。在每个排水口选择一个相对典型的排水管，在管中架设观测仪器。

流量观测使用2MHz阔龙声学多普勒点流计（或采用DWM插入式电磁流量变送

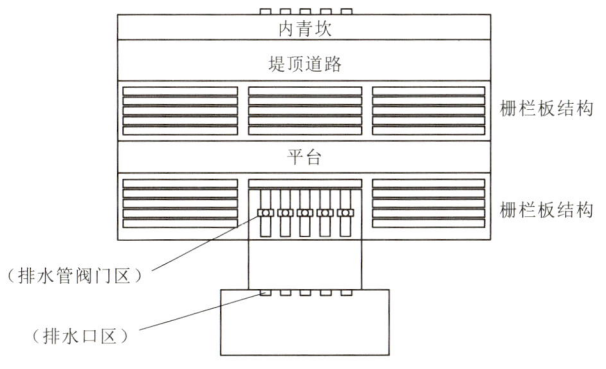

图2 排水口区域俯视示意图

器），该仪器盲区为 0.05m，最大流速为 10m/s。

浓度观测使用光学浊度仪（OBS），OBS 测得的数据必须通过水体浊度和泥沙浓度的相关关系进行转换才能获得水体的含沙量值。取得"水体浊度和泥沙浓度的相关关系"的过程即为 OBS 的标定过程。根据国内外专家大量的测评成果得出的结论，通常泥沙浓度在 10g/L 以下，泥沙浓度和 OBS 的散射接收强度呈近似线性关系。该设备通过浊度—密度关系曲线再折算出密度，预计实际观测水体为泥沙混合物，浊度—密度关系曲线要现场采样标定。

放置仪器的架子放置在排水管底部。阔龙及 OBS 由外部蓄电池供电，优点在于仪器放置低于水面，不需增加坡度管。

观测记录间隔为各排水口处每半小时记录一次浓度和流速信号，每天记录数据不少于 48 组。每天记录至少 48 个数据；数据由阔龙及 OBS 自行存储，电池每月更换一次，更换设备电池时同时上传数据。

3.3 计算方法

根据观察所得的流速、溶度、深度等值计算出流失量，从而计算得出各围区总的流失量，再根据各围区的吹填总量，可以计算得出流失率。一段时间内的水流体积的计算为

$$水流体积 = 水流横截面积 \times 速度 \times 时间$$

设排水管直径为 1m，横截面积的计算分以下情况：

（1）排水管内水深小于管半径。水流横截面积可以用图 3（a）所示的模型来计算，由图可知水流横截面积等于扇形面积减去顶点为圆心的三角形面积，由 OBS 测出水深 H，圆半径为固定值 $R=0.5$m，由此可以算出三角形的高为 $R-H$，根据三角函数可以算出三角形的夹角也就是扇形的圆心角 α，已知夹角就可以算出三角形面积和扇形面积，用扇形面积减去三角形面积就可以得到水流横截面积为

$$\alpha = \arccos[(R-H)/R]$$

过水断面面积

$$S = \alpha R^2 - 0.5(R-H)R\sin\alpha$$

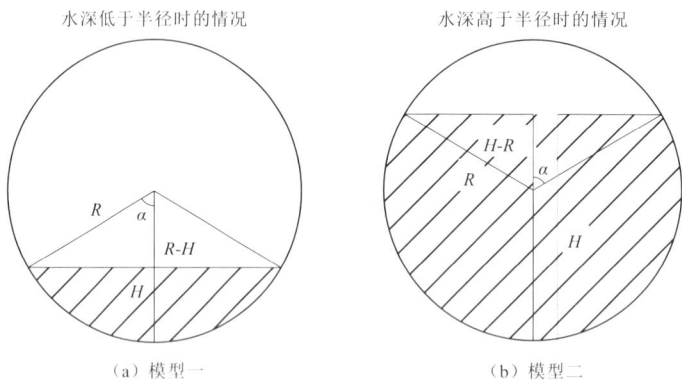

(a) 模型一　　(b) 模型二

图 3　求水流横截面积

（2）排水管内水深大于管半径。水流横截面积可以用图 3（b）所示的模型来计算，当水面高度高于半径时模型发生变化，水流横截面积为扇形面积加上三角形面积，同理也可以算出三角形夹角 α 以及三角形的高，此时三角形的高为 $H-R$、扇形的圆心角为 $360-\alpha$，同理根据三角形面积公式、扇形面积公式也可以算出水流截面面积。

$$\alpha = \arccos[(H-R)/R]$$

过水断面面积

$$S = (\pi - \alpha)R^2 + 0.5(H-R)R\sin\alpha$$

得到水流横截面积后根据点流仪测出的流速和记录的时间就可以算出排水口在这段时间里排出水的体积，同时可算出水里的含沙量，即

$$质量 = 浓度（浊度） \times 流出水体积$$

浓度（浊度）由 OBS 标定所得，每套 OBS 所测的 NTU 值或者 COUNT 值都与自身所测浓度（浊度）有一定的关系，其关系均由标定所得，OBS 所测 NTU 值或者 COUNT 值根据其与浓度（浊度）所标定的关系推算出其当时的浓度值（标定数据结果见《横沙 OBS 标定》资料）。流出水体积已知，所以可以根据上述公式得到水体沙的流失量即重量。

根据《沙样体积、密度实验》资料可以得到沙的体积，然后计算流失量的体积为

$$流失量体积(m^3) = 重量(kg) \times \frac{0.4mL/g}{1000}$$

式中　0.4 为沙在水中的体积，即 0.4mL/g。

3.4　数据统计及分析

2017 年 6 月 15 日 3 号围区西水门流失观测见表 1。

表 1　　　　　　　　　　2017 年 6 月 15 日 3 号围区西水门流失观测

时间	水截面面积/m²	流速/(m/s)	泥浆体积/m³	浓度/(g/L)	流失量/kg	流失方量/m³
0：00	0.443	1.218	3881.56	10.12	39293.83	29.77
2：00	0.443	0.567	1806.93	10.06	18169.34	13.76
4：00	0.264	0.014	26.63	9.98	265.88	0.20
6：00	0.274	0.081	159.72	9.91	1582.10	1.20
8：00	0.284	1.180	2409.41	9.79	23587.36	17.87
10：00	0.255	1.366	2503.56	9.93	24853.20	18.83
12：00	0.403	0.934	2708.07	9.20	24924.77	18.88
14：00	0.403	0.901	2612.39	10.05	26253.27	19.89
16：00	0.333	0.528	1265.34	10.04	12698.45	9.62
18：00	0.323	0.123	285.99	10.21	2918.64	2.21
20：00	0.333	0.661	1584.07	9.83	15567.27	11.79
22：00	0.313	0.833	1877.50	10.02	18804.84	14.25
24：00	0.313	0.833	1877.50	9.82	18442.22	13.97
当日小计			22999		227361	172

2017 年 10 月 15 日 3 号围区西水门流失观测见表 2。

表 2　　　　　　　　　　2017 年 10 月 15 日 3 号围区西水门流失观测

时间	水截面面积/m²	流速/(m/s)	泥浆体积/m³	浓度/(g/L)	流失量/kg	流失方量/m³
0：00	0.559	0.002	8.05	8.78	70.75	0.05
2：00	0.540	0.016	62.26	8.78	546.82	0.41
4：00	0.383	0.085	234.21	9.52	2228.84	1.69
6：00	0.403	0.604	1751.25	9.46	16569.80	12.55
8：00	0.403	1.347	3905.53	8.78	34304.23	25.99
10：00	0.403	1.364	3954.82	8.80	34785.92	26.35
12：00	0.521	0.047	176.38	8.86	1562.15	1.18

续表

时间	水截面面积/m²	流速/(m/s)	泥浆体积/m³	浓度/(g/L)	流失量/kg	流失方量/m³
14：00	0.521	0.058	217.66	8.78	1911.75	1.45
16：00	0.443	0.466	1485.06	8.78	13045.15	9.88
18：00	0.453	1.025	3339.85	10.42	34801.59	26.36
20：00	0.423	1.375	4184.54	10.67	44654.83	33.83
22：00	0.423	1.202	3658.05	9.70	35471.58	26.87
24：00	0.423	0.374	1138.20	8.78	9997.76	7.57
当日小计			24116		229951	174

其中 2017 年为本工程吹填量最大的一年，根据现场监测的数据，全年整体的砂土流失方量都控制在每日 200m³ 以内，在不影响施工进度的情况下，有效地降低了吹填土的流失。

4　结语

吹填土流失率的观测能够及时地反映现场水位流速的情况，对工程的进度、绞吸船排泥口的浓度、管线的改向等总体统筹都有着导向作用，根据现场监测的流速数据对围区内的吹填土浓度进行分析，当吹填尾水浓度较大时，能够及时地对现场做出应对和调整，在时间上占据主动性，在实际施工过程中，有效降低了吹填土的流失，对后续施工及类似工程都有着指导意义。

参考文献

[1] 张绍华，蒋昌波，邵亮，等. 围海造陆工程泄水口吹填土流失现场观测研究 [J]. 泥沙研究，2014（2）：38-43.
[2] 刘璟，刘伟，张陈浩. 天津南港地区吹填土的流失率及控制试验研究 [J]. 中国港湾建设，2014（2）：51-54.
[3] 张绍华，蒋昌波，邵亮，等. 吹填流失观测与影响因子辨识研究 [Z]. 第十六届中国海洋（岸）工程学术讨论会论文集，2013：938-941.
[4] 赵树. 浅谈吹填区防流失控制措施研究 [Z]. 中国第五届国际疏浚技术发展会议论文集，2017：355-365.
[5] 疏浚与吹填工程施工规范：JTS 207—2012 [S]. 北京：人民交通出版社，2012.
[6] 水利工程施工质量检验与评定标准：DG/TJ 08-90—2014 [S]. 上海：同济大学出版社，2014.

两种工艺措施对底板约束下的混凝土墙早期形变的影响

夏宪忠[1] 张 剑[2]

(1. 上海交通建设总承包有限公司，上海 200136；
2. 中交上海航道局有限公司，上海 200002)

【摘 要】 水闸混凝土墙施工中常用抗裂方法有安装抗裂钢筋网片和通冷却水等，但对两者在混凝土早期形变影响方面比较的文献较少。本文在同尺寸、同配合比的受底板约束下的混凝土墙体中，采用分别安装抗裂钢筋网片、通冷却水以及两者复用的方法进行试验，通过对墙体不同位置的形变和温度变化进行监测和数据分析，研究结果表明：采用安装抗裂钢筋网片比通冷却水对减小墙体的早期形变有更明显的效果，同时采用两种措施时，墙体早期收缩形变值最小，相应的减缩抗裂效果也最好。

【关键词】 混凝土墙；裂缝；早期形变；减缩抗裂

1 引言

混凝土产生裂缝的原因来自设计、材料、施工工艺和养护工艺等多个方面，裂缝的形成机制非常复杂。对于受底板约束的混凝土墙，由自收缩、干缩和温度变化产生的应力是导致其开裂的重要原因，工程中多采用安装抗裂钢筋网片、通冷却水这两种措施来减小开裂风险和避免产生贯通的长裂缝。在墙体内安装抗裂钢筋网片的措施，能够通过平衡墙体内部应力，限制和约束墙体的形变，降低开裂风险。在墙体内安装水管盘管通入冷却水，则可以通过吸收水泥水化热量，降低墙体内部温度，减低温升速率和降低温度峰值，减小温度应力，降低开裂风险。

虽然这两种降低开裂风险的措施在工程中有应用，但很少有文献就这两种措施对抑制混凝土早期变形和抗裂的效果进行过比较。

本文设计同尺寸、同配合比的四组混凝土墙体（均受底板约束），分别采用安装抗裂钢筋网片、安装冷却水管、安装抗裂钢筋网片＋安装冷却水管以及两者均不用等四种方式，浇筑混凝土后对墙体内不同测点的早期应变和温度进行监测，利用这些数据，分析四种情况下，混凝土墙体的抗裂效果。本文试验及分析结果，对混凝土墙体实际工程抗裂工艺措施的选择有一定参考价值。

2 原材料及试验方法

2.1 原材料

水泥采用 P·O 42.5 普通硅酸盐水泥，粉煤灰为Ⅱ级 C 类粉煤灰，细骨料为河砂，Ⅱ区中砂，碎石为粒径 5~10mm 和 15~25mm 间断级配，水为自来水，减水剂为聚羧酸高性能减水剂

（PCE）。

2.2 试验方案

本次试验墙体分为四组，每组墙体尺寸均为1.80m×1.50m×0.70m（长×高×宽），四组墙体下已预先浇筑大体积混凝土底板，底板尺寸20m×20m×0.5m（长×宽×厚）。

墙体混凝土配合比和抗裂措施应用情况见表1。其中，编号Control为不采取任何措施的对照组，S表示安装抗裂钢筋网片组，W表示通冷却水组，SW为两种措施复用组。

表1　墙体混凝土配合比及抗裂措施应用表　　单位：kg/m³

编号	水泥	粉煤灰	砂	石	水	聚羧酸减水剂	抗裂钢筋网片	冷却水管
Control	330	70	779	1036	175	4.8	无	无
S	330	70	779	1036	175	4.8	有	无
W	330	70	779	1036	175	4.8	无	有
SW	330	70	779	1036	175	4.8	有	有

钢筋网片采用直径25mm的HRB335二级带肋钢筋。钢筋竖向中心间距16cm、横向水平中心间距20cm，厚度方向（厚70cm）共布置4片，钢筋网片中心间距18cm，钢筋采用绑扎连接。钢筋网片布置如图1所示。

冷却水管为内径50mm、壁厚2mm的PVC管，通水流量3.0m³/h，布置在墙身中部。冷却水管布置如图2所示。

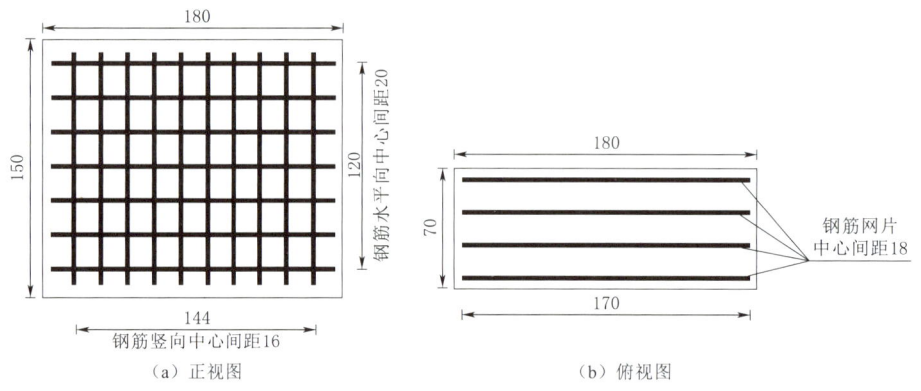

图1　钢筋网片布置（单位：cm）

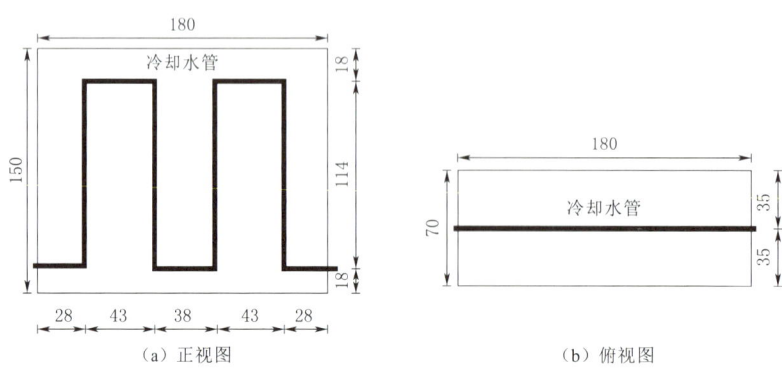

图2　冷却水管布置（单位：cm）

2.3 监测仪器及布设

本次试验采用 VS-100 振弦式应变。如图 3 所示,每组墙体均布设 3 个应变计。3 个应变计均位于厚度方向（70cm 厚度）的垂直平分面上,1 号、2 号及 3 号位应变计距离墙体底部分别为 75cm、25cm 及 100cm,距墙体左侧分别为 60cm、90cm、150cm,位置如图 3 所示。

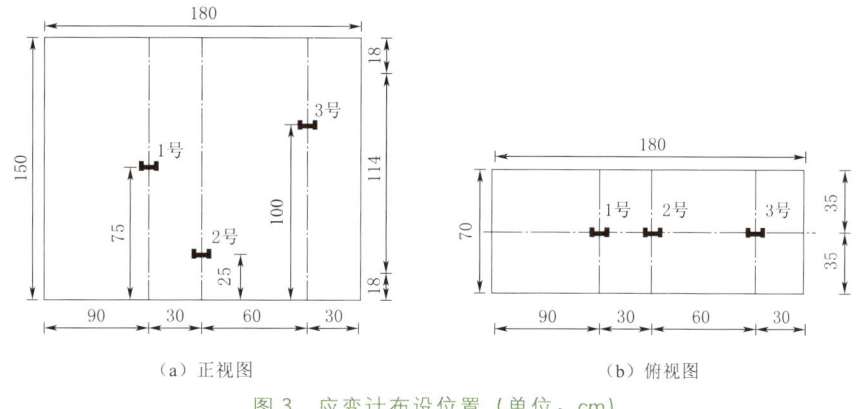

(a) 正视图　　　　(b) 俯视图

图 3　应变计布设位置（单位：cm）

3　试验结果与分析

3.1　形变监测结果与分析

图 4 为各混凝土墙分别在 1 号位、2 号位、3 号位位置,自混凝土浇筑完成 28 天内的形变量变化情况。

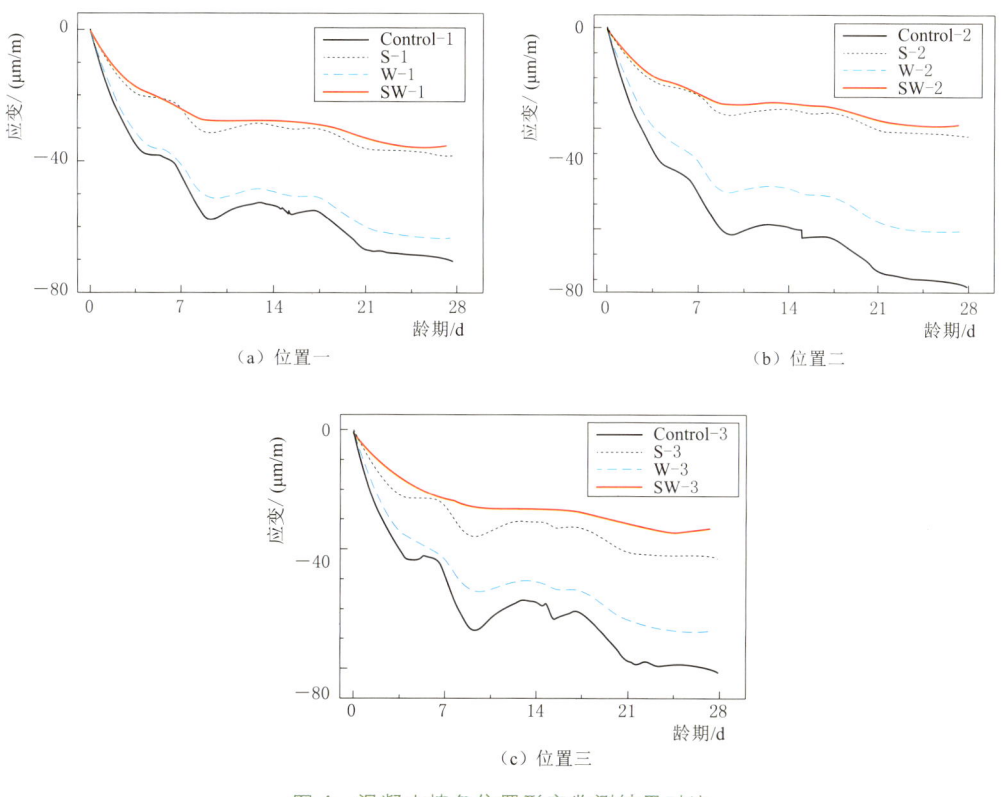

图 4　混凝土墙各位置形变监测结果对比

表 2 为各组混凝土墙自浇筑完成 28 天内，1 号位、2 号位和 3 号位各测点的最大变形量。

表 2　　各组混凝土墙 28d 各测点最大变形量　　单位：μm/m

混凝土组别	位　置　编　号		
	1	2	3
Control	-70	-102	-81
S	-38	-43	-43
W	-63	-82	-67
SW	-35	-38	-33

由图 4 可以看出，混凝土墙内部自最初浇筑开始，形变速率较大，至第 8 天时形变开始放缓，至 28 天时形变达到观测数据最大值。形变变化程度依次表现为：无措施的 Control 组＞安装冷却水管的 W 组＞安装钢筋网片的 S 组＞两种措施复用的 SW 组。其中，Control 组和 W 组的形变明显大于 S 组和 SW 组，说明钢筋网片对于混凝土形变的约束作用较好。

由图 4 和表 2 可以看出，各组墙体中，形变最大的测点均为 2 号位，说明应力在墙体对称中心以下附近较为集中，此处最易出现收缩性裂缝。

由表 2 可以看出，S 组和 SW 组在混凝土墙 3 个位置的形变差距较小，说明钢筋网片有利于平衡墙体内部不同位置的应力和应变，有利于混凝土抗裂。SW 组墙体在 3 个位置的形变量比 S 组更小，分析原因为通冷却水带走了部分墙体内的水化热，平衡了内部温度，降低了内部温度峰值，冷却后混凝土的约束应力也较小，所以墙体基本恢复到环境温度时，SW 组的墙体的形变会更小。

3.2　温度监测结果及分析

图 5 分别为各组混凝土墙分别在 1 号位、2 号位、3 号位位置，温度变化情况。

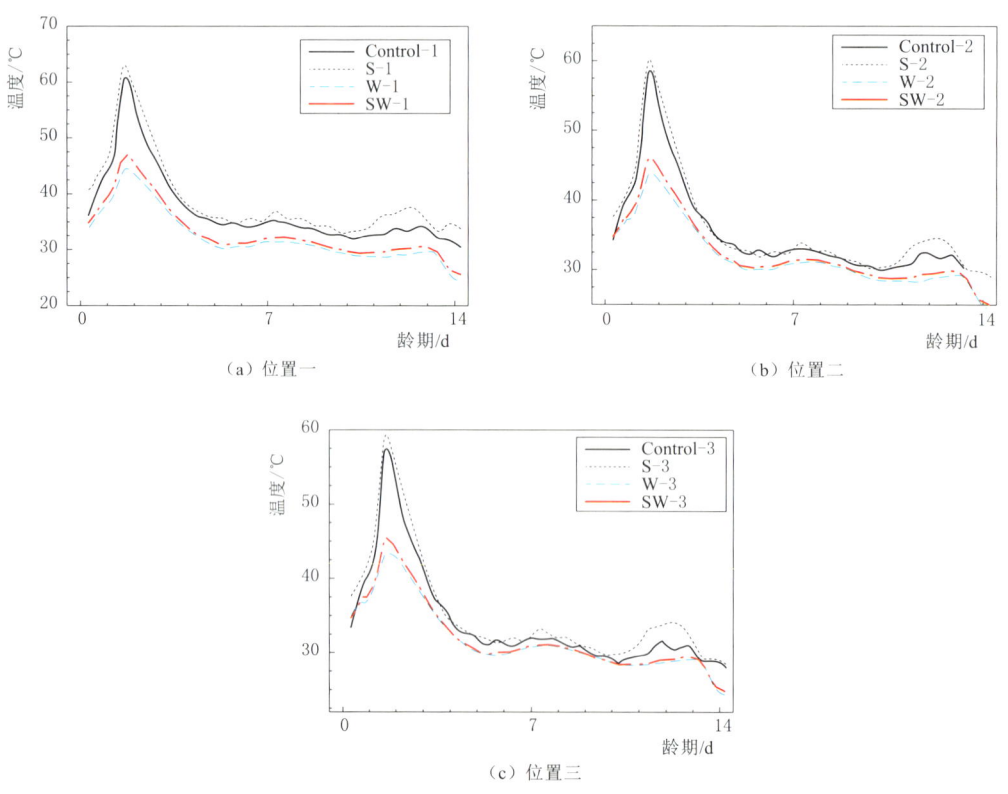

图 5　各墙体的各测点温度变化

表3为各组混凝土墙，1号位、2号位、3号位各位置的最高温度情况。达到该最高温度的时间，标注在括号内。

表3　　　　　　　　　各组混凝土厚墙各测点最高温度及时间　　　　　　　　　单位：℃

混凝土组别	位置编号		
	1	2	3
Control	60.8（40h）	58.7（40h）	57.7（40h）
S	63.1（39h）	60.1（39h）	59.5（39h）
W	44.6（41d）	43.8（41h）	43.5（41h）
SW	47.0（40h）	46.0（40h）	45.4（40h）

由图5和表3可以看出，各混凝土墙在浇筑完毕后，前期升温速率较大，在40h左右达到温度峰值，约从第120h起，降温速率和幅度明显减小，逐渐趋于接近环境温度。温度峰值依次表现为：安装钢筋网片的S组＞无措施的Control组＞两种措施复用的SW组＞安装冷却水管的W组。其中，通冷却水的W组和SW组，混凝土内部温度峰值明显低于Control组和S组，说明通冷却水的措施对于大幅降低墙内温度作用明显，也从另一个角度说明了通冷却水的措施对减小混凝土早期形变有较大的作用。

4　结语

通过本工程数据的分析显示，采用安装抗裂钢筋网片后，墙体通过钢筋网片平衡内部应力，从而有效减小混凝土墙体的早期形变；而通冷却水可以大幅降低混凝土内部温度，减弱墙体内外过大温差导致的温度应力的影响，从而减小混凝土早期形变。采用安装抗裂钢筋网片比通冷却水对减小墙体的早期形变有更大的效果，当同时采用上述两种措施时，墙体早期收缩形变值最小，相应的减缩抗裂效果也将更好。

参考文献

[1]　陆斌．工程施工中混凝土裂缝的成因及控制［J］．硅酸盐通报，2013，32（1）：85-88．

[2]　莫宏武，李永超，于方．科特迪瓦某重力式码头胸墙开裂原因分析及裂缝控制对策［J］．中国港湾建设，2020，40（12）：48-53．

[3]　王占辉，吕松华，王秀华．浅谈大体积混凝土裂缝原因与施工防治措施［J］．建筑科技与管理，2010（6）：77-77．

[4]　李维洲，王成启，刘刚，等．分步浇筑大体积混凝土冷却水管一体化布置控裂技术［J］．中国港湾建设，2020，40（7）：33-37．

[5]　中华人民共和国水利部．水工混凝土施工规范：SL 677—2014［S］．北京：中国水利水电出版社，2014．

[6]　中华人民共和国住房和城乡建设部．大体积混凝土施工标准：GB 50496—2018［S］．北京：中国建筑工业出版社，2018．

[7]　林诗翔，王保才．高桩码头现浇面层裂缝控制［J］．中国港湾建设，2016，36（11）：68-70．

[8]　刘海青，谷坤鹏，赵辉，等．隧道敞开段底板大体积混凝土温度应力控制技术［J］．中国港湾建设，2017，37（8）：97-101．

[9]　朱德华，刘成军，王新刚．海上风电承台大体积混凝土裂缝控制技术［J］．中国港湾建设，2016，36（6）：68-71．

横沙东滩八期圈围工程临排安装工艺及防渗问题处理

郝兢一[1]　周恩鹏[2]

(1. 上海交通建设总承包有限公司，上海　200136；
2. 中港疏浚有限公司，上海　200136)

【摘　要】 在大型圈围工程中，大堤合龙后，临时排水口是围区内的唯一的吹填尾水排放通道，在绞吸船吹填过程中，排水口处将汇聚大量的水流，流速快，水量大，如果临排安装不当，形成渗漏，大堤稳定将面临威胁。本文中将结合横沙八期工程，介绍临时排水口施工工艺和一些相关问题的应对措施，对解决临排防渗问题将有较大的参考价值。

【关键词】 临排；安装；防渗

1　工程概况

1.1　工程内容

横沙东滩八期圈围工程位于横沙岛东侧浅滩水域，在建横沙六期、七期工程以北，N23潜堤以西的滩涂上。临时排水口位于新建围堤堤身范围内，共设置12处临时排水口。

工程分为1号～6号共计6个围区，在每个围区内各布置2座临时排水口，临时排水口采用直径1000mm钢管，每8～10m设置一个软接头以适应沉降变形。围内进口管底高程根据地形取1.8m或2.3m，外侧出口管底高程分别为1.5m和2.0m，形成向外的泄水坡度。单座临时排水口平面图如图1所示，临时排水口断面图如图2所示。

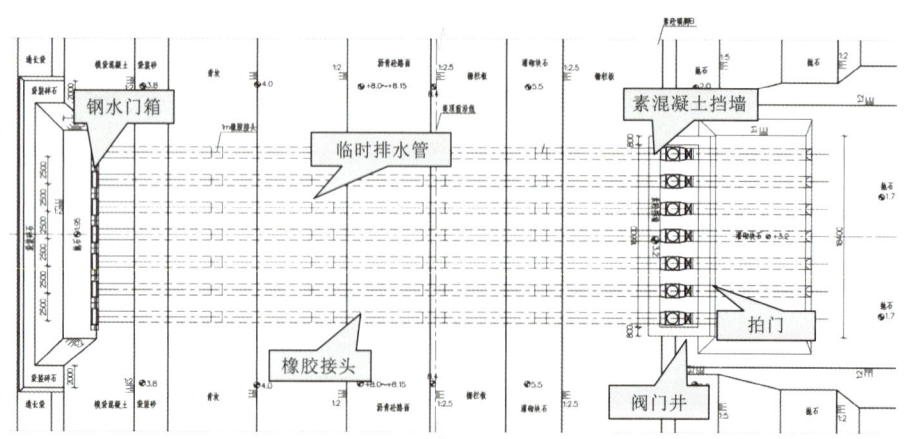

图1　单座临时排水口平面图

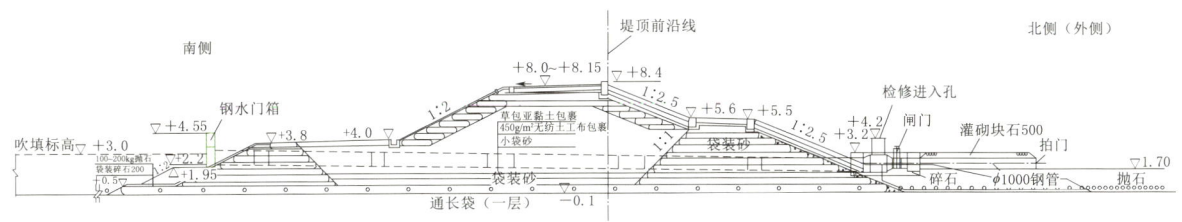

图 2 临时排水、口断面图（高程、水位以 m 计，其余尺寸以 mm 计）

2 临排施工工艺

2.1 施工工艺流程

本次共需安装 82 组钢管排水管，排水口的施工工艺流程如图 3 所示。

2.2 施工方法

2.2.1 测量放样

对排水管位置进行放样，做好样杆设置；并测出排水管位置高程，通过通长袋和小砂袋使地基处理后符合设计要求。

2.2.2 管身地基处理

主要是进行充泥管袋施工，根据设计施工蓝图，临时排水口的围内进口管底高程均取 1.8m 或 2.3m，外侧出口管底高程均分别为 1.5m 和 2.0m，考虑堤身沉降，堤身下钢管需预先抬高 50cm，作为预拱。充砂管袋施工过程中加强人工踩踏，保证袋体充灌均匀，确保临时排水口安装前袋体的平整度。同时在检修口和阀门处用碎石作为垫层保护，为排水管安装做准备。

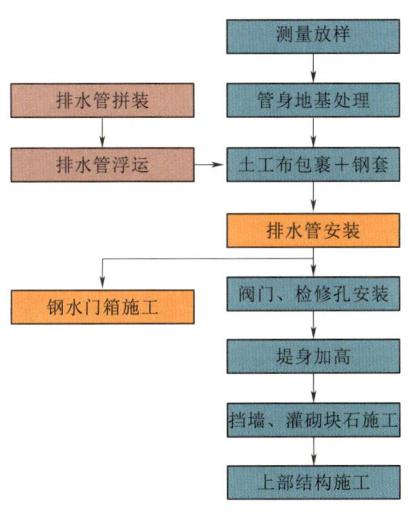

图 3 排水口施工工艺流程图

2.2.3 运输吊装

（1）每处临时排水口所用管件及配件，使用 3 辆汽车（车厢长度 12m）运输至 1 号～5 号隔堤的堤头。

（2）选择 1 号～5 号隔堤北侧堤头作为管线拼装作业点。

（3）汽车将钢管等个件运至安装点，配备 25t 吊机一台，分别将部件吊至安装点进行拼装。

2.2.4 排水管拼装

本工程排水管采用先滩地上拼接，然后将管线拖运至施工现场作业点进行安装。首先将临时排水口各构件陆上运输至安装点，采用吊机配合人工进行管间法兰、软接头拼装。单根排水管共 6 节，完全拼接完成后，排水管两侧进行封头，保证管线在水上拖运过程中能浮于水面上。为保护管与管之间的软接头在安装及水上运输过程中不受损坏，岸上拼接过程中在每个软接头位置采用钢管套筒和 450g/m² 土工布包裹。排水管拼装如图 4 所示。

2.2.5 管道探伤检测

排水管在进场前，委托第三方检测单位对排水管的焊管及焊缝进行探伤检测。检测数量及评定标准按照《无损检测焊缝磁粉检测》（JB/T 6061—2007）。

2.2.6 闭水试验

排水管安装前进行闭水试验，试验水头 6.20m。压力升至试验压力后开始计时，每当压力下

(a) 岸上排水管拼接现场

(b) 软接头保护处理

图 4　排水管拼装

降，应及时向管道内补水，但最大压降不得大于 0.03MPa，保持管道试验压力恒定，恒压延续时间不得少于 2h，并计量恒压时间内补入试验管段内的水量。

试验管段灌满水后浸泡时间不少于 24h。试验水头达到规定水头时开始计时，观测管道的渗水量，直至观测结束时，应不断地向试验管段内补水，保持试验水头恒定。渗水量的观测时间不得小于 30min。

2.2.7　浮运就位

（1）每段排水管用封门板将排水管两侧封牢，然后将组装好的每条钢管推入水中，利用高潮位由锚艇（120 马力，吃水深 1m 左右）将钢管分组拖运至排水口位置。拖运前给钢管编号、分组，每组用槽钢架卡牢固定，然后拖运。

（2）拼装完成的排水管，使用抛锚艇从安装点拖运至安装位置，再到相应的安装位置。

（3）排水管的土建结构在浮运就位前须预先完成。

（4）阀门亦采取浮运办法就位，可用浮筒架高阀门浮运至工程位置。

2.2.8　排水管安装

排水管安装前应对基础高程、位置重新复查一遍，确保排水管安装位置正确。排水管用锚艇浮拖至施工现场，在浮拖至现场后，将所有分组的排水管用槽钢固定成一整体。利用高潮位把钢管浮拖至预定位置，使用六个锚位及缆绳固定临时排水管的 4 个角及中间管的两头，通过 GPS 定位并通过缆绳的收放找到准确的安装位置，待潮水退去后，管子下沉就位。

2.2.9　压载和固定

排水管安装完成后，进行临时压载和固定工作。在排水管之间填充袋装砂，中间部分采用吹填砂，吹填砂外河侧铺设 $450g/m^2$ 无纺布，无纺布搭接宽度大于 1m。

所有排水管安装完成后，及时跟进排水管上方堤身棱体的施工，避免管身因潮水涨落产生位移。

2.2.10　钢水门箱、阀门、检修井施工

趁低潮于围外侧，依次进行 $450g/m^2$ 无纺土工布、碎石垫层、素混凝土挡墙和灌砌块石施工。施工完毕后进行出水口外侧抛石护底施工，防止滩地冲刷。于围内侧，依次进行袋装碎石、100～200kg 块石、钢水门箱施工。

2.2.11　防腐处理

排水管安装前需要对每节钢管的焊缝及防腐处理质量进行检查，合格后方可安装。闸阀应定期保养，避免闸阀因锈蚀等导致其无法正常工作。钢管焊接完毕，应对其内外表面进行防腐处理，管内外防锈漆三度，管外再涂沥青二度。表面预处理和防腐处理按图纸、规范及涂料生产厂的要求进行。

2.2.12　其他

（1）每条钢管由 6 节（其中 1 节为堤外）组装而成（每节长度在 8～10m 之间，每节重 3t 左

右），总长 71～74m，重约 20t。

(2) 每个安装点配置 15 人组装钢管，每组配备普工 4 人，配合组装人员施工。

(3) 每个安装点均配置三脚架手拉葫芦 1～2 台，以免两节钢管上下不平进行调整使用，确保钢管组装质量。

(4) 经检查无质量问题，然后对每条钢管两端进行封堵。封堵材料用软垫片及专用封堵钢板，用螺栓固定。

3 临排渗流问题原因分析和解决措施

3.1 临排渗流原因分析

在横沙东滩八期圈围工程大堤修筑的过程中，临排的安放一直是必须重点关注的地方，临排作为排水的位置，如有渗流，渗流过程一般是前期大、后期变小，水质由浊变清，最后不再渗水；如果渗水由小变大、水质由清变浊，说明排水管周边土体及堤芯土方流失、这就需要对排水管的渗流做好预防和改善措施。

工程总体完工后，若临排部位仍有渗水，容易造成堤芯砂土被掏空、大堤沉降，可能会影响到大堤的安全和防汛。为了有效防治临排部位渗流，确保大堤稳定，此次对其成因进行了分析。引起大堤临排部位渗流原因是多方面的，包括：

(1) 排水管材料存在问题，未经过严格检查。

(2) 排水管安装不慎、管节连接部位发生渗水。

(3) 排水管沉降不均匀，局部沉降过度，管节连接部位被拉裂而渗水。

(4) 排水管周边土体填筑不密实，在压力水作用下，顺管侧发生渗流。

(5) 堤身加载不均匀，排水管发生位移，外侧出现空隙，形成渗流通道而发生渗流。

(6) 排水管进出口反滤处理不佳，由施工渗水发展成为渗流通道而发生渗流。

(7) 出口端防护不良，因潮水的长期冲刷、渗透，出现渗水通道而发生渗流。

3.2 解决措施

3.2.1 材料控制要求

(1) 排水管采用钢管，外径 1000mm，壁厚 12mm，单长 8～10m。钢管的制作必须符合相关规程规范的规定；法兰、软接头、软接头保护套、检修孔、阀门等均采用定型产品；拍门材料采用铸铁拍门。

(2) 软接头采用可曲挠合成橡胶接头。软接头工作压力不小于 0.25MPa，要求最大弯曲角度不小于 15°。

(3) 钢板材料尺寸、外形及公差应符合《热轧钢板和钢带的尺寸、外形、重量及允许偏差》（GB/T 709—2006）的规定；法兰连接尺寸采用《平面、突面板式平焊钢制管法兰》（GB/T 9119—2000）的尺寸；焊缝的焊接形式与尺寸按《气焊、焊条电弧焊、气体保护焊和高能束焊的推荐坡口》（GB/T 985.1—2008）执行。

3.2.2 临排安装要求严密不漏水

临排钢管本身发生渗漏，在后期处理时困难极大，故必须在安装时予以高度重视，采取措施，杜绝排水管渗水，尤其是接头部位。在排水管安装前需要对每节钢管的焊缝及防腐处理质量进行检查，合格后方可安装。通过软接头将管节连接成排水管，在排水管安装就位后进行严密性检查，即闭水试验。检查结果必须符合要求，确保管节连接部位密而不漏。若在连接处有渗水现象，必须进行紧固处理或调换橡胶垫圈重新连接，不得遗留渗漏隐患。为了保证排水管连接部位质量，要对软接头采取钢护套等采取保护措施,以避免承载后受压受损。

3.2.3 做好吹填闭气处理

为了彻底切断渗流通道,需要在排水管周边进行闭气处理,方法是吹填散沙。当排水管安装完成后,需要在临排两侧填筑充泥管袋,与反滤带形成封闭区域,然后进行吹填,使沙土密实充填排水管四周,取得良好的闭气效果。

3.2.4 构筑素混凝土挡墙切断渗流通道

在大堤外棱体的外坡脚开挖揭露排水管,在该部位构筑素混凝土挡墙,切断外水内渗通道。构筑素混凝土挡墙如图5所示。

图5 构筑素混凝土挡墙

3.2.5 封堵漏水管

若采取上述措施后仍有渗漏,说明排水管存在渗漏。通过关、开每一根排水管的方法识别漏水管,然后封堵,废弃不用。临排外侧抛石如图6所示。

图6 临排外侧抛石

3.2.6 做好临排出口防护

临排出口位置受水的冲刷比较大,特别是外河侧受潮水冲击破坏严重,甚至在压力水渗透下,很容易造成排水管周边土体流失,故必须采取防护措施。

(1) 护底采用袋装碎石和软体排,减小滩面的冲刷,保护管口位置。
(2) 出水口外侧采用抛石保护,防止出水口被潮水冲击破坏。
(3) 在阀门位置设置阀门井作为保护,同时减小风浪对管道和阀门产生冲击作用。
(4) 在出水口外河侧构筑灌砌块石,固定管口的位置,减小风浪对管口产生的影响。

4 结语

临排工程,影响着大堤的安全和稳定,在施工中安装不当,尤其是水上拖运浮管沉放,容易受风浪的影响，造成排水管安放位置倾斜等问题，对后续管壁外侧周围的防渗造成影响。在八期临排工程中，部分临排进水口或出水口标高过高，不利于吹填排水，所以在施工前一定要考虑好后续工程各方面的因素再进行施工。同时安装过程中要充分考虑预拱因素，防止管道造成凹陷。

参考文献

[1] 张伟，陈劲松，赵蜀鸣. 王甫洲老河道围堤排水口土体渗透变形及分析[J]. 人民长江，2002（2）：27-28.
[2] 黄银良，田满义. 浅谈围堤临排工程渗流防治措施[J]. 水利建设与管理，2016（12）：70-72.
[3] 严路易. 围海大堤临时排水口沉陷分析及修复处理[J]. 水利建设与管理，2011（8）：27-29.
[4] 疏浚与吹填工程施工规范：JTS 207—2012 [S]. 北京：人民交通出版社，2012.
[5] 水利工程施工质量检验与评定标准：DG/TJ 08-90—2014 [S]. 上海：同济大学出版社，2014.
[6] 堤防工程施工规范：SL 260—2014 [S]. 北京：中国水利水电出版社，2014.
[7] 水利水电工程施工组织设计规范：SL 303—2004 [S]. 北京：中国水利水电出版社，2004.
[8] 水利水电工程施工质量检验与评定规程：SL 176—2007 [S]. 北京：中国水利水电出版社，2007.

小型船舶气囊滚动出库浅析

邱建刚　穆传松

（上海交通建设总承包有限公司，上海　200136）

【摘　要】 横沙东滩八期圈围工程现场库区的船舶施工主要是小型吸沙船和短途运输船，船舶自重一般不超过150t。大堤合龙后，库区内船舶出库采用卷扬机牵引，气囊滚动出库方案撤出围区。实践证明它是一项低成本、低消耗、低污染、高效率、高可靠性、机动灵活的技术，可在类似工程中应用。

【关键字】 船舶；气囊；出库

1　引言

横沙东滩八期圈围工程大堤堤身为袋装砂结构，部分施工船在库区内滩地取砂，由于库区内吸沙船舶和运输船舶等需要在大堤合龙后继续在库区内进行吸砂施工，因此无法在合龙前撤出库区。施工船完成袋装砂充灌作业后再撤出库区，但已无水上通道，因此通过采用卷扬机牵引，翻越大堤，气囊滚动出库方案。本方案按照最大船船自重不超过150t，安全措施按300t计算。

2　出库设备及要求

2.1　坡道

（1）坡道坡度根据水上施工船舶的大小确定，一般应不大于1/7。坡道全长范围内可由斜线、圆弧线等多种组合，但气囊在最低工作面高度时，船底不应触及地面。

（2）坡道表面平整。左右平度不得大于80mm，地面的凹穴应使用碎石填平，气囊从船体经过坡道滚动的道路应保持清洁，无铁钉等尖锐硬物。软土地面采用一定承载能力的钢板铺设，表面平整光滑，边角圆润，浮土保护；且地面承载能力应相对均匀。

（3）坡道可以为泥地、沙土地、沙地或水泥地，其承压力应大于使用气囊的工作压力的两倍以上。

2.2　气囊

（1）使用直径1.5m×10m×5个，直径1.2m×12m×6个的气囊。气囊每次被用于船舶上下水前应作充气试验，充气压力取该直径气囊工作压力的1.25倍；气囊按CB/T 3795的检验规则经检验合格。滚动气囊直径的中心距应保证船舶结构强度，同时还应防止滚动气囊之间压叠在一起。

（2）气囊间距应根据出库船舶长宽尺寸和自重具体要求决定。

2.3　卷扬机

（1）选用低速卷扬机，卷扬机功率22kW，2台电机，其放缆速度为9～13m/min。卷扬机确保完好（施工前已进行维护保养及调试），现场牵引使用的卷扬机2台，每台10t，钢丝缆绳直径19.5mm。每道发电机组功率为150kW，气容率为6m³的空压机，每台功率为37kW。

（2）在钢丝绳牵引力控制下，船舶移动速度不得大于6m/min，对于自重小于150t的船舶，移船速度可适当增加；确保缆桩的安全并配副缆。

2.4 缆绳

出库船舶挂缆直径28mm（配备2根），地锚主缆直径28mm，并备副缆2根直径19.5mm（内外各1根尼龙绳）。为防止钢丝绳在牵引过程中的安全隐患，施工前对其进行检查及更换，确保牵引过程中的安全稳定性。

2.5 空气压缩机

（1）根据所需上下水用气囊的总容量和充气时间以及压力要求，选择空气压缩机型号；常用压缩机功率为22~30kW。

（2）空气压缩机储气罐应安装可调节的限压阀。

（3）用多只气囊同时联合工作时，应有分配阀箱，使各只气囊同时充气。

3 出库操作

现场船舶出库以6号库区为例，采用艉部先上水，艏部随后上水，第一条船上坡需用地锚定位，卷扬机牵引；平路行走利用气囊压力缓慢前行；下坡时采用第二条船舶（待上水船舶）作为地锚定位，卷扬机缓慢放绳使第一条船下水；后续船舶以此类推。最后一条船舶下水时需要打地锚定位，确保船舶安全顺利下水。气囊上下水示意图如图1所示。

图1 气囊上下水示意图

3.1 船舶出水操作程序

（1）清除船底下以及移船经过的场所地上的一切杂物和影响、阻碍气囊滚动的障碍。

（2）系船绳索将卷扬机动滑轮组系住。系船绳索应满足牵引力要求，并必须从艉部引入，捆绑在带缆桩等强力构件上，必要时还可以捆绑部分或全船船体。

（3）将船底下的墩木全部拆除，并按计算要求的间距填入滚动气囊，最后使船舶的重量全部承压于滚动气囊上。

（4）启动卷扬机，收紧钢丝绳，使船舶借助滚动气囊的滚动向岸区移动。

3.2 平地移船操作程序

（1）气囊在船底下应尽量单排摆放，气囊轴向中心线应垂直于移船方向，气囊囊头伸出舷侧不宜过长，对于方形系数较小的库区内船舶，为了使在移船过程中有良好的稳性，气囊囊头必须伸出舷侧，每侧伸出长度应略大于气囊直径。如图2所示。

（2）移船时气囊的工作高度应尽量降低，在保证舵、艉柱和螺旋桨等突出体不着地的前提下，一般不宜超过0.3m。

（3）平地移船时，可由库区外侧地锚绞车拉到下外侧斜坡处，库区内侧可同步放缆。移动过程中采用挖机平整路面及腾挪穿插气囊（气囊笨重）。

3.3 入水方式及保护措施

（1）计算水道开始自有滑行所需的距离，如果水域不能满足此要求，则船舶应继续在绞车控制下以相同的速度缓慢入水。上水牵引和平地移船如图 2 所示。

图 2　上水牵引和平地移船

（2）艉部下水上浮后，舷柱下应适当增加气囊数量，使该处气囊间距减小，是多只气囊同时承载，必要时该处可选用高压气囊，以确保艏部安全。

4　安全保障

（1）绞车钢丝绳应具有足够的强度，并应对其进行定期检查、更换，绞车操作者必须持证上岗。在船舶移动过程中，气囊应不断填入，必要时可停车填入，停车必须缓慢，以减少因突然停车对钢丝绳引起较大冲击。

（2）落墩时，在同一横剖面上应先拆中间部分墩木，然后向两舷拆，拆最后一只墩时，施工人员应在舷侧外进行，严禁人员再进入船底。在靠舷侧外应安放部分松动的硬墩，待移船前最后时刻拆除。

（3）落墩过程应减少船舶对底下气囊的突然冲击。

（4）施工人员应了解气囊的使用性能，充气操作人员必须站在气囊嘴的侧面，移船过程以及入水阶段，均应保证船舶的横稳性，对尖瘦船舶，在其艏艉部可加托架。

5　结语

横沙东滩八期圈围工程围堤合拢后库区内船舶需进行分隔堤及水系施工，所留库区内船舶施工完毕要出库，施工操作中需要实践经验的积累。开展气囊上下水技术研究，对船舶气囊下水的安全性作出准确的评估，制订安全可靠的方案，具有重要的意义。通过现场操作实施，出库方案安全性和可操作性得到了很好的验证，对以后类似工程有借鉴和帮助。

参考文献

[1] 李玉芬，吴剑国，冯华. 船舶气囊下水的动力学分析 [J]. 船舶，2011（4）.

[2] 顾永宁. 船舶纵向下水弹性计算方法和结构安全性 [J]. 上海交通大学学报, 1996 (10).
[3] 船舶用气囊上排、下水工艺要求: CB/T 3837—2011 [S]. 北京: 船舶标准信息咨询中心, 2011.
[4] 船舶上排、下水用气囊: CB/T 3795—1996 [S]. 北京: 船舶标准信息咨询中心, 1996.
[5] 高岚虹, 叶家玮. 船舶纵向重力式下水的预测模型 [J]. 船舶, 2000 (2).
[6] 船舶生产企业生产条件基本要求及评价方法: CB/T 3000—2007 [S]. 北京: 船舶标准信息咨询中心, 2007.

新材料管研究及其在疏浚吹填工程中的应用探讨

赵 健 陈巍巍

(中港疏浚有限公司，上海 200136)

【摘 要】 本文着重介绍了吹填管线新材料管的开发、试验，以及现场试验使用情况，并与传统钢质排泥管做了对比。在绞吸船吹填施工中采用新材料管可以大大降低工程管线成本，减小施工难度，能够创造更大的经济效益。

【关键词】 新材料管；吹填；耐磨

1 引言

吹填管线作为"绞吸船的生命线"，一直扮演着举足轻重的角色。随着国民经济的快速发展，国家"节能减排、绿色环保"的号召，新材料管的开发与使用日益重要。

中交上海航道局有限公司联合多家管道公司通过多年不懈的努力，研制出了一种新材料管，满足排泥管的抗压要求，同时还能满足排泥管的耐磨等性能要求。通过试验和投入现场实际施工，该新材料管能够替代传统的钢质排泥管，成本相对于传统钢管大大减少。因此新材料管的应用具有重大和深远的意义，也是排泥管的一项重大创新。

2 新材料管的研发过程

排泥管的需求量很大（国内有大约1000km排泥管市场），采用成本和维护费用低的新材料管代替传统的钢质排泥管，将能够大大节约工程成本。为了研制出满足工程施工需要的新材料管，在研发过程中，首先对排泥管使用工况条件进行了充分的调查；再对工程排泥管结构和受力特点进行分析；然后对新材料管的内外层材料进行试验筛选；最后把研制出的新材料管投入到现场施工中进行试验。新材料管的研发过程如图1所示。

2.1 新材料管构造

经过管线输送泥浆的受力分析，新材料管分两层结构。内层主要作用是抵抗绞吸船输送泥浆时的摩擦，因此材料采用耐磨材料；外层主要作用是抵抗绞吸船输送泥浆时的压力，材料采用高强度的抗压材料，构造如图2所示。

2.2 外层材料的选择

目前绞吸船施工中一般都采用内径800~850mm的排泥管，抗压力25kg，正常使用陆上的排泥管压力在12kg左右。在外层

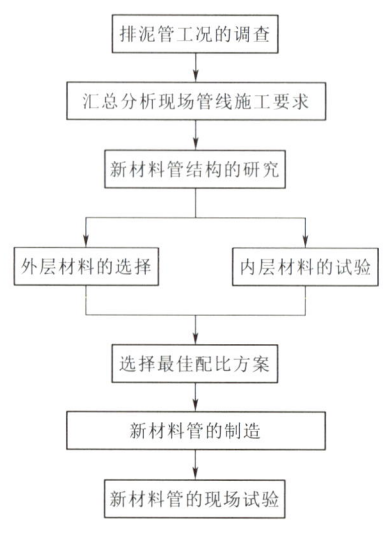

图1 新材料管的研发过程图

材料的选择中，采用了铁、PE、FRP/GRP 等外层材料进行甄选，经过试验室压力试验和经济分析，最终选择采用 FRP/GRP 材料作为外层材料最佳。通过水压试验，当外层材料 FRP/GRP 厚度在 12mm 时，其抗压达到 25kg，水压试验如图 3 所示。

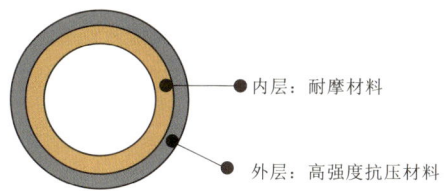

图 2　新材料管结构

2.3　内层材料的选择

通过将内层材料试验样品装入现场排泥管进行吹填试验，根据现场实际磨损情况选择内层材料。试验共采用了 6 种内层材料和新开发的复合材料进行比较，试验过程如图 3~图 8 所示，具体试验数据见表 1（吹泥量为 42 万 m³）。

图 3　水压试验

图 4　内层耐磨材料试验样品

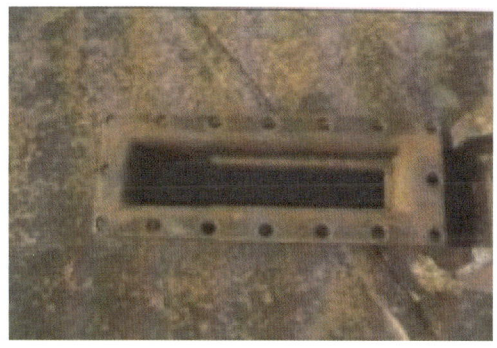

图 5　试验样品安装卡槽

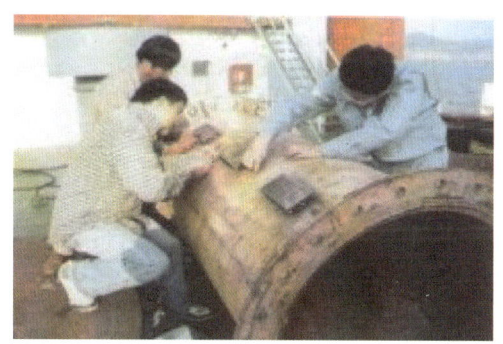

图 6　试验样品的安装

图 7　安装后钢管内部

图 8　样品试验后

表 1　　　　　　　　　　　　　　　内层耐磨材料试验比对

序号	耐磨材料	比重	试验前重量/g	试验后重量/g	重量减少量/g	磨损量/mm	预计通过 300 万 m³ 的磨损量/mm	备注
1	新型材料	1.20	131.63	130.97	0.66	0.085	0.61	表面略微磨损
2	FFU	1.10	130.26	130.26	0.00	0		端部破坏
3	PVC	1.00	138.76	137.90	0.86	0.133	0.95	表面擦伤
4	HDPE	1.00	52.58	52.53	0.05	0.008	0.06	
5	SBR	0.95	142.72	141.92	0.80	0.130	0.93	
6	UPR	1.50	134.40	131.13	3.27	0.337	2.40	表面多处损伤
7	普通铁	7.80	190.24	178.74	11.50	0.228	1.63	

由表 1 中可以看出，HDPE 的耐磨性最好，其次是新型复合材料（约是铁的 2.7 倍），但 HDPE 材料的价格比新型复合材料高，结合经济性考虑，最终选择新型复合材料作为新材料管的内层材料。

2.4　新材料管的制造

（1）新材料管的制造施工工艺流程：内层耐磨材料配制──→内层上模制作成型──→喷涂高黏合剂──→外层抗压材料制作和施工成型──→法兰制作和安装──→新材料管气密性和水压试验。制造过程如图 9～图 14 所示。

图 9　内层耐磨层混合制造设备

图 10　新材料管成形设备

图 11　新材料管制造中

图 12　新材料制造成型

图13 新材料法兰的制造安装

图14 新材料管制造完成

(2) 质量保证措施如下：

1) 内层和外层材料配制时，严格按照设计配比将材料投入搅拌机充分均匀混合，以保证新材料管内层的抗磨力，保证外层的抗压和抗弯能力。

2) 新材料管的内层和外层之间必须均匀喷涂高黏合剂，不得有漏涂，保证内外层紧密贴牢，防止在吹填施工中造成内层材料吹脱。

3) 新材料管内外层完成施工后，进行超声波探测试验，检查内层外层材料中有无气泡，确保管材质量满足施工要求。

3 新材料管的现场试验使用情况

3.1 试验使用新材料管的规格

试验工地土质以淤泥质黏土为主，含少量细粉砂。

新材料管内径800mm，长度6000mm，耐磨层厚5mm，外层厚12.2mm，重量575.5kg。

3.2 试验时间

2017年11月8日施工安装，2017年11月13日（吹泥）—12月24日（吹泥停止：11月18日出现故障停止吹泥2日），2017年12月28日回收试验样品。总计天数：40天，吹泥工程量682858m^3。

3.3 放置位置

横沙岛—横沙吹填工程吹填围区出泥口（末端第二节），如图15所示。

图15 试验管设置位置

3.4 试验结束分析

试验结束后回收排泥管，清除黏附的泥土，用水清洗干净并晾干，检查新材料管的受损情况。管子经检测无弯曲变形，外部表面无损坏现象，内层耐磨层无明显磨损，但有些划痕，经分析可能是施工中遇到的石块和断落的绞刀齿造成的。排泥管晾干后，进行重量测量比对分析。试验过程如图 16～图 18 所示。

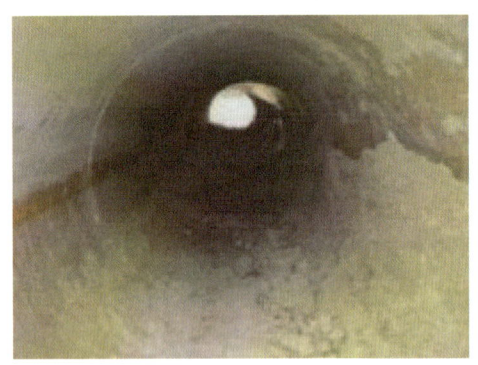

图 16 试验管回收后管道内表面

图 17 试验管回收后清洗晾干

图 18 试验管回收后称重

试验前后新材料管的重量没有发生变化，重量计的最小可测量范围是 0.1kg，所以试验前后的重量变化在 0.1kg 范围内。

试验管的耐磨材料重量为 63kg（厚度 5mm），重量变化在 0.1kg 内（0.16%）的微小变化。

$R=850/2=425$mm；$L=1200$mm；$\rho=0.00095$g/mm^3（耐磨材料的比重）；假设耐磨层均匀磨损 0.1kg（=100g），H 为耐磨材料磨损厚度，则 $[(425+H)^2\pi-425^2\pi]\times 6000\times 0.00095=100$ 得，$H=0.008$mm，即吹泥量为 682858m^3 时，新材料管耐磨层的磨损厚度为 0.008mm。

按设计耐磨层可磨损的厚度为 4mm，所以可以求得新材料管可以吹泥量为

$$M=682858\times 4/0.008=3.4（亿 m^3）$$

根据现场投入施工试验，可以确保新材料管抗压和抗磨性能达到设计要求。考虑到现场可能输送泥浆的时候会夹带一些石块等杂质会造成内层耐磨层的割伤，可以在施工工地现场设置一个管材修复间。只需对管材受伤部位进行清洗、晾干、填入耐磨材料熔融即可修复，这些修复工作相对简单，现场施工条件很容易满足。

4 新材料管经济效益分析

现按相同规格的新材料管与传统钢质排泥管做对比分析，排泥管长度为 12m，法兰规格如图 19

所示，具体对比数据见表2。

表2　　两种排泥管对比情况

排泥管种类	长度/m	厚度/mm	重量/kg	价格/万元	吹泥量/万 m³	抗老化	抗腐蚀	比热
钢质	12	12	3500	2.2	3000	差	差	低
新材料	12	17	1000	1.3	34000	强	强	高

注　吹泥量在吹淤泥质黏土下的统计数值。

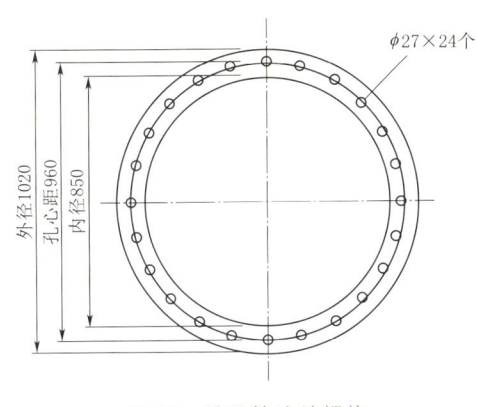

图19　排泥管法兰规格

很明显新材料管的造价比钢质管低很多，约是钢质管的一半。以横沙东滩八期圈围工程为例，本工程是上海市历史最大的利用长江口航道维护疏浚弃土进行吹填的工程，工程总疏浚量1.42亿 m³，投入管线120km（岸管75km，水上管线45km），合同总额76亿元，其中管线购买费用约2.2亿元，施工工期4年。如果其中的75km岸管都采用新材料管，可以直接采购节约成本约5625万元，而且钢质管经过4年的使用，基本就处于报废状态，无法再继续使用，但新材料管的耐磨性能高，可以再继续投入其他工程施工。

由表2中数据可以看出，新材料管不仅单价比传统钢质管低，而且在相同工况下的吹泥量是钢质管的11倍。而且新材料管的质量较轻，约为钢质管的1/3，在工程施工中经常遇到一些钢质管无法拼接施工作业的淤泥地工况，但新材料管由于相对较轻比较容易运入进行拼接施工。在现场施工过程中，由于新材料管的重量较轻，一般只需要挖机配合施工即可，钢质管经常需要吊机配合施工，所以采用新材料管能够减少施工现场的设备投入，因此能够节约工程成本。并且由于新材料管质量轻，有利于运输，从而减小了运输成本。

由于现场施工工程跨度都比较大，有些工程工期都到达3~5年，因此工程施工季节性影响一般都比较大。在现场施工中，我们经常发现在温差较大的天气下，钢质管线碰头施工难度较大。但现研制的新材料管比热高［玻璃670J/(kg·℃)，钢铁460J/(kg·℃)］，线膨胀系数与钢管相当，因此新材料管的伸缩量小于钢管，这样大大减小了管线施工难度。钢质管容易老化锈蚀，新材料管不易老化无锈蚀。所以可以说采用新材料管使用，可以降低工程成本，并为工程施工带来方便，加大施工安全系数。

5　新材料管针对性及使用限制

横沙东滩八期圈围工程绞吸吹填主要为二次砂吹填，土质为淤泥或者夹杂少量细粉砂，而且土质情况相对平稳。吹填排距方面，绝大多数工程量集中在8km附近，而新材料管的放置位置基本在岸管出口附近，如图20所示。管线排出压力较小，如此种种，均接近于新材料管使用的理想工况。在但是在新材料管的实际推广使用过程中，需要注意以下几点：

（1）严格保护管线耐磨层。新材料管主要靠耐磨层降低管线磨损厚度，但是耐磨层本身为薄弱环节。在施工时，需要注意土质变化，以及是否有石头、废

图20　新材料管放置位置

铁等硬质垃圾。如果有石头、废铁等硬质垃圾，需要及时清理，或者在进入绞吸船水下泵吸口时就需要进行拦截。定期对新材料管进行管线检查、测厚，判断耐磨层完好情况。

（2）控制排出压力，提升使用时间。根据管线排压总体规律显示，在正常双泵串联情况下，绞吸船吹填排距4km以内尾管附近排压最高，越靠近出口，排压越小；4～8km管线排压也继续向出口衰减，但是衰减比例较小。新材料管的磨损速度跟管线排出压力成正比例，所以在新材料管放置的时候尽量放4km以外的位置，然后方便检查并且走向无明显弯曲的地方。此举可以降低磨损速度，而且避免不均匀磨损，提高新材料管使用时间。

6　结语

技术和工艺的进步，一定程度上决定了施工本身进步的空间。新材料管相对于传统钢管，采购成本、维护成本均有大幅的降低，而且管线施工难度相对减小，安全系数增加。由于施工难度的减小，可以在一定程度上方便管线拼接，提高吹填质量。因此，新材料管的使用对于吹填成本控制、安全管理、质量管理上均有深远的意义。

参考文献

[1] 林忠成，陶常明，张道清. 绞吸式挖泥船减小管线磨损方法及经济性分析[J]. 城市建设理论研究：电子版，2013（7）.
[2] 窦中原. 绞吸式挖泥船输送管道流态分析与研究[D]. 武汉：武汉理工大学，2013.
[3] 李航. 绞吸式挖泥船管道输送试验数据分析方法研究[D]. 武汉：武汉理工大学，2013.
[4] 赵立娟. 不同粒径泥沙管道水力输送阻力特性研究[D]. 南京：河海大学，2002.
[5] 王望金. 提高绞吸式挖泥船施工能效的探讨[J]. 水运工程，2012（9）：4.
[6] 谢新存. 绞吸式挖泥船降本增效的评估探讨[J]. 建筑工程技术与设计，2015（12）.

高温季节大体积混凝土施工水冷却系统布置及效果分析

陆天琳[1]　李学慈[2]

(1. 上海市水务建设工程安全质量监督中心站，上海　200232；
2. 上海交通建设总承包有限公司，上海　200136)

【摘　要】 大体积混凝土施工过程中，混凝土内外温度差是引起混凝土产生裂缝的主要原因之一，影响建筑物的结构安全。横沙东滩八期圈围工程水泵闸工程底板混凝土一次性浇筑方量大，尤其是高温季节混凝土入仓温度高，大体积混凝土水化热大，温控难度大，在工程施工过程中，使用冷却循环水作为温控措施，可有效控制混凝土水化热，减少混凝土表面裂缝。本文以5号闸为例介绍冷却循环水系统的布置及温控实施效果。

【关键词】 冷却循环水；大体积混凝土；高温

1　工程概况

横沙东滩八期圈围工程位于横沙岛东侧浅滩水域，横沙东滩六期、七期圈围工程以北，横沙东滩三期圈围工程以东，N23潜堤以西的滩涂上（具体位置如图1所示）。5号水闸位于北围堤桩号N17+600.00处。

图1　5号水闸平面位置图

5号水闸主体永久性建筑物为1级，施工围堰等临时建筑物为4级，水闸共3孔，每孔净宽8米。闸室底板长34.2m，宽25m，厚2.0m（齿槽处厚2.5m），闸室底板混凝土强度等级为C30、抗渗等级W6、抗冻等级F50，方量为1840.5m³。

2 大体积混凝土底板浇筑情况

水闸闸室混凝土浇筑时间为 2018 年 6 月 26 日 10：30—6 月 27 日 10：40，持续浇筑约 24.2h，天气晴，气温为 25～36℃。

混凝土浇筑前进行了闭水试验，并将冷却水管充满水。2018 年 6 月 27 日 5：30 开始通水降温，13：00 开始监测闸室混凝土温度及冷却水管进出水温度，见表 1。

表 1   闸室底板配合比

强度等级	坍落度/mm	水泥/kg	中砂/kg	5～25mm碎石/kg	饮用水/kg	高效泵送剂/kg	C类Ⅱ级粉煤灰/kg	容重/kg	水胶比	砂率/%	试配日期/(年.月.日)	初始坍落度/mm	7天强度/MPa
C30	120±30	270	769	1061	175	4.55	80	2360	0.50	42	2018.6.1	180	26.6

浇筑过程中现场共测坍落度和入模温度 8 次，见表 2。

表 2   现场测坍落度和入模温度

时间	11：00	13：00	15：00	17：00	19：00	21：00	24：00	次日 4：00
坍落度/mm	55	65	90	80	85	80	140	150
入模温度/℃	29.4	30.8	29.3	29.4	29.1	29	29.6	29.8

3 冷却循环水的现场应用

为及时散发大体积混凝土水化热，减少闸室底板裂缝，根据《大体积混凝土温度测控技术规范》，本工程采取冷却循环水来降低混凝土中心温度。同时，底板表面覆盖塑料薄膜，薄膜上覆 $450g/m^2$ 单层无纺土工布，从而保证混凝土底板的表里温度差不大于 25℃。

3.1 测温指标

（1）混凝土浇筑体表面与大气温差不大于 20℃。混凝土浇筑体的表里温差不大于 25℃。当混凝土的降温速率和表里温差满足下限值且混凝土最高温度与环境最低温度之差连续 3 天小于 25℃ 时，可停止温度监测。

（2）混凝土初凝后，及时启动水冷却系统。

（3）通过调节进水流量及水温，控制进水温度与混凝土最高温度之差，温差为 15～25℃；出水温度与进水温度之差为 3～6℃。在水冷却过程中，加强混凝土的保温保湿养护。

（4）当混凝土最高温度与表层温度之差不大于 15℃ 时暂停水冷却作业；当混凝土最高温度与表层温度之差大于 25℃ 时，重新启动水冷却系统。

3.2 冷却系统设计

每个冷却单元采用 2 个 $2m^3$ 的塑料桶作为储水容器，即进水桶和出水桶，3 个冷却单元共 6 个桶。每个冷却单元的进水与出水桶之间用钢管联通，保证进出水温差控制在 3～6℃。进水桶里放置 1.1kW 的潜水泵向各冷却单元供水，在进水管端部设置水表以监测流量，在出水管端部加三通并设置闸阀排放热水以调节进出水温差。冷却系统的组成如图 2 所示。

图 2　冷却系统组成

3.3　冷却水管布置

冷却水管进出水口均设在底板侧面，在基础底板中设置一层冷却水管，3 回路布置。水管采用直径 48mm 薄壁焊接钢管。冷却水管水平间距 1500mm，冷却水管位固置在基础的中部钢筋上，用钢筋支撑固定牢。冷却水管布置如图 3 所示。

冷却水管使用前进行水压试验，管道不得漏水、阻水。混凝土浇筑前，应在冷却水管中预先注满冷却水。混凝土浇筑完成后及时启动水冷却系统。水流速度一般在 0.8～1m/s。冷却水流方向每 1～2 天变换一次。

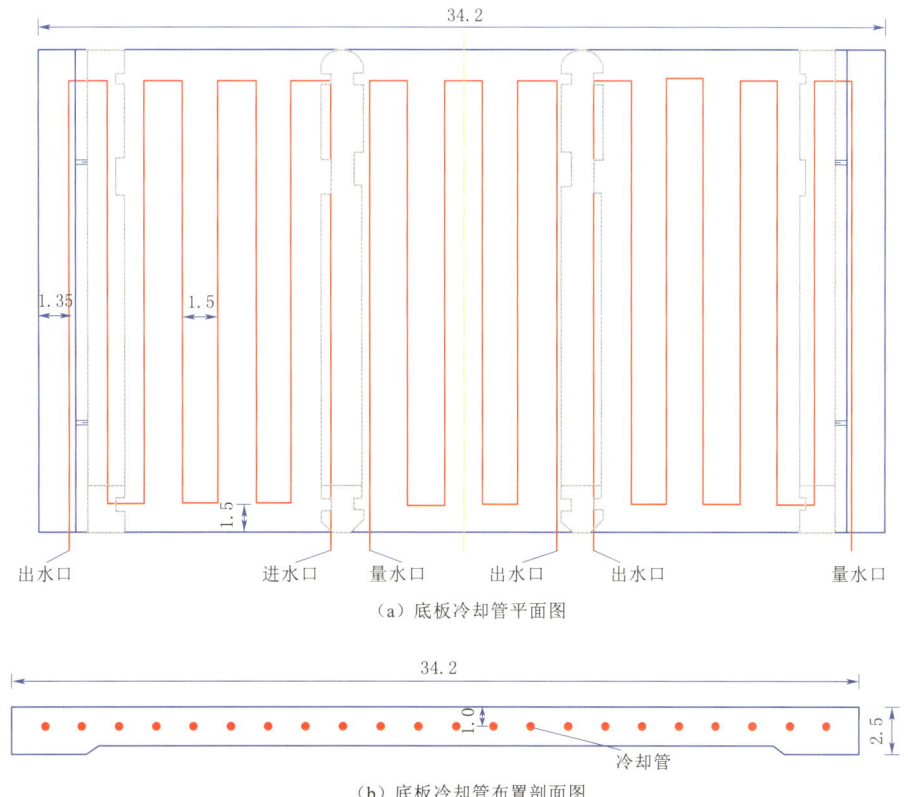

(a) 底板冷却管平面图

(b) 底板冷却管布置剖面图

图 3　冷却水管布置（单位：m）

3.4 温控测点布设

浇筑完成后通过混凝土洒水养护控制混凝土养护期间的内外温差不大于25℃。平面上每个测温点设1组探头，其中每组设3个测温探头，3个探头分别设置在距混凝土顶10cm、混凝土底10cm和底板中间。每组探头可绑在钢筋上后固定底板或直接，线头留出，在混凝土浇筑、收光时提起放于表面。冷却水管进出口各设一个测温探头。从而全面准确的记录大体积混凝土内最高温升、里表温差、降温速率、混凝土表面与大气温差、进水与混凝土最高温差等数据。温控点布设如图4所示，其中平面图中有10组探头，剖面图中有18个探头。专人埋设温控点，如图5所示。

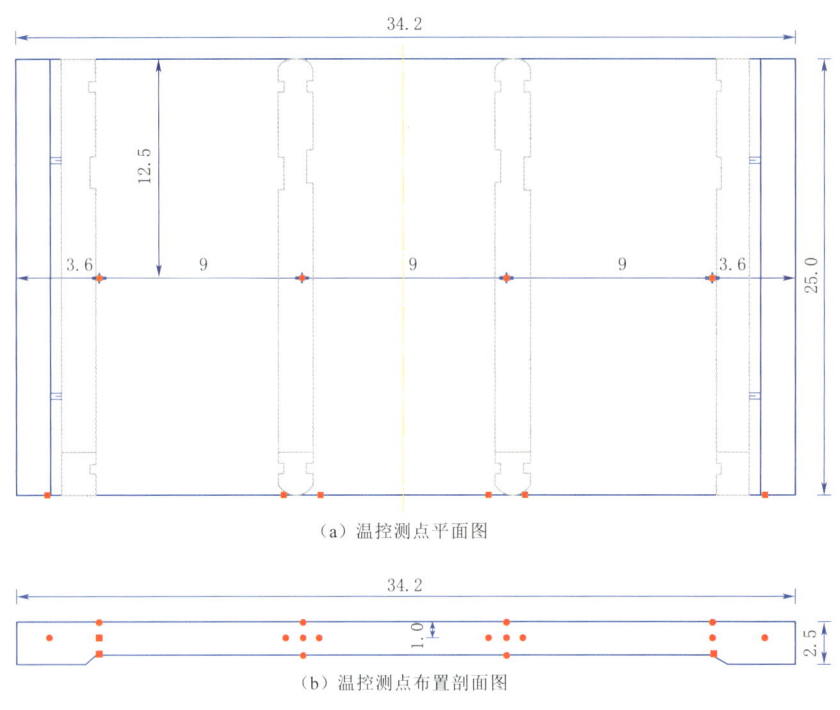

(a) 温控测点平面图

(b) 温控测点布置剖面图

图4 温控点布设（单位：mm）

3.5 温度检测

（1）测温时用测温仪分别测其埋点的温度值，安排专人负责测温并记录，每天2班（白班、夜班），每班2人。

（2）混凝土初凝后开始测温，前3天，每1h测温1次；第4～7天，每2h测温1次；第8～10天，每4h测温1次；第11～13天，每天测温2次。

（3）根据温度测量记录，2018年7月5日（混凝土浇筑完第8天），混凝土最高温度与表层温度之差小于15℃，暂停水冷却作业；另外混凝土最高温度与环境最低温度之差连续3天小于25℃时，可停止温度监测。2018年7月5日15：00，混凝土最高温度49.7℃，当天最低气温25℃，温差24.7℃；第2天的温差24.2℃，第3天的温差23.8℃，已连续3天小于25℃。考虑到已有经验及相关数据的判断，测温持续至7月8日结束。部分温控点实测记录趋势图如图6所示。

图5 专人埋设温控测点

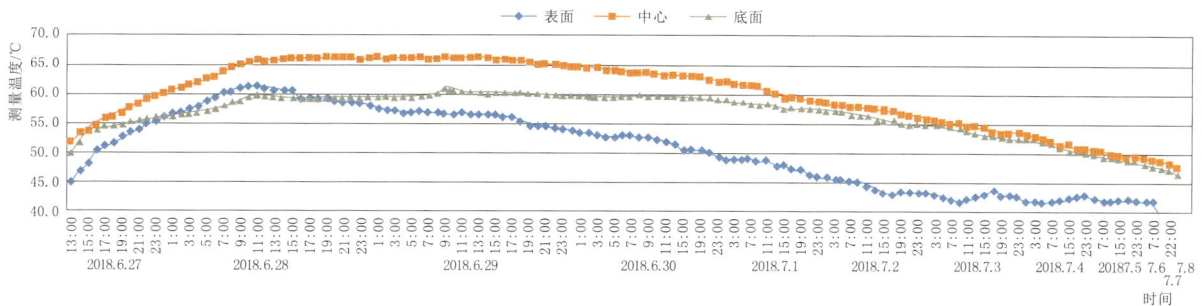

图6 部分温控点实测记录趋势图

4 降温效果分析

根据实测数据的统计，对降温效果分析如下：

（1）实测混凝土中心最高温度66.4℃（＜80℃），出现在2018年6月29日13：00，即混凝土浇筑完成后51h。

（2）混凝土里表最大温差22℃（＜25℃），出现在2018年7月1日9：00。

（3）混凝土表面与大气最大温差19.1℃（＜20℃），出现在2018年6月27日21：00。

（4）进水与混凝土最高温差24.3℃。

2018年6月30日—7月8日的日降温速率见表3。

表3 日降温速率

日期/(月.日)	6.30	7.1	7.2	7.3	7.4	7.5	7.6	7.7	7.8
温降/℃	1.9	2.5	3.6	2.6	2.6	2.6	1.4	0.4	0.8

5 冷却水降温值估算

热量计算公式为

$$Q = Cm\Delta T$$

式中 C 为比热容，水比热 $C_水=4.2$kJ/(kg·℃)，混凝土比热 $C_{混凝土}=1.0$kJ/(kg·℃)；m 为质量，混凝土比重取2360kg/m³，底板混凝土体积为1840m³；T 为温差，冷却水温差，详见表4。

本次施工期间共有3台潜水泵，冷却系统启用期间水表流量分别为：东1011m³、中1320m³、西1067m³，总流量＝1011+1320+1067＝3398(m³)；通水9天，共24×9＝216(h)，每台潜水泵单位流量：3398/(216×3)＝5.2438(m³/h)，每小时冷却水质量 $m_水$＝5.2438×1000＝5243.8(kg)。现场每小时测一次进出水温度。冷却水带走热量 $Q_水$＝26362680.1kJ。

表4 每日进出水温差的汇总求和和热量计算表

序号	日期/(月.日)	东侧泵当日温差和/℃	中泵当日温差和/℃	西侧泵温差和/℃	当日热量和/kJ
1	6.27	17.6	37.6	72.9	2821269.3
2	6.28	55.1	55.8	88.6	4393780.0
3	6.29	29.7	27.9	38.2	2109895.4
4	6.30	41.1	28.6	36.9	2347754.1

续表

序号	日期/(月.日)	东侧泵当日温差和/℃	中泵当日温差和/℃	西侧泵温差和/℃	当日热量和/kJ
5	7.1	31.8	41.2	34.0	2356563.7
6	7.2	32.8	33.4	32.4	2171562.5
7	7.3	15.2	16.6	19.0	1118817.2
8	7.4	54.2	62.0	64.8	3986336.8
9	7.5	37.6	32.8	80.8	3330022.8
10	7.6	28.4	22.8	27.2	1726678.5
合计					26362680.1

混凝土温升估算如下：

（1）按照混凝土底板整体量计算为

$$\Delta T = 26362680.1/(1840 \times 2360 \times 1) = 6.1(℃)$$

（2）按照冷却水管上下50cm混凝土量计算（长×宽×高），即 $34.2 \times 25 \times (0.5 \times 2) = 855(m^3)$

$$\Delta T = 26362680.1/(855 \times 2360 \times 1) = 13.1(℃)$$

综上，如果不通过冷却水降温，闸室底板混凝土最高温度可能将提高6.1～13.1℃，即混凝土中心最高温度范围可能达到72.5～79.8℃。

6　结语

冷却循环水通过在混凝土结构体内预先埋设循环冷却水管，在混凝土浇筑完毕后及时通冷却水，使混凝土的热量随着冷却水的流动而被带走，从而降低大体积混凝土内部峰值温度，减小了混凝土内外温差。横沙东滩八期圈围工程中5号水闸工程采用了冷却循环水系统，安排专人值班看护，确保冷却水系统正常工作，有效保证了高温季节水闸大体积混凝土施工质量，取得了良好的效果和宝贵的经验。

参考文献

[1]　王勇．浅谈大体积混凝土施工中温度控制［J］．当代建设，2000（5）．
[2]　闫文生．大体积混凝土裂缝的原因及防治［J］．铁道标准设计，2001（3）．
[3]　刘冰．浅谈大体积混凝土［J］．东北公路，2001（2）．
[4]　魏旺拴．浅谈大体积混凝土结构裂缝的控制［J］．山西建筑，2003（5）．
[5]　于波，于文勇，王威．浅谈大体积混凝土结构裂缝的成因及控制［J］．黑龙江交通科技，2003（4）．
[6]　郑传明，姜正平．大体积混凝土施工的防裂要点［J］．福建建筑，2001（S1）．

高温季节大体积混凝土施工组织管理

姚 伟[1]　朱 欢[2]　姚 鹏[2]

(1. 上海市土地储备中心，上海　200031；
2. 上海交通建设总承包有限公司，上海　200136)

【摘　要】　水闸底板大体积混凝土施工质量要求高，尤其是高温季节施工制约因素多，必须从技术方案、人、料、机及现场组织管理上做好充分的准备，本文结合横沙东滩八期圈围工程进行相关探讨，为提高高温季节大体积混凝土浇筑质量提供参考。

【关键词】　大体积混凝土；高温；施工组织管理

横沙东滩八期圈围工程包含2号泵闸、3号水闸、4号泵闸及5号水闸共4座水(泵)闸，分别位于北围堤桩号 N4+555.00、N9+569.00、N15+047.00 及 N17+600.00 处，包括泵站底板、进水(前)池、出水(前)池、闸室底板、外河侧消力池、内河侧消力池等共计大体积底板18块。小底板混凝土方量在 1000 m^3 左右，大底板混凝土方量超过 2000 m^3，混凝土必须连续浇筑施工，且上层混凝土必须在下层混凝土初凝前浇筑完成。

1　工程特点难点

(1) 水闸基坑四周环水，降水机械设备多，施工平面布置复杂，需要规划好场内交通及泵车布置点。
(2) 工程所在地与搅拌站距离远，通信信号差，联系不方便。
(3) 高温季节大体积混凝土温控难度大，施工期间需准备好应对阵雨措施。
(4) 连续浇筑需跨昼夜施工，做好夜间施工照明、基坑及浇筑平台临边防护等准备工作。

2　技术准备

2.1　编制专项施工方案

2.1.1　总体计划安排要求

各闸底板错开浇筑，每块底板安排在 24h 内完成，两块大底板浇筑间隔安排在1天以上，以便搅拌站备料、施工人员休整，后续施工总结改进等。

2.1.2　针对每个(泵)闸大体积底板制定专项施工方案

专项方案的编制必须广泛征求参建班组意见，由项目技术负责人把好合规关，充分论证方案可行性，浇筑前将交底进行到每一位管理及操作人员，现场施工必须严格按照方案执行，严禁一切私自更改方案行为。

(1) 浇筑平面布置。施工现场尽量设置环形道路直通泵车停放位置，道路满足重车行驶要求。车辆出入口处，设置交通安全指挥人员，夜间施工时，出入口和环形运输道路上有良好照明设施，设置交通导向反光条,危险区域设安全标志。

(2) 分段分层连续浇筑,阶梯推进(图1)。底板采用分段分层连续浇筑,阶梯推进施工方法,遵循"分段定点、一个坡度、薄层浇筑、循序推进、一次到顶"原则,每层厚度不超过50cm,每段阶梯推进距离5m左右。由于采用坍落度较大,本工程拟定底层推进3段(每段约50m³)后开始浇筑上一层,可确保上层浇筑完成时间在下层开始浇筑4h内。上层施工起点及浇筑路线应与下层浇筑保持一致。

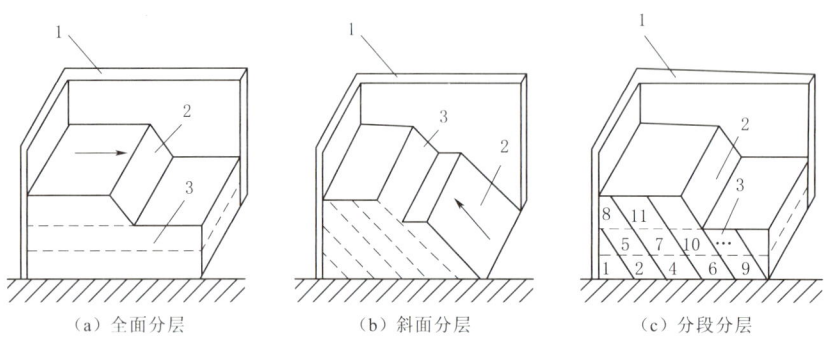

图1 大体积混凝土浇筑方法示意图
1—模板;2—新浇筑的混凝土;3—已浇筑的混凝土

(3) 泵车及混凝土搅拌运输车辆配备。根据分层数量及混凝土初凝时间确定需要泵车及相应运输车数量。混凝土供应过程中加强通信联络、调度,确保连续均衡供料。

根据《混凝土泵送施工技术规程》(JGJ/T 10—2011)第3.3.2条,有

$$Q_1 = \eta \alpha_1 Q_{max}$$

式中 Q_1 为每台混凝土泵的实际平均输出量,m³/h;Q_{max} 为泵车的最大排出量为80m³/h;α_1 为配管条件参数0.8~0.9,取0.85;η 为作业效率。根据混凝土搅拌运输车向混凝土泵车供料的间断时间、拆装混凝土输送管和布料停歇等情况,可取0.5~0.7,对于大体积连续浇筑取0.7。

每台泵车的平均输出量为 $Q_1 = 0.85 \times 0.7 \times 80 = 47.6 (m^3/h)$

根据现场平面布置及混凝土泵送效率,为确保上层混凝土浇筑时,下层混凝土尚未初凝,计划同时开2台泵车输送混凝土,另1台现场备用。

根据《混凝土泵送施工技术规程》(JGJ/T 10—2011)第3.4.2条,则

$$N_1 = Q_1(60L_1/S_0 + T_1)/(60V_1\eta_v)$$

式中 N_1 为混凝土罐车台数,台;Q_1 为每台混凝土泵的实际平均输出量,m³/h;V_1 为每台混凝土搅拌运输车容量,m³,取12m³;η_v 为搅拌运输车容量折减系数,可取0.90~0.95,取0.95;S_0 为混凝土搅拌运输车平均行车速度,取30km/h;L_1 为混凝土搅拌运输车往返距离,60km;T_1 为每台混凝土搅拌运输车总计停歇时间,取20min。

以5号闸底板浇筑为例计算每台泵车所需要配备的混凝土搅拌运输车数量为

$N_1 = 47.6 \times (60 \times 60/30 + 20)/(60 \times 12 \times 0.95) = 9.74$,取整数 $N_1 = 10$。

2台泵车共计需配备12m³混凝土搅拌运输车20辆,另准备2台备用,合计运输能力约264m³,能够保证泵车连续浇筑。

2.1.3 应急预案管理

1. 暴雨条件下应急处理措施

(1) 关注气象预报,避开施工。

(2) 浇筑过程中遇到阵雨做好覆盖保护。

(3) 预案考虑设置施工缝。

2. 泵车、运输车等机械设备故障应急措施

(1) 与供应单位拟定保供方案，浇筑前准备好各项原材料并对设备进行检修，至少准备一台泵车备用，混凝土搅拌运输车富裕运输能力10%以上。

(2) 制定阶梯式分层分段浇筑顺序，放缓混凝土浇筑速度，调整混凝土浇筑厚度，在下层初凝前进行薄层覆盖，确保混凝土施工面保持在初凝时间内。

3. 基坑渗漏、坍塌应急措施

(1) 加强基坑安全监测，监测数据平稳才允许坑内作业。

(2) 埋设井点降低围护桩后方水位以减少围护桩侧压力。

(3) 如有渗漏则根据渗流量、水中含泥沙等不同情况制定相应封堵措施。

(4) 如有坍塌征兆或已经坍塌，现场指挥人员立即指挥基坑内所有作业人员避开基坑边坡坍塌处从安全通道迅速撤离，同时停止基坑内所有作业活动。由项目经理组织抢险突击队对基坑坍塌区域进行封闭隔离，禁止无关人员进入。项目部第一时间统计人员受伤情况和具体位置，预估伤害程度，并组织医疗救护队就位，与医院联系急救医生和救护车开至工地现场随时准备抢救。

4. 防暑降温应急措施

(1) 现场搭设凉棚，准备防暑降温药品及冰镇绿豆汤、矿泉水等饮料。

(2) 现场架设雾炮，不间断喷雾降温。

(3) 应急医疗救护队准备好担架、车辆，如遇突发情况立即送医院急诊治疗。

2.2 配合比设计

2.2.1 配合比设计要求

大体积混凝土的施工具有水化热高、收缩量大、容易开裂等特点，技术要求比较高，在施工过程中要注意防止由于温度应力产生温度裂缝。针对大体积混凝土的施工特点，向混凝土供应商提出优化配合比的要求，在满足强度要求的前提下，减少水泥用量，以减少混凝土水化热。

2.2.2 混凝土初凝时间要求

混凝土初凝时间必须适当延长，要求满足上层浇筑时下层尚未初凝。根据分段分层浇筑方案，确定上下两层浇筑时间间隔约4h，考虑混凝土搅拌、运输时间约1h，因高温初凝时间缩短约2.5h，再增加1h左右的富余量，本工程要求混凝土出厂7h仍能进行振捣、抹面，因此要求混凝土初凝时间宜在11.5h以上。

特别说明，根据《普通混凝土拌合物性能试验方法标准》(GB/T 50080—2016)混凝土初凝时间通过贯入阻力仪测定，达到3.5MPa即为初凝，但当贯入阻力仪刚开始测到强度时，混凝土已经失去部分塑性，振捣、抹面均不能顺利实施，此时间比贯入阻力仪测定初凝时间提前约3h。

2.3 试样温度时间曲线、测温点布置

根据《大体积混凝土温度测控技术规范》(GB/T 51028—2015)，准备符合要求的测温元件，进行试样温度时间曲线测定。试样采用与施工现场相同原材料的配合比，拌制量不小于0.025m^3，连续记录时间不宜少于5天。

根据专项方案实施温度控制措施，浇筑前进行测位和测点布置，参考试样温度时间曲线和现场实测温度确定冷却水开始循环时间以及测温频率，需注意试样测试时与实际浇筑时外界环境温度差别。

2.4 降温措施

根据《大体积混凝土施工规范》(GB 50496—2009)第5.6.2条，混凝土入模温度宜控制在

30℃以下，夏季搅拌混凝土时要做好骨料防晒覆盖、喷淋水等综合措施降低原材料温度。

根据《大体积混凝土温度测控技术规范》(GB/T 51028—2015)编制专项方案进行水冷却系统参数设计。在大体积底板中间埋设单层多回路冷却水管，采用直径48mm钢管，间距1.5m，浇筑前进行注水试验，确保不漏水、不阻水。浇筑混凝土前管内注满冷却水进行"闷管"，特别是低温季节需让冷却水温度与混凝土温度实现同步，防止水管周围混凝土出现放射状裂纹。

2.5 浇筑前联合检查验收

支设好模板并对模板进行预检验收，做好相应的钢筋、预埋件的隐检，经监理方签认。

检查钢筋保护层厚度、钢筋连接方式、接头位置、接头质量、接头面积百分率、搭接长度、锚固方式及锚固长度等。根据预埋件清单核对防雷接地、闸（泵）室门槽等预埋件数量、埋设位置等。

检查模板接缝、阴阳角平整度和支撑情况，模板工艺和混凝土综合效果密切相关，格外关注模板的阴阳角，防止出现板面不平整、阴阳角漏缝等现象的出现，避免出现浇筑后混凝土线角不顺直方正的现象。钢、木支撑要保证牢固稳定，避免出现胀模后导致混凝土变形的质量问题出现。

混凝土浇筑前对模板、钢筋、预埋件、监测元件等进行最后联合检查验收，验收小组包括业主、设计、监理、监测、土建施工、设备安装厂家等相关参建单位。

3 组织实施

3.1 现场组织机构

依据现场管理的组织机构及职责设置，各小组应明确岗位职责，做好人员排班计划表，落实交接班制度，具体如下：

（1）现场总协调。其要求每班1名协调人员，负责监督各岗位履职情况，突发事件的处理。

（2）现场指挥中心。其负责收料、通信、各种记录。每班3～4人，做好收料记录台账，监控运输车辆运行状况，绘制实时监控调度图，实时统计并每小时通报已完成浇筑方量、现场等待车辆总方量、路上运输车方量及总发料量。根据巡视组上报情况填写施工记录表，根据发料组、试验组上报情况计算坍落度经时损失，并及时通报给各组，数据有疑问及时请示现场总协调。

（3）发料、通信组。发料、通信组主要负责预拌混凝土原材料质量监控、降温措施监控、发料记录通报、配合试验组做好坍落度经时损失测试。接收现场指挥中心实时发送数据，及时调整混凝土坍落度，控制混凝土出厂温度。

（4）试验组。试验组负责坍落度测试、试块制作，混凝土入模温度测试，冷却水温测试，及时通过高频把数据通报至收、发料组。监控已浇筑混凝土的初凝时间，及时报告现场总协调。

（5）巡视组。根据现场准备情况填写浇筑令报批，浇筑时填写分层浇筑顺序图（起止时间），负责察看模板对拉杆有无松动、有无跑模现象，钢筋有无偏位，保护层是否足够、垫块是否掉落，混凝土浇筑顺序是否和方案一致，测温探头保护情况。根据现场浇筑情况控制发料节奏，实时查询指挥中心车辆调度图，保证连续浇筑且不压车，做好夜间及雨季施工应急准备。

（6）安全监督及应急预案组。专职安全员现场巡视，安排保安确保运输路线畅通，配定线巡视车一辆，保证夜班运输路线上无牛群等障碍。做好防暑降温预案的准备，担架、车辆、凉棚、防暑降温药品等。

（7）后勤组。后勤组负责后勤保障、现场人员餐饮及交通安排、防暑降温物资预备、浇筑时及时送到现场指定位置。

(8) 搅拌站调度。搅拌站调度负责调配混凝土搅拌运输车，安排足够车辆保证连续浇筑，与现场巡视组负责人对接控制发料节奏。

(9) 施工班组。现场有负责人 1 名，负责总协调泵车、钢筋工、模板工、混凝土工等，与现场巡视组负责人对接控制发料节奏。

3.2　人、料、机准备情况核查

浇筑施工前夕，对人、料、机各方面准备工作情况做好核查，确认无疏漏。人、料、机准备情况核查包括：

(1) 人：管理人员及各个工种人员是否全部到位，全员接受安全、技术交底情况，浇筑方向、振捣、抹面等要求是否明确。

(2) 料：混凝土原材料水泥、黄砂、碎石、粉煤灰、外加剂等是否足够，应急预案物资、养护覆盖等物品是否准备齐全到位。

(3) 机：泵车、混凝土搅拌运输车、振捣棒、磨光机、发电机、照明设备、挖机等机械设备到位数量、状况核查。

3.3　浇筑施工

浇筑前最后核查，填写浇筑令申请施工。施工过程中填写分层浇筑顺序图、施工记录，记录包含现场每班人员、机械设备运转情况，混凝土坍落度、入模温度、试块制作情况等。

混凝土浇筑过程中，核实每车混凝土的标号，浇筑部位和方量，要求每 100～200m³ 相同配合比的混凝土应做一次坍落度试验，对不符合要求的混凝土予以退货处理。试验数据及时报指挥中心并传递给发料组。

3.4　保温、保湿养护及冷却水温控

混凝土二次压面收光后使用"塑料薄膜＋湿润无纺布覆盖"作保温保湿养护。安排专人排班对混凝土温度实时监测并做好记录，温度监测过程中，当出现降温速率、里表温差超过下列规定值时应自动报警，并及时调整冷却循环水进水流量和温度来控制混凝土温度满足以下要求：

(1) 控制混凝土中心温度与表层温度之差，小于 25℃。

(2) 控制进水温度与混凝土最高温度之差，温度为 15～25℃；例：如果混凝土持续升高，中心最高温度达到 70℃，则通过加热棒把进水温度加至 45～55℃，即用热水把更热的混凝土冷却下来。

(3) 混凝土浇筑体表面与大气温差不大于 20℃。

(4) 出水温度与进水温度之差为 3～6℃；如温差过高则加快冷却水流速。

(5) 混凝土降温速率不大于 2℃/天，且不大于 1℃/4h。

根据《大体积混凝土温度测控技术规范》(GB/T 51028—2015) 第 5.3.4 条，当混凝土最高温度与环境最低温度之差连续 3 天不超过 25℃时，可停止温度监测。一般混凝土在浇筑第三天达到最高温，浇筑 7 天后温度基本稳定，可达到停止温度监测、停止冷却水循环条件。温控监测频率见表 1。

表 1　　　　　　　　　　　　温 控 监 测 频 率

初凝后	第1天	第2天	第3天	第4天	第5天	第6天	第7天	7天后
频率/h	1	1	1	2	2	2	4	6

冷却水流方向 1～2 天变换一次，进水口设置水表，计量冷却水循环方量，进出水口各设置自动测温计一台，可以计算出冷却水带走热量，评估混凝土降温效果。

4 结语

一般大体积混凝土均选择在温度较低季节施工，对于降低混凝土入模温度，减小坍落度经时损失等是有利的，但环境温度与混凝土绝热温升差异相当大，所以必须及时做好保温保湿养护工作。而本工程在炎热天气成功完成大体积混凝土浇筑，证明了只要准备充分，可以将各种不利因素影响降到最低。

根据《大体积混凝土施工规范》（GB 50496—2009），混凝土浇筑体在入模温度（不大于30℃）基础上温升值不宜大于50℃，一般实际施工控制最高温度在70℃左右。本工程综合采用了原材料喷淋水、遮盖，浇筑体内部埋设冷却水管等综合降温措施，实测内部最高温度66.4℃，满足大体积混凝土温控要求。

对于混凝土初凝时间的理解，施工规范与试验规范解读差异比较大，作为现场管理人员要有充分认识，提前做好对比试验找出时间差异点。

参考文献

[1] 中华人民共和国住房和城乡建设部，上海建设工程检测行业协会. 水利工程施工质量检验与评定标准：DG/TJ 08-90—2014 [S]. 上海：同济大学出版社，2014.

[2] 中华人民共和国住房和城乡建设部. 混凝土结构工程施工及质量验收规范：GB 50204—2015 [S]. 北京：中国建筑工业出版社，2015.

[3] 中华人民共和国住房和城乡建设部. 混凝土泵送施工技术规程：JGJ/T 10—2011 [S]. 北京：中国建筑工业出版社，2011.

[4] 中华人民共和国住房和城乡建设部. 大体积混凝土施工规范：GB 50496—2009 [S]. 北京：中国建筑工业出版社，2009.

[5] 中华人民共和国住房和城乡建设部. 大体积混凝土温度测控技术规范：GB/T 51028—2015 [S]. 北京：中国建筑工业出版社，2015.

[6] 中华人民共和国住房和城乡建设部. 普通混凝土拌合物性能试验方法标准：GB/T 50080—2016 [S]. 北京：中国建筑工业出版社，2017.

高压旋喷桩在水闸围堰渗流处理中的应用

陈 翔 潘 益

(上海交通建设总承包有限公司，上海 200136)

【摘 要】 横沙东滩八期圈围工程的3号水闸基坑北围堰依托北围堤，基坑降水过程中出现了北围堰出现渗流情况。对渗流原因进行调查分析后，决定采用打设高压旋喷桩的方法，在北围堤青坎处设一道垂直防渗墙，以降低堤后水位线，解决水闸围堰渗流的问题。该方案施工不受潮位影响，安全性较高，同时对后期水闸结构施工干扰小，实际施工效果良好。

【关键词】 高压旋喷桩；水闸围堰；渗流

1 工程概况

横沙东滩八期圈围工程位于横沙岛东侧浅滩水域，横沙东滩六期、七期圈围工程以北，横沙东滩三期圈围工程以东，N23潜堤以西的滩涂上，3号水闸位于北围堤桩号N9+569.00处（具体位置如图1所示）。

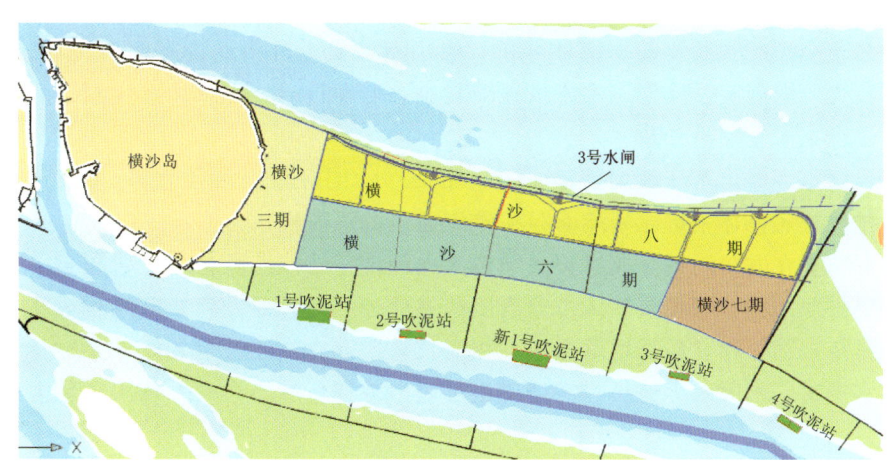

图1 工程位置图

3号水闸为8m×3孔，总净宽24m，与纵六河连接。主要包括闸室、内外河侧消力池、内外河侧圆弧翼墙、海漫、防冲槽、两侧连接堤等建筑物。

2 现场情况

2.1 3号围堰渗流情况

横沙东滩八期圈围工程3号水闸围堰于2017年6月完成砂袋堤身构筑，9月22日完成围堰外坡的防渗土工膜和模袋混凝土，并于10月完成了东、南、西三侧围堰外坡吹填砂闭气施工。3号水闸于10月4日开始围堰内抽水，每日抽水12h，期间未发现渗漏水现象。至10月29日，围堰内水位降至约高程+0.50m后，北侧围堰（利用北围堤）内侧出现渗流现象，现场目测渗出水流较为清澈，且渗流水速度与外海潮位关联，当外河潮位高时，渗流水流速增大。基本情况如图2所示。

图2　3号水闸围堰渗流图

为降低围堰内外水位差，防止渗透水流速一步增大，采取在北围堤内青坎南侧40m左右打设砂袋围堰并吹填散砂至标高+1.00～+2.50m，同时在渗漏处碎石包压载、其他临时围堰外侧坡脚扩大闭气砂吹填范围、停止围堰内抽水等措施。

2.2　原因分析

（1）围堰东、南、西三侧外均有防渗土工膜并实施了散砂闭气压载，根据现场地质条件及施工工艺分析渗漏可能性较小。同时项目中其他3个闸围堰结构型式基本相同，均未发生大量渗漏水现象，因此基本排除围堰渗透因素。

（2）经过多个全潮时观测及数据统计分析，渗出水流量与外河潮位有明显关联。值高潮位时，围堰内渗流量较大，随着潮位降低，渗流量逐渐减小，低潮位时，围堰内渗流量非常小，因此判断渗透由北围堤侧存在渗流通道导致。

（3）经现场观察，渗出水流较为清澈，未夹带泥砂，同时根据渗径计算，由于北围堤堤身宽，渗径长，基本排除护底排体下部原始滩面存在渗流通道的可能性。

（4）渗出点位置在龙口附近，龙口护底结构为先铺设一层砂肋软体排，再覆盖一层混凝土联锁块软体排的双层护底结构，联锁块软体排上再压载通长袋。经过对龙口护底结构分析，判断由于相邻联锁片软体排搭接部位存在局部增厚隆起，在通长袋覆盖后，通长袋和联锁片软体排间可能存在孔隙，形成渗水通道，同时水下通长袋搭接时也可能出现三角缝，在内外侧水压力差较大时形成渗透通道。

3号龙口与3号水闸临时围堰位置示意图，如图3所示。3号水闸临时围堰渗透点位置示意图，如图4所示。渗流计算，如图5所示。

2.3　处理方案

为阻断水流渗透通道，需延长水流渗径，可采用水平方向延长和垂直防渗延长两种型式。其中简易方案考虑在北围堤青坎内侧开挖并清除5m宽的混凝土排，做好开挖断面两侧反滤后回填散砂封闭，在水平方向延长防渗路径。但由于该方案是水下施工，混凝土排完全清除难度较大，且高潮位开挖时渗水量增加，需趁低潮位施工，效率较低。同时，渗透点位置与水闸后期开挖防冲槽位置距离较近，该方案的防渗长度及边坡稳定难以满足要求，施工存在风险，最终排除简易方案。

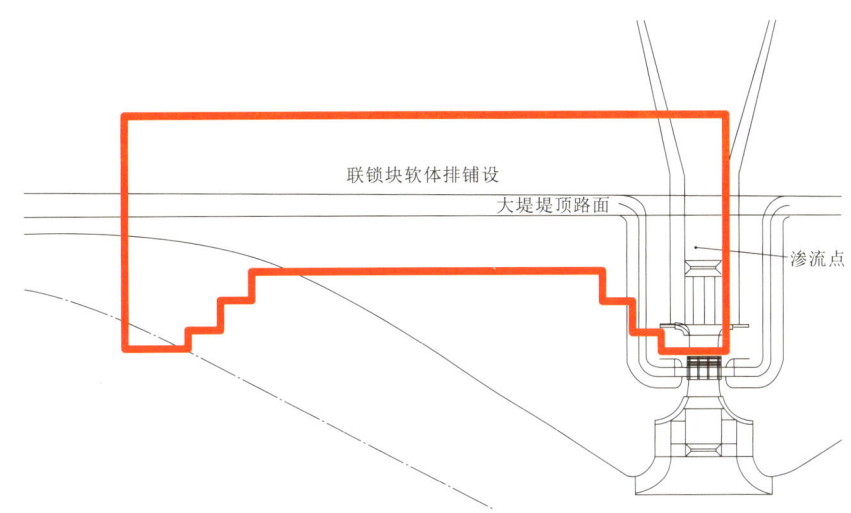

图3　3号龙口与3号水闸临时围堰位置示意图

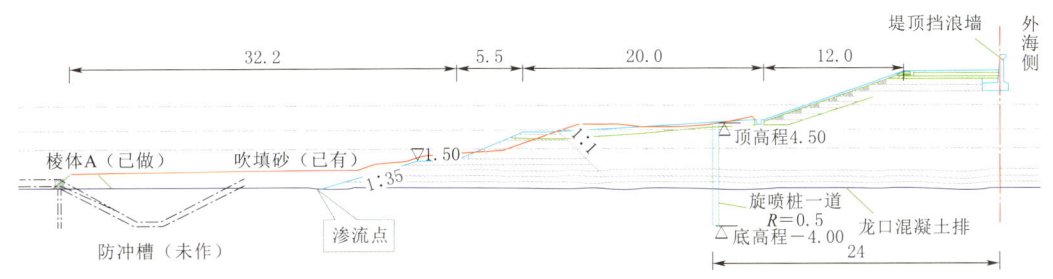

图4　3号水闸临时围堰渗透点位置示意图（单位：m）

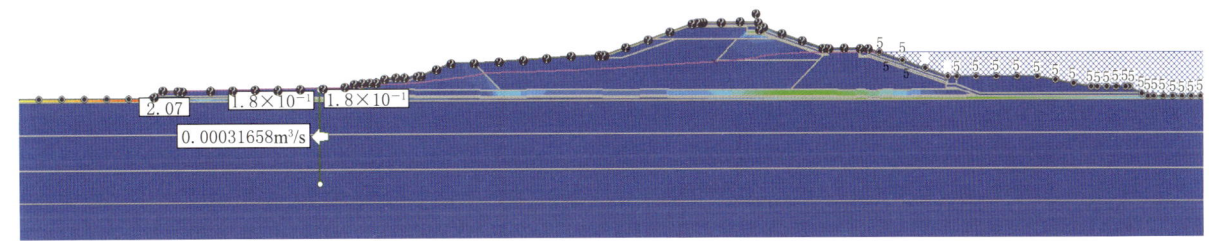

图5　渗流计算

因此在北围堤青坎处设一道垂直防渗墙，通过实施垂直防渗，延长垂直方向的水流渗径，降低堤后水位线，减少渗流量。该方案施工不受潮位影响，安全性较高，同时对后期水闸结构施工干扰小，因此推荐垂直防渗墙方案。

常用的垂直防渗墙有钢板桩、搅拌桩及旋喷桩等类型，由于本工程部位防渗桩需穿透混凝土联锁块软体排，混凝土联锁块体及加筋土工织物导致钢板桩与水泥搅拌桩施工难度加大，故采用高压旋喷桩方案。

经过对渗流点位置及渗流量经时变化的分析，为确保对渗流路径的完全封闭，决定打设一排平面呈L型布置的高压旋喷桩：平行北围堤方向长度106.8m，垂直向长度81m，东侧及南侧均超出混凝土联锁块排范围10m。高压旋喷桩参数及技术指标参照本工程其他防渗部位高压旋喷桩要求。成桩直径1.0m，间距0.6m。通过对施工区域地质情况的分析，高程+0.00～-5.00m区域为粉砂层，混凝土联锁片排也在该土层，故根据渗流长度计算，取桩顶高程为+3.00m，桩底高程-5.50m，基本满足阻断渗透的渗径长度要求。高压旋喷桩施工分布情况表，见表1。表中按顺序具体表示的是图6中至南往北的位置。高压旋喷桩位置示意图如图7所示。

表1　　　　　　　　　　　　高压旋喷桩施工分布情况表

序号	位 置	布置长度/m	桩顶桩底高程/m	桩长/m	根数
1	围堰北侧	106.8	+3.00～-5.50	8.5	178
2	围堰西侧	81	+3.00～-5.50	8.5	135

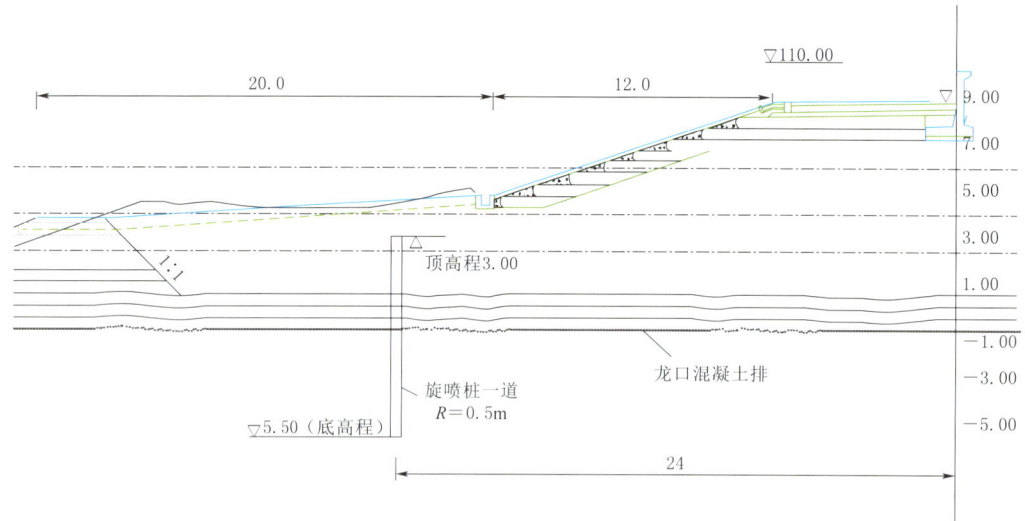

图6　高压旋喷桩施工典型断面图（单位：m）

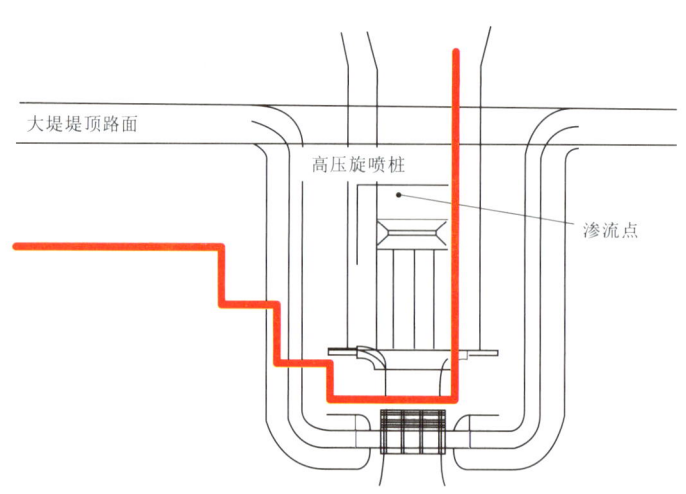

图7　高压旋喷桩位置示意图

3　施工流程

本工程高压旋喷桩采用双管法进行施工。

3.1　现场平面布置

根据高压旋喷桩工艺特点及现场工况，将高压旋喷桩后台搅拌系统安置在围堤内侧青坎位置，搅拌设备旁安放水泥筒仓与浆液池；桩机采用履带式桩机，施工方向首先自东向西至最西侧后自北向南。发电机及压力泵等设备设置于内青坎水泥桶仓西侧，进场水泥通过横沙东滩八期工程北围堤运至现场。现场平面布置图如图8所示。

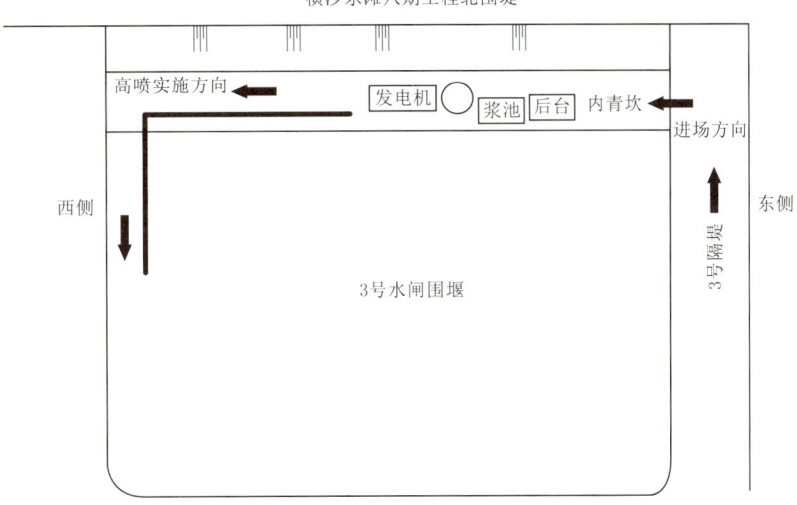

图8　现场平面布置图

3.2　沟槽开挖、桩位定位

根据基坑围护内边控制线,采用挖机开挖沟槽,沟槽宽度大于围护墙体宽度0.5m左右,深度在1.0m左右。搅拌机架垂直稳定,旋喷桩布桩间距600mm,根据设计尺寸在地面上进行定位。

施工前根据设计桩位放样,测量人员按照坐标放出高压旋喷桩中心位置,现场通过拉线确定单根桩位,为防止返浆将沟槽填埋,标记桩位破坏,在沟槽上边每6m做一处标记。

3.3　浆液配制

搅拌浆液在各种机具设备试运转正常后进行配制,在制浆过程中连续搅拌,防止浆液沉淀。本工程高压旋喷桩水泥采用P.O 42.5普通硅酸盐水泥。

考虑到原滩地排布对高压旋喷桩打设的影响,保证高压旋喷桩的连续性,有利于封闭渗流通道。现场实施时在涉及浆液比例基础上提高水泥参量至20%,并适当降低钻杆提升速度,将提杆速度调整为15cm/min。拟定参数为高压泥浆泵压力为25MPa;水灰比按照1∶1进行控制。在本工程中,每根桩的长度为8.5m,截面积为0.785m²,单根桩的体积为6.67m³。浆液配置表见表2和表3。

表2　主要设计参数表

泥浆泵压力	钻杆提升速度	水灰比	桩长	截面积	体积
25MPa	15cm/min	1∶1	8.5m	0.785m²	6.67m³

表3　浆液配置表

水泥参量	水泥用量	膨润土用量	水用量	泥浆体积	浆液比重	浆液喷量
350kg/m	2975kg/根	212.5kg/根	3188kg/根	4324L/根	1.5037	74.82L/min

注　浆液损耗量按照2%计算,具体损耗量根据试桩结果确定。

3.4　施工顺序

本工程施工采用跳打施工。施工方法如图9所示。

根据工艺参数提升速度为 15cm/min，每小时作业工效为 9m，单套设备每日 10h 连续作业可完成 10 根。故计划每日搭设 10 根单号桩后，第二日完成 10 根双号桩，以此往复，满足桩体成型要求。

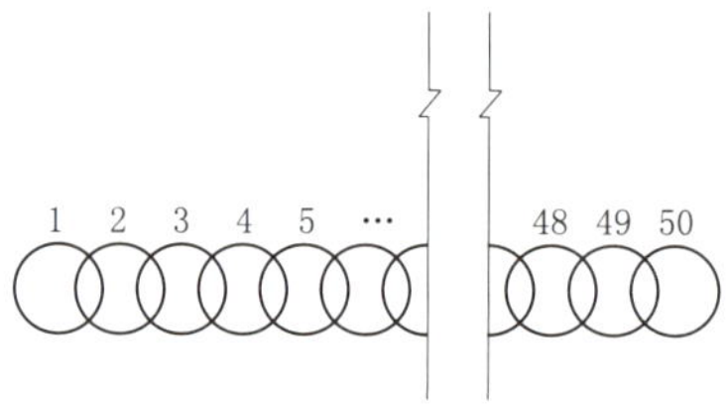

图 9　桩位编号图

3.5　钻孔

高压旋喷桩打设区域下存在混凝土联锁片排。为了保证高压旋喷桩打设完整，形成连续防渗墙。在钻孔过程中仔细测量并记录实际孔位、孔深及地层变化情况，如钻孔因异物无法正常完成，需在保证防渗墙体连续的前提下适当偏移成桩孔位，并确保高压旋喷桩的有效搭接。

3.6　插管、喷浆提升

钻杆下沉至设计底标高后，先用清水试压，待情况正常后，开始旋转提升喷浆。注浆过程中时刻检查注浆流量、压力、旋转和提升速度等参数是否符合要求，并且做好记录。

在高喷灌浆过程中，检查喷浆压力和渗漏点的情况。如果出现压力突降或骤增，孔口回浆浓度和回浆量异常，甚至不返浆等情况时，可能为浆液沿渗流通道渗流，此时立即停止提升，向孔内充填粗砂、土等堵漏材料，并降低水压力、流量，在喷射浆液中掺加速凝剂，加大浆液密度等方式进行处理。孔口冒浆正常后，方可继续提升。喷射注浆达到设计顶标高后，继续用注浆泵注浆，待水泥浆从孔口返出后停止注浆。

3.7　施工效率统计

根据工艺参数若提升速度为 15cm/min，作业工效为 9m/h，单套设备实行 3 班人员 10h 连续作业，并综合考虑换杆、移机等影响，每天平均施工完成 10 根桩。3 号围堰渗流处工程量为 313 根，需要的工作日为 313/10≈32 个工作日，实际施工由 2017 年 12 月 22 日开始至 2018 年 2 月 7 日结束。

4　结语

现场高压旋喷桩施工于 2018 年 2 月 7 日完成，28 天后进行桩体取样抽检，根据规范要求共取样 8 根，实测结果桩体渗透系数小于 5×10^{-6} cm/s，强度均大于 2MPa，防渗墙成型效果良好，满足设计防渗要求。

北侧高喷完成后 2018 年 2 月 1—6 日进行围内抽水工作，水位下降 1m 后停止抽水并进行观测，2018 年 2 月 6—23 日期间内，围堰内水位共升高 20cm（2 月 17—20 日有少量降雨情况）。抽完水后经半个月观测，原渗透位置无渗水现象，本次高压旋喷桩防渗方案达到预期效果。

参考文献

[1] 史彦，崔会杰，崔会超. 浅谈高压旋喷桩施工工艺及质量控制措施 [J]. 居舍，2021（22）：69-70.
[2] 史彦，崔会杰，崔会超. 高压旋喷桩施工技术浅析 [J]. 中国设备工程，2021（12）：208-209.
[3] 陈巍巍，赵健. 横沙八期工程水闸围堰渗流处理 [J]. 中国水运，2019（9）：56-57.
[4] 史尧，卢超，刘守花. 深井降水条件下的高边坡土石围堰稳定性分析 [J]. 水运工程，2021（1）：207-214.
[5] 方忠新，龚辉，张莹，等. 沿海地区高压旋喷桩止水施工技术 [J]. 石油化工建设，2021，43（2）：67-71.

浅谈提高三轴水泥搅拌桩桩体强度

蔡承明[1] 孙 正[2]

（1. 中交上海航道局有限公司，上海 200002；
2. 上海交通建设总承包有限公司，上海 200136）

【摘 要】 横沙东滩八期圈围工程5号水闸工程采用三轴水泥搅拌桩对地基进行加固处理，提高地基承载力，减少沉降。在对试桩进行静力触探检测后，分析三轴水泥搅拌桩桩体强度的影响因素，并与类似工程进行对比，最终确定在水泥掺入比不变的情况下，通过调整水灰比和下沉提升速度，达到提高三轴水泥搅拌桩桩体强度的目的。

【关键词】 三轴水泥搅拌桩；强度；影响因素；水灰比

三轴水泥搅拌桩施工就是利用三轴搅拌桩机就地钻进切削土体，钻进过程中将水泥浆液喷入土体并充分搅拌，使土体与水泥浆液发生一系列的物理化学反应，形成具有一定整体性和一定强度的水泥土加固体。三轴水泥搅拌桩在横沙东滩八期圈围工程5号水闸工程运用中，在对试桩进行静力触探检测后，推算出试桩28天龄期水泥土无侧限抗压强度不一定能够达到设计要求，通过分析并找出影响桩体强度的主要因素，调整施工参数提高三轴水泥搅拌桩桩体强度。

1 工程概况

横沙东滩八期圈围工程5号水闸工程位于横沙岛东侧，八期北堤桩号N17+600.00处。根据工程勘察成果，35m深度范围内的地基土为粉砂和淤泥质黏土。基坑面高程在0.00m左右，地下水位高程为−0.50m，土体含水率平均值为33.2%。水闸连接堤、消力池地基加固均采用$\phi 850@600$的三轴水泥搅拌桩，共计342幅。设计文件要求地基加固桩采用42.5级普通硅酸盐水泥，水泥掺入比不小于20%。建议采用"二喷二搅"施工工艺，下沉速度与搅拌提升速度应控制在0.3~1.0m/min范围内，并保持匀速下沉和提升。28天龄期后对三轴水泥搅拌桩进行抽样检验，采用钻芯取样法，检测桩数不小于总量的3%，28天无侧限抗压强度不小于0.8MPa。水闸桩基半平面布置图如图1所示。

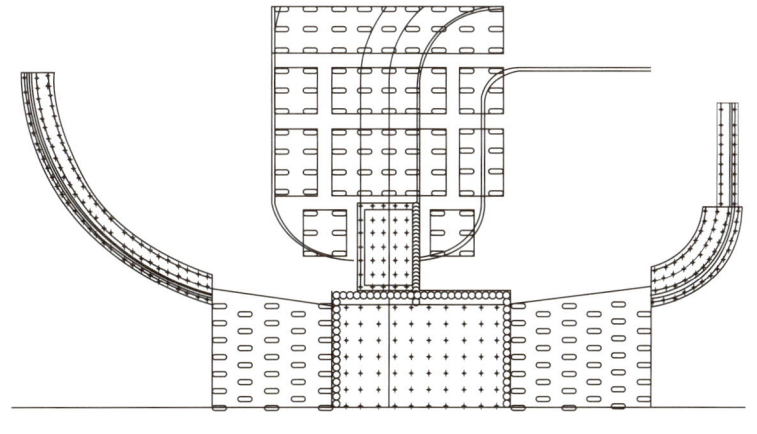

图1 水闸桩基半平面布置图

2 试桩

根据设计文件要求,在三轴水泥搅拌桩施工前进行成桩试验,以确定施工时的水泥浆水灰比、喷浆下沉与提升速度等各项参数和施工工艺。为确保试验参数的准确性、有效性,本工程三轴水泥搅拌桩采取原位试桩,试桩地点位于闸室西侧连接堤,桩长为30m。参照本工程附近青草沙水库等类似工程成功经验,初步拟定试桩采用水泥掺入比为20%,浆液水灰比为1.5,喷浆下沉与提升速度分别为0.5m/min和1.0m/min(表1)。

表1 三轴水泥搅拌桩试桩浆液参数表

桩型	桩截面积/m²	水泥掺入比	水灰比	理论浆液比重	理论浆量/L
φ850三轴搅拌桩(单幅桩长30.5m)	1.495	20%	1.5	1.375	29884

在试桩过程中,安排质检人员采用比重计对浆液水灰比进行随机抽查,确保浆液水灰比符合要求,同时利用三轴搅拌桩施工参数监视器进行喷浆下沉与提升速度纠偏。

试桩结束后,委托上海勘测设计研究院有限公司工程检测中心对6天龄期的2根试桩进行静力触探检测。结果统计见表2。

表2 三轴水泥搅拌桩均匀性检测统计表

报告编号	试桩编号	相对原状土均匀性	Ps整体曲线	水泥土搅拌桩桩体6天强度
GJ2018-SL-J013	LJD-122	均匀性 有所改善	波动较大,整体 均匀性一般	相比原状土有所增长,平均强度提高到1.20倍
GJ2018-SL-J015	LJD-128	均匀性 有所改善	波动较大,整体 均匀性一般	相比原状土有所增长,平均强度提高到1.79倍

根据检测人员经验,推算试桩28天龄期水泥土无侧限抗压强度不一定能够达到0.8MPa。

3 强度影响因素分析

实验研究和工程实践表明,水泥土无侧限抗压强度影响因素主要包括水泥掺入比、养护龄期、土体含水量、土体搅拌均匀程度、水泥强度等级等。通过与类似工程比照,在水泥掺入比、养护龄期、土体搅拌均匀程度、水泥强度等级都相同的情况下,强度确无法达到0.8MPa,进一步分析与类似工程的不同,发现主要原因有可能为本工程区域土体含水量较高。

横沙东滩八期圈围工程5号水闸工程深度35m范围内的地基土为粉砂和淤泥质黏土,基坑面高程在0.00m左右,地下水位高程为-0.50m,土体含水率为33.2%。试验表明,水泥土无侧限抗压强度随着土中含水量的增加而降低。对淤泥,当其含水量每增加10%时,水泥土强度即降低10%~20%。

水泥浆喷入土体后,由于土体含水量较高,返浆量增多,水泥实际掺入比随返浆量增多而降低,导致桩体28天龄期水泥土无侧限抗压强度降低。

4 参数调整

4.1 浆液水灰比调整

针对试桩推算28天龄期水泥土无侧限抗压强度不一定能够达到0.8MPa主要原因是由于土体

含水量较高造成的，因此需要降低浆液水灰比。另外，由于三轴搅拌桩机的设备性能要求浆液水灰比不能小于 1.0，以免堵管。综合以上两个因素，项目部决定将浆液水灰比调整为 1.2，以减少返浆量，提高水泥实际掺入比，确保桩体强度达到设计要求。三轴水泥搅拌桩成桩浆液参数表见表 3。

表 3　　　　　　　　　　　　　　　　三轴水泥搅拌桩成桩浆液参数表

桩　型	桩截面积/m²	水泥掺入比	水灰比	理论浆液比重	理论浆量/L
φ850 三轴搅拌桩（单幅桩长 30.5m）	1.495	20%	1.2	1.445	25001

4.2　下沉与提升速度调整

根据实验研究和工程实践，加强土体搅拌均匀程度也可以提高桩体强度。因此，为进一步保证桩体强度，采取降低桩机钻杆的下沉与提升速度，使水泥浆液与土体充分均匀混合（表 4）。将泥浆泵的喷浆速率由 320L/min（三档）调整为 220L/min（一档）、钻机下沉与提升速度由 0.5m/min 和 1.0m/min 降低为 0.4m/min 和 0.8m/min 也可以较好地匹配理论浆量（表 5）。

表 4　　　　　　　　　　　　　　　　三轴水泥搅拌桩机下沉与提升时间计算表

桩　型	下沉速度/(m/min)	下沉时间/min	提升速度/(m/min)	提升时间/min
φ850 三轴搅拌桩（单幅桩长 30.5m）	0.4	76	0.8	38

表 5　　　　　　　　　　　　　　　三轴水泥搅拌桩机速度调整后喷浆量计算表

桩　型	泥浆泵每分钟喷浆量/(L/min)	下沉时间/min	下沉喷浆量/L	复搅时间/min	复搅喷浆量/L	提升时间/min	提升喷浆量/L	实际喷浆总量/L
φ850 三轴搅拌桩（单幅桩长 30.5m）	220	76	16720	2	440	38	8360	25520

浆液水灰比及钻机下沉与提升速度调整后，项目部对返浆量进行了测算，并与试桩时的返浆量进行了对比（图 2、图 3、表 6）。

图 2　水灰比调整前

图 3　水灰比调整后

表 6　　　　　　　　　　　　　　　　浆液水灰比调整前后返浆量对比

桩长/m	桩径/mm	浆液水灰比	总浆量/L	下沉/提升速度/(m/min)	返浆量/L
30	850	1.5	29884	0.5/1.0	5500
30	850	1.2	25001	0.4/0.8	3000

在参数确定后,项目部严格按照三轴水泥搅拌桩成桩方案控制水灰比和钻机下沉提升速度,确保 28 天龄期水泥土无侧限抗压强度符合设计要求。在成桩 28 天后,项目部委托上海勘测设计研究院有限公司工程检测中心对 28 天龄期的三轴水泥搅拌桩进行钻芯取样检测(图 4、图 5)。检测桩号包括水灰比调整前试桩 2 根和水灰比调整后成桩 6 根,三轴水泥搅拌桩芯样 28 天无侧限抗压强度统计见表 7。

图 4 水灰比调整前芯样 　　　　图 5 水灰比调整后芯样

表 7　　　　　　　　　三轴水泥搅拌桩芯样 28 天无侧限抗压强度统计表

报告编号	序号	桩号	28 天无侧限抗压强度代表值/MPa	28 天无侧限抗压强平均值/MPa
GJ2018-SL-J065	水灰比为 1.5/下沉提升速度分别为 0.5m/min、1.0m/min			
	1	LJD-122	1.16	1.245
	2	LJD-128	1.33	
	水灰比为 1.2/下沉提升速度分别为 0.4m/min、0.8m/min			
	1	LJD-45	1.70	1.61
	2	LJD-83	1.77	
	3	LJD-118	1.37	
	4	LJD-139	1.48	
	5	LJD-152	1.81	
	6	LJD-173	1.53	

5　结语

由三轴水泥搅拌桩芯样 28 天无侧限抗压强度统计表可知,在本工程中,采用上述措施后,水灰比为 1.2 的芯样 28 天无侧限抗压强度代表值均高于水灰比为 1.5 的芯样 28 天无侧限抗压强度代表值。因此,可以得出结论,当土体本身含水量较高时,在水泥掺入比、水泥强度等级、施工工艺、桩体龄期等参数相同的情况下,通过降低水泥浆液水灰比(即降低用水量)和三轴水泥搅拌桩钻机下沉提升速度,可以达到不增加成本而提高三轴水泥搅拌桩桩体强度的效果。

参考文献

[1] 龚晓南. 复合地基设计和施工指南 [M]. 北京：人民交通出版社，2003.
[2] 潘殿琦. 深层搅拌桩桩体强度和单桩承载力的影响因素及分析 [J]. 地质找矿论丛，2003.
[3] 潘殿琦，陈勇. 深层搅拌桩强度的影响因素及改善措施 [J]. 岩石力学与工程学报，2004.
[4] 宫必宁，李淞泉. 软土地基水泥深层搅拌加固土物理力学特性研究 [J]. 河海大学学报，2000（2）.
[5] 涂帆，常方强. 水泥土无侧限抗压强度影响因素的室内试验研究 [J]. 工程勘察，2005，(3)：8-10.
[6] 朱大宇. 水泥土力学性能的试验分析 [J]. 建筑材料学报，2006，9（3）：291-296.

三轴水泥土搅拌桩水灰比优化初步探讨

周志峰[1] 孙柯华[1] 赵 健[2]

(1. 上海交通建设总承包有限公司，上海 200136；
2. 中港疏浚有限公司，上海 200136)

【摘 要】 通过水灰比的优化，充分发挥水泥的利用效率，有利于保证三轴搅拌桩的质量，减少了废浆产生量，同时降低废浆外运成本和固体废物污染影响，施工质量、施工成本以及环境保护多方面取得一致。

【关键词】 三轴搅拌桩；严重返浆；水灰比优化

在横沙东滩八期圈围工程5号水闸三轴搅拌桩试桩过程中发现，一幅桩施工结束后返浆量很多，不得不配备专用挖机把多余废浆引流至储浆坑，而这部分浆液中所含水泥将白白浪费，亦直接导致送入土层的水泥不能达到设计要求含量，极有可能造成三轴搅拌桩体强度不够，地基承载力达不到设计要求。

1 设计技术要求

横沙东滩八期圈围工程5号水闸的连接堤、消力池地基处理及闸底板下部防渗均采用三轴搅拌桩（$\phi 850@600$）。

1.1 材料要求

水泥采用P.O 42.5新鲜普通硅酸盐水泥，水泥掺入比不小于20%。

1.2 施工要求

在三轴搅拌桩施工前，应按施工组织确定的施工工艺在工程现场先进行成桩试验，以确定水泥浆的浆液水灰比、喷浆提升速度等各项参数和施工工艺。施工参数和施工工艺需经监理批准方可实施并严格执行。防渗搅拌桩的断面采用连续型，桩与桩应套接一孔施工，以确保密封、严防渗水。

施工相邻桩的施工间歇应不超过16h，若因故超时，搭接施工必须放慢搅拌速度保证搭接质量或采取别的补强措施。

三轴搅拌桩施工时应保持桩基底盘的水平和立柱导向架的垂直，立柱导向架的垂直度偏差小于1/250。

严禁桩顶漏喷现象发生，施工时桩顶高程应比设计高程高出50cm，以确保桩顶水泥土的强度。压浆阶段不允许出现断浆和输浆管道堵塞情况，若发生断桩，则再向下钻进50cm后再喷浆提升。

搅拌桩成桩偏差要求如下：

(1) 桩底标高：只允许超深；桩位：50mm；桩径：±10mm；桩体垂直度：不大于1/200。

(2) 28天龄期后应对搅拌桩进行抽样检验，采用钻芯取样，检测桩数不小于总量的3%。28天的无侧限抗压强度不小于 0.8MPa，防渗搅拌桩渗透系数不大于 $(1\sim9)\times10^{-6}$ cm/s。

2 试桩

根据设计要求并参考相关规范以及邻近青草沙水库防渗三轴搅拌桩施工经验，决定参考青草沙的配合比为基础进行试桩（图 1）。

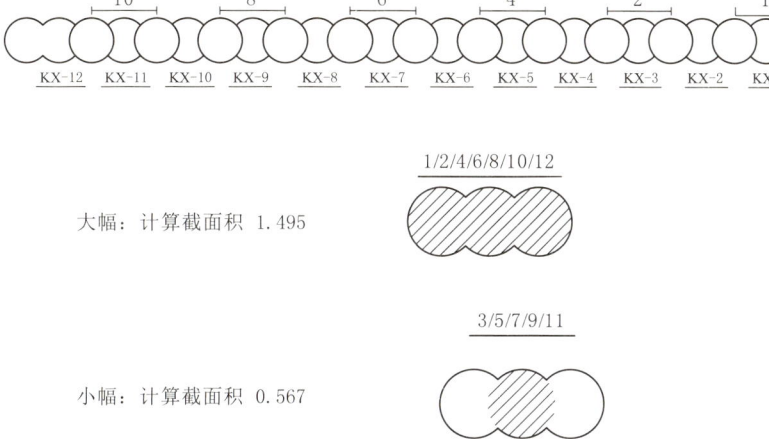

图 1 三轴搅拌桩截面图

2.1 试桩配合比理论计算

5 号水闸连接堤部位地基处理三轴搅拌桩设计长度为 30m，为保证桩头质量桩顶超 50cm，单幅桩理论水泥用量 $=(30+0.5)\times1.495\times1.8\times20\%=16.415$(t)（根据地质报告，土容重按照均值 1.8t/m³ 计算）。参照青草沙水库三轴防渗桩，初步拟定试桩基础水灰比 1.5，则 1t 水泥制浆量 $V=1.5/1+1/3.1=1.82$（m³），单幅桩需制浆量 $=16.42\times1.82\times1000=29884$(L)。初步试桩配合比见表 1。

表 1　　　　　　　　　　初 步 试 桩 配 合 比

桩 型	水灰比	固化剂掺量/%	截面积/m²	理论浆量/L	每拌浆材料重量比（水：水泥）	理论拌数	每拌浆量/L
ϕ850 三轴搅拌桩（单幅桩长 30.5m）	1.5	20	1.495	29884	825：550	30	1000

2.2 试桩效果与初步分析

（1）在前期对三轴搅拌桩试桩过程中，发现水灰比为 1.5 和 1.6 的浆液产生的废浆量较大，现场估算单幅桩实际产生废浆量约为 7m³。经过与青草沙水库防渗工程工况条件对比分析，返浆量大的主要原因是水闸基坑内地下水位较高造成的，实测基坑内泥面高程在 +0.00m 左右，地下水位高程约 -0.50m。而青草沙水库防渗桩在堤顶高程约 +8.00m 向下施工，内外侧平均水位约 +2.50m，堤身有 5.5m 左右没有地下水位补给。

（2）根据 6 天龄期静力触探试验均匀性检测报告，检测 4 根（LJD-122、LJD-127、LJD-128、LJD-136）搅拌桩，相对于原状土而言，均匀性都有所改善，但 P_s 整体曲线波动较大，整体均匀性一般。水泥土桩体 6 天龄期强度相比原状土（2.84MPa）均有所增长，平均强度分别提高

1.20 倍、2.00 倍、1.79 倍、1.54 倍，桩身加固效果明显。

3 水灰比优化

根据设计要求，三轴搅拌桩水泥掺入比不小于 20%，即需将理论计算水泥浆液 29884L（含 16.42t 水泥）均匀拌入桩体中。但施工时发现有很多水泥浆混合物（含砂）返浆溢出，并通过导流槽导入储浆坑，待固化后外运废弃。废浆过多直接影响就是桩体水泥掺量不足，可能影响成桩质量。

经过调查分析，沉桩区域地下水位较高，约 −1.00m，造成配置的水泥浆量不能完全融入土体中。因此拟采取降低水灰比的方式，在保证水泥掺入比 20% 的前提下，提高浆液配置浓度，减少配置浆液体积。

初步拟定水灰比调整为 1.2，则 1t 水泥制浆量 = 1.2/1 + 1/3.1 = 1.52(m^3)，单幅桩需要制浆量 = 16.42×1.52×1000 = 24959(L)。调整配合比见表 2。

表 2 调整配合比

桩型	水灰比	固化剂掺量/%	截面积/m^2	理论浆量/L	每拌浆材料重量比（水：水泥）	理论拌数	每拌浆量/L
φ850 三轴搅拌桩（单幅桩长 30.5m）	1.2	20	1.495	24959	788：657	25	1000

与 1.5 水灰比相比，在保持水泥掺入量不变的情况下，1.2 水灰比总浆量减少了 29884−24959＝4925(L)。水灰比优化后，每幅搅拌桩现场实测废浆产生量约 $2m^3$，比原来减少约 $4m^3$。

三轴搅拌桩施工结束 28 天后第三方进行了成桩质量检测，桩身取芯率、强度等都完全达到设计要求。

4 水灰比优化方法进一步改进构思

借鉴《普通混凝土配合比设计规程》（JGJ 55—2011）第 6.1.5 条："应在试拌配合比的基础上，进行混凝土强度试验，并应符合下列规定：1. 应至少采用三个不同的配合比。当采用三个不同的配合比时，其中一个应为本规程第 6.1.4 条确定的试拌配合比，另外两个配合比的水胶比宜较试拌配合比分别增加和减少 0.05，用水量应与试拌配合比相同，砂率可分别增加和减少 1%。"

4.1 优化进一步改进方向

（1）将被搅拌土层含水量原位测定，计算三轴搅拌水泥土水灰比时可将该部分水纳入计算。

（2）做试桩时先根据经验确定试拌水灰比，在此基础上另外两个水灰比分别增加和减少 0.5，保持水泥用量不变，调整用水量。

（3）在保证地基处理所需桩体强度和桩体渗透系数前提下，实测 3 种水灰比试桩返浆量，拟定曲线，以返浆稍高出地面为准进行线插确定最优水灰比。

（4）在确定最小水灰比条件下调整水泥用量进行沉桩试验，确定能够满足桩体强度和渗透系数的水泥用量，统计一定数据后至少保证 95% 的合格保证率。可参考混凝土配制强度计算，即

$$f_{cu,0} \geqslant f_{cu,k} + 1.645\sigma$$

式中 σ 为混凝土强度标准差，N/mm^2；$f_{cu,0}$ 为混凝土配制强度，N/mm^2；$f_{cu,k}$ 为混凝土立方体

抗压强度标准值，N/mm²。

4.2 设备可能遇到问题及改进思路

目前市场上部分三轴搅拌桩供浆系统在水灰比 1.2 以下时会面临供浆压力不足和容易堵管的问题，供浆系统应借鉴高压旋喷桩供浆系统做进一步改进。

5 结语

根据《上海市工程建设规范地基处理技术规范》（DG/TJ 08-40—2010、J 11631—2010）推荐，湿法的水泥浆水灰比应保证施工时的可喷性，宜取 0.45～0.70，水灰比可低至 0.45，干法施工更是可直接喷粉施工（当地基土的天然含水量小于 30%、大于 70% 或地下水的 pH 值小于 4 时不宜采用干法）。众所周知，水泥土搅拌法应用原理是将固化剂均匀送入土体中，采用湿法工艺主要是为了保证水泥地基土充分水化，保证加固的均匀性，但湿法施工用水量过多也会造成浆液流失，前期固结速度慢等一系列问题。因此，深层水泥土搅拌桩施工应尽量按照较小的水灰比进行施工，不但能保证地基土加固效果，而且减少了固体废物污染，在经过一段时间积累后甚至能根据不同地质确定出更加经济合理的水泥掺量。

参考文献

[1] 上海市工程建设规范基坑工程技术规范：DG/TJ 08-61—2010、J 11577—2010 [S]. 上海：同济大学出版社，2010.
[2] 上海市工程建设规范地基处理技术规范：DG/TJ 08-40—2010、J 11631—2010 [S]. 上海：同济大学出版社，2010.
[3] 型钢水泥土搅拌墙技术规程：JGJ/T 199—2010 [S]. 北京：中国建筑工业出版社，2010.

土工织物可追溯管理的探索

王 锴 朱 欢

(上海交通建设总承包有限公司,上海 200136)

【摘 要】 随着圈围工程质量管理要求的不断提高,在袋装砂围堤施工中土工织物这一主要材料的质量可追溯性管理逐渐成为材料管理的一个重要组成部分。本文着重通过对围堤袋装砂用土工织物可追溯管理的分阶段分析,重点探讨了标签+台账的组合方法在可追溯管理中所发挥的作用,并对目前应用方法存在的不足和未来的进一步发展提出了针对性的见解。

【关键词】 土工织物;袋装砂;质量可追溯

在圈围工程施工过程中,土工织物是一类不可或缺的原材料,在工程实施过程中使用量极大,使用范围广泛,其原材料和成品大量应用于保滩护底、袋装砂充灌、坡面反滤等圈围工程的关键工序。随着质量管理要求的不断提高,土工织物质量的可追溯性已经成为施工管理过程中一项重要的质量管控指标,其追溯渠道是否顺畅,追溯是否精准,能直观地体现施工单位的管理水平。

1 土工织物可追溯管理的必要性

由于土工织物是圈围工程中最为重要的原材料,其广泛的用途,低廉的造价,便利的施工工艺都是其他材料无可代替的,因此土工织物的生产、加工质量是决定工程质量的关键性因素。土工织物在袋装砂堤工程中的应用部位见表1。

表 1　　　　　　　　　　　土工织物在袋装砂堤工程中的应用部位

序号	用 途	阶 段	主要土工织物种类	应 用 性 能
1	软体排	护底施工	编织布、机织布、机复布	防护、加筋、隔离
2	袋装砂袋布	土方施工	机织布、编织布、编复布	隔离、过滤
3	坡面反滤层	结构施工	无纺布	隔离、反滤

2 土工织物追溯难点

2.1 使用数量大,供应厂家多

在圈围工程中,土工织物是使用量最大,使用范围最广的一类原材料,以横沙东滩八期圈围工程为例,围堤土方约1200万 m^3,需要使用土工织物约5400万 m^2。同时,为了确保高峰期的土工织物供应,应对某家供货商突发设备故障、质量事故导致产能骤降的情况,同一工程往往需要选择数家甚至数十家供货商,进一步加大了可追溯管理的难度。

2.2 中间环节多,管控存隐患

在圈围工程所使用的三类主要土工织物中,软体排和反滤布均为单张加工、单张铺设,成品数量可控,可编号管理使用,最大的管理难点在于袋装砂棱体袋布的可追溯管理,项目部负责原材料的采购和发放,加工厂负责袋布的加工和出运,现场的施工又由不同的施工班组负责,其从原料到现场施工需要经过多道环节和多个管理主体,材料的可追溯流程需要一套完整的体系保障,一个环节出错就能导致要追踪的某批次材料无迹可寻,也加大了这类土工织物可追溯管理的难度(图1)。

2.3 现场使用随机性强,变化多

袋装砂袋布在现场使用过程中,由于潮水对施工时间的影响,风浪导致的袋布损耗,同一尺寸袋布的混用等因素,往往存在使用部位随机,使用量大于计划量等特点,导致该类土工织物的追溯管理不像护底软体排、联锁片、栅栏板等部件能够做到现场与台账一一对应,现场定位的困难对施工记录的及时性与准确性以及记录人员的管理水平提出了极高的要求。

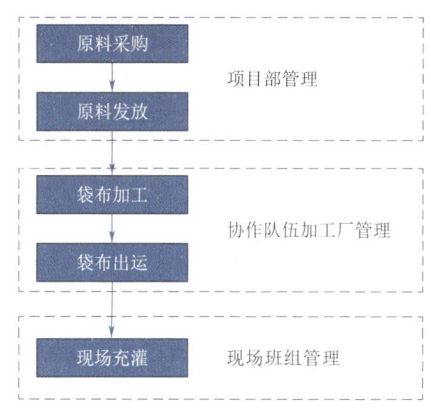

图1 袋布管理流程示意图

3 土工织物可追溯流程

3.1 流程简介

土工织物(以袋装砂棱体袋布为例)从原材料到成品共经过以下步骤:①原料进场;②袋布加工;③袋布出运;④现场施工。

材料可追溯管理的目标是把初始的信息传递到最终的成品,也就是从阶段一的原料信息到阶段四用于现场施工的成品,每个阶段的主要信息为:①厂家、规格、数量、批号、供货日期;②袋布编号、尺寸、个数、加工日期;③出运编号、出运日期、拟用部位;④袋布编号、施工日期、施工部位。

由上述因素分析可知,从第二阶段开始土工织物从原料布卷被加工为若干个袋布,每个袋布需要被赋予唯一的身份编码——袋布编号,并为每个袋布添加标签用作信息传递的载体。此外,对每个阶段的主要信息进行真实、客观记录,形成每个阶段的台账,由于从第二阶段开始,整批次的原料布被加工为若干个袋布,因此从第二阶段开始以一个批次的原料布作为台账记录的单体,最终按不同批次形成从原料进场到现场施工的完整台账。如果把材料信息比作需要运输的货物,标签就是运输货物的车辆,而台账就是车辆行驶的轨道,标签+台账的组合方法,也是目前较为可行的材料可追溯方法。

3.2 信息传递媒介

1. 厂家色丝

除了"标签+台账"组合方法,厂家辨识色丝也是一种较为成熟的辅助办法,即在不同厂家供应的每卷原料布中加入不同颜色的色丝来区分对应的厂家。同一厂家生产的布卷,只需在每卷布沿纵向受力方向加入一条代表该厂家颜色的色丝即可,即方便操作也不会额外增加成本,同时能确保加工的每一个袋体上都含有若干条色丝(视袋体加工宽度,如袋体宽度为a,原料布门幅为b,则一个袋体包含的色丝即为a/b根),方便现场对该袋体所用原料布厂家进行辨识,如图2和图3所示。

2. 关键信息传递

想要从现场施工的袋布上追溯到其原材料厂家、批号等各项信息,需要将上述4个阶段中的各

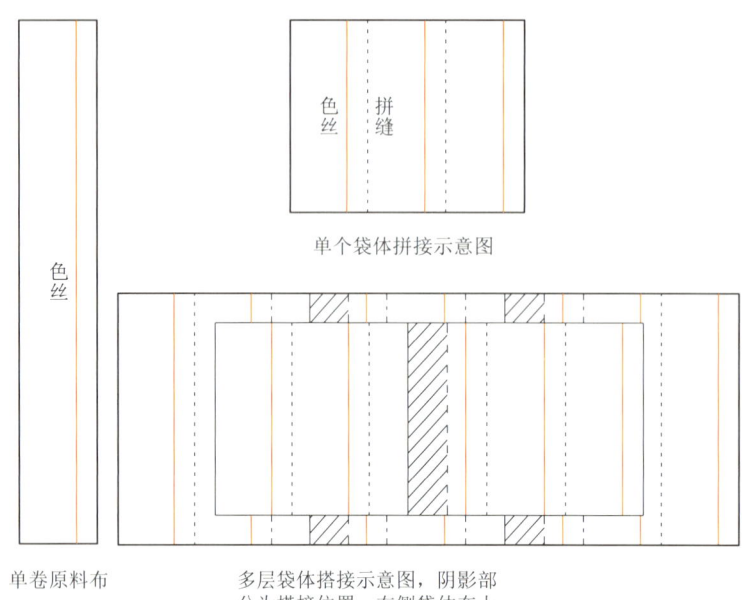

图 2 色丝示意图

图 3 色丝现场效果图

项主要信息顺畅地传递到下一阶段，由于需要传递的信息较多，因此需要提炼以下主要信息作为传递过程中的检索线索：

（1）批号。原材料未被加工成袋布前，批号是其是最重要的信息，通过原材料批号，不仅能轻松查询到生产厂家、生产日期、规格、尺寸、数量等信息，也是第三方检测的分批依据，决定了检测的组数以及代表的数量，有助于快速检验对应材料是否已检测合格可用于加工。

（2）袋布编号。原材料一经检验合格加工成袋布后，需要给袋布进行重新编码，每个袋子都被赋予唯一的"身份证编码"，袋布编号包括施工单位、施工位置、层数等信息，通过各阶段台账录入，向上，能追溯到该袋布对应的原材料批号（相应了解各项相关信息），向下，能通过施工台账准确查找到现场施工部位。

通过上述两项关键信息的提取，能够更加直观、快速地查找单个袋子各阶段的各项信息。

3. 台账

台账是真实记录各阶段详细信息的载体，根据材料使用的不同阶段可以分为材料进场台账、加工台账、出运台账、施工台账等四本台账，每个阶段的台账除了要逐级传递材料批号和袋布编号这两项主要检索信息，还要针对性地加入本阶段的专有信息，方便材料的跟踪，查找。四本台账既相对独立，又承前启后环环相扣，如要单独查找某一编号的袋布对应的加工信息，可根据其所属批号在对应的加工台账中查找有关信息；如果某一批次原料布尚在检测中不能立即用于现场施工，便可根据对应的批号查找对应的加工时间和加工厂，暂缓该批次原料的加工或延后出运该批次材料。

4. 标签

标签是材料可追溯管理中另一主要信息媒介，相当于每个成品袋独一无二的"身份证"，标签主要包含袋布编号、加工单位（同施工单位）、供应商、尺寸、批号、拟用部位等重要信息，基本

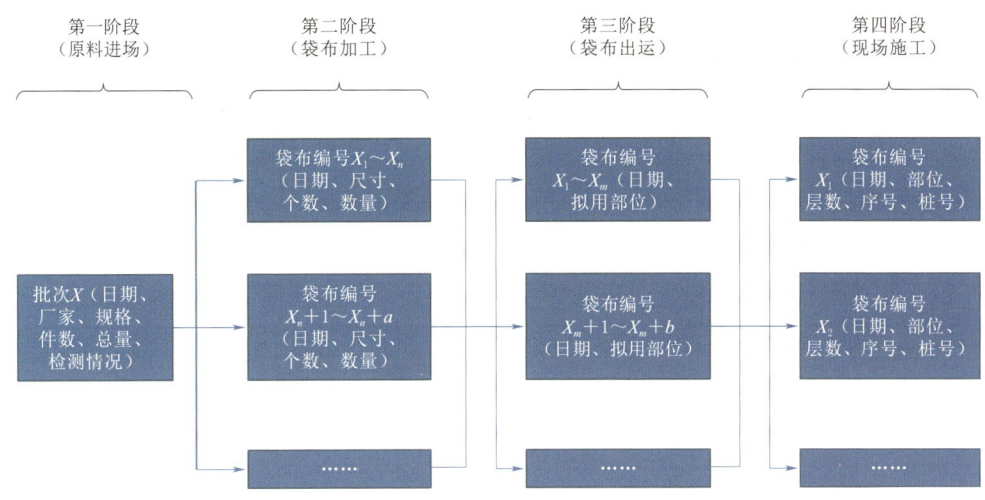

图 4　各阶段台账记录信息（以单批材料为例）

上可以通过标签上的信息，详实地掌握这个袋体的来龙（供应商、批号等）和去脉（施工单位、拟用部位等），如图 4 所示。标签除了标识主要信息以外，还必须具备牢固耐用、清晰易读的相关特性。牢固耐用主要指标签的防水性能和材料强度，由于雨淋日晒以及临水作业等特殊条件的限制，制作标签所使用的材料必须具备防水、防老化、具备一定强度等特性，同时必须缝制在拼缝等不易脱落的位置，标签内容应采用油性记号笔填写，确保标签在至少一个检测周期以上的时间内不脱落，字迹不褪色；清晰易读除了表面意义的文字清晰外，还特指标签上的内容在材料加工、打包、出运、现场充灌、成型后外露等各个阶段都能够外露并轻松读取，因此需要从现场袋体叠加对标签遮盖的影响，袋布打包后能够外露的位置，在拼缝等牢固位置缝制等方面综合考虑标签缝制的位置（图 5、图 6）。

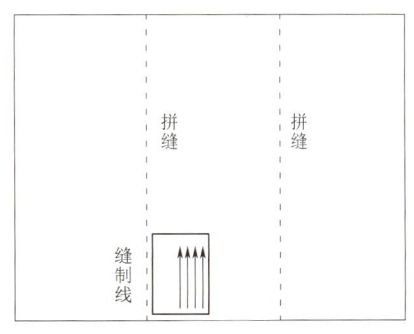

图 5　标签示例（以横八水系棱体袋布为例）　　图 6　标签缝制位置示意图

无论是台账还是标签都不能单独发挥作用，而是要互相结合使用，比方需要调查某批次原料布在现场的使用情况，需要根据施工台账在现场找出大体部位，然后再到现场该部位根据标签信息查找该批次原料布加工的袋布。

3.3　各阶段管理

1. 原料进场

原料进场需要加工单位进行签收，并在《材料进场台账统计表》上登记到场日期、供货单位、批量、批号等完整信息，后续台账均以该批次材料为例（图 7）。其中，红框显示批号。

175g防老化编织布　　材料进场台账统计表							
序号	到场日期	供货单位	品种规格	件数	总量（m²）	批号	检测结果	备注
1	6.1	无锡禹王	175g防老化编织布	70	90000	20170602	合格	
2	……	……	……	……	……	……	……	
3								
4								
5								

图7　材料进场台账表样本

堆料区设立标志牌，包含材料名称、生产厂家、批号、数量、检测状态、使用部位等（图8）。

2. 袋布加工

袋子加工完成后在醒目位置缝制"袋布身份证"，上注明编号、尺寸、批号、加工日期、布料生产单位、使用部位。袋布编号命名规则示例如图9所示，其中袋布编号PJ-6-Z9H-1-18表示浦东久久—六围区—纵九河—第1层—第18个袋子。

图8　堆料区标识牌

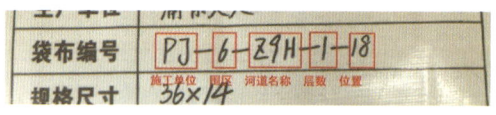

图9　袋布编号命名规则示例

成品堆放区设立标志牌，包含材料批号、成品数量、预估使用部位。加工好的袋子及时登记在《加工厂袋布加工台账》，一份台账以一个批次的材料作为记录个体，即该份台账需完全记录该批次原料布加工而成的所有袋布，录入信息需准确真实（图10）。其中，红线显示袋布编号。

袋布加工厂袋布加工台账							
供货单位	无锡禹王						
品种规格		批号	20170602	数量（m²）	90000	进场时间	2017.6.10
序号	数量（m²）	加工布袋编号			规格	加工日期	个数	备注
1	10584	PJ-6-Z10-1-1～PJ-6-Z10-1-20			36×14	6.12	20	
2	……	……			……	……	……	
3								
4								
5								
6								

图10　加工台账样本

3. 袋布出运

布袋加工完成后出运时，需在《袋布出运记录表》上及时、准确登记出运的时间、出运的袋布编号（图 11）。

袋布加工厂袋布出运情况统计表

供货单位：	无锡禹王	品种规格：	175g防老化编织布	批　号：	20170602	
拟用部位	六围区纵十河					
序号	出运袋布编号			出运日期	承运人、签收人		备注
1	PJ-6-Z10-1-1～PJ-6-Z10-1-20			6.15	……		
2	……			……	……		
3						
4						
5						

图 11　出运台账样本

4. 现场施工

袋布的使用按照各个标段的每一层确定的编号（层数、顺序号）进行铺设施工，保证袋体可追溯，防止出现混乱。如尺寸相同的同一层袋布需要混用的，则在编号一栏标注其实际使用的位置，并相应调整施工桩号，并不会影响对袋布位置的记录和提取（图 12）。

袋布施工情况统计表

供货单位：	无锡禹王	品种规格：	175g防老化编织布	批　号：	20170602		
施工围区	六围区						
序号	袋布编号	施工日期	施工部位	层数	编号	施工桩号	备注
1	PJ-6-Z10-1-1	……	……	……	……	……	
2	……	……	……	……	……	……	
3	PJ-6-Z10-1-18	6.15	纵十河	1	18	……	
4	……	……	……	……	……	……	
5	……	……	……	……	……	……	
6							
7							
8							

图 12　施工台账样本

4　土工织物可追溯的应用

可追溯管理需要在材料使用过程中逐步融入，逐步深化，逐步铺开，一旦施工中形成一套较为完整的管理体系，就可以发挥许多实用的作用。由于每一个袋布可以方便直接地追溯到加工的环节，一旦在现场使用过程中发现某个袋布存在加工问题，可以立即查找出对应的加工点和加工时间，方便对同一天、同一加工点加工的所有袋布进行复查，排除隐患，同时反过来也能促进加工厂的加工质量（图 13）。

图 13　棱体袋成型后标签分布

5　结语

在目前阶段，台账＋标签的土工织物可追溯管理办法主要还依靠人工进行数据的录入和分析，后期随着二维码技术和相关软件的开发，可以通过手机扫码和后台数据更加高效、准确地对土工织物可追溯渠道进行管理和分析，并应用到其他材料管理领域。同时后台数据可以自动录入到企业信息化管理系统的材料分部中，进一步完善企业信息化管理材料分部的平台内容。此外，还可以将可追溯管理的数据录入到 BIM 系统，进一步完善工程综合管理平台的数据库，方便工程的参见人员及时查看相关材料的追溯流程，提高工程管理的效率。

参考文献

[1] 陈志国. 土工织物在堤坝防渗工程中的应用 [J]. 水利技术监督, 2016, 24 (3): 97-99.
[2] 李玉梅. 土工材料在工程中的应用与质量控制 [J]. 黑龙江交通科技, 2007 (8): 7.
[3] 李庆安, 陈英涛. 水利工程施工项目管理措施浅议 [C] //2021 中国水资源高效利用与节水技术论坛论文集, 2021: 111-114.
[4] 邵建新. 如何做好水利工程施工过程中项目管理工作 [J]. 居舍, 2021 (23): 127-128.
[5] 肖文俊. 浅析水利建设项目的统供材料核销管理 [J]. 珠江水运, 2021 (9): 95-96.

QC 质量管理篇

提高栅栏板安放完好率

郝兢一　孙　正

（上海交通建设总承包有限公司，上海　200136）

【摘　要】 横沙东滩八期圈围工程的围堤结构为袋装砂斜坡堤，护面表观结构主要为栅栏板，栅栏板安装表观质量对围堤单位工程质量的影响及其重要。研究人员对可能造成栅栏板破损的 9 种原因进行分析和调查，最终确定"支撑垫块使用、安放不当""栅栏板之间的磕碰""栅栏板与混凝土结构之间的磕碰"为造成栅栏板破损的三种主要原因，并针对这三种原因制定措施，有效提高了栅栏板安放完好率。

【关键词】 栅栏板安放完好率；支撑垫块；磕碰

1　选择课题

横沙东滩八期圈围工程围堤结构为袋装砂斜坡堤，护面表观结构主要为栅栏板，栅栏板安装表观质量对围堤单位工程质量的影响及其重要，因此项目部决定针对施工中栅栏板安装的质量情况，成立 QC 小组，选题理由如图 1 所示。

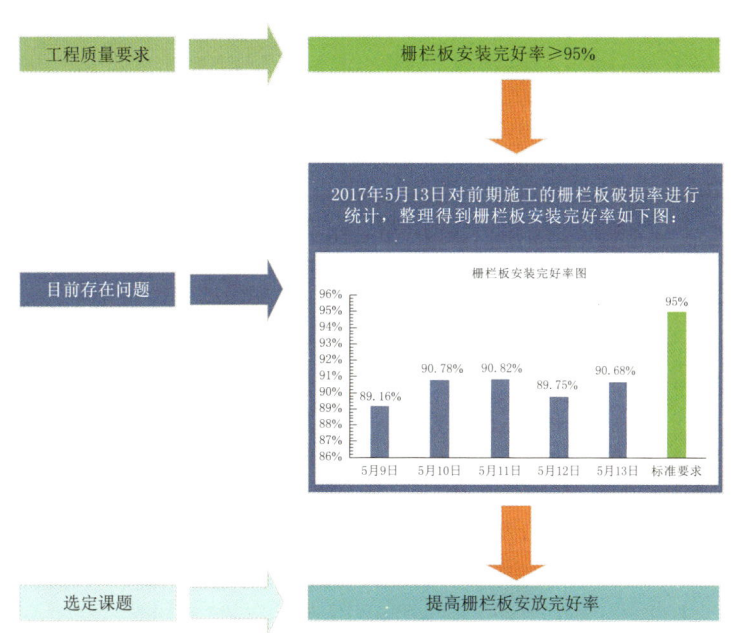

图 1　选题理由

2　现状调查

QC 小组在选定课题之后，对进行栅栏板安装施工的 5 个工作日 1619 块栅栏板安装质量进行了统计，完好率为 89.6%。影响栅栏板安放完好率原因统计见表1。

表 1　　　　　　　　　　　影响栅栏板安装完好率原因统计表

序号	原 因 类 别	栅板数量/块	占比/%	原 因 分 析
1	起吊强度不足	2	0.1	未达强度即起吊安装
2	吊运过程造成破损	158	9.8	吊运过程有碰撞、挤压破损
3	基底平整度不好	4	0.2	坡面平整度、充筋高度不统一，失稳磕碰破损
4	安放放样问题	5	0.3	部分放样工作不准确，挤压破损

从图 2 可以明显看出"吊运过程造成破损"所占比例最高，可以确定"栅栏板吊运过程造成破损"是影响栅栏板安放完好率的主要原因。

3　设定目标

质量创优 QC 小组根据现状调查结果，确定把解决"提高栅栏板安放完好率"作为本次 QC 活动的解决着手点。经过讨论和研

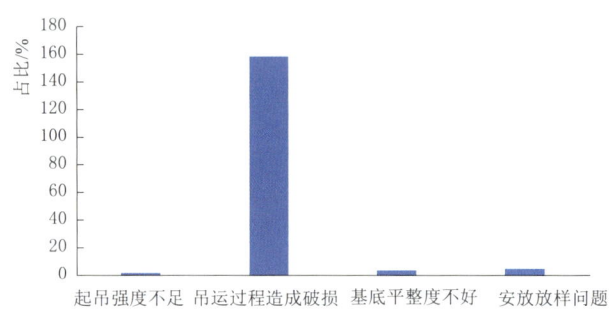

图 2　影响栅栏板安放完好率因素排列图

究，最终确定本次 QC 活动的目标为：完善栅栏板吊运过程中的保护措施，保证栅栏板全部安装完成时破损率不大于 5%。

4　原因分析

栅栏板破损率的高低直接影响着吊装完成后的工程质量以及结构外立面的观感，QC 小组决定使用"头脑风暴法"探究影响吊运安装过程破损率的因果关系，形成的关联图如图 3 所示。

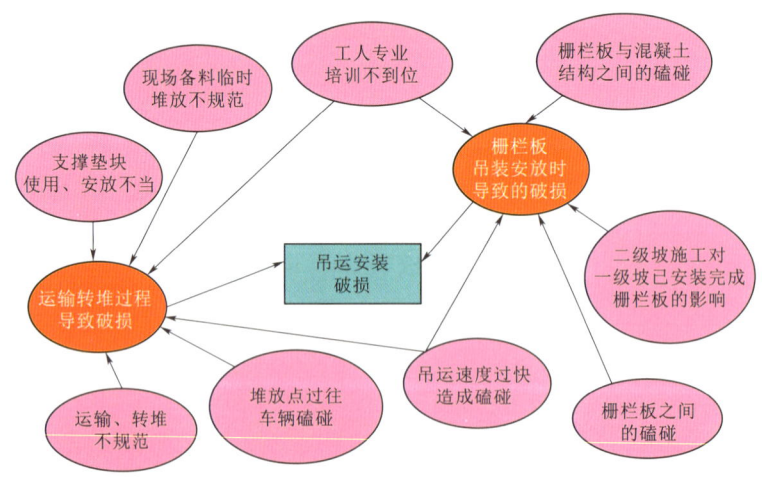

图 3　关联图

通过关联图可以发现影响预制构件破损率的末端因素主要有以下 9 个：
①支撑垫块使用、安放不当；②运输、转堆不规范；③堆放点过往车辆磕碰；④工人专业培训不到位；⑤现场备料临时堆放不规范；⑥吊运速度过快造成磕碰；⑦栅栏板之间的磕碰；⑧栅栏板

与混凝土结构之间的磕碰；⑨二级坡施工对一级坡已安装完成栅栏板的影响。

5 要因确认

QC 小组成员对关联图分析出的 9 种末端因素运用现场调查方法逐一进行了要因确认，要因确认计划表见表 2。

表 2　　要因确认计划表

序号	末 端 原 因	要 因 确 认	确 认 方 法
1	支撑垫块使用、安放不当	检查采用混凝土垫块的栅栏板破损情况（要因）	现场检查采用相关破损情况
2	运输、转堆不规范	检查栅栏板运输、转堆过程是否规范	检查并记录破损情况
3	堆放点过往车辆磕碰	检查过往车辆磕碰的栅栏板破损情况	现场检查并记录破损情况
4	工人专业培训不到位	考核、检查工人在构件卸车、存放、吊装时是否按流程操作	现场检查
5	现场备料临时堆放不规范	确认现场栅栏板的存放是否规范	现场检查
6	吊运速度过快造成磕碰	观察现场栅栏板吊运过程	现场观察、记录破损情况
7	栅栏板之间的磕碰	检查栅栏板之间磕碰情况（要因）	检查并记录破损情况
8	栅栏板与混凝土结构之间的磕碰	检查栅栏板与混凝土结构之间的磕碰情况（要因）	检查并记录破损情况
9	二级坡施工对一级坡已完成栅栏板的影响	检查由于二级坡施工导致一级坡已安放完成栅栏板的破损情况	现场检查、记录破损情况

为验证每一条末端原因是否为要因，QC 小组制定了要因确认卡并对每一条末端原因进行要因确认，并于 2017 年 5 月 17—20 日，采取现场调查的方式逐一对每一条末端原因进行要因确认，调查统计结果见表 3。

表 3　　要因确认结果统计表

序号	末 端 原 因	检查数量	破损数量	破损比率	破损率排名（从高到低）
1	支撑垫块使用、安放不当	194	11	5.6%	1
2	运输、转堆不规范	226	1	0.4%	6
3	堆放点过往车辆磕碰	226	1	0.4%	6
4	工人专业培训不到位	经技能考核，工人技能水平符合要求			
5	现场备料临时堆放不规范	562	5	0.9%	4
6	吊运速度过快造成磕碰	209	2	0.9%	4
7	栅栏板之间的磕碰	219	9	4.1%	2
8	栅栏板与混凝土结构之间的磕碰	228	9	3.9%	3
9	二级坡施工对一级坡已完成栅栏板的影响	141	1	0.7%	5

从统计结果来看，"支撑垫块使用、安放不当""栅栏板之间的磕碰""栅栏板与混凝土结构之间的磕碰"三种末端原因造成栅栏板破损的比例明显超过其他末端原因，可确定为影响要因。

为验证每一条末端原因是否为要因，QC 小组制定了要因确认卡并对每一条末端原因进行要因确认，并于 2017 年 5 月 17—20 日采取现场调查的方式逐一对每条末端原因进行要因确认。

6 制定对策

根据调查确定"现场安装、临时堆放不规范"为要因,QC 小组 2017 年 5 月 21 日召开"头脑风暴"会议,进行了对策评估选择,并制定实施表(表 4)。

表 4　　对策实施表

序号	要因	对策	目标	措施	实施人	检查人	地点	完成时间/(年.月.日)
1	支撑垫块使用、安放不当	改用柔性材料作为垫块	杜绝栅栏板因垫块为刚性材质引起的破损现象	统一改换用木质垫块	姚鹏	张剑	施工现场	2017.5.26
2	栅栏板之间的磕碰	保护栅栏板边缘位置,防止碰撞损坏	消除安装过程中相邻栅栏板互相磕碰引起的破损	统一加工 2cm 厚木板在安装栅栏板时衬垫于相邻栅栏板之间,作为缓冲	孙正	张剑	施工现场	2017.5.26
3	栅栏板与混凝土结构之间的磕碰	在接触面之间增加缓冲保护层	消除由于结构磕碰造成的构件破损	栅栏板安装时,其与平台格埂和防浪墙相接触位置,提前安放聚乙烯泡沫板和木质保护套,防止磕碰	孙正	张剑	施工现场	2017.5.26

7 对策实施

根据对策实施表的要求,QC 小组按照分工进行对策实施。

7.1 对策实施一:支撑垫块优化

措施 1,明确支撑垫块材料要求。对所有运输、吊安、转堆施工班组和施工管理人员进行技术交底,明确栅栏板支撑垫块统一采用木质垫块。

措施 2,明确垫块尺寸要求、安放数量和位置。每个垫块尺寸为 15cm×15cm×15cm 木方块,每层栅栏板至少安放 4 个垫块,垫块安放于栅栏板边梁位置。

措施 3,明确转堆吊放要求。转堆吊放时,提前在下层栅栏板上放置垫块;安放时采用 4 点吊装,同时起吊,轻提轻放,防止垫块移位、掉落;栅栏板堆放层数不超过四层,以免垫块受压破坏。

措施 4,加强吊装作业过程巡查。成立吊装作业巡查小组,加大巡查频率,发现违反上述规定作业的班组,立即停工整改,加强对吊装作业过程的管控

7.2 对策实施二:坡面安装时保护栅栏板侧边,防磕碰

措施 1,明确安装要求。对施工作业班组进行交底,明确安装程序和要求。

措施 2,控制栅栏板安装间距。采用 GPS 定位放样,在坡面精确标示每块栅栏板安放位置,确保栅栏板之间间距,防止间距过小,造成磕碰。

措施 3,吊机钢丝绳慢松轻放。距安放坡面 50cm 时,工人稳住栅栏板,吊机慢慢松开钢丝绳,将栅栏板轻放到坡面上。

措施 4,采用 2cm 厚度木板做缓冲垫块。靠近相邻已安放栅栏板时,采用统一加工的 2cm 厚木

板，垂直衬垫于相邻栅栏板之间，作为缓冲。

措施5，采用表面柔性撬棒。在栅栏板完全落地前，需要人工微调栅栏板位置时，使用表面绑扎橡胶软垫的木质撬棒，严禁使用钢制撬棒。

7.3 对策实施三：在已建成混凝土结构表面增加缓冲保护层

措施1，接触面安放聚乙烯泡沫板。在栅栏板与下部现浇混凝土隔埂相接触位置，以及坡面上下两块相邻栅栏板接触面，提前安放聚乙烯泡沫板，防止硬质表面挤压、磕碰损伤。

措施2，防浪墙顶增加保护层。堤顶防浪墙鹰嘴位置使用木模鹰嘴套贴合保护，避免磕损（图4）。

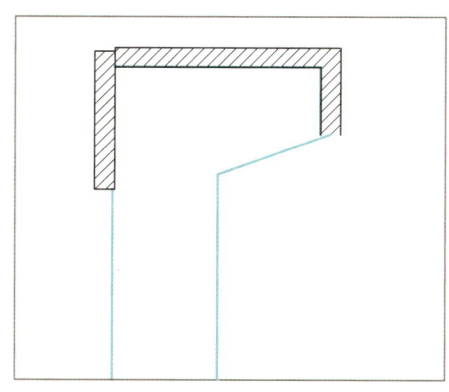
（a）鹰嘴保护套

（b）现场挡浪墙鹰嘴防护

（c）接触面泡沫板

（d）现场栅栏板坡面

图4 缓冲保护层

经过加强现场管理后，栅栏板堆放使用垫块满足要求，吊装方式合理，防磕碰泡沫板和保护套安放到位。通过对现场预制构件进行质量检查，形成的数据见表5。对策实施效果：破损率由10.4%降至1.3%，降低9.1%，效果显著。

表5　　　　　　　　　　　　现场预制构件质量检查数据

时间/(年.月.日)	检查数量/块	破损数量/块	破损率/%	记 录 人
2017.5.22	168	2	1.19	姚 鹏
2017.5.23	163	2	1.23	陈 翔
2017.5.24	182	3	1.65	刘 强
2017.5.25	159	1	0.63	孙 正
2017.5.26	187	3	1.60	郝兢一
合 计	859	11	1.3	郝兢一

8 效果检查

进行 QC 活动后，栅栏板外观观感良好，无明显缺边掉角等质量缺陷。QC 活动开始后进行二次检验，并对数据记录和统计，形成的数据见表6。

表6　QC 活动后的检验数据

围区/号	检查数量/块	破损构件数量/块	破损率/%
1号	256	6	1.17
2号	321	7	1.25
3号	335	6	1.19
4号	217	4	1.38
5号	253	3	1.19
6号	340	5	1.18
合计	1722	21	1.22

在完成对策实施后，栅栏板破损率降低至1.22%，低于5%，达到了活动目标，如图5所示。

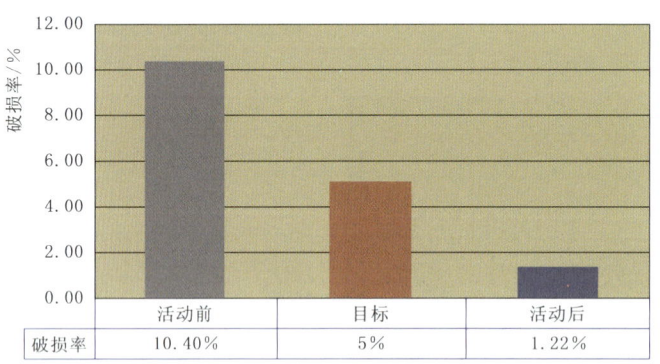

图5　效果检查柱状图

9 制定巩固措施

为确保进一步巩固效果，QC 小组制定了以下措施来进一步强化成果：
（1）编制《栅栏板吊运操作规程》，确保各方按照要求进行各自工作，保障效果。
（2）编制《栅栏板安装考核制度》。
（3）项目成立栅栏板安装质量控制小组，进一步加强现场栅栏板安装质量控制。

10 结语

经过实施针对性措施，加强现场管理后，栅栏板预制过程规范，堆放使用垫块满足要求，吊装方式合理，防磕碰泡沫板和保护套安放到位。一方面保证了施工质量，另一方面降低了破损栅栏板退场率，节约了成本。

提高合龙时单个袋装砂工作面日成型量

陈 勇　丁怡骏

（上海交通建设总承包有限公司，上海　200136）

【摘　要】 横沙东滩七期圈围工程合龙时的袋装砂施工效率，要求达到单个袋装砂施工作业面每日成型量2000m³/d。为提高施工效率，保证合龙安全，研究人员对影响袋体成型率的15种因素进行了分析调查，最终确定袋布克重偏低、未抛石截流断水以及未设置锁坝等三个因素为主要影响因素，并针对这三种原因制定措施，确保了横沙东滩七期圈围工程的顺利推进，也为后续横沙工程积累了宝贵经验。

【关键词】 袋装砂施工；袋体成型率；袋布克重；抛石截流断水；锁坝

1　选择课题

施工现场具有大汛伴随大风、转暖伴随大雾的特点，至2016年5月7日大汛预计仍有大风，通过数模计算，在5月7日大汛时1号龙口最大流速有可能达到2.45m/s、2号龙口最大流速可达3.88m/s，按此流速情况，对两个龙口的护底安全有较大的威胁，在2016年5月7日前必须完成抛石及土方合龙，保障龙口安全。

根据目前施工推进及潮汛情况，计划2016年4月30日进行1号龙口合龙，5月4日进行2号龙口合龙，6月底前确保度汛安全节点要求。

根据《横沙东滩七期圈围工程龙口合龙施工方案》，在进行合龙期间，要求单个袋装砂施工作业面每日成型量达到2000m³/d，目前单个袋装砂工作面日平均成型量约1500m³/d，选题理由如图1所示。

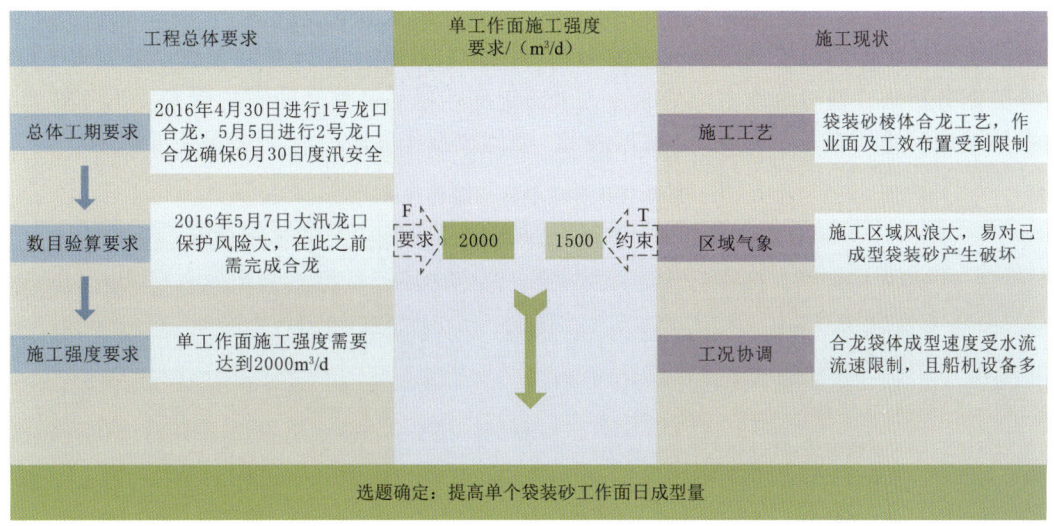

图1　选题理由

2 现状调查

本工程软体排铺设约 140 万 m^2，合龙前土方共计 260 万 m^3，受寒潮、大风、大雾及涌浪等因素影响，有效作业天仅占比约 30%，严重制约现场施工进度。原计划于 12 月 20 日完成护底软体排施工，其预期有效工作日为 20 天，而实际截至 2015 年 12 月 20 日有效工作日仅为 14 天，至 2016 年 1 月 5 日才完成除龙口外的所有软体排施工，土方施工安排相应推迟，于 2016 年 1 月初才开始实施。

砂源分布不均加大了土方施工的困难，施工前期船舶在库内寻找砂源费时较长，且砂质较细，多为铁板砂，成型速率较慢；土方施工前期受潮位及施工区域滩地较高影响，施工船舶需候潮作业，铺排船、运砂船以及抛石船施工效率严重降低，仅为正常情况下的 30%～40%。同时，在 3 月 7—9 日现场遭受 10 级大风后，土方遭受损失 15 万 m^3 以上，对施工进度造成严重影响。

QC 小组为了能够客观的反映袋装砂充灌效率，调查分析时剔除了非充灌效率影响的袋装砂施工问题（例如政策或者渔民阻挠问题导致的袋装砂施工缓慢等）。

根据施工计划安排，从 2016 年 3 月 15 日起工作面达到 40 个，截至 2016 年 4 月 15 日，除砂源受阻无砂可供、天气原因无法施工外，共计有效工作日 27 天，40 个工作面累计完成袋装砂施工 160 万 m^3，单个工作面平均日成型量约为 1500m^3/d，低于施工计划单工作面所要求的日成型量 2000m^3/d。

袋装砂施工过程中受到潮水高度、潮水时间、砂料供应等各方面因素影响，为客观评价袋装砂施工效率，对进行施工天数进行统计和分析，计算得出每天施工效率表，见表 1。

表 1　单个袋装砂工作面日成型量统计表

施工效率/(m^3/d)	天数/d	所占比例/%	累计比例/%
<900	5	16	16
900～1100	2	7	23
1100～1300	11	36	59
1300～1500	6	20	79
1500～2000	6	20	99
≥2000	1	1	100
合计	31	100	100

按照施工效率分析，单工作面日成型量在 900m^3/d 以内属于施工效率低下。为精确分析袋装砂施工效率受到的影响因素，对 31 天进行的单工作面袋装砂日成型量进行统计分析，翻阅详细施工日志，与当日值班施工员了解情况。

2016 年 4 月 25 日，QC 小组对搜集到的信息进行梳理、归类、筛选，选取合理有用信息，将袋装砂充灌效率低下分为有效作业时间短、砂料含泥量过高、袋体成型差、取砂方式不恰当和其他原因等五大类问题。

袋装砂成型量可能同时受到多个因素的影响，要确定是哪一项影响因素是主要因素，QC 小组采用矩阵数据分析法，通过求取主分量的方式来确定那些项是最重要的影响因子。汇总得到袋装砂充灌效率低下的问题调查表，见表 2。根据表 2，袋体成型速度慢占 48%，是主要问题。

表 2　影响袋装砂成型量问题调查表

序号	检查项目	频数/次	频率/%	累计频率/%
1	有效作业时间短	4	13	13
2	砂料含泥量过高	6	19	32
3	袋体成型速度慢	15	48	80
4	取砂方式不恰当	3	10	90
5	其他原因	3	10	100
	合计	31		

3 设定目标

创优 QC 小组根据现状调查结果，结合项目部施工需要，把"提高袋体成型量"作为本次 QC 活动的重点，以达到项目部对于合龙期袋装砂充灌的强度要求。经过讨论和研究，最终确定本次 QC 活动的目标为：单袋装砂作业面每日成型量达到 2000m^3/d。

4 原因分析

制定活动目标之后，QC 小组召开全体会议，运用头脑风暴法，从人、机、料、法、环等 5 个因素来综合分析影响因素，结合对施工工况分析、前期砂袋充灌经验等，可以得到影响袋装砂充灌效率的条末端因素，绘制出关联图，如图 2 所示。

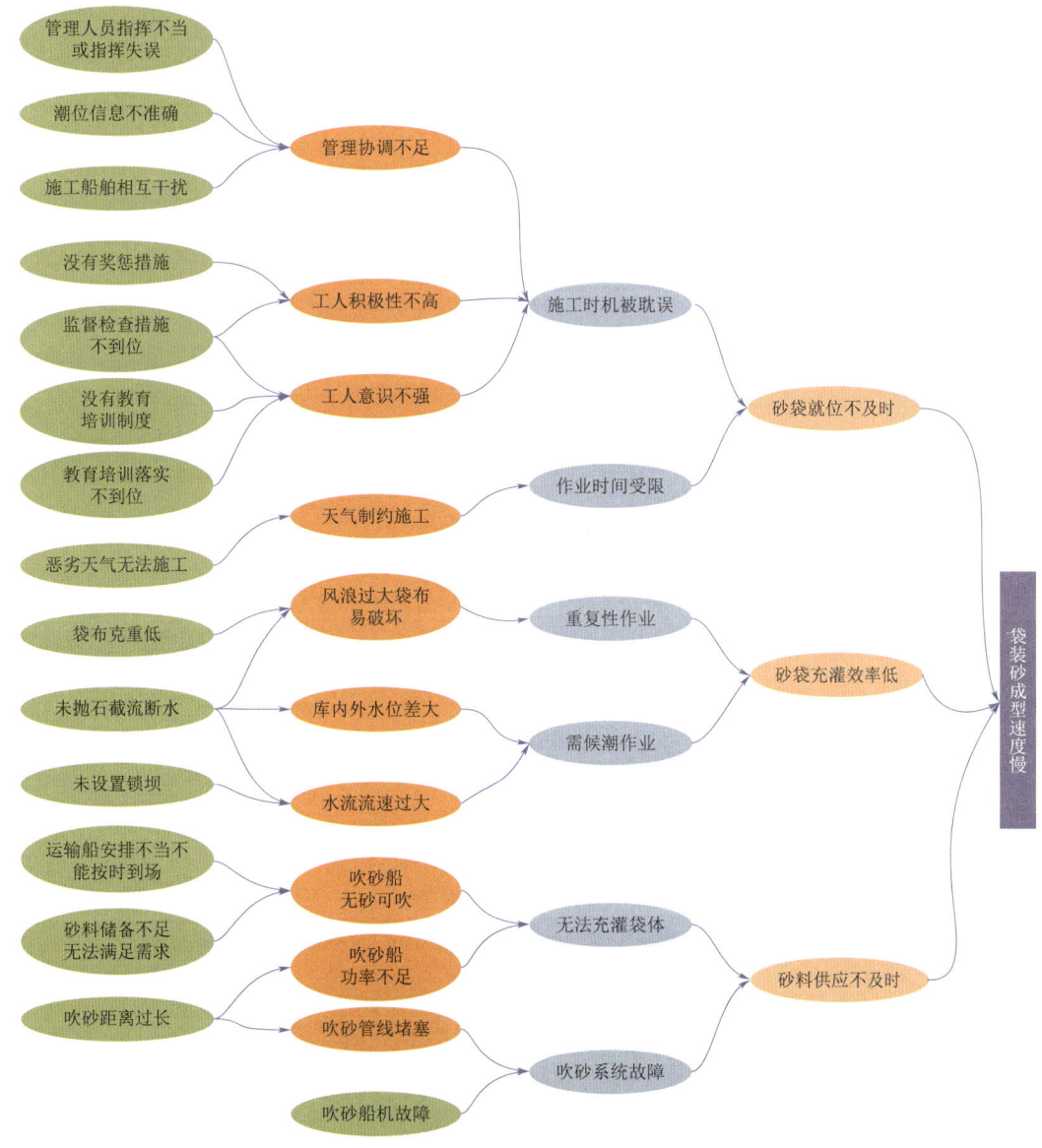

图 2　原因分析关联图

5 要因确认

QC 小组成员对关联图分析出的 15 种末端因素，运用现场调查方法逐一进行了要因确认。

5.1 管理人员指挥不当或指挥失误

2016 年 4 月 26—28 日，QC 小组由组长楼启为、副组长黄龙负责对项目部管理人员的施工日志进行调查和摸底，调查现场项目管理人员是否按照项目部制定的施工方案和岗位职责进行安排和部署，特别注重调查了施工时机被耽误的原因是否是由于管理人员指挥不当导致。调查结果显示，项目管理职责明确，所有的管理人员均按照项目部制定的施工方案进行部署，过程资料记录得详细客观并准确，不存在由于指挥协调导致的误工。

5.2 潮位信息不准确

按照项目部制定的测量工作要求，测量队进行验潮工作，QC 小组重点针对验潮工作进行调查和进行一段时间的潮位复核。2016 年 4 月 25—30 日，QC 小组副组长苏宇、陈文明、陈海英对测量队验潮数据资料进行复查，并且进行为期 6 天的潮位复核工作。

结果显示，验潮工作每天均在进行，且有专人进行潮位记录，验潮差值统计表见表 3，潮位复核显示潮位差值集中在 10~30cm 之间，最大差值没有超过 40cm，所使用的潮位信息准确有效。

表 3　　验潮差值统计表

｜实际潮位－潮位表值｜/cm	天 数	累 计 天 数	累 计 频 率
10	2	2	33%
10~30	3	5	83%
30~40	1	6	100%

5.3 施工船舶相互干扰

2016 年 4 月 26 日，QC 小组副组长丁付革、阚世伟，组员丁晋对施工船舶是否存在干扰问题进行调查，翻查了施工船舶日志，并且对于管理人员施工日志中有关船舶的部分进行了调查，向船舶发放了调查问卷，与船舶人员进行沟通，了解船舶施工中干扰情况。调查结果显示项目部自船舶进场就进行安全技术交底，对于每一条船舶的位置、施工范围进行了限定，对船舶进场退场时间、路线等进行掌控，并且船舶点位等信息进行了通报，并不存在施工船舶相互干扰现象。同时，为统一协调所有船舶，项目部集成调度中心 AIS、材料部船舶调配图、现场量方调度中心调度等构成施工船舶调度一体化系统，确保船舶之间相互干扰降低到最低。AIS 船舶动态实时监测如图 3 所示。

5.4 没有奖惩制度或措施

2016 年 4 月 27 日，QC 小组副组长丁付革、陈昌、阚世伟对项目部、协作队伍管理制度进行系统梳理，调查了管理制度和措施具体实施过程中的文件和资料。调查结果显示，项目部、协作队伍均制定了严明的奖惩制度，对于奖惩制度的执行规范，过程资料保存完整，表明奖惩制度赏罚公平并且落实执行力度很大，不存在没有奖惩措施或制度现象。协作单位管理制度检查情况通报会，如图 4 所示。

图 3　AIS 船舶动态实时监测

图 4　协作单位管理制度检查情况通报会

5.5　监督检查制度措施不到位

2016 年 4 月 27 日，QC 小组副组长郭战军、组员韩崇蛟对项目部、协作队伍管理和质量检查制度进行系统梳理，并监督检查制度执行过程中的文件和相应记录，评价监督检查制度落实情况，重点调查过程资料、执行检查资料等。调查结果显示过程资料完备，执行过程都有相应的记录和检查资料，监督力度有效及时。

5.6　没有教育培训制度

2016 年 4 月 26 日，组员何代超、谢昆对三级教育培训管理制度进行翻查，调查制度中是否有写入教育培训制度的相关规定，是否有进行教育培训的要求等。调查结果显示，管理制度中对于教育培训的次数、时间、内容等均做了明确的要求，对于教育培训效果的检查也制定了要求。

5.7　教育培训落实不到位

2016 年 4 月 27 日，组员阚兴辉、杨川对项目部教育培训制度、文件、记录以及过程中所形成的相应影像资料进行调查，向现场施工人员发放调查问卷和进行谈话摸底，了解教育培训落实效果。调查文件结果显示教育培训多次开展，落实到了每位施工人员，过程资料齐全，制度、文件、记录均保存完整并且有效。

针对末端因素 4~因素 7，QC 小组编制了项目管理体系检查文件及执行情况说明，并由 QC 小组的组长楼启为和副组长丁付革审核、确认。

5.8 恶劣天气无法施工

2016年4月30日，QC小组组长陈文明、组员丁晋负责对安监部记录的气象资料进行汇总统计，统计的气象资料包括天气预报、上海市及崇明区海事局发送的气象预报、每天气象记录信息、安监部气象记录等，将无法进行施工天气定为恶劣天气（包括寒潮大风、大雨、大雾等），统计得到每个月恶劣天气汇总表，见表4。

表4　　恶劣天气天数统计表

时间/(年.月)	大风天数	大雨天数	大雾天数	总计恶劣天气天数	占本月总天数比例/%
2015.12	22			22	71.0
2016.1	21		1	22	71.0
2016.2	20		1	21	72.4
2016.3	15	2	2	19	61.3
2016.4	3	2		5	16.7

统计结果显示，2015年12月—2016年3月的恶劣天气（包括寒潮大风、大雨、大雾等）所占天数均在60%～70%左右，2016年4月份所占天数下降至16.7%，造成有效作业时间的减少，影响到施工进度。然而，恶劣天气造成的影响并不是本QC小组可以解决的问题，因此判定为非要因。

5.9 袋布克重偏低

2016年4月25—30日，QC小组组长苏宇、组员谢昆对1号龙口束窄期间班组一所使用的袋布规格进行实验安排与统计，与实际成型效果进行对比，确认袋布规格是否偏低影响成型量。设计合龙断面用布包括砂库外侧380 g/m² 编织复合布鸳鸯袋、砂库内侧棱体175 g/m² 防老化编织布、通长袋230 g/m² 防老化机织布；试验材料包括250 g/m² 防老化机织布、380 g/m² 防老化机织布。

根据2座龙口束窄期间所采用的材料指标及袋布破损数量、施工效率进行对比，对比结果显示，机织布较编织布破损情况更少，施工效率更高；袋布克重越高施工中破损处越少，在250 g/m² 时最利于现场施工，克重过高不利于施工袋布展开，施工效率反而降低。袋布克重与施工效率关系表见表5。

表5　　袋布克重与施工效率关系表

序号	袋布克重/(g/m²)	袋布材料	破损处数量	损失方量/m³	成型方量/m³	作业时间/d	施工效率/(m³/d)	备注
1	175	编织布	8	600	900	1	900	设计断面材料
2	230	机织布	3	450	1250	1	1250	设计断面材料
3	250	机织布	1	200	1500	1	1500	试验
4	380	编织复合布	0	200	1300	1	1300	设计断面材料
5	380	机织布	5	700	1000	1	1000	试验

5.10 未抛石截流断水

QC小组组员杨川、阚兴辉组织测量队、勘测组分别于2016年4月26日和4月29日对1号龙口进行水文观测，主要对涨落潮龙口流速和流向进行测量（图5），并对断水前后班组二的袋装砂施工效率进行统计（袋布克重统一采用230g/m² 机织布）。采用分层法，在每小时整点进行观测，并在涨、落急和涨、落憩期每半小时进行加测（前潮、后潮都加测）。根据抛石截流断水前后水文观测数据显示，抛石截流后水流流速降低明显，袋装砂施工效率提高明显。抛石截流断水前后水流流速及施工效率对比见表6。

表6　　抛石截流断水前后水流流速及施工效率对比

序号	抛石截流	龙口水流流速/(m/s)	单作业面成型量/m³	作业时间/d	施工效率/(m³/d)
1	实施前	1.45	1200	1	1200
2	实施后	0.72	1500	1	1500

 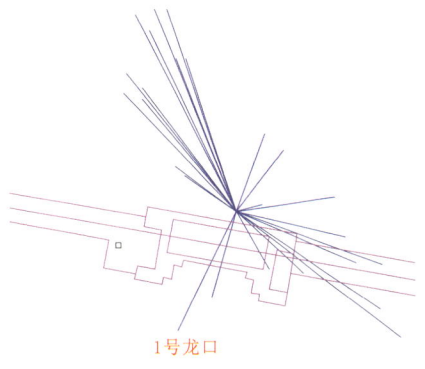

图5　流速、流向观测

5.11　未设置锁坝

2016年4月25—28日，QC小组副组长陈文明、组员丁晋对1号龙口束窄期间龙口两侧立堵收缩相向施工的两个班组进行调查。班组一在施工期间设置了锁坝，班组二未设置锁坝，根据现场实际统计，对比两个班组施工效率。

统计数据显示，班组一施工效率高于班组二，锁坝效果明显；现场情况调查显示，锁坝能有效阻断涨落潮期间的潮水沿抛石坝与围堤袋装砂棱体间的空隙进行流通，降低了袋装砂推进头部的流速，提高了袋装砂成型速率。设置锁坝与施工效率关系见表7。

表7　　设置锁坝与施工效率关系

序号	抛石截流	设置锁坝与否	总成型量/m³	作业时间/d	施工效率/(m³/d)
1	班组一	否	4000	4	1000
2	班组二	是	5800	4	1450

5.12　运输船安排不当且不能按时到场

2016年4月28日，QC小组副组长丁付革、阚世伟、组员谢昆对船舶日志、调度日志中有关运输船舶安排情况进行调查，对于材料部船舶记录也进行了查阅，同时与现场管理人员进行了解，判断是否因存在运输船舶安排失误而不能及时进场，导致施工时机被耽误现象。调查结果显示，项目部根据潮位信息制定了明确的运输船舶入场时机表，对于每一条船舶均有高频、AIS、GPS等通信设备进行联系和沟通，船舶安排科学有效，能够按照项目部要求准时入场。

5.13 砂料储备不足且无法满足需求

2016年4月28日,QC小组组长郭战军、陈昌、组员韩崇蛟对现场施工效率和砂量供应进行计算对比,调查了现场有效作业时间、船机施工效率等相应参数,运砂船效率、运砂船数等,最终得出砂料储备粮和现场需求量,判断是否能够满足实际需要。调查结果显示,现场采用的是自吸船库内吸砂充灌+运砂船直接靠档吹砂船施工方式,现场共有自吸船管线4条,吹砂管线2条,总吹砂效率平均约为$1200m^3/h$,每日砂料供应量约为$8000m^3$。龙口合龙土方一般不少于设计土方量的2倍,2016年4月29日合龙时,1号龙口合龙外棱体断水方量约$4500m^3$,2016年5月1—2日,1号龙口外棱体加高、内棱体及堤芯砂闭气土方需要约$5600m^3$,合计约$11100m^3$,储砂能力满足需求。同时,围堤两侧有两座堤芯砂库,共计储备砂量约$25000m^3$,可采用泥浆泵砂库内取砂直接充灌的方式进行备用补充,施工现场砂料储备量充足,满足现场需求。

5.14 吹砂距离过长

2016年4月28日,QC小组组长陈海英、组员何代超对现场吹砂船管线长度和吹砂船机实际功率距离等信息,计算对比吹砂船吹砂距离与吹砂管线长度直接的关系。调查显示,现场吹砂距离均在2km以内,经过计算,吹砂船吹砂最大距离大约在2.5km,大于管线距离,故供砂距离能够满足设备的要求。

5.15 吹砂船机故障

2016年4月28日,组员阚兴辉对吹砂船维修日志进行调查,确实是否存在吹砂船机故障导致施工受阻。调查结果显示,船机设备在合龙进场前经过维修,在施工期内设备运行正常,未发生吹砂船故障影响到施工现象存在。

最终发现:袋布克重偏低、未抛石截流断水以及未设置锁坝等3个因素为要因。

6 制定对策

根据3条要因制造机关的对策与措施,见表8。

表8 制造的对策与措施

序号	主要原因	对策	目 标	措 施	实施人	检查人	地点	完成时间/(年.月.日)
1	袋布克重偏低	采用高克重机织布	确保袋装砂成型后不被风浪打坏,且施工展开容易	采用$250g/m^2$防老化机织布,袋布尺寸根据棱体宽度设置为30m长,宽度根据各层尺寸进行设计	韩崇蛟 何代超 谢 昆	丁付革 陈 昌	施工现场	2016.5.2
2	未抛石截流断水	先抛石截流断水后土方立堵收缩	确保抛石截流后水流流速降低至1m/s以下,且有效阻挡外侧风浪	组织25艘抛石船对2号龙口进行抛石截流,抛石坝顶标高+4.50m,顶宽4m,内外坡1:1.5以上,实现截流断水	丁 晋 阚兴辉 杨 川	楼启为 黄 龙	施工现场	2016.5.4
3	未设置锁坝	采用袋装砂棱体结构设置锁坝	确保袋装砂棱体施工过程中头部水流较小,工人可顺利铺设袋布及移动管线	在龙口两端设置锁坝,顶高+5.00m,顶宽8m,向中心每隔50m设置一处锁坝,顶高+4.00m,顶宽8m	陈海英 陈文明 丁 晋	苏 宇 郭战军 阚世伟	施工现场	2016.5.1—4

7 对策实施

据 QC 小组制定的对策实施表的具体要求，统一规划，对照按照对策实施表的要求完成。

7.1 采用高克重机织布

针对袋布克重偏低，现场袋体破损严重问题，QC 小组制定采用高克重机织布的措施来解决。从 2016 年 5 月 1—5 日，由组员韩崇蛟、何代超、谢昆为具体实施人，后续龙口合龙期间，棱体土方所使用的土工布均提高规格，采用 250g/m² 防老化机织布（图6）。

图 6 采用 250g/m² 高克重防老化机织布

对策实施效果：措施实施之后，对于后续的现场施工进行调查发现，现场袋装砂破损数量减少明显，抗风浪能力明显增强，且现场袋布展开便利，对策实施效果明显。

7.2 先抛石截流后土方立堵收缩

针对未抛石截流断水的情况，QC 小组制定的对策为先抛石截流后立堵收缩（图7）。QC 小组组织工程部、技术部、材料部、安监部、调度中心、测量队等相关人员，全力落实相关要求，组织 25 艘抛石船现场待命，采用 2 天时间完成全线抛石至＋1.50m，1 天时间抛石至＋4.50m，顶宽 4m，坡度 1:1.5 以上，于 2016 年 5 月 4 日前完成。经检查，对策实施措施执行到位。

图 7 现场抛石截流断水

对策实施后，通过现场调查，龙口水流流速明显降低，库内水位受潮位差影响极小，袋装砂袋成型速度及质显著提高。

7.3 采用袋装砂棱体结构设置锁坝

针对未设置锁坝的情况，QC 小组制定的对策为采用袋装砂棱体设置锁坝（图8）。QC 小组组安排龙口合龙施工班组在棱体土方束窄期间，在龙口两端设置锁坝，顶高＋5.00m，顶宽 8m，向中心每隔 50m 设置一处锁坝，顶高＋4.00m，顶宽 8m。经检查，截至 2016 年 5 月 1 日龙口两端锁坝措施执行到位，向中心每隔 50m 设置一处锁坝在 5 月 4 日执行到位。

图 8　现场设置锁坝

对策实施后，通过现场调查，棱体袋头部水流流速明显降低，库内水降低速度变慢，袋装砂袋成型速度及质量显著提高。

8　效果检查

在完成对策实施之后，从 2016 年 5 月 1—5 日，除 5 月 3 日天气影响外，共计有效作业天数 4 天，7 个工作面共完成充灌袋装砂约 61500m³，单工作面日均充灌效率为 2200m³，超过了活动目标。

9　活动效益

QC 活动提高了单个工作面袋装砂充灌效率，对于成功完成横沙七期圈围工程中的龙口合龙具有很强的保障性作用。在横沙东滩地区，地质条件较差，龙口合龙至关重要，本工程单个工作面袋装砂充灌效率的提高对于作业面达到饱和后的高强度土方施工作业、工期极其紧张的龙口合龙有着决定性的作用，确保了横沙七期圈围工程的顺利推进，并且对增强合龙期间采用袋装砂施工工艺的信心也有很重要作用。

按照原有的充灌效率，原计划 2016 年 5 月 9 日前完成合龙。通过 QC 活动后，袋装砂施工效率增强明显，提前了 4 天在 5 月 5 日完成龙口合龙，大大缩短了龙口合龙工期，避免了 5 月 8 日大汛结合大风威胁龙口护底安全的风险，并为后续度汛断面结构施工赢得了宝贵的时间。

10　巩固措施

为确保进一步巩固效果，QC 小组制定了以下措施来进一步强化成果：

（1）将 QC 小组活动所取得的成功经验，及时转化为相应的成果，编制《提高合龙时单个袋装砂工作面日成型量 QC 活动经验总结会议记录》，对协作队伍交底形成 QC 小组成果。

(2)编制《抛石截流断水施工手册》《锁坝结构设置施工手册》,巩固措施,强化效果。

11 结语

通过本次活动的开展,小组成员的质量意识、个人能力、解决问题的信心、团队协作能力、QC知识和操作水平都有了不同程度的提高,从工程实践中发现问题、分析问题、解决问题的能力也得到了较大程度的增强。提高合龙时单个袋装砂工作面日成型量QC活动解决了合龙时袋装砂成型效率低下的问题,解决了袋布易破损、合龙流速快、成型速率慢等问题。在接下来的施工过程中,QC小组将重点针对龙口双层排体防护效果进行立项活动。

降低水闸闸墩大体积混凝土裂缝生成率

丁怡骏[1]　周恩鹏[2]

(1. 上海交通建设总承包有限公司，上海　200136；

2. 中港疏浚有限公司，上海　200136)

【摘　要】 水闸的混凝土外观质量是水闸结构质量验收的重要内容之一，也是工程评优的重要内容之一。为防治混凝土通病，提高水闸清水混凝土表观质量，研究人员对影响混凝土表面裂缝数量生成的8种因素进行了分析调查，最终确定现场浇筑混凝土坍落度不符合要求和混凝土内外温差过大这两种原因为主要影响因素，并针对这两种原因制定措施，有效提高了水闸混凝土的表观质量。

【关键词】 大体积混凝土裂缝生成率；坍落度；混凝土内外温差

1　选择课题

混凝土外观质量是混凝土结构质量验收的重要内容之一；工程评优要求提高水闸清水混凝土表观质量。

QC小组对已建5号水闸4个闸墩（东侧边墩、西侧边墩、东侧中墩、西侧中墩）、闸室底板、内河侧翼墙（东、西翼墙）、外河侧翼墙（东、西翼墙）表观质量进行检测，检测结果统计结果见表1。

表1　水闸清水混凝土表观质量统计表

序号	常见外观质量缺陷类型	缺陷数量	占比/%
1	形体尺寸及表面平整度	未发现	0
2	露筋	未发现	0
3	深层及贯穿裂缝	未发现	0
4	麻面、蜂窝空洞	10处	16.7
5	碰损掉角	3处	5
6	表面裂缝	47处	78.3
	合计	60处	

小组决定从"降低水闸清水混凝土表面裂缝数量"入手，开展QC活动。

2　现状调查

QC小组对已建5号水闸4个闸墩（东侧边墩、西侧边墩、东侧中墩、西侧中墩）、闸室底板、内河侧翼墙（东、西翼墙）、外河侧翼墙（东、西翼墙）表面裂缝进行检测，发现闸墩产生表面裂缝数量最多，占混凝结构表面总裂缝数量的87%，相当于每100m²表面裂缝2.4条，明显高于底板和翼墙部位的。"闸墩裂缝多"是主要问题，需要有效解决。

3　设定目标

质量创优 QC 小组根据现状调查结果，经过讨论和研究，最终确定本次 QC 活动的目标为：闸墩表面裂缝数量降低到平均每 100m^2 内 1 条左右。

制定依据："降低闸墩表面裂缝数量"是本次课题的主攻方向，根据以往工程经验和底板、翼墙的裂缝生成情况，力争将"闸墩平均每 100m^2 内表面裂缝数量控制为 1 条以下"是可行的，可满足整个水闸清水混凝土平均每 100m^2 内表面裂缝数量控制目标为 1 条。

4　原因分析

通过头脑风暴法发现影响墩墙表面产生裂缝的末端因素主要有 8 个：①钢筋绑扎偏差；②模板安装不规范；③现场浇筑坍落度不符合要求；④下料高度超标；⑤分层浇筑厚度超标；⑥混凝土振捣时间不足；⑦混凝土内外温差过大；⑧混凝土养护措施不到位。

5　要因确认

QC 小组成员对关联图分析出的 8 种末端因素，在 4 号闸浇筑过程中，运用现场调查方法逐一进行了要因确认，要因确认计划表见表 2。

表 2　　　　　　　　　　要 因 确 认 计 划 表

序号	末 端 原 因	要 因 确 认	确 认 方 法
1	钢筋绑扎偏差	检查钢筋绑扎位置是否符合设计规范要求	现场检查
2	模板安装不规范	检查模板安装是否牢固	现场检查
3	现场浇筑坍落度不符合要求	对每批到场混凝土进行坍落度检测	现场检查并记录
4	下料高度超标	检查现场浇筑混凝土下料高度是否在 2m 以内	现场测量检查
5	分层浇筑厚度超标	检查墩墙混凝土分层浇筑厚度	现场测量检查
6	混凝土振捣时间不足	检查墩墙混凝土浇筑振捣时间	现场观察、振捣时间
7	混凝土内外温差过大	查看预埋温度计温度	记录温度计读数
8	混凝土养护措施不到位	检查现场混凝土养护措施及养护时间	现场检查

为验证每一条末端原因是否为要因，QC 小组制定了要因确认卡并对每一条末端原因进行要因确认，并于 2018 年 8 月 5 日—9 月 15 日采取现场调查的方式逐一对每一条末端原因进行要因确认，调查统计结果见表 3。

表 3　　　　　　　　　　要 因 确 认 结 果 统 计 表

序号	末 端 原 因	检 查 数 量	检 查 结 果
1	钢筋绑扎偏差	实测间距 120 处 实测保护层 40 处	均符合规范要求
2	模板安装不规范	观察模板 120 处	模板紧固情况良好，浇筑过程中未发生偏移、胀模、跑模等情况
3	现场浇筑坍落度不符合要求	记录坍落度 16 次	7 次不符合技术要求，且离散程度较大
4	下料高度超标	记录下料高度 12 次	下料高度均在 2m 以内，符合规范要求

续表

序号	末端原因	检查数量	检查结果
5	分层浇筑厚度超标	记录分层厚度12次	分层厚度均在50cm以内，符合规范要求
6	混凝土振捣时间不足	记录振捣时间12次	均在15~20s，未发现欠振、漏振、过振现象
7	混凝土内外温差过大	现场布置12个测温点测温	有6个测温点报告温差大于25℃，不符合方案要求
8	混凝土养护措施不到位	对4座闸墩的养护进行检查	松模、拆模时间、养护措施到位、养护时间符合要求

从统计结果来看，"现场浇筑坍落度不符合要求"和"混凝土内外温差过大"两种末端原因是造成水闸闸墩表面裂缝的要因。

6 制定对策

根据已分析出的要因进行"头脑风暴"讨论，并进行对策评估，形成对策实施表（表4）。

表4 对策实施表

序号	要因	对策	目标	措施	责任人	地点	实施日期/(年.月.日)
1	现场浇筑坍落度不符合要求	控制坍落度出场稳定和过程损失	混凝土到现场浇筑坍落度控制在150mm±30mm	（1）控制混凝土出搅拌站时坍落度的稳定，确保出厂坍落度在180mm左右。（2）控制出搅拌站至现场浇筑的运输时间在40min左右。（3）控制施工现场等待时间在20min以内	×××	施工现场	2019.7.5
2	混凝土内外温差过大	调整配合比和墙内预埋冷却水管	混凝土内部温度与气温最大温差不大于25℃	（1）调整混凝土配合比，减小水泥用量，增加粉煤灰用量，并添加1%减缩剂，减少混凝土温度应力引起的自收缩量。（2）在闸墩内预埋冷却水管，浇筑后通水降温	×××	实验室、施工现场	2019.5.6—7.12

7 对策实施

7.1 实施一：针对现场浇筑混凝土坍落度不符合要求的问题

措施1，采取措施保证混凝土出厂坍落度稳定。在混凝土搅拌站派驻施工员对下料配比进行严格监控，对搅拌站出厂前的混凝土进行坍落度检测，确保出厂坍落度180mm左右。

措施2，控制混凝土的运输时间。对混凝土罐车的全程运输路线进行规划，由专门人员进行交通疏导，避免路上交通拥堵，路上运输时间控制在40min左右。

措施3，控制混凝土罐车现场等待时间。混凝土浇筑现场由专人负责，掌握施工浇筑进度，与混凝土搅拌站负责人电话联系，根据浇筑进度和混凝土罐车等待数量，通知搅拌站下料拌和时间，保证施工现场混凝土罐车等待时间在20min以内，确保浇筑坍落度在150mm±30mm。

对策实施后，经调查，达到了对策目标：确保现场浇筑坍落度在150mm±30mm。

7.2 实施二：针对混凝土内外温差过大

措施1，调整混凝土配合比。通过实验室试验，调整混凝土配合比，在保证混凝土强度的基础上，减少水泥用量，增加粉煤灰用量至 82kg/m³，降低混凝土水化热。并通过在试验场地试验，添加 1% 减缩剂，减少混凝土温度应力引起的自收缩量和干燥收缩的影响。

措施 2，安装冷却水管。混凝土浇筑前在闸墙内部安装一定数量的冷却水管，并埋设测温计，浇筑后，根据测温计显示温度和气温，通温水或冷水冷却，降低混凝土内部形成的水化热，从而降低内外温差。

对策实施后，经调查，闸墙混凝土内部温度与气候温差数值明显降低，符合技术交底要求，达到了对策目标：混凝土内部温度与气候温差不大于 25℃。

8 效果检查

QC 活动针对 3 号水闸进行表面裂缝检查，并对数据记录和统计，形成表 5 的数据。

表 5　　　　　　　　　　　　3 号水闸的裂缝检查结果

检查部位	裂缝数量/条	结构表面积/m²	每 100m² 裂缝数量/条	记录人
西侧边墩	3	411.6	0.7	×××
东侧边墩	3	411.6	0.7	×××
西侧中墩	4	448.6	0.9	×××
东侧中墩	3	448.6	0.7	×××
闸室底板	1	206.4	0.5	×××
内河侧翼墙（东）	1	226.5	0.4	×××
内河侧翼墙（西）	2	226.5	0.9	×××
外河侧翼墙（东）	1	192.7	0.5	×××
外河侧翼墙（西）	1	192.7	0.5	×××
总计	19	2765.2	0.7	

在完成对策实施后，水闸表面裂缝数量降低至每 100m² 内 0.7 条，达到了活动目标。

9 活动效益

QC 小组的活动取得了以下较好的活动效益：
（1）通过本次 QC 小组活动，每一位成员的综合水平得到提高。
（2）提高了项目部员工的质量管理意识及运用 PDCA 方法解决实际问题的能力。
（3）通过小组成员的共同努力，为水闸清水混凝土表面裂缝控制尤其是闸墩表面裂缝控制积累了经验，完善了施工方案，对今后各闸的混凝土浇筑施工起了很好的指导作用。
（4）保证了水闸外观质量，为工程创优打下了基础。

10 巩固措施

为确保进一步巩固效果，QC 小组将上述对策措施进行整理、规范化，并加入后续的施工作业指导书和施工方案，制定了以下措施来进一步强化成果：
（1）编制了《水闸混凝土浇筑施工作业指导书》。
（2）编制并完善了后续的《2 号水闸混凝土浇筑施工方案》。
（3）项目成立水泵闸混凝土结构质量控制小组，进一步加强现场混凝土浇筑质量控制。

效果巩固维持情况：2019年9—11月，后续2号闸进行混凝土浇筑，据检查统计，2号闸每100m² 表面裂缝数量为0.8条，效果维持良好。

11　结语

在本次的QC小组活动中，大家同心协力攻克了一个又一个难关，找到了针对横沙岛水闸施工中，控制清水混凝土墩墙表面裂缝的方法，提高了水闸混凝土的表观质量，对QC小组的每个成员都是一个很好的锻炼，较上次QC活动，小组成员各方面能力又攀上了一个新的台阶。

通过活动后的讨论，QC小组也发现了各自的不足之处，以及施工现场仍然存在的其他质量问题。针对本次QC活动过程中出现的一系列问题，QC小组将取长补短，继续对后续施工的水闸混凝土结构施工质量控制进行探究。

提高龙口流速数值模拟计算精度

陈海英　董永福　鲍道阳　杨一琛

（中交上海航道勘察设计研究院有限公司，上海　200120）

【摘　要】 龙口合龙是圈围工程能否顺利实施的最关键过程之一，准确的龙口宽度与底高程设置可以大大降低龙口合龙风险与费用成本。为提高龙口流速数值模拟计算精度，研究人员对影响模型计算精度的8种因素进行了分析调查，最终确定二维模式缺少垂向分层和模型参数不准确共2条为主要影响因素，并针对这两种原因制定措施，有效提高了龙口流速数值模拟计算精度。

【关键词】 龙口流速数值模拟计算精度；二维模式；垂向分层；模型参数

1　选择课题

龙口合龙是圈围工程能否顺利实施的最关键过程之一，准确的龙口宽度与底高程设置可以大大降低龙口合龙风险与费用成本。特别是对于本工程位于围堤圆弧段的6号龙口，其处于工程最外侧的长江口区域，风浪条件最恶劣，施工环境最困难，确定最合理的宽度可以最大程度上降低合龙风险。

根据表1，本工程二维潮流模型计算结果可以达到0.7以上的强相关，模型对流速流向的模拟基本可信，但相关系数达到0.9以上的仅有一组，故考虑进一步提高其计算准确性，提升龙口设计水平。

表1　1号～5号龙口流速、流向二维数值模拟相关系数

采样点	相关系数	
	流速/(m/s)	流向/(°)
S1	0.791055	0.884977
S2	0.776454	0.527403
S3	0.85377	0.723379
S4	0.694505	0.785875
S5	0.890376	0.953167

2　现状调查

龙口流速数值计算一般具有以下特点：

（1）龙口尺度小，网格设计较难。相对于长江河口（宽度1～10km）而言，龙口宽度（宽度200～500m）非常小，而且坝体与坝体之间距离很近。对龙口附近流速精度要求越高，其附近网格就要求越多，设计难度大。

（2）局部的流态变化较难模拟。龙口流速方向通常与口外流速方向不同，局部存在沿堤流、绕堤流、紊流等，龙口区域流场的形态非常复杂，难以模拟。

（3）龙口附近情况概化难。龙口范围高程变化复杂，各个建筑物结构的概化需经仔细考虑。

目前，龙口流速数值计算模型一般采用二维潮流数值模型。方程组包括水位及垂向平均的流速。

3 设定目标

根据现状调查结果,结合项目施工需要,通过 QC 小组成员的讨论,一般认为相关系数 0.9 以上为极显著相关,故本次 QC 活动的目标为:提高模型计算精度,使计算值与实测值的相关系数达到 0.9 以上。制定依据如下:

(1) 龙口流速测量技术的提高。常规潮流泥沙测验仪器为海流计和 ADCP,这两种测验模式在以往圈围工程龙口流速现场测量中均碰到一些实施难题,如龙口轴线上不能抛锚、船位会绕抛锚点转动,易造成实测数据失真。此外,龙口施工现场作业船舶对测量过程也有较大影响等。

本次本工程北堤 1 号~5 号龙口水文测验采用先进的无动力三体船双频测流系统、GPS 定位器轨迹记录系统、SW1000 无人机流速观测系统等多种手段对龙口流速进行观测,数据真实性高、可用性强。

(2) 数值模拟技术发展。根据现场实测成果,流速流向为垂向三点法数据,在垂向上具有变化特征,因此本 QC 小组考虑在龙口流速计算中使用三维数值模型,用以模拟各个水深层上的流速流向。

本次使用的三维潮流模型为我院与华东师范大学联合研发的 SHIWM-3D 模型,模型的计算技术较为先进:模式对动量方程采用半隐格式计算,消除了 CFL 判据,提高了计算的稳定性、收敛性;对平流项的差分采用国际先进的 3rd-TVD 格式,大幅提高了平流项的计算精度。该模型在长江口、杭州湾、连云港等重大项目的成功应用,已得到国内外专家同行的广泛认可,但在上海地区圈围工程大型龙口流态计算中尚未使用。

(3) QC 小组结合横沙东滩类似工程经验,收集到了本地区较为详细的自然条件参数,对于本地区的潮位有了更为成熟的掌握,能够为本工程提供较多的帮助。

基于以上分析,我们对目标实现有充分的把握。

4 原因分析

通过头脑风暴法发现影响模型计算精度的末端因素主要有 8 个,并绘制关联图(图 1)。

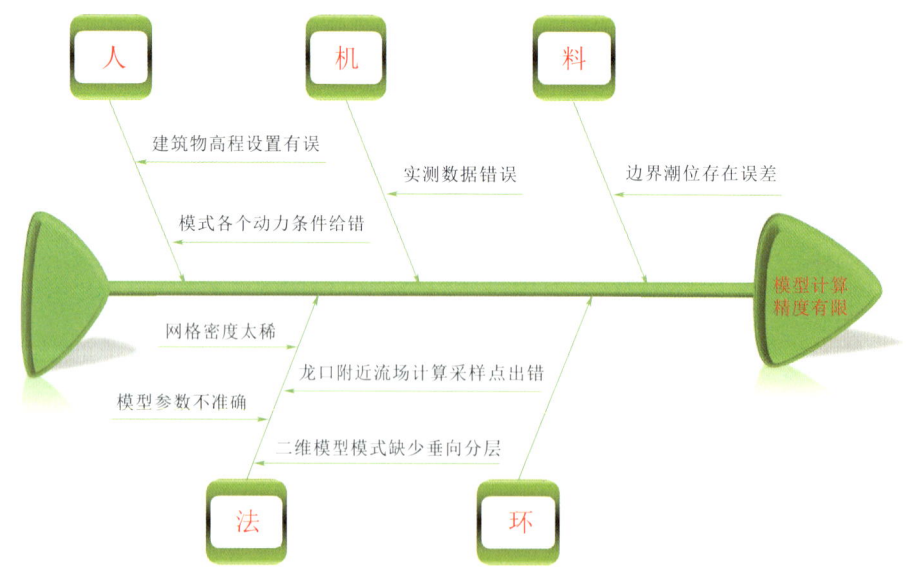

图 1 原因分析关联图

5 要因确认

QC 小组成员对关联图分析出的 8 种末端因素，逐一进行了要因确认。调查结论见表 2。

表 2　　　　　　　　　　　要因确认结果统计表

序号	末端原因	确认方法	标准	实测结论
1	建筑物高程设置有误	核对模式设置	高程设置正确	QC 小组人员对建筑物高程设置进行了复核，确认高程设置并未出错
2	边界潮位存在误差	选取几个验潮站资料进行验证	验潮站实测值与计算值相符	选取了横沙附近的几个站点潮汐表数据，模式计算值与潮汐表数据吻合良好
3	模式动力条件给错	核对动力条件	径流、风场、科氏力场正确	画出了径流过程线、各个时刻风场矢量图，对科氏力文件进行复核，并未发现错误
4	龙口附近流场计算采样点出错	分析龙口附近流速计算结果，采样点坐标与实测点坐标进行复核	流速计算结果符合实际，采样点坐标一致	画出龙口附近流场矢量图，与以往龙口流速分布相似，并未发现异常；采样点坐标一致
5	网格密度太稀	调整网格重新计算	重新计算相关系数达到要求	局部加密了龙口附近网格重新计算，计算结果与之前差别很小
6	二维模式缺少垂向分层	采用三维数值模式进行计算	计算相关系数得到提高	采用三维数值模式计算后，计算结果得到较大提升
7	模型参数不准确	优化模型参数，重新计算	计算相关系数达到要求	通过二维、三维模式结果的对比以及参数设置的分析，结果表明底部粗糙高度是影响龙口计算流速的主要参数，通过优化粗糙高度的设置，能有效提高流速计算的准确性
8	实测数据错误	QC 小组组织测量人员对实测成果进行核查	测量数据无误	多种测量方法结果相互比对，基本一致

最终发现：二维模式缺少垂向分层和模型参数不准确为要因。

6 制定对策

根据已分析的要因，进行"头脑风暴"研讨，形成对策实施表（表 3）。

表 3　　　　　　　　　　　对　策　实　施　表

序号	主要原因	对策	目标	措施	实施人	检查人	地点	完成时间/（年.月.日）
1	二维模式缺少垂向分层	采用三维模式计算	增加流速计算精度	采用二维、三维模型同步计算，分析结果	谢　捷 鲍道阳 宋晓波	陈海英 谢　军	院四楼会议室	2017.2.10
2	模型参数不准确	二维、三维计算结果相互对比分析，进一步优化经验参数	增加流速计算可信度	二维、三维结果和所用参数的分析对比	谢　捷 鲍道阳	陈海英 张　华 谢　军	院四楼会议室	2017.2.12

7 对策实施

7.1 实施一：采用二维、三维模式同步背靠背计算

由于流速计算一般为预测性计算，故假设没有实测资料对比，采用两个模型同时开始计算，以两个计算结果进行对比（图2）。

二维模型在计算速度方面优于三维模型，所以二维模型的结果会优先计算完成，故在三维模型的计算完成前已经对二维模型的结果进行分析检验，查看有没有不符合经验的地方（图3）。

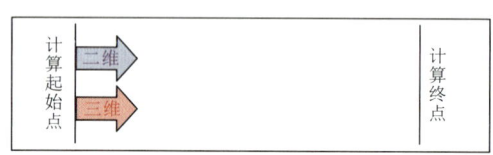

图2　两个模型同时开始计算

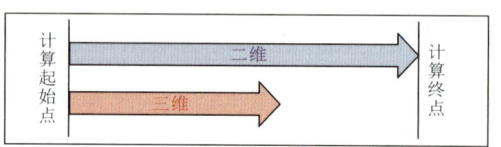

图3　二维模型优先计算完成

待三维模型结果计算完成后，将两个模型的结果进行比较分析，进一步优化各个经验参数，使模型结果更为可信（图4）。

7.2 实施二：与实测结果比较

再将两个计算结果与实测数据对比，对模型计算进行改进（图5）。

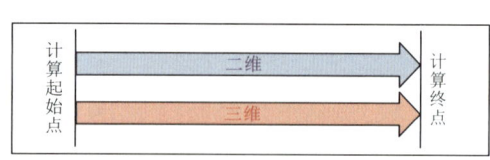

图4　对两个模型的结果比较分析

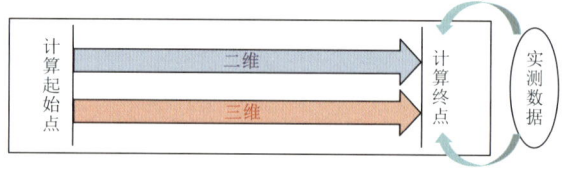

图5　对模型计算进行改进

8 效果检查

经计算，三维数值模型1号~5号龙口流速和流向的模拟相关系数结果见表4，可见计算结果与实测值的相关性上有一定提升。

表4　三维模型1号~5号龙口流速、流向模拟相关系数

编号	流速/(m/s)	流向/(°)	编号	流速/(m/s)	流向/(°)
S1	0.874	0.902	S4	0.853	0.971
S2	0.903	0.988	S5	0.890	0.946
S3	0.907	0.878			

经计算，三维模型1号~5号龙口流速和流向的模拟相关系数结果见表5，可见计算结果与实测值的相关性上有一定提升。

表 5　　　　　　　　三维模型 1 号～5 号龙口流速、流向模拟相关系数

编号	流速/(m/s)	流向/(°)	编号	流速/(m/s)	流向/(°)
S1	0.874	0.902	S4	0.853	0.971
S2	0.903	0.988	S5	0.890	0.946
S3	0.907	0.878			

结果表明，流速和流向的计算精度大大提高，模拟相关系数均达到 0.95 以上。达到了目标。

9　活动效益

采用数值模拟的方式计算龙口流速对于合龙施工有着重要的意义，本次 QC 活动大大提高了龙口流速数值模拟的计算精度，为龙口的选址、尺度确定及保护方案提供了可靠的依据，使龙口布置方案更为经济合理，并为龙口合龙这一关键施工节点的顺利完成提供了有力保障，创造了更多的社会效益和经济效益。

10　巩固措施

10.1　成果总结

通过开展"提高龙口流速数值模拟计算精度"QC 活动，取得了较好的效果，为进一步巩固效果，QC 小组制定以下措施来进一步强化 QC 成果：

（1）将 QC 小组活动所取得的成功经验，及时转化为相应的成果，编制《龙口流速数值模拟计算手册》，详细记录了参数选定方法及计算要求，指导后续工程施工。

（2）对项目组成员进行总结培训，使参与项目的人员进一步熟悉龙口流速的数值模拟计算。

10.2　效果维持情况

按照改进参数和计算方法进行南汇东滩整治二期工程的龙口流速计算，将计算结果与实测值对比，发现计算精度明显提高，效果维持情况良好。

11　结语

通过本次 QC 活动的开展，小组成员的质量意识、个人能力、解决问题的信心、团队协作能力、QC 知识和操作水平都有了不同程度的提高，从工程实践中发现问题、分析问题、解决问题的能力也得到了较大程度的增强。为了更好检验 QC 小组对于成员能力、意识、知识等方面的积极影响作用，我们开展了小组成员自我评价活动，对于每一位 QC 小组成员发放考核试卷，制定统一的评分标准，确认了 QC 小组成员在质量意识、问题意识、团队意识、QC 知识、解决问题信心等四个方面的能力情况。

提高绿化混凝土植物发芽率

李　正　杨一琛　于　洋　董永福

（中交上海航道勘察设计研究院有限公司，上海　200120）

【摘　要】 绿化混凝土护坡植物发芽率对护坡结构具有重要的作用，可提高河道护岸结构的整体性与稳定性，降低后期维护成本，利于当地环境修复，也是工程验收的主要要求之一。为提高绿化混凝土植物发芽率，研究人员对影响绿化混凝土植物发芽率的 14 种因素进行了分析调查，最终确定二维模式缺少垂向分层和模型参数不准确且石料粒径较小、营养土的厚度太薄和喷覆工艺保土性差等三种原因为主要影响因素，并针对这三种原因制定措施，有效提高了绿化混凝土植物发芽率。

【关键词】 绿化混凝土植物发芽率；石料粒径；营养土；喷覆工艺

1　选择课题

绿化混凝土护坡植物发芽率对护坡结构具有重要的作用，具体体现在以下方面：

（1）绿化混凝土护坡植物发芽后其根系可通过绿化混凝土孔隙伸入内部充泥管袋，使护坡与堤身结合更紧密，提高河道护岸结构的整体性与稳定性。

（2）绿化混凝土护坡属于环境友好型结构，提高植物发芽率有利于工程当地生态环境的修复。

（3）横沙东滩八期圈围工程中的河道护坡工程量较大，范围较广，为响应绿化混凝土的应用推广工作，植物发芽率是较为关键的指标，同时提高植物发芽率还可大大降低后期维护成本。

（4）绿化混凝土护坡单位工程质量目标是优良工程，植物发芽率达到 90％以上是工程验收的要求。

2　现状调查

2019 年 1 月 14 日—2 月 28 日，有效作业天数 24 天，共浇筑绿化混凝土 576 仓，其中完成植草养护 336 仓。经现场实际调研发现，种植孔内植物正常发芽，其余位置合计植物发芽率不足 30％。

2019 年 3 月 4 日，QC 小组对现场调研收集到的信息进行梳理、归类、筛选，选取合理有用信息，将绿化混凝土植物发芽率低下归因于植物选择不合适、生长环境不合适、播种方法时机不合适和后期维护不到位四大类问题。

3　设定目标

根据现状调查结果，结合项目施工需要，把"提高绿化混凝土植物发芽率"作为本次 QC 活动的重点，以达到设计施工技术要求对于绿化混凝土绿化覆盖率的要求，通过 QC 小组成员的讨论，最终确定本次 QC 活动的目标为：提高绿化混凝土植物发芽率达到 90％以上。制定依据如下：

（1）根据《横沙东滩八期圈围工程施工图说明及施工技术要求》，绿化混凝土完工后植物发芽率应达到 90％以上。

（2）中国工程建设协会标准《生态混凝土应用技术规程》（CECS 361：2013）中要求生态混凝土绿化成活率不宜小于 90%。

（3）2011 年完工的山东文登南海开发区的香水河绿化混凝土护堤工程，种植的马尼拉草及麦冬草，至今长势依然良好，植物发芽率在 95% 以上。

4 原因分析

通过头脑风暴法发现影响墩墙表面产生裂缝的末端因素主要有 14 个，并绘制关联图（图1）。

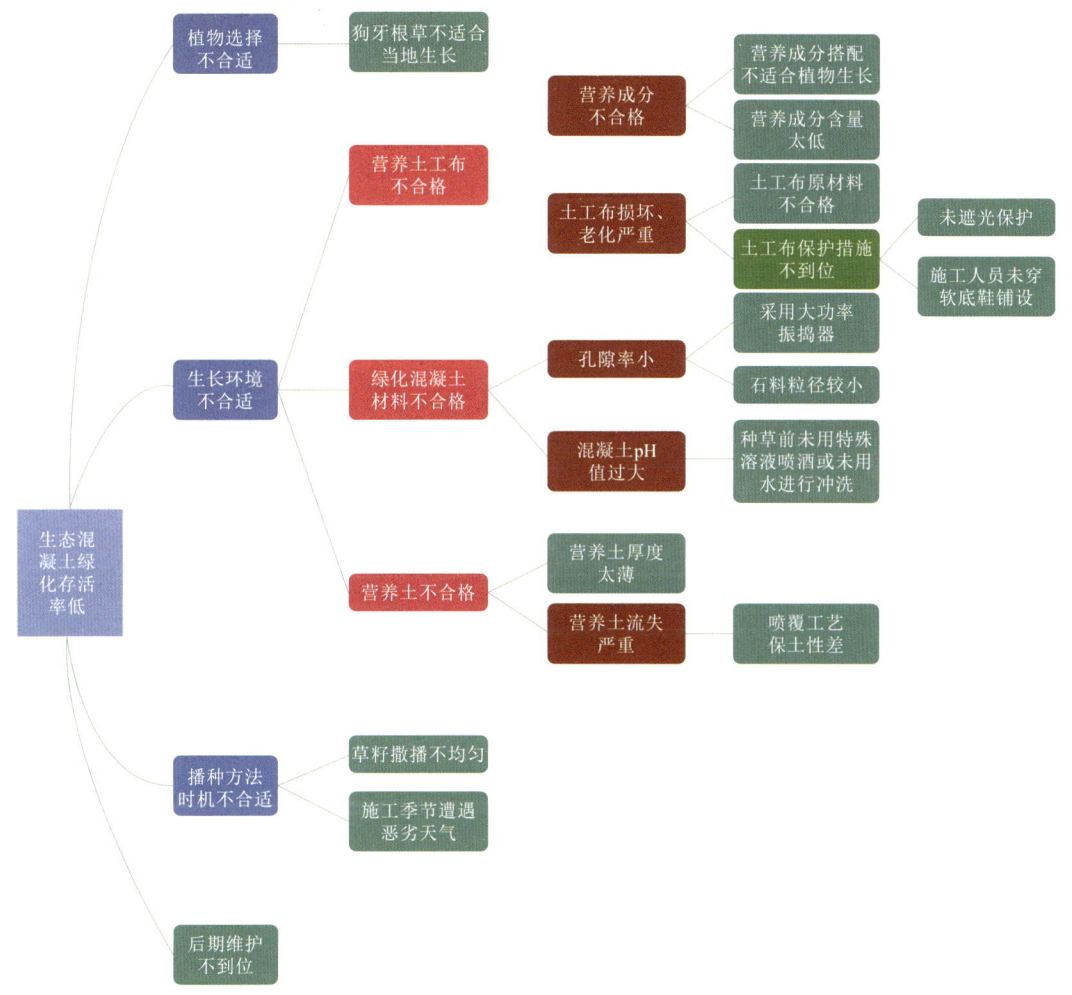

图 1 原因分析关联图

5 要因确认

QC 小组成员对关联图分析出的 14 种末端因素，逐一进行了要因确认。

5.1 狗牙根草不适合当地生长

2019 年 3 月 5—7 日，QC 小组查阅相关资料，了解了上海地区沿海、沿江绿化护坡工程植物品种主要有黑麦草、中华结缕草和狗牙根草，并前往上海市浦东新区合庆镇土地整治绿化混凝土护坡工程（图 2）进行实地调查，调查结果发现狗牙根草在该工程中生长情况良好，适宜在上海沿海、沿江地区生长。

结论：非要因。

5.2 营养土工布营养成分搭配不合理

2019年3月13日，QC小组检查现场采用的营养土工布的品种规格，了解了土工布所含营养成分主要有C、H、O、N、P、K、Ca、Mg、S等，与常用复混及有机肥料中营养成分接近，适合植物生长需要。

5.3 营养土工布营养成分含量太低

2019年3月13日，QC小组检查现场采用的营养土工布的品种规格，了解了土工布营养层的单位面积质量为350~400g/m²，缓释时间约6个月，可以为植物生长提供充足养分。

图2　上海市浦东新区合庆镇土地整治绿化混凝土护坡工程

5.4 土工布原材料不合格

2019年3月15日，QC小组检查营养土工布出厂鉴定书或合格证书及营养土工布抽样检测记录，确认营养土工布抽样检测次数与结果是否满足施工技术要求。施工技术要求规定营养土工布的随机抽样本为1个/万m²，每批供货至少一个样，营养土工布主要技术要求见表1。检查结果显示营养土工布抽样检测记录齐全，检测结果符合施工技术要求。

表1　营养土工布主要技术要求

序号	项目	单位	指标
1	反滤层单位面积质量	g/m²	150
2	反滤层断裂强力	kN/m	≥4.5
3	反滤层断裂伸长率	%	50
4	反滤层CBR顶破强力	kN	≥0.6
5	反滤层等效孔径O_{95}	mm	0.07~0.2
6	营养层单位面积质量	g/m²	200
7	营养层孔隙率n	%	≥40
8	营养成分（NPK含量）	%	≥4

5.5 营养土工布未遮光保护

2019年3月18日，QC小组检查项目部施工日志，并与现场施工人员进行谈话沟通，确认施工过程中营养土工布是否采取了遮光保护措施。检查结果显示，施工过程中营养土工布采取了遮光措施，施工日志相关记录完整齐全，与施工人员谈话内容相符。

5.6 施工人员未穿软底鞋铺设

2019年3月18日，QC小组检查项目部后勤物资发放记录及施工日志，并与现场施工人员进行谈话沟通，确认后勤部门是否向相关施工人员发放软底鞋，并检查施工人员在铺设营养布过程中是否穿着软底鞋。调查结果显示软底鞋发放记录明确有效，并确认了现场施工人员在营养土工布施工时穿着软底鞋。

5.7 采用大功率振捣器

2019年3月20日,QC小组查看施工日志,确认绿化混凝土施工过程中是否存在使用大功率振捣器,导致水泥浆向底部下沉,混凝土上部孔隙大、下部孔隙小的不均匀情况。调查结果显示,绿化混凝土浇筑入仓后采用平板振动机振捣,振捣完成后采用抹具压平,未使用大功率振捣器(图3)。

5.8 石料粒径较小

2019年3月20日,QC小组对施工现场进行调查并翻阅施工日志,确认现场采用石料粒径范围为5~16mm。为了分析石料粒径对绿化混凝土植物发芽率的影响,取现场石料中粒径5~16mm、10~30mm及粒径20~40mm的石料分别拌制绿化混凝土并进行生态孔隙率检测,检测结果显示现场石料中:粒径5~16mm的绿化混凝土生态孔隙率为11%;粒径10~30mm的绿化混凝土生态孔隙率为20%;粒径20~40mm的绿化混凝土生态孔隙率为28%。所以,扩大石料粒径后绿化混凝土生态孔隙率可显著提升(表2)。

图3 绿化混凝土压平施工

表2 绿化混凝土生态孔径检测试验结果

序号	石料粒径范围/mm	生态孔隙率/%
1	5~16	11
2	10~30	20
3	20~40	28

5.9 种草前未用特殊溶液喷洒或未用水进行冲洗

2019年3月22日,QC小组检查项目部施工日志,并与现场施工人员进行谈话沟通,确认绿化混凝土是否存在种草前未用特殊溶液喷洒或未用水进行冲洗现象。检查结果显示,绿化混凝土种草前已经用水进行了冲洗,施工日志相关记录完整齐全,与施工人员谈话内容相符。

5.10 营养土的厚度太薄

2019年3月22日,QC小组对施工现场进行调查,对比分析不同厚度营养土条件下的植物发芽情况,判断营养土的厚度太薄是否能影响植物发芽率。根据现场调查,绿化混凝土养护完成后通过播撒混合草籽的营养土来完成种植,营养土厚度约5mm。为对比分析不同厚度营养土条件下的植物发芽情况,取三仓绿化混凝土进行对比试验,分别播撒5mm、15mm、30mm厚营养土,试验结果显示养护30天后,5mm厚营养土仓格植物发芽率约为30%,15mm厚营养土仓格植物发芽率约为43%,30mm厚营养土仓格植物发芽率约为55%(表3)。因此,增加营养土厚度后,绿化混凝土植物发芽率显著提升。

表3 不同营养土厚度试验结果

序号	营养土厚度/mm	植物发芽率/%
1	5	30
2	15	43
3	30	55

5.11 喷覆工艺保土性差

2019年3月22日，QC小组对施工现场进行调查，确认营养土流失情况。现场调查结果显示，营养土的播撒采用喷覆工艺，仅能覆盖绿化混凝土表层，易被大风或雨水带走，导致营养土流失严重，植物发芽率降低。为解决这一问题，QC小组提出采用水填法将营养土充入绿化混凝土，即采用低水压喷水，使混合草籽的营养土随水流注入绿化混凝土的孔隙内。结果显示，采用水填法后，绿化混凝土植物发芽率显著提升。

5.12 草籽撒播不均匀

2019年3月22日，QC小组对施工现场进行调查并和施工人员进行交流，判断是否存在草籽撒播不均匀现象。调查结果显示，草籽撒播前与营养土混合充分，播撒方式采用机械播撒，不存在播撒不均匀现象。

5.13 施工季节遭遇恶劣天气

2019年3月25日，QC小组对项目部安监部记录的气象记录资料进行统计分析，统计每个月的台风、暴雨等恶劣天气天数，确认恶劣天气对植被生长的影响。统计得到的每个月的恶劣天气汇总见表4。

表4　恶劣天气天数统计表

月份	恶劣天气天数
1	4
2	3
3	3

统计结果显示，1—3月恶劣天气（包括寒潮大风、台风、大雨等）所占天数在11%左右，占比不高，且在恶劣天气时项目部均对绿化混凝土采取了保护措施，故恶劣天气对绿化混凝土植物发芽率影响不大。

5.14 后期维护不到位

2019年3月25日，QC小组查看后期维护日志，确认是否存在绿化混凝土后期维护不到位的情况。检查结果显示，绿化混凝土施工完成后采取了维护措施，相关维护记录完整齐全。

6　制定对策

根据已分析出的要因，形成对策实施表（表5）。

表5　对策实施表

序号	主要原因	对策	目标	措施	实施人	检查人	地点	完成时间/(年.月.日)
1	石料粒径较小	提高石料粒径	绿化混凝土生态空隙率达到25%～30%	采用20～40mm粒径范围石料	董永福 于洋 杨一琛	余竞 陈博	施工现场	2019.4.2
2	营养土厚度太薄	增加营养土厚度	营养土厚度达到对草籽的保护及发芽需求	调整15cm厚绿化混凝土结构为上部3cm营养土、下部12cm无砂混凝土结构	李正 陈博 卢行长	陈海英 李蕙	施工现场	2019.4.8

续表

序号	主要原因	对策	目标	措施	实施人	检查人	地点	完成时间/(年.月.日)
3	喷覆工艺保土性差	采用水填法充填营养土	草籽混合营养土充分填充绿化混凝土空隙	采用低水压喷水，使草籽混合营养土随水流注入绿化混凝土孔隙内	余竞 陈海英 李蕙	董永福 杨一琛	施工现场	2019.4.11

7 对策实施

1. 提高石料粒径

针对绿化混凝土石料粒径较小的问题，QC小组制定提高石料粒径的措施来解决，在经过业主、设计、监理、施工等协商讨论同意后，从2019年4月2日开始，绿化混凝土拌制石料粒径范围提升至20～40mm。

2. 增加营养土厚度

针对营养土厚度太薄的问题，QC小组制定增加营养土厚度的措施来解决，在经过业主、设计、监理、施工等协商讨论同意后，从2019年4月8日开始，对绿化混凝土护坡结构细化修改如下：绿化混凝土15cm，其中下部为12cm无砂混凝土结构，上部为3cm营养土，绿化混凝土下设一层营养土工布（图4）。

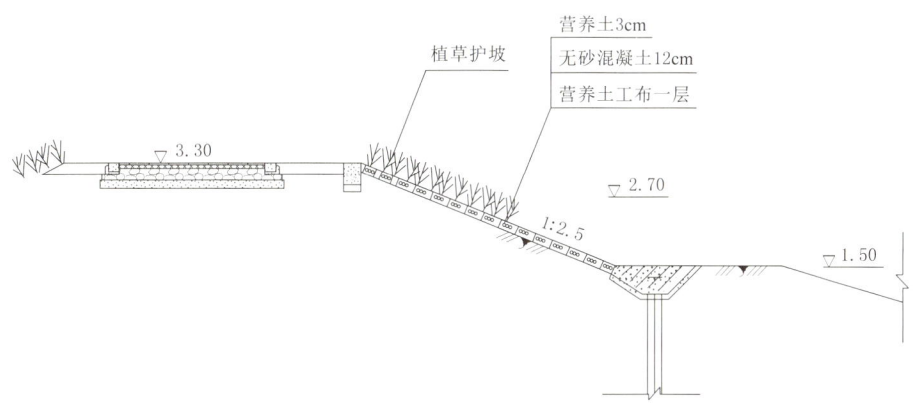

图4 绿化混凝土结构图（单位：m）

3. 采用水填法充填营养土

针对喷覆工艺保土性差的问题，QC小组采用水填法充填营养土的措施来解决，在经过业主、设计、监理、施工等协商讨论同意后，从2019年4月11日开始，在播撒草籽施工时采用低水压喷水，使草籽混合营养土随水流注入绿化混凝土孔隙内。

8 效果检查

根据相应改进对策实施后，每仓绿化混凝土护坡施工完成后1个月内正常发芽，植物发芽率达到90%以上。

9 活动效益

QC活动提高了绿化混凝土的植物发芽率,对提高护坡的生态性有着重要的意义。绿化混凝土植物发芽率的提高,有助于工程当地生态的修复,符合我国堤坡生态化的建设方向,具有明显的社会效益;本次QC活动后,绿化混凝土中营养土取代无砂混凝土工程量约8445m^3,节约工程费用约938万元,同时绿化混凝土护坡的后期维护成本也有所降低,具有明显的经济效益。

10 巩固措施

10.1 成果总结

通过开展"提高绿化混凝土植物发芽率"QC活动,取得了较好的效果,为进一步巩固效果,QC小组制定以下几点措施来进一步强化QC成果。

(1) 将QC小组活动所取得的成功经验,及时转化为相应的成果,编制《提高绿化混凝土植物发芽率QC活动经验总结会议记录》,以技术交底的形式传达至各技术人员及一线施工人员,指导后续工程施工。

(2) 对按QC成果施工的坡面定期进行抽测和取样,一旦出现质量情况及时进行数据和试验分析,确保植物发芽率达到预期效果。

(3) 编制《绿化混凝土护坡施工手册》,巩固措施,强化效果。

10.2 效果维持情况

按照巩固措施进行剩余绿化混凝土护坡施工,植物发芽率达到92%,效果维持情况良好。

11 结语

通过本次活动的开展,小组成员的质量意识、个人能力、解决问题的信心、团队协作能力、QC知识和操作水平都有了不同程度的提高,从工程实践中发现问题、分析问题、解决问题的能力也得到了较大程度的增强。为了更好检验QC小组对于成员能力、意识、知识等方面的积极影响作用,我们开展了小组成员自我评价活动,对于每一位QC小组成员发放考核试卷,制定统一的评分标准,确认了QC小组成员在QC意识、质量意识、团队意识、参与意识等方面的能力情况。

本次QC活动的目标为提高绿化混凝土植物发芽率达到90%以上,圆满完成课题目标,但是考虑目前绿化色调较单一,本QC小组计划将"如何解决绿化混凝土植被色调单一"作为下一步活动的主题。

科研创新篇

横沙东滩整治项目关键技术应用与创新

张文虎　林顺才　张赛生

（上海市滩涂生态发展有限公司，上海　200061）

【摘　要】 本文以横沙东滩八期圈围工程为基础，总结历经20年横沙东滩区域整治工程不同建设时期的经验与教训，归纳出在横沙东滩整治工程中起重要作用的总体建设方案、筑堤技术方案、水系设计方案、施工组织等方面关键技术应用与创新成果，该关键技术应用与创新成果是确保横沙东滩整治工程圆满完成极为重要的技术支撑，同时该成果可为今后类似区域的滩涂整治提供可复制的有益经验。

【关键词】 横沙东滩；整治工程；关键技术；有益经验

横沙东滩位于长江口北港与北槽之间中低滩区域，面临开阔水域，槽沟丰富，软质地基分布广而不均，滩势变化剧烈。风大、流急、浪高的组合给项目带来了极为恶劣多变的工况条件。横沙东滩区域滩涂整治项目一次规划分步实施前后历经20年，整治面积达15.6万亩。项目由促淤、圈围、吹填、河道及水（泵）闸等工程组成，是一项重大而复杂的水利工程，项目在控制河势、稳定航道、防洪及城市可持续发展等方面产生重大社会和经济效益。

横沙东滩整治项目有许多经验与教训。在实施过程中通过参建者不断总结和不懈努力，项目于2021年圆满完成。本文概要总结横沙东滩整治项目关键技术和创新实践，为今后类似滩涂整治项目提供有益参考。

回顾横沙东滩区域建设过程中支撑工程顺利实施的关键技术和创新主要有：一是总体建设方案方面；二是筑堤技术方案方面；三是水系设计方案方面；四是施工组织方面。

1　总体建设方案

1.1　整体筹划分步实施的研究和优化

站在横沙岛东堤一线海塘上，茫茫一片江水东流，如何将江水下的横沙东滩16万亩中低滩滩涂资源保护好整治好，对决策者和参建者来说是一个重大的考验。

横沙东滩东西向约23km，南北平均宽约4.6km。基于当时施工工艺、船机设备能力和保持滩涂动态平衡，提出了先促后围、促二围一、自西向东推进的整体筹划思路。横沙东滩一期、二期为促淤工程，均在东侧促淤堤设置纳潮口门，实施过程中，纳潮口堤头周边出现了强冲刷，最深达15m，且在北促淤堤上形成了多个宽窄不一深坑，促淤区内促淤效果未能达到预期。三期为圈围工程，龙口设在东堤上，但东堤出现多处险情，形成8个缺口，后经努力实现东堤合龙。前三期工程建设过程教训深刻，为了保证后续工程的顺利实施，通过多次专家论证和组织调研，取得最为有益经验的是"大规模滩涂成片整治开发首先要有科学的整体筹划，并按整体筹划分期分批推进"。为此，联合专业单位对横沙东滩区域后续促淤圈围进行了专题研究和优化。

专题研究开展了现场水文测验、二维潮流和泥沙数学模型以及定床和动床整体物理模型试验研究，对整体围区不同分隔面积的方案进行了比选，分析了由西向东和先南后北两种总体实施方案的实施顺序和促淤效果，得到先南后北方案下横沙东滩南侧淤积效果明显优于北侧、纳潮口布置在北侧有利于滩槽泥沙交换、有利于促淤区淤积等主要结论。同时考虑充分利用长江口深水航道疏浚土资源、为后续工程提供重要的陆上交通依托，最终提出"横沙大道先行、先南后北"的整体筹划优化方案。后续按整体筹划顺利实施了横沙五期～八期工程，为疏浚土资源综合利用提供了保障，带来明显的经济和社会效益。

1.2　充分利用航道疏浚土资源

传统上整治工程库区所需吹填土一般是从长江口江中取沙吹填来解决其土源，横沙东滩区域整治工程库区所需吹填土数量巨大，若仅通过长江口江中取沙，一方面沙源量无法满足；另一方面，大量采砂可能将给长江口河势、航道等造成极其严重的负面影响。而长江口深水航道紧邻横沙东滩区域，年平均产生约 6000 万 m^3 航道疏浚土需要寻找出路，以往一般都选择就近或口外抛填坑抛投，一方面造成疏浚土资源极大浪费；另一方面又给环境带来不利影响。

为了解决吹填区沙源及航道疏浚土资源出路问题，在上海市与交通部顶层层面协调下，形成上海市与交通部战略合作框架协议。公司按照框架协议，充分发挥功能型企业的职能，强化"想政府之所想、急政府之所急、干政府之想干"的意识，自 2009 年 12 月横沙三期工程试点利用疏浚土吹填成陆到 2019 年年底横沙东滩八期工程顺利完成吹填，利用深水航道疏浚土 2.74 亿 m^3，吹填工程用沙百分之百来自航道疏浚土，实现了滩涂资源开发与深水航道疏浚土资源综合利用相结合的良性局面。

在长达十年的建设过程中，与长江口航道管理局相互协作，共同努力，认真落实部、市合作备忘录精神，不断探索合作模式，积极解决建设过程中遇到的重大问题，从采用由上海市支付"超运距＋吹填"费用，到采用"疏浚土购买总价：结算时疏浚土购买方量同围区容积方，购买单价按投标自报单价确定"方式的转变，积累了疏浚土综合利用运营管理成熟的经验，为后续合作奠定了坚实的基础。正是基于横沙东滩区域整治工程利用航道疏浚土吹填取得明显成效的基础上，市级层面根据相关科研院所研究成果，对后续横沙浅滩区域资源利用进行战略谋划，市政府向国务院呈报"结合深水航道疏浚土资源利用实施横沙浅滩生态基底塑造"的建议专报，得到批示支持。

1.3　水系工程同步实施

传统上圈围工程一般是永久水系工程与滩涂整治工程分步建设，先行实施围堤和吹填工程，在圈围时采用临时排水工程措施解决工程实施过程的库区排水，随后根据条件再行立项建设库区永久水系工程。这种做法好处是节省初期整治工程立项投资，但带来了两方面问题：一是由于临时排水设施一般寿命不长，经常会出现因临排断裂引起大堤塌陷造成工程安全隐患；二是因库区水体长期得不到有效更换与流动，会给库区水体水质恶化带来安全隐患，尤其整治面积规模较大项目表现更为明显。例如，曾有长兴北沿、南汇四期工程等多个项目因临时排水设施出现断裂导致大堤塌陷；南汇东滩 N1 库区圈围工程因库区水体无法排干或更换，库区水体存在恶化趋势，水体水质质量存在安全隐患；奉贤华电灰坝曾因临排到期，担心出现临排断裂导致大堤塌陷事件发生，曾对临时排水设施及时进行封堵，后因库区水体无法排出，库内水位升高，导致大堤渗透破坏，最后不得不对大堤进行了应急抢险。为此，在横沙八期工程前期研究时，吸取曾出现临排设施断裂经验教训，同时考虑到八期建成后横沙东滩区域形成了相对独立的将近 16 万亩的大库区，库区排涝是确保工程运营安全的关键。因此，在前期工程方案研究的同时安排了横沙东滩区域水系总体规划，并将其在八期工程范围内的永久河道和泵闸设施在整治工程中一并同时实施，工程建设后即发挥了极其明显工程效益。

2　筑堤设计方案

2.1　因地制宜合理确定圈围大堤堤线平面布置

处于冲刷态势的岸段，应充分重视围堤与促淤坝在平面布局上的关系，以确保工程安全运行。横沙东滩三期圈围工程北堤及奉贤华电灰坝促淤圈围工程顺堤，其外侧滩地处于持续冲刷态势。但在圈围堤线布置时，片面追求土地面积最大化效益，采用围堤线与原促淤坝堤线相结合布置方案，袋装砂外棱体贴着原促淤抛石坝，导致工程建成运行期间，随着深水逼岸，曾多次出现因堤身跑沙危及大堤安全而不得不抢险的局面。而横沙东滩三期圈围工程南侧堤，外侧滩涂受长江口深水航道北导堤及丁坝群掩护，滩涂持续淤涨，尽管堤线与原促淤坝堤线相结合布置，但未出现堤身跑沙影响大堤稳定现象。三期圈围工程的北堤断面图如图 1 所示。

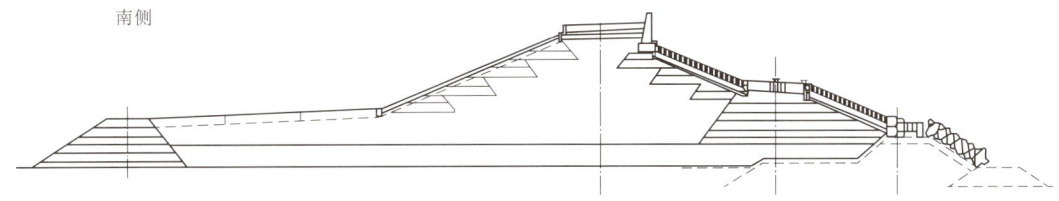

图 1　三期圈围工程的北堤断面图

横沙东滩北侧区域为北港主槽，河势逼岸，在长江上游来沙减少的大环境下，北侧将长期处于冲刷态势。鉴于这一客观自然条件，横沙八期圈围工程时，北堤布置时充分吸取以往经验教训，在设计理念上以保证工程顺利实施和长期安全运行为前提，不再盲目追求土地资源效益最大化，选择围堤与促淤堤分离式布置方案，即围堤退后促淤堤，布置在促淤堤内侧，促淤堤成为围堤工程的保滩坝，在围堤与促淤堤之间留出足够宽的滩地来确保圈围工程大堤的长治久安，实践证明是成功的（图 2、图 3）。

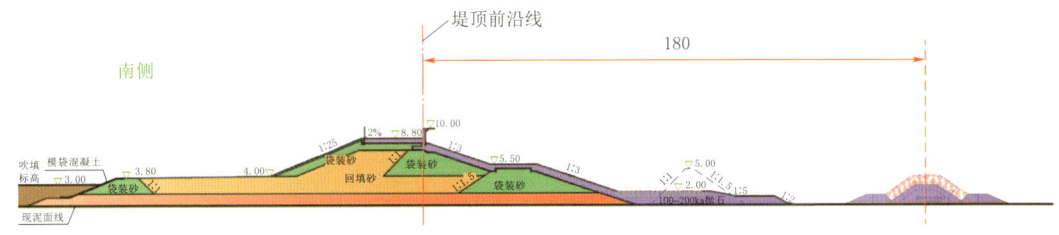

图 2　八期北堤断面图（单位：m）

2.2　高度注重保滩护底软体排的设计与运用

横沙东滩区域滩面地质构造为淤泥或粉细砂组成，当水动力条件改变时极易起动，引起滩面冲刷，甚至形成很大冲刷沟槽。横沙东滩区域建设过程经验教训充分证明了这一现象。为了应对因该区域工程实施过程水利动力的改变所导致滩面冲刷形成沟槽，进而影响工程实施及工程实施后的安全，无论促淤还是圈围工程实施软体排进行保滩护底是十分必要的，也是必须的工程措施。

在实施横沙东滩三期工程时，工程实施过程中出现的险情，除了未能严格按照指定的工程顺序实施外，没有考虑全面软体排护底也是其重要因素；又如横沙东滩二期促淤工程，尽管在工程实施

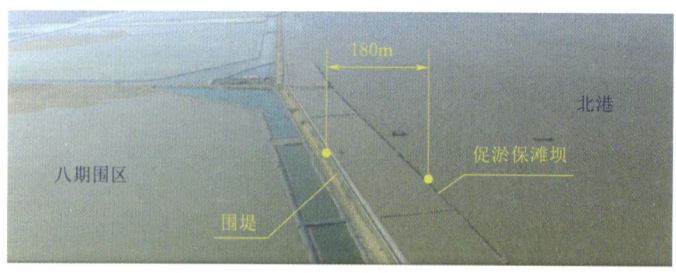

(a) 围堤与促淤堤分离

(b) 围堤与保淤堤之间留出的滩地

图 3 八期北堤与促淤坝关系照片

时考虑了软体排护底，但由于未能充分考虑到沿堤流和绕堤流共同作用下水动力条件改变引起的滩面冲刷，排体宽度明显不足，导致堤坝内侧形成一条类似黄浦江式的大河槽和北侧堤形成多处缺口（图4），给堤坝安全及后续工程实施带来极大困难。

图 4 二期工程北侧堤形成多次缺口照片

在总结前一阶段工程经验的基础上，在横沙东滩后续工程（四期～八期）前期及建设过程中把护底软体排设计和施工提到了十分重要位置。在前期研究时就充分研究护底排的宽度和型式：龙口及纳潮口位置流速很大，必须采取混凝土联锁块；对于堤坝及龙口两侧护底排宽度必须根据堤坝所在区域河势以及水流、河床质等条件，预测在沿堤流和绕堤流作用下可能出现的最大冲刷深度和冲刷稳定边坡，要求冲刷后形成的边坡能满足堤（坝）整体稳定。水流流速采用数学模型计算堤身推进过程中及完成后的流速，再根据顺坝和丁坝冲刷深度计算公式确定计算冲刷深度，随后按照河床质中粉砂土层的分布确定可能的最大冲刷深度。实践表明，横沙东滩龙口位置流速大，可根据河床质的底高程作为可能最大冲深来确定护底排宽度，其余的堤段可根据水流流速引起的最大冲深深度进行护底排宽度设计。重视理论研究的同时在施工过程必须进行严格管理，严格按照排体施工规范要求抓好现场施工管理，此后在横沙后续工程再也没有出现因软体排缺失或排体宽度不足引起的工程实施不顺利及建成后的安全运行问题。

2.3 淤泥质地基处理技术保证了大堤的稳定

八期工程东堤和1号～3号围区北堤原先已建促淤坝或护滩坝内侧位置出现了较深的冲刷坑或

冲刷沟，随着五期～七期工程的陆续推进，冲刷坑和沟槽泥沙落淤，形成的软基段长度约 7.7km，且表层回淤范围分布不均匀，回淤土的厚度起伏大。根据历史地形变化及勘察成果分析，表层新回淤土厚度，堤身范围内约 0～3m，堤脚处为 3～10m。新回淤土含水率大、承载力极低，必须采取地基处理措施方可保证堤身稳定。

经过比选分析，根据不同的地形、地质条件，因地制宜按堤段分类进行堤基处理，考虑到地基处理施工时间集中在冬季、寒潮多，若全部采用传统的塑料排水板地基处理对工期影响很大，故需要尽量减少采用塑料排水板进行地基处理的方式，在充分论证多层通长袋的加筋作用下，提出了绝大部分软弱土地基的堤段，选用不同层数的通长管袋加筋地基处理方法，只有对原位置有冲刷深坑后又回淤形成浮泥地基的堤段，采用通长管袋加筋＋排水板＋外侧抛石反压进行地基处理。创新性提出了采用多层通长管袋的地基处理方式（图5），极大地减少了采用传统塑料排水板地基处理方式，既避免了地基处理施工对工程工期的影响，又节省了工程投资。工程实施过程中的监测数据以及实际情况表明，采取多层管袋加筋地基处理仍能确保围堤堤身稳定。

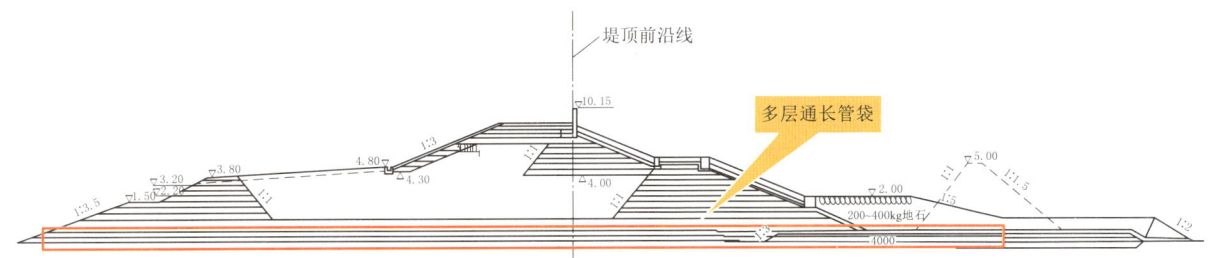

（a）多层通施工剖面图

（b）通长管袋地基处理施工现场施工照片

图 5　采用多层通长管袋的地基处理方式（单位：m）

3　水系设计方案

新吹填土土质差，含水率大、压缩性高、渗透性差、灵敏度高、强度低、呈流塑状，土体排水固结时间长，大多数为流泥或浮泥，规划河道断面底标高－0.50m，吹填标高约 3.50m，高差大，施工过程中易产生流土、边坡坍塌、河底隆起、沉降不匀等现象，已有类似工程在实施过程已出现此问题（图6），故必须进行地基加固处理。

(a) 边坡蠕动　　　　　　　　　　　　　(b) 边坡整体滑移

(c) 局部滑移开裂　　　　　　　　　　　(d) 基底隆起

图6　疏浚土吹填区类似河道开挖出现问题示意图

3.1　河道开挖成型技术的合理运用

根据本工程各围区吹填与河道建设时间先后关系及新疏浚吹填土物理力学特性，经多方案技术经济分析论证，创新性提出了适合于新疏浚土地基处理后开挖成河和充泥管袋预留成河的两种投资最省、效果最佳的技术，施工过程中实践证明，新技术具有河道边坡成型快的特点，保障了河道岸坡保护工程的顺利实施。

1. 堆载预压联合塑料排水板加固土体处理后开挖成河

为充分利用疏浚土成陆，1号、2号围区在圈围前进行吹填成陆，为保证边坡顺利开挖，在河道岸坡位置采用堆载预压联合塑料排水板加固土体处理后开挖成河（图7）。地基处理时的土方开挖顺序示意如图8所示。经处理后边坡处土体含水量降低，土体强度大大提高。为掌握加固效果，采用Plaxis软件建立有限元模型对堆载时间和边坡稳定及沉降进行分析评价。施工过程中，边坡开挖均顺利，实践证明该法技术合理可靠（图9、图10）。

2. 充泥管袋预留成河道岸坡骨架

在围区吹填前，结合围堤子堤建设和围区吹填管路架设需要，在拟建河道两岸吹填充泥管袋棱体，一方面形成河道岸坡骨架；另一方面为围区吹填管路架设提供施工平台。在围区吹填完成后，再进行河道疏浚及护坡护底。该方案具有明显的经济性、可靠性、高效性及环保性：减少围区成陆吹填土方量及河道开挖土方量；土体流失量少；冲泥管袋整体性和稳定性较好；成河难度小，成河速度快。充泥管袋预留成河道示意图如图11所示，其永久河道建成后照片如图12所示。

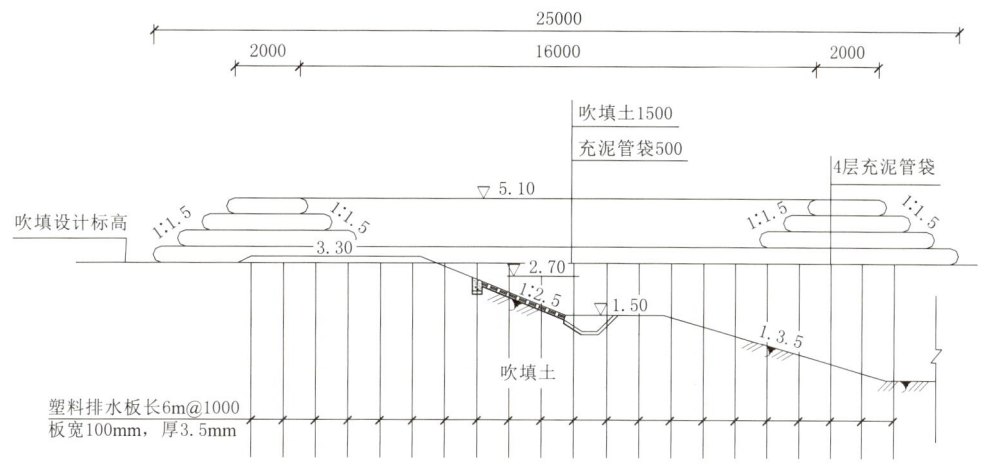

图7 堆载预压法加固处理图（水位、高程以 m 计，其余以 mm 计）

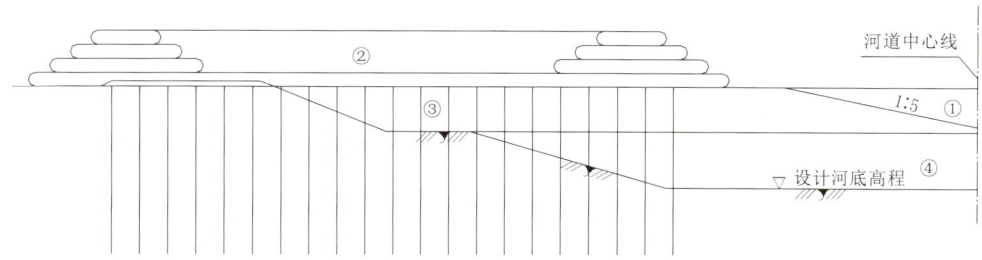

图8 土方开挖顺序示意图

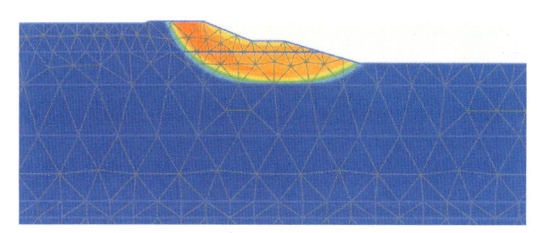

图9 整体稳定最危险圆弧滑动面图

图10 沉降计算结果图

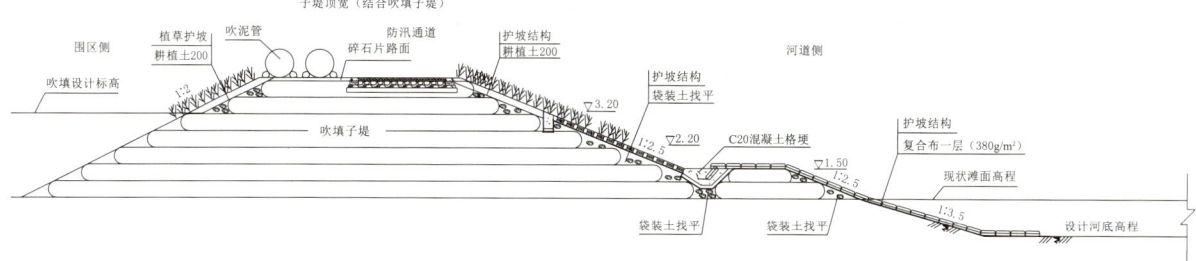

图11 充泥管袋预留成河道示意图（水位、高程以 m 计，其余以 mm 计）

3.2 水（泵闸）控制不均匀沉降技术的运用

横沙东滩八期圈围工程中的水（泵）闸工程主要建设内容有：2号与4号共2座泵闸，均为单孔净宽12m水闸加62m³/s流量的泵站，2号为引排双向泵站，4号为单向排涝泵站；3号与5号共2座水闸，均为3孔（8m+8m+8m），总净宽24m挡潮闸（图13）。

图 12　永久河道建成后照片

(a) 2号泵闸

(b) 3号泵闸

图 13　横沙东滩八期圈围工程建成后的 2 号、3 号泵闸

在新建泵闸两侧均是在滩涂上堆土填筑的围堤以及吹填土，近闸处填土高度达 11.0m，高填土将引起闸堤不均匀沉降，从而导致闸堤间出现裂缝，高填土引起的边荷载增大了边墩的弯矩并使闸底板产生较大的负弯矩。研究提出连接堤采用空箱及变桩长桩承堤控制高填土沉降及沉降差，即近闸处空箱结构减少回填土高度、远闸处渐变桩长的桩承堤结构减少沉降差，并采用 Plaxis 有限元分析连接堤填土对泵闸的影响。实践证明，该处理方式可有效地减少沉降的不利影响（图 14）。

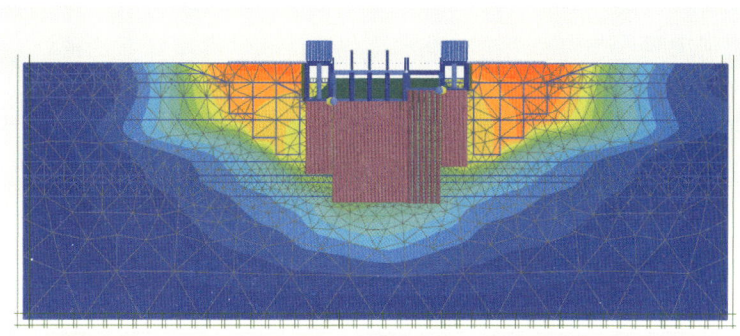

图 14　空箱及渐变长桩承堤处理沉降变形图

4　施工组织方案

4.1　科学论证施工顺序为工程保驾护航

施工组织设计中的施工顺序是保证各期工程顺利实施的关键环节，是科学指导施工的规范性文件，实践证明只要严格按照确定的施工顺序组织施工，工程一般均比较顺利，否则工程一般都磕磕碰碰，甚至险象环生。因此，一要对每期工程实施的施工顺序必须通过数学模型进行多方案分析比选论证，以此确定合理的施工顺序；二要严格按照施工组织设计组织实施，过程中还应结合动态监测成果及时调整总体实施顺序。

横沙东滩三期圈围工程忽视了施工顺序重要性，最终导致了东堤上形成 6 个深沟槽，实际上本为 2 个龙口，最终形成 8 个龙口深刻教训。在实际施工过程中各标段缺乏统一协调指挥，各自为政，该快不快，该慢不慢。东堤充泥管袋护底进度滞后，同时龙口段未严格执行在南北两侧堤段尚未出水前不得抬高等施工原则，即隔堤及南北堤尚未达到一定高程的情况下，东堤已全面开花，而且还发生龙口抢先在两侧大堤之前抬高，造成库区内应从龙口进出的水体却从大堤堤身处进出，而大堤堤身处缺乏护底软体排保护，造成严重的冲刷，形成多个缺口（图 15）。

图 15　横沙东滩三期圈围工程东堤多处形成缺口照片

横沙东滩六期圈围工程 2 标段，虽然在设计时对其施工顺序进行了详细分析论证，提出了"隔堤先行、超前护底、顺堤从侧堤及隔堤向中间推进"的总体指导原则，但在工程实施过程未严格按照设计指导的施工顺序，实际操作时在隔堤尚未实施到位情况下，擅自全面推进顺堤施工，导致顺堤与隔堤间产生了沟槽。

横沙东滩四期促淤工程，首先采用了二维水流与泥沙数学模型计算论证，二维水流数模给出了不同方案组合下围区流态分布、围区内外水流交换、沿堤流与越堤流流速大小与分布等关键参数，为软体排宽度、型式及纳潮口宽度、坝顶高程确定与计算提供参数；然后采用二维泥沙数模是在二维水流数模初步确定方案的基础上，进一步计算分析围区泥沙淤积效果，优化方案布置；最后通过十多个施工顺序方案比选论证后推荐出最优施工顺序方案来指导工程施工，同时在工程实施过程中，一旦有调整，又要求设计及时进行计算论证，并提出方案可行性和对策措施，最后该工程得以顺利实施。

横沙东滩七期及八期圈围工程，均采用数学模型分析了不同的实施顺序。主要研究隔堤和侧堤临时抛石坝推进1/2 → 隔堤完成、顺堤作业面两侧各推进1/2 → 龙口以外堤身外棱体全部出水等工况组合，分析水流流场变化、堤头流速、沿堤流流速分布等，据此确定超前护底长度及护底宽度，并根据施工强度和工期最终确定"隔堤、侧堤及护底先行，顺堤滞后"总体施工顺序（图16），在工程实施过程始终得以严格贯彻，是工程实施较为顺利的重要原因之一。

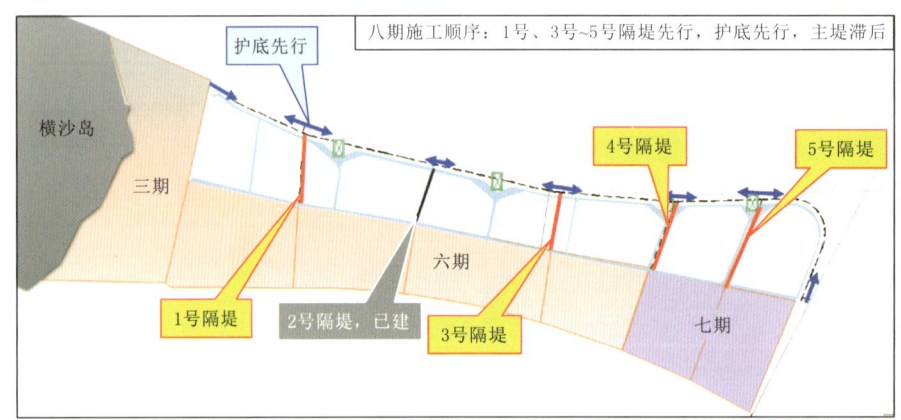

图16 横沙东滩八期圈围工程的隔堤和护底先行施工顺序

4.2 先行实施临时抛石坝有效控制工程风险

横沙东滩区域属于开阔水域，自然条件十分恶劣，该区域风大浪高，尤其是在冬季出现寒潮的天气频率极高，给吹泥管袋施工及保护带来极大影响。在横沙六期工程时，因在大堤吹泥管袋施工过程未能实施抛石挡浪坝或挡浪坝高程不足，曾出现已施工完成的吹泥管袋堤受寒潮风浪打击损毁严重（图17~图19），造成重大经济损失，给工程建设带来很大影响。因此，对于类似横沙东滩区域条件采用吹泥管袋筑堤工程，应充分重视临时抛石挡浪坝掩护对吹泥管袋顺利施工的作用，必须建设一道临时抛石挡浪坝作为掩护吹泥管袋施工的屏障。在随后的横沙东滩七期与八期工程前期设计研究时就吸取了横沙东滩六期经验教训，根据横沙东滩地区自然条件的实际情况，要求抛石挡浪坝的高程不宜太低，坝顶高程应不低于5m（图20），同时在施工过程时要加以严格管理，必须在实行临时抛石挡浪坝后方可进行吹泥管袋施工。实践证明，由于实施抛石挡浪坝，横沙东滩七期及八期圈围工程的围堤施工都比较顺利，均按节点顺利有效推进（图21）。

图17 横沙东滩六期圈围工程北堤损坏照片

图18　横沙东滩六期圈围工程堤顶管袋土方损坏照片

图19　横沙东滩六期圈围工程北堤无抛石堤外棱体管袋变形形成缺口照片

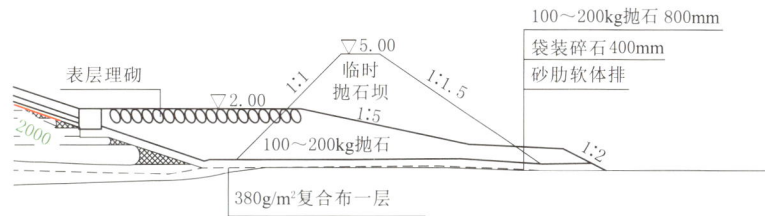

图20　横沙东滩七期、八期圈围工程抛石挡浪坝断面图（单位：m）

图21　横沙东滩七期、八期圈围工程挡浪坝施工照片

4.3 超大库区龙口同步合龙技术的运用

横沙东滩工程位于长江口外,水沙运动、水动力条件及河床演变的复杂程度世界罕见,八期工程围区总面积42km^2,水域开敞、无掩护、浪大流急,水流流态复杂多变,施工环境恶劣;施工区域气象、潮汐、风浪以及地质条件复杂;工程战线长,施工船舶多。在如此大的围区、如此恶劣的工况下进行围区合龙,难度极大,国内外尚无类似工程的成功经验可循。如采用单龙口合龙,在满足龙口安全流速3m/s的前提下,龙口宽度将达2km以上,采用常规袋装砂、抛石工艺无实现可能;如划分为多个小围区,逐个合龙,相邻围区之间将存在较大水位差,简易临时隔堤无法满足防渗要求,也无法作为外围堤单独承受长江口的风浪,势必提高隔堤设计标准,工程投资大大增加,且大幅增加施工工期。因此,需研究针对超大围区需分成多个围区同步合龙技术。

为了确保将5个总宽达2.2km龙口安全顺利地一次性合龙截流,八期圈围工程吸收了已建设横沙三期、六期等圈围工程龙口合龙的经验和教训,通过关键技术的研发,创新了捕捉龙口实时流速的龙口三维流速测验方法,开发精准模拟龙口水动力三维潮流水动力模型,研发了防护极易冲刷细粉土地基龙口双层排双错缝护底技术,首创"抛石潜棱体超前推进分次加高+垂向梳式堵坝隔流+袋装砂内外棱体跟进加高"三阶段三同步方法等创新技术,最后通过现场精心组织,八期五个库区的龙口实现一次同步合龙成功,保障了八期工程按进度完成度汛断面,确保了工程顺利实施(图22)。

图22 横沙东滩八期圈围工程龙口抛石坝合龙现场照片

5 结语

沿江沿海各地区水文、地质、气象等条件有各自的特点,滩涂整治项目是一项不断克服自然条件约束的过程,实施风险极大。因此,项目合理运用成熟的理论和模型验算,不断汲取类似工程的实践经验,推陈出新,十分必要。因地制宜地确定科学合理的总体规划以及设计和施工方案,这是控制滩涂整治项目重大风险的关键。

横沙东滩整治项目总体实施方案优化研究

顾 勇[1]　陈海英[1]　阮 伟[1]　蒋基安[1]　郭文华[2]　胡志峰[2]　刘高峰[2]

(1. 中交上海航道勘察设计院有限公司，上海　200120；
2. 上海河口海岸科学研究中心，上海　201201)

【摘　要】 横沙东滩一期～三期工程实施过程中难度大、安全风险高，教训深刻，为了保证后续工程的顺利实施，对整体围区不同分隔面积的方案进行了比选，采用二维潮流和泥沙数学模型以及定床整体物理模型试验研究不同实施步骤下，工程区域内水流流场变化、沿堤水位变化、纳潮口流速变化以及冲淤变化，并据此提出了项目总体实施优化方案，优化方案为南大堤先行，由南向北分期分批实施圈围工程实施顺序。

【关键词】 横沙东滩；总体实施方案；实施步骤

横沙东滩位于横沙岛东端，处于北槽及北港之间的中低滩上，是规划中大规模促淤与圈围的重要区域，整治总面积约15.6万亩。自1998年实施深水航道整治工程至2008年横沙四期建设，横沙东滩已完成工程包括横沙东滩一期促淤工程（促淤面积5.3万亩）、横沙东滩二期促淤工程（促淤面积4.7万亩）、横沙东滩三期圈围工程（圈围面积2.6万亩），横沙东滩四期促淤工程（促淤面积2.26万亩）。工程施工过程中遇到诸多问题，主要有：横沙东滩一期、二期工程均在东侧促淤堤设置纳潮口门，实施过程中，纳潮口堤头周边出现了强冲刷，最深达15m，且在北促淤堤上形成了多个宽窄不一深坑，促淤区内促淤效果未能达到预期；三期工程龙口设在东堤上，但东堤出现多处险情，共形成8个缺口，后经努力实现东堤合龙。出现的这些教训深刻，已极大地影响到工程自身安全，增加了圈围造地的成本。

为保障横沙东滩后续工程的顺利实施，结合河北唐山曹妃甸、天津滨海新区等特大型陆域形成工程成功实施的经验，采用数值模型和物理模型试验等手段，从围区分隔和实施步骤等方面对原自西向东的总体实施方案进行优化研究，保障后续工程的顺利实施。

1　分隔方案研究

上海市圈围工程一般采取先促淤后圈围，圈围也是采取空库圈围后吹填成陆的方式，对于一次性促淤与成陆面积很大的围区，往往需设置分隔隔堤，对于促淤而言可减缓库区流速增加促淤效果，对于圈围工程而言可减小龙口合龙的难度。根据横沙东滩的现状工程情况，结合已建工程的经验，采用两种分隔面积进行研究，设置隔堤分隔形成单个围区面积约1.2万亩（方式1）或约2.5万亩（方式2），方式1共可形成12个小围区，方式2共形成6个小围区，如图1所示。

对两种方式从水流流场、龙口合龙难度、施工组织、工程投资等方面进行比较，其中水流流场采用数值模型进行计算。

（1）龙口涨落急流场：以一期促淤区为例，将一期促淤区分为两个小围区分别成陆或一个围区成陆进行数值模型计算，如图2所示。图3、图4分别为两种方案下龙口及附近涨落急流场，对于两个小围区方案，龙口宽度300m时，龙口最大涨潮流速3.18m/s，最大落潮流速2.10m/s。对于一个围区方案，龙口宽度300m时，龙口最大涨潮流速3.85m/s，最大落潮流速3.64m/s。可见单个大围区方案龙口流速较大，超过了本地区龙口的常规控制流速，龙口保护风险很大，为此，需将龙口宽度调整到450m左右，控制龙口最大流速约3m/s。

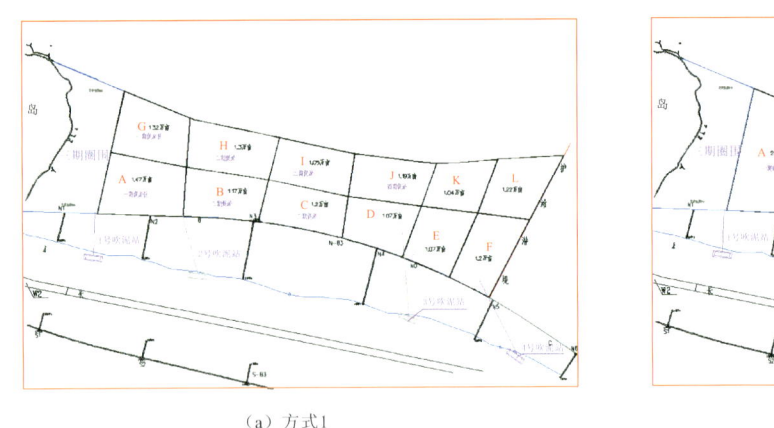
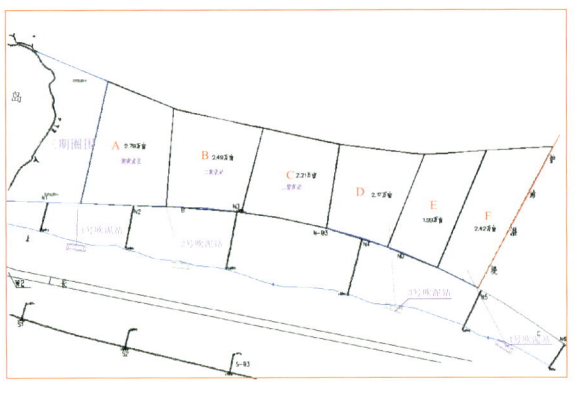

(a) 方式1　　　　　　　　　　　　　　(b) 方式2

图1　成陆方案分隔示意图

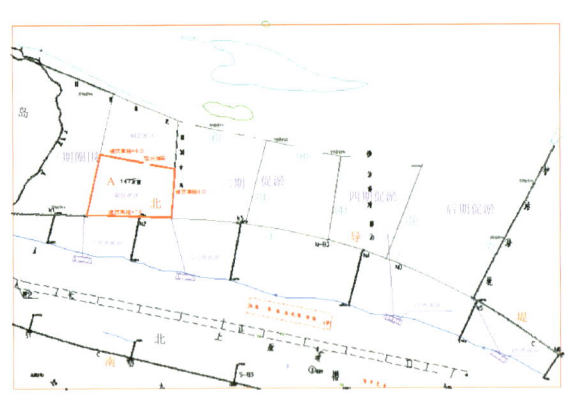
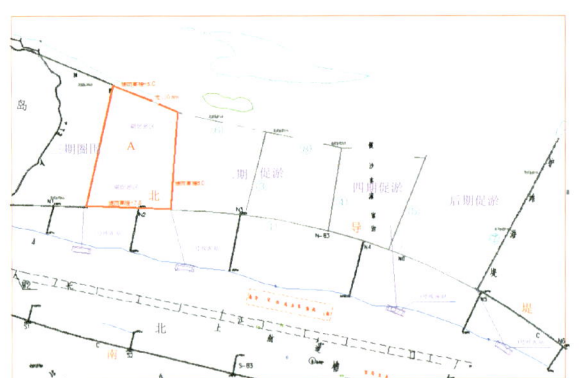

图2　一期促淤区成陆方案示意图

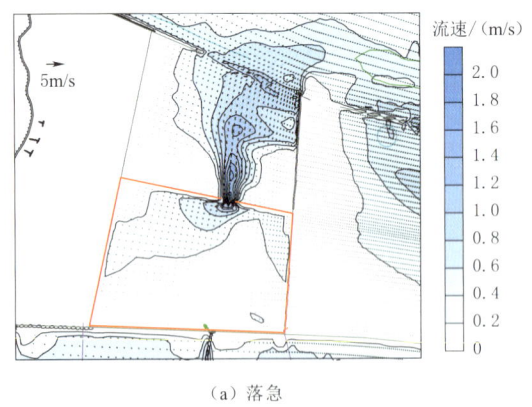
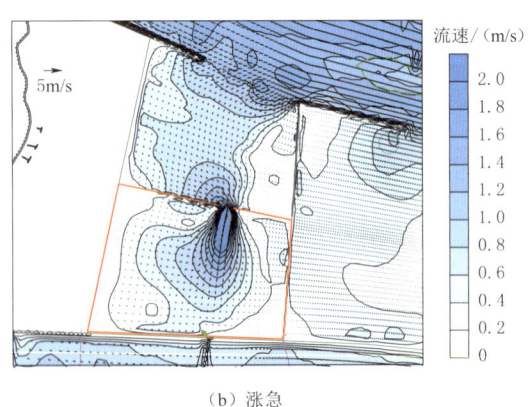

(a) 落急　　　　　　　　　　　　　　(b) 涨急

图3　龙口涨、落急流场图（两个小围区）

（2）分隔方案比较：对龙口保护和合龙施工而言，在当时的施工条件下，300m宽度的龙口无论从龙口保护还是从合龙时的施工强度及施工难度，均较450m宽度的龙口为小。从工程投资而言，龙口宽度300m方案保护和合龙费用较低，但增加了一条隔堤的费用，总费用略高。但隔堤今后可

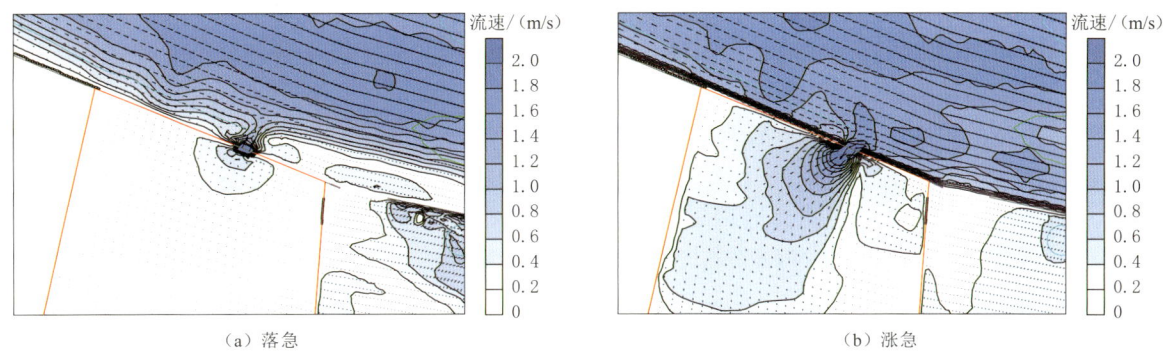

图 4　龙口涨落急流场图（一个围区）

利用成为东西向的道路，减少了道路投入费用，同时，围区形成后，北侧仍在进行促淤，隔堤建设有利于一期促淤区淤积，减少了圈围工程成陆费用。从最终成陆而言，分隔为两个小围区的方案总的投入略低。

因此，推荐施工难度较小、分隔为1.2万亩左右成陆的总体分隔方案，以下按分隔为小围区的方案开展实施步骤研究。

2　实施步骤研究

2.1　研究思路

采用潮流数值模型和清水定床物理模型试验研究不同主体工程建设步骤对已有工程及自身的影响，尤其是已形成的促淤区口门等位置的流速变化、沿堤水流流速变化和水位变化等，避免工程建设对已建成的工程产生较大的不利影响，并综合推荐最优主体工程建设方案。

然后进一步采用泥沙数模及浑水定床物理模型试验研究推荐主体工程建设方案下，第1年、第2年、第3年促淤区的淤积效果，以便对后续圈围工程分期实施时间进行决策。

2.2　实施步骤方案

在横沙东滩现状工程基础上，从实操角度，提出可能的实施步骤，即根据分隔方案的总体布局，设置促淤分隔堤减少促淤区面积，增加促淤效果；研究北导堤加高方案，为后续工程施工提供依托等。据此共提出5个实施步骤，具体如下：

（1）本底方案。

（2）步骤一。在本底方案基础上增加四期促淤东堤，同时加高四期南堤，北侧预留3000m宽纳潮口，一期北侧堤纳潮口门拓宽至2200m、二期北侧堤5号～6号纳潮口合并宽1420m。

（3）步骤二。在步骤一基础上，北导堤加高出水至+7.50m。

（4）步骤三。在步骤二基础上，加高二期东侧堤至+3.50m。

（5）步骤四。在步骤三基础上，缩窄四期北侧纳潮口门宽度，二期促淤区新建隔堤，顶高程+3.50m。

（6）步骤五。在步骤四基础上，加高N23潜堤至+3.50m。二期1号纳潮口门速封堵，2号与3号纳潮就、口门之间的隔堤拆除，堤顶高程变为+0.50m。

2.3　工程建设对周边流场影响及促淤坝两侧水位变化研究

1. 潮流数值模型研究

采用10年一遇大潮水文条件进行计算，研究得到的主要结论如下：

步骤一实施后,主要影响范围在四期促淤区附近,促淤区内流速有所减小,有利于泥沙在促淤区内落淤;一期促淤区内新增加的纳潮口流速增加,其余已建口门处流速略有减小,有利于口门保护。步骤二中南大堤实施,与步骤一相比,对一期、二期流速无明显影响,四期及后期促淤区涨落潮流速均有所减小,有利于四期和后期促淤区内淤积。步骤二对横沙东滩各区围堤影响较小,新建促淤堤及 N23 潜堤涨潮流速均有所增加。步骤三和步骤四,基于步骤二南大堤及四期促淤坝已建设,故对水流影响主要集中在新建促淤工程附近,总体来讲流速变化不大。步骤五后期促淤实施后,促淤区内流速大幅度减小,但北槽疏浚困难段涨急流速略有增加,落潮优势与步骤四比略有减小。各步骤涨落急流速变化如图5～图9所示。

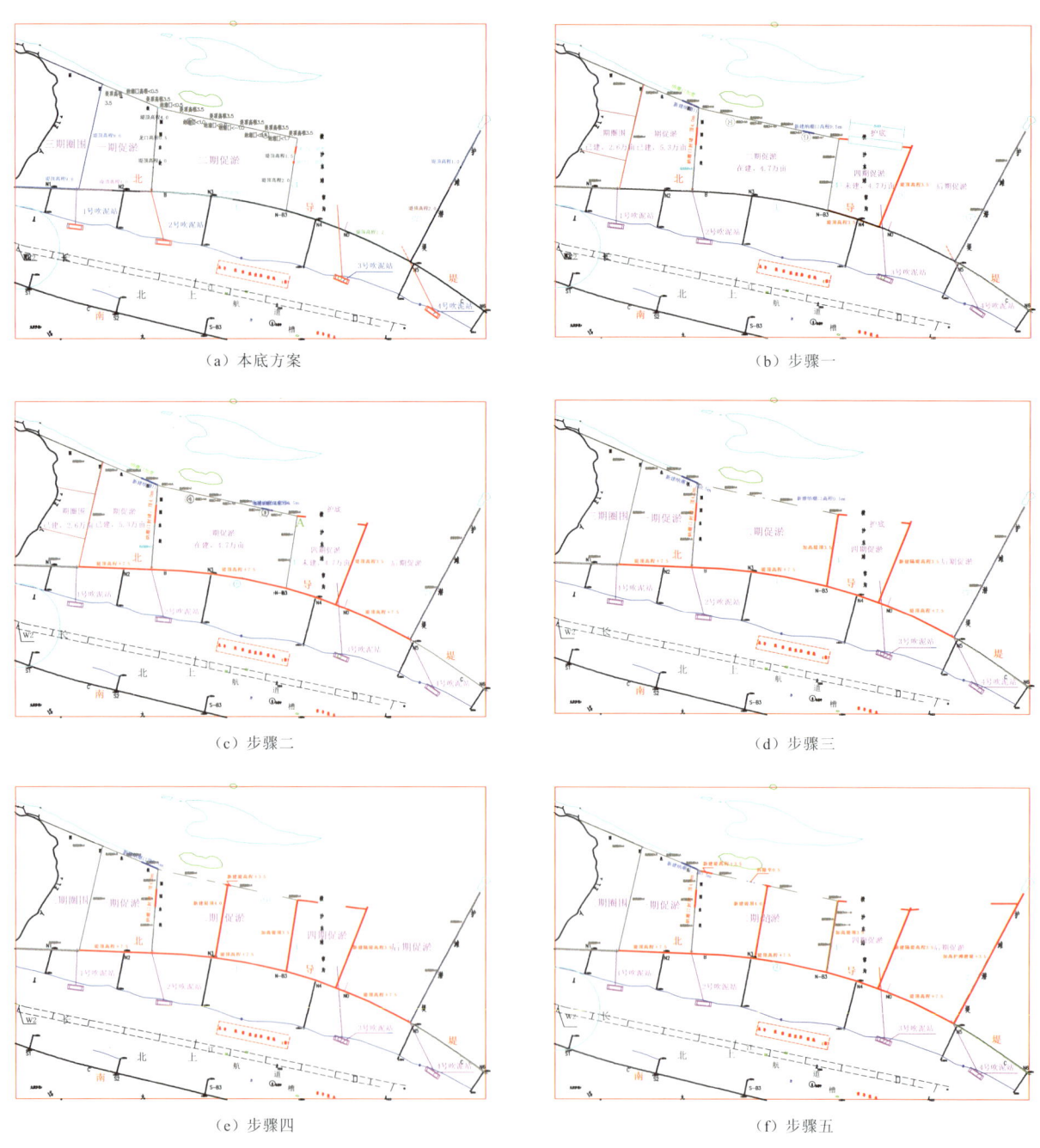

图 5　促淤工程实施步骤

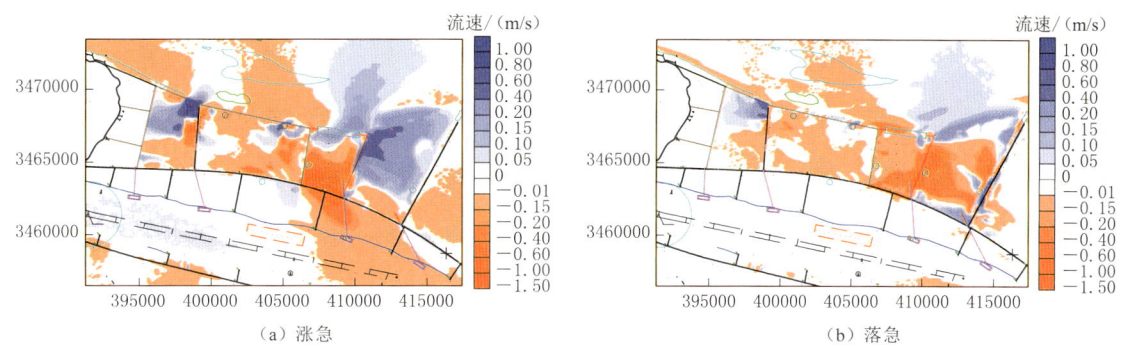

图 6 步骤一涨、落急流速变化（与本底方案相比）

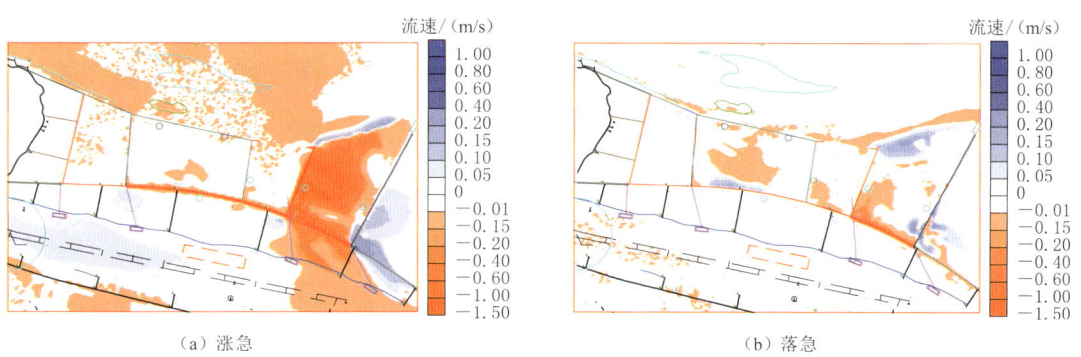

图 7 步骤二涨、落急流速变化（与步骤一比）

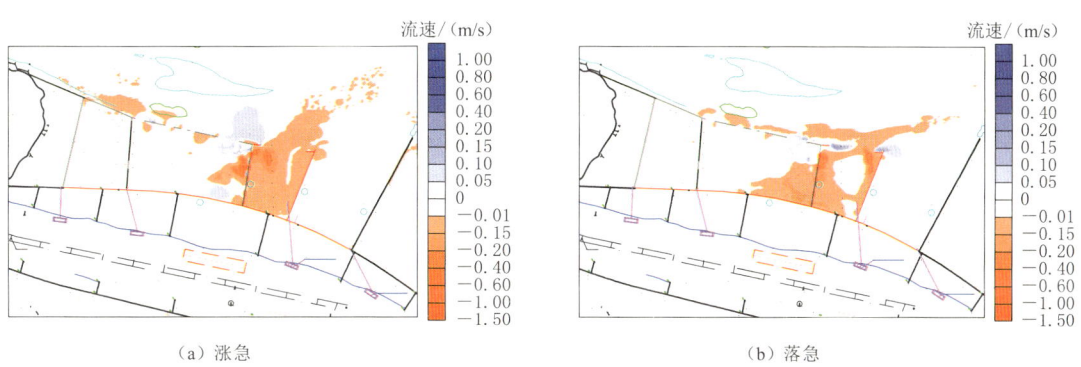

图 8 步骤三涨、落急流速变化（与步骤二比）

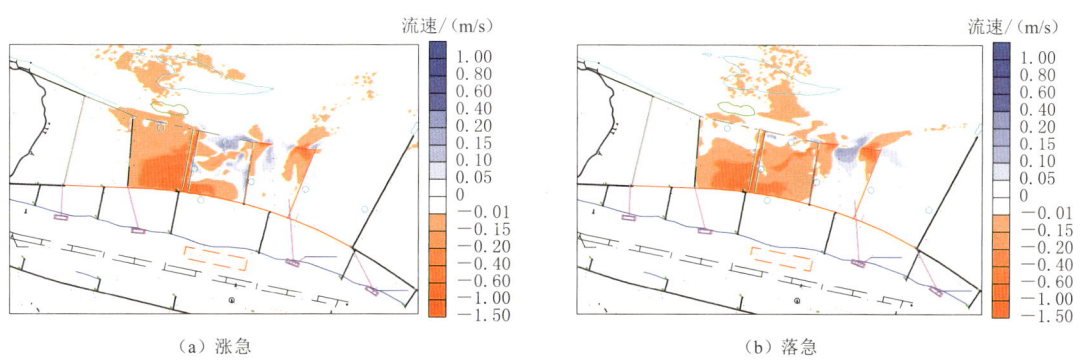

图 9 步骤四涨、落急流速变化（与步骤三比）

各步骤实施后，大部分堤段的水位差变化减小，仅二期新建隔堤及四期促淤堤的水位差增幅较大，主要原因也是因为促淤堤新建的阻水作用引起，因此，各步骤下工程建设对改善已建促淤工程的水位差是有利的。步骤一～步骤四的落急流速变化如图10所示。

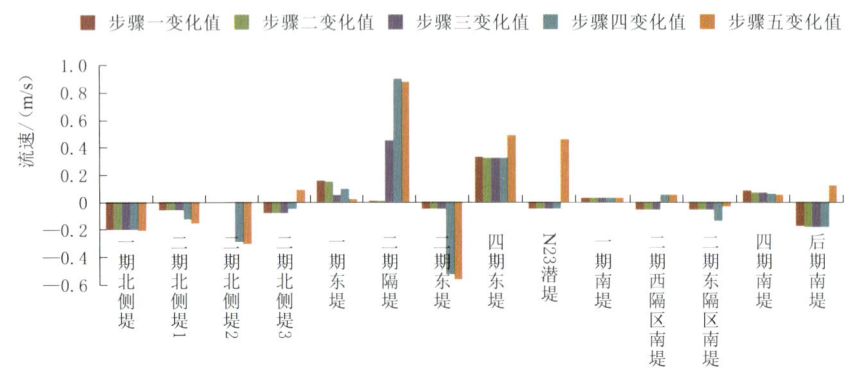

图10 步骤一～步骤四的落急流速变化

2. 清水定床物模试验研究

对五个步骤开展清水定床试验，研究横沙东滩促淤区、纳潮口流场；沿堤流以及两侧水位差。清水定床物模试验采用横沙东滩2008年3月水下地形。水文条件采用2008年3月9—10日大潮，横沙潮差3.1m，大通站流量11000m³/s。试验得到主要结论如下：

与本底方案相比，步骤一增建四期促淤东堤，对绝大部分堤段没有明显影响，同时还能降低四期东堤与南堤两侧的沿堤流；一期北堤新建1km纳潮口基本能消除一期东堤封堵1.2km纳潮口的负面影响，当然也导致新纳潮口位置流速加大。步骤二南大堤加高（堤顶高程+7.50m），与步骤一相比，基本不会对步骤一所建工程与现有工程带来负面影响，但后期促淤区南堤的沿堤涨潮流有所增加。步骤三实施后，由于二期促淤东堤加高（堤顶高程+3.50m），会增加二期促淤北堤纳潮口涨急流速（流速最大2.2m/s），要加强纳潮口的冲刷防护。步骤四与步骤三相比，在二期促淤区增建隔堤，不会对工程带来明显不利影响。步骤五与步骤四相比，加高后期促淤东堤，后期促淤区东堤中部西侧落急流速大幅增加，需加强对该处的防护措施。限于篇幅，以步骤一为例，列出纳潮口流速变化、各促淤坝沿堤流流速变化及水位变化如图11～图13所示。

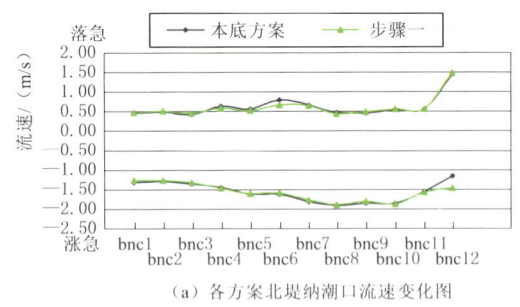
（a）各方案北堤纳潮口流速变化图

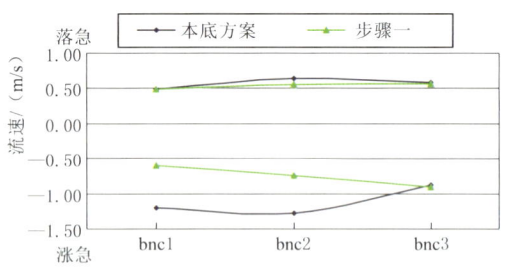
（b）各方案东堤纳潮口流速变化图

图11 步骤一纳潮口流速变化图

综合潮流数模及清水定床模型试验研究成果，总体上，各步骤实施的影响主要集中在横沙东滩工程区域，不同步骤的建设对已建设工程口门的影响和促淤区的促淤效果是有利的，部分促淤坝的建设对沿堤的水位差及流速有不利影响，需设计时予以重视。从有利于促淤区淤积效果及为后续工程建设提供依托角度，建议实施促淤工程时按照步骤二和步骤四开展。

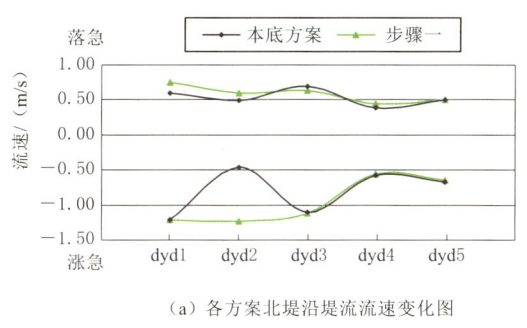
(a) 各方案北堤沿堤流流速变化图

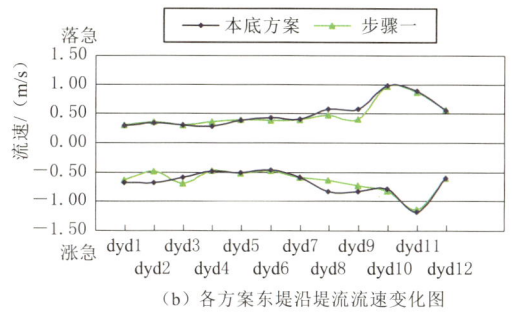
(b) 各方案东堤沿堤流流速变化图

图 12　步骤一东堤沿堤流流速变化图

2.4　对促淤区冲淤变化的效果研究

对步骤二和步骤四采用泥沙数模及浑水定床物理模型试验开展研究，分析促淤区促淤效果，为工程实施步骤提供建议。

1. 泥沙数值模型研究

模型验证采用二期促淤区 2006 年 8 月—2008 年 3 月的水深测量资料进行验证。经计算，模型模拟的冲刷与淤积位置与实测的基本一致，计算淤积量约 1279 万 m^3，与实测量较为接近，误差约 15％。模型可以较好

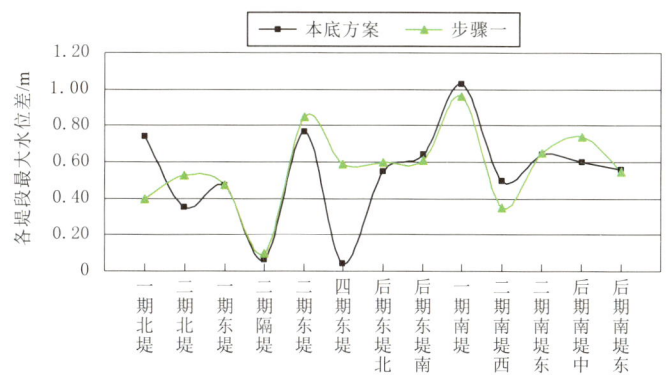

图 13　步骤一不同堤段两侧最大水位差变化图

地复演促淤区工程内的冲淤变化，可以用此泥沙数学模型预报后续促淤工程的促淤效果。

对步骤二和步骤四实施一年、二年、三年后促淤区内的冲淤变化进行了计算，封堵促淤区隔堤东西向纳潮口，增加拓宽北侧堤纳潮口，可增加促淤区促淤效果，封堵一期、二期间隔堤纳潮口、拓宽北堤纳潮口约 1600m，三年间一期、二期促淤区净淤积量增加 430 万 m^3，增幅为 20.4％。南大堤建设可显著增加整个横沙东滩促淤区的淤积量，南大堤建成后，三年间整个横沙东滩促淤区的净淤积量增幅达到 60％。加高二期促淤区东围堤至吴淞基面＋3.50m，二期、四期促淤期三年净促淤量增幅分别达 17.9％、29.7％。总体来说，各步骤下促淤工程的建设均可以使横沙东滩促淤效果得到改善；从回淤分布来看，促淤区南片促淤效果明显高于北片。以步骤二为例，不同实施年限下促淤区内冲淤变化如图 14 所示。

2. 浑水定床物理模型试验

模型验证采用 2006 年 8 月—2008 年 3 月横沙东滩二期促淤区内的泥沙淤积效果（图 9）。和实际相比，横沙东滩二期促淤区总量误差为 11％。完全符合《海岸与河口潮流泥沙模拟技术规范》（JTJ/T 233—98）的要求，模型验证结果良好。

对步骤二和四实施一年、二年、三年后促淤区内的冲淤变化进行了计算，步骤二的建设有利于各期促淤区泥沙的淤积，其中四期促淤区的泥沙淤积量增加最为明显，三年期的淤积量由 450 万 m^3 增加到 805 万 m^3，平均淤积厚度由 0.31m 增加为 0.55m。步骤四实施后，对一期与后期促淤区内泥沙淤积效果没有明显影响，但二期与四期促淤区内淤积效果有较大幅度增加，其中二期促淤区在三年期内泥沙淤积量由 2030 万 m^3 增加为 2250 万 m^3，四期促淤区在三年期内泥沙淤积量由 805 万 m^3 增加为 945 万 m^3。以步骤二为例，不同实施年限下的冲淤变化如图 15 所示。

综合泥沙数模及浑水定床物模试验成果，可见：

从年际变化来看，横沙东滩各促淤区逐年的泥沙淤积量有逐渐减小的趋势，但是减小幅度不大。为了充分利用天然泥沙以降低造地成本，建议结合横沙东滩圈围工程的总体造地规划，尽量推

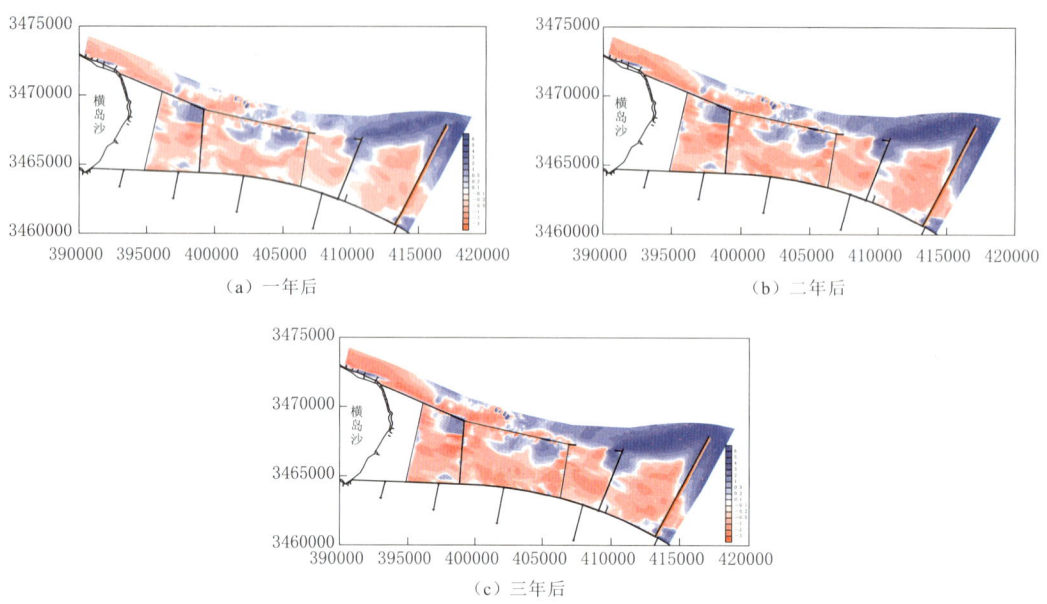

图 14 步骤二实施后一年、二年、三年后的河床冲淤变化

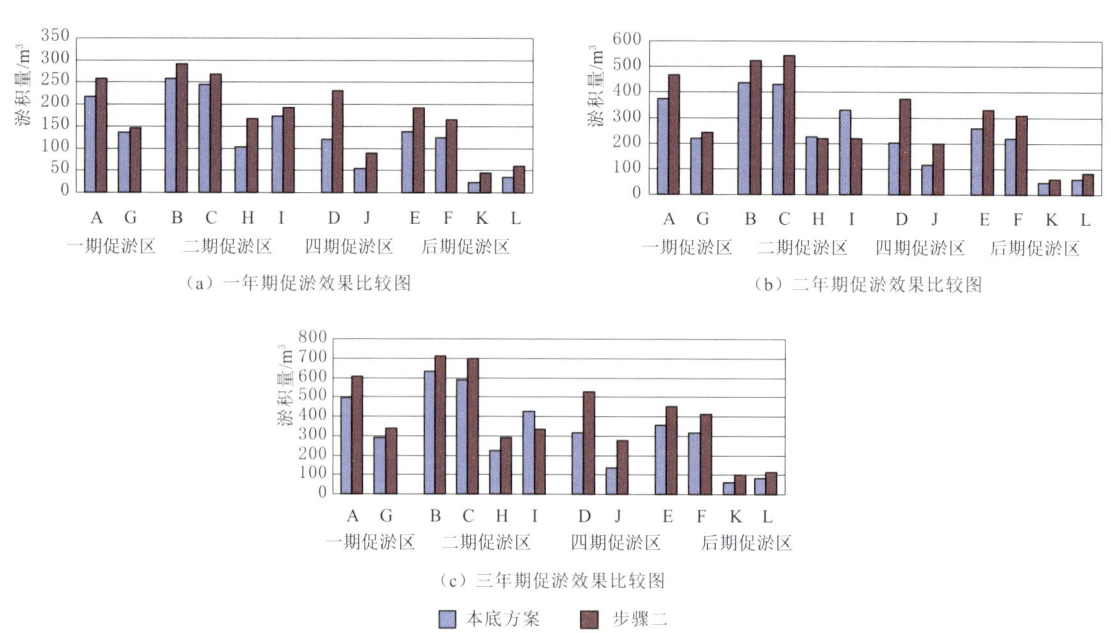

图 15 步骤二实施后各年促淤区泥沙淤积量变化图

迟对各促淤区圈围成陆的时间。

从回淤效果来看，横沙东滩各促淤区南侧小促淤区淤积效果明显优于北侧小促淤区淤积效果，建议结合横沙东滩圈围工程的总体造地规划，可以对南侧小促淤区先期实施圈围成陆。

3 结语

（1）从减小龙口保护和合龙施工难度、增加促淤区促淤效果等角度，建议后续圈围工程实施时采用分隔为 1.2 万亩左右成陆的总体分隔方案。

（2）考虑到横沙东滩各促淤区南侧淤积效果明显优于北侧淤积效果，圈围时可考虑南侧促淤区先期实施圈围成陆。

（3）南大堤的建设明显有利于后期促淤区的淤积，可优先实施。

（4）横沙东滩各促淤区逐年的泥沙淤积量有逐渐减小的趋势，但是减小幅度不大。因此，在可能的情况下，可以尽量延长促淤时间增加促淤效果。

参考文献

[1] 上海河口海岸科学研究中心. 横沙东滩促淤圈围主体工程物理模型试验研究 [R]，2008.
[2] 中交上海航道勘察设计研究院. 横沙东滩总体实施方案研究 [R]，2008.
[3] 中交上海航道勘察设计研究院. 横沙东滩促淤圈围主体工程潮流数学模型研究 [R]，2008.
[4] 中交上海航道勘察设计研究院. 横沙东滩促淤圈围主体工程泥沙数学模型研究 [R]，2008.

横沙东滩整治项目对长江口北槽深水航道影响研究

刘高峰[1]　胡志峰[1]　乐嘉海[1]　顾　勇[2]　朱　治[2]　陈海英[2]　谢　军[2]
曹慧江[3]　沈正潮[3]　林顺才[3]

(1. 上海河口海岸科学研究中心，上海　201201；
2. 中交上海航道勘察设计院有限公司，上海　200120；
3. 上海市滩涂生态发展有限公司，上海　200125)

【摘　要】 采用定床物理模型及动床物理模型试验方法，研究了横沙东滩整治工程自西向东建设方案下，工程周边的潮位变化、水流流场变化以及长江口深水航道地形及冲淤变化，得到工程建设对周边影响较小，对长江口深水航道影响主要集中在中上段，中上段回淤略有增加，影响程度在可控范围的主要结论，为工程建设决策提供了支撑。

【关键词】 长江口；横沙东滩；北槽深水航道；地形变化

1　引言

横沙东滩位于横沙岛东端，处于北槽及北港之间中低滩区域，是规划中大规模促淤与圈围的重要区域。自1998年实施深水航道整治工程至2021年横沙八期工程完工，横沙东滩陆续建成了横沙一期～八期促淤圈围工程，共整治面积15.6万亩。

2000年，中交上海航道勘察设计研究院编制完成了横沙东滩促淤圈围工程预可行性研究报告，提出结合长江口深水航道治理工程北导堤，利用自然促淤及长江口深水航道疏浚吹泥实施横沙东滩促淤圈围工程。方案共分三个围区：一围区工程圈围紧靠横沙岛东侧；二围区工程在一期的基础上进行东延促淤围垦；三围区工程在二围区工程的基础上进一步东延促淤围垦。2003年，上海市发展和改革委员会对预可行性研究进行了批复。

由于整个横沙东滩规划整治面积15.6万亩，范围较大且南侧直接依托长江口北槽深水航道北导堤，可能会对深水航道产生一定的影响，为此，采用数学模型及物理模型试验开展了横沙东滩围垦工程对深水航道的影响研究，为工程实施决策服务（图1）。

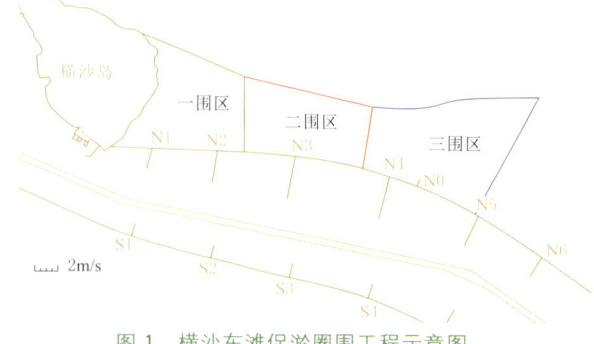

图1　横沙东滩促淤圈围工程示意图

2　定床模型试验

2.1　定床模型设计

定床模型主要考虑水流运动相似，由二维非恒定流运动方程可以得到水流运动相似条件。

根据模型范围和场地条件，遵循相似律准则设计的长江口整体模型比尺。

2.2 模型验证试验

上海长江口模型大范围地形采用 1997 年 1∶50000 全测图制作，模型南支采用 2005 年地形，南港、北港、北槽和南槽上段为 2004 年 5 月地形。长江口整治工程按同期工程进度施放。

对模型水位进行了 2004 年 5 月 5—6 日大潮验证（横沙平均潮差为 3.20m），潮位验证站位为牛皮礁、中浚、北槽中、横沙、共青圩、长兴、外高桥、六滧、堡镇、南门港、徐六泾，各站的高、低潮位及整个涨落潮过程吻合较好，潮波传播的相似性得到了保证。

流速用 2004 年 5 月大潮同期流速资料进行验证，流速验证各测点的转流时间基本相符，流速相对误差都在规程要求的 10% 以内。

水位和流速比较结果表明模型和原型的相似性良好，试验数据是可信的，定床模型的重力相似和阻力相似得到保证。

2.3 研究方案

共研究了 5 个方案（图 2），具体如下：

方案 1：现状方案，即横沙东滩促淤圈围一期工程。一期工程的促淤堤高程如下：北侧导堤 2m（吴淞高程，下同），深水航道北导堤 2m，东侧堤高程 4.00m，保留 1km 的龙口，高程 0.50m。该方案作为用来比较的本底方案。

方案 2：横沙东滩二期促淤工程，采用《横沙东滩促淤圈围（二期）工程可行性研究报告》中的推荐方案。一期北侧堤加高至 3.50m，一期围区南侧深水航道北导堤加高至 4.00m，东侧导堤保持不变。二期新建北侧堤高程 3.50m，工程南侧的深水航道北导堤加高至 3.50m，新建东侧潜堤高程 1.5m。

方案 3：横沙东滩三期围垦工程，横沙东滩一期围区成陆（所谓成陆即圈围工程的堤坝高程加高到 8.00m，以下同），二期围区促淤工程（北侧堤高程 3.50m，工程南侧的深水航道北导堤加高至 3.50m，东侧潜堤高程 1.50m）和三期围区促淤工程（新建北侧堤 3.5m，工程南侧的水深航道北导堤加高至 3.50m，东侧堤即采用深水航道治理二期工程自北导堤 N23+000.00 处向北延伸的护滩促淤堤），该潜堤长度 8.087km，靠近深水航道治理工程北导堤 4km 潜堤高程 1.50m，北侧 4.087km 潜堤高程 1.00m。

方案 4：横沙东滩四期围垦工程，横沙东滩一期、二期围区成陆和三期围区促淤工程。

方案 5：横沙东滩五期围垦工程，即一期、二期、三期围区全部成陆，总面积 15.6 万亩。

方案的边界情况：在长江口有大量的工程即将实施，由于本项目只是研究横沙东滩围垦工程实施后对深水航道的影响，所以采用现状情况作为方案比较的本底工程，其他的工程如：中央沙圈围工程、青草沙水库工程、长兴岛潜堤工程、北港越江桥梁工程、北港北沙促淤工程不做考虑。这样处理可便于研究和评价东滩围垦工程的影响。

2.4 方案主要结论

（1）横沙东滩围垦促淤工程对各潮位站的低潮位基本没有影响。工程后，北槽中、横沙的高潮潮位抬升，北槽中抬高 0.10~0.15m，横沙抬高 0.06~0.10m；共青圩、六滧的高潮位略有降低，降低值最大 0.05m；总体上，有工程围区越大潮位变化越大的趋势。

（2）横沙东滩围垦促淤工程实施后，北槽上段涨急流速增大较多，江亚北主槽涨急流速最大增大 0.24m/s，北槽中段从 N3 丁坝到 W3 涨急流速有所减小，减小值最大 0.09m/s；横沙小港主槽涨急流速增大 0.20~0.30m/s；北港涨急流速减小值最大 0.05m/s。有围区越大，涨潮流速增减幅

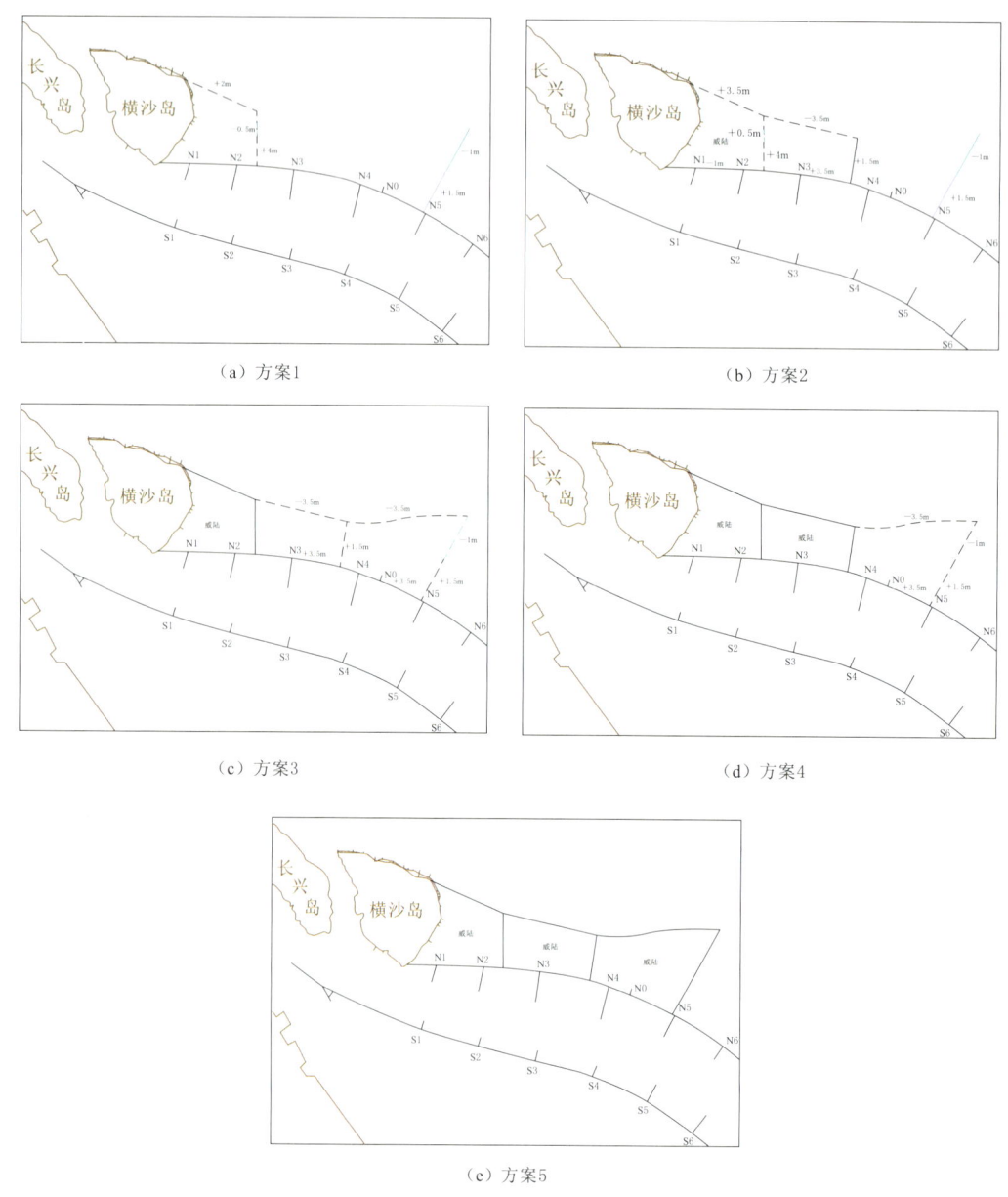

图 2 方案 1~方案 5 示意图

度越大的趋势。工程对南港、北港、南槽、北槽的落潮流速影响较小,落急流速变化均在 0.04m/s 以内。

(3) 横沙东滩工程实施后,北槽的落急流向与航道夹角稍有减少,北槽中上段的涨急流向略有南偏,南偏后涨急流向与深水航道夹角减小,流向与航道夹角减少对航道维护有利。

(4) 横沙东滩围垦促淤工程实施后,北港、北槽的落潮分流比变化较小,变化最大 0.2 个百分点。随着工程分期实施,北港涨潮分流比逐渐减小,减小幅度为 0.8~2.1 个百分点,江亚北涨潮分流比逐渐增大,增大幅度为 2.5~3.7 个百分点。

(5) 横沙东滩围垦促淤工程实施后,北槽中段涨急流速减小,落急流速基本不变,落潮优势流增强,对该段航道维护有积极的作用。而北槽上段涨急流速增大,落急流速基本不变,落潮优势流减弱,可能对该段的净输沙产生不利影响。

3 动床模型试验

3.1 模型设计

根据实测资料,治理工程段北槽河床质中值粒径为 0.04mm 左右。根据原型沙的上述特点,并且通过水槽试验研究,采用一种物理和化学性能相当稳定的尿醛树脂木粉作为模型沙,中值粒径为 0.15mm,其比重为 $1.12t/m^3$,干容重为 $0.6t/m^3$。在变坡自循环水槽进行了选沙试验。

3.2 模型验证

径流:按 2004—2005 年上游大通流量按季度概化给定。

潮汐:下游控制潮型为中潮,横沙潮位站平均潮差 2.62m。

动床范围采用 2004 年 11 月地形测图制作;长江口深水航道治理工程按二期工程完成布置,横沙东滩围垦工程按横沙东滩围垦一期促淤工程完成布置。2004 年 11 月实测地形为验证试验起始地形,2005 年 11 月地形为验证试验目标地形。

假定大通多年平均输沙量的 10% 为底沙,依据单宽输沙率比尺计算得每个落潮需在南港加沙 1.15kg。

模型和天然相比,8.00m 和 10.00m 等深线的位置、形状相似良好,两者基本一致(图3)。天然地形冲淤图和模型地形冲淤图(图4),它们的冲淤部位与冲淤幅度基本是相似的。断面的冲淤基本上和天然相似。验证试验成功复演了深水航道二期整治建筑物完工后的河床调整过程。试验选定的模型沙基本兼顾了沉降、起动和扬动相似条件,验证结果证明模型沙选择比较恰当。验证试验成功复演了北槽河势在二期工程完工后的调整过程,也较好地模拟了横沙通道及南槽进口段的地形变化。因此,模型可以用来研究方案试验。

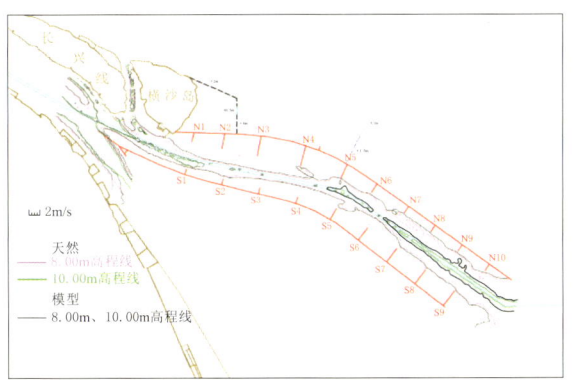

图 3 天然和模型等深线对比图

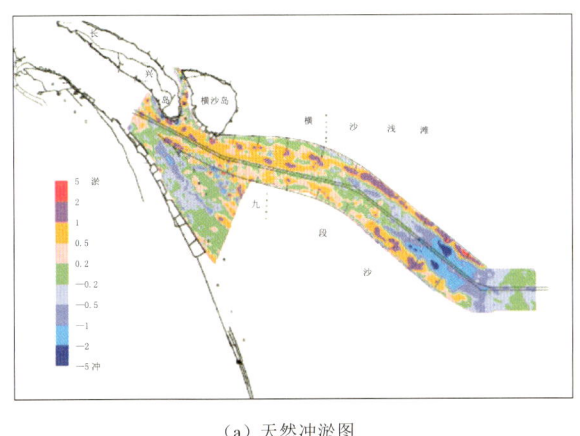

(a)天然冲淤图

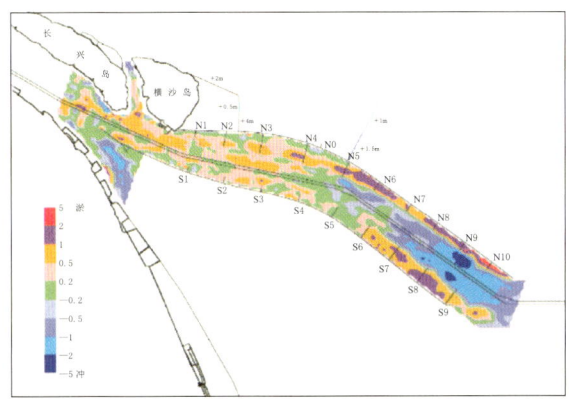

(b)模型冲淤图

图 4 冲淤图(2004.11—2005.11)

3.3 试验方案及主要结论

试验研究了方案1、方案3~方案5，各方案均在经过5个水文年后进行地形全测，从等深线、地形冲淤变化多方面进行了比较分析。

1. 等深线

各方案最终的等深线图（图5）。图中各方案的等深线位置和形状基本一致，但局部也有不同。相同点：5m线走向基本沿治导线分布；10m线大致沿深水航道走向分布，并有间断，北槽中上段宽度与航道近似，7号丁坝以下逐渐放宽。

不同点：不同处主要在10m线分布上。方案1的10m线在北槽进口有1293m不贯通，方案3~方案5在北槽进口处保持10m线分布贯通；方案1在W3附件10m线可以覆盖4号丁坝上游，其他方案10m线均只能覆盖4号丁坝断面，覆盖范围少2000m左右。

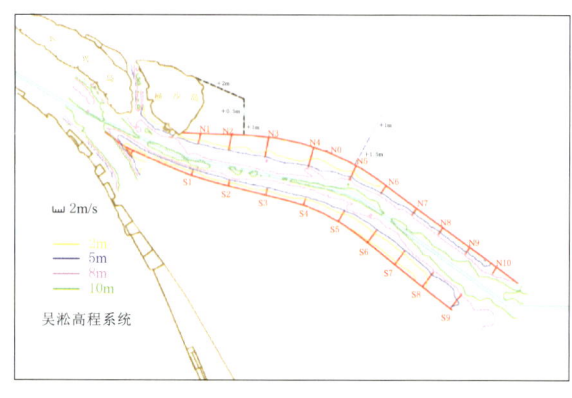

（a）方案1地形图

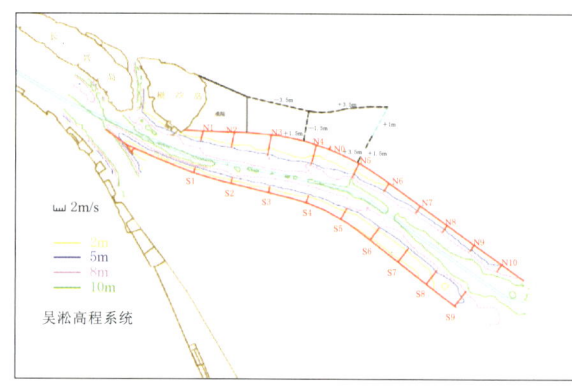

（b）方案3地形图

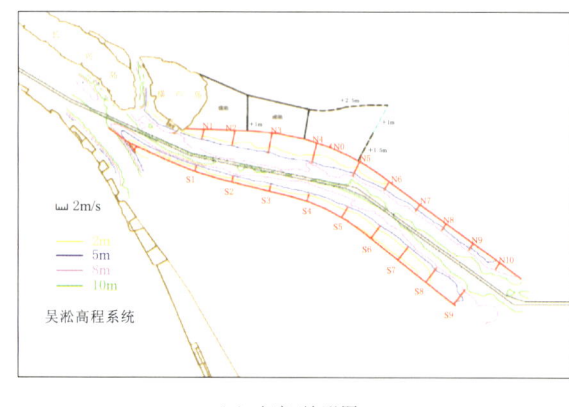

（c）方案4地形图

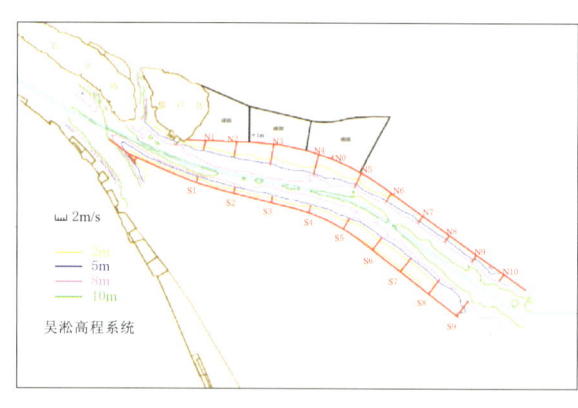

（d）方案5地形图

图5 各方案模型试验最终等深线图

2. 地形冲淤

以上4个方案经5个水文年后，方案3、方案4方案5与方案1相比较，地形冲淤有所不同，其冲淤差异如图6所示。

从冲淤图中看出，圈围工程实施前后北槽冲淤的部位和形状变化不大，绝大部分区域地形冲淤差异在±0.2m以内，仅在局部有轻微的增淤作用，淤积增加区域主要在圆圆沙和江亚北上游侧，圈围工程对北槽地形没有大的影响。

3. 动床物模主要结论

东滩圈围各期工程实施后，北槽进口段和上段存在轻微淤积，中下段变化不大，总的来说对北

(a) 方案3与方案1冲淤差异图

(b) 方案4与方案1冲淤差异图

(c) 方案5与方案1冲淤差异图

图6 方案3～方案5与方案1模型试验冲淤对比图

槽深水航道平衡地形没有明显的不利影响。

4 结语

（1）定床和动床模型从不同角度、不同方面对横沙东滩围垦工程的影响进行了研究，研究结果互相印证、互相补充，为工程的实施提供了科学的决策依据。

（2）工程建设对长江口各潮位站的潮位基本没有影响。工程对南港、北港、南槽、北槽的落潮流速影响较小。工程对北港、北槽的落潮分流比影响较小，北港涨潮分流比减小、江亚北涨潮分流比增大。

（3）工程建设后，北槽上段涨急流速增大较多，落急流速基本不变，落潮优势流减弱，可能对该段的净输沙产生不利影响，北槽进口段和上段存在轻微淤积，对航道维护不利。北槽中段从N3丁坝到W3涨急流速有所减小，落急流速基本不变，落潮优势流增强，对该段航道维护有积极的作用。总体来看，对深水航道影响是在可控范围内。

参考文献

[1] 上海河口海岸科学研究中心. 横沙东滩围垦工程对深水航道影响专题研究报告 [R]，2006.
[2] 上海河口海岸科学研究中心. 横沙东滩促淤圈围主体工程物理模型试验研究 [R]，2008.
[3] 中交上海航道勘察设计研究院. 横沙东滩总体实施方案研究 [R]，2008.
[4] 中交上海航道勘察设计研究院. 横沙东滩促淤围垦工程预可行性研究 [R]，2002.

横沙东滩八期工程6号围区东北角局部动床物理模型试验研究

董永福[1]　田　鹏[1]　黄东海[1]　陈海英[1]　罗小峰[2]

(1. 中交上海航道勘察设计研究院有限公司，上海　201201；
2. 南京水利科学研究院，南京　210017)

【摘　要】 横沙东滩八期工程建设后，东北角依托围堤及已建N23潜坝，布置了3条潜坝护滩，局部水流流态复杂。采用正态系列物理模型研究保滩方案保滩效果，潜坝坝头的流速流态变化及河床冲淤变化等，为初步设计阶段保滩方案确定提供科学依据。

【关键词】 6号围区东北角；局部动床物模；正态系列模型

1　研究方法

为满足冲刷地形的几何相似，建筑物附近的局部冲刷问题必须运用正态模型进行研究。在缺乏验证资料的条件下，采用正态系列模型延伸法进行研究，能给出冲刷范围和冲刷深度相对合理的预测数值。这种方法的研究成果在大量工程实践中被证明是可靠的。

本项研究总体思路是数学模型与局部物理模型综合研究。首先利用数学模型提供水流动力条件，同时确定局部模型模拟的区域范围。在局部潮汐模型中利用正态系列模型延伸法，对需要研究的区段进行2个正态模型的试验研究，采用延伸法原理推算出原型的冲刷深度以及冲刷范围。

2　模型设计

2.1　模型比尺

原来平衡或接近平衡的自然河流或人工渠道，受到了建筑物的约束和控制，改变了水流方向或流速大小，原有的平衡状态将被破坏，就会引起一定范围内的冲刷现象，也就是局部冲刷。比如堤坝下游，丁坝坝头以及堤防工程的根部，都是容易发生局部冲刷的地方。建筑物周围存在复杂的旋涡及环流系统，这种局部水流结构是决定冲刷坑形态和大小的最重要的因素，由于变态模型水流在垂直方向分布不相似，因此，不能用来研究周界变化急剧情况的水流现象及其引起的河床变形问题。

由于受工程规模和水槽尺度的限制，模型的几何比尺 λ_H 一般都比较大。无论对于原型沙还是模型沙都要求粒径很细，或比重较轻。而过细的模型沙会带来絮凝和黏结力等各方面的问题，使起动相似难以满足。如果采用的模型沙比重较大、粒径较粗，就要求模型做得较大，使模型中能出现较大的流速。

所以依照这一相似条件，模型沙和比尺选择都存在困难，设计全面符合相似条件的模型难度较大。在局部冲刷的动床模型试验中，由于模型沙的不相似，对于试验结果，常造成一定的偏差。不难理解，这种偏差的大小，必然与模型的大小有一定的联系；模型越大，偏差越小；模型大到和原型一样，偏差应当最小。依据这一概念就可以同时制作一系列大小不同的模型，把各模型得出的结果，顺其趋势，进行延伸，从而得出正确的结果。这种试验研究方法称为系列模型延伸法，该方法在国内外都曾被采用过。

2.2 模型沙选择

在模型试验过程中为了做到起动相似，经常采用轻质模型沙进行试验，木粉是一种常用的轻质模型沙。木粉颗粒一般为针状，容易搭结在一起，在模型试验过程中容易产生沙波，所以在可能的情况下，尽量选用中值粒径大于 0.5mm 的木粉。

本次局部冲刷采用的模型沙 $d_{50}=0.67$mm，原型沙 $d_{50}=0.08$mm。通过系列正态模型试验，将试验结果进行延伸，从而得出正确的结果。

2.3 系列模型比尺的选取

大比尺局部正态模型利用南京水科院 330 试验厅模型，该模型长 50m，宽 40m。模型采用尾门式生潮系统和双向泵往复流系统联合运作，可以模拟试验所需要的潮汐水流过程。

在数学模型的基础上，利用场地范围较大的潮汐模型厅进行两个比尺的局部冲刷试验，图 1 为两个比

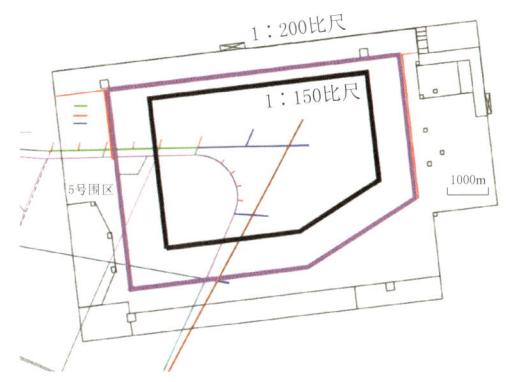

图 1 潮汐模型厅两个比尺正态模型布置

尺模型的布置，图中蓝色边框为 1∶200 的模型范围，红色边框为 1∶150 的模型范围。两个比尺模型的相似条件表。

2.4 模型制作过程

模型设计和比尺确定之后开始制作模型，即根据最新的水下地形图 2016 年 6 月地形制模，基面均统一到吴淞基面（图 2）。

模型制作包括三个方面：水下地形的制作；边界的定位。其中，水下地形和岸线边界的几何相

（a）架设断面

（b）动床范围铺设模型沙

（c）模型调试

图 2 模型制作

似是保证模型与原型相似的基本条件,其准确性直接影响试验成果的质量。

模型地形高程偏差控制在±1mm(相当于原型±15cm)之内,平面偏差不超过3cm(相当于原型27m)。

3 模型控制条件及方案

物理模型上游和下游边界采用水位控制,控制水位过程由数学模型提供,通过分析数学模型成果,采用枯季大潮作为物理模型的控制潮型,试验水文条件为5年一遇潮型,潮差约3.9m。

本次物理模型采用正态系列模型,研究潜坝坝头冲刷问题及河床地形变化。

正态系列模型(1:150、1:200比尺)研究工程可行性方案潜坝坝头冲刷深度(分护滩工程有软体排护底和无软体排护底两种工况),1:200比尺正态模型研究工程可行性方案、比选方案、优化方案、起步方案试验的河床地形变化(表1、图3)。

表1　　　　　　　　　　　　　　　方　案　组　次

名　称	1:150 比尺	1:200 比尺
工程可行性方案	无软体排护底	无软体排护底
	有软体排护底	有软体排护底
比选方案	—	无软体排护底
在工程可行性方案基础上增设4条短丁坝	—	有软体排护底
优化方案	—	有软体排护底
起步方案一	—	有软体排护底
起步方案二	—	有软体排护底

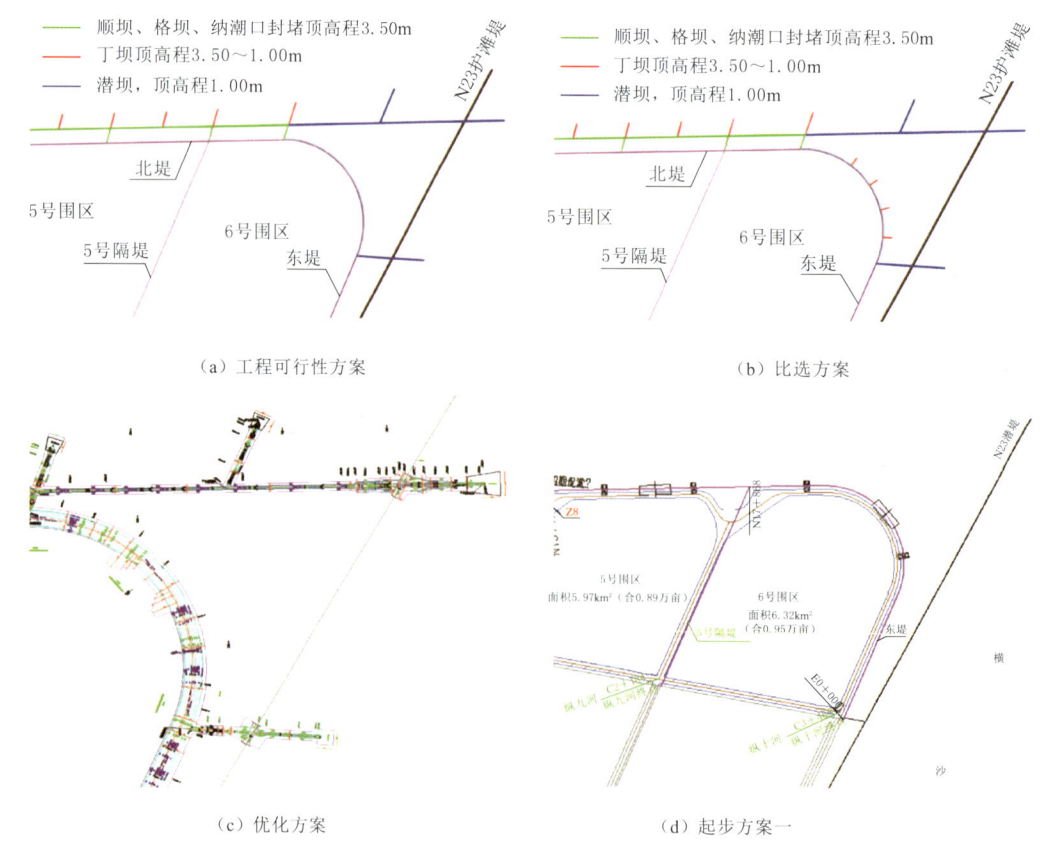

(a) 工程可行性方案　　　　(b) 比选方案

(c) 优化方案　　　　(d) 起步方案一

图3(一)　各种方案的规划图

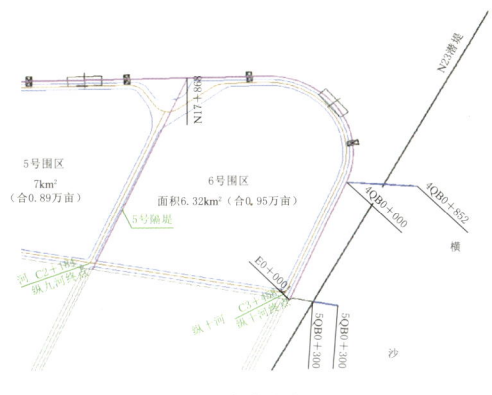

(e)起步方案二

图3(二) 各种方案的规划图

4 物理模型试验结果分析

物理模型试验结果,如图4~图6所示。

4.1 在无护底条件下

(1) N23潜堤堤头经过多年冲刷,堤头水深相对较大,本阶段工程实施后,河床总体冲淤变幅较小。

(2) 位于N23潜堤东侧的3号潜坝坝头受涨潮流影响,堤头及西侧局部存在明显冲刷。

(3) 2号潜坝坝头受涨落潮流的绕堤流作用,形成一定幅度的冲刷。

(4) 1号潜坝坝头受涨落潮流的绕堤流作用,冲刷相对较大。

(5) 6号围区滩面地形变幅较小,未出现明显冲刷区。

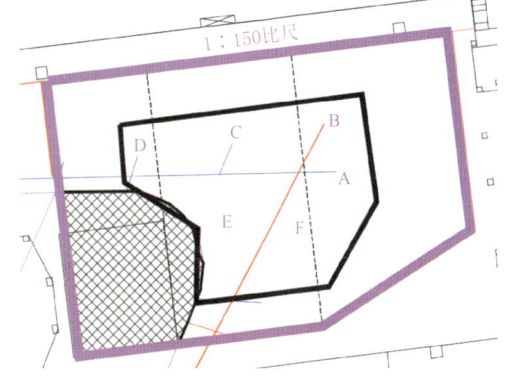

图4 模型结果照片分区位置示意图

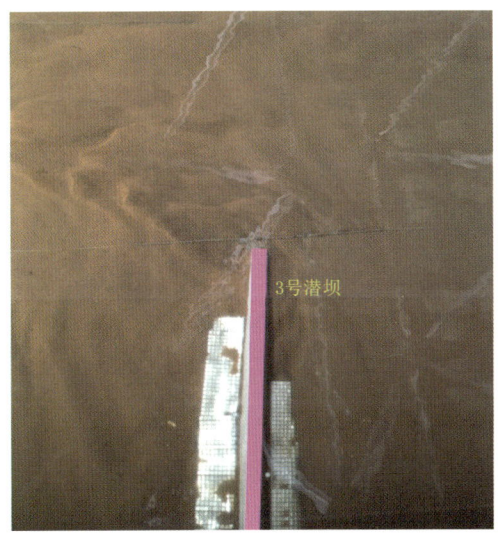

(a)A区河床地形变化

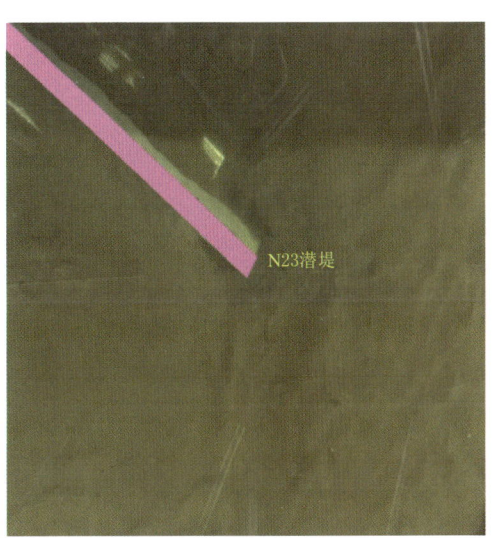

(b)B区河床地形变化

图5(一) 1:150比尺模型试验照片

(c) C区河床地形变化

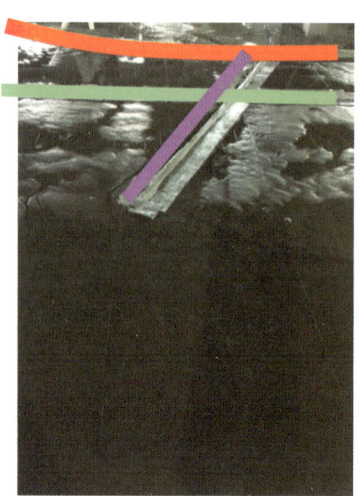

(d) D区河床地形变化

(e) E区河床地形变化

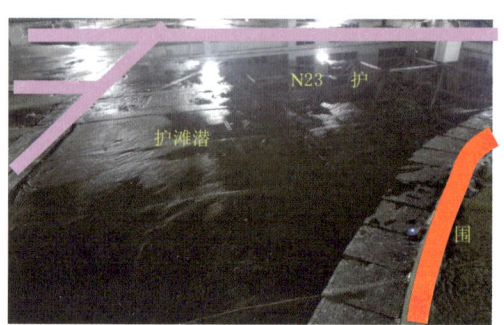

(f) F区河床地形变化

图 5（二） 1∶150 比尺模型试验照片

4.2 在有护底条件下

（1）N23 潜堤堤头护底边缘未见明显冲刷现象。

（2）位于 N23 潜堤东侧的 3 号潜坝坝头，由于护底范围大，护底边缘未见明显冲刷现象。

（3）1 号、2 号潜坝坝头护底边缘未见明显冲刷现象。

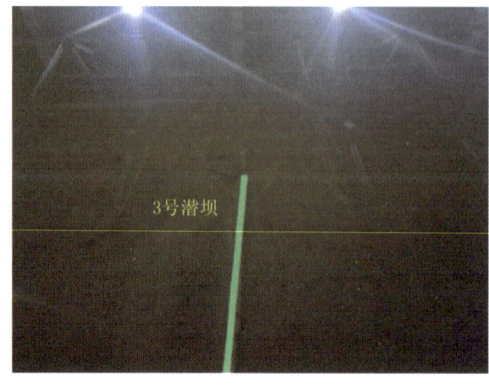

(a) A区河床地形变化

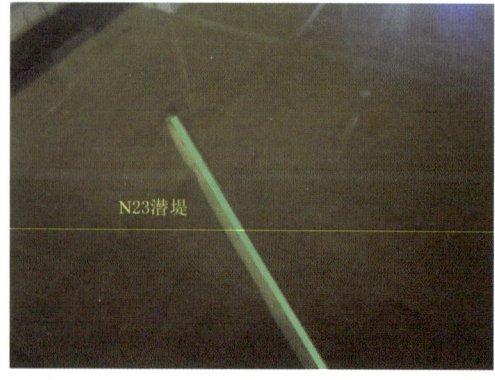

(b) B区河床地形变化

图 6（一） 1∶200 比尺模型试验照片

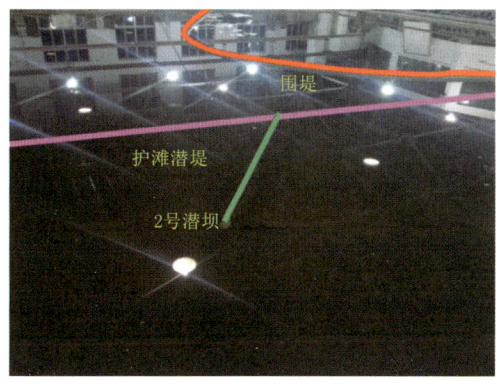

(c) C区河床地形变化

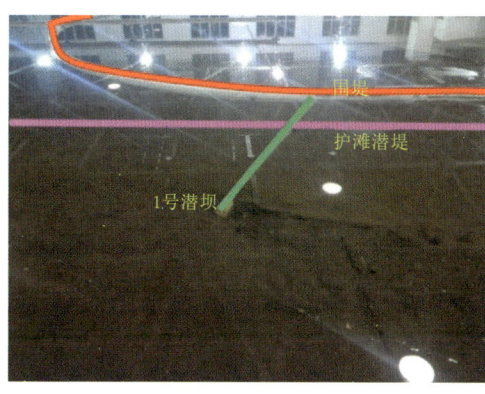

(d) D区河床地形变化

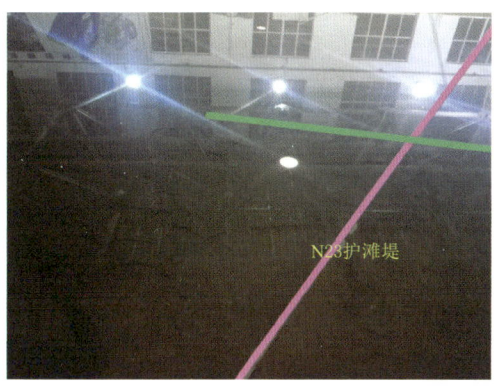

(e) E区河床地形变化

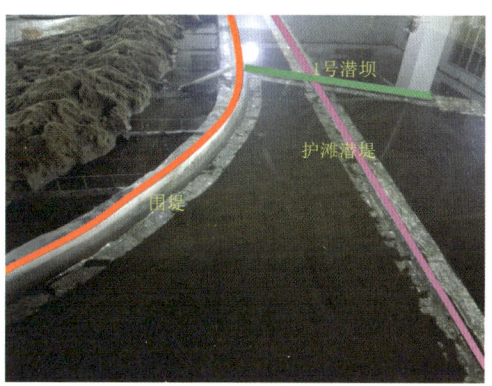

(f) F区1号潜坝河床地形变化

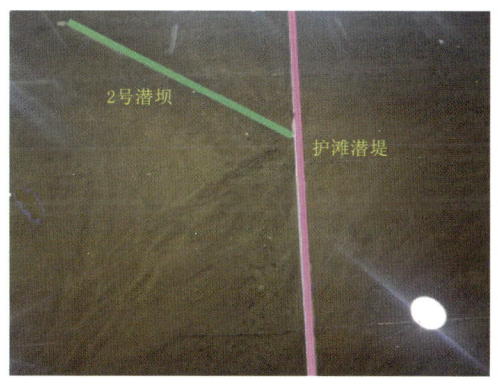

(g) F区2号潜坝河床地形变化

图6（二） 1∶200比尺模型试验照片

（4）6号围区外侧滩面地形变幅较小，未出现明显冲刷区。

5 结语

（1）工程引起的河床变形是由建筑物附近复杂的三维水流结构决定的，研究建筑物周围的局部冲刷需要采用正态模型。由于缺乏局部冲刷的地形验证资料，采用系列模型试验能给出建筑物周围局部冲刷范围和冲刷深度的预测值，并提出合理的防护措施，这对于达到工程效果和建筑物自身稳定安全都具有重大意义。

(2) 根据潮流数学模型计算结果以及工程水域潮流特征分析，横沙东滩滩面冲刷主要受涨潮流影响，选择5年一遇大潮潮型（潮差3.90m）与枯季径流（相当于大通站流量10000m³/s）的水文动力组合条件作为物理模型控制条件。

(3) 利用潮流数学模型提供水流动力条件，在两个不同比尺局部正态潮汐模型中进行水流验证。采用系列比尺模型法延伸法对两个局部模型的动床冲刷数据推算，得到原型的冲刷深度以及冲刷范围。

(4) 工程可行性方案试验根据试验结果，1号潜坝无护底时最大冲深4.36m，2号潜坝无护底时最大冲深2.13m，3号潜坝无护底时最大冲深2.52m。当方案有护底时，各潜堤坝头护底边缘未出现明显冲刷现象。

(5) 工程可行性方案试验结果表明，1号、2号潜坝护底宽度设置基本合理；3号潜坝的设计护底宽度可进一步优化。

(6) 工程可行性方案实施后，东北角围堤外冲淤变幅甚微，总体表现为微淤状态。比选方案实施后，四条小丁坝头部冲刷，其余区段与工程可行性方案基本接近。

(7) 优化方案实施后，各潜坝坝头未出现明显冲刷现象，东北角围堤外冲淤变幅甚微，说明优化方案的护底布置合理。

(8) 起步方案试验结果表明，外侧护滩堤未实施情况下，东北角围堤外河床冲淤变化较小，本试验结果仅考虑潮流作用，设计中需结合波浪条件综合考虑施工顺序。

参考文献

[1] 中交上海航道勘察设计研究院有限公司. 横沙东滩促淤圈围（八期）工程6号围区东北角局部动床物理模型试验要求 [R]，2016（7）.
[2] 上海市水利工程设计研究院有限公司，中船第九设计研究院工程有限公司. 上海市建设规范 滩涂促淤圈围造地工程设计规范：DG/TJ08-2111—2012 [S]. 上海：上海市建筑建材业市场管理总站，2012.

横沙东滩八期圈围工程结构断面波浪物理模型试验研究

董永福[1]　丁　洁[1]　黄东海[1]　陈海英[1]　冯卫兵[2]　曹海锦[2]

(1. 中交上海航道勘察设计研究院有限公司，上海　201201；
2. 河海大学，南京　210024)

【摘　要】　横沙东滩八期圈围工程北堤和东堤的设计标准为100年一遇高潮位与同频率风速组合、不允许越浪。本研究针对工程北堤和东堤的典型断面（6~8个断面）进行波浪物理模型试验研究。研究内容包括护面块体的稳定性、护脚块石的稳定性、防浪墙的稳定性、越浪量。

【关键词】　波浪；断面物理模型试验

横沙东滩一期~八期工程中，对围堤结构均开展了断面物理模型试验，通过试验验证了斜坡堤在对应设计标准下，护面块体的稳定性、护脚块石的稳定性、防浪墙的稳定性以及围堤堤顶高程是否越浪，并根据模型试验结果提出了优化建议，为工程设计提供了依据。现以横沙东滩八期圈围工程为例，介绍断面物理模型试验成果。

1　试验设备及方法

试验在河海大学水资源及水利工程国家重点实验室、海岸工程实验大厅70m长的不规则波浪水槽中进行。水槽宽1.0m，高1.8m，有效试验段宽0.5m。水槽一端安装了推板式不规则生波机，通过电机系统控制推波板运动行程和频率，波高由电容式浪高仪测定，所有量测信号均通过计算机采集、记录和分析。试验模型距推板式不规则生波机约45m。北堤及东北转弯段的模型比尺为1∶25，东侧堤为1∶22.6。

模型按重力相似原理设计，防浪墙、栅栏板、扭王字块体、灌砌块石等模型块体采用水泥、黄沙、铁沙等混合浇制而成。钢筋混凝土防浪墙容重为$r=2.50t/m^3$，灌砌块石容重为$r=2.40t/m^3$，扭王字块体、栅栏板、素混凝土方块等容重为$r=2.30t/m^3$。模型质量偏差控制在±5%以内，几何尺度偏差小于±1%。

试验分别采用规则波和不规则波进行。根据交通运输部《海港水文规范》设计波高的累积频率F标准要求，斜坡式建筑物防浪墙稳定性采用$F=1\%$，护面块体稳定性采用$F=13\%$（当平均波高与水深的比值$\overline{H}/d<0.3$时，F宜采用$H_{5\%}$），本次试验，大堤北侧断面因$\overline{H}/d<0.3$，所以护面螺母块体稳定性试验采用$H_{5\%}$进行。护脚抛石的稳定性采用$F=13\%$。不规则波采用JONSWAP谱模拟，取谱峰升高因子$r=3.3$，谱峰周期$T_p=1.278\overline{T}$进行试验，实测谱与期望谱之间有效波高误差控制在±5%以内，谱峰周期T_p两者基本一致。

稳定性试验采用间断开启生波机方式，无论规则波还是不规则波累计作用时间均相当于原型作用时间约3.5h以上。

每组试验重复3~5次。

2 试验条件

(1) 潮位。工程区高低潮位频率计算成果表见表1。

表1　　　　　工程区高低潮位频率计算成果表

特征值	频率	1%	2%	5%
	重现期	100年一遇	50年一遇	20年一遇
设计高潮位/m	北堤	5.89	5.71	5.47
	东堤	5.72	5.31	5.31

(2) 设计波要素。所有永久断面，100年一遇高水位、大潮平均高水位、平均水位和大潮平均低水位下，对应的100年一遇波高。试验波要素见表2。

表2　　　　　100年一遇设计波要素表

围堤	北堤断面一			
点位	N3（保滩坝外侧）			
设计潮位标准	100年一遇	大潮平均高	平均水位	大潮平均低
$H_{1\%}$/m	4.60	3.87	2.81	1.64*
$H_{5\%}$/m	3.99	3.38	2.49	1.61
$H_{13\%}$/m	3.51	3.00	2.24	1.47
波周期/s	8.14	8.00	7.81	7.65
围堤	北堤断面二			
点位	N15（保滩坝外侧）			
设计潮位标准	100年一遇	大潮平均高	平均水位	大潮平均低
$H_{1\%}$/m	5.17	4.18	2.92	1.82
$H_{5\%}$/m	4.52	3.67	2.57	1.61
$H_{13\%}$/m	4.00	3.26	2.30	1.45
波周期/s	8.14	8.00	7.81	7.65
围堤	北堤断面三			
点位	N21（保滩坝外侧）			
设计潮位标准	100年一遇	大潮平均高	平均水位	大潮平均低
$H_{1\%}$/m	5.26	4.31	3.02	1.79*
$H_{5\%}$/m	4.60	3.79	2.69	1.73
$H_{13\%}$/m	4.09	3.38	2.42	1.58
波周期/s	8.14	8.00	7.81	7.65

注　北堤控制浪向为NE向（爬高计算时已考虑波向的折减）。
*　为破碎波高。

3 试验断面

3.1 北堤永久断面一的原设计断面

堤顶高程8.80m，墙顶高程10.15m，迎浪面上、下坡度均为1∶3，采用厚35cm的栅栏板护面,栅栏板下方为30cm的灌砌块石;高程5.50~5.60m处设置宽6.0m的消浪平台,平台处采用厚40cm的灌砌块石护面,堤前滩面高程为－1.2m,考虑到原促淤堤龙口冲刷原因,大堤堤脚与保滩坝之间的滩面呈下凹情形,最低处达－6.5m左右。该堤的外侧180m处设有一保滩坝,保滩坝高程3.50m,顶宽4.4m,北侧边坡1∶1.5,南侧边坡1∶1.3,坡及顶部设置3t扭王字块体(图1)。

图1 北堤永久断面一

3.2 北堤永久断面二

北堤永久断面二的原设计断面与北堤永久断面一的原设计断面基本一样,其差别仅仅是上下坡段的栅栏板厚度改为40cm,堤前滩面为－1.3m,保滩坝与大堤之间相对较为平坦。需要分别对外侧180m、120m、70m三种不同位置处设有保滩坝的情况进行试验,保滩坝高程3.50m,顶宽4.4m,北侧边坡1∶1.5,南侧边坡1∶1.3,坡及顶部设置3t扭王字块体(图2)。

图2 北堤永久断面二

3.3 北堤永久断面三

北堤永久断面三的原设计断面与北堤永久断面原设计断面基本相同,堤顶高程8.80m,墙顶高程10.15m,40cm预制栅栏板护面,所不同的堤前滩面高程为－2.0m,保滩坝与大堤之间相对较为平坦。北堤外侧180m处设有一保滩坝,其高程3.50m,顶宽4.4m,北侧边坡1∶1.5,南侧边坡 1∶1.3，坡及顶部设置 3t 扭王字块体（图 3）。

图 3　北堤永久断面三的原设计断面

3.4　东堤永久断面一

东堤永久断面一为东堤的直线段，主要受到东向波浪的作用。其堤身结构与上述北堤断面相比基本类似，堤顶高程 8.80m，墙顶高程 10.15m，上下坡面的坡度均为 1∶3，采用 45cm 预制栅栏板护面，在标高 5.50～5.60m 处设置一个宽 6m 的消浪平台。不同的是：其一，堤前滩面较低，高程仅为 −3.50m；其二，外侧的保滩坝距离大堤约 400m，坝顶高程 1.00m，顶宽 3.5m，抛石结构，两侧边坡 1∶2.5，采用 1200kg 块石护面（图 4）。

图 4　东堤永久断面一（大堤部分）

3.5　东堤永久断面二（东北转弯段、栅栏板护面断面）

该典型断面位于整个工程的东北侧转弯段，断面结构与北堤及东堤的结构有所差别，堤顶高程为 9.20m，墙顶高程为 10.40m，上、下坡段护面坡度均为 1∶3，均采用厚为 45cm 预制栅栏板，堤前滩面为 −1.4m，外侧无保滩坝（图 5）。

图 5　东堤永久断面二

3.6 东堤永久断面二（下坡段 3t 扭王字块体护面）

该典型与上述试验断面（七）基本相同，仅仅是下坡段的护面结构由厚 45cm 预制栅栏板调整为 3t 扭王字块体，其余部位均不变（图 6）。

图 6 3t 扭王字块体护面断面

3.7 东堤永久断面二（东北转弯段、栅栏板护面断面）

该典型断面位于整个工程的东北侧转弯段，断面结构与北堤及东堤的结构有所差别，堤顶高程为 9.20m，墙顶高程为 10.40m，上、下坡段护面坡度均为 1∶3，均采用厚为 45cm 预制栅栏板，堤前滩面为 −1.4m，外侧无保滩坝（图 7）。

图 7 东堤永久断面二

4 试验结论与建议

根据多组试验，可得到以下结论：

（1）对于北堤断面，包括北堤永久断面一、北堤永久断面二、北堤永久断面三，该三个断面外侧均有保滩坝。原设计断面的防浪墙、上坡段栅栏板以及标高 5.50m 平台上灌砌块石稳定，三个断面在 100 年一遇高水位与相应波浪组合作用下，基本不越浪。

（2）三个北堤断面的失稳情况大体相同，主要是标高 5.50m 平台和下坡接治处的格埂、堤脚格埂明显偏小；栅栏板下方的不透水的灌砌块石存在波浪负压，导致护面和灌砌块石垫层失稳。试验结果给出了建议修改方案。

格埂的改进方案：针对上述试验情况，试验中首先将护脚处的格埂和消浪平台与下坡段转角处的格埂加大，分别由原来的 0.8m×1.0m、0.8m×0.5m 调整为 1.2m×1.0m 和 1.0m×0.8m。其余部分不变。

图 8　格埂修改方案

下坡段改进方案：灌砌块石垫层设置泄压孔。灌切块石的透水作用有效地释放了负压的作用，保证了灌切块石垫层的稳定性。

对于调整方案，进行了各种潮位与相应波浪组合作用下的试验，结果表明，整个堤身结构、防浪墙、上坡段栅栏板、消浪平台、灌砌块石、护脚棱体块石、下坡段栅栏板（或扭王字块体）等均稳定，无越浪发生。

（3）对于东堤断面，包括东堤永久断面一、东堤永久断面二、东堤永久断面二（下坡为扭王字块体护面），该三个断面中东一的保滩坝顶高仅为 1.0m，无明显作用，东二断面无保滩坝。原设计断面的防浪墙、上坡段栅栏板以及标高 5.50m 平台上灌砌块石稳定，三个断面在 100 年一遇高水位与相应波浪组合作用下，有少量越浪。由于相对波要素较北堤要小一些，东堤下坡段的栅栏板稳定性要较北堤稍好一些。

（4）对于东堤断面，不稳定情况主要表现为标高 2.00m 处的护脚块石发生滚动。经多次对比试验，当护面块石重量增加至 200～400kg 时可满足稳定要求。另外，平台和下坡接洽处的格埂和堤脚格埂需适当加大。调整后，整个堤身结构、防浪墙、上坡段栅栏板、消浪平台、灌砌块石、护脚棱体块石、下坡段栅栏板（或扭王字块体）等均稳定，无越浪发生。

参考文献

[1] 中交上海航道勘察设计研究院有限公司. 横沙东滩促淤圈围（八期）工程断面波浪模型试验要求［R］，2016（7）.

[2] 中交上海航道勘察设计研究院有限公司. 横沙东滩促淤圈围（八期）工程波浪计算报告［R］，2016（5）.

物理模型试验在不对称泵闸布置验证及优化中的应用

谢先坤

(上海市水利工程设计研究院有限公司，上海 200061)

【摘　要】 通过物理模型验证原设计泵闸整体平面布置方案合理性，并提出整流措施对不对称泵闸布置方案的优化，改善了泵闸运行水流条件，减少了最大流速，消除回流；减少了护底护坡成本，保证工程顺利运行；提出不对称泵闸布置的水闸堰流与孔流流量计算系数，为工程运行调度提供技术支撑。

【关键词】 物理模型；不对称；泵闸；优化；整流

平原感潮河网地区为充分利用潮汐达到排涝安全经济效果，一般采用水闸与泵站组合方式，低潮位时采用水闸自排，高潮位时采用泵站强排。为使工程布置紧凑、节约用地、工程经济、施工便利及后期运行管理方便，水闸与泵站一般采用合建且不对称的布置型式。由于泵闸不同时运行，泵闸进出水流有一定偏折，闸下主流大大小于河道过流宽度、各处流速不均匀，可能会在泵闸进水结合处产生漩涡、在泵站进水池与进水前池处可能会有泥沙淤积等现象。采用物理模型试验观测，可以直观掌握泵闸引排水的水流状态，并对原设计平面布置进行验证和优化，促使水流顺畅，以期消能防冲安全。

本文以横沙东滩整治工程的2号泵闸为例，在前期采用数学模型进行论证确定泵闸总体布置的基础上，通过制定合理的泵闸水流物理模型，模拟泵闸不同引排水工况，监测各种工况下水流流速及分布状况，比选整流措施并提出具体优化方案，并进行水闸过流能力、护砌范围，并为后期泵闸运行调度方案提供技术支撑，确保工程正常运行。

1　工程概况

拟建2号泵闸为横沙东滩整治工程的5座口门之一，具有引排功能。泵闸外侧为长江，内侧正对纵四河，两侧为横一河。泵闸引排水流外侧水流受潮位涨落的影响，内侧河道呈丁字形分布，泵闸外部水流条件比较复杂。

采用泵闸结合堤后式布置，泵闸顺水流方向总长475m，由站身闸首、内外侧进水池（消力池）、内外河进水前池、内外河圆弧翼墙、内外海漫、内外防冲槽、外海两侧连接堤及导流堤等建筑物组成。进出水池外侧各设长20m的进水前池，泵站与水闸之间的进水前池之间采用导流墩隔开。泵闸包括4台单泵流量15.5m³/s总流量62m³/s的引排水双向泵站与单孔净宽12m的水闸，采用"泵＋泵＋泵＋泵＋闸"不对称布置型式。泵闸总体布置方案图如图1所示。

2　模型研究方法

2.1　模型设置

模型范围应能充分反映泵闸及内外河水流特征，满足试验范围水流相似性要求，模型除了模拟站

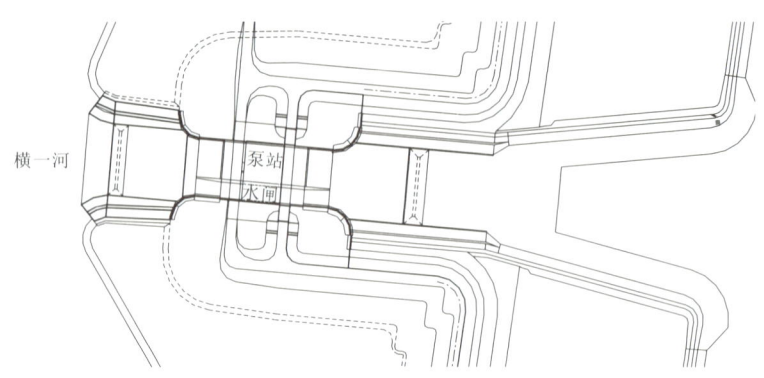

图 1 泵闸总体布置方案图

身闸首等主体建筑物，同时还模拟了部分内河、引渠、外河两侧连接堤、导流堤及部分外河区域，考虑模型场地、整体模型比尺 $\lambda_L=30$。模型按重力相似准则设计，相应水深比尺 $\lambda_H=30$、流速比尺 $\lambda_V=30^{0.5}=5.48$、流量比尺 $\lambda_Q=30^{2.5}=4929.50$、压强比尺 $\lambda_p/\gamma=30$、糙率比尺 $\lambda_n=30^{1/6}=1.763$。

图 2 整体模型图

模型全长约 25m，最大宽度约 18m。水闸、泵站等建筑物模型全部按比例采用灰塑料板精细制作，满足试验规程要求。灰塑料板糙率约为 0.008，相当于原型混凝土糙率 0.014 左右。内、外河引渠、导流堤均用水泥砂浆抹面，糙率为 0.012 左右，相当于原型河道糙率 0.021 左右。整体模型如图 2 所示。

模型流量用标准薄壁矩形堰和三角堰量测，堰顶与测针零点误差小于 0.2mm；内、外河道流速采用计算机多点数据自动采集处理系统，配备光电式流速传感器，起动流速 0.02m/s，可同步采集 64 点流速。采样时间为 10s，每点采样 3 次取其平均值为该点流速；水位采用插板式尾门控制，通过测针量测水位，测针精度 ±0.1mm；水流流态采用目测、拍照、录像等方式记录。

2.2 试验内容

物理模型试验的主要内容有：观测各工况内外海漫、进水前池、进水池、闸室的水流流态及流速分布，提出改善水流流态的工程措施；分析泵闸引排水对两侧导流墩及北围堤冲刷影响；针对本泵闸提出水闸过流计算公式，为以后工程运行调度提供技术支撑。

2.3 试验工况

水闸主要趁低潮位排涝水或高潮位引淡水，泵站主要是在外河高潮位时排涝及低潮位引淡水，水闸与泵站不同时运行。根据内河及外河特征水位，确定泵闸运行工况，具体见表 1。由于泵闸内外结构基本对称，本文以排涝工况为例进行论述。

表 1　试验运行工况

设备	运行方式	工况	内河水位/m	外河水位/m
水闸	排涝	1	2.70（设计高水位）	0.84（平均低潮位）
水闸	排涝	2	2.20（常水位）	−0.60（历史最低潮位）
水闸	引水	1	1.70（低水位）	3.30（平均高潮位）

续表

设备	运行方式	工况	内河水位/m	外河水位/m
泵站	排涝	1	1.70（低水位）	3.30（平均高潮位）
	排涝	2	2.20（常水位）	5.89（设计高潮位）
	排涝	3	2.70（设计高水位）	5.89（设计高潮位）
	引水	1	1.70（低水位）	0.84（平均低潮位）
	引水	2	2.20（设计高水位）	0.84（平均低潮位）

3 试验成果分析

3.1 原设计方案水闸排水

水闸闸门全开排水时，排涝工况 1、排涝工况 2 过闸流量分别为 73.00m³/s、53.40m³/s。出闸后流速分布如图 2 所示。过闸后海漫处最大流速分别为 4.25m/s、4.31m/s，在泵闸进水池、进水前池近闸处海漫段无回流现象，说明原设计泵闸之间的导流墩长度基本合适。但排涝工况 1 在海漫末端有回流，最大回流速度分别为 0.51m/s。从图 3 可以知：泵闸为不对称布置，水流出闸后主流偏于闸侧，随着出流侧水深增加，回流速度增大；闸前水头越大，总过流量越大，但由于出闸后水深大，最大流速反而小，出闸后水深可以有效减少出闸流速。

 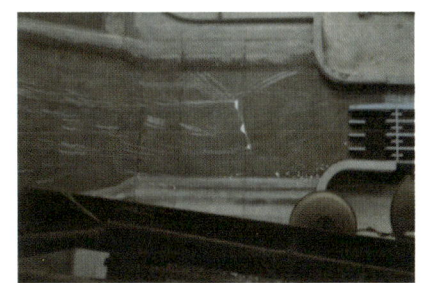

（a）水闸排涝工况1　　　　　　　　（b）水闸排涝工况2

图 3　原方案水闸排水流态图

3.2 原设计方案泵站排水

4 台泵站同时运行排水时，泵站进水前池流态如图 4 所示，泵站进水前池于近水闸侧形成回流，如图 5 所示排涝时泵站前池最大回流速度为 0.60m/s。原方案水闸排水流速分布图如图 6 所示。

图 4　泵站进水前池水流流态图　　　　图 5　泵站流道进口水流流态

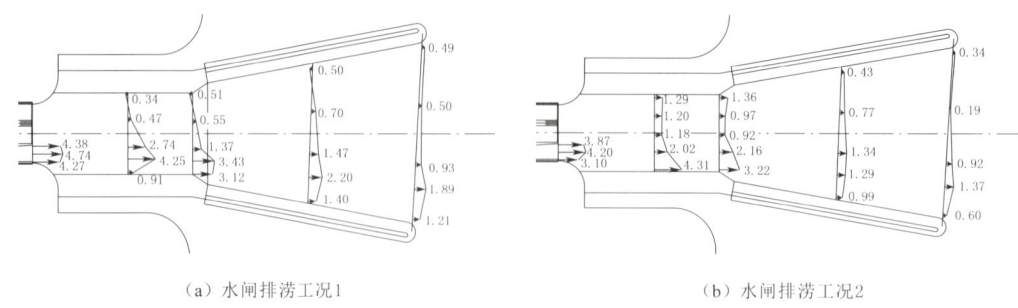

(a) 水闸排涝工况1　　　　　　　　　　　(b) 水闸排涝工况2

图6　原方案水闸排水流速分布图（单位：m/s）

3.3　整流措施

1. 水闸偏流整流

鉴于过闸后水流严重偏折，主流偏于闸侧且流速过大，可能导致护坡护底冲刷，需采取整流措施，使出闸水流尽量均匀，减少最大流速。

（1）消能墩整流。试验中首先考虑在外河海漫段设置消能墩或导流墩等措施，使出闸水流能有效扩散，根据不同消能墩数量、排列方式及尺寸等，试验中进行了多个比较方案。试验表明：在外河海漫段设置整流墩或导流墩，可以较好地改善外河水流流态，使出闸水流趋于均匀，最大流速明显减少，各方案排涝工况1的外河侧防冲槽末端最大垂线平均流速为2.41～3.00m/s，较整流前减少24%～43%，且没有回流现象。

（2）消力池整流。在水闸侧进水前池末端增设消力池，与原设计近闸处消力池形成两级消能效果。试验表明：设置二级消力池，出闸水流流态得到明显改善，水流充分扩散而趋于均匀，排涝工况1的外河侧防冲槽末端最大垂线平均流速为2.48m/s，较整流前减少42%，且没有回流现象。

（3）整流措施选取。两种整流措施效果均明显。消能墩对试验边界的影响（导流墩的位置、角度、外河水位等）较为敏感，为了达到整流效果要求消能墩和导流墩的高度均不宜小于1.5m。一方面由于消能墩低水位出露水面，景观性差；另一方面围区河道需适时清淤，导流墩的设置影响清淤船只通行。因此采用设置两级消力池整流方案。

2. 泵站回流整流

为消除泵站进水前池近水闸侧的回流区，试验中主要通过在进水前池进口段设置导流墩的方法。经过多种尺寸的比选，推荐在进水前池进口斜坡段设置3个长9.0m、厚1.0m、顶高程为2.80m（高于水面）的导流墩。采用整流措施后，进水前池及泵站流道处回流消失。

3.4　整流效果分析

1. 水闸整流效果

在进水前池水闸侧增设二级消力池后，排涝工况1、排涝工况2总的过闸流量基本不变，整流措施不影响水闸过流能力。排涝工况1出池水流因跌落而形成急流区，急流区长度约22m，跌落区内最大流速为4.09m/s，防冲槽末端最大垂线平均流速为2.36m/s；排涝工况2急流区长度约34m，

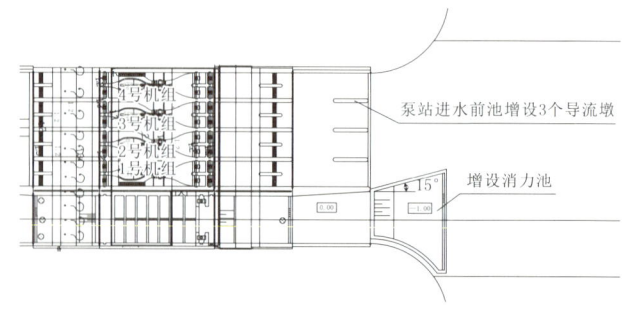

图7　整流措施布置图

跌落区内最大流速为3.64m/s，防冲槽末端最大垂线平均流速为2.03m/s。整流措施布置图如图7所示。

整流措施对水流起到扩散作用，海漫位置基本上没有回流现象，排涝工况1、排涝工况2海漫处最大流速分别较整流前减少约35%、53%，减少不均匀水流对护坡护底的冲刷作用。特别是外河水位低时，扩散效果更加明显。整流后水闸排水流态如图8所示，整流后水闸排水流速分布如图9所示。

（a）水闸排涝工况1　　　　　　　　　（b）水闸排涝工况2

图 8　整流后水闸排水流态图

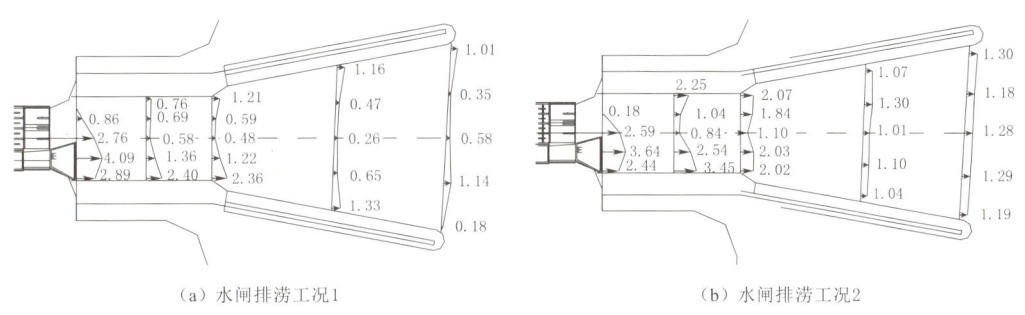

（a）水闸排涝工况1　　　　　　　　　（b）水闸排涝工况2

图 9　整流后水闸排水流速分布图（单位：m/s）

2．泵站整流效果

泵站进水前池处设置导流墩，减少了进水前池处水流横向运动，进水前池进口端断面流速分布呈左大右（靠近水闸侧）小分布（图10）；进水前池内没有回流，但在水闸侧形成一回流区，最大回流流速为0.60m/s（图11）。

 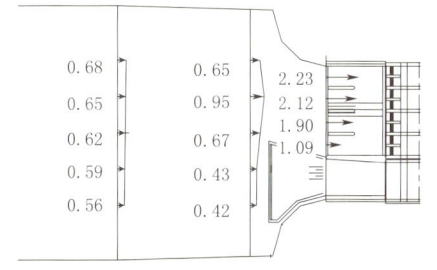

图 10　整流后泵站进水前池水流流态图　　　图 11　整流后海漫流速分布图（单位：m/s）

3.5　过闸流量公式

由于泵闸不对称布置，按现行《水闸设计规范》过流计算公式侧收缩系数难以确定，为工程运行调度带来不便。模型试验针对该泵闸布置进行专门过流实验,确定水闸过流流量系数。

1. 堰流流量系数

过闸堰流水流流量可以按 $Q = mB\sqrt{2g}H^{1.5}$ 计算,根据试验实测的内、外河水位和排涝流量,计算出水闸排涝堰流的流量系数 m,整理后发现,流量系数与相对淹没度 h_s/H (h_s 为下游水位点处堰顶以上的水深)有较好的相关关系,试验结果如图12所示。结果表明:水闸排涝在自由堰流时,综合流量系数 m 接近一个常数,其平均值大约为0.308;在淹没堰流时,综合流量系数 m 随相对淹没度 h_s/H 增加而急剧减少;水闸引水在自由堰流时,综合流量系数 m 接近一个常数,其平均值大约为0.302;在淹没堰流时,综合流量系数 m 随相对淹没度 h_s/H 增加而急剧减少;排涝综合流量系数略大于引水综合流量系数。

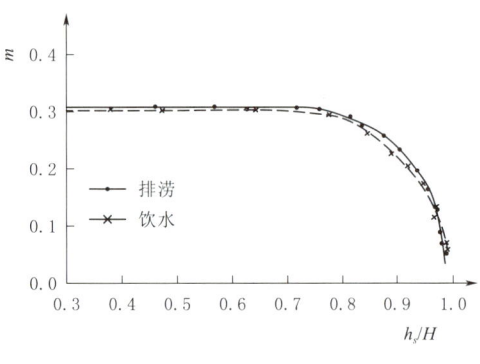

图12 水闸引排水堰流综合流量系数与相对淹没度关系图

2. 孔流流量系数

自由孔流流量可以按 $Q = \mu Be\sqrt{2gH}$ 计算,据试验实测的闸门开度、水位和流量,计算自由孔流系数,整理后发现,自由孔流流量系数 e/H 与闸门相对开启高度 e/H 有较好的线性关系为

$$\mu = 0.624 - 0.238\frac{e}{H} \qquad \left(0.11 \leqslant \frac{e}{H} \leqslant 0.6\right)$$

闸孔淹没出流流量系可按 $Q = \mu Bh_s\sqrt{2g(H-h_s)}$ 计算,根据试验实测的闸门开度、水位和流量数值,计算闸孔淹没流量系数 μ_s 与 e/h_s 有较好的相关关系,而且随 e/h_s 增加而增加,即

$$\mu_s = 0.919\left(\frac{e}{h_s}\right)^{1.187} \qquad \left(0.15 \leqslant \frac{e}{h_s} \leqslant 0.75\right)$$

4 结语

(1) 通过物理模型验证,原泵闸整体平面布置方案基本合理,导流堤长度基本合适,但水闸运行时,海漫处存在局部流速过大和回流的现象;泵站运行时泵站进水前池于近水闸侧及闸侧泵站流道进口处形成回流。

(2) 在水闸侧进水前池末端增设消力池,使出闸水流流态趋于均匀,最大流速大大减少,消除了回流;通过在泵站进水前池增设导流墩,消除泵站进水前池及流道回流。

(3) 通过物理模型试验,得出不均匀对称布置过闸堰流、孔流流量系数计算公式,为工程运行管理提供技术支撑。

参考文献

[1] 冯建刚,孟湘云,钱尚拓. 分侧式闸站枢纽下游底坎整流特性[J]. 水利水电科技进展,2019,39(6):62-67.

[2] 陆倩,崔冬,田利勇,等. 平原河网地区泵闸合建枢纽布置形式[J]. 水利水电科技进展,2019,39(5):62-67.

[3] 中交上海航道勘察设计院有限公司,上海市水利工程设计研究院有限公司. 横沙东滩圈围(八期)工程初步设计[R],2016.

[4] 河海大学. 横沙东滩圈围(八期)工程泵闸水工物理模型试验[R],2017.

废弃混凝土在涉水工程中应用的可行性研究

董永福　夏超群

(中交上海航道勘察设计研究院有限公司，上海　200120)

【摘　要】 研究了废弃混凝土块和再生骨料混凝土的工作性、强度及耐久性等性能，并对再生骨料混凝土进行了涉水工程应用试验。结果表明，再生骨料混凝土在强度及耐久性能方面与普通混凝土相对比基本相同，可以满足涉水规范标准，废弃混凝土在涉水工程中应用完全可行。

【关键词】 废弃混凝土块；再生骨料混凝土；强度；耐久性；涉水工程

1　引言

建筑业作为国民经济的支柱产业，改革开放以来得到突飞猛进的发展，城市建筑、市政设施正大量进行更新、改造，从而产生大量的建筑垃圾，据估计其中每年的废弃混凝土达3000万～4000万t。国内外在建筑和市政道路等工程中，应用废弃混凝土形成的再生骨料与建材产品已经有了较大的进展，但是在涉水工程中尚没有相关的标准和应用。本文研究了废弃混凝土块与再生骨料的性能其在涉水工程中实际应用的可能性。

2　试验概况

2.1　试验原材料

(1) 试验用废弃混凝土块为拆除的基坑支撑梁破碎后所得，粒径0.2m以上。

(2) 试验用再生混凝土

混凝土用再生粗骨料，连续粒级，公称粒径为5～31.5mm，最大粒径为31.5mm，根据标准《混凝土用再生粗骨料》(GB/T 25177—2010)，属Ⅱ类再生粗骨料，具体见表1。

表1　再生骨料检测指标结果一览表

公称粒径/mm	40	31.5	25	20	16	10	5	2.5
方孔筛筛孔边长尺寸/mm	37.5	31.5	26.5	19.0	16.0	9.5	4.75	2.36
标准累积筛余量/%	0	0～5	—	15～45	—	70～90	90～100	95～100
实际累积筛余量/%	0	0	7	42	63	89	97	98
评定结果	连续粒级，公称粒径为5～31.5mm，最大粒径为31.5mm							
检测项目	检验结果				检测项目			检验结果
表观密度/(kg/m³)	2380				微粉含量/%			1.8
堆积密度/(kg/m³)	1320/1230				泥块含量/%			0.6
针片状颗粒含量/%	1.5				压碎指标/%			12.2
吸水率/%	3.6						

本试验所采用的配合比设计强度为C30，水泥采用常用的P·O 42.5。各材料用量见表2。

表2　再生混凝土配合比材料用量一览表　　　　　　　　单位：kg/m³

编号	水泥	水	Ⅱ区中砂	天然粗骨料	再生粗骨料	外加剂（减水剂）
A0（0%）	320	157	771	1157	0	4.8
A1（20%）	320	157	771	926	231	4.8
A2（30%）	320	157	771	810	347	4.8
A3（40%）	320	157	771	694	463	4.8
A4（60%）	320	157	771	463	694	4.8
A5（90%）	320	157	771	116	1041	4.8

2.2　试验方法

（1）混凝土抗压试验强度试验：混凝土的抗压强度的测定按《普通混凝土拌合物性能试验方法标准》（GB/T 50080—2002）进行。抗压强度试件尺寸为100mm×100mm×100mm。

（2）混凝土坍落度及表观密度试验：按《普通混凝土拌合物性能试验方法标准》（GB/T 50080—2002）进行，其中表观密度试验用5L容量桶测量。

（3）混凝土钢筋握裹力、氯离子含量及电通量试验：依据《普通混凝土长期性能和耐久性能试验方法标准》（GB/T 50082—2009）进行。

3　试验结果与分析

3.1　废弃混凝土块的抗压强度

对8块废弃混凝土块，分别加工成尺寸为100mm×100mm×100mm的抗压强度试件，得出立方体抗压强度为48.9~70.8MPa。

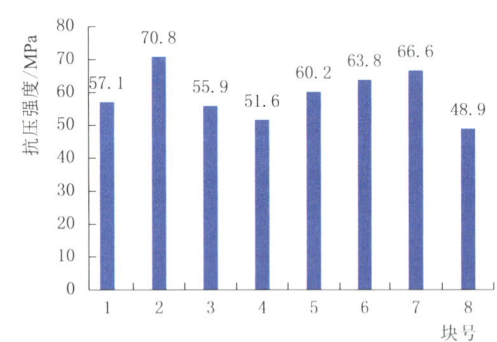

图1　废弃混凝土块立方体抗压试验强度

基坑支撑梁混凝土强度等级一般在C40以上，破碎成块状后，棱角多，表面粗糙，强度较高。由图1可知，废弃混凝土块原料立方体抗压强度在48.9~70.8MPa范围内，可以满足涉水工程中垫层块石、护面块石极限抗压强度不低于30~50MPa的要求。

废弃混凝土块进行盐水浸烘试验，模拟海水变动环境对废弃混凝土块的影响，盐水浸烘步骤：

（1）试件到达养护龄期后将试件置于（80±5）℃的烘箱中烘24h，取出自然冷却30min。

（2）试件放入装有3.5%氯化钠溶液的密闭塑料箱中浸泡96h；然后再放入（60±5）℃的烘箱中烘72h。

（3）试件浸泡96h，烘72h，为一个浸烘循环；由表3可知，动弹性模量变化较小。

表3　盐水浸烘次数与动弹性模量下降百分比统计表

浸烘循环次数	0	2	4	6	8
下降百分比平均值/%	0.0	−0.2	−0.4	−0.5	−0.8

3.2 再生粗骨料掺比对混凝土工作性能的影响

通过试验，再生粗骨料掺比对混凝土坍落度和表观密度的影响如图 2 和图 3 所示。由于再生骨料表面粗糙，含一定量粉尘，吸水率较高，坍落度随着再生骨料掺量的增加而减小。再生骨料的表观密度较天然骨料小，故表观密度也随着再生骨料掺量的增加而减小。

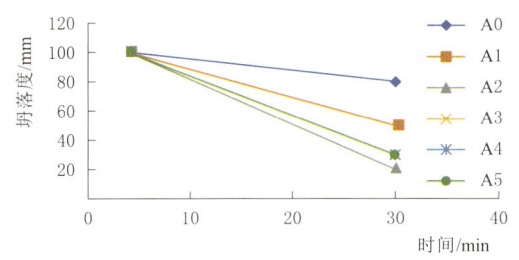

图 2　再生粗骨料掺比对混凝土坍落度的影响

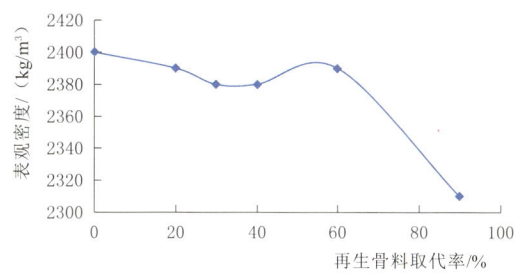

图 3　再生粗骨料掺比对混凝土表观密度的影响

3.3 再生粗骨料掺比对混凝土抗压强度的影响

由图 4 可知，与普通混凝土的抗压强度相比，再生混凝土的初期抗压强度随着再生骨料掺量的增加而降低，28 天抗压强度进一步下降，90 天抗压强度有所增长，取代率为 20% 时强度最高，已超过普通混凝土的抗压强度。分析原因认为再生骨料吸水率高，加水搅拌后，降低了粗骨料表面和混凝土拌合物的水灰比。养护后期，再生骨料与水泥砂浆之间的界面结合得到了加强，再生混凝土性能得到了一定程度的补偿。

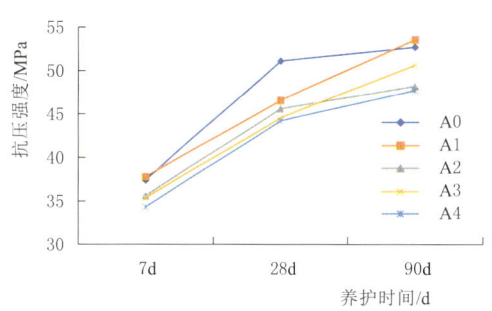

图 4　再生粗骨料掺比对混凝土抗压强度的影响

将再生粗骨料掺量为 30%、100% 的混凝土，在模拟海水（盐度 35‰），多次盐水浸烘循环后的动弹性模量值。由图 5 可知，再生混凝土动弹性模量随着再生骨料掺量的增加而降低。并随着盐水浸烘次数的增加而降低（表 4）。分析认为再生骨料中含有一定的水泥砂浆，并在机械破碎中因损伤积累使其内部存在大量微裂纹，吸水性大，渗透性大。

表 4　再生骨料掺量盐水浸烘次数与动弹性模量下降百分比统计表

下降百分比平均值/%	浸烘循环次数				
	0	2	4	6	8
30	0.0	-0.2	-0.3	-0.5	-0.8
100	0.0	-0.5	-0.9	-1.4	-1.9

3.4 再生粗骨料掺比对钢筋握裹力的影响

由图 6 可知，钢筋拔出试验时的最大荷重离散性较大，而最大值相差不大；从最大值、平均值的结果可以看出，说明钢筋握裹力和再生骨料取代率关系不大，应该是跟每个试块成型时的密实程度有关，振捣密实的握裹力相对会较大一些。另外直径 16mm 的 HRB400 的钢筋屈服力值为 80.425kN，试验测得的钢筋握裹力平均值均大于该值，说明只要做好混凝土的振实和钢筋的除锈工作，加入再生骨料不会影响钢筋的握裹力。

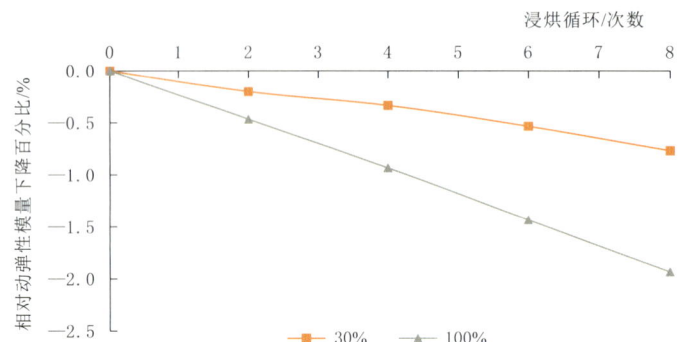

图 5　模拟海水多次浸泡烘干后再生粗骨料对混凝土动弹性模量的影响

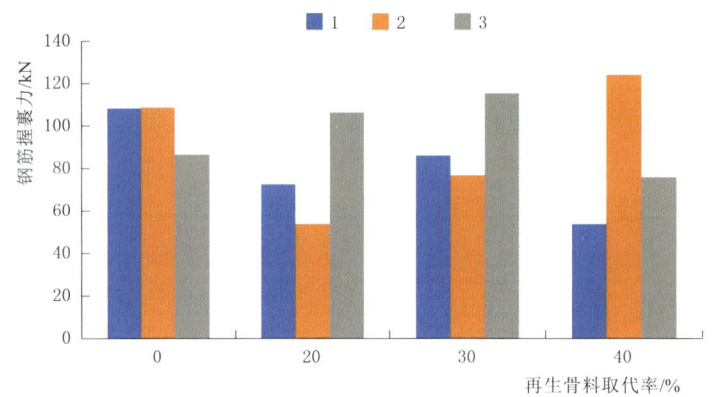

图 6　再生粗骨料掺比对混凝土钢筋握裹力的影响（28 天）

3.5　再生粗骨料掺比对电通量的影响

由图 7 可知，电通量和再生骨料取代率关系不大，与每个试块成型时的密实程度有关，振捣密实的电通量相对会小一些，更能抵抗海水中氯离子的侵蚀；同时通过优化配合比，如降低水灰比、加入合适比例的矿粉、粉煤灰或者抗氯离子侵蚀水泥就能降低电通量的值等，可满足一般钢筋混凝土或者高性能混凝土的要求。

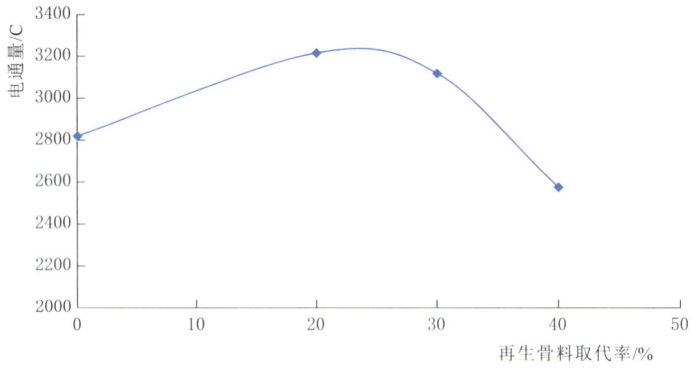

图 7　再生粗骨料掺比对电通量的影响（28 天）

4　废弃混凝土的涉水工程应用

在上海某滩涂整治工程中，坝体护面选用废弃混凝土块代替抛石（图 8），并按再生骨料掺比

30％制成 C30 扭王字块抛放置自然海水中。历经 1 年后的外观与普通混凝土无差异，未出现裂缝、破损等质量问题，抗压强度可以达到规范要求（图 9）。

图 8　废弃混凝土块代替抛石状况

图 9　废弃混凝土再生骨料制成扭王字块状况

5　结语

（1）基坑支撑梁混凝土强度等级一般在 C40 以上，破碎成块状后，可以代替抛石作为涉水工程中垫层块石、护面块石使用。

（2）废弃混凝土经破碎，筛分处理后可作为涉水混凝土的再生骨料，掺比宜控制在 20％～30％以内。

（3）用再生混凝土制成涉水钢筋混凝土构件完全可行，水位变动区钢筋保护层厚度 60mm 以上。

参考文献

[1] 崔正龙，北迁政文，田中礼治. 再生骨料早混凝土预制件中应用的可行性研究 [J]. 建筑材料学报，2010（4）.
[2] 邹燕，曹大富. 再生骨料在混凝土中的应用研究 [J]. 新型建筑材料，2020（6）.
[3] 李秋义，全红珠，秦原. 混凝土再生骨料 [M]. 北京：中国建筑工业出版社，2011.

新型四联体螺母块护面结构研究及应用

黄东海 余 竞 陈海英 李才志

(中交上海航道勘察设计研究院有限公司,上海 200120)

【摘 要】 在横沙东滩五期大道工程中,在单个螺母块体基础上开发了新型四联体螺母块护面结构,并通过理论分析、结构计算验证了该结构用于南大堤护面的可行性,文章对该块体的开发设计、施工应用以及与单个螺母块护面的对比、经济效益做了介绍。

【关键词】 促淤圈围;联体;螺母块

1 螺母块体的研究应用情况

螺母块体作为一种新型的护面块体,首先是由澳大利亚提出的,进行了不少的理论探讨、模型试验和工程实践,大量应用于护岸和防波堤工程,并设有专门化工厂。自20世纪80年代以来,河海大学、交通部天津水运工程科学研究所等研究单位也对螺母块体开展了专题研究,分析验证了螺母块体的消能机理和稳定规律,并提出了较为完善的设计方法。目前,螺母块体在上海地区海堤工程应用较为广泛,在连云港西大堤还采用了改进型的六角形多孔螺母块体。

根据以往的试验研究结果,螺母块体主要是利用块体内部的空间来消耗波能,其稳定性不是通过重量和互锁作用来得到的而是通过构件与周围构件摩擦力保持稳定。螺母块体结构简单坚固,施工方便,在3m以内波浪具有较好的经济性。其缺点是坡脚处应当有坚固的支承,螺母块体的爬高略大,构件在水下安放比较困难,目前仅运用于低水位以上可施工部位。

2 工程的护面设计情况

工程位于长江口深水航道以北的横沙浅滩附近,主体工程为19.24km的南大堤(图1)。大堤滩面标高约2.50～−1.50m,两侧均受波浪作用,50年一遇设计波高约2～2.5m。在技术经济上进行比较后,设计推荐南大堤的护面南侧采用栅栏板结构、北侧采用螺母块体结构、堤头采用扭王字块体。

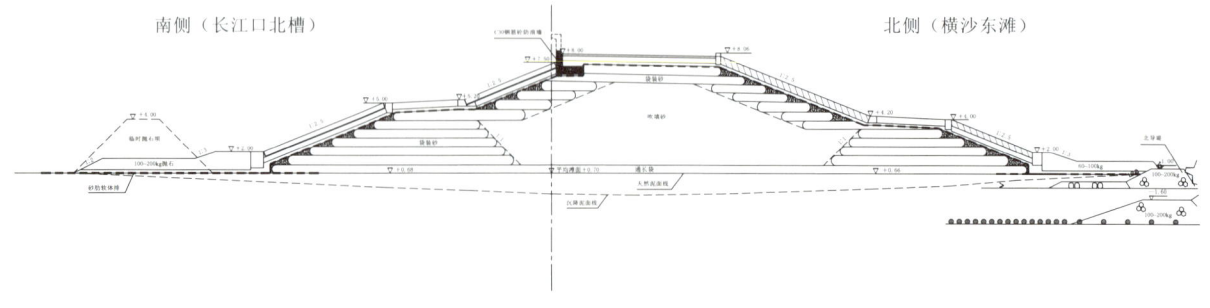

图1 典型段断面图(单位:m)

鉴于栅栏板、扭王字块体的设计计算方法在规范中已作了详细规定，而对于群体嵌固型的螺母块体目前还没纳入规范，因此重点介绍螺母块体的设计计算如下：

（1）稳定计算方法。从理论上来说，螺母块体的稳定性与它单体重量关系不大，它有赖于整体的联系，所以只是块体厚度的函数。根据交通部天津水运工程科学研究所提出的计算公式，螺母块体厚度的计算为

$$h = \frac{KK_r H}{K_a(1-P)}$$

$$K_r = \rho/(\rho_b - \rho)$$

式中　K 为水力特性系数，一般取 0.15～0.20；K_r 为重量系数；ρ 为水的密度；ρ_b 为块体材料的密度；K_a 为边坡系数，与边坡的坡度、块体间摩擦系数、摆放方式有关，方式 A：$K_a = (m + f\sqrt{3})/(\sqrt{1+m^2})$，方式 B：$K_a = (m+f)/(\sqrt{1+m^2})$；$H$—$H_{1/10}$，按规范计算；$m$ 为边坡斜率，一般取 1.5～3；f 为块体间摩擦系数，一般取 0.75；P 为孔隙率，一般取 0.425 左右。

（2）护面块体设计。根据本工程设计波高，螺母块体摆放方式采用方式 B（图 2），螺母块体厚度取 0.35～0.45m。由于在块体稳定计算中，反映不出重量的影响，实际上块体重量是有影响的。重量大，稳定性好，重量轻，稳定性差。因此在满足高度的条件下，块体的最小重量满足表 1 的要求。

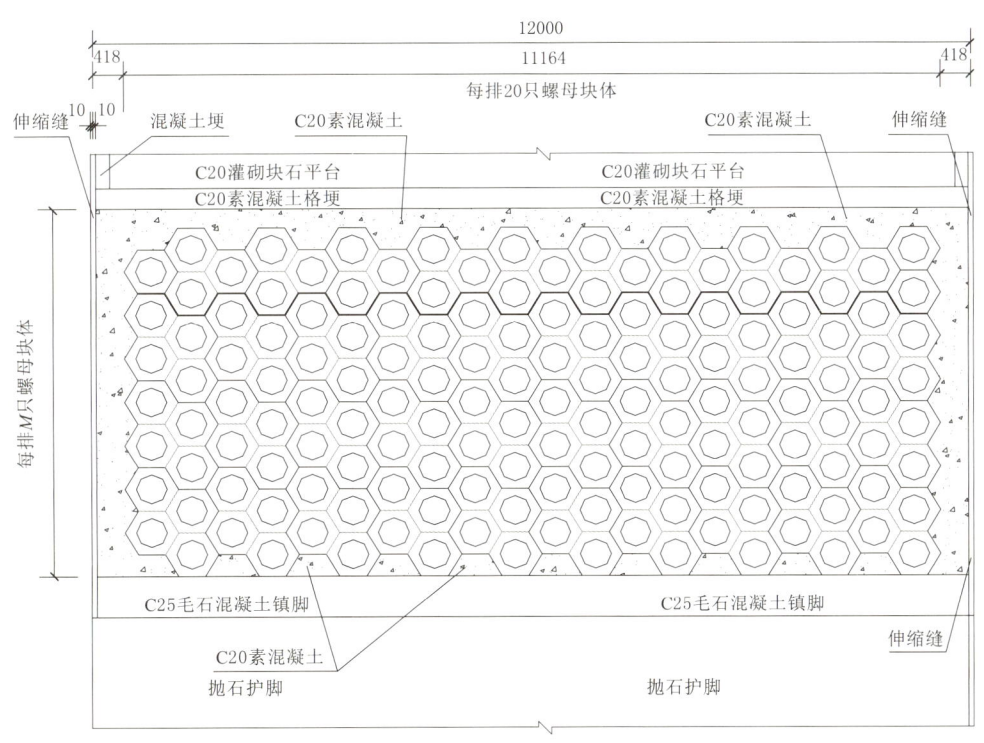

图 2　一仓螺母块摆放示意图（单位：mm）

表 1　　　　　　　　　　　　　块 体 最 小 重 量 表

摆放方式	方式 A				方式 B			
H/m	2	3	4	5	2	3	4	5
W/kg	40	140	200	500	80	200	350	500

根据本工程设计波高，单个螺母块体的重量不宜低于 160kg，考虑此重量较大，需要采用机

械化施工，因此单个螺母块体的重量可尽量取得大些。本工程螺母块体设计尺寸及重量见表2和图3。

表2　　螺母块体平面尺寸及重量

厚度 h/m	D/mm	d/mm	a/mm	b/mm	孔隙率/%	重量/kg
0.35～0.45	732	420	366	634	39.8	170～220

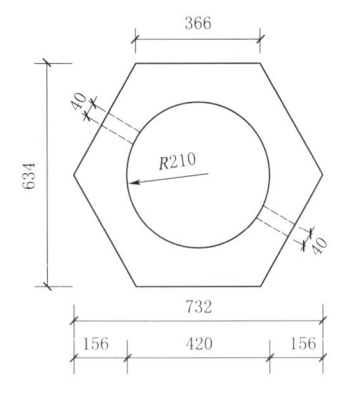

图3　单个螺母块体（单位：mm）

考虑设置沉降缝的需要，坡面上的螺母块体进行分仓处理，每仓12m，在分缝处、坡顶和坡脚处采用素混凝土封边，这样可防止个别块体跳脱失稳产生联锁反应，造成块体成片失稳，引起堤面破坏。

（3）在施工、垫层方面的要求。螺母块体施工应自下而上安放，使块体间相互紧靠不松动。其垫层可采用垫层块石或干砌块石，块石粒径不宜小于螺母块体孔径的1/2。本工程考虑石料质量难以满足干砌石要求，改用灌砌块石垫层，垫层平整度要求为4cm，螺母块安放质量要求参照水利部现行《水利水电工程施工质量检验与评定规程》（SL 176—2007）中栅栏板执行。

3　新型四联体螺母块体的开发与研究

（1）开发的目的。笔者在工程中做了较详细的设计并在工程实施中提供了现场服务。原南大堤北侧护面采用单个螺母块体，其主要问题是块体重达200kg，必须采用机械安放，而且数量太多，作业面过小，无法保证进度。因此联合体项目部提出了减少吊装次数，加快护面结构施工进度的要求。

这个工程的实践给予笔者开发一种改进型的单层护面块体的启发。开发的思路是：新的护面块体应当保持现存护面块体的优点，而且与现有块体在水力稳定上相当，而施工效率要高，满足施工单位使用。

（2）开发设计情况。经过结构分析验算，设计确定在不改变南大堤护面类型、厚度、不增加造价、满足使用功能的前提下，确定对原设计单个螺母块体进行改进，并根据联合体项目部要求，提出了四联体螺母块结构的外形尺寸，即把四个单体螺母块上下错位连接成一个整体，整个结构由14面，四个消浪孔组成，长1.58m、宽1.3m，侧面开预留绳索孔（后改进吊装设备后取消），为增加整体表观质量，单个块体连接处设置假缝，构件总重量约1t，螺母块体结构如图4所示。

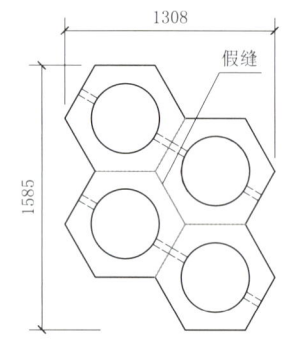

图4　四联体螺母块平面图（单位：mm）

（3）水力稳定性试验。四联体螺母块结构不改变原设计单个螺母块体的空隙率和厚度，且相邻块体间的接触面也由原单个块体的6面提高到14面，块体相互间的摩阻力、嵌固效果要优于单体结构，而且随单个块体重量的提高，块体在波浪作用下的整体更好。从波浪对护面块体的作用受力角度分析，以及模型过程中观测到的现象判定本结构是可行的，这一点在《横沙东滩促淤圈围五期工程结构断面波浪物理模型试验》中也得到验证。

（4）结构强度的验算。考虑到四联体结构底面积、重量增加，且结构内部不设钢筋，在吊装、安放、波浪力作用下结构强度是否满足要求是设计考虑的重点。四联体属于空间结构，不能简单地按简支梁结构计算内力，为此采用 Abaqus 有限元软件对各工况最不利受力情况进行验算，计算结果见表3。

根据机关规范，$H_{1\%}$ 约为 2.81m 时，结构所受的最大正向波压力设计值约为 36.7kPa。按两点支撑的空间结构进行受力计算，其最大拉应力约为 1.32MPa，满足规范要求（C30 混凝土轴心抗拉强度设计值为 1.50MPa），如图 5 所示。

表3　　　　　　　　　　　　四联体螺母块结构验算表

计算工况	工况一（吊装）	工况二（使用期）
计算项目	拉应力	拉应力
计算值	0.35MPa	1.32MPa

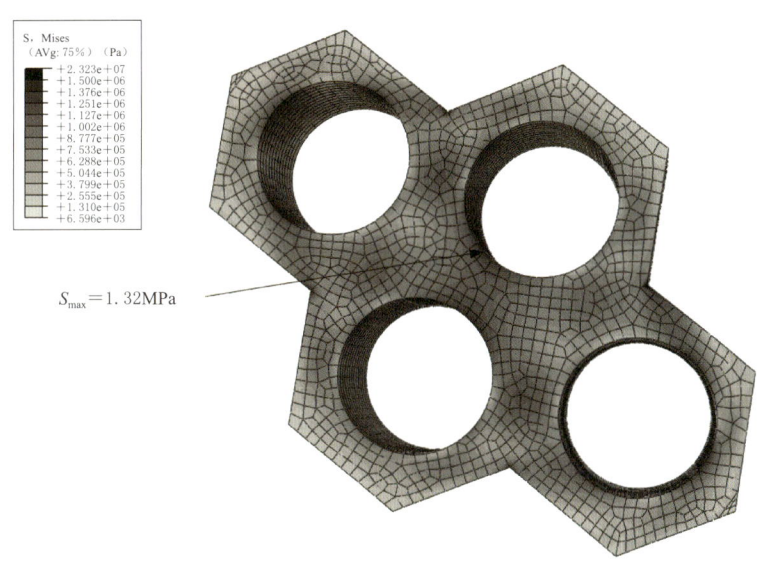

图5　设计波浪作用下构件应力分布图

4　工程施工应用情况

（1）护面施工顺序：预制→养护及混凝土表面处理→垫层施工→埋坡→运输吊装→安放四联体螺母块→顶部安放单个螺母块。

（2）四联体螺母块的预制。四联体螺母块采用定型模板预制，模板按设计尺寸制作，采用平卧预制法，用混凝土制作底胎模，外边模、内模用定型钢模板，预制时连续进行混凝土浇筑，并振捣密实，顶部表面二次压光处理，该法优点在于预制混凝土质量有保证，支、拆模板及混凝土振捣施工方便。

（3）堆放和搬运。构件拆模后叠放于堆场进行养护，待达到设计强度75%后即可运输至现场安放，为确保构件质量，叠放层数按6层控制，构件采用平板车运输进场。

（4）施工质量控制标准。①护面垫层表面平整度允许偏差 3cm；②相邻块体安放允许高差 3cm，允许缝宽 3cm；③设计每仓宽度 12m，一仓块体安放平整度允许偏差为 4cm。

（5）安放施工。采用陆上轮胎吊安装方案，采用自下而上的摆放方式，即螺母块体从毛石混凝土镇脚沿斜坡向上施工，先排四联体，顶部视现场实际情况排单块块体。施工时由汽车运至现场，再采用带专用钩具的轮胎吊安放，同时人工辅助（图6、图7）。安放后相邻块体间高差及缝宽实测值见表4。

由表4可知相邻块体间最大高差为 35mm，最大缝宽为 55mm，这是由于垫层平整度不理想以及对该块体无实际施工经验，加之在安装过程中，部分块体立面与坡面不垂直，预制块体本身底部不平整所致。

图 6　四联体螺母块吊装

图 7　四联体螺母块护面

表 4　　　　　　　　　　　　　相邻块体高差及缝宽实测值表

名称	断面号	1	2	3	4	5	6	7	8
相邻块体间高差 /mm	最大值	30	25	15	30	20	20	35	25
	最小值	5	5	5	5	10	10	10	10
	平均值	16	11	9	20	15	18	14	18
相邻块体间缝宽 /mm	最大值	40	35	40	25	35	55	45	35
	最小值	25	20	15	20	25	20	20	20
	平均值	33	28	25	23	30	35	30	28

（6）使用情况。本工程螺母块体护面于 2009 年安装，之后在 11 月间经历了几次较大寒潮的考验仍完好如初，该护面没有明显的凸起或下陷，结构整体性能完好，经现场多次察看，未发现块体发生脱皮、断裂、移动现象。

5　与单个块体的对比及经济效益分析

（1）混凝土用量比较。四联体螺母块与单个螺母块的厚度、空隙率一致，但单位面积块体间的空隙减少，混凝土量增加约 3%。

（2）预制工艺比较。四联体螺母块与单个螺母块均采用定型模板预制，但四联体螺母块外模板面积要减少将近 40%，在预制过程中，四联体螺母块需勾缝及注意表观质量。

（3）安装工艺比较。四联体螺母块需采用带专用钩具的吊机施工，单个螺母块可采用轮胎吊或人工安放施工，两种结构摆放方式相同，但四联体螺母块对垫层平整度要求稍高。

（4）安放效率比较。采用新型四联体螺母块后，每仓螺母块护面减少安放次数约 90 次/仓，安放效率提高约 60%。

（5）费用比较。根据两种结构所发生的材料、模板、设备、人工等项目工程量，按预算定额和取费标准，计算四联体螺母块比单个螺母块节省费用约 20 元/m^3。

6　结语

（1）从目前实施情况看，四联体螺母块有施工方便、造价稍低等优势，而且施工效率明显提高,这说明该结构设计是成功、合理的,建议在类似工程中推广应用。

(2)通过南大堤一阶段护面的施工,掌握了四联体螺母块的施工质量控制方法,即要确保块体的安放质量,首先要确保垫层的平整度,其次要确保预制块体的质量和安放工艺,否则四联体螺母块的相邻缝隙及相对高差难以控制。通过南大堤工程,为类似工程积累了宝贵的经验。

(3)通过本工程的施工,提出了四联体螺母块的施工质量控制标准,这为类似工程施工质量的控制提供了借鉴。

(4)因四联体螺母块相对于单个螺母块体的体积和受力面积均增加,可能产生的弯矩也增加,必须确保螺母块体的混凝土质量,防止块体表面破损与开裂,预制时应注意控制混凝土表观质量。

(5)本工程提出的四联体螺母块的设想,为今后类似三联体、六联体等结构的开发、实施拓宽了思路,提供了参考。

(6)在实际工程应用中,联体螺母块的平面尺度应以结构拉应力不超过允许拉应力为原则,根据具体波浪压力计算确定。

参考文献

[1] 孙精石,张吉. 螺母块体研究的展望[J]. 海洋工程,1985.
[2] 薛鸿超. 波浪作用下斜坡堤护面块体的稳定问题[J]. 华东水利学院学报,1984.
[3] 孙精石,张吉,李智贤. 螺母块体的试验研究与应用[J]. 海岸工程,1988.
[4] 谷汉斌,孙精石. 防波堤护面六角型多孔块体的试验研究[J]. 水道港口,1996.
[5] 交通部第一航务勘察设计院有限公司. 防波堤设计与施工规范:JTJ 298—98[S]. 北京:人民交通出版社,1998.
[6] 交通部第一航务勘察设计院有限公司. 海港水文规范:JTS 145-2—2013[S]. 北京:人民交通出版社,2013.
[7] 吴晓军,冯卫兵. 波浪作用下螺母块体护面的稳定计算[J]. 河海大学学报(自然科学版),2009.
[8] 冯卫兵. 横沙东滩促淤圈围五期工程结构断面波浪物理模型试验报告[R]. 南京:河海大学,2009.

新型护坡结构四联体杯型块体在横沙东滩工程中的应用

孙卫平[1]　张浩栋[1]　徐　波[1]　黄东海[2]　余　竞[2]

(1. 中交上海航道局有限公司，上海　200002；
2. 中交上海航道勘察设计研究院有限公司，上海　200120)

【摘　要】　四联体式杯型块体作为一种新型护坡结构，在上海地区是首次使用，而大面积使用四联体杯型块体也是第一次。共预制四联体杯型块体12万余块，并经过2010年汛期及强台风"凡亚比"边缘影响的考验，全线19km护坡结构未发生不均匀沉降，整体外观质量较好。

【关键词】　四联体式杯型块体；预制；安装

1　工程概况

横沙东滩五期大道工程的促淤圈围工程地处长江口河口段，地点位于横沙岛东南，工程建设主要是依托长江口深水航道北导堤，建设东西向南大堤（在北导堤南侧新建一条总长约19.24km的大堤），工程的建设在后续13万亩圈围工程的南侧形成了重要的交通运输通道，为有效、快速推进横沙东滩的土地形成奠定了坚实的基础。

传统螺母块体为单联体、无底结构，对大堤起防护消浪的作用，对本工程而言，如采用传统工艺，将有以下难点：

（1）工程战线长，安装量大。工程施工战线长19.24km，为南北侧双棱体、上下两级坡结构，北侧采用螺母块体护坡结构。共需安装单联体螺母块体60万余块，安装量非常大。

（2）工程工况条件差，运输困难。工程向东延伸，大堤是唯一的陆上通道，且双棱体护面结构的原材料、混凝土、预制构件需求量非常大。施工高峰期，堤顶通行原材料运输车、混凝土罐车、栅栏板运输车、螺母块体运输车，车辆交汇频繁，运输困难。此外，外侧滩地标高较高、堤前水深浅、运输船作业条件差，给施工组织带来很大的难度。如石料供应不及时，则直接影响后续节点的完成情况。

（3）外围因素影响，石料缺口大。2010年是上海世博会召开，相关职能部门加大了石料开采、海上运输的监管力度，工程用石不易组织，石料缺口较大。

（4）工期节点紧张，造价制约。工程螺母块体规格多样，单块块体最小块重约145kg，最大块重约为265kg。若采用人工搬运安装，则安装效率非常低下，在工程节点要求下，用工量极大，特别是恰值农忙时期，存在"用工荒"难题；若采用吊机吊装的施工工艺，则吊机单日安装量不高，不能完全发挥吊机功效，在工程节点要求下，则需要大幅增加吊机数量，将势必导致施工成本的急剧增加。

2　四联体杯型块体优点

针对施工过程中的制约因素，在横沙东滩促淤圈围五期工程北侧二级坡受潮水影响较小的部位采取四联体杯型块护坡，即将单块螺母块体做成有底、透水结构，并将四个单块预制在一起进行安装（图1）。

(a) 预制　　　　　　　　　　　　　　　(b) 成品

图1　四联体杯型块体的预制

经过预制、安装过程中的不断摸索，四联体杯型块相比于单块螺母块体具有以下优点：

（1）减少块石用量，解决材料组织难题。传统护面结构为灌砌块石＋螺母块体，在灌砌块石上设置冒水管。横沙五期工程北侧二级坡结构受潮水影响较小，将传统的无底螺母块体改为四联体杯型块体以后，可以直接坐落在碎石垫层上，免去了灌砌块石施工，有效地解决了材料组织难题。

（2）有效防止反滤层破损，保证结构稳定。碎石垫层施工完毕后，吊机可直接吊取安装杯型块体，有效地避免了传统螺母块体施工工艺中灌砌块石砌筑时，块石棱角对反滤层的破坏。且杯型块体底部设置排水孔，降低结构层内部水压力，保证了大堤结构的稳定。

（3）减少人工数量，解决"用工荒"难题。预制构件安装高峰期，恰值农忙时节，人工召集困难。在四联体杯型块体吊安过程中，充分利用吊机使用率，每台吊机配3名工人辅助安装，减少了工人使用量，解决了"用工荒"难题。

（4）减少模板周转次数，降低模板损耗率。四联体杯型块体作为一个整体预制，模板周转次数缩短为原来的1/4，降低了模板损耗率，节约了施工成本。

（5）提高安装效率，缩短安装工期。将四块杯型块体放在一起预制，增加了单块块体的重量，四联体杯型块体的最小重量为863kg、最大重量为1151kg。单次吊机吊安块体由原来的一块增加为四块，提高了吊机的使用效率，大大缩短了整个工程的安装工期，为施工节点提供了保障。在实际安装过程中，每台吊机每台班约可吊安四联体杯型块体300m^2。

（6）外形整齐美观，块体之间结合紧密。以每一组四联体杯型块体作为一个小施工平面，减少了每仓平面内的杯型块之间的错缝点数，使施工平面内杯型块体整齐平整。且四联体杯型块体单重较大，在坡面上安放完毕后，在自身重力作用下，块体之间缝隙较小、结合紧密、不易松动。

(a) 现场一　　　　　　　　　　　　　　(b) 现场二

图2（一）　四联体杯型块体的安装现场

（c）现场三　　　　　　　　　　　　（d）现场四

图 2（二）　四联体杯型块体的安装现场

3　四联体杯型块体预制工艺流程

四联体杯型块体预制工艺同传统单联体杯型块体，但相较于传统单联体杯型块体，具有缩短模板周转次数的优点。具体施工工艺流程如图 3 所示。

3.1　地胎、模板清理

支模前必须对地胎模及模板进行清理，检查地胎模是否光滑平整，特别是小块的积灰必须一并清除。模板无变形，无开裂，无残留混凝土。如有损坏必须暂停使用并及时通知修理，保证该地胎模及模板可以正常使用。

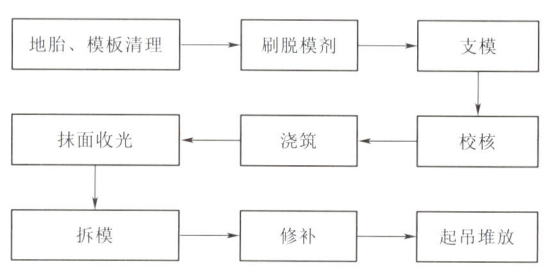

图 3　四联体杯型块体预制工艺流程图

3.2　刷脱模剂

地胎模清理干净后，在地胎模上均匀、完整地涂刷脱模剂，不得撒、泼脱模剂，并且保证不积油。外模、芯模清理完毕后，置于平地上均匀涂刷脱模剂。

3.3　支模

四联体杯型块模板由外模和芯模两块整体模板组成。支模前检查地胎是否平整，地胎、模板所刷脱模剂是否均匀、完整。检查完毕后贴好止浆条，并保证其牢固不脱落。支模时，必须保证模板垂直安放于地胎模上，底部在模板四周相应位置铺设海绵条，然后在整个底部铺设一层薄膜，并检查底部是否留有缝隙。检查完毕后安放芯模，芯模与外模连接螺栓必须紧固，芯模必须紧贴地胎膜表面。

3.4　校核

支模完毕后，用水平尺测量模板是否水平。

3.5　浇筑

浇筑前必须检查混凝土质量，发现问题及时反应。下料必须均匀，不得堆积。振捣必须做到快插慢拔，保证气泡排出；振点要均匀排列、逐点移动、顺序进行、做到均匀振实。当振捣棒以直线行列插入时，移动间距不大于振捣作用半径的 1.5 倍（一般为 30～40cm），若以梅花式插入时，移动间距不得超过作用半径 1.75 倍。杯型块振捣使用 30 棒，振点以环绕芯模的方式分布，移动间距控制在 30～35cm。振捣时，振捣棒不得接触模板，且与模板必须保持间距 5～10cm。振捣以混凝土不再下沉、无显著气泡上升、表面平坦一致、开始浮现水泥浆为度。

3.6 抹面收光

抹面收光必须做到"一毛二光"，首先要用木抹子将表面搓毛，并尽可能平整；然后进行收光，收光时间掌握准确，必须做到两次收光。混凝土凝结过程中泌水严重的需将水铲除并及时向有关部门反映情况。

3.7 拆模、修补

待混凝土达到一定强度后，先拆除芯模。芯模拆除时使用桁车对四个吊点同时起吊，起吊过程要求平稳，必须垂直起吊，不得斜吊及左右移动。芯模拆除后必须对圆孔内壁进行收光，若出现拉毛等情况必须及时抹平收光，同时利用折角抹子对圆孔上口进行收光。若圆孔底部出现上翘、开裂、变形等情况，则必须在拆模后立即进行修补。外模拆除方式按照芯模的方式进行拆除。外模拆模后，若出现大气泡、麻面、棱角破损等情况，必须立刻修补。

3.8 起吊堆放

待杯型块混凝土强度达到 70% 要求时即可起吊，起吊过程要求平稳、垂直起吊。起吊后杯型块体存放于堆场，堆放高度不得超过 5 层。

4 四联体杯型块体施工工艺

4.1 整坡

围堤堤芯结构为袋装砂棱体，护坡结构施工需要在堤心结构沉降稳定后进行，为了控制施工坡比、填实砂袋充填过程中留下的"三角缝"，需对护坡结构进行整坡施工。

施工现场采用小砂袋贴坡的施工方法。施工前，先由工人灌实小砂袋，并堆放整齐。测量放样人员在坡顶、坡脚部位分别打好标高控制桩，拉好纵向坡比线。工人将充灌好的小砂袋沿坡比线均匀铺贴在护坡面上，并保证密实、平整，直至符合设计坡面要求。

4.2 反滤层铺设

整坡完毕后，摊铺土工布，并及时压载袋装碎石或碎石垫层，以防潮水等因素对土工布的破坏，引起土工布的下滑。

土工布铺设时应紧贴棱体，并略有松弛（图4）。无纺布在围堤横断面方向宜整块制作，沿围堤轴线方向相邻两块土工布可采用手工缝接或搭接形式连接，手工缝接采用二道锦纶线，针脚间距不大于 10mm。纵向横向搭接宽度：水下 1.5m；陆上 1.0m；缝接宽度 0.5m。无纺布若出现了破损或孔洞，应及时修补，修补原则采用相同材料，并且缝接宽度不应小于设计搭接宽度。无纺布运输过程中应注意保护，运输至现场应派专人妥善保管，不得在阳光下暴晒。

碎石垫层铺设应由上而下进行，并拍平铺匀（图5）。碎石要求：①质地坚硬，无风化剥落和裂纹现象，且有良好的抗风化能力；②碎石粒径 5～40mm，并应具有良好的级配。

图 4 土工布铺设

图 5 碎石垫层铺设

4.3 四联体杯型块体安放

四联体杯型块体安放前应检查碎石垫层的坡度、厚度、碎石粒径等情况,如不符合要求,则须进行修整理平,对坡脚的杂物、垃圾应及时进行清理,满足设计要求后才能允许安放。

螺母块体采用吊机配合人工安放,安放时应按从下到上顺序进行施工,使块体相互紧靠不松动,保证坡度和坡面的平整度。安放时应保证底面与坡面平行,另外还需保证块体安放完成后下口面与北侧平台内格埂持平。

4.4 检测验收标准

由于规范中缺少对四联体杯型块体检验标准,过程中编制形成了《横沙东滩促淤圈围五期工程新型预制构件安装标准》,并按此标准进行验收。四联体杯型块体质量检测项目见表1。

表 1　　　　　　　　　　四联体杯型块体质量检测项目

序号	检测项目	允许偏差	检测频率	检测方法
1	块体尺寸	按《水利工程施工质量检验与评定标准》的表7.6.5-2规定	每个构件(抽查10%)	用钢尺量
2	安放数量	设计数量±1%	逐仓检查	点数
3	相邻块体高差	<30mm	每仓检测10点逐仓检查	用钢尺量
4	相邻块体缝宽	<30mm	每仓检测10点逐仓检查	用钢尺量
5	平整度	<40mm	每仓检测10点逐仓检查	用水准仪

5 结语

(1) 在本工程北侧二级坡受潮水影响较小的部位采取四联体杯型块护坡,即将单块螺母块体做成有底、透水结构,并将四个单块预制在一起进行安装。具有以下优点:①减少块石用量,解决材料组织难题;②有效防止反滤层破损,保证结构稳定;③减少人工数量,解决"用工荒"难题;④减少模板周转次数,降低模板损耗率;⑤提高安装效率,缩短安装工期;⑥外形整齐美观,块体之间结合紧密。

(2) 四联体杯型块体预制工艺流程,包括地胎及模板的清理、刷脱模剂、支模、校核、浇筑、抹面收光、拆模、修补和起吊堆放等。

(3) 四联体杯型块体施工工艺,包括整坡、反滤层铺设、四联体杯型块体安放等。

(4) 由于相关规范中缺少对四联体杯型块体检验标准,特编制形成了《横沙东滩促淤圈围五期工程新型预制构件安装标准》,并按此标准进行验收。

参考文献

[1] 黄东海,余竞,陈海英,等. 新型四联体螺母块护面结构研究及应用 [J]. 水运工程,2010 (5).
[2] 上海市水务局,上海市水务建设工程安全质量监督中心站. 水利工程施工质量检验与评定标准:DG/TJ 08-90—2014 [S]. 上海:同济大学出版社,2014.

长江口大堤越浪量现场及试验研究

孙 鹏[1] 陈海英[1] 周益人[2] 田 鹏[1]

(1. 中交上海航道勘察设计研究院有限公司，上海 200120；
2. 南京水利科学研究院河港研究所，南京 210024)

【摘 要】 越浪量是允许越浪大堤设计的重要参数。本文在对以往相关研究成果进行回顾和分析基础上，结合长江口横沙东滩促淤圈围五期工程现场波浪和越浪量实测资料，通过对长江口典型断面型式进行系列物理模型试验，研究结构各参数对越浪量的影响，进而提出适合长江口大堤的越浪量计算公式。

【关键词】 大堤；越浪量

1 引言

大堤是保护沿海地区免遭潮、浪袭击的重要工程设施，大堤的破坏将导致严重的后果。以往大量大堤损毁事故表明，越浪是造成大堤破坏的一个重要原因。越浪量主要受堤顶高程控制，理论上讲，只要堤顶足够高，越浪是可以避免的。但是，一方面由于按照完全不允许越浪标准设计建造大堤有时是不经济的。同时，可能由于地基承载力不够，在地基处理条件不具备或虽经处理但达不到要求，堤身高度受到限制；另一方面由于设计水位及波浪要素的不确定性，在超强风暴潮作用下，越浪量会大大增加，应此在现有大堤的设计过程中应考虑允许部分越浪及后坡保护问题。由于越浪对海岸防护工程的重要性，一直以来许多国家的学者对该问题进行了大量的研究工作。

早在1955—1958年美国 T. Saville 就进行了规则波在斜坡堤上的越浪量模型试验。1976年美国海岸研究中心的 J. R. Weggle 在对 Saville 的越浪试验资料进行分析处理后，提出了单坡斜坡堤上的越浪量预测公式。随后数十年以来，各国学者（我国海港水文规范，1998；Owen，1980，1982；Van der Meer，1992，2002；Ward and Ahrens，1992；周益人，2007，2008）进行了更细致全面的研究，提出了各种大堤平均越浪量的计算公式。然而，由于大堤越浪现象非常复杂，大堤结构型式及地形等对越浪量影响很大，尽管研究已非常精细，但现有公式计算结果仍差异较大，很难提出一个适合各种大堤的计算通式。同时，从国内外研究来看，绝大部分依托室内物理模型试验开展，由于越浪量影响因素多，实验室难以完全模拟，所获得的越浪量计算方法也需要得到现场实际情况的检验。

本次研究结合长江口横沙东滩促淤圈围五期工程现场波浪和越浪量实测资料，并根据当地典型断面型式进行试验，研究结构各参数对越浪量的影响，进而提出适合长江口大堤的越浪量计算方法。

2 现场越浪量观测

为了现场测量大堤越浪量，在横沙东滩促淤圈围五期工程促淤堤头部布置三个越浪采集坑，长度都为39m，顶高程分别为+6.50m、+5.70m和+5.20m（图1）。由于1号集水井顶高程较高，产生越浪的组次较少,越浪量也较小;而 3 号集水井顶高程较低,大浪时越浪水体通常很快漫顶;本文采用 2 号集水井的数据,现场实测越浪量列于表 1。波浪测点距离堤脚约 50m。

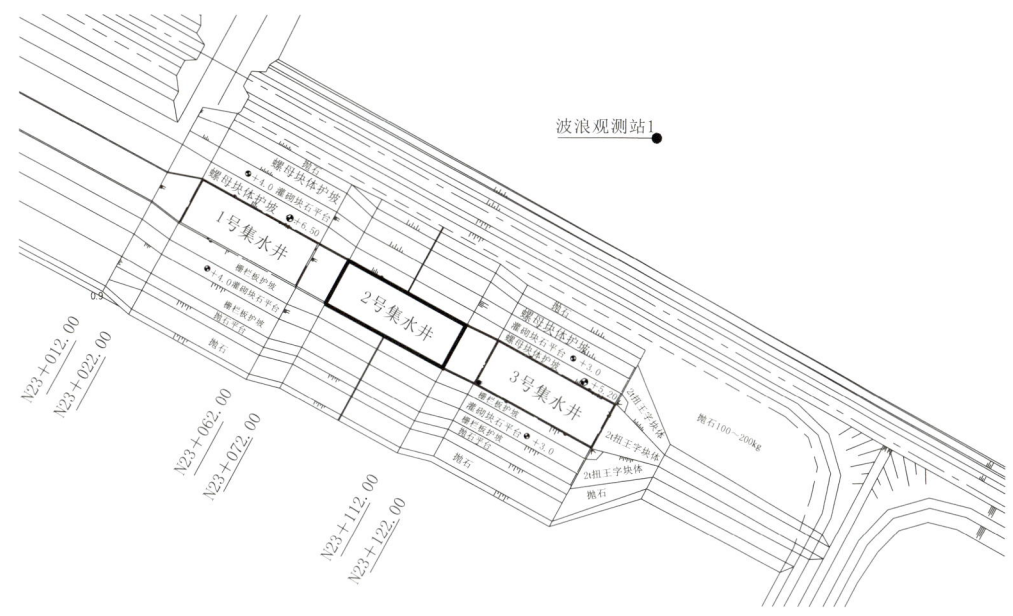

图 1　现场越浪及波高测点布置

表 1　　　　　　　　　　　2 号集水井越浪实测数据

编号	潮位/m	风向/(°)	风速/(m/s)	波高 H_s/m	越浪实测值/[$m^3/(m \cdot s)$]	周期/s	波向角度*/(°)	风向角度*/(°)
1	4.66	82	9.7	1.32	0.0121	7.0	35~45	35
2	4.76	35	14.2	0.98	0.0124	5.6	80~90	82
3	4.27	6	7.0	1.52	0.0030	7.8	20~30	111
4	4.34	31	14.1	1.37	0.0023	7.8	20~30	50
5	4.79	48	8.7	1.33	0.0131	7.0	15~25	69

* 波向角度和风向角度分别为波浪方向和风向与促淤堤堤线夹角。

3　试验概况

由于现场潮位、波浪、风等实际条件具有一定的随机性,实测越浪量数据量及系统性难以直接形成可以普遍使用的越浪量公式,因此,本文首先采用整体和断面物理模型试验对现场实测越浪量进行验证,在此基础上,对长江口典型大堤断面(图 2)开展断面系列物理模型试验,研究各参数对越浪量的影响,提出越浪量计算公式。

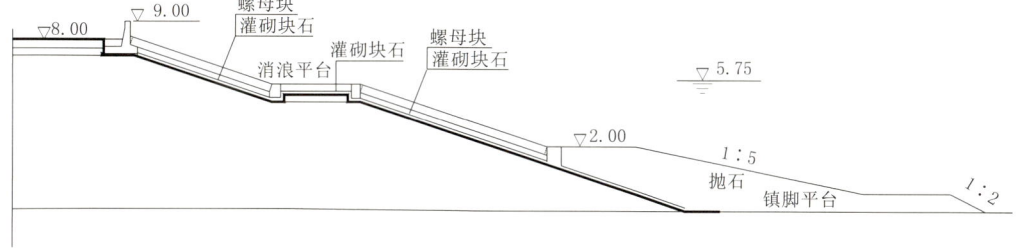

图 2　试验断面(单位:m)

整体试验在长 50m、宽 17.5m、高 1.2m 的波浪港池内进行，港池内配有可移动风阵系统；断面模型试验在波浪水槽中进行，水槽长 66m、宽 1.8m、深 1.8m，可同时产生波浪、水流和风。越浪量采用接水箱接取测量。

试验采用正态模型，按重力相似模型设计，断面和整体试验模型比尺分别为 1∶14 和 1∶18。验证试验条件见表 1，断面越浪系列试验中分别考虑波浪要素（$H_s=2.1\sim3.1$m，$T=5.0\sim9.0$s）、水位（$5.16\sim5.75$m）、堤顶高程（$8.00\sim9.40$m）、防浪墙高度（$P=0\sim2.4$m）、消浪平台高程（$5.00\sim6.50$m）、消浪平台宽度（$5\sim7$m）、护面型式（灌砌块石板、栅栏板和螺母块体）、斜坡坡度（$m=2.5\sim3.0$）等因素的影响，各参数如图 3 所示。试验采用的不规则波浪谱为 JONSWAP 谱。

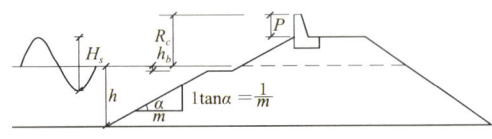

图 3　各参数示意图

试验采用间隙式生波方式，以消除波浪的多次反射，不规则波每组波列的持续时间约为 3.0~5.0min，波数约为 120~150 个。

4　试验结果及分析

4.1　越浪量现场验证试验

越浪量验证试验采用整体物理模型，按现场实际波浪、水位和风模拟，测量越浪量，并进行相应条件下的断面试验，比较分析波浪方向对越浪的影响。用于验证试验的横沙五期的现有实测断面，为斜坡堤复式断面，堤顶防浪墙高程+5.70m，中间设宽 5.0m 平台，高程+3.30m，上、下坡坡度均为 1∶2.5，护面为螺母块体，平面布置如图 1 所示。

越浪量验证试验结果见表 2。

表 2　越浪验证试验结果

编号	潮位/m	波高/m	周期/s	波向角度*/(°)	现场越浪量/[m³/(m·s)]	整体试验越浪量/[m³/(m·s)]	断面试验越浪量/[m³/(m·s)]	角度折减计算越浪量/[m³/(m·s)]
1	4.66	1.32	7.0	35~45	0.0121	0.0134	0.0254	0.0175
2	4.76	0.98	5.6	80~90	0.0124	—	0.0116	0.0116
3	4.27	1.52	7.8	20~30	0.0030	0.0029	0.0210	0.0094
4	4.34	1.37	7.8	20~30	0.0023	0.0022	0.0140	0.0063
5	4.79	1.33	7.0	15~25	0.0131	0.0149	0.0340	0.0153

* 波向角度为波浪方向和风向与促淤堤堤线的夹角。

由表 2 可见，断面验证试验未考虑波浪入射角，越浪量普遍大于现场实测值，对于一些现场越浪量较小组次，断面验证试验结果甚至大几倍，只有第 2 组验证试验越浪量接近现场实测值，主要是由于该工况的波浪方向几乎为正向作用；整体验证试验结果表明，考虑到风和波浪入射角度的影响，越浪量试验值与现场实测值基本一致。

对于斜向波浪越浪量研究成果相对较少，结果差别也较大。Banyard 和 Herbert（1995）提出波浪斜向入射对越浪量的影响，入射角 β 较小时，越浪量轻微增加；随着 β 的继续增大，越浪量开始减少。由此得到波浪斜向入射系数计算公式为

$$O_r = 1 - 0.000152\beta^2 \tag{1}$$

式（1）适用范围为 $0°<\beta\leqslant60°$，当 $\beta>60°$ 时，取为 60°。

采用式（1）计算本次验证试验的结果见表 2。由此可见，采用断面试验结果，经波浪入射角度折减后的斜向浪越浪量计算值都大于现场实测值，特别是对于较小越浪量时的相对差更大。但对于斜向波越浪量，采用断面试验结果并考虑波浪入射角度折减系数是合适的。考虑到计算方法的便利，本项研究采用式（1）计算波浪折减系数。

4.2 越浪量系列试验

本项研究采用波浪断面试验进行。在以往研究基础上，考虑到本地区设计断面的特点，选择横沙七期促淤堤断面作为典型断面，通过系列物理模型研究防浪墙、斜坡坡度、平台尺度、护面类型、风速等参数对越浪量的影响。

4.2.1 破波参数的影响

图 4 为相对越浪量随破波参数变化关系。图中相对越浪量 $Q^* = Q/(gH_s^3)^{0.5}$；ξ 为堤前平均破波参数，$\xi = \tan\alpha/(H_s/L)^{1/2}$，$\alpha$ 为斜坡坡度，L 为堤前波浪平均波长。

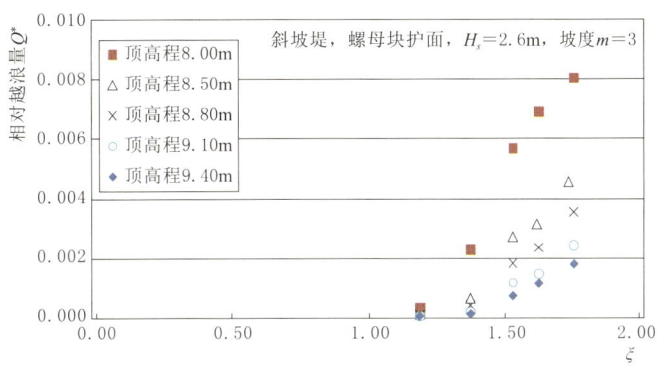

图 4　相对越浪量 Q^* 随 ξ 变化（前坡 1∶3）

由图 4 可见，在不同堤顶高程下，本次试验周期和坡度范围内越浪量随破波参数增大而增大，没有明显的分界点。

4.2.2 堤（墙）顶超高 R_c 的影响

当水位和爬高确定后，越浪量主要受堤（墙）顶高程控制，堤（墙）顶高程与水位的差即为堤（墙）顶超高 R_c，理论上讲，只要堤（墙）顶超高大于波浪爬高，就没有越浪产生。图 5 和图 6 分别为无防浪墙和有防浪墙时堤（墙）顶相对超高 R_{c*}/ξ（$R_c/H_s/\xi$）与无因次越浪量 Q^* [$Q/(gH_s^3)^{0.5}$] 之间的关系。

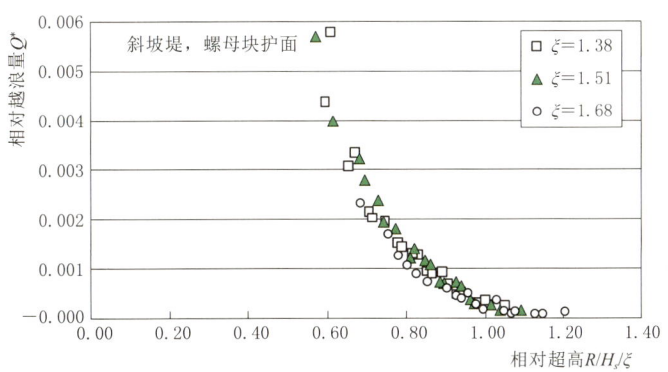

图 5　无防浪墙时 $R_{c*}/\xi(R_c/H_s/\xi)$ — $Q^*[Q/(gH_s^3)^{0.5}]$ 关系

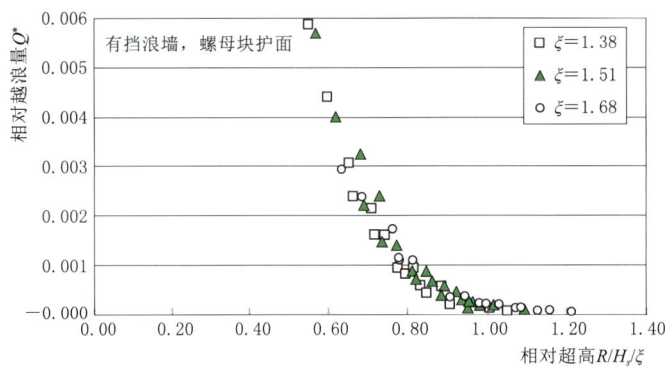

图6 有防浪墙时 $R_{c*}/\xi(R_c/H_s/\xi)$ — $Q^*[Q/(gH_s^3)^{0.5}]$关系

由图可见，尽管防浪墙高度对平均越浪量有影响，但堤（墙）顶相对超高 R_{c*}/ξ（$R_c/H_s/\xi$）与无因次越浪量 Q^*[$Q/(gH_s^3)^{0.5}$]之间存在着较好的指数函数关系。由此，根据本次研究大堤及自然条件的特点，可得平均越浪量公式为

$$\frac{Q}{\sqrt{gH_s^3}} = A\gamma_r\gamma_c\gamma_\xi\gamma_w\gamma_b\gamma_f\gamma_m \exp\left(B\frac{R_c}{H_s\xi}\right) \quad (2)$$

式中 A、B 为待定系数；γ_r 为波浪斜向入射系数（在验证试验中已讨论）；γ_c 为防浪墙影响系数；γ_ξ 为破波影响系数；γ_b 为平台折减系数；γ_f 为护面型式影响系数；γ_m 为坡度影响系数。

4.2.3 防浪墙的影响 γ_c

防浪墙对越浪量的影响非常复杂。当有防浪墙时，堤前波浪和越浪水体运动状况发生改变，从而影响到越浪量。图7为相同堤顶高程情况下，有、无防浪墙的无因次越浪量 Q^*[$Q/(gH_s^3)^{0.5}/\xi$]比较，图中防浪墙高度为 P，相对防浪墙高度为 P/R_c（R_c 为墙顶超高）。

由图7可见，与无防浪墙结构相比，在相同墙顶高程下，有防浪墙时越浪量减小。防浪墙相对高度对越浪量的影响如图8所示，图中纵坐标为防浪墙折减系数的倒数 $1/\gamma_c$。

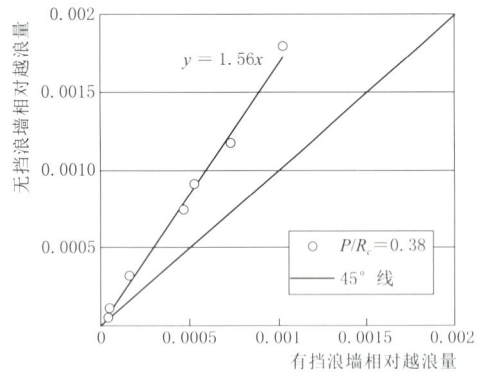
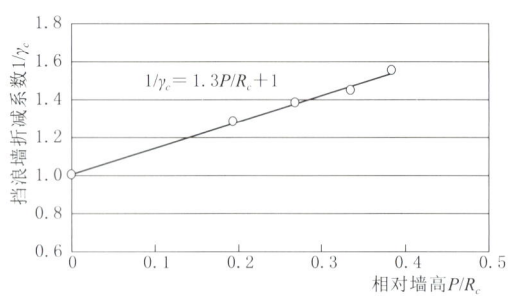

图7 有、无防浪墙时相对越浪量 Q^* 比较 ($P/R_c=0.38$)

图8 防浪墙折减系数随相对墙高的变化

由图可见，防浪墙对越浪量的折减系数为

$$\gamma_c = \frac{1}{1.3P/R_c + 1} \quad (3)$$

4.2.4 平台的影响 γ_b

以往研究结果表明，平台宽度和高程对越浪量有较大影响。本次试验针对长江口典型断面的消浪平台宽度和高程进行研究，消浪平台宽度分别为 5m、7m，高程分别为 5.00m、5.50m、6.00m、6.50m。

消浪平台影响系数包括平台宽度影响系数 γ_{b1} 和高程影响系数 γ_{b2}，即 $\gamma_b = \gamma_{b1}\gamma_{b2}$。

（1）消浪平台宽度的影响 γ_{b1}。图 9 为消浪平台宽度 5m 和 7m 下相对越浪量的比较。由图可见，与以往研究结果类似，消浪平台宽度 7m 时的相对越浪量明显小于 5m 时的值。由此，得到越浪量平台宽度折减系数 γ_{b1}，见表 3。

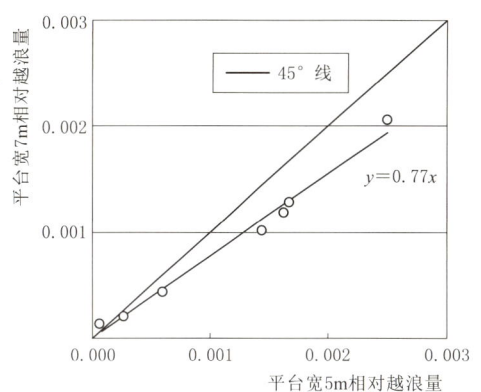

图 9 消浪平台宽度 5m 和 7m 下相对越浪量比较

表 3　　消浪平台宽度折减系数 γ_{b1}

消浪平台宽度/m	5	7
平台宽度折减系数 γ_{b1}	1	0.77

（2）消浪平台高程的影响 γ_{b2}。图 10 为消浪平台高程分别为 5.00m、5.50m、6.00m、6.50m 时相对越浪量的比较。

由图 10 可见，由于本次试验断面消浪平台顶高程相对较高，大多高于设计水位，因此，平台高程对越浪量影响不大，只有在 +5.00m 时，越浪量才有所增大。由此，得到越浪量平台高程影响系数 γ_{b2}，见表 4。

表 4　　消浪平台高程影响系数

消浪平台顶高程/m	+5.50～+6.50	<+5.50
平台宽度折减系数 γ_{b2}	1	1.2

4.2.5 护面类型的影响 γ_f

本次试验的护面类型有三种，分别为灌砌块石、栅栏板、螺母块体。图 11 为不同护面类型相对越浪量比较。

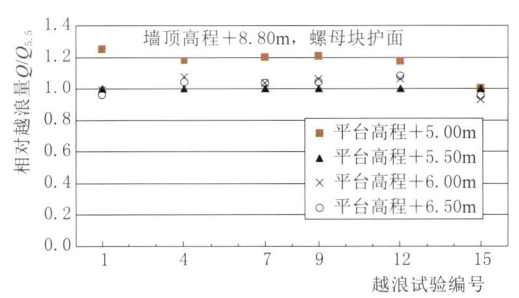

图 10 消浪平台不同顶高程下相对越浪量比较

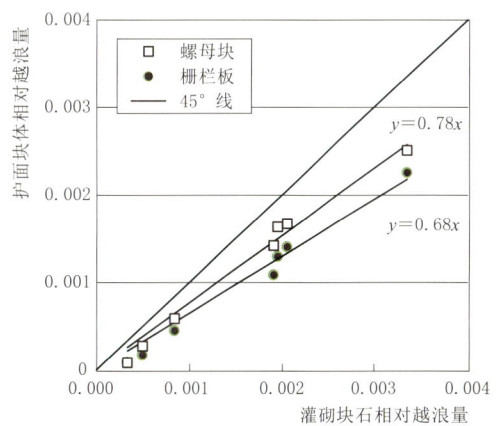

图 11 不同护面类型相对越浪量比较

由图 11 可见，对于本次试验的三种护面类型，灌砌块石板时越浪量最大，螺母块与栅栏板越浪量接近，栅栏板的越浪量略小。由此，得到越浪量护面类型影响系数 γ_f，见表5。

表 5 护面类型影响系数

护面类型	灌砌块石	螺母块	栅栏板
护面类型影响系数 γ_f	1	0.78	0.68

4.3 平均越浪量计算公式

根据上文越浪量各影响因子分析，可得本项研究的越浪量计算公式为

$$\frac{Q}{\sqrt{gH_s^3}}=1.025\gamma_r\gamma_c\gamma_\xi\gamma_b\gamma_f\gamma_m\exp\left(-6.8\frac{R_c}{H_s\xi}\right) \qquad (4)$$

式中 Q 为越浪量；H_s 为入射波有效波高；R_c 为超高，水位至堤顶高度；γ_r 为波浪斜向入射系数，按式（1）计算；γ_c 为防浪墙影响系数，按式（3）计算；γ_ξ 为破波影响系数，$\xi<1.5$ 时 $\gamma_\xi=\xi-1.15$，$\xi\geqslant1.5$ 时 $\gamma_\xi=0.35$；γ_b 为平台折减系数，$\gamma_b=\gamma_{b1}\gamma_{b2}$，按表3和表4取值；$\gamma_f$ 为护面型式影响系数，按表5取值；γ_m 为坡度影响系数，对于坡度 $m=3.0$，$\gamma_m=1$，坡度 $m=2.5$，$\gamma_m=1.5$。

图12为式（4）平均越浪量计算值与本次试验值的比较。图中的斜线为45°理想线。比较结果表明，对于本次典型断面型式和水位、波浪条件，平均越浪量计算值与试验值有较好的相关性，相关系数0.98。对于大于 $0.04\text{m}^3/(\text{s}\cdot\text{m})$ 的越浪量，偏差不超过5%；对于较小越浪量，由于基数较小，偏差百分比有所增大，但绝对误差不超过 $0.01\text{m}^3/(\text{s}\cdot\text{m})$。

图13为本次越浪量试验结果与 Van der Meer 公式的计算值比较。由图可见，对于无防浪墙结构，Van der Meer 公式计算值相关性较好，特别是在越浪量较小时，但在越浪量较大时，存在较大的离散。对于有防浪墙结构，公式计算值小于试验值，主要是有防浪墙公式中未考虑墙高，只是给出一个恒定的防浪墙影响系数。

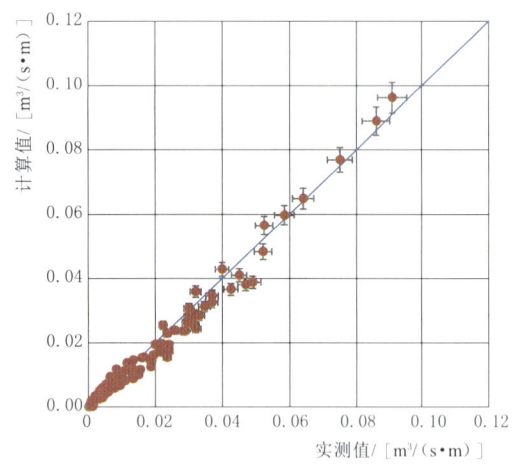

图12 本次研究越浪量计算值与实测值比较

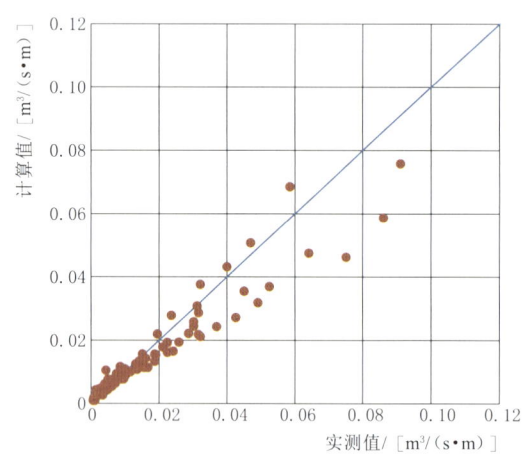

图13 本次越浪量试验值与 Van der Meer 公式的计算值比较（无防浪墙）

5 结语

大堤越浪量问题非常复杂，很多参数交织在一起，互相影响，并且对越浪的影响常常又与越浪量的大小有关，因此，在计算公式中各参数的选取以及大小需要达到一定的平衡。Van der Meer 公式经过了多年的修改、完善，广泛应用于欧美设计规范或手册，但在某些情况仍存在较大偏差。尽

管本次研究越浪量计算公式模式类似于 Van der Meer 公式，但针对长江口水域大堤结构、设计潮位、设计风速、设计波浪等特征条件，在各参数的考虑上还是存在差别。特别是对于我国大堤结构，常建有较高的防浪墙，防浪墙高度对越浪量的影响不可忽略。本文由此通过现场实测资料和系列模型试验，通过对各影响参数的分析，提出长江口大堤越浪量计算方法。

需要说明的是，由于实际工程情况非常复杂，本次研究提出的越浪量计算公式更多地考虑了工程区域特点，对其他工程仅作为参考。事实上，在我国大堤断面越浪量计算中，由于结构型式的多样性、破碎波浪、平台宽度和高度、护底长度和高度等因素对越浪量的影响问题常会遇到，而这些因素对越浪量的影响又非常复杂，因此希望在今后的工作中对这些影响因素进行详细、系统研究，使计算方法更趋完善。

大堤越浪问题非常复杂，防浪墙的高度不仅影响越浪量的大小，也影响越浪流对堤顶和后坡的作用方式。同时，如果叠加风的作用时越浪量增大较多，特别是防浪墙高度较高时，因此，在工程设计中很难确定大堤统一允许越浪标准。只有通过对最大越浪量、越浪流压强和流速参数的详细研究才能给出堤顶和后坡定量设计参数。希望在今后的工作中进一步加强这方面的研究，使我国大堤设计工作能更上一个台阶，以加强我国大堤抵御特大风暴潮的能力。

参考文献

[1] T. Saville. Laboratory data on wave runup and overtopping [M]. Washington D. C: U. S. Army, Corps of Engineers, Beach Erosion Board, 1955.
[2] T. Saville. Large-scale model tests of wave run up and overtopping on shore Structures [M]. Washington D. C: U. S. Army, Corps of Engineers, Beach Erosion Board, 1958.
[3] J. R. Weggle. Wave overtopping equation [A] //Proceedings of 15th Conference on Coastal Engineering [C]. ASCE, 1976 (3) 2737 - 2755.
[4] 中华人民共和国交通部. 海港水文规范：JTJ 213—98 [S]. 北京：人民交通出版社，1998.
[5] M. W. Owen. Design of seawalls allowing for overtopping [R]. HR Wallingford, No. Ex 924, UK. 1980.
[6] M. W. Owen. Overtopping of Sea Defences [A] //Proceeding of Intl. Conference on Hydraulic Modelling of Civil Engineering [C]. BHRA Structures, Coventry, 1982: 469 - 480.
[7] J. W. Van der Meer. Wave run-up and overtopping [M]. Rotterdam: Brookfield, 1998.
[8] J. W. Van der Meer. Technical report wave run-up and wave overtopping at dikes [R]. Technical Advisory Committee on Flood Defence, Delft, 2002.
[9] L. Ward, J. P. Ahrens. Overtopping rates for seawalls [R]. CERC Miscellan-eous Paper 92 - 3, U. S. Army Engineer Waterways Experiment Station, Vicksburg, MS, 1992.
[10] 周益人. 波浪作用下堤坝防护问题研究 [D]. 南京：河海大学，2007.
[11] 周益人，范红霞，杨正己. 斜坡式大堤越浪量试验研究. 风暴潮灾害防治及大堤工程技术研讨会论文集 [M]，北京：中国水利水电出版社，2008.
[12] Banyard and D. M. Herbert. The Effect of wave angle on wave overtopping of seawall [R]. HR Wallingford Report SR396 UK，1995.

测绘新技术在大型圈围项目中的应用研究

苏满全　万立健　赵志冲

（上海达华测绘科技有限公司，上海　200120）

【摘　要】 横沙东滩八期圈围工程由于施工范围广，施工周期长、工艺复杂，质量及安全要求高；现场作业环境复杂，网络信号差，参与施工的船、车、人、机非常多，交叉作业不可避免。如何快速、安全、准确地进行相应的施工检测工作给予施工指导以及进行人、车、船有效安全监管，是施工中面临的急需要解决的问题，采用新的手段、新的方法进行作业成为必然。本工程通过无人机、无人测量船、水下三维声呐、地面三维激光扫描、北斗信息传输等新技术的应用为项目的实施提供了支撑。

【关键词】 测绘新技术；圈围项目

1　概述

目前，上海横沙岛的圈围造地项目已经进入到第八期工程，吹填的面积越来越大、施工区域的环境越来越复杂，安全风险也高；随着施工范围的不断扩大及向外延伸，为项目的施工和测量工作带来了新的挑战。

由于施工范围广，施工周期长、工艺复杂，质量及安全要求高；现场作业环境复杂，网络信号差，参与施工的船、车、人、机非常多，交叉作业不可避免。

项目有以下难点：

（1）该项目靠近横沙东滩七期圈围工程的大部分施工区域没有手机信号，船舶、车辆调度管理难度高，安全管理存在瓶颈。

（2）浅滩区域面积大，受潮汐影响、水草覆盖层影响，现场施工及测量难度高，检测的及时性、准确性受到挑战。

（3）超大型项目施工现场的空中大视角监控。

（4）施工测量、实时监测全部为水上作业，传统的监测方法很难实现，不适合超大型项目的展开。

如何快速、安全、准确地进行相应的施工检测工作给予施工指导以及进行人、车、船有效安全监管，是局公司及行业生产中面临的急需要解决的问题。采用新的手段、新的方法进行作业成为必然。

无人机、无人测量船、水下三维声呐、地面三维激光扫描、北斗信息传输等新技术的发展为项目的实施提供了支撑。

2　研究内容

以横沙东滩八期圈围工程为依托，通过边测试、边实践的方式进行相关新技术的研究试验。从设备、技术调研入手,确定研究实施方案,进行现场测试和采集数据,数据处理和分析,解决关键技术难题,在实际生产中应用并总结推广。

2.1 无人机应用技术

2.1.1 工前的无人机测量

横沙东滩八期圈围工程中的滩涂面面积大,许多边滩的水深较浅,传统的水深测量方式较难实现,即使赶着大潮用船测量,可用的测量时间有限、测量效率低下,利用无人机进行测量不失为一种非常好的解决方案。

(1)无水草芦苇的滩涂。在低潮露水期采用固定翼的无人机进行测量。测量定位采用高精度的PPK工作模式,无人机搭载全画幅高清单反相机;高效快速,1km^{2}的测量区域仅一个架次(约1h)就可完成。

(2)有水草芦苇的滩涂。在低潮露水期采用搭载激光扫描仪的无人机进行测量,按测图精度要求以及当时天气情况,布设航线,覆盖测区,能够完整测区芦苇滩的形态、标高数据以及岸线位置等信息,点云数据可生成DEM模型、等高线等成果,更利于施工分析。

2.1.2 施工测量

主要有地形测量(吹填区标高测量)与土方计算、三维建模。大面积的吹填区,采用无人机可以准确、快速地测量其标高;利用搭载激光的无人机对重点地形及施工的建(构)筑物进行三维扫测,提供真实的、带有空间三维坐标信息的点云数据,为工程项目的BIM构建提供最真实的数据源。通过无人机测量所得的点云数据对所建的大堤进行全方位的断面分析,提高监测成果分析处理的质量水平(图1~图3)。

图1 固定翼航摄系统现场测试

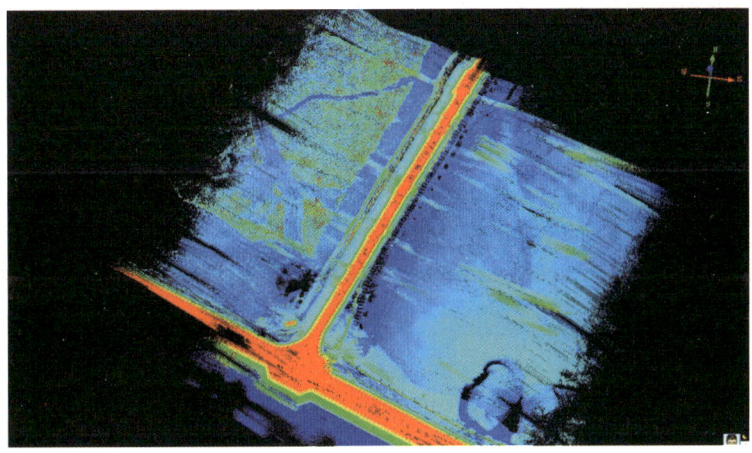

图2 机载Lidar现场围区测试点云数据

图 3　测区正射影像图（DOM）和数字高程模型（DOM）

2.1.3　现场巡视及宣传取材

（1）利用无人机定期或不定期进行巡视，掌握施工现场的总体进度与布局。

利用固定翼航摄用无人机对施工区进行全覆盖的测量，生成相应的施工区 DSM、DEM 及 DLM 等；通过系统性的测量，探索利用无人机对施工区进行定期巡视、监测的有效方法。

（2）利用无人机拍摄项目宣传用的素材，制作宣传片。

2.2　无人测量船应用技术

图 4　C120 型无人船

（1）寻找技术成熟厂商合作开发适合吹填区测量的无人船，综合考虑适应泥塘的动力推进器设计、通信传输距离扩展、航速与续航、配套测深定位设备、软件等关键问题。

（2）以横沙东滩八期圈围工程为依托，在吹填区进行无人船开发过程及应用测试（图 4）。

（3）通过大量试验验证无人船系统的适用性、稳定性、成果精度等并改进完善（图 5）。

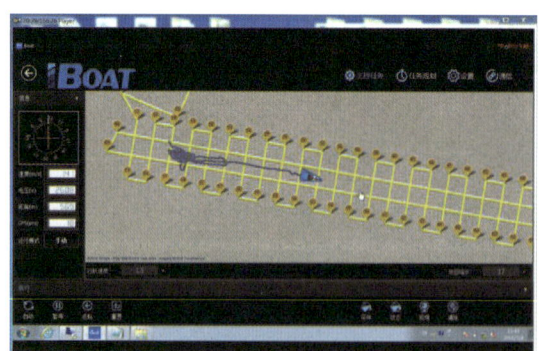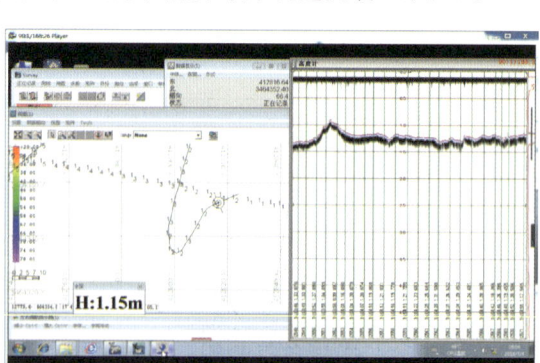

图 5　无人船测量采集截图

2.3　地面三维激光扫描应用技术

采用边测试、边实践的方式进行，包括以下工作：

（1）选择测区进行现场控制点布设、数据采集。

（2）消化掌握测图软件，并进行内业处理成图。

（3）采用全站仪对同测区测量比对，检验平面精度和高程精度。

（4）生成 3D 模型测试，为 BIM 应用提供全面、准确的数据信息（图 6 和图 7）。

图 6　龙口现场点云模型

图 7　施工初期的 5 号水闸

2.4　水下三维声呐技术

（1）首先收集水下 3D 声呐相关技术指标，结合横沙东滩八期圈围工程的施工内容和作业特点，对设备的应用条件、应用效果进行比对分析，选购适用的设备和策划出最优的方案。

（2）为了掌握和了解设备的性能，在横沙东滩长桥码头区域进行测试，随后对导堤水下施工过程进行监测。

（3）在测试和监测过程中，按照测站测线布设、参数的设置（包括检测水扫描方式、声呐在水平方向上的旋转域的声速值、角度和旋转速度）、点云图像的查看和编辑等步骤去实施。

2.5　超短基线集成应用技术

（1）收集侧扫声呐及超短基线系统的技术信息，对侧扫声呐及超短基线测量系统的输入输出定位数据进行分析。

（2）通过软件处理，将超短基线测量系统的数据输出格式、频率进行重新定义（或改变），提供满足侧扫声呐测量系统所需的定位数据格式（图 8 和图 9）。

（3）在长江口深水航道横沙基地进行系统的测试，以周围水域的桩柱、浮筒锚链为目标进行对比试验；测试中对拖曳长度、单双系统工作状态分别进行测试，系统掌握两者的最佳集成方式。

（4）在横沙基地测试成功后，将设备用于横沙八期项目中，通过实际的应用推广该项目研究成果。

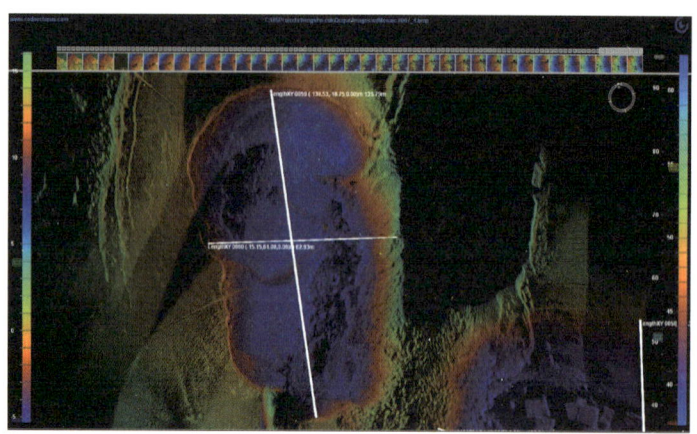

图 8　冲刷坑的点云模型

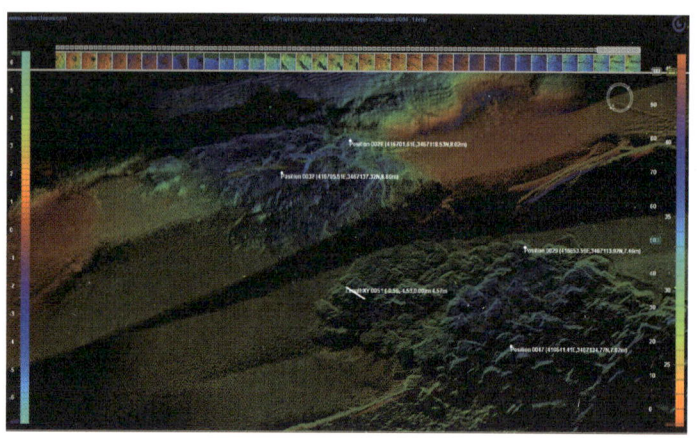

图 9　水下抛填砂袋点云模型

2.6　围堤自动化监测

（1）现场自动化监测设备安装埋设。鉴于水上工作环境的特殊性，采集数据难度大、费用高，充分利用自动化数据采集系统终端实现数据的自动采集。选择几个需要进行变形监测的大断面，进行土体深层位移、孔隙水压力计等传感器的安装，实现各测点监测数据的实时、准确采集。

图 10　基准站和监测站安装图

（2）数据传输系统的建设。因为横沙东滩八期圈围工程施工区手机网络信号覆盖不全，拟建立"手机网与北斗多卡机"传输方式相结合的数据传输方式，以手机网传输为主，北斗通信为辅的方式，当信号很弱不能传输数据时，自动切换为北斗多卡传输方式，确保实现全天候不间断的数据传输（图11）。

（a）设备传感器

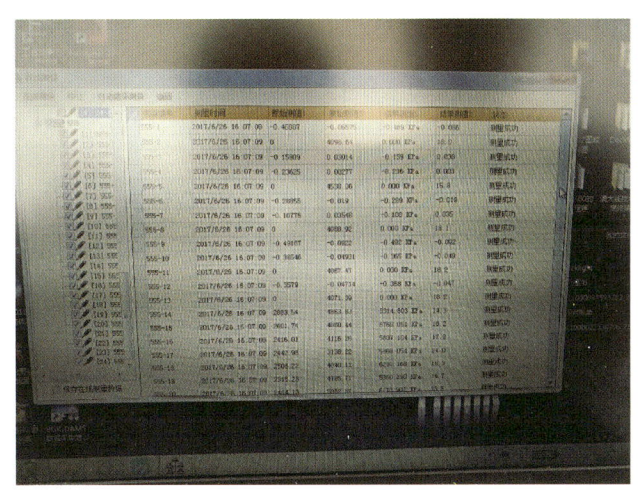
（b）采集的数据

图 11　传感器数据采集测试

（3）自动化监测系统平台的建设。研究工程常用的各种类型传感器的数据播发格式；分析施工及用户对于变形监测内容及成果的要求，分析主流监测软件的优缺点，结合工程实际需求，设计开发平台的功能模块，边开发边测试边改进；力求实现自动化监测系统平台的工程化应用，为项目管理、围堤的安全施工及监控提供高效的管控手段。

2.7　安全管理新技术应用

2.7.1　施工船舶的动态管理

（1）施工船舶的导航定位。对施工定位要求较高的抛砂、抛石船，安装高精度定位定向系统；建立实时的背景平台，平台背景可以加载实时的水深测量信息，为施工船提供准确便利的定位定向数据信息。

在施工作业通道较窄的区域，利用该系统可实现精确的导航，确保航行安全。

（2）施工船舶的动态管理。为施工船安装基于北斗卫星系统的船舶位置信息传输终端，建立施工船舶运行信息远程管理平台；可实现全天候、国内全区域的船舶信息安全管理；在无通信信号覆盖区域可发挥更大的作用。

先期可在一条施工船上安装北斗船载管理终端，并开设管理平台账号供项目部管理人员试用，然后根据实际需求再进行扩展，提高项目部对现场施工船舶的实时管理力度及管理水平。

后台管理人员可通过网络终端对现场作业的船舶进行动态监控；实时掌握船舶运行的速度、停靠点（锚泊点）、运行轨迹等；同时，可通过授权的管理终端，依托北斗信息传输，对现场施工作业的船舶进行调度及信息指令下达，且不受手机移动信号有无的限制，在八期工程的近东部施工区，其北斗卫星的通信优势非常明显。

2.7.2　施工车辆的动态管理

在手机信号相对较弱的区域，安装基于北斗卫星系统的车载导航管理系统，可以实时监控车辆的运行轨迹、速度等，同时可通过管理平台（图12）与车载终端进行信息的交流及沟通（情况汇报及指令下达等）。

在参与现场施工及现场管理人员的车辆上各安装一套北斗车载终端，并建立车辆管理平台，项目部人员可通过可上网的电脑及手机 App 实现车辆的实时查看及调度管理，是解决通信困难区域车辆管理调度的重要手段。

同时，在无手机网络的情况下，运输车辆能够收到管理人员利用北斗传输功能发送的信息指令，为便于安全驾驶，转载终端可以语音播报收到的指令信息（短信）；管理人员可能过指挥平台直接发送指令给车辆，也可通过手机发指令给无手机信号的车载北斗终端，这也是该系统应用的最大亮点。

图 12　北斗车辆管理平台

2.7.3　人员的动态管理

给现场施工作业人员配备安全护照（北斗定位终端），可通过电脑平台或手机 App 实时监测室外活动人员，对特殊区域可设置电子围栏，防止人员误闯，有利于对现场人员的安全管理。

可通过 App 查看携带北斗终端目标的位置及行进轨迹。能够实时、系统地对作业区的目标管理者进行在线管理。可穿戴的人员安全护照，大小和火柴盒相当，里面包含施工作业人员的个人信息，带在身上可实时将自己的位置上传到管理平台上，当跨越管理平台设置的电子围栏（或危险区），则会自动报警。对施工人员的安全管理非常有效。

2.7.4　北斗多卡语音终端

在传统通信技术受限的区域，利用北斗多卡语音终端对重大船舶或装备进行远程管理。可实现短信、语音及照片的传输；在远程通信困难区域是一种非常好的通信应急工具。

对施工项目中需要重点关注的监测点，可通过视频拍照的方式进行远程监控。

3　研究成果

3.1　无人机机载 Lidar 系统测高技术

如何利用无人机结合激光雷达系统获取人员难以测量的离岸岛礁、碎石带、潮间带以及吹填区等的精确高程，是当前的主要任务之一，也是该项目研究的重点、难点。

项目实施的过程中，在充分了解无人机和激光雷达系统的设备结构、使用方式及各项功能，使两者能够稳定、完整的结合起来，在进行测量作业时，实时监控飞机及激光雷达系统状态；合理规划航线，保证相邻条带重合度满足规范的要求，保证数据处理质量；保证基站架设控制点平面精度和高程精度满足规范要求。

在数据处理时，需要根据测量区域的具体情况针对性处理，对于植被覆盖区，无人机激光雷达系统发射的激光波可以穿透植被空隙到达地面，获取地面点数据；但是对于有水区域，激光雷达系统发射的激光波无法穿透水体,只能呈现激光雷达正下方数据条带;对于植被覆盖且底部含水区域,从点云数据成果判断十分困难,要结合现场照片进行判断;对于潮间带地区潮水港退出露滩及吹填区吹填的新鲜泥表时,由于表层覆盖有一层水膜,会导致激光雷达系统后向散射率变低,从而造成扫描航带宽度变窄,其中,在启东吕四东滩进行测量的过程中,设置的航带间隔为70m,激光雷达设计扫宽为110m,但实地测量在水分覆盖较大区域,但实际扫宽约为40～70m,若要保证数据获取的精度与准确性需要根据现场情况进行航带间隔的缩短以保证数据质量。

3.2 三维激光扫描和摄影测量成果融合

激光雷达数据在对现场高程数据的获取上因为其为主动式测量,从激光扫描头中发射激光脉冲对现场地表进行测量,可以获取较为完整地面点坐标数据,但是受制于扫描式测量的测量方式,其对于地表的色彩纹理获取较少,且虽然点云数据的扫描密度很大但是在大范围测量过程中,仍会不可避免出现较多扫描间隙,而摄影测量所获取的正射图像则对现场的纹理色彩以及地物特征把握较好,但是由于其测量原理原因,在如潮间带等难以布设大范围像控点的情况下,其高程信息精度会受到一定影响,后期使用地理信息软件,将点云数据生成DEM底图,随后将DEM作为正射影像的高程信息基础进行显示与建模可以很大程度上提高三维地形测精度与表达效果。

对于影像数据,使用专业航测处理软件进行解析拼接与输出。对于激光雷达数据,使用配套专业点云处理软件进行编辑、校准与输出。后期使用专业化地理信息软件进行处理时,可分为两种方法,第一种方法将点云数据生成DEM底图,随后将DEM作为正射影像的高程信息基础进行显示与建模,以DEM底图的高程提供给二维平面影像以高程信息,使图片变"立体"可以很大程度上提高三维地形测量精度与表达效果;第二种方法是将点云数据与航摄数据进行叠合之后,使用专业点云数据处理软件将正射影像的真彩色信息赋予只有坐标信息的点云文件,使其多了R、G、B三个字段选项,使其数据内容更加丰富,在进行下一步的点云精处理以及数据建模提供更好的数据源。另外,两者叠合的基础上,进行设计图的叠加(图13),可以直观的判断项目施工的进度和质量,对于指导施工具有重要意义。

图13 点云数据叠加正射影像

3.3 无人船、无人机成果数据融合处理技术

吹填区内包含大面积水域、浅滩、植被覆盖区以及新成陆区域,水陆交接区域受潮水影响,常规测量手段往往造成成果数据的真空地带;采用无人船高潮时水面作业和无人机低潮时空中作业相结合,实现水陆数据成果的无缝衔接。

水陆融合技术现阶段分为以下步骤进行实现:

第一步为工程数据的统一化记录即统一无人机、无人船、人工测量数据、比对数据等一系列数据其数据格式为统一格式,因为该类基础数据都是获取以表达点的位置等信息,本质上为各类空间坐标文件,但是其格式、坐标系统及其他信息格式可能不同,但都可以通过转换变化为行业内的标准数据格式。现阶段无人机、无人船、人工量测数据都可以使用相关设备的编辑软件生成 XYZ 等基础数据格式，在此基础之上，进行统一数据记录标准，统一字段格式，统一数据后缀等工作。

第二步是数据处理模块的集成化，可以将无人船数据、无人机数据以及其他类型数据进行导入，并可以进行同屏显示与处理。

第三步即为多种数据统一化后的叠合显示、分析以及输出，而数据输出的结果可以为统一化的数据格式成果，也能是各个系统中常用的数据格式。整个流程即为由繁至简、再由简到繁的过程。

3.4 水下结构物三维检测技术

采用 3D 声呐技术对水下冲刷地形、排体等结构物检测，在国内应用的案例较少。

项目组通过研究测试，通过中继站接收 RTK 实时动态差分信号并输出至 3D 声呐系统，使其定位精度达到厘米级；利用便携式支撑架结合特殊的钢丝绳拉伸方法使 3D 声呐探头在测量船行进过程中始终处于稳定状态；通过合理布设合理的测量计划线，采用合理的作业时间和船速，通过设置换能器频率、波束方向设置角度等一系列经验参数，采用船载式环绕独立结构物的测量方法，既能够实时的获取结构物清晰、准确的三维拼接影像数据，也能保证结构物拼接后的完整性。

3.5 超短基线与侧扫声呐集成技术

采用基于超短基线水下定位技术的侧扫声呐测量系统，是将信标直接固定在拖鱼中心位置，通过超短基线发射接收机接收固定在拖鱼中心信标的定位信息，从而为拖鱼提供的精确定位信息，有效解决了拖鱼受水流环境影响产生的定位偏差，为提高探明水下障碍物的定位精度提供了可靠的解决方案。该项目将信标采用活节固定方式安装在拖鱼与拖缆连杆上，以及基于信标定位与侧扫声呐数据融合而开发的格式转换软件具有国内创新性。

3.6 监测数据的自动化采集技术

3.6.1 数据采集仪成套系统集成技术

多点位移计、固定式测斜仪、振弦式渗压计三种传感器和数据采集仪、太阳能供电系统、数据传输设备共同构成数据采集仪成套系统，数据采集仪通过串口输出到数据传输设备，转发到数据库，整套系统无须人工干预即可自动采集并输出数据传输到云端数据库，同时数据采集后进行本地备份存储，可远程查看并传输历史监测数据。各类传感器的供电由数据采集仪控制，采用超低功耗工作模式保证太阳能供电系统在阴雨天气下至少工作 15 天，对传感器供电优化控制，只在数据采集时对传感器进行供电，采集完成后数据采集仪进入待机状态，处于低功耗工作模式。

3.6.2 GNSS 静态测量自动解算技术

开发了 GNSS 静态测量自动解算软件，建立了 GNSS 数据监控中心，实现了 GNSS 静态测量数据自动接收与导入 GNSS 静态自动结算软件，自动将数据进行组网，自动处理不合格基线，并进行三维自由网平差和约束平差，自动输出三维坐标成果，并与上次结算结果进行差值计算。该静态可以设置每隔一定时间结算一次，并实时传输到自动化监测系统平台，实时显示表层位移的变化量，并进行预警分析。

3.7 远程实时动态安全管理

依托已有的北斗技术研发成果，开发高精度导航定位系统，在大面积手机网络未全覆盖的施工区域，安装北斗定位装置，实现施工船舶定位定向、土方车辆实时精准定位、集成北斗单卡机与手机移动网络双向通信，解决了远距离造成的安全管理限制问题。

开发了远程安全管理平台，建设了可以在任意互联网终端上进行现场施工船舶相关信息的实时显示、回放，轨迹查寻，电子围栏等。

建立专业的北斗定位定向数据解析系统，获取船舶的位置、艏向信息，在系统平台进行显示；所有海图和施工图的高精度切图，叠加显示，并及时更新与发布。

管理平台实现了船舶、车辆的高精度定位、北斗应急通信、速度、轨迹查询等功能，丰富了安全管理的手段，提高了安全管理的效率。

4 结语

本项目结合横沙东滩八期圈围工程，先后研究并应用了无人机、无人船等先进技术，每项研究都从数据采集、处理、成果分析方面去分析，从实践角度分析施工价值和意义。在项目实施过程中，遇到了一些情况和问题，大部分已经解决，也存在后续需要继续完善的地方：由于点云数据量以及数据处理软件生成成果的数据大小及格式原因，暂时没有集成一体化数据处理软硬件，无人机的原始数据与成果数据还未能完全上传至平台上以供用户自主进行任意区域的分析，目前仍是人工处理重点区域的数据成果并上传成果数据，后续加在设备研发与软件平台开发上进一步努力。

潮汐河口超大型围区多龙口同步合龙关键技术研究

张 剑[1] 陈海英[2]

(1. 中交上海航道局有限公司，上海 200002；
2. 中交上海航道勘察设计研究院有限公司，上海 200120)

【摘 要】 龙口合龙作为圈围工程中一个最为重要的关键工序，不但关系到工程的成败，更关系到工程的经济效益、政治影响以及人身安全等多个方面，因此应从组织落实、计划安排、技术分析、后备方案的确定等方面进行周密分析、论证和落实。为了确保大堤和龙口安全顺利地一次性合龙截流，本工程开展了现场龙口水文测验、数值模拟计算、组合加强护底技术研究、同步合龙龙口设计和施工关键技术等一系列研究，提高了龙口合龙技术研究和合龙施工的水平，并为后续工程提供了关键技术支撑。

【关键词】 多龙口；同步合龙；三维潮流观测；数模计算；组合护底；软土地基

1 工程概况

横沙东滩八期圈围工程（以下简称"本工程"）位于横沙岛东侧浅滩水域，在已建横沙东滩六期、七期圈围工程以北，具体位置如图1所示，滩涂整治面积6.36万亩，本工程于2016年9月26日开始实施。

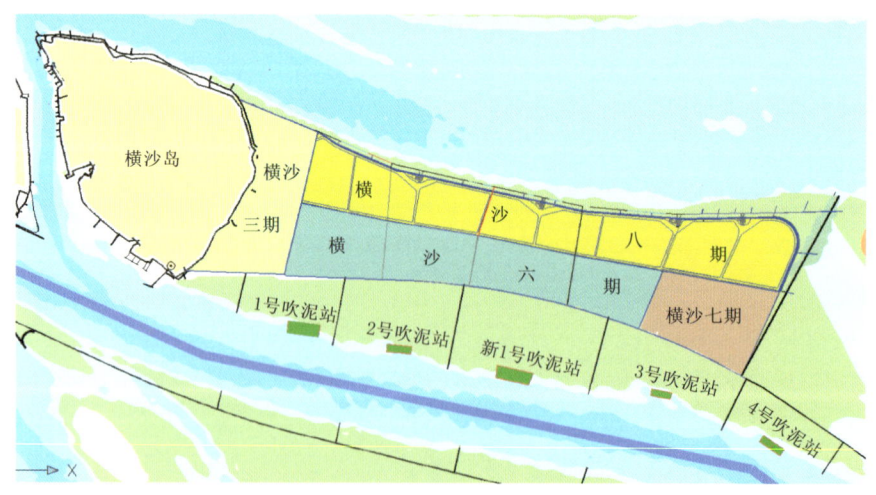

图1 横沙东滩八期工程示意图

本工程围堤建设内容主要包括新建北堤18.815km、新建东堤3.694km。大堤结构型式为典型的袋装砂堤身复式结构，土工织物软体排护底。另外，围区内需要新建5条隔堤，形成6个围区，每个围区设1个龙口。

2　工程特点及研究方向

长江口水沙运动、水动力条件及河床演变的复杂程度世界罕见，本工程所处的大型潮汐河口，水域开敞、无掩护、浪大流急，水流流态复杂多变，施工环境恶劣；施工区域气象、潮汐、风浪以及地质条件复杂；工程战线长，内容繁杂，施工船舶多；新建堤线高程为-1.50~0.50m，低潮位水深难以满足重型施工及运输船舶的吃水要求；尤其是在总面积6.36万亩的围区如何将5个总宽度达2200m的龙口同步合龙，是一个重大的技术难题，国内外尚无类似工程的成功经验可循。

在如此大的围区进行围区合龙施工，难度大，成本高，如采用单龙口合龙，在满足龙口安全流速3m/s的前提下，龙口宽度将至少1.2km以上，采用常规袋装砂、抛石工艺风险高；如划分为多个小围区，逐个合龙，相邻围区之间将存在较大水位差，简易临时隔堤防渗性能弱、溃堤风险大，且隔堤无有效护面，无法作为外围堤单独承受长江口的风浪，势必提高隔堤设计标准，工程投资大大增加，且大幅增加工期。

因此，考虑采用简易临时隔堤划分为多个围区，每个围区设置一个400~500m宽度的龙口，多个围区同步完成合龙。如多个宽龙口同步合龙方案成立，临时隔堤防渗要求及护面要求大幅降低，可在采用常规袋装砂、抛石工艺合龙的同时，极大降低隔堤施工成本。

有鉴于此，为了确保大堤和龙口安全顺利地一次性合龙截流，开展现场龙口水文测验、数值模拟计算、组合加强护底技术研究、软土流泥地基龙口地基处理方法、多龙口同步合龙龙口设计和施工关键技术等一系列研究，提高龙口技术研究和合龙施工的技术水平，并为后续工程提供关键技术支撑，是十分必要的。

3　主要研究内容

本研究针对在大型潮汐河口的本工程总面积42km^{2}的围区，将5个宽龙口（总宽2200m，单个宽度400~500m）同步合龙的技术难题，开展多项技术研究和施工现场实践，主要包括以下内容：

(1) 龙口三维潮流观测新技术研究。
(2) 大型龙口三维数值模拟分析。
(3) 极易冲刷地基龙口组合加强护底技术。
(4) 新淤积软土复杂地基龙口地基处理关键技术。
(5) 宽龙口保护和多龙口同步合龙设计。
(6) 多个宽龙口同步合龙施工关键技术研究。

4　研究关键点

1. 关键点一：龙口潮流观测新技术研究

目前主流潮流泥沙测验仪器为海流计和ADCP，测验模式分定点式（船挂、坐底）和走航式两种。这两种测验模式在圈围工程龙口流速测量中都碰到现场实施难题：①轴线上不能抛锚；②普通测船一般抛迎水锚（单锚），受涨落潮流作用，船位会绕抛锚点转动，实测水深变化跟潮位过程线相关性较差，流速垂向分布及平均流速矢量图失真；③龙口施工现场作业船舶多，测验作业对施工船舶及测船本身造成安全隐患，叠加龙口处激流及风浪等外部条件后，安全隐患大。

由于以上条件的制约，在以往圈围工程实践中，用常规测验方法很难及时准确地捕捉到龙口真实流场。本工程将于2017年1月进行合龙，急需研究一种全新的测验方法，结合目前最先进的测流设备，实现安全、准确、连续地龙口流速观测。

本研究内容包括：①新技术可行性研究；②观测设备选型研究；③观测作业方式研究；④新技术观测精度验证。从而形成一套龙口观测的新技术。

2. 关键点二：大型龙口数值模拟分析

龙口目前常采用二维水流数值模型计算，由于水流复杂，且缺少实测数据进行验证，采用二维水流数值模型用于模拟龙口流速准确性如何还不得而知。圈围工程向大型化方向发展，而龙口是圈围工程能否顺利实施的最关键过程，对龙口数值模拟的要求将越来越高。

本次研究通过结合龙口同步水文测验成果，开展三维大型龙口水流计算，为后续长江口或者其他类似区域的工程研究积累经验和研究基础。

3. 关键点三：龙口护底技术

本工程堤线范围堤基表层广泛分布粉砂，粒径较细，$d_{50}=0.115\text{mm}$，抗冲刷能力差（前期有口门位置冲刷到-15m的情况）。龙口水流流速大、流态复杂，为了避免对基础土体的冲刷，需要设置护底进行保护，潮汐河口龙口护底一般采用单层排，由排布和上部压载组成，根据水流流速大小上部压载可采用纯砂肋、纯混凝土联锁块或两者组合的方式。由于单块护底排的宽度小于40m，龙口范围内要铺设多张排，排与排之间需进行搭接，从龙口排体铺设完成到合龙一般需1～2个月以上，在此过程中，由于搭接处局部变高，对水体扰动程度加强，搭接处容易出现冲刷，当冲刷深度超过搭接宽度时，龙口进一步冲深，极有可能导致合龙失败。本研究创新性地采用双层护底排，底层铺设砂肋软体排，上层铺设混凝土联锁片软体排，两层软体排错缝铺设，上层混凝土排的作用是防止水流掀动，下层排的作用是避免搭接处冲刷。

本研究通过数值模拟和现场监测的方法提出龙口护底设计方法，包括抗冲流速、混凝土块厚度等。

4. 关键点四：浅滩软土龙口保护和合龙设计

本工程2号围区在护底排铺设前已开始吹填，由于吹填前龙口位置的地形起伏较大，围区内吹填后细颗粒泥沙流淌到龙口位置，导致龙口处浅表层存在深度1.5～6m吹填流泥，土质极差。该龙口是首次在软土上设置如此大宽度的龙口。由于合龙阶段需要在短时间内将围堤迅速加高，软土将导致龙口合龙过程中存在风险。

本研究结合现场监测等总结龙口软土堤基处理方案和施工工艺，为类似工程积累经验。

5. 关键点五：多个宽龙口同步合龙工法研究

经过前几项研究，从理论研究数据上确定龙口规模及合龙方式，并指导多龙口合龙施工。由于多龙口一次性同步合龙在施工的总体协调方面存在较大困难，施工前首先要对合龙施工总体控制要点和实施控制方案进行细化，包括合龙时间节点控制、施工强度控制、材料组织控制、人员及设备安排等。龙口合龙后，需要总结经验，形成多龙口、宽龙口的合龙工法。

5　研究过程与实施

5.1　龙口三维潮流实时同步观测新技术研究

龙口合龙作为圈围工程施工过程中重要环节，对圈围工程的工期和投资有重大的影响。针对合龙过程中水力条件要求较高的特点，如果建立的潮流数学模型能较好地模拟水流的实际运动情况，准确计算出合龙过程中龙口处水力条件，可大幅提高龙口合龙的成功率，降低合龙成本。准确的潮流数学模型需对模型进行率定和验证，确定其中的计算参数，所以现场观测成果质量尤为重要。同时，掌握合龙期间龙口处流场变化，对动态指导工程施工意义重大。按照数模推算，龙口最大流速位于两侧堤头附近，最大流速可达 3m/s 以上。

目前主流潮流泥沙测验仪器为海流计和 ADCP，测验模式分定点式（船挂、坐底）和走航式两种。这两种测验模式在圈围工程龙口流速测量中都碰到现场实施难题。故根据目前的观测手段，对设备的优缺点进行了综合对比，选择一套比较适合本项目的工作场地达到观测精度的仪器。选择首次采用美国 RTI 公司生产的声学多普勒流速剖面仪 ADCP（Acoustic Doppler Current Profiler）系列中的创新产品双频 ADCP，该设备使用了世界最先进的宽带脉冲处理技术，并且创新性将 600kHz/1200kHz 两种频率设计在同一台 ADCP 仪器内。双频率可设置为同时工作，高频可以实现高精度测量，低频可以实现大范围测量。本次龙口潮流监测时潮位高水深较深时采用 600kHz 频率工作，确保垂线流场分布观测完整；低潮位水深浅采用 1200kHz 频率工作，25cm 一个单位层，最浅水深 60cm，分辨率高，观测到整个流场的变化过程。尤其将仪器设备固定在三体船上，轻巧的仪器设备放置在特制浮体上，吃水小，可测量范围大，分层流速详细，姿态稳定，测流精度佳。

同时采用 GPS 定位器轨迹记录系统用于自动化监测水面表层的流场情况。漂流设备内置的 RTK 模块确保定位精度达到厘米级；后端中加入底图功能能够直观化定位每一个漂流设备和控制船的相对位置，方便水上寻找；漂流设备在存储自身定位数据的同时，发送数据到远程服务端，数据的安全性得到保障（图 2 和图 3）。

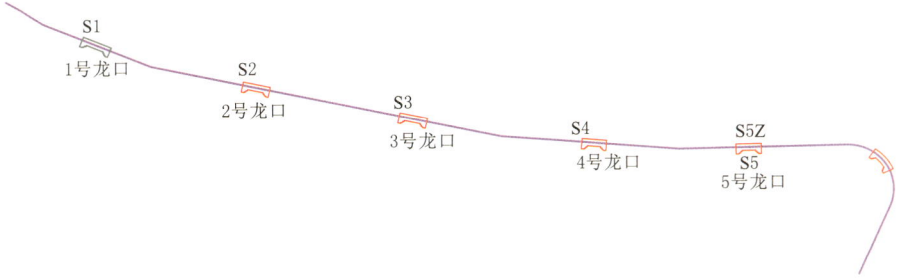

图 2　龙口同步测流位置及水文测验垂线布置图

图 3　固定垂线龙口流速、流向观测

本次测验 S5Z 点水深较浅，测船无法到达，需设计专门的测验载体。三体船 Riverboat 船体由坚固的聚乙烯制成，可以应付野外条件最差，同时坚固稳定耐腐蚀系绳船使野外的测量变得安全、容易。相对缓慢和快速流动的水可以轻松处理，并提供无线电通信选项完成监测包任务。中央船体的阻力减少了双体船设计阻力的 2~4 倍，使内河船能够在一定范围内运行。标准船适合"Trdi Rio Grande ADCP，是配置为使用海洋科学单通道扩频无线电调制解调器。所有为了方便即插即用操作，还包括所需的电缆、电池和天线。电子设备位于甲板下的水密舱内。三体船 Riverboat 和 ADCP 的组合减少了世界各地的流量测量时间和劳动，最大化 ADCP 的数据收集潜力。

图 4 三体船双频测量系统

5.2 基于三维测流实测数据下的龙口流速反演计算研究

本工程圈围面积巨大，龙口布置选用多龙口的型式改善了单一龙口因涨落潮流速汇聚而造成的龙口流量大、流速快，需大幅增加龙口宽度的缺点；合龙方式选用多龙口同步合龙，可防止相邻已合龙和未合龙围区造成的隔堤内外较大水位差，保证了隔堤安全，减少了工程造价。与此同时，多龙口同步合龙也对龙口位置、合龙时间的选取提出更高的要求，必须对工程区域有一个更精确的把握。在本工程龙口的相关研究设计中，同时采用了二维模型计算和三维潮流数值模拟的方法，对工程区域的流速进行了模拟，为龙口选址、宽度选取、合龙方案等提供参考依据。同时，利用实测资料，对模型模拟精度进行了优化，使其能够更精确地指导龙口合龙工作。其中，二维 SHIWM-3D 模型的主要特点及功能如下：

（1）数值模型水平方向采用非正交曲线网格，垂直方向采用 σ 坐标，计算网格可细致刻画河口区域较为复杂的岸线及水深地形。

（2）垂向湍流闭合方案采用 Mellor-Yamada 2.5 阶湍流闭合方程。

（3）泥沙的平流过程计算采用 HSIMT-TVD 算法，可有效提高计算的精度和稳定性。

（4）根据泥沙粒径、泥沙浓度和水体温度、盐度等条件计算泥沙沉降速度，准确刻画河口泥沙的垂向运动特征。

（5）模型中考虑了盐度、泥沙浓度等对水体密度的影响，使模型能够较好地考虑盐度、泥沙浓度造成的斜压力影响。

（6）利用多次现场水文泥沙测验资料、泥沙回淤资料对主要参数进行了率定。

三维潮流数值模拟则与二维模型同时计算、比较、优化后，得出龙口区域流速和流向、急流场图、各类型龙口流速计算统计等，结合潮型预报，在龙口布置方案比选、合龙时机选择上提供关键佐证信息（图 6、表 1）。

表 1　龙口收缩合龙过程中小潮型龙口最大流速统计

收缩/m	龙 口 号					
	1号 500/0.0	2号 450/0.0	3号 450/0.0	4号 400/−1.0	5号 400/0.0	6号 400/−1.5
0	1.74	2.06	2.19	1.55	2.06	1.44
100	2.04	2.38	2.24	2.41	2.39	1.89
200	2.31	2.61	2.57	2.99	2.95	2.69
300	2.98	3.37	3.29	3.59	3.53	2.99
400	3.43	3.73	3.95	—	—	—

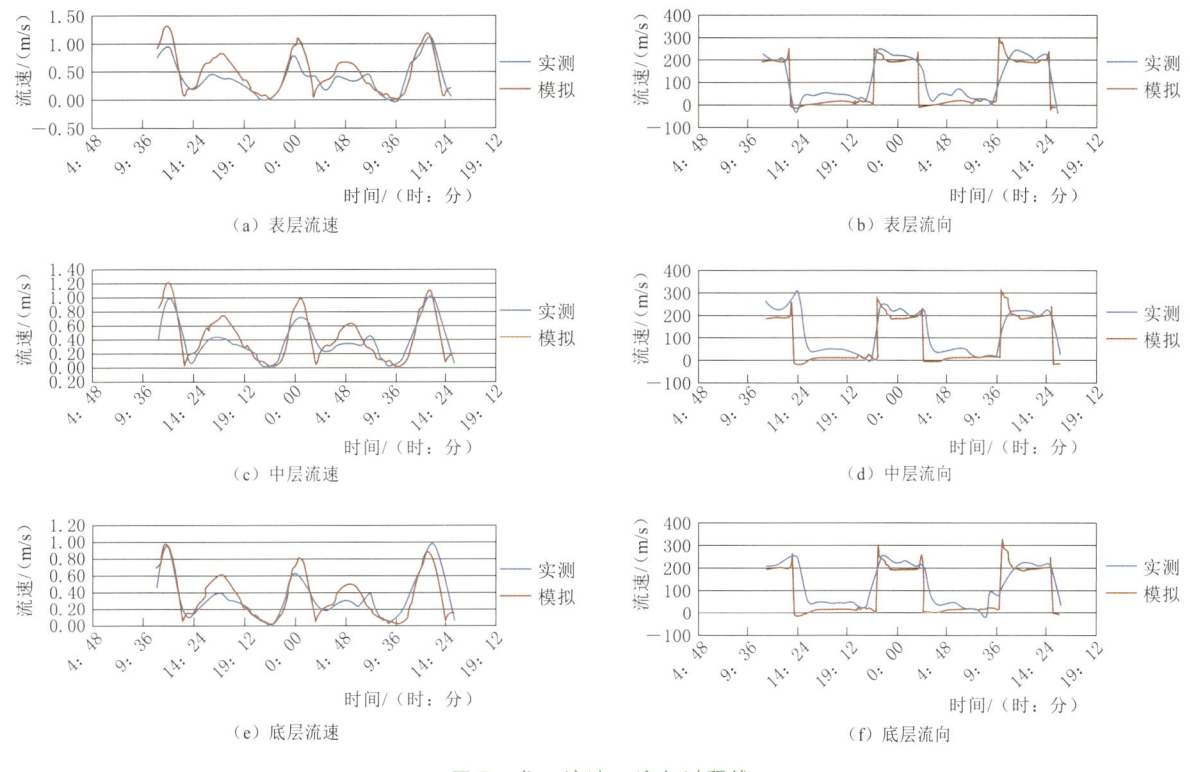

图 5 龙口流速、流向过程线

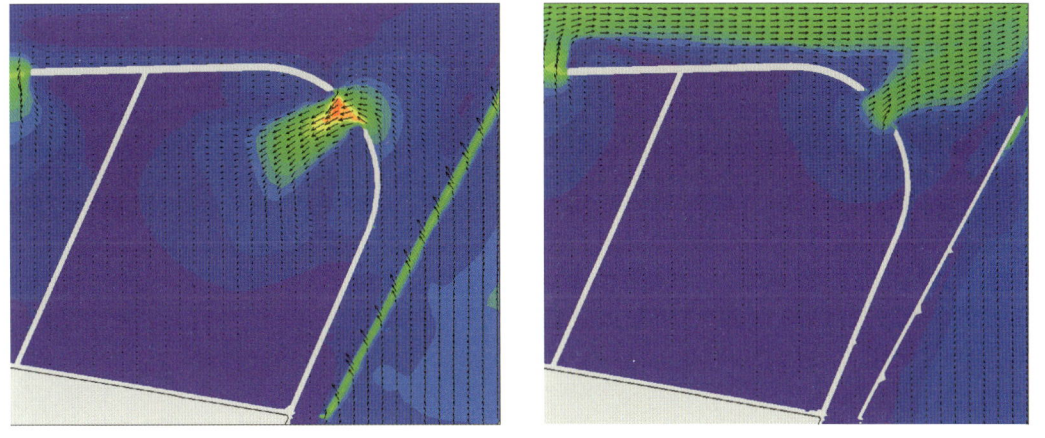

图 6 急流场图

5.3 大型龙口护底联合结构设计关键技术研究

龙口水流流速大、流态复杂,为了避免对基础土体的冲刷,需要设置护底进行保护,潮汐河口龙口护底一般采用单层排,由排布和上部压载组成,根据水流流速大小上部压载可采用纯砂肋、纯混凝土联锁块或两者组合的方式。必要时可采用双层护底排,底层铺设砂肋软体排,上层铺设混凝土联锁片软体排。本次研究通过数值模型计算得出各种不同组合的抗冲流速大小(仅考虑平底条件下单水流作用,不考虑波浪及其他作用),验证本工程龙口护底设计方案的合理性。

龙口护底软体排失稳采用 Fluent 软件模拟。Fluent 软件是目前国内外使用最多、最流行的商业计算流体动力学（Computational Fluid Dynamics，CFD）软件之一，用来模拟从不可压缩到高度可压缩范围的复杂流动，由于采用了多种求解方法和多重网格加速收敛技术，因而 Fluent 能达到最佳的收敛速度和求解精度。

其计算结果包括相图、局部网格划分图、局部静压云图、局部动压云图、局部速度云图、局部速度矢量图等。

由于本工程气象条件恶劣，龙口流速大，因此在构筑时，护底创新地采用了双层软体排护底结构，底层铺设砂肋软体排，上层铺设混凝土联锁片软体排，上部混凝土排作用是防水流掀动，下层排的作用是保土。

由于单块护底排的宽度小于 40m，因此龙口范围内要铺设多张排，排与排之间需进行搭接，从龙口排体铺设完成到合龙一般需 1~2 个月以上，在此过程中，由于搭接处局部变高，对水体扰动程度加强，搭接处容易出现冲刷，当冲刷深度超过搭接宽度时，龙口进一步冲深，极有可能导致合龙失败。本项目采用双层护底排，要求两层软体排错缝铺设，可避免搭接处冲刷。

5.4 流泥及新淤积软土地基合龙关键技术研究

本工程 2 号龙口位于 2 号围区北侧堤 N5+790.00，口宽 450m，基本正对原促淤坝 3 号口门位置（图 7）。由于 2 号围区在护底排铺设前已开始吹填，吹填前龙口位置的地形起伏较大，围区内吹填后细颗粒泥沙流淌到龙口位置，导致龙口处浅表层存在深度 1.5~6m 吹填流泥，土质极差。本工程 2 号龙口设置在流泥和软淤泥质黏土上，是首次在软土上设置如此大宽度的龙口。

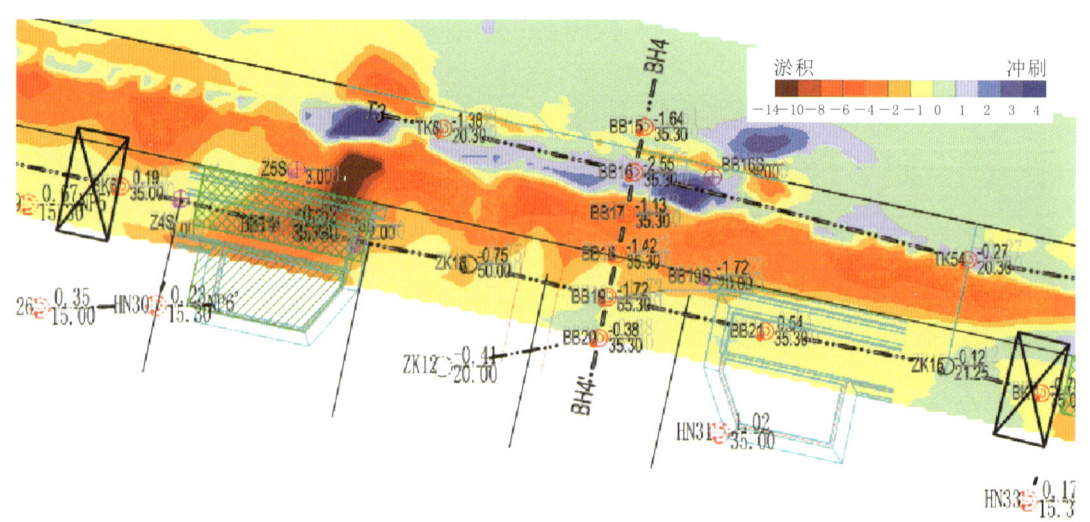

图 7 2 号围区裸吹后龙口附近冲淤图（单位：m）

围堤合龙阶段需要在短时间内将围堤迅速加高，因加载速度快，若堤基软土不进行处理会发生堤脚剪切、隆起等破坏，导致地基失稳、合龙失败。根据 2 号龙口地质情况，考虑在龙口护底铺设前必须对 2 号龙口浅表层淤泥质土进行地基处理，以满足合龙时堤身的整体稳定要求。

2 号龙口地基处理方案如图 8 所示，堤身范围内浅表层为 3~4m 的 $①_1$ 层淤泥质黏土，考虑在表层铺设排水砂垫层，并打设排水板加速其排水固结；临时抛石坝至外河侧堤脚范围为 1m 左右的 $①_{1t}$ 层淤泥质黏土夹砂，进行开挖后换填碎石处理。经计算，抛石坝和袋装砂棱体的稳定性均满足要求。

因此 2 号龙口根据流泥厚度及地质、地形、水深等情况，采用了深厚流泥打设排水板、薄层流泥碎石置换以及通长袋加筋三种方法组合式地基处理方法，龙口地基土强度提高，保护了合龙稳定。通过合龙过程中的监测，地基处理方案取得了很好的效果（图 9、图 10）。

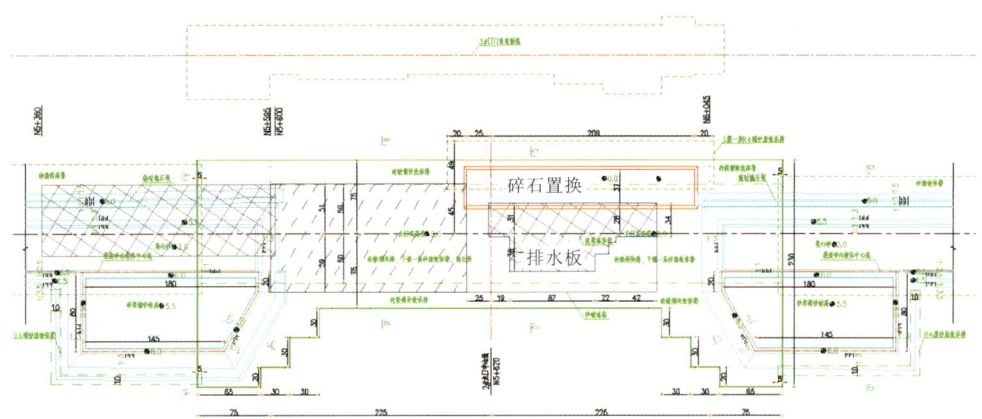

图 8　2 号龙口软基处理平面图

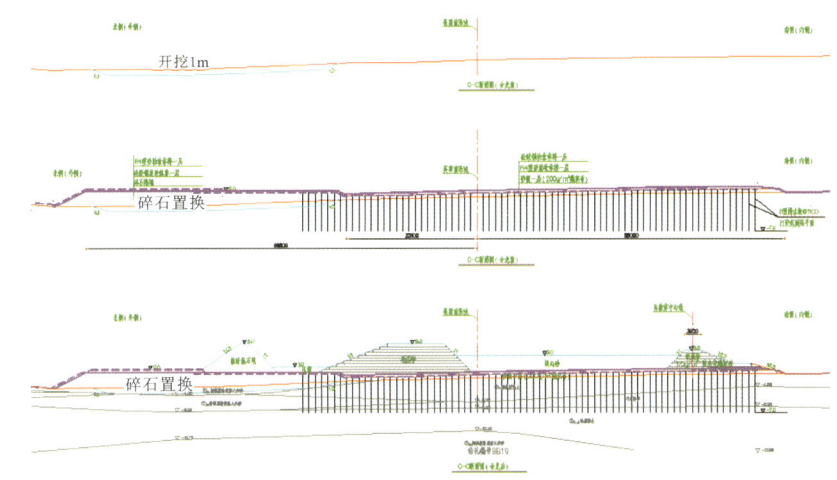

图 9　2 号龙口软基处理断面图

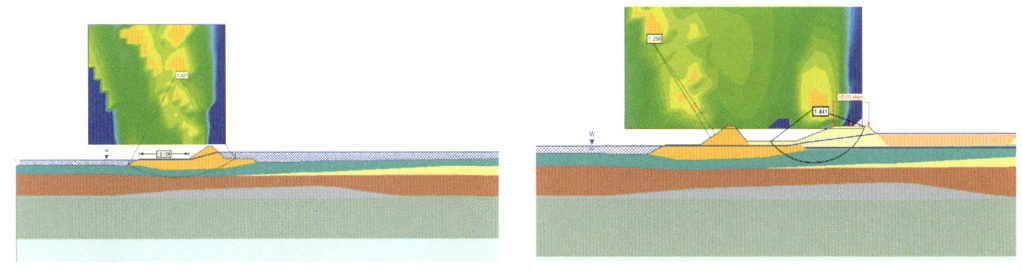

图 10　2 号龙口软基处理安全稳定计算结果

5.5　大型多龙口同步合龙施工技术研究

5.5.1　龙口布置原则

（1）龙口位置宜选择在潮汐动力相对较弱处，以减轻堵口和闭气的难度。

（2）龙口位置应选择在地质条件比较好的堤段，以利于龙口保护和合龙。

（3）尽量选择在滩面地势相对较低位置，以有利于水流进出并控制龙口规模。

5.5.2 龙口位置方案

根据龙口布置原则并根据围堤的地形地质条件，从便于施工船舶出入角度出发，将 1 号～4 号围区龙口位置暂选择在基本正对原促淤坝口门较宽中央处；5 号围区龙口位置选择在 5 号围区北堤中间。

5.5.3 大型多个宽龙口同步合龙施工重难点

（1）库区面积大，最小库区为 5 号围区，面积 4.85km²，最大库区为 1 号库区，面积 7.77km²，5 个库区总面积约 31km²。各库区库容量高，涨落潮时库内外水位差持续时间长，龙口位置平潮时间短，龙口流速高。

（2）单个龙口最大为 500m，5 个龙口总长度 2200m，合龙工程量大，龙口抛石总量约 10 万 m³，土方总量约 45 万 m³，所需要的抛石强度和土方施工强度极高。

（3）1 号和 2 号龙口滩面较高，抛石施工需要吊机船减载或倒驳至平板驳后才能进行，抛石坝施工效率极低。

（4）5 号龙口位置水深流急，且外侧无遮挡，抛石施工受风浪影响较大。

（5）由于短时间内石料需求量大，且受上海地区其他工程同时期需要大量石料的影响，市场石料供应紧张，如何为龙口合龙储备足量的块石，是一大难点。

（6）抛石所需的吊机船、辅助施工的浮吊船、倒驳块石用的平板驳需求量大，需要提前组织好船机设备，并根据各龙口水深等工况条件，在 5 个龙口合理安排、分配满足各自施工强度要求的船舶，组织、管理难度大。

（7）合龙所需的充灌砂操作人员多，另外需要提前安排好砂袋布的加工、泥浆泵、发电机、库内预留自吸船、砂库备砂、拖轮、锚艇和救生设备等，都是龙口合龙准备工作的重点。

（8）库内 5 条隔堤是否达到设计的防渗要求，是合龙前检查的重点工作。

（9）由于受冬季寒潮影响，工程所处位置，受长江口开敞水域风浪影响极大，施工有效作业天极少，合龙前需根据气象预报的有效作业天，有针对性的安排合龙施工的各项工作。

（10）需要通过数模计算，运用科学手段进行指导，合理安排龙口收缩时间、收缩幅度、平堵高程和合龙时间。

5.5.4 龙口合龙准备"六个前提"

（1）土方施工。除龙口外，北侧堤外棱体＋5.50m 以上高程，内棱体达到＋3.80m、堤芯土达到＋3.00m 以上。

（2）临时抛石坝。除龙口外，标高达到＋5.00m。

（3）龙口护底结构。各龙口完成双层软体排铺设，满足龙口保护期对龙口滩面的保护。

（4）隔堤。1 号～5 号隔堤满足合龙后大堤防渗稳定要求。

（5）围区临时排水口。要求临时排水口安装完成，满足排水要求。

（6）砂库储砂备砂。要求储存的砂量须满足合龙外棱体断流用砂，至少为用砂量的 2 倍以上，并要求砂质含泥量小于 5%，粒径不小于 0.075m 含量的砂粒达到 70% 以上，以加快袋装砂排水固结。

5.5.5 龙口合龙施工顺序

合龙施工遵循"抛石先行，堤身跟进"的原则，采用先抛石截流，后土方闭气的合龙方式。为在合龙期间保护袋装砂堤身，减小长江口风浪对龙口袋装砂堤身的冲击破坏，抛石镇脚先期施工形成临时抛石坝型式，同时可利用抛石坝形成的龙口壅水和阻流效果，减缓龙口内侧水流流速。各龙口合龙时先进行外侧抛石坝打底抬高，并逐步收缩龙口，内侧袋装砂堤身同步跟进，最终 5 个龙口在同一天内同步完成合龙断水。

5.5.6 多龙口同步合龙"三阶段"施工安排

为了实现 5 个龙口同步完成合龙，需要根据各个龙口不同工程量，差异性的安排施工任务，合理安排船舶施工力量调配，确保各龙口所处的合龙阶段同步，从而保持各围区之间水位差处于安全范围以内。

多龙口同步合龙"三阶段"工艺流程如图 11 所示。

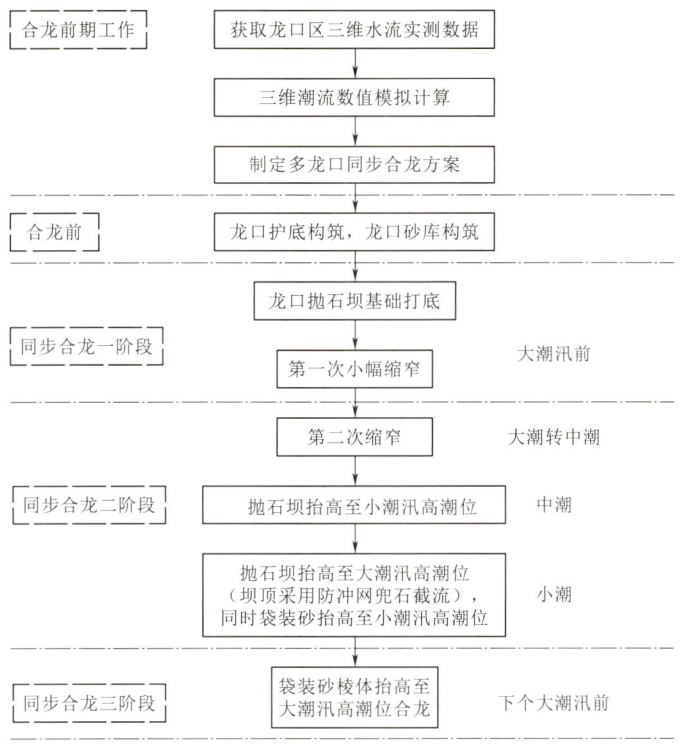

图 11　多龙口同步合龙"三阶段"工艺流程图

5.5.7 "八项措施"保障龙口合龙"同步"

施工过程中，从龙口合龙前的龙口保护期，到同步合龙"三阶段"，包括"三阶段"中的每一个节点步骤，均需保持"同步"。每一个节点步骤的不同步，都会引起围区间的水位差，从而造成隔堤渗透破坏，因此保障"同步"是重中之重。

为保障"同步"，本项目超大围区合龙的施工特点，运用科学的施工组织管理方法，统一指挥，明确目标，分解任务，分区负责，实时掌控，动态协调，研究并实施了以下施工组织管理措施：

（1）项目成立龙口合龙指挥部，统一指挥，与各龙口现场保持高频与电话联系，汇总并掌握分析各龙口施工实时状态，正确决策。

（2）科学安排各龙口所需施工力量，根据各龙口工况、合龙各阶段工程量进行施工效率和工期计算，固定袋装砂施工队伍，将抛石船舶按照船名安排细化、固定到每个龙口。

（3）分区重点负责，为每个龙口配备一名有经验的生产副经理担任龙口合龙现场负责人，带领施工技术人员、测量小组现场指挥，施工技术人员又分为陆上小组和水上船舶小组分别驻扎在大堤和抛石船舶，既能确保指令能立即下达到施工班组、施工船舶，也能及时预见、反馈各作业点、船舶施工中的问题。

（4）合龙前对各龙口负责人、技术员、施工班组、施工船舶统一交底，明确各自的目标和任务，以及现场问题处理的方法与反馈渠道。

（5）施工过程中，合龙指挥部根据各龙口施工进度和围区水位情况，统一动态调整施工力量配置与进度安排，确保各龙口"同步"。

（6）在各龙口的固定施工力量外，配备一组龙口施工抛石预备队，随时增援进度慢的龙口。

(7) 配备拖轮抢险船舶队伍，及时处理船舶搁浅、船机设备故障等突发状况，避免影响龙口合龙进度和产生安全事故。

(8) 配备龙口施工巡查队伍，严格按照各龙口分配抛石船舶名单进行检查。由于抛石船舶为社会力量，因此需要严格管理、服从命令、统一调度，禁止抛石船舶为了自身经济利益，插队、抢龙口、跨龙口施工，导致打乱总体合龙部署。

5.5.8 同步合龙"七个关键控制点"

1. 龙口合龙气象预测及合龙时段选择

本工程位于长江口地区，此年12月—翌年1月寒潮频发，风大流急浪高，根据2016年度同期统计，2015年12月—2016年1月有效作业天仅为9天，无法满足合龙时段要求，因此正确选择合龙时段尤为关键。合龙前半个月需要提前做好气象预测，预估有效作业天，确保完成合龙工程量；同时结合大小潮汛情况，需要选择在小潮汛期间进行合龙。

合龙前根据长江口气象预报，2016年12月20日—2017年1月15日期间有2次小寒潮影响，有效作业天约为20天，可满足合龙要求。因此合龙时段选择为：2016年12月31日大潮汛过后开始转汛，2017年1月1日开始进行龙口抛石抬高和缩窄工作，用10个日历天，在2017年1月10日转大潮汛前，完成所有龙口抛石+5.00m标高初步截流，袋装砂外棱体同步跟进至+3.50m标高，保证低潮位闭气截流；再用5个日历天，在2017年1月15日转大潮汛最大潮前（在下个寒潮来临前），完成所有龙口袋装砂外棱体+5.50m合龙。

2. 多龙口砂库构筑

由于5个龙口同时合龙，袋装砂合龙所需砂料工程量巨大，且冬季寒潮频发期，大风大浪频繁，砂船运输和船舶充灌作业平台施工有效作业时间短，如合龙过程中纯粹依靠运砂船靠泊供应充灌砂袋，无法满足15个日历天内（小潮汛前后）合龙的进度要求。因此在合龙前需要为每个龙口构筑储砂砂库，提前储备砂料，当合龙期间天气情况恶劣时，采用砂库内吸砂泵就地取砂充灌的方式，确保每日龙口收缩幅度。

本次同步合龙5个龙口共构筑10个砂库，砂库位置位于每个龙口两侧堤头，一侧以已形成的主堤棱体为依托，另外三面采用袋装砂棱体围成砂库边界后，提前进行储砂施工，另外，主堤内、外棱体之间的堤芯砂施工时，在达到设计标高后，继续加高，也可作为龙口合龙用砂的储备。龙口合龙后，剩余储砂可作为吹填主堤内、外棱体之间的堤芯砂继续使用，有效减少构筑砂库成本。

单个砂库尺寸约为150m×80m，每个储砂量约5万m³，另外，每个龙口两侧堤芯砂加高备砂约1万m³，砂库总储砂量约60万m³，砂库平面布置如图12所示。

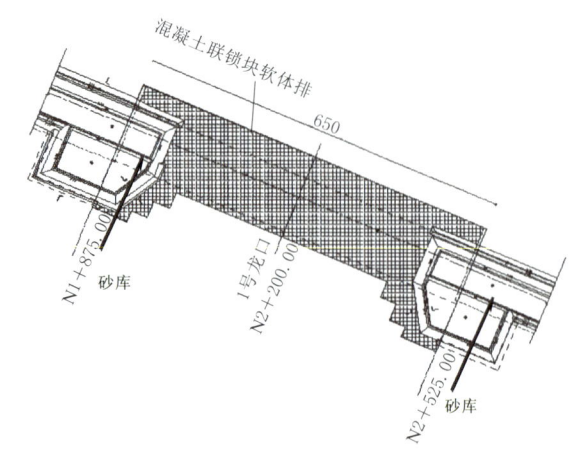

图12 砂库平面布置示意图

3. 龙口护底构筑与保护

本工程龙口的护底保护型式是否安全可靠，对于龙口的顺利合龙与否起着关键作用。本工程的5个龙口地基土为较为深厚的粉砂层，粒径较细（$d_{50}=0.115$mm），抗冲刷能力差（前期有口门位置冲刷到−15.00m的情况）。

现有技术的常规护底一般为单层土工复合排布，采用砂肋或混凝土联锁块系结压载，利用铺排船铺设，受铺排船尺寸限制，龙口范围内要铺设多张排，排与排之间进行搭接。从龙口排体铺设完成到合龙完成的时间间隔一般在1~2个月以上，在此过程中，搭接处由于局部变高，对水体扰动程度加强，由于施工条件的限制，极有可能在搭接处出现冲刷，一个大潮汛下可能会冲刷好几米，给龙口合龙带来了极大的难度。

由于本工程气象条件恶劣，龙口流速大，因此在构筑时，护底创新地采用了双层软体排护底结构。底层铺设砂肋软体排，上层铺设混凝土联锁片软体排，两层软体排搭接位置错缝铺设，上部混凝土排和砂肋混合排的作用是防水流掀动，下层排的作用是避免上层排搭接处冲刷。根据龙口保护期及合龙期水深测量及旁扫的监测结果分析，双层护底排体对滩面的保护起到了很好的作用。

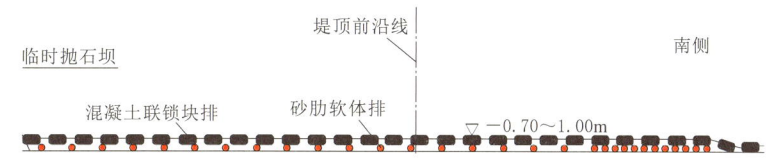

图 13　龙口保护期（双层排体）龙口断面图

龙口护底保护结构设计型式能否满足龙口合龙保护期和合龙期的抗冲刷要求，是龙口合龙的重中之重，一旦护底保护产生破坏，则合龙前功尽弃，遭受极大的经济损失。本工程采用下层砂肋软体排、上层混凝土联锁片软体排的双层护底结构型式，大大提高了龙口保护期和合龙期的安全性（图 13）。

4. 施工组织精细化，确保各龙口收缩同步推进

为了实现 5 个龙口同步完成合龙，需要根据各个龙口不同工程量，差异性的安排施工任务，合理安排船舶施工力量调配，确保各龙口所处的合龙阶段同步，从而保持各围区之间水位差处于安全范围以内。

由于受上海地区市场石料最大供应量限制，以及可供使用的船舶数量有限，合龙工程中必须对 5 个龙口施工进行统筹安排，最大化利用船舶资源，确保各龙口进度同步，因此施工组织精细化与否成为合龙成败的关键点。

在合龙前，需要将每个龙口的抛石作业船定点落实，具体到将每个龙口的负责施工与运输的船名编制成表，通过技术交底的形式，发放到每个龙口的管理调度人员，严禁船舶跨围区龙口靠泊施工。

为了在合龙过程中，实现施工组织的精细化，需要在合龙前对以下内容进行精确计算：

(1) 各龙口"三阶段"抛石量、作业船舶抛石效率。
(2) 各龙口需要的抛石船舶数量、运石船数量。
(3) 各龙口袋装砂棱体每层袋体尺寸及用量、用砂量。
(4) 各龙口需要的充灌砂船舶和吸砂泵、发电机数量。
(5) 各龙口需要的施工管理人员、充灌砂作业施工人数。

5. 龙口梳式截流坝技术应用

因为抛石坝为透水结构，为防止龙口收缩过程中，涨潮流通过抛石坝从抛石坝和外棱体间涌入，增大过水量和龙口流速，需要在龙口两侧外棱体与临时抛石坝间各布置一组截流坝，截流坝采用单棱体袋装砂结构，标高+5.00m，顶宽 5m，在外棱体合龙收缩过程中，随着砂袋推进，每推进一个砂袋长度，加设一道截流坝。梳式截流坝可以有效减小龙口流速和减弱合龙时两侧水流对龙口的冲刷。

6. 抛石坝顶防冲尼龙网兜石截流技术应用

(1) 传统散装石块临时坝的缺点。工程所处长江口风大浪高流急，如果根据设计图纸要求临时抛石坝采用 100~400kg 块石，单体块石体积较小，难以抵抗风浪。在已抛填的临时抛石坝施工区域，一次寒潮过后临时抛石坝块石被风浪削减 0.5~1m 左右。不但大大增加施工成本，影响龙口安全，补抛施工也大大拖延了工期，使本就有限的有效作业时间大打折扣，无法确保龙口合龙

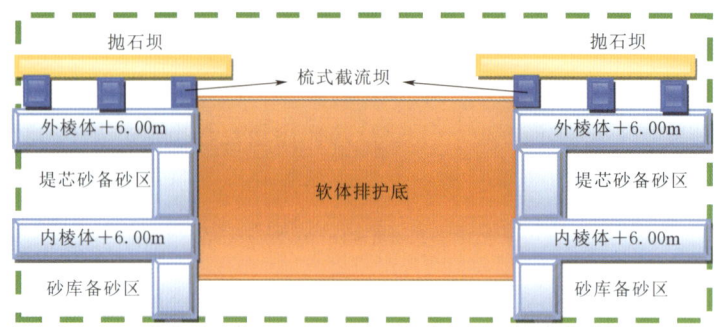

图 14　龙口梳式截流坝布置图

成功。

(2) 采用抛石坝顶防冲尼龙网兜石的优点。本工程首次采用尼龙网兜石压顶临时抛石坝，风浪来袭时，网兜石作为一个整体具有消浪、稳定、掩护主堤的作用。网兜石施工还有施工效率高、成型质量高、可回收、减少施工成本等特点。

(3) 尼龙网兜石制作和吊装工艺。首先用丙纶绳编制直径 3.5m 左右圆形尼龙网兜，网兜的空隙 25cm×25cm 左右。尼龙网兜的丙纶绳抗拉、抗压、抗风化等指标达到要求，丙纶绳编制网兜要结实，牢靠。石料必须是 100～400kg 花岗岩块石，石料的粒径要大于网兜空隙。石料严禁出现碎渣，风化严重、粒径太小等不符合要求的块石。挖机挑选块石是网兜石制作关键环节，关系到网兜石成型及整体质量。需要定制装载桶，装载桶一般是上口大，下口小的铁质桶，可以装载块石 5t 和 10t 两种规格。将制作好的网兜石网兜铺设到装载桶内，然后卡车将挑选好的块石卸载至装载桶内。然后人工将网兜进行封口。形成一个可装载 7t 左右块石的网兜石。

将已经灌包好的网兜石进行起吊、运输至施工吊装船舶。吊装船舶停靠于龙口位置，采用船舶吊机将网兜石依次并排吊装至龙口抛石坝顶（图15）。

图 15　坝顶防冲尼龙网兜石

7. 龙口合龙过程监控

(1) 龙口护底监测。龙口保护期主要通过水深测量加旁扫的方式进行监测（图16）。

在龙口保护期期间，每隔 3～5 天进行一次龙口固定断面监测，通过监测情况来查看护底排体范围内和排体内外侧原泥面冲刷情况，并有针对性的采取预防或补救措施。实际龙口保护期监测中发现，1号～5号龙口桩号护底软体排北两侧边缘外均有不同程度的原滩面标高降低现象，最深处相比工期测量约增深 4m。分析原因为龙口初步形成后的进出龙口水流流速增大，且寒潮期间风浪较大，涨落潮流对龙口软体排内侧和外侧原泥面均造成较大冲刷，与七期龙口形成时冲刷规律相近，经计算应属正常。根据龙口监测结果，及时向设计反馈，如果通过计算，可能影响抛石坝甚至围堤的稳定，可对冲刷部位采取抛填石块、充填砂袋或补填散砂等措施。

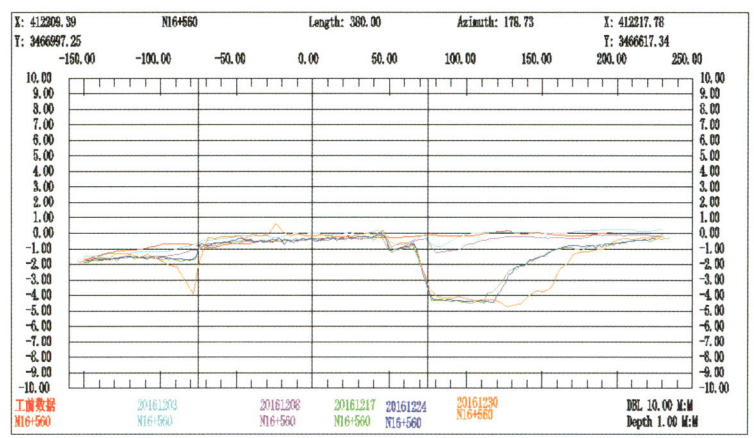

图 16　龙口滩面监测断面图

每隔 7 天进行一次旁扫，旁扫进行水下排体检测时，测线平行于软体排边位置，通过扫测图片直观检测相邻排体搭接及平整度（图 17）。

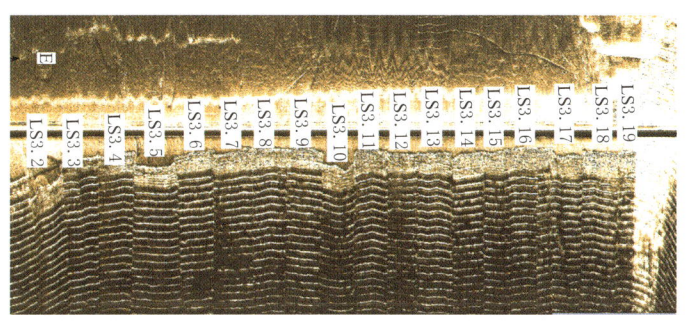

图 17　旁扫声呐检测软体排

龙口施工期主要采用无人船测量龙口水深，实时掌握龙口收缩过程中龙口滩面冲刷情况。

（2）龙口流速、流向监测。为确保龙口顺利合龙，通过分别选取大潮汛、小潮汛进行龙口水流流速测量。安排一条测量船舶停泊于围区内侧的龙口附近，在测量船上装分层流速测量仪，利用一个涨落潮时段采集数据。然后根据统计数据分析流速流向情况，以指导合龙保护期及合龙期施工。

2016 年 12 月 17 日—12 月 18 日已进行了 5 个龙口的流速流向测量，在测量时段最高潮位 +3.74m，最低潮位 +0.67m。1 号～5 号龙口各安排了一条测量船，测量位置为龙口中心桩号内侧距堤轴线 150～200m，另外，5 号龙口在龙口中心桩号堤轴线位置增加布置了一条无人三体测量船。最大流速为无人三体船测量位置，表层流速 1.72m/s，垂线平均流速 1.57m/s。

（3）潮位测量校验。为准确把握小潮汛合龙期间的潮位变化情况，根据进行的实时潮位与潮位表潮位进行比对，得出经验数据：施工区实测最高潮时间比佘山潮位表时间晚约 40min，实测施工区最低潮时间比佘山潮位表时间早约 40min，涨潮落潮潮位变化趋势一致，实测施工区潮位低于佘山潮位表潮位数据约 37cm。

（4）多龙口同步合龙过程中，各围区水位差监测。同步合龙过程中，每天最高潮和最低潮时段对各围区水位进行同步测量，防止因围区之间水位差过大而引起临时隔堤渗透破坏。实际龙口收缩过程中，相邻围区最大水位差在 30cm 左右，在受控范围内。

5.5.9　合龙施工应急保障措施

（1）备用块石、大型混凝土块体和尼龙网兜石抢险备用。合龙过程中为预防发生溃坝或流速过快造成散装石被冲走等情况，每个围区提前组织 1000m³ 尼龙网兜石或大型混凝土块体现场待命，一旦发生意外，立即将上述备用材料进行抛投，确保抛石合龙顺利完成。另外，在龙口合龙期间，现场预留 2~3 条平板驳，块石总装载量约 5000m³，作为机动调配施工力量。在抛石坝发生沉降、遭受风浪影响标高降低时，及时维护抛石坝标高保持+5.00m 以上，确保抛石坝稳定。

（2）合龙期围区内施工船舶留船备用。在 1 号龙口合龙期间，1 号围区预留 19 条自吸船；2 号龙口合龙期间，2 号围区预留 21 条自吸船；3 号龙口合龙期间，3 号围区预留 15 条自吸船；4 号龙口合龙期间，4 号围区预留 10 条自吸船；5 号龙口合龙期间，5 号围区预留 18 条自吸船。

预留自吸船可保证在合龙期间原有供砂能力不足或砂库砂量不足时，对合龙土方施工提供备用供砂条件，确保整个施工过程中供砂连续性、稳定性、充足性。预留平台船可在抛石合龙后，结合抛石坝进行单边对拉通长袋、棱体施工，避免人工涉水施工效率低下，确保后期土方高效施工。

（3）设备储备。每个龙口各备选 4 台 37kW 同型号吸砂泵、2 台 300kW 发电机在施工现场，一旦出现设备故障，立即进行调配。

（4）材料储备。合龙期间外侧棱体、内侧棱体及通长袋袋布材料量按照设计断面量的 1.5 倍进行储备，以防袋体出现破坏时及时补充。

5.5.10 龙口合龙完成后保护措施

（1）龙口合龙断水后，充灌砂袋继续施工，在有充足富裕条件下及时安排龙口内棱体施工，并进行内外棱体吹填堤芯砂施工闭气，确保龙口合龙初期堤身的稳定性。

（2）龙口合龙之后，内棱体、外棱体、堤芯均完成施工后，立即安排自吸船对龙口段靠背砂施工。

（3）合龙完成后的 15 天之内，项目部将安排人员对围堤全线，尤其是龙口位置进行巡视，高低潮时，派专人负责检查龙口各部位情况，以确保大堤的安全。

6 研究成果及创新性

（1）首次同时采用先进的无动力三体船双频测流系统、GPS 定位器轨迹记录系统，在龙口区及龙口中心轴线处实现安全、准确、连续地龙口三维流速观测，为数值模拟计算验证提供了真实可靠的数据，丰富了河口龙口观测技术。

（2）首次采用 SHIWM-3D 模型进行龙口潮流三维模拟计算，并与龙口实测三维流速对比验证，相关性较好，三维模型计算结果能够给出龙口合龙期间垂向各层实时的流速变化，使得在龙口合龙期对水下的流速情况能有更精确的了解，所提供的数据对本工程以及横沙和相似河口地区工程更具有指导价值。

（3）创新性的采用双层组合护底排错缝护底技术，底层首先铺设砂肋软体排，上层铺设混凝土联锁片软体排，错缝位于下层排非搭接部的中位，形成两层软体排搭接错缝铺设的保守护底结构，滩面和排体得到有效的强化保护。

（4）根据龙口流泥厚度及地质、地形、水深等情况，创新性的采用龙口位置铺设通长加筋砂袋与深厚流泥打设排水板、薄层流泥碎石置换组合的地基处理方法，有效解决了新淤积软土复杂地基龙口地基处理关键技术问题，提高了龙口地基土强度，保护了合龙稳定。

（5）创新性的采用多龙口多潮段"三阶段三同步"结合梳式坝合龙设计，本项目利用大型潮汐河口的涨落潮水位变化特征，采用"三阶段三同步"技术，先抛石防护（小抛石坝）后土方断流的施工方式，掩护内侧袋装砂外棱体跟进施工，可以有效防止风浪破坏袋装砂外棱体；同时在抛石坝和围堤外棱体之间施工单棱体袋装砂梳式截流坝结构有效减弱合龙时两侧水流对龙口的冲刷。

（6）本工程结合了先进的三维水流数值模拟计算技术，通过龙口准备"六个前提"、同步合龙"三阶段三同步"施工、合龙"七个关键控制点"、施工应急保障措施、合龙后保护措施等施工实践，确立了大型潮汐河口多超大型龙口长时段多同步合龙的施工关键技术，使得工程施工组织管理、船机设备与材物料准备和调配、施工技术的布置和施工计划安排在时间和空间上更趋于科学、合理与准确。

7 结语

本研究先后应用于横沙东滩七期工程、八期工程、金山龙泉港滨海综合会展中心等项目，大幅降低了超大围区龙口合龙成本，共节省了 60 多万 m^3 沙石料，取得了良好经济效益；同时，本研究在滩涂整治和生态保护项目中的成功应用，获得了建设单位、上海市水务局等政府单位的积极评价和赞扬，取得了良好的社会效益。本研究推进和深化了大型潮汐河口超大围区龙口合龙设计和施工技术水平，在长江口和其他地区的大型潮汐河口滩涂整治工程中具有较好应用前景，可为今后类似工程提供良好借鉴，极大地提高了企业在水运、水利行业的核心竞争力，促进了行业技术进步。

参考文献

[1] 茅庆安. 南汇东滩促淤圈围四期主堤 4 号龙口合龙技术初探 [J]. 上海水务，2005（1）：23-24.
[2] 胡正，蔡丽忠. 高滩粉砂淤泥质滩涂匡围工程龙口施工关键工艺 [J]. 中国港湾建设，2017（4）：75-76.
[3] 中国水利学会围涂开发专业委员会. 中国围海工程 [M]. 北京：中国水利水电出版社，2000.
[4] 张辉，张涛，孙策. 龙口合龙施工技术在吹填工程中的应用 [J]. 水利建设与管理，2013（11）：24-26.
[5] 胡军庆，谈业文. 上海南汇东滩促淤圈围（四期）工程 1 号龙口合龙技术的探讨 [J]. 皖西学院学报，2004.
[6] 堤防工程设计规范：GB 50286—2013 [S]. 北京：中国计划出版社，2013.
[7] 堤防工程施工规范：SL 260—2014 [S]. 北京：中国水利水电出版社，2014.

BIM 在堤坝工程设计中的应用

李 正 李 锐 王 飞

(中交上海航道勘察设计研究院有限公司，上海 200120)

【摘　要】 为解决 BIM 在水运行业堤坝工程中应用较少的问题，通过在传统堤坝设计方法中融入 BIM 设计理念，基于 Civil 3D 软件形成一套建模、算量、批量出图的堤坝工程 BIM 设计方法。对 Civil 3D 部分功能进行二次开发，建立堤坝工程部件库，优化工程量生成与输出流程，实现 BIM 三维线框模型向带特殊编码信息的三维实体模型自动转换的功能。采用 BIM 设计方法在相关工程中进行实践，拓展了 BIM 在堤坝工程中的应用。

【关键词】 BIM；堤坝；设计方法；二次开发

信息建筑模型（Building Information Modelling，BIM）自 20 世纪 70 年代 Chuck Eastman 等提出后，经过几十年的演变和发展，已广泛应用于以英国和美国为代表的欧美国家的制造业与建筑业，并以拓展到土木工程领域。自 2013 年住建部发布《关于推进 BIM 技术在建筑领域内应用的指导意见》以来，国家与地方政府不断出台相应政策和规范力推 BIM 技术应用，提高建筑土木行业的设计、施工、运维等过程的质量和效率。近年来，BIM 在水运工程领域也多有应用，谢锦波等基于 Revit 软件对高桩码头三维交互设计系统进行了二次开发，利用参数族快速建立高桩码头三维模型；王帅等研究了 BIM 协同设计在水运工程项目中的运用，并以某煤炭码头工程为例对比分析了协同设计与传统设计模式；刘擎波等通过 Civil 3D 对航道中的潜堤进行建模并对工程量进行了计算；才多等利用 Bently 平台下的软件对洞泾港华阳湖的疏浚工程进行精确开挖量模型计算。

BIM 在堤坝工程中的应用很少。一是由于大环境，如 BIM 政策不够完善、目前 CAD 能够满足需求，而 BIM 软件学习的成本过高；二是因为堤坝特有的工程特性，如堤坝既有基础设施类的长线型特征，也包含大量的建筑类构件等。因此，本文通过分析传统堤坝设计的设计原理、设计流程和专业需求，充分利用 BIM 软件的特性，通过 Civil 3D 建模，完成出图算量，形成一套较完整的堤坝工程 BIM 应用设计方法，并通过二次开发，一方面建立堤坝工程部件库、优化工程量生成与输出流程；另一方面实现 BIM 三维线框模型向三维实体模型自动转换的功能，可满足各方迫切的三维查看与应用需求。

1 设计思路

1.1 堤坝传统设计思路

平面上，堤坝一般为数公里的长线型结构；断面上，上部为一般规则的建筑结构，而底部与变化的地形相接，上部与下部之间存在多种融合关系。整体而言，既有道路类的平面长线型特征，也有建筑类的竖向结构特征（图 1）。

对于堤坝这种长线型的结构而言，从经济利益最大化的角度考虑，一般采用典型断面法设计。传统堤坝工程总体设计思路如下：

（1）拟定堤坝的堤顶前沿线。

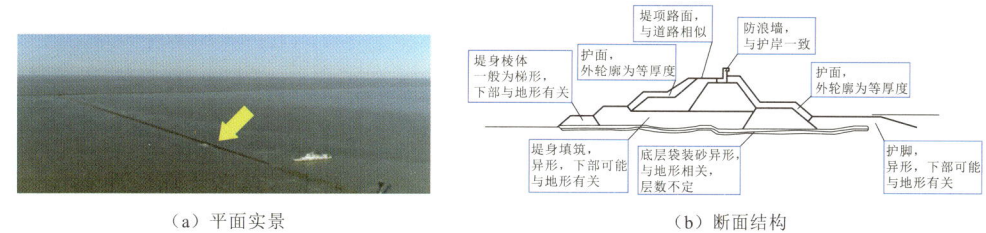

(a) 平面实景　　　　　　　　　　　(b) 断面结构

图 1　堤坝结构特征

(2) 综合分析工程区域风、浪、流,并结合地形和地质情况,将堤坝分为若干典型段。
(3) 针对每个典型段,设计出最合理的典型断面。
(4) 根据各个典型断面,绘制出详细的平面图。
(5) 计算工程量等。

传统设计中平、纵、横三向均采用 AutoCAD 软件进行二维设计,其优点是人为操作空间大,可任意修改;缺点是二维设计成果不够直观,且重复作业量大,特别是返工修改量,而且在计算工程量方面也存在不够精确等问题。

1.2　运用 BIM 后堤坝工程设计思路

堤坝工程的分段和典型断面的设计主要和自然条件、地形地质等外部条件有关,对设计人员的工程经验依赖性较强,现有的 BIM 技术暂时不能解决这方面的问题,因此,本文主要针对烦琐重复和计算误差部分进行优化,对比总结 BIM 设计方法的优越性(图 2),运用 BIM 后堤坝工程的设计思路如下:

(1) 基于三维地形进行三维设计,拟定堤坝的堤顶前沿线。
(2) 综合分析工程区域风、浪、流,并结合地形和地质情况,将堤坝分为若干典型段。
(3) 针对每个典型段,设计出最合理的典型断面。
(4) 通过各典型断面生成 BIM 模型。
(5) 自动化出图算量。
(6) 生成具有特殊编码信息的三维实体模型。

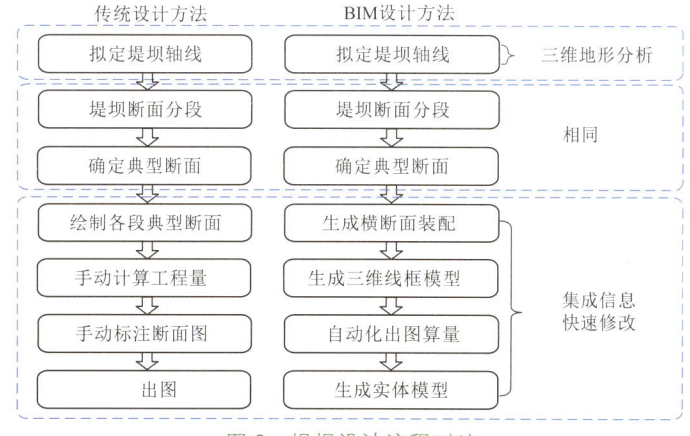

图 2　堤坝设计流程对比

2　二次开发改进

根据 1.2 所述的设计方法,可采用 Autodesk Civil 3D 或 Bentley Power Civil 进行 BIM 设计,但上述软件在堤坝工程中存在不适用性,须加以改进,本文基于 Civil 3D 开展针对堤坝工程的二次开发与改进。

2.1 建立部件库

目前的 BIM 软件在横断面设计上主要针对结构相对简单的道路结构设计，软件断面库里主要为道路构件，因此，堤坝断面进行建模时因无对应的构件而显得特别烦琐，影响了建模效率。本文结合堤坝特征，建立了符合堤坝特征的部件库（图 3），根据堤坝典型断面选择部件库中对应部件进行组合，大幅提高了建模效率。

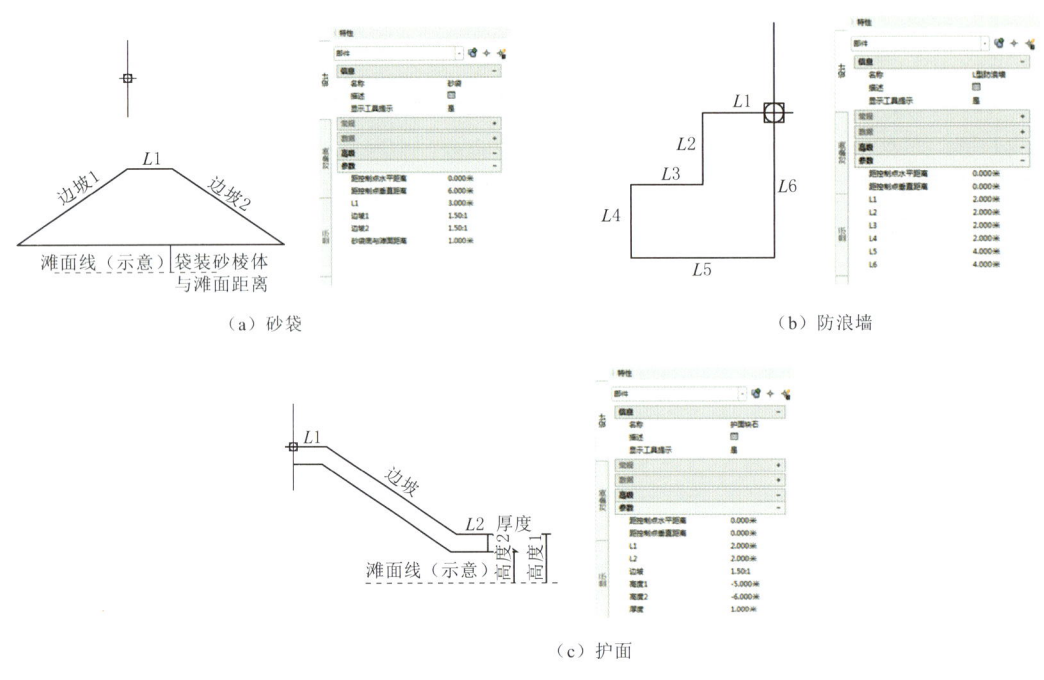

图 3　Civil 3D 部件库

2.2 优化工程量生成与输出流程

Civil 3D 中工程量列表需手动输入，效率极低且生成的体积列表格式为 ".xml"，晦涩难懂、不易操作（图 4、图 5）。对 Civil 3D 中工程量的输入和输出流程均进行了二次开发，改进后的软件可以根据断面中的结构名称，自动生成工程量列表，且最终输出格式为最常见的 Excel 表格，既方便设计人员校核，又提高了设计效率（图 6、图 7）。

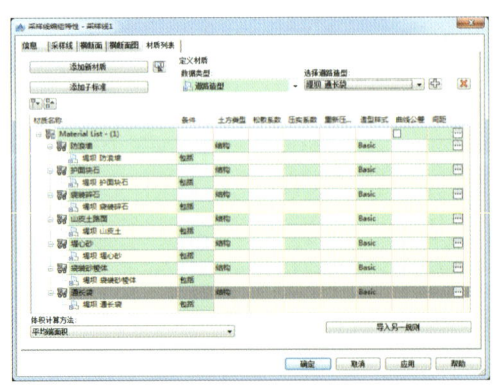

图 4　改进前工程量列表

图 5　改进前工程量列表

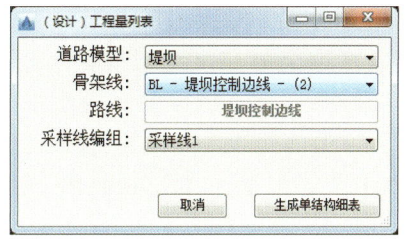

图6　改进后工程量列表自动生成图　　　　图7　改进后工程量表格一键输出为Excel

2.3 三维线框模型向三维实体模型自动转换

受限于目前的软硬件技术，Civil 3D 生成的是三维线框模型，尽管其自带的提取道路实体功能可以导出实体，但仅包含几何信息和无属性信息，因此无法将工程建设的其他环节交付给施工和运维。通过二次开发实现了 Civil 3D 三维线框模型到 Revit 实体模型的快速转换，生成的 Revit 模型由自带特殊编码的族组成，既能满足后期的三维渲染和展示，也为施工运维平台提供包含丰富信息的 BIM 模型，畅通了堤坝工程断面出图、工程量计算和后期运维、展示的设计流程。

3 工程应用

某圈围工程平面由东侧堤、南侧堤、已建道路及现状海塘围合的封闭区域，拟建的东侧堤和南侧堤总长约 1400m（图8）。

该工程按照本文提出的堤坝工程 BIM 应用设计方法进行设计并应用了二次改进成果。

（1）利用工程区域高程点数据生成三维地形曲面，利用多段线创建拟定的堤轴线，通过轴线及其附近±20m 纵断面的叠合纵剖线图（图9）分析可知，堤轴线滩面沿线高程变化平缓，范围值为 −1.20~0.80m，两侧高程差较小，无斜滩或者深坑，因此拟定的堤轴线可行。

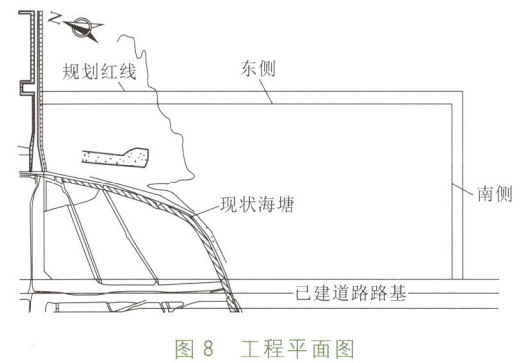
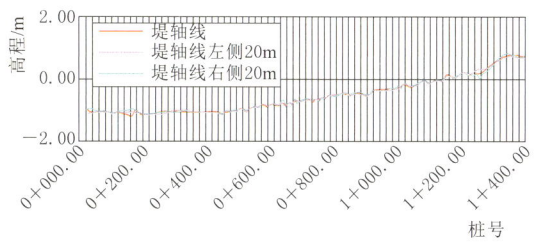

图8　工程平面图　　　　图9　轴线及两侧滩面纵剖线对比

（2）综合分析工程区域风、浪、流，并结合地形和地质情况，设计堤坝典型断面，从堤坝工程部件库中选择相应部件进行组合，形成典型堤坝断面模型，如图10所示。

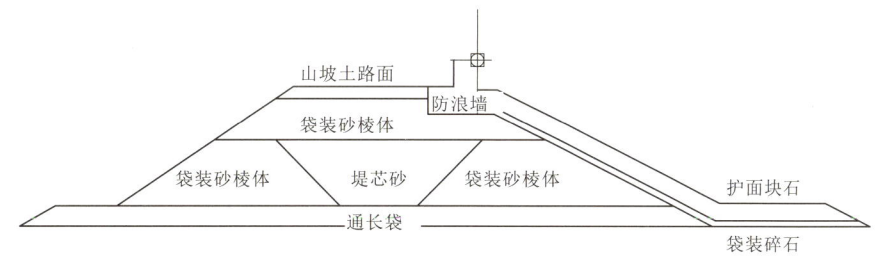

图10　典型堤坝断面

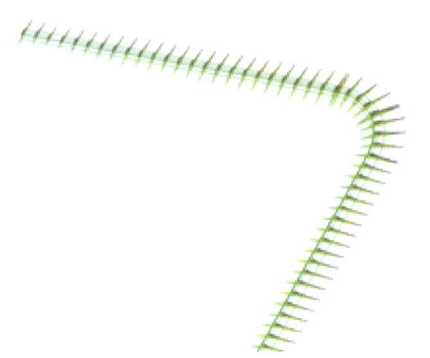

图 11　Civil 3D 三维线框模型

（3）利用上述断面模型，根据平纵横数据源自动生成与地面紧密贴合的三维线框模型（图 11），可以根据工程实际需要在任意桩号处对模型进行剖分并生成断面图，设计按间距 50m 生成一张断面图，并采用断面面积法计算工程量。部分断面图和工程量如图 12、图 13 所示。

（4）利用二次开发的成果，将 Civil 3D 三维线框模型快速转换为 Revit 实体模型（图 14），生成的 Revit 模型由自带特殊编码的族组成，既能满足后期的三维渲染和展示，也能为后期施工运维平台的搭建提供参数化模型。

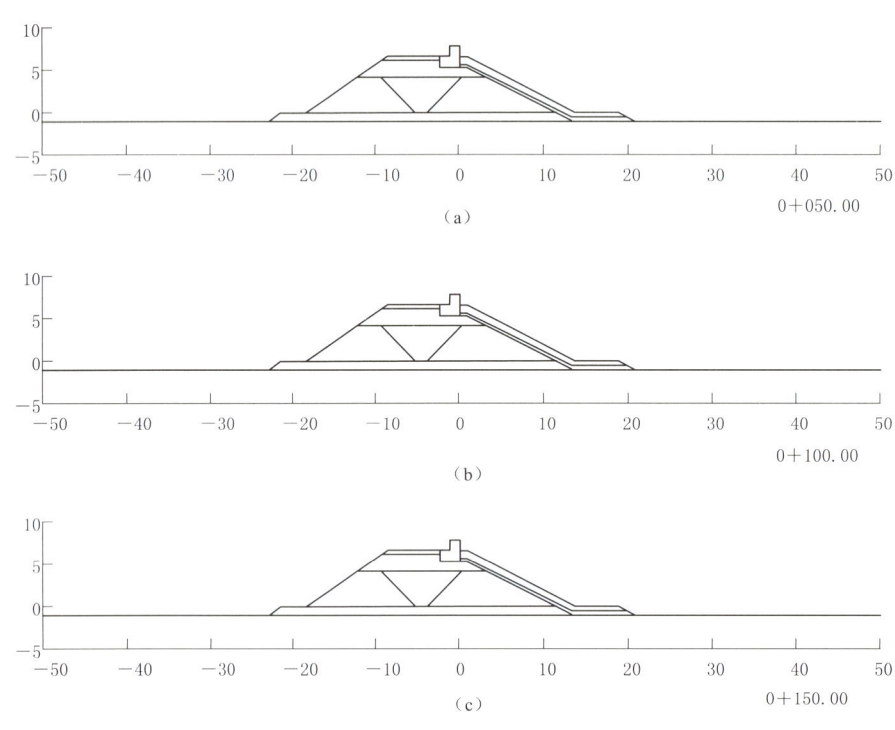

图 12　Civil 3D 自动生成断面（单位：m）

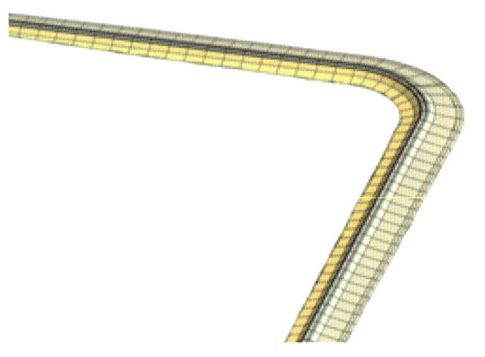

图 13　工程量 Excel 表　　　　图 14　带特殊编码的 Revit 模型

4 结语

（1）通过在传统堤坝设计方法中融入 BIM 设计理念，形成一套完整的堤坝工程 BIM 设计方法。该方法基于三维地形设计和参数化横断面模型的建立，可大幅减少断面绘制与工程量计算的重复工作，提高设计效率。

（2）基于堤坝工程 BIM 设计方法，结合现有 BIM 软件进行二次开发，一方面建立堤坝工程部件库、优化工程量生成与输出流程；另一方面实现 BIM 三维线框模型向带特殊编码信息的三维实体模型自动转换的功能。

（3）目前，BIM 在堤坝工程中的应用仍然处于摸索阶段，无论是前期的纵断面分段和典型断面设计，还是后期的出图算量、甚至三维实体模型建立，都有很大的扩展空间，争取早日实现将 BIM 应用于水运行业的全过程中。

参考文献

[1] EASTMAN C，TEICHOLZ，SACKS R，et al. BIM Handbook：A Guide to building information modeling for owners，managers，designers，engineers and contractors [J]. Wiley Publishing，2008，12（3）：101-102.
[2] 杨德磊. 国外 BIM 应用现状综述 [J]. 土木建筑工程信息技术，2013，5（6）：89-94.
[3] 谢锦波，周国然，俞立新. 高桩码头三维交互设计系统的开发 [J]. 水运工程，2010（1）：43-46.
[4] 王帅，芦志强，丁琼. BIM 协同设计在水运工程项目中的应用探索 [C]. 中国土木工程学会. 自动化集装箱码头应用技术交流会论文集. 北京：中国土木工程学会，2015.
[5] 刘擎波，刘晗晗. Civil 3D 在长江深水航道整治工程中的应用 [J]. 港工技术，2017.
[6] 才多，张杨杨. BIM 技术在河道及湖区开挖工程中的应用 [J]. 上海水务，2017，33（1）：47-50.

BIM 技术和 CAE 技术的集成应用研究
——以横沙东滩八期圈围工程 2 号泵站装置设计为例

周金明

(上海市水利工程设计研究院有限公司，上海 600021)

【摘　要】 将 BIM 软件所建模型直接导入 CAE 软件用于仿真计算，应用于工程设计，充分发挥两者的技术优势，可以极大地提高工程设计质量、缩短设计周期、节省工程投资。本文通过对 BIM 技术和 CAE 技术发展状况的研究，结合泵闸设计过程中的主要设计计算项目，提出了基于 Bentley 平台的泵闸设计 BIM 技术和 CAE 技术集成应用方案，并以横沙东滩八期圈围工程 2 号泵闸的泵站装置设计为例说明这两种技术的集成应用方法。

【关键词】 BIM；CAE；装置性能；CFD

1　引言

BIM 设计的理念最早由查理斯·伊斯曼（Charles Eastman）提出，但当时并未称为 BIM，而是建筑描述系统（Building Description System，BDS）。早在 1974 年 9 月他和合作者在论文《建筑描述系统概述》中提出了应用数据库技术建立 BDS 的思想。随后在 1975 年 3 月出版的 AIA Journal 上发表的论文《在建筑设计中应用计算机而不是图纸》介绍了 BDS。2002 年，Autodesk 公司收购了 Revit 技术公司，在推广 Revit 的过程中，首次提出建筑信息模型 BIM 概念。

在工程设计中使用 BIM 技术可以提高设计质量。但在工程设计中仅有 BIM 技术是远远不够的。工程设计人员只有将 BIM 技术与其他技术结合使用才能设计出优秀的工程作品。在众多其他技术中，CAE 就是其中一项很重要的技术。CAE 是利用计算机对工程设计中的流体、结构、温度、电磁场等问题进行模拟分析、验证，进而改进优化设计的一种技术。CAE 技术的出现早于 BIM 技术，其理论基础起源于 20 世纪 40 年代，但直到 1960 年随着电子计算机技术发展以后才迅速发展起来。

BIM 技术和 CAE 技术都是依托计算机软件来实现的。这两种技术有很多相似之处，一直处在相互融合的过程中。开发这两种技术应用软件的公司也在通过兼并收购不断发展壮大。目前实现这两种技术的应用软件种类繁多，每年都会有新的版本出现。由于 BIM 软件具有一定的 CAE 功能，CAE 软件也具有部分 BIM 功能，这给工程设计人员选用这些软件带了不小困惑，因此很有必要对这两种技术的集成应用进行研究。本文尝试从研究这两种技术和应用软件发展状况入手，结合泵闸设计中的主要计算项目，提出了基于 Bentley 平台的泵闸设计 BIM 技术和 CAE 技术的软件集成应用方案，并以横沙东滩八期圈围工程 2 号泵闸的泵站装置设计为例，说明 BIM 技术和 CAE 技术集成应用的具体方法。

2　BIM 发展状况

2.1　欧美国家的状况

欧美国家参与 BIM 技术应用软件研发的世界知名公司除了 AutoCAD 外，还有美国的 Bentley、法国的达索系统 Dassault Systemes、德国的内梅切克集团 Nemetschek。这些软件公司除了自己研发外，还通过兼并收购整合来发展壮大自己。例如为建筑师打造了第一款 BIM 技术应用软件 ARCHICAD 的 GRAPHISOFT 公司，就被德国内梅切克国际集团收购，成为其旗下品牌之一。以上这些公司的部分 BIM 软件产品见表1。

表1 国际知名 BIM 软件公司及部分产品

公 司 名 称	产 品 名 称
Autodesk	Revit, Civil 3D, Infraworks, AutoCAD Plant 3D, Inventor
Bentley	OpenBuilding, OpenBridge, OpenPlant, ProStructures
Dassault Systemes	CATIA
Nemetschek	GRAPHISOFT, SOLIBRI, PRECAST

需要特别指出的是由于 BIM 技术近些年比较热门，原来只专注于 CAE 的公司 ANSYS 也开始进入该领域，发布了 ANSYS Twin Builder、Digital Mission Engineering 等 BIM 软件产品。

2.2 国内状况

由于 Autodesk 的推广，约在 2005 年 BIM 概念开始被国内认知。我国对 BIM 技术相当重视。2007 年建设部发布了《建筑对象数字化标准》标准。2015 年住房城乡建设部《关于推进建筑信息模型应用指导意见的通知》（建质函〔2015〕159 号）、2016 年住房城乡建设部《2016—2020 年建筑业信息化发展纲要》。2017 年国务院办公厅《关于促进建筑业持续健康发展的意见》（国办发〔2017〕19 号）等都要求推广使用 BIM 技术。目前我国进行 BIM 技术应用软件研发的公司也越来越多。比较知名的公司有 PKPM、中电建华东院、鸿业、理正、鲁班、广联达、橄榄山、品茗等。但是，与欧美国家相比，我国的 BIM 软件总体来说还不够成熟，尚未出现全球化的公司。

3 CAE 发展现状

3.1 欧美国家现状

欧美国家 CAE 技术处于世界领先地位，开发了一大批 CAE 应用软件。这与其对该技术的重视程度是分不开的。比如美国在 2009 年的"竞争力委员会"白皮书《美国制造业——依靠建模和模拟保持全球领导地位》就将建模、模拟和分析的高性能计算视为维系美国制造业竞争力战略的王牌。2012 年发布《国家先进制造战略计划》再次明确要重点发展 CAE 技术。表2列出了欧美国家一些国际知名 CAE 软件公司及其部分产品。

表2 国际知名 CAE 软件公司及部分产品

公 司 名 称	产 品 名 称
MSC software	MSC Nastran, Dytran, Cradle CFD, CAEfatigue, Sinda
ANSYS	LS-Dyna, Mechanical, Motion, Autodyn, CFX, fluent
Autodesk	Inventor Tolerance Analysis, Robot Structural Analysis Professional, Autodesk Inventor Nastran
Bentley	Plaxis 3D, STAAD, RAM
Dassault Systemes	SIMULA
Altair	Altair radios, Altair Flux, Altari MotionSolve, Altair OptiStruct
SIEMENS	Simcenter Nastran
Danish Hydraulic Institute	MIKE 21, MIKE 3, LITPACK, FLOOD
WL Delft Hydraulics	Delft 3D

3.2 国内现状

我国开始 CAE 技术研发的时间几乎与国际同步，从 1970 年代就开始开发相关的应用软件。形成了一批具有自主知识产权的软件产品，如大连理工大学开发的 JIGFEX、中国飞机强度研究所的 HAJIF、中国科学院数学与系统科学研究所的 FEPG、郑州机械研究所的紫瑞 CAE、航空工业总公司的 APOLANS、北京大学力学与工程科学系的 SAP84。在 20 世纪 90 年代中期，因受国外产品的挤压而停滞了相当长一段时间。目前，我国对 CAE 技术也非常重视，出现了一大批 CAE 技术应用软件研发的公司，推出了各自的产品，如北京盈建科软件股份有限公司的 YJK 系列软件、北京理正软件股份有限公司的理正系列软件等。但是，我国的 CAE 软件与国际知名 CAE 软件还存在相当大的差距。

4 集成应用方案

4.1 BIM 软件选用

泵闸设计涉及规划、地质、水工、水力机械、电气、金属结构、建筑、结构、给排水、暖通、水土保持、移民、环境保护、工程造价等专业，是水利工程设计中涉及专业最多的工程。这些专业可选用的 BIM 软件众多，但没有哪一家公司的产品可以完全满足所有专业的使用要求。bentley 软件对计算机性能要求比 Autodesk 软件低，到目前为止是比较合适的 BIM 技术应用方案。表 3 是以 Bentley 公司 BIM 软件为主的方案。由于 Bentley 公司没有机械类 BIM 软件，金属结构设计闸门的软件就选用了 Autodesk 公司 Inventor。

表 3　　泵闸设计 BIM 软件选用表

软 件 名 称	专　业
OpenCities	规划
gINT	地质
OpenBuilding	水工、建筑、结构、给排水、暖通等
OpenPlant	水力机械
Substation	电气
Inventor	金属结构

4.2 CAE 软件选用

1. CAE 应用场景分析

（1）泵站设计。泵站设计中涉及 CAE 技术应用的场景主要包括泵站稳定分析、地基计算、泵站主要结构计算、流道或管道计算等。泵站稳定分析包括抗滑稳定分析、抗浮稳定分析。地基计算包括地基渗流稳定性验算、地基整体稳定计算、地基沉降计算。主要结构计算包括泵房底板、进出水流道、机墩、排架、吊车梁等，以及岸墙、翼墙、拦污栅桥等结构的计算。管道计算包括结构计算、水力计算、镇墩和支墩的地基计算、镇墩的抗滑、抗倾稳定及地基强度验算。

（2）水闸设计。水闸设计中涉及 CAE 技术应用的场景主要包括水力设计计算、防渗排水设计计算、结构设计计算和地基计算等。水力设计计算包括闸孔总净宽计算、消能防冲计算。防渗排水设计计算包括渗透压力计算、抗渗稳定性验算。结构设计计算包括闸室和岸墙、翼墙的稳定计算、结构应力分析、结构抗震计算。地基计算包括地基渗流稳定性验算、地基整体稳定性验算、地基沉降计算。其他包括土压力计算、浪压力计算、地基允许承载力计算、地基加应力计算等。

(3) 堤防设计。泵闸设计中通常包括堤防的设计。堤防设计设计中涉及 CAE 技术应用的场景主要包括渗流及渗透稳定计算、抗滑和抗倾稳定计算、沉降计算、地基处理计算、设计潮位计算、波浪计算、护岸计算、渗流计算、抗滑稳定计算等。

2. 软件选用

由上述分析可知，泵闸设计中的 CAE 应用主要分地基计算、结构计算和水力计算三大类。其中：地基计算类通常需要同时考虑结构和渗流问题，涉及流体和结构两个专业问题；结构计算可能会涉及温度应力问题，涉及结构和热力学两个专业问题；水力计算通常指涉及流体动力学。据此泵闸设计 CAE 软件选用见表 4。

表 4　　　　　　　　　　　　　泵闸设计 CAE 软件选用表

计 算 项 目	软 件 名 称
地基计算	Plaxis 3D，Midas
结构计算	ANSYS，Robot Structural Analysis Professional，Autodesk Inventor Nastran
水力计算	MIKE，Flow 3D，ANSYS

4.3　数据交换

数据交换是 BIM 技术和 CAE 技术集成应用能否成功的关键所在。数据交换主要有两种方式：①直接读取对方的数据文件；②通过第三方数据格式进行交换。

在数据交换时候，最好先了解软件采用的是那种三维几何建模引擎。常见的三维几何建模引擎有 Parasolid、OpenCASCAD、ACIS、CREO。通常采用同一引擎的软件之间数据交换会比较顺利，不容易发生信息丢失问题。

在不知道哪种引擎的时，可采用美国标准初始图形交换规范（Initial Graphics Exchange Specification，IGES）或国际标准 STEP（Standard for the Exchange of Product modeldata）。

5　应用实例

5.1　工程概况

2 号泵闸由一座 62m³/s 和一座 12m 节制闸组成，采用"泵＋闸"的布置型式。泵站具有引水和排涝双重功能，是一座双向泵站，设计安装 4 台竖井贯流泵。单台水泵流量 15.5m³/s，配套电机功率 1000kW。水泵和电动机之间通过齿轮箱传动。泵站内河侧采用竖井式流道，外河侧采用直管式出水流道。电动机和齿轮箱安装在竖井内。断流方式采用快速闸门断流。

5.2　设计流程

传统装置设计方法是先根据已建成的泵站资料，拟定基本尺寸，利用速度曲线递增法、速度直线递增法绘制进出水流道型线，水泵的过流型线则根据水力模型绘制，再进行模型试验验证。使用该方法的可能需要进行多次物理模型试验才能设计出性能较好的泵站装置。

将 BIM 技术和 CAE 技术集成应用到装置设计后，装置的初始设计可采用传统设计方法，但用仿真计算代替模型试验，仿真计算成果指导泵站装置的型线优化，以减少优化设计的盲目性，减少装置物理模型试验的次数，降低工程造价。由于目前没有泵站装置 CAE 仿真计算方面的标准规范，计算成果的准确性还无法完全得到保证，最终还需要装置物理模型试验进行验证。

5.3 应用成果

泵站装置采用 OpenPlant 建模。OpenPlant 是 Bentley 公司提供的基于开放式 ISO 15926 标准的协作化智能二维和三维工厂 BIM 设计软件。建成的装置模型如图 1（a）所示。CAE 仿真软件选用 ANSYS CFX。ANSYS CFX 是一款知名的流体机械仿真软件，可以对泵站装置设计成果进行较为准确的定计算，并将计算成果直观地呈现出来供设计人员使用。图 1（b）是本次仿真获得的某工况装置流线图。

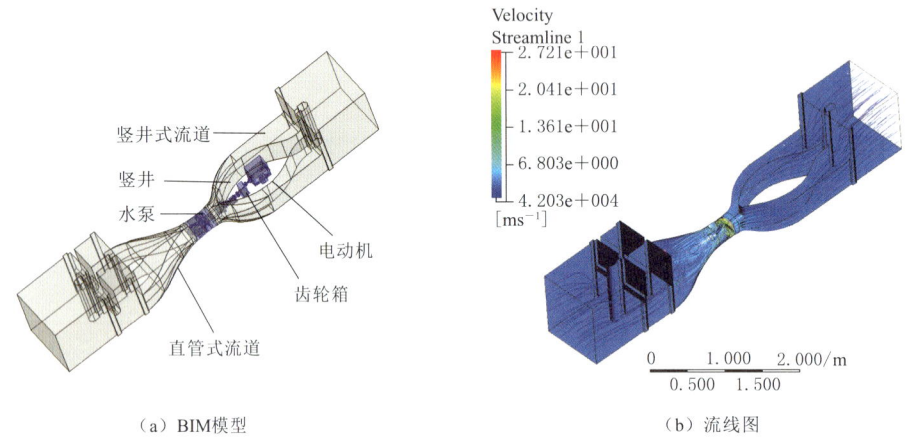

（a）BIM模型　　　　　　　　　　　（b）流线图

图 1　泵站装置 BIM 模型及流线图

泵站装置内水的流动状态属于紊流。目前紊流的数值求解算法方法有三种：①Direct Numerical Simulation（DNS）；②Large Eddy Simulation（LES）；③Reynolds－Averaged Navier－Stokes（RANS）。使用最多的是 RANS 法。本次仿真计算也选用 RANS 法。为方便同装置物理模型试验成果进行比对，本次 CAE 仿真的模型几何尺寸采用物理模型试验的装置尺寸，叶轮直径 300mm。图 2 是通过 CAE 仿真获得的泵站装置水力性能曲线。由于 2 号泵站是双向泵站，装置效率较单向泵站的低。

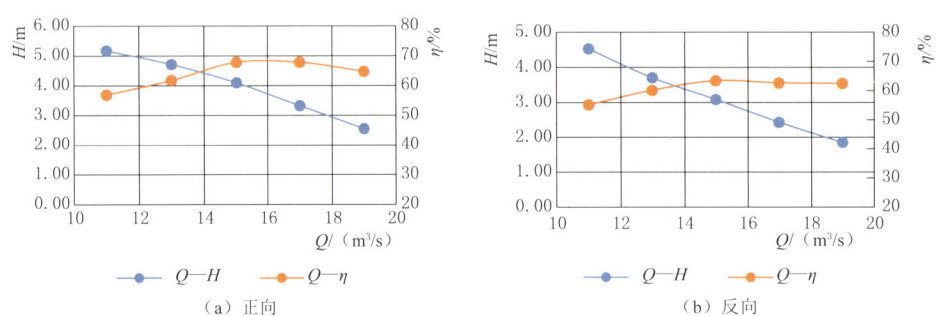

（a）正向　　　　　　　　　　　　　（b）反向

图 2　泵站装置水力性能曲线

6　结语

BIM 技术具有可视化、协调性、模拟性、优化性和可出图性的特点。CAE 技术具有投资少、速度快、可视化的优点。目前，BIM 软件公司已经将越来越多的 CAE 技术整合进了 BIM 软件中，CAE 软件公司也将越来越多的 BIM 技术整合进了 CAE 软件中，但是到目前为止，这些软件公司没有一家能彻底将这两种技术完全集成整合的。作为 BIM 软件和 CAE 软件的使用者，设计人员需要密切关注这两种技术的融合进程，研究并选择合适的集成方式，以最大限度发挥这两种技术的优点,提高工程设计质量、缩短设计周期、节省工程投资。

参考文献

[1] 李建成. BIM 研究的先驱——查尔斯·伊斯曼教授 [J]. 土木建筑工程信息技术,2014 (4):114-117.
[2] 美国仿真软件的国家意志. 控制工程网 [Z/OL]. http://iiot.cechina.cn/18/0613/02/20180613025251.htm.
[3] Subcommittee on advanced manufacturing committee on technology of the national science & technology council. Strategy for American Leadership in Advanced Manufacturing [R/OL]. White House,2018:9. https://www.nist.gov/oam/national-strategic-plan-advanced-manufacturing.
[4] 中华人民共和国水利部. 泵站设计规范:GB 50265—2010 [S]. 北京:中国计划出版社,2011.
[5] 江苏省水利勘测设计研究院有限公司. 水闸设计规范:SL 265—2016 [S]. 北京:中国水利水电出版社,2016.
[6] 中华人民共和国水利部. 堤防工程设计规范:GB 502886—2013 [S]. 北京:中国计划出版社,2013.

复杂圈围工程设计施工 BIM 技术及多维数据分析系统研究

尹 航 吴晓南

（上海交通建设总承包有限公司，上海 200136）

【摘　要】 本项目研发了围堤工程"平纵横"参数化设计建模方法和快速建模工具，实现轴线自动分段，批量进行断面设计生成模型，提升围堤工程正向设计效率。建立了工程部位分解序列，利用自然语言和工程结构优化模型编码，解决围堤工程 BIM 模型复用和数据传递难题。整合多种三维数据，建立水陆地形和实时潮位叠加模型，为大规模围堤工程多龙口合龙方案模拟创造条件。多维数据分析系统实现了多维数据实时联动和自动计算，有效提升了多维数据联合分析效率。

【关键词】 围堤；BIM；全过程数据传递；多维数据分析

1　概述

本项目结合公司主营业务，研究适用于围堤工程设计—施工过程的 BIM 技术和多维度的数据分析系统。通过理论研究、软件开发和运行试验，从工程特点、工程部位分解序列、围堤工程正向设计、快速建模软件、多维度数据分析系统、水陆地形和实时潮位叠加模型、虚拟现实决策系统等方面，研究围堤工程设计施工各阶段典型问题的解决方案，达到项目管理降本提质增效、提升 BIM 技术研究与应用水平的目的。

2　研究目标

（1）研究设计施工模型数据传递方法，打破设计施工阶段 BIM 模型及数据的即成壁垒，实现模型复用、信息传递，并为大型项目的线上协同、多维度数据分析奠定基础。

（2）研究基于 BIM 技术的围堤工程正向设计方法，提升工程设计效率、出图准确度，减少二维图纸设计模式的错、漏、碰问题。

（3）研究围堤工程施工方案的快速可视化方法，为重大方案的科学制定提供决策依据，提升方案指导性。

（4）研究不同地形信息采集设备的数据格式，构建水上水下三维地形模型，与潮位时空数据结合，优化围堤工程复杂施工方案。

（5）基于设计施工模型数据传递方法，建立多维数据分析系统，提升设计施工总承包项目管理的多方协同会审、复杂数据联合分析效率。

（6）形成关键技术成果并依托项目研发培养人才，为今后承接类似工程提供技术保障和人才队伍。

3　研究难点

（1）正确归纳数据传递方法、合理确定数据传递的最小单元。
（2）发掘围堤工程设计的内在逻辑，形成正向设计方法。
（3）归纳项目管理数据维度，揭示管理数据间复杂逻辑关系。
（4）提升施工方案虚拟决策场景的建立效率。
（5）多源数据混合建模技术。

4　围堤工程设计施工全过程 BIM 模型数据传递关键技术研究

BIM 技术目前在国内发展迅速，在设计阶段和施工阶段都有应用，特别是在施工阶段可应用之处较多，也取得一定的成效。由于设计阶段的在利用 BIM 技术进行正向设计方面应用较少，使得设计和施工之间的 BIM 应用的关联性大大降低，造成设计与施工之间存在"断头路"。因此，本项目以围堤工程为基础，研究 BIM 技术在设计施工全过程中的应用，特别针对现在设计与施工阶段模型数据传递的"最后一公里"进行研究。拟解决设计和施工之间基于 BIM 模型的数据传递问题，形成围堤工程设计与施工之间数据传递解决方案。

4.1　主要研究内容

根据围堤工程的特殊性，总结多数类似工程重难点，结合设计施工阶段的 BIM 技术应用特点，本研究重点从以下方面进行：
（1）围堤工程部位分解序列命名方式研究。
（2）围堤工程部位分解序列命名标准化研究。
（3）"平纵横"参数化设计建模方法研究。
（4）基于"平纵横"参数化设计建模方法的快速建模软件研究。
（5）模型数据增量更新和线上线下数据同步方法研究。

4.2　课题研究技术路线

根据研究内容，本研究项目将从以下方面进行技术研究：
（1）根据围堤工程特点，收集围堤工程设计阶段和施工阶段对模型要求的共同点，研究联系设计与施工的工程部位分解序列颗粒度。
（2）根据围堤工程部分分解序列对设计模型的要求，以 BIM 技术为基础进行围堤工程设计方法研究。
（3）根据基于 BIM 技术的围堤工程正向设计方法，进行基于 BIM 技术的围堤工程正向设计软件。
（4）在实现模型正向设计的基础上，基于工程部位分解序列并以 BIM 模型为载体的数据传递方法。
（5）根据数据传递方法，实现数据在设计施工阶段线上线下的传递模式。

4.3　围堤工程部位分解序列研究

从围堤工程的结构特点出发，结合设计和施工阶段对模型精度的要求和应用需求，对围堤工程进行了分解，形成了工程部位分解序列。依据此分解序列规范设计和施工阶段的模型精度要求，达到设计模型能够让施工方继承的水平，从而为 BIM 的正向设计做好标准准备。工程部位分解序列的应用解决了设计到施工的模型和信息传递继承问题，打通了数据断点，为后续多维数据联合分析系统以及 BIM 技术的应用提供了基础。

4.4 "平纵横"参数化设计建模方法研究

围堤工程结构工程可以使用"平纵横"设计方法进行设计，其主要优势如下：
（1）基于三维地形设计，符合基础设施行业的大范围特征。
（2）参数化横断面可减少大量断面绘制与工程量计算的重复工作量。
（3）平纵横与三维模型连接，动态更新，提高设计效率。

但由于该软件为道路工程研发，因此这对围堤工程缺乏专业定制，BIM 研究室根据项目的实际需求，开展了深入的 Civil3D.Net 二次开发，以求最大限度地提高 BIM 设计效率，取得了一定的效果。

4.5 基于"平纵横"参数化设计建模方法的快速建模软件研究

正向设计在围堤工程中的应用研究，一般情况下均可使用《围堤 BIM 设计软件》进行设计。详细解析了长线型工程的 BIM 设计思路，并基于此开发了《BIM 辅助设计工具集》，所整理的设计思路和辅助工具对围堤及类似工程有较强的参考意义。

同时研究围堤模型建成后的交付类型，主要有效果图和原始 BIM 模型两种途径。其中，原始 BIM 模型涉及设计过程中的 BIM 标准模板和交付后要用到的编码标准。

4.6 模型数据增量更新和线上线下数据同步方法研究

为打通设计和施工之间模型和信息之间的继承传递通道，并形成信息共享，项目组通过研究形成多维数据系统和线下数据存储整理的统一规则。应用此方法将线上数据和线下数据更新及同步进行规范，形成了有效的数据共享机制，加快了数据在设计和施工阶段的流通和应用。

数据在设计和施工阶段的同步为研究目的，通过应用工程部位分解序列，实现在设计和施工阶段对模型精度的统一要求，确保设计模型能够达到施工管理的需要。线下数据基于工程部位分解序列进行数据分类管理，通过传统的表格进行统计管理，并使表格满足系统批量上传识别信息的要求。线上通过工程部位分解序列编码实现计算机的内部识别和数据流通，根据施工和设计信息进行更详细的分类，线上生成新信息文档可供线下需要时下载。同时在线上实现数据和模型的关联，应用数据实现驱动模型。通过以上方法实现线上和线下数据的更新和同步。

5 复杂工程管理数据理想分析模型与多维数据联合分析系统关键技术研究

工程项目管理是以工程项目为对象的系统管理，通过对工程项目的全过程动态管理来满足项目要求。传统项目管理缺乏对工程数据的有效利用，现场实施管控主要依托现场管理人员的管理水平，管理人员水平良莠不齐，导致工程整体质量呈两极分化。工程数据在持续产生的过程中仅仅作为记录成果保存在相应的媒介，需要人为定期汇总统计，因此无法做到动态管理并产生效益的增值。本次研究寻求通过数据链接和数据分析模型，挖掘海量数据的潜在价值。

5.1 主要研究内容

（1）单因素影响数据分析模型建立。
（2）多因素影响数据分析模型建立。
（3）工程进度管理数据驱动进度模拟研究。

（4）工程进度管理数据驱动材料及成本研究。
（5）工程进度管理数据驱动产值研究。
（6）工程进度管理数据驱动质量安全研究。
（7）多维数据联合分析系统工程运用研究。

5.2 主要技术路线

研发多维数据联合分析系统，以横沙东滩八期圈围工程项目为例，及复杂工程中海量的工程管理数据作为管理对象，通过进度管理数据驱动其他功能模块的方式，串联多维数据形成神经网络，再采用新型计算架构和智能算法等技术，选取理想的数据分析模型，为信息的管理提供线上平台，强调信息辅助决策，提升项目管理各环节信息处理效率，实现项目管理信息化、标准化和自动化。

5.3 复杂工程管理数据理想分析模型研究

复杂工程施工过程的复杂性、动态性、不确定性等因素，使得工程实施中进度的预判与控制难度增大。现有的简易假设与理论方法，难以将工程实施过程中影响进度的复杂因素考虑完全，反映施工进度的复杂变化。传统方法需要借助现场施工人员获取关键信息流，分析计算依赖个人主观经验，难以界定分析准确性。工程进度、成本、质量目标三项是项目管理的核心目标体系，他们是对立统一的关系，相互影响、制约和补充。研究采用可靠性理论、概率方法理论，考虑影响因素的不确定性，从进度数据作为切入点，分析整个工程项目的未来发展情况。

5.4 基于工程进度的管理数据驱动逻辑研究

现如今市面上项目管理软件，功能模块繁多且各自林立，协同概念局限在使用同一个录入环境，各功能模块数据并没有有效的联系，开发重点放在数据的抓取和数据的分析上，数据与数据间的驱动逻辑鲜有涉及，导致功能模块越多，数据录入工作越繁重，并没有减少现场管理人员的内业工作量。

多维数据联合分析系统以工程进度的管理数据作为驱动主体，工程部位分解序列作为链接纽带，将系统各功能模块数据紧密连接在一起，随着工程的进行，海量工程数据动态计算汇总，就能获得真正需要的信息数据。

系统通过分析数据间的逻辑关系，挖掘相同数据原始产生点，减少相同数据重复录入工作，进而减少重复录入可能带来的数据偏差错误。最原始数据录入者，对该数据真实性负责，其他功能模块调用该数据分析得到的二次加工数据有据可查，做到追本溯源。

逻辑驱动的梳理可以从数据利用角度，让管理者对工程项目管理有全新的认识，让原本的粗放的主观人为式管理趋于精细化标准化管理，这也是企业标准化管理理念所在。

通过工程进度管理数据逻辑驱动其他功能模块的运行是符合围堤工程管理习惯的解决方案。

5.5 多维数据联合分析系统研究

多维数据在本研究中是指围堤工程设计、施工管理过程中不同工作部门产生的数据，数据分析是指用适当的方法对收集来的大量数据进行分析、汇总、理解和消化。目的是把海量工程数据背后的信息集中并且提炼出来，帮助我们进行判断和决策。

创建多维数据联合分析系统，将多维数据联合分析系统应用在横沙东滩围堤（八期）工程，建立因素影响数据分析模型，考虑施工子任务工作进度影响的概率问题，指导现场项目管理。

6 虚拟现实施工辅助决策系统关键技术研究

6.1 主要研究内容

围堤工程工程量大、工序繁多、建设周期漫长、干扰施工的因素复杂多样，工程管控难点多。利用虚拟现实技术模拟施工过程，可以提前发现实际施工中存在的问题或隐患，及早解决，辅助进行方案比选与技术决策。本研究课题重点从以下方面进行：

（1）虚拟现实技术模拟工程施工实现过程的研究。
（2）虚拟现实模型参数化匹配技术的研究。
（3）沉浸式交互与施工辅助决策系统技术研究。

6.2 技术路线

根据所确定的主要研究内容，从以下方面着手进行了技术开发：

（1）虚拟现实技术在工程施工模拟方面的实现方法。
（2）围堤工程模型数据库的建立方法。
（3）围堤工程虚拟现实模型的参数化匹配方法。
（4）探索尝试采用虚拟现实沉浸式交互方式在施工辅助决策系统方面的应用。

6.3 虚拟现实施工辅助决策系统切入点研究

采用之前利用工程划分分解序列建立的典型围堤模型，利用3Dmax软件进行中间处理，手动减少模型冗余网格线。同时利用3Dmax软件的"UVW展开命令"进行光照贴图展开，保证在渲染过程中每个面都能受到均匀的光照。

在图形引擎中创建好项目文件夹后，首先进行模型环境设置，并为项目创建地形平面。其次导入已经处理好的工程模型，以及船舶机械模型。

VR设备与控制代码是将虚拟场景与用户连接在一起的纽带，所有的交互式功能也全部需要通过代码来实现。

项目全部完成后，对项目进行bug测试以及性能优化，测试无误后，打包输出成可执行的exe文件。

6.4 虚拟现实模型参数化匹配技术研究

（1）工程模型采用延续工程分解序列的命名规则，方便后期模型与进度信息进行挂载。命名方式如图1所示。

（2）机械模型命名方式采取"机械名称_型号_长×宽×高"的命名方式，如"抛石船_1000m³_52×17×12"，其中尺寸单位均以m计。

（3）辅助施工模型命名方式采取"辅助设备名称_具体参数描述"的形式。如"钢管脚手架_长2m"。

收集完成的模型，按照模型分类规则分别进行文件的归档整理。其次根据Unity 3D图形引擎的要求，所有的模型都需要按照统一的标准进行处理，使

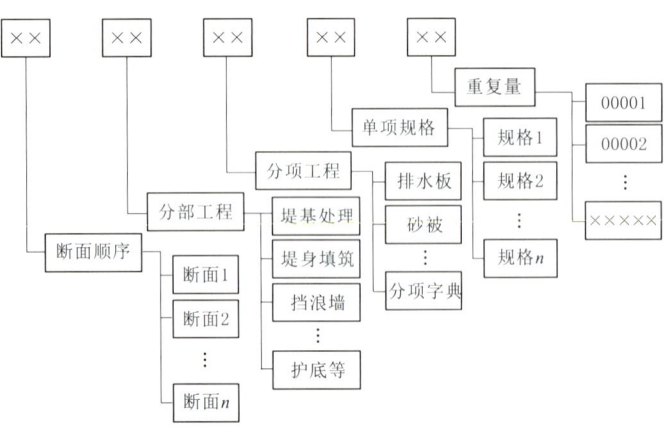

图1 工程分解序列命名规则图

之达到引擎渲染的需要。模型的处理统一采用 3Dmax 软件进行。

在虚拟现实引擎中建立虚拟现实模型信息库的流程如图 2 所示。

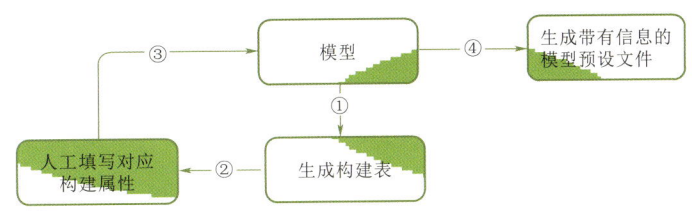

图 2 虚拟现实模型信息库建立流程图

①～④—操作步骤

通过创建虚拟现实模型信息库，通过输入关键信息的方式，快速匹配模型并生成方案模拟所需的虚拟现实场景，避免了复杂的二次针对性的开发，大大提高生产效率。

6.5 沉浸式交互与施工辅助决策系统技术研究

经过一系列虚拟现实技术的开发，最终生成围堤工程施工模拟软件（图 3）。首先根据施工时间，该软件能够快速生成当前时间点的工程模型，还原施工现场，其次选择需要布置的施工机械，可以以沉浸式的方式进行现场施工场平布置，辅助进行施工决策。虚拟现实软件主要工作流程如图 4 所示。

图 3 虚拟现实辅助施工决策软件界面

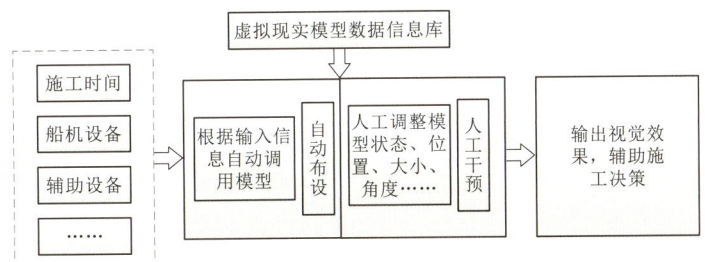

图 4 虚拟现实软件主要工作流程图

7 水陆地形数据和潮位时空数据混合可视化方法研究

7.1 主要研究内容

围堤工程的施工易受到地区地形地质、潮位水深等自然条件的影响，施工时若能实时了解施工区域内的潮位水深数据，对于提高施工效率与施工安全性具有重要意义。因此本研究课题重点从以下方面进行：

（1）倾斜摄影、激光点云、声呐扫测地形数据采集设备的选择。

（2）倾斜摄影、激光点云、声呐扫测地形数据特点分析。

（3）倾斜摄影、激光点云、声呐扫测数据的三维混合建模方法。

（4）水陆地形模型与潮位时空数据混合可视化方法研究。

（5）水陆地形和实时潮位叠加模型在多龙口合龙方案优化中的应用。

7.2　技术路线

研究不同地形数据的采集设备和数据特点，通过寻求满足项目需求的设备并找到数据共同点，通过整合多种设备采集的数据形成完整的施工区域水上水下地形。结合施工水域的潮位变化，形成水陆地形模型与潮位时空的三维模型，利用BIM技术可视化的优势，将水路地形和潮位三维模型动态化显示，为龙口施工以及施工区域其他工作提供方案优化决策参考。

7.3　地形数据采集设备的选择及数据特点分析

对于围堤工程，常常面临的主要痛点就是施工地形信息不明确，往往搜集到的各种地形资料已超过时效，但是水下地形影像因素众多，情况复杂，有可能在很短的时间内就有了很大的变化，所以怎么能在短时间内获取到实时的地形信息是很关键的问题，往往会影响到施工现场总平面布置和下一步的施工作业安排。针对这样问题，现阶段常见的比较先进的办法三维建模技术，并结合工程实际情况进行设备比选以及数据分析，发现目前主要有基于影像的三维重建方法、基于无人机倾斜摄影数据获取方法、基于激光雷达点云数据获取方法等常用三维建模技术。这几种方法常用的建模方式主要处理的陆上的且静止的场景，特别倾斜摄影和激光扫描技术的建模机制对于波动的水面以及摇晃的树木等甚至无法建模。考虑到围堤工程涉及大片水域且地下地形较为重要，有必要深入研究并引入基于声呐扫测数据采集数据获取方法，该技术基于声波成像，生成彩色图像，不受环境影像且数据较为精准。考虑到不同建模方法生成的成果数据格式不同，不易融合，经深入研究不同方式建模技术的特征后，选择用点云格式作为桥梁，用陆上激光扫描技术为三维模型的骨架，陆上倾斜摄影点云数据来丰富三维模型的纹理，水下声呐扫测技术作为细节重点表现来最终完成了三维模型的创建。

7.4　水陆地形模型与潮位时空数据混合可视化方法研究

在不考虑潮汐水流冲刷、天气改变、施工扰动等因素对水陆地形的影响，利用已采集到的水陆地形模型整合潮位时空数据，建立成能够反映潮位—水深变化的地形模型，最终实现以下目标：

（1）能够反映水陆地形上不同时间点、不同区域位置的水深情况。

（2）根据初步规划的船机进场路线，结合船舶类型及其吃水深度数据，通过已建立的反应潮位—水深变化的地形模型进行数据模拟分析，统计出船机可施工的合理最长施工时段，以及合理的船机进场时间。

根据水陆地形模型与潮位时空数据混合可视化原理，采取了两种实现可视化的渲染方案进行了对比：离线渲染（Offline Rendering）和实时渲染（Real-time Rendering）。比起离线渲染，实时渲染更看重对现实世界各种现象的模拟和对数据的有效整合，在工程应用方面显得更为实用与便利。

地形模型与潮位时空数据可视化的实现，首先将处理好的三维水陆地形模型.fbx格式文件导入图形引擎中，并设置好基础的灯光以及环境；其次新建平面作为潮位水平面。为了使地形模型根据水深情况呈现出不同的颜色变化。需要对地形模型的着色器（Shader）进行代码编写，使图形引擎的实时渲染管线能够正确渲染。水陆地形模型与潮位时空数据叠加显示之后，通过编辑代码，实现鼠标点击地形表面显示当前所选顶点处的水深数据。

7.5 水陆地形和实时潮位叠加模型在多龙口合龙方案优化中的应用

横沙东滩八期工程的地形—潮位可视化程序的实现，首先采用三维激光扫描、倾斜摄影技术及声呐扫测这三种方式进行点云数据采集；然后将处理好的地形模型导出成 .fbx 文件，导入到基于 OpenGL 的图形引擎中，赋予之前已经编译完成的能够复用着色器与代码，摘录成 .xls 格式文件，并在图形引擎中与定义好的潮位水平面进行数据挂接，形成地形模型色相环与实时潮位数据的联动；最终实现地形—潮位可视化程序，如图 5 所示。

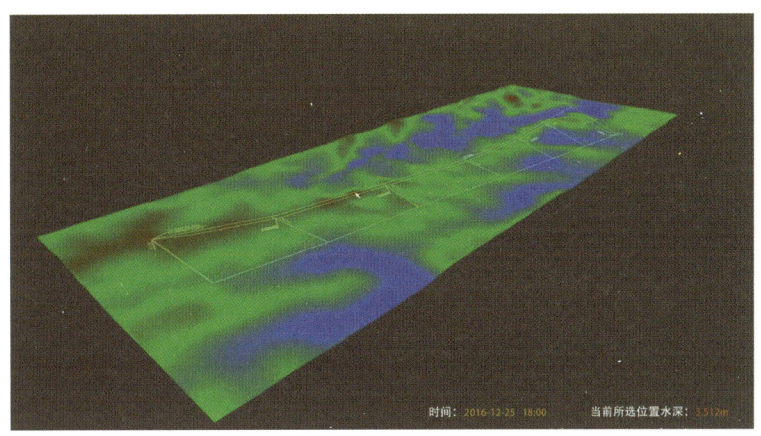

图 5　地形—潮位可视化程序图

根据龙口布置原则，龙口位置宜选择在潮汐动力相对较弱处。统计施工期间佘山潮位表中的潮位数据，利用该可视化程序分别找出了找出其中颜色较浅，水深相对较浅的桩号范围。项目决策人员结合项目施工经验，并通过了解施工图纸该区段围堤的地形地质情况，从便于施工船舶出入角度出发，最终敲定龙口中心位置桩号。

通过地形模型与潮位时空数据可视化模拟，精确地统计出了 1 号和 2 号龙口抛石施工安全时段，为施工方案的决策提供了有效的数据支撑。

通过地形模型与潮位时空数据可视化模拟最终生成水陆地形模型，可以清晰地呈现施工区域附近的地形，通过分析生成的模型，绘制出一条安全、便捷的进场与退场航行线路。

8　主要成果、创新点

8.1　本研究主要成果

（1）首次形成基于工程部位分解序列的设计施工全过程模型数据传递方法，打破设计施工阶段 BIM 模型及数据的继承壁垒，实现模型复用、信息传递、线上协同、多维度数据分析。

（2）研究形成围堤工程"平纵横"参数化设计建模方法，并开发快速建模软件，有效提升围堤工程正向设计效率，完成 100km 以上围堤（堰）的正向设计，建立形成设计阶段 BIM 模型，显著提升了设计效率。

（3）开发虚拟现实施工辅助决策系统，结构化提取方案信息，快速生成虚拟现实场景，为重大方案制定提供决策依据，实现沉浸式可交互方案推演和三维可视化交底。

（4）研究水陆地形数据和潮位时空数据的混合可视化方法，构建三维地形实时潮位叠加模型，大幅优化多龙口合龙施工方案，节约龙口合龙施工调度成本。

（5）创建了基于工程部位分解序列的多维度数据分析系统，实现线下线上模型数据同步、多方协同会审和复杂施工管理数据的联合分析，提高大型围堤工程管理决策时效性，节约工程量清单数据统计时间，提升多维度数据联合分析效率，节约各方沟通成本。

8.2 本研究创新点

（1）研发围堤工程"平纵横"参数化设计建模方法和快速建模工具，工具实现轴线自动分段，批量进行断面设计生成模型，提升围堤工程正向设计效率。

（2）建立工程部位分解序列，利用自然语言和工程结构优化模型编码，解决围堤工程 BIM 模型复用和数据传递难题。

（3）整合多种三维数据，建立水陆地形和实时潮位叠加模型，为大规模围堤工程多龙口合龙方案模拟创造条件。

（4）研发多维度数据分析系统，利用工程部位分解序列实现多维度数据实时联动和自动计算，有效提升多维度数据联合分析效率。

9 结语

本项目实现了 BIM 技术的设计施工全过程应用，并形成一系列方法、流程和配套软件，相关研究成果具有可复制可推广的特点，也可在后续类似项目中应用。对于行业的 BIM 应用有显著的推动作用，为行业内其他研究者提供了解决问题的新思路。

经过本项目的研究者对 BIM 技术设计施工阶段应用的贯通，并开发出一系列应用软件和系统，形成了全流程的 BIM 技术应用。解决了围堤工程建模效率低、软件学习困难等问题，降低了 BIM 正向设计对软件使用的要求，让更多的人能够快速应用 BIM 正向设计软件。通过对原有传统软件和设计方式的开发升级，拥有了自己的设计软件和数据分析系统，降低了对国外相关软件和系统的依赖，提升了自主创新能力。

应用 BIM 技术进行施工前的方案模拟和对比，选择最优方案。应用多维数据分析系统对生产过程进行监控，及时进行数据的分析并依此进行决策。通过 BIM 技术的应用和多维数据分析系统的应用从技术方面对工程施工进行保驾护航，一是提前模拟预演，保证施工方案最优最合理，及时发现并解决问题；二是对施工过程数据进行跟踪分析，确保每一个环节施工数据的准确性，发现异常数据及时预警并处理。通过以上手段对本项目的质量保证，安全保证做出了一定的贡献，对类似工程的后续应用提供了借鉴，具有显著的社会效益。

参考文献

[1] 陶桂林，马文玉，唐克强，等. BIM 正向设计存在的问题和思考 [J]. 图学学报，2020，41（4）：614-623. DOI：10.11996/JG.j.2095-302X.2020040614.

[2] 赵凯华，陶富岭，潘炜元. 基于 Web 水利工程 BIM 数据管理及应用研究 [J]. 水利规划与设计，2018（2）：41-44.

[3] 徐晟，付灯林，谢媛芳，等. 融合 BIM 和 VR 的公路施工场地布置辅助决策系统 [J]. 公路，2019，64（12）：182-188.

[4] 吴向荣，李郅明，黄锦龙，等. 海洋水动力数值预报产品三维可视化表达探讨 [J]. 海洋预报，2015，32（2）：79-84.

预制装配式混凝土防浪墙在围堤工程中的应用

孙 正 郝兢一

(上海交通建设总承包有限公司,上海 200136)

【摘 要】 传统方法现场浇筑L型断面防浪墙,由于底板和墙身需要分两次浇筑,墙身高度较高,致使现场施工组织复杂,工期较长,并带来一系列的现场施工和安全问题。在横沙八期工程中通过进行装配式混凝土防浪墙施工试验,创新研究了典型断面混凝土挡浪墙的设计、工厂预制、存放运输、现场吊装的关键技术并进行了实际应用,能极大提高生产效率,减少堤上作业时间,为其他工序的施工提供充足的工作面。同时,能保证施工质量、混凝土表观质量可控,取得了良好的效果。

【关键词】 预制;混凝土防浪墙;装配

1 概述

横沙东滩八期圈围工程围堤长度22km,设计标准为100年一遇高潮位与同频率风速组合、不允许越浪。建筑物级别为1级。混凝土防浪墙为长江堤岸防汛结构的重要组成部分,要求在汛期来临前形成大堤防汛功能,工期紧,质量要求高。横沙八期工程中进行装配式混凝土防浪墙施工试验的工程平面位置如图1所示。围堤防浪墙结构图如图2所示。

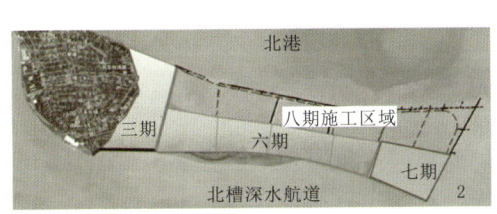

图1 工程平面位置图

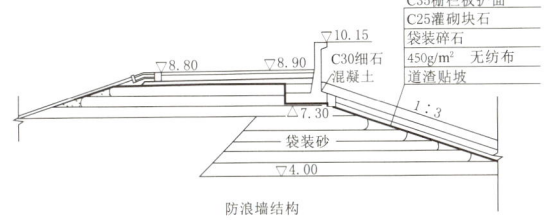

图2 围堤防浪墙结构图(单位:m)

2 采用预制装配式混凝土防浪墙的优点

按传统方法现场浇筑L型断面防浪墙,由于底板和墙身需要分两次浇筑,墙身高度较高,致使现场施工组织复杂,工期较长,并带来一系列的现场施工和安全问题。如改用工厂化预制、防浪墙现场拼装施工,使大量的混凝土施工集中在预制场地进行,克服了施工现场场地局限的困难,能极大地提高生产效率,减少堤上作业时间,为其他工序的施工提供充足的工作面;并且保证施工质量、混凝土表观质量可控,同时也大量减少了施工现场的建筑垃圾,有利于节能环保。

针对上述情况，横沙八期工程特立项装配式混凝土防浪墙施工关键技术研究。解决并完成了典型断面混凝土挡浪墙的设计、工厂预制、存放运输、现场吊装的关键技术及实际应用。

3　预制装配式混凝土防浪墙工艺

3.1　工艺流程

（1）预制装配式混凝土防浪墙预制工艺流程如图3所示，其实体生产过程如图4所示。

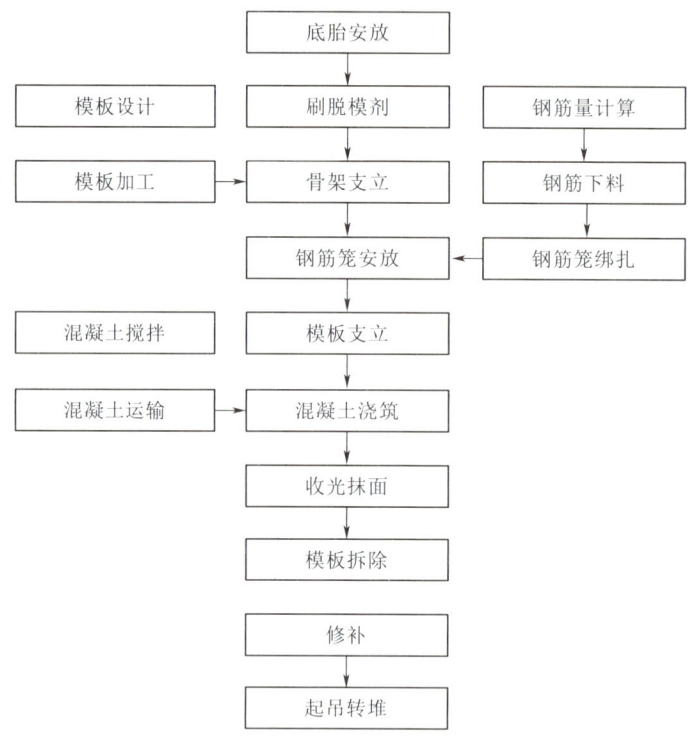

图3　装配式防浪墙预制工艺流程图

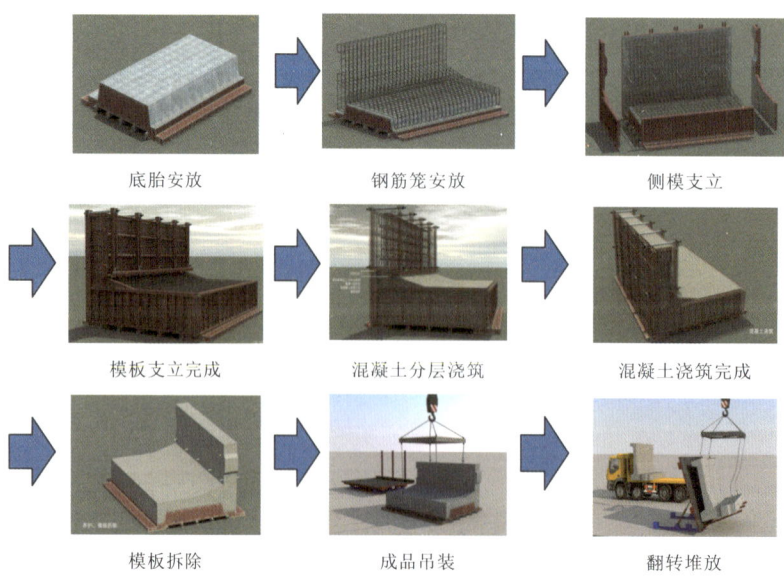

图4　装配式防浪墙实体生产过程

（2）安装工艺流程。装配式挡墙的安装如图 5 所示。

图 5　装配式防浪墙的安装

3.2　施工工艺

1. 立模

（1）支模前必须整平地坪，底模安放好之后需用水准仪测量，通过衬垫方式保证底模在同一水平面上，同时对底模进行固定。底模放置平整之后方可支立上层模板。支模前也必须对底模及模板进行清理，检查底模是否光滑平整，特别是小块的积灰必须一并清除。模板无变形，无开裂，接缝处需焊接后磨光机打磨平整光滑，无残留混凝土。如有损坏必须暂停使用并及时维修，保证该底模及侧模可以正常使用。

（2）模板清理干净后，在模板上均匀、完整地涂刷模板油，不得撒、泼模板油，保证不积油。模板油必须在旁边空地上涂刷，不得在已完成构件上进行，也不得在钢筋笼安放好之后涂刷，涂刷必须均匀。

（3）模板连接处先将止浆条贴好，并保证其牢固不脱落，以防止漏浆。支模时，侧模必须垂直安放，底部紧贴底模，不留缝隙，两侧帮包底模板紧贴底膜两侧止浆条后用螺丝栓紧。螺丝紧固后测量模板宽度尺寸是否符合要求，用水平尺测量模板是否水平，保证两块模板之间为直角。模板外侧打入钢筋头，后用木楔子敲紧加固。

（4）上层侧模必须与外侧模用 10 根对拉螺杆紧固，对拉螺杆上套入 PVC 圆管，方便拆除。模板拆除后再把圆管割除，保证表面平整。

2. 钢筋安放

钢筋骨架的安放：①必须保证钢筋骨架牢固，若出现扎丝脱落、断裂或者箍筋移位等情况必须重新绑扎和调整，扎丝端头必须压至钢筋以下，不得伸入钢筋保护层；②钢筋骨架放入模板后，底部安放 5cm 保护层垫块，垫块不得少于 12 块，不得用钢筋头、石子、碎砖、木片等杂物充当垫块；③安放完成后检查保护层厚度是否符合要求，不足之处必须进行调整或者增加垫块；④预埋吊孔与钢筋骨架相对位置必须准确，必须进行焊接加固。

3. 浇筑

浇筑前必须检查混凝土质量，发现问题及时向有关部门反映；下灰应均匀，不堆积，如有堆积必须人工用铁锹分灰，不得用振捣棒赶灰；振捣必须做到快插慢拔，保证气泡排出，振点要均匀排列，逐点移动，顺序进行，不得遗漏，做到均匀振实。当振捣棒以直线行列插入时，移动间距不大于振捣作用半径的1.5倍（一般为30~40cm），若以梅花式插入时，移动间距不得超过作用半径1.75倍。振捣时，振捣棒不得接触钢筋和模板，且与模板必须保持5~10cm间距。振捣以混凝土不再下沉，无显著气泡上升，表面平坦一致，开始浮现水泥浆为度。

装配式防浪墙混凝土浇筑应分层浇筑，第一次下灰放料浇至L型倒角以上100mm处，暂停一段时间，待混凝土初凝之后继续浇筑上层。下灰完成后，振捣、抹面应及时跟进。浇筑过程中应注意观察模板、钢筋等有无移动、变形等情况，特别注意预埋吊钩位置，如有移动，发现问题应立即处理。

4. 抹面收光

抹面收光必须做到"一毛二光"，首先要用木抹子将表面搓毛，并尽可能平整；然后用刮板将表面刮平，浇筑底板上层面及侧面顶面必须刮平后才可收光；收光时间必须根据气温情况、混凝土情况掌握准确，并且必须做到两次收光。混凝土凝结过程中泌水严重的需将水铲除并及时向有关部门反映情况。

5. 构件标识

因防浪墙还需翻身，选择合适位置做好构件标识，采用刻板油漆喷涂，内容包括预制厂家简称、防浪墙规格型号、生产日期、构件编号等信息。

6. 拆模修补

待混凝土达到一定强度后，先拆除上层侧模、再拆除L型侧模，最后底部侧模。侧模拆除时，过程要求平稳，必须垂直起吊，不得斜吊及左右移动，以防止用力过大撞坏构件。拆模后，8个吊孔位置需塞上泡沫条，防止杂物掉入吊孔。若出现气泡、麻面、棱角破损等情况，必须立刻修补。修补料需按照一定比例拌和，根据现场情况调整，避免出现色差较大的问题出现。

7. 养护

构件拆模后，对于龄期小于28天的构件必须进行洒水养护。普通混凝土浇筑完毕，应在12h内加以覆盖并浇水，浇水次数以能保证混凝土足够的湿润状态为宜。

8. 起吊堆放

防浪墙浇筑时留好同条件试块，起吊前压同条件试块，此次防浪墙按照C35强度配合比预制，强度必须达到构件强度的75%以上方可起吊，起吊时先拧紧4个方向吊钩，再用卸扣连接钢丝绳，起吊过程要求平稳，必须垂直起吊。起吊至临时堆放场地，场地地面必须平整，底部两侧位置必须放置两根木方，且必须放置于吊点位置。

9. 构件翻身

装配式防浪墙堆放好之后对构件进行翻身，需用8个方向吊钩、8个卸扣、2副钢丝绳。使用1台35t汽车吊（有主副钩）、或2台汽车吊同时配合。翻身起吊时现场需有指挥人员，其他人员辅助施工。首先拉紧钢丝绳同时缓慢往上吊离地面50cm左右，然后1台吊机停止上升，另1台吊机再缓慢提升。等提升角度达到45°左右之后，1台慢慢往下放，另1台慢慢往上升。地面放置木方，翻完身之后平稳地放在垫木上。

10. 现场安装

（1）基槽开挖和垫层施工。为防止不均匀沉降，基槽开挖后将仔细压实整平。垫层施工时，采用水准仪控制顶面标高，保证顶面标高误差在3mm以内。垫层结构采用碎石垫层，以便施工过程中进行局部微调。

(2) 构件运输及吊装。构件采用 50t 载重平板卡车运输。由于现场路况较差，卡车长度限制在 10m 以内。构件下部采用垫木垫平，边角用高密度海绵或橡胶板包裹，防止碰撞损角。

现场吊装采用 75t 履带吊。

(3) 装配段与现浇段接头处理。由于现浇段防浪墙无凹凸槽，为保证连接顺畅，装配段的头尾两段装配式防浪墙设计为一侧有凹凸槽，与现浇段相接的一侧不设凹凸槽。为保证连接紧密，先做完装配段后再现浇连接段的防浪墙。

(4) 墙后回填。为保证防浪墙的稳定性，装配式钢筋混凝土防浪墙施工完成后，将及时进行墙后回填，以及坡面栅栏板安装。墙后回填及护坡按照原设计图纸进行施工。

4 装配式混凝土挡浪墙关键技术成果

装配式混凝土挡浪墙关键技术研究在形成一套完整的工法的基础上，在以下关键技术环节上形成亮点：

(1) 应用大型通用有限元软件 ANSYS 进行结构分块研究（图 6 和图 7）。

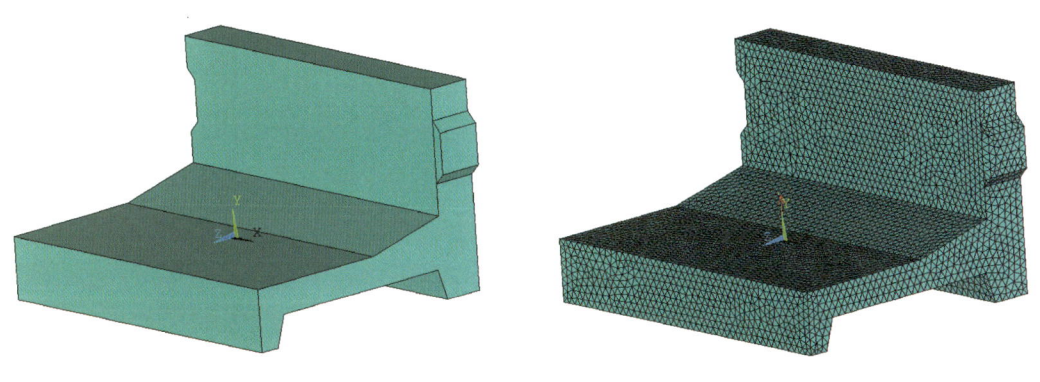

图 6　几何模型　　　　　　　　图 7　有限元模型

针对该结构的吊装过程，研究组根据起吊方式的不同，分为三组工况进行研究，通过计算得到每组工况下该结构的第一主应力分布以及结构变形分布。分析计算结果图得出：在该结构的吊装过程中，三组工况的最大拉应力均出现在吊耳周围区域；工况 2 中所出现的最大拉应力的数值要大于另外两组工况；三组工况中，挡浪墙结构的应力均在混凝土强度允许范围内。吊装过程的工况如图 8 所示。

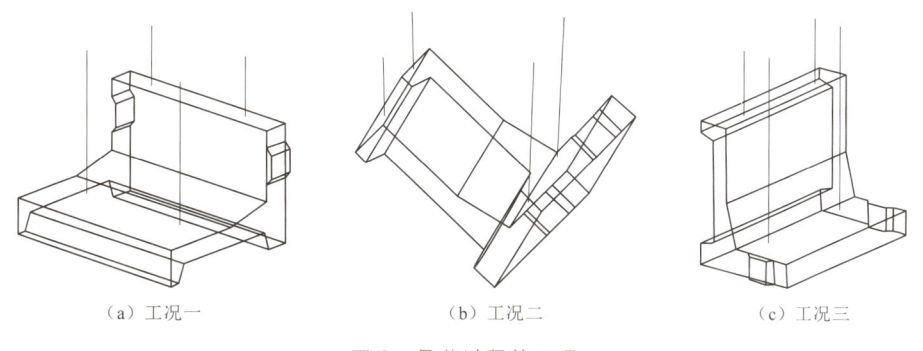

（a）工况一　　　　　　（b）工况二　　　　　　（c）工况三

图 8　吊装过程的工况

(2) 模板设计制作与分体预制（图 9 和图 10）。为最大程度提高预制化率，提高挡浪墙预制对现场施工的便利性，并考虑结构受力，采用全截面预制。根据分仓安排，每一段以纵向 4m、宽度

2m、高度 2.75m 为一段预制，方量 7m³，重量 17.2t。为保证挡浪墙的稳定，在横断面分缝处墙身和底板位置设置凹凸槽，并增加 φ8 HRB300 的补强钢筋。

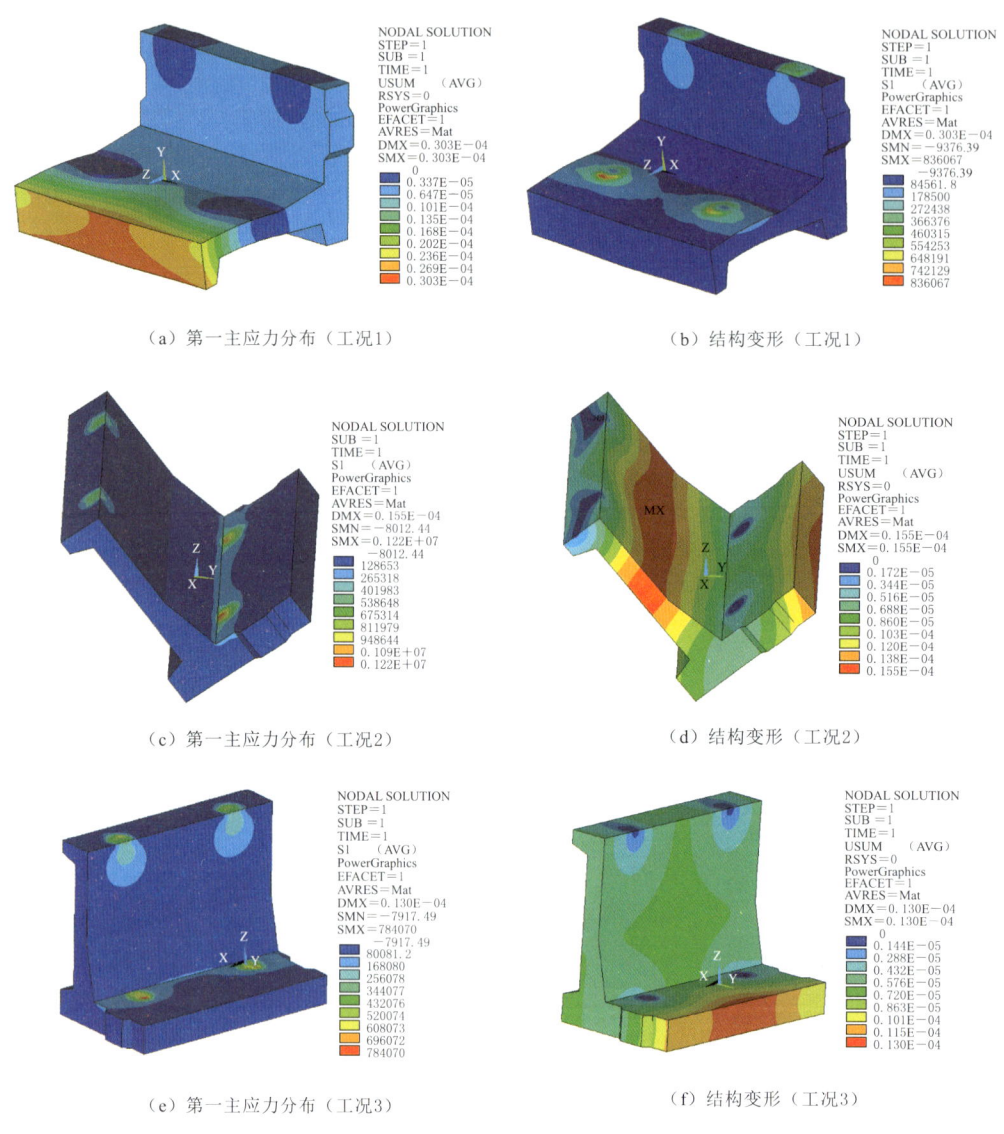

(a) 第一主应力分布（工况1） (b) 结构变形（工况1）

(c) 第一主应力分布（工况2） (d) 结构变形（工况2）

(e) 第一主应力分布（工况3） (f) 结构变形（工况3）

图 9 第一主应力分布与结构变形

在此基础上，本次研究设计的挡浪墙模板为横向预制，采用钢模板，分为底板 1 块，L 型侧板 2 块，矩形侧板 3 块，模板之间采用螺栓连接固定，侧面两块模板上下采用对拉螺杆固定，共 10 根对拉螺杆。为了保证模板的刚度，背后用矩形管加固。

（3）起吊、运输与安装工艺研究。装配式挡浪墙的起吊、转堆、出运，共设置预埋吊点 8 个，其中 4 个用于脱模起吊，4 个用于安装起吊，吊点处采用长度为 250mm 的 φ8 HRB300 钢筋组成双向双层钢筋网片进行加固，预埋吊钩和钢丝绳使用卸扣连接（图 11 和图 12）。同时制作专用吊架，保证构件在吊装过程中平稳可靠。

现场基槽开挖后将仔细压实整平，垫层结构采用碎石垫层，以便施工过程中进行局部微调。构件采用 50t 载重平板卡车运输，采用 75t 履带吊装。为保证挡浪墙的稳定性，装配式钢筋混凝土挡浪墙施工完成后，将及时进行墙后回填，以及坡面栅栏板安装。

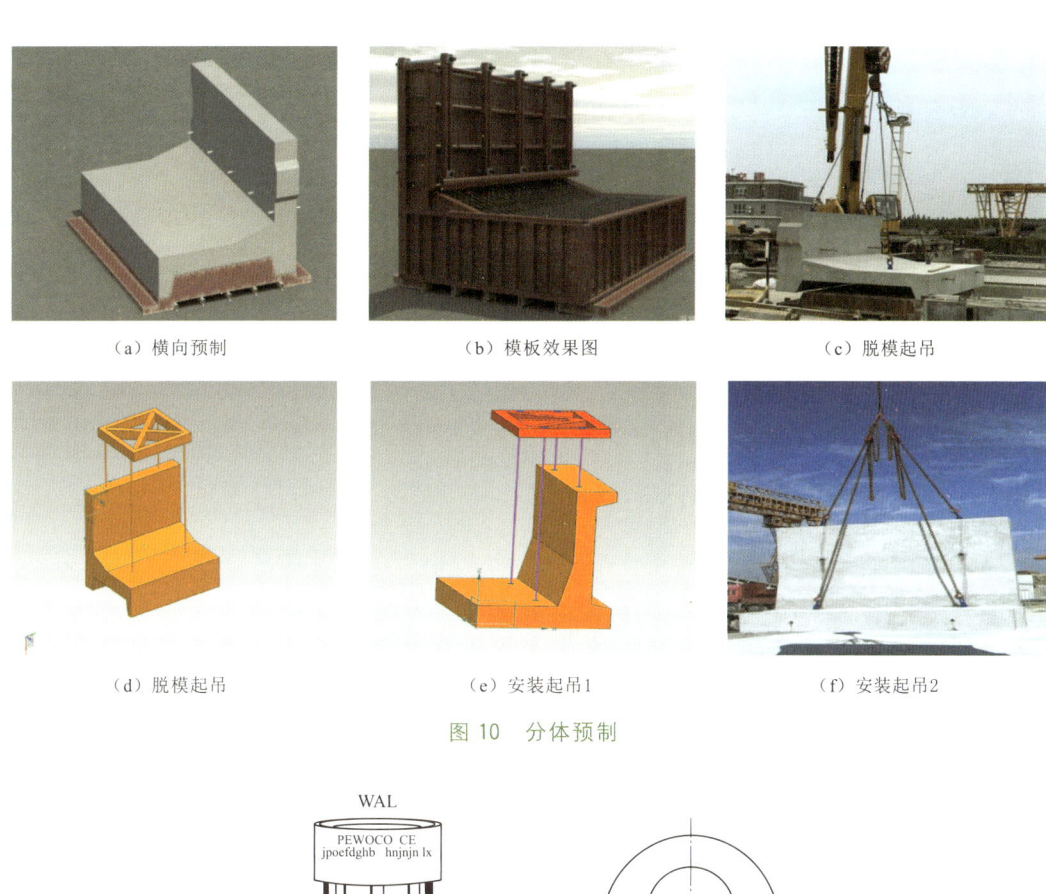

(a) 横向预制　　(b) 模板效果图　　(c) 脱模起吊

(d) 脱模起吊　　(e) 安装起吊1　　(f) 安装起吊2

图 10　分体预制

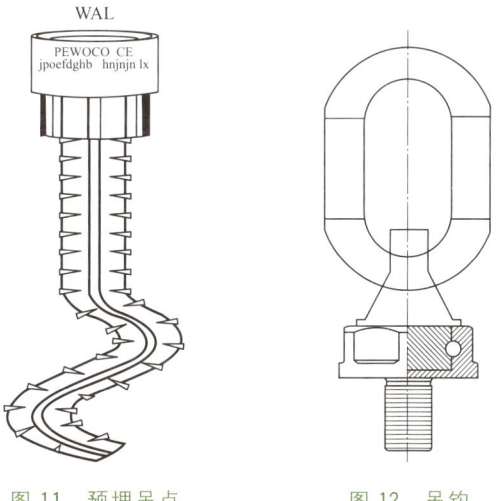

图 11　预埋吊点　　图 12　吊钩

5　结语

装配式混凝土挡浪墙具有工程首创性及良好的应用前景，通过研究，能较好地掌握装配式混凝土挡浪墙的施工全过程关键技术，技术领先具有良好的经济和社会效益，值得在后续类似工程中推广应用。

参考文献

［1］郭学明. 装配式混凝土结构建筑［M］. 北京：机械工业出版社，2019.
［2］钟云. 湛江地区水工建筑物装配式结构的发展［J］. 水利水电技术，1979（2）：15－21.

[3] 朱红亮,沈旭鸿.工业化装配式技术在内河航道重力式护岸中的应用[J].中国水运(下半月),2016,16(4):252-253,257.
[4] 史玉芳,康珅,王秀芬.基于SWOT分析的我国装配式建筑发展对策研究[J].建筑经济,2016,37(11):5-9.
[5] 徐华荣.装配式混凝土坝的接缝问题[J].人民长江,1958(9):22-27.
[6] 刘轶杰.护岸工程装配式设计与传统设计的成本比较分析[J].建筑经济,2021(2):90-93.

附录

附录 1　项目参建单位

建设管理单位：
上海市滩涂生态发展有限公司
上海地产（集团）有限公司
上海市土地储备中心

勘察设计单位：
中交上海航道勘察设计研究院有限公司
上海市水利工程设计研究院有限公司
安徽省水利水电勘测设计总院有限公司
上海勘测设计研究院有限公司
上海海洋地质勘察设计有限公司

施工单位：
上海隆波建设工程有限公司
江苏河海科技工程集团有限公司
中交第二航务工程局有限公司
安徽水利开发股份有限公司
中交天津航道局有限公司
天津港航工程有限公司
上海市水利工程集团有限公司
中交上海航道局有限公司

监理单位：
上海宏波工程咨询管理有限公司
上海东华工程咨询有限公司
上海事通工程造价咨询监理有限公司
上海大华工程造价咨询有限公司
广州华申建设工程监理有限公司

附录2　横沙东滩八期工程项目的科研成果

科技成果一览表一

类型	序号	成果名称	备注
实用新型专利	1	一种围垦工程中适用于大潮差合龙的堤坝	共获专利26项，其中：实用新型专利22项；发明专利4项
	2	一种堤坝消浪防冲护面	
	3	一种应用于滩涂地形测量装置	
	4	一种新型六边形生态混凝土护坡结构	
	5	一种新型四连体生态混凝土护坡结构	
	6	一种新型袋装砂袋体应力应变测试装置	
	7	一种新型孔隙水压力计埋设与密封装置	
	8	一种新型真空预压地下水位自动化测试系统装置	
	9	一种新型沉降板埋设固定装置	
	10	一种可植草的堤坝构件	
	11	一种人工潮汐池堤坝构件	
	12	一种回字形底压载块	
	13	一种营造水生态系统生境的堤坝结构	
	14	一种较大风浪条件下快速成型护坡结构	
	15	一种多功能海堤体系	
	16	一种新型孔隙水压力埋设封孔密实装置	
	17	一种基于北斗卫星系统的运泥船的监管系统	
	18	采用充泥管袋在围垦区域中预留成河道结构	
	19	一种水工建筑物相邻结构之间的水平传力结构	
	20	一种自动记录测斜仪	
	21	一种水运工程监测数据的传输系统	
	22	一种装配式混凝土挡浪墙	
	23	一种水运工程监测数据的传输系统及方法	
	24	一种提升铺排船施工精度的方法	
发明专利	25	新近疏浚土吹填成陆围区内建设河道的方法	
	26	采用充泥管袋在围垦区域中预留成河道结构及其施工方法	
软件著作权	1	上航院BIM—Civil 3D设计辅助软件V1.0	已获得软件著作权5项
	2	上航院堤坝BIM快模软件V1.0	
	3	沿海疏浚BIM设计工具V1.0	
	4	无人机数据实时传输系统	
	5	上航院地基固结度计算软件	
论文	1	长江口地区考虑次固结的围堤工后沉降计算	已公开发表论文16篇
	2	软基上大型围堤中砂袋体作用的研究方法	

续表

类型	序号	成果名称	备注
论文	3	大砂袋围堤施工变形控制标准研究	已公开发表论文16篇
	4	长江口软土的工程特性及围堤沉降预测	
	5	长江口横沙东滩滩涂整治利用和展望	
	6	基于Autodesk的堤坝BIM模型构建与信息化框架	
	7	BIM在堤坝工程设计中的应用	
	8	无人机激光雷达系统数据采集与滤波处理分析	
	9	北斗短报文和移动互联网在工程船舶管理中的应用	
	10	基于超短基线的侧扫声呐水下目标定位技术	
	11	结合数模计算的多龙口同步合龙关键技术	
	12	两种工艺措施对底板约束下的混凝土墙早期形变的影响	
	13	平原感潮地区雨型潮型组合对除涝规模的影响	
	14	基于潮汐影响下的人工岛内河常水位的确定	
	15	强透水地基充砂管袋围堰渗控措施	
	16	新疏浚土吹填地区开挖成河方案探讨	

科技成果一览表二

类型	序号	成果内容	成果奖名称
QC	1	提高栅栏板安装完好率	中国水利工程协会二等奖、全国交通运输行业优秀质量管理小组奖
	2	降低水闸闸墩大体积混凝土裂缝生成率	中国水利工程协会二等奖
	3	提高龙口流速数值模拟计算精度	全国交通运输行业优秀质量管理小组奖
	4	提高绿化混凝土植物发芽率	上海市质量协会质量管理小组活动成果奖
科技进步奖	1	潮汐河口超大型围区多龙口同步合龙关键技术研究	中国水运建设行业协会一等奖
	2	复杂圈围工程设计施工BIM技术及多维数据分析系统研究	中国水运建设行业协会三等奖
工法	1	潮汐河口超大型围区多龙口同步合龙施工工法	中国水运建设行业协会一级工法、局级工法
咨询奖	1	上海市滩涂生态有限公司优秀工程咨询成果	上海市优秀工程咨询成果一等奖